Windows 7 Sicherheit

Das bhv Taschenbuch

Andreas Winterer

Windows 7 Sicherheit

Das bhv Taschenbuch

Bibliografische Information Der Deutschen Nationalbibliothek

Die Deutsche Nationalbibliothek verzeichnet diese Publikation in der Deutschen Nationalbibliografie; detaillierte bibliografische Daten sind im Internet über <http://dnb.d-nb.de> abrufbar.

Bei der Herstellung des Werkes haben wir uns zukunftsbewusst für umweltverträgliche und wiederverwertbare Materialien entschieden.

Der Inhalt ist auf elementar chlorfreies Papier gedruckt.

ISBN 978-3-8266-7547-8
1. Auflage 2011

E-Mail: kundenbetreuung@hjr-verlag.de

Telefon: +49 89/2183-7928
Telefax: +49 89/2183-7620

IT-fachportal.de

Sicherheits-Blog des Autors: http://scareware.de

Printed in Germany

Lektorat: Ernst Heinrich Pröfener
Korrektorat: Susanne Creutz
Satz: Petra Kleinwegen

Inhaltsverzeichnis

KAPITEL

1

Einführung: Sicherheit auf Ihrem PC

Sicherheit ist mehr als nur ein installiertes Antivirenprogramm. Das wird spätestens dann klar, wenn man einen genaueren Blick auf die vielfältigen Möglichkeiten wirft, durch die man seine Daten komplett verlieren oder in die Hände Unbefugter geben kann.

Einführung: Sicherheit

Dieses Buch richtet sich an Einsteiger und Fortgeschrittene, die Sicherheitsrisiken zumindest erahnen oder konkrete Befürchtungen haben und die daher daran interessiert sind, mit möglichst wenig Aufwand möglichst viel dagegen zu tun.

Dabei möchte ich eine Handvoll Dinge unter einen Hut bekommen:

- **Keine Panikmache, kein Bullshit:** Natürlich muss man auf dem Fischmarkt etwas lauter werden, wenn man seine Ware an den Mann bringen will. Klappern gehört zum Handwerk, daher ist es Tradition, die Gefahren am Computer zu überzeichnen. Dieses Buch versucht, darauf zu verzichten. Das fällt leicht, denn der Medienhype gilt meist nur den spektakulären Sicherheitsproblemen. Doch im völlig unspektakulären Raum eines Privatmenschen oder Selbstständigen steckt noch genug Gefahrenpotenzial, um auf den Hype verzichten zu können. Nehmen Sie es mir trotzdem nicht übel, wenn ab und zu von „Killer-Programmen“ die Rede ist – korrekte Begriffe wie „Maliziöser Code auf mobilen Endgeräten“ sind oft etwas sperrig.
- **Konkret und praktisch:** Das Buch versteht sich als nachvollziehbare Anleitung für Windows 7 und seine Sicherheitsfunktionen. Es bemüht sich um eindeutig benannte Tools, die Sie nutzen können, um die Sicherheit weiter zu erhöhen. Ich schlage nur Werkzeuge vor, die ich auch selbst mehrfach verwendet habe und die allgemeines, gewachsenes Vertrauen genießen.
- **Kostenlos:** Die meisten der Features, Erweiterungen, Lösungen und Tools in diesem Buch sind in irgendeiner Form „kostenlos“ zu haben. Ich halte das für wichtig, denn nicht jeder – Schüler, Studenten, rein nichtkommerzielle Benutzer – hat das Geld für Sicherheitssoftware. Ich appelliere aber an alle, die ihren PC beruflich nutzen und damit Geld verdie-

nen, jeweils den Kauf der kommerziellen Vollversionen der Programme in Erwägung zu ziehen, denn auch der Kampf gegen digitale Probleme ist aufwendig und hat viele Mäuler zu stopfen.

HINWEIS

Abgesehen von dem Kapitel, das sich speziell mit den Sicherheitsfeatures von Windows 7 beschäftigt, funktionieren fast alle erwähnten Tools und Methoden meist auch mit Windows Vista oder XP.

Dieses Buch soll etwas Licht ins Dunkle der Windows-7-Sicherheit bringen. Sie werden erfahren, welche Gefahren derzeit wirklich akut sind und welche nicht. Das Buch gibt Tipps und leistet Hilfe zur Selbsthilfe. Ich nenne die Schutzprogramme nicht nur, ich erkläre auch, wie sie funktionieren – und warum sie es manchmal nicht tun oder möglicherweise überhaupt nicht sinnvoll sind.

Folgen Sie mir also auf dem Weg ins Reich der Viren, Würmer, Trojanischen Pferde, Botnetze und Zombie-PCs und erfahren Sie (fast) alles über die Möglichkeiten, sich gegen Hacker, Spione und Online-Kriminelle zur Wehr zu setzen.

Gefährliche Zeiten am PC

Seitdem wir mit unseren PCs und Notebooks über den Informations-Superhighway surfen, ist in Sachen Sicherheit die Hölle los: Noch bevor Sie diese Seite zu Ende gelesen haben, werden Tausende von Rechnern infiziert – und andernorts auch wieder von digitalen Schädlingen aller Art befreit. Tausende von Spam-Mails werden verschickt, um über die darin enthaltenen Links Benutzer auf gefälschte Websites zu locken, um Tausende von Zugangsdaten abzugreifen oder die Rechner en gros mit Malware zu infizieren.

HINWEIS

Malware ist heute der Überbegriff für alles, was als Software daherkommt (*ware*) und dabei „schädlich“ (*malicious*) ist: Viren, Würmer und Trojaner ebenso wie Spionageprogramme. Mehr über die verschiedenen Malwares erfahren Sie im nächsten Kapitel

Allerdings ist die Zeit vorbei, in der vor allem Computerviren und Computerwürmer Schlagzeilen machten, indem sie in kürzester Zeit Millionen von Rechnern infizierten. Das passiert heute nur noch selten.

Die Bedrohungslage hat sich geändert und ist noch vielfältiger geworden. Noch immer sind Schadprogramme in Massen unterwegs. Doch immer öfter dienen sie vor allem als Grundlage für neue Probleme des digitalen Zeitalters, vor allem Online-Betrug, Online-Bankraub und Identitätsdiebstahl.

Die Angreifer sind längst nicht mehr die gleichen wie noch vor 10, 15 Jahren. Damals waren es vor allem verspielte Hacker, Cracker und Programmierer, die auf der Suche nach Ruhm, aus verantwortungsloser Freude an der Zerstörung oder auch nur aus purem Spaß daran, es zu können, zerstörerische Programme entwickelten. Heute stecken hinter Angriffen nur noch selten unprofessionelle „Skript-Kids“, also Möchtegern-Hacker mit geringen technischen Fähigkeiten, die sich mit Anleitungen (Tutorials) aus dem Internet und den von anderen entwickelten Fertig-Tools einen Spaß erlauben wollen.

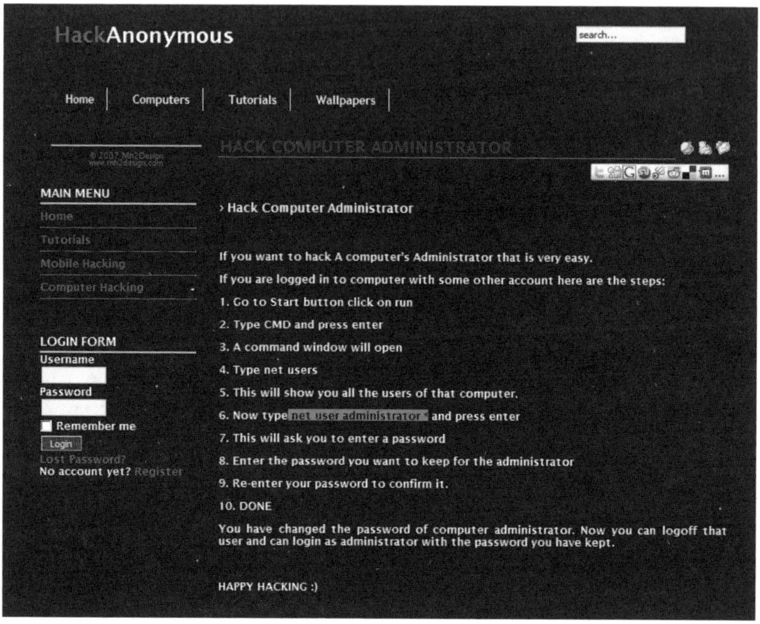

Abbildung 1.1: Typisches Hacker-Tutorial für „Skript-Kids“

Die weitaus größere Gefahr geht längst von einer neuen Art der professionellen und teils auch organisierten Kriminalität aus. Diese Leute haben sich ihr Know-how nicht selbst erarbeitet oder in Tutorials zusammengelesen, sondern sie kaufen es als Dienstleistung bei Hackern ein, die ihrerseits aus ihrer Leidenschaft einen gut bezahlten Beruf gemacht haben.

Früher legten *Hacker* sehr viel Wert darauf, sich selbst als nicht kriminell darzustellen. Inzwischen haben sich neue Begriffe etabliert: *White-Hat-Hacker* oder *Ethical Hacker* besitzen alle Fähigkeiten, die für den Einbruch in Datensysteme aller Art nötig sind, setzen sie aber nur zur Aufklärung ein (offiziell etwa der Chaos Computer Club) oder um im Auftrag eines Unternehmens Gegenmaßnahmen zu erarbeiten (IT-Sicherheitsberater). Ihnen gegenüber stehen die *Black-Hat-Hacker*, die nur Böses im Sinn haben, meist aus rein kommerziellen Gründen, zunehmend auch aus politischen Motivationen (China, Al-Kaida etc.). Zwischen ihnen stehen technisch fortgeschrittene Menschen, die ihr Wissen sowohl für gute als auch für schlechte Ziele einsetzen und sich daher in einer Grauzone befinden: die *Gray-Hat-Hacker*. Wenn in diesem Buch nur von einem „Hacker" die Rede ist, dann eigentlich stets von einem Gray-Hat-Hacker.

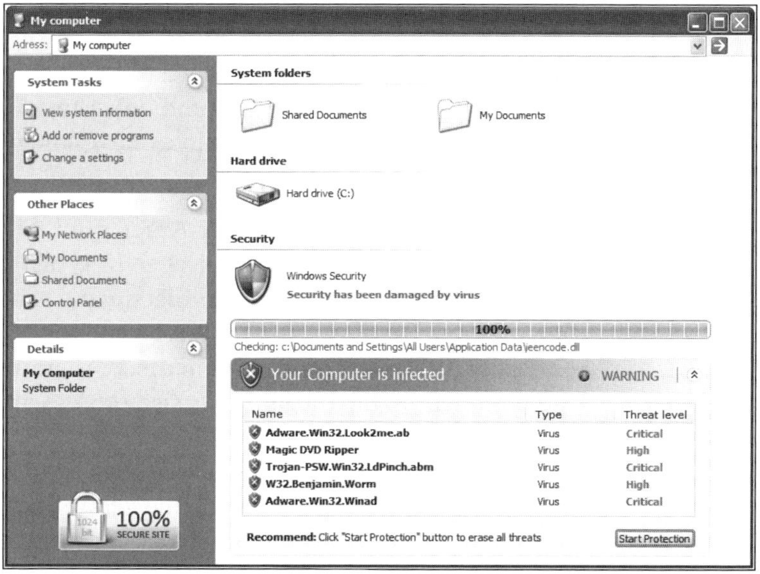

Abbildung 1.2: Geschäftsmodell Computerkriminalität: Scareware

Man muss sich vor Augen halten, dass man es hier mit einem Geschäftsmodell zu tun hat. Mit Sicherheit wird viel Geld verdient: Schätzungen der Studie „Die IT-Sicherheitsbranche in Deutschland" gehen von einem weltweiten Markt von jährlich etwa 33 Milliarden Euro aus. Doch auch mit Unsicherheit verdienen Organisationen mit mafiösen Strukturen Geld, zum Beispiel mit „gefälschten" Antivirenprogrammen, sogenannter *Scareware*, von der noch zu hören sein wird, oder bei Angriffen auf Online-Banking, wo zwar nicht die Bank überfallen, aber eine große Zahl von Personen um ihr Geld gebracht wird. Gehackt werden große Unternehmen immer öfter nur deshalb, um an Datensätze heranzukommen – denn die Adressen lassen sich an Spammer verhökern und die Kreditkarten-Nummern an darauf spezialisierte Hehler verscherbeln. Die Möglichkeiten sind vielfältig.

Die Masse macht's: Auf eine Spam an Millionen von deutschen PC-Benutzern müssen nur wenige Promille reagieren, damit sich der Raubzug am Ende für die Online-Kriminellen lohnt. Und es kann jedem passieren, Profis ebenso wie Einsteigern. Die Banken kennen inzwischen das Problem (auch wenn sie nicht gerne darüber sprechen) und daher muss niemand fürchten, dass er plötzlich wie im Hollywood-Film eine negative Million auf seinem Konto „hat".

Doch erfahrungsgemäß ist der Ärger groß genug, wenn man sich die derzeit noch recht typischen 400 bis 4.000 Euro wiederholen muss. Und immer öfter ist auch das nicht mehr möglich: Bei der Betrugsmasche „Scareware" versucht man, Ihnen ein nicht funktionierendes Sicherheitsprogramm anzudrehen. Sie bezahlen es ganz legal für Preise um die 50 Euro, wie jede andere Software auch. Das lässt sich dann nicht mehr so einfach rückgängig machen. Und wer geht für 50 Euro zum Anwalt, wenn der Wohnsitz der Firme schwer zu finden ist (und sich dann als „irgendwo im Ostblock" herausstellt)?

Haben wir überhaupt Sicherheitsprobleme?

Fragt man einen durchschnittlichen Anwender, ob er das Ziel einer Computer-Attacke ist, lautet die Antwort meist „Nein, wozu auch?". Das gilt nicht nur bei Privatpersonen, sondern auch für Selbstständige und erstaunlicherweise für viele Unternehmen.

Man könnte sich nicht stärker irren. Denn jeder Anwender ist heute eine potenzielle Zielscheibe für vielfältige Attacken.

- Selbst wenn Sie nur in einem einzigen Shop mit Ihren Bankdaten eingekauft haben, ermöglicht das auch Hackern, prinzipiell mit Ihren Bankdaten zu arbeiten. Dazu muss man sich Ihre Bankdaten gar nicht bei Ihnen holen: Man holt sie sich einfach beim Shop. Denn der hat Tausende davon, und wie die Geschichte lehrt, geht er selten gut damit um.
- Wenn Sie „bloß" bei Facebook oder Twitter sind, dann sind Sie ebenfalls interessant, weil man über Ihr gehacktes Konto Links auf verseuchtes Material oder Phishing-Websites verschicken könnte – und dabei die besondere Vertrauensstellung ausnutzen kann, die mit Social-Media-Verbindungen einhergeht.
- Und wenn Sie ein Notebook, Netbook oder einen USB-Strick benutzen, dann bewahren Sie auf ihm Daten auf, die einen Teil Ihrer Privatsphäre darstellen. Fast immer sollen diese auf keinen Fall in die falschen Hände gelangen. Und doch passiert das ständig.

Das bedeutet natürlich nicht, dass die Hacker schon in Ihrem Keller sitzen.

Es bedeutet nur: Bloß weil Sie nicht James Bond sind, heißt das nicht, dass niemand die Geheimnisse auf Ihrem USB-Stick klauen will. Auch ganz normale Bürger und brave Familienväter haben etwas zu verbergen und eine Privatsphäre zu wahren, Selbstständige sind oft sogar abhängig von den auf dem PC gespeicherten Daten.

Ich führe daher in diesem Buch drei archetypische Personen ein, um das Gefährdungspotenzial etwas einfacher darzustellen.

Der Familienvater

Der Familienvater ist der einfache Anwender ohne größeres Know-how. Er kauft ab und zu etwas im Web ein, hat hier und da ein Benutzerkonto und hat letztlich bei einer Datenpanne nicht viel zu verlieren, zumindest auf den ersten Blick. Auf den zweiten sind es dann doch zum Beispiel digitale Erinnerungen, die er verlieren kann, und ganz allgemein kann seine „digitale Identität“ das Ziel eines Angriffs sein.

Wichtig ist für diesen Nutzertyp vor allem, seine Privatsphäre zu wahren und nicht Opfer typischer Angriffe von Online-Kriminellen zu werden.

Der Selbstständige

Der Selbstständige ist in hohem Maße von seinem Computer abhängig. Er hat zahlreiche Benutzerkonten bei Kommunikationsdiensten und Business-Netzwerken und speichert auf seinem (meist mobilen) PC alle Materialien, die die Grundlage seiner Arbeit und seiner Kundenbeziehungen sind.

Das Know-how kann dabei ganz unterschiedlich ausfallen. Ein technischer Ingenieur mit fortgeschrittenen Kenntnissen speichert auf dem PC seine Baupläne. Ein Handwerker ohne besonderes IT-Know-how schreibt seine Rechnungen damit und hat die Buchhaltung darauf.

Letztlich verdient der Selbstständige sein Geld mit Leistungen, die direkt oder indirekt mit seinem Computer verknüpft sind. Wie wichtig der Computer bei ihrer Arbeit ist, merken diese Nutzer oft erst, wenn er verschwindet oder kaputtgeht. Oft werden dann Freunde um Rat gefragt, die viele Stunden ihrer Lebenszeit investieren, um (meist erfolglos) Probleme zu lösen, die sich mit (steuerlich absetzbaren!) Lösungen für wenige Hundert Euro gar nicht erst ergeben hätten.

Wichtig ist auch für diesen Nutzertyp, seine Privatsphäre zu wahren. Doch diese erstreckt sich bei Selbstständigen mit Kundendaten auch auf die Privatsphäre ihrer Kunden. Erhöhtes Augenmerk gilt natürlich der Abwehr einfacher Spionage-Angriffe von Konkurrenten, die man keinesfalls unterschätzen sollte. Besonders wichtig ist hier aber auch, nach einem wie auch immer gearteten Crash schnell wieder den reibungslosen Betrieb aufnehmen zu können, als wäre nichts geschehen.

Der Angestellte

Der Angestellte nutzt seinen PC im Büro, möglicherweise auch ein Notebook, um Arbeit nach Hause mitzunehmen oder weil er im Außendienst tätig ist.

Er ist zwar in hohem Maße von seinem Gerät abhängig, doch das Unternehmen hat dafür ja eine IT-Abteilung, auf die er sich in der Regel verlässt. Und das prinzipiell zu Recht, denn dafür ist diese ja da.

Allerdings stellt sich die Lage aus Sicht der IT-Leute ganz anders dar. Für sie ist der Angestellte prinzipiell eine Bedrohung, eben weil er die Verantwortlichkeit komplett abgegeben hat. Ihm zu erlauben, eigene Software zu installieren, stellt ein Risiko dar. USB-Stick – ein Risiko. Die Nutzung von Webdiensten – ein Risiko.

Obwohl dies kein Buch für Unternehmens-ITler ist, versuche ich, auch diesen Typ und seine besondere Gefährdungssituation zu berücksichtigen.

Der Geheimagent

Der Geheimagent ist jemand, der staatstragende Geheimnisse besitzt. Wenn er gehackt wird, stürzen Regierungen, Börsen crashen und die Formel für die sagenhafte Tera-Bombe gerät in die Hände von Superschurken, die meist Handschuhe tragen, Kätzchen streicheln und ihre Bediensteten in Haifischbecken zu entsorgen pflegen ...

Betrachten Sie bitte diesen Benutzertyp – genau wie ich – mit einem gewissen Augenzwinkern. Denn er existiert vor allem symbolisch und steht für den Benutzer, der einer theoretisch größtmöglichen Bedrohung ausgesetzt ist.

Warum dieser fiktive Benutzertyp? Weil es zahlreiche und kostenlose Methoden zur Erhöhung Ihrer persönlichen Sicherheit gibt, die vollkommen ausreichen. Mehr braucht kein normaler Anwender. Doch immer finden sich ganz besonders kluge Mitmenschen, die darauf hinweisen, dass hier oder dort dieses oder jenes gehackt werden könnte ...

Abbildung 1.3: US-Geheimdienst NSA, Schwerpunkt IT

Und sie haben damit Recht: Wer satt ausgestattet ist mit Material und Geldmitteln (in der Popkultur meist der US-Geheimdienst NSA, *www.nsa.gov*), der kann hypothetisch alles. Webforen sind voll von entsprechend paranoiden Behauptungen.

Die Frage ist nur: Welcher Aufwand wäre eigentlich damit verbunden?

Verschlüsselungsprogramme gelten zum Beispiel als das A und O der Sicherheit. Der Erfinder einer (noch theoretischen, aber gewiss ungemein wertvollen) „Formel zur billigen Herstellung von Mineralöl aus Sonnenlicht" hat also garantiert einen völlig verschlüsselten Computer, um seine Formel zu schützen. Doch jede Verschlüsselung, das hat die Vergangenheit gezeigt, wird irgendwann geknackt (und die, die bisher nicht geknackt wurden, sind nur so lange „sicher", bis sie das gleiche Schicksal ereilt – siehe auch Kapitel 7). Ergo kann der theoretische

Super-Geheimdienst natürlich auch jeden Schlüssel dieses Erfinders knacken, dank ausgefeilter Supercomputer und ...

Doch das kostet natürlich Geld. Viel Geld. Und viel Personal. Und Material.

Deutlich billiger wäre es, eine Edel-Prostituierte (männlich oder weiblich, je nach Zielperson) zu engagieren. Die soll den Erfinder so lange bezirzen, bis sie irgendwie an die Zugangsdaten herankommt. „Schatz, ich will dir mal was zeigen, können wir mal kurz ins Internet ...“ (Wimper-Klimper).

Der theoretische Geheimagent würde das vielleicht noch als Angriff erkennen. Aber welcher Mann in der Mitte seines Lebens würde sich nicht der (falschen) Hoffnung auf einen zweiten Frühling hingeben? Die Geschichte ist voll von Beispielen, hinzu kommen Erpressung und natürlich einfache Bezahlung, garantiert erfolgreich bei unzufriedenen Angestellten ...

Anders gesagt: Außer Geheimagenten braucht niemand Geheimagenten-Sicherheits-Werkzeuge. Sanfte Methoden, im Jargon auch *Social Engineering* genannt, funktionieren oft viel besser und billiger – auch davon wird noch die Rede sein.

Drei ganz alltägliche Horror-Szenarien

Die folgenden drei Szenarien können als typisch gelten für große Sicherheitskatastrophen, wie sie alltäglich Tausenden passieren. Für alle nachgenannten Probleme gibt das Buch Anleitungen, wie Sie sie im Vorfeld abwehren und im Fall des Falles möglichst schnell wieder beheben können.

Szenario 1: Malware-Infektion

Der Student Florian Z. speichert seine Daten auf seinem PC. Besonders wichtig ist ihm seine Semesterarbeit, die schon fast fertig ist und in einigen Tagen abgegeben werden muss. Für die Recherche ist er auf eine schnelle Internetverbindung angewiesen.

Gestern hatte Florian Besuch von einem Freund. Gemeinsam machte man sich den Spaß, auf einigen „Rotlicht"-Webseiten herumzusurfen. Heute stellt Florian Z. fest, dass der Rechner bockt und viele Funktionen nicht mehr zur Verfügung stehen. Task-Manager, Eingabeaufforderung und Registry-Editor lassen sich nicht mehr starten. Das Internet ist schneckenlahm.

Ganz offensichtlich hat Florian seinen PC mit einer Malware infiziert.

Florian Z. sucht also nach einem Antivirenprogramm und wird auch gleich fündig. Die Panik wird allerdings noch größer, als dieses Antivirenprogramm noch weitere Viren und Würmer auf dem PC findet. Allerdings weigert sich die Software dann, diese auch zu entfernen – dafür müsse man die Vollversion erwerben. Wegen des Abgabetermins für seine Arbeit unter Druck, kommt Florian dem nach – die Viren sind danach weg (es gab sie nie), doch der ursprüngliche Schädling ist immer noch da.

Wie passiert so etwas?

Die typischen Ursachen einer Malware-Infektion:

- Verwendung von Raubkopien aus dem Internet oder von Freunden
- Verwendung von Knackprogrammen für kommerzielle Software (Slang: *Crackz*) oder Seriennummern-Generatoren (*Serialsz*)
- Voreiliger Doppelklick auf angehängte Dateien in Mails, die als Trojanische Pferde arbeiten
- Voreiliges Klicken auf Links in sozialen Netzen, in Spam-Mails, im Messenger oder in Suchergebnislisten; auf Links, die zu Seiten führen, auf denen bereits das schlichte Betrachten von Flash-Animationen, PDF-Dateien oder ähnlich „Alltäglichem" schon für eine Infektion ausreicht (auf schlecht gepflegten Systemen)

- Datenaustausch via CD, DVD, USB-Stick oder externe Festplatte mit Freunden oder Kollegen, mit öffentlich zugänglichen PCs und Notebooks, zwischen Zuhause, Universität, Büro, Messe-PCs ...
- Nutzung von (unsicheren) Anonymisierungs-Systemen
- Und, und, und
- Plus: Panik – immer eine ganz schlechte Grundlage für Entscheidungen

Wie real ist die Gefahr?

Dieses Problem ist absolut real und alltäglich. Vorsichtiges Verhalten kann die Gefahr minimieren, aber schon wer einen Webbrowser benutzt, setzt sich automatisch Risiken aus, die er heutzutage eigentlich nicht mehr selbst kontrollieren kann.

Besonders perfide ist, dass eine wachsende Zahl von „Antivirenprogrammen" im Web auftaucht, die so gut wie keine Wirkung haben, aber gutgläubige Nutzer zur Kasse bitten.

- Abhilfe schaffen echte Antivirenprogramme und Security-Suiten von namhaften Anbietern. Auch regelmäßige Updates und eine Änderung des eigenen Nutzerverhaltens minimieren das Risiko, ebenso Browser-Erweiterungen, die Ihnen helfen, gefährliche Websites schneller zu erkennen – siehe Kapitel 4.
- Backups helfen, im Fall des Falles schnell wieder die Arbeitsfähigkeit herzustellen – siehe Kapitel 5.

Szenario 2: Netbook-Crash

Julia H. hat sich sehr über ihr Netbook gefreut. Es war recht günstig und ist besonders kompakt, sie hat es immer dabei.

Dank 160-GByte-Festplatte hat sie alles Mögliche draufgepackt: Die Fotos ihrer Kinder liegen ebenso auf dem Netbook wie Fotos von ihrem Mann und Videoclips, die ein Freund auf der Hochzeitsfeier aufgenommen hat.

Doch dann geschieht das Unglück: Das kleine Netbook fällt herunter, die Festplatte ist kaputt. Die Festplatte selbst kann man austauschen, selbst der Ersatz des gesamten Geräts ist bei einem Preis von unter 400 Euro kein Problem.

Doch was ist mit ihren Passwörtern, ihren Briefen, ihren Mails und ihren Fotos? Mit dem Gerät verschwindet heute auch die gemeinsame Erinnerung, die sich in wachsendem Maße im „digitalen Gedächtnis" befindet.

Wie passiert so etwas?

Typische Gründe für einen kompletten Datenverlust am PC:

- Das Gerät wird gestohlen oder verloren.
- Das Gerät fällt herunter und wird völlig zerstört.
- Die Festplatte fällt aus, zum Beispiel weil ganz einfache Netbooks gerne im geöffneten Zustand durch die Welt getragen werden – was den eingebauten Festplatten schadet.
- Die Festplatte wird versehentlich gelöscht, weil man ein zweites Betriebssystem wie Ubuntu installieren wollte.
- Eine Schadsoftware löscht das System.

Wie real ist die Gefahr?

Die Gefahr ist absolut real. In jeder Minute verschwindet ein mobiler Rechner in Kaffeehäusern, Hotelzimmern, Schulen und Universitäten. Das wäre halb so schlimm, enthielte nicht mindestens die Hälfte der Net- und Notebooks vertrauliche Daten. Die Studie „Airport Insecurity – The Case of Lost Laptops" (Ponemon, *www.ponemon.org*) nennt 16.000 verschwundene Notebooks pro Jahr – und das allein auf US-amerikanischen Flughäfen.

Selbst wenn die Geräte „ersetzbar" und die Daten darauf „entbehrlich" sind, so sollten die Inhalte in der Regel nicht in falsche Hände gelangen.

Prominentes Beispiel: Im August 2009 wurde das Notebook des Fußball-Managers Christoph Daum auf einem Flughafen gestohlen. Die Langfinger wussten, was sie taten, und forderten vom Fußballtrainer 100.000 Euro Lösegeld, andernfalls werde man Daten von seinem Mobilrechner veröffentlichen, offensichtlich solche, denen irgendeine Brisanz innewohnt.

Natürlich hat nicht jeder „brisante“ Daten auf seinem Rechner. Aber jeder Verlust von Kundendaten sollte dringend vermieden werden, auch wenn man kein Arzt mit digitalen Patientenakten oder Anwalt mit Falldateien ist. Und wer die Baby-Bilder seiner kleinen Tochter auf dem Gerät speichert, möchte sicher auch nicht unbedingt, dass diese jemandem in die Hände fallen, der sie in unerwünschtem Zusammenhang verwendet – zum Beispiel als Tauschmaterial für den Kinderporno-Untergrund.

Die Gefahr von Diebstahl, Verlust oder Missbrauch persönlicher oder geschäftlicher Daten ist also höchst real.

- ✓ Abhilfe schaffen Verschlüsselungsprogramme, die dafür sorgen, dass den Dieben nur die Hardware, nicht aber die Inhalte des mobilen Computers in die Hände fallen – siehe Kapitel 7.

Der Crash ist deutlich seltener und auf den ersten Blick auch weniger problematisch. Eines Morgens gibt das Gerät einfach den Geist auf, das war’s dann.

- ✓ Abhilfe schafft ein regelmäßiges Backup der Daten des tragbaren PCs auf einer Festplatte, die zu Hause bleibt. Erleichterung verschafft die Nutzung von webbasierten Diensten und Cloud-Services, die den Benutzer unabhängig vom konkret vorhandenen Gerät machen. Beispiel: Wenn Sie GMX-Mail verwenden, so können Sie das auf jedem PC tun – siehe Kapitel 5.
- ✓ Problematisch ist nur, wenn ein defektes Gerät zur Reparatur gegeben wird, denn dann ist wie beim verlorenen oder gestohlenen Notebook die Privatsphäre über Verschlüsselungsmaßnahmen zu schützen – siehe Kapitel 7.

Der völlige Datenverlust durch Malware (Viren, Würmer, Schadprogramme) ist heutzutage eher selten, weil sich der Schwerpunk eines Angriffs verlagert hat: Wollten die Hacker früher noch zerstören, so soll heute ja vor allem die Schadsoftware weiterverbreitet werden, wofür ein einigermaßen reibungslos laufendes System unabdingbar ist.

Szenario 3: Online-Raubüberfall

Der Facharbeiter Thomas S. stellt eines Tages fest, dass jemand auf seine Kosten einkauft. Es sind nur kleine Summen, per Kreditkarte ebenso wie per Bank, doch zusammengenommen ergeben sich hohe Beträge.

Nachforschungen ergeben, dass eine Person im europäischen Ausland unter seinem Namen, aber mit einer weiteren Adresse eine zweite Identität eingerichtet hat und nun auf seine Kosten shoppt und sogar telefoniert.

Beim Versuch, das zu stoppen, kommt Thomas S. in die bizarre Lage, dass er selbst nachweisen muss, dass er der wahre Besitzer der Kontodaten ist.

Er wurde zum Opfer eines Identitätsdiebstahls oder -missbrauchs.

Wie passiert so etwas?

Typische Ursachen eines Identitätsmissbrauchs:

- ✔ Verwendung zu kurzer oder unsicherer Passwörter in verschiedenen Systemen
- ✔ Ein Mobil-Computer mit enthaltenen Zugangsdaten wurde gestohlen oder verloren.
- ✔ Es liegt ein gezielter Angriff eines Mitmenschen vor (nicht so selten, wie es klingt).
- ✔ Nachlässiger Umgang mit persönlichen Daten, auf dem Computer und auch außerhalb

Wie real ist die Gefahr?

Der erfolgreiche Sandra-Bullock-Film „Das Netz“ vermittelt einen passablen Eindruck von diesem Szenario – wenngleich verwässert von Hollywood-Klischees. Noch eindringlicher ist das in dieser Hinsicht lesenswerte Buch „Talk Talk“ von T.C. Boyle, bei dem sich die Opfer eines Identitätsbetrügers allerdings überzeichnet dumm verhalten.

Doch jenseits dieser Klischees sprechen die Fakten für sich: Das Bundesamt für Sicherheit in der Informationstechnik (BSI, *bsi.bund.de*) beobachtet seit Jahren eine Zunahme der Cyberkriminalität im Umfeld des Identitätsmissbrauchs. Das Bundeskriminalamt (BKA, *www.bka.de*) stellt jährlich eine wachsende Zahl von digitalen Identitätsdiebstahlen fest. An der Spitze stehen dabei mehrere Tausend Fälle der missbräuchlichen Nutzung von Accounts von Telekommunikationsdiensten, wobei Zugangsdaten ausgespäht und anschließend missbräuchlich verwendet werden. Die Zahl der jährlichen „Account-Takeovers“ ging ebenfalls bereits 2009 in die Hunderte, inzwischen dürfte sie noch höher liegen. Dagegen ist die Zahl der „Carding“-Opfer, bei denen Kreditkartendaten entwendet wurden, vergleichsweise gering. Zieht man allerdings in Betracht, dass Mitte 2011 der Firma Sony von Hackern mehrere Millionen Zugangsdaten entwendet wurden, bestätigt sich die Aussage des BKA, wonach die Dunkelziffer gewiss weit höher liegt.

- ✔ Abhilfe schafft eine Änderung des Nutzerverhaltens, vor allem beim Umgang mit Passwörtern – siehe Kapitel 6.
- ✔ Spezielle Tools helfen bei der Abwehr von Spionage-Werkzeugen und Schnüffeleien, etwa Verschlüsselung – siehe Kapitel 7.
- ✔ Auch der Spurenlöschung kommt Bedeutung zu, denn aus den Spuren eines Benutzers lässt sich ebenfalls auf sein Verhalten schließen – siehe Kapitel 8.

Früher üblich (und auch heute noch praktiziert): das sogenannte *Dumpster Diving*, zu Deutsch etwa „Tauchen im Müllcontainer“. Papier-„Hacker“ wühlen dabei im Müll, meist in dem von Firmen, auf der Suche nach deren (und Ihren) Geheimnissen. Kein Witz! Der Sage nach soll der ehemalige Microsoft-Chef Bill Gates auf diese Weise in den Besitz von Programmcode gelangt sein. Machen Sie sich mal den Spaß und werfen Sie bei trockenem Wetter einen Blick ins Altpapier und prüfen Sie, wie viele Adressen, Bankverbindungen und Unterschriften Sie zusammenkriegen würden. Man muss sich gar nicht in den Computer eines Opfers hacken, man muss nur warten, bis der Betreffende sein Altpapier vor die Tür stellt …

Eine neue Art von Sicherheit

Allgemein gesagt ist Ihr PC niemals sicher. Jeder Virenscanner erkennt zum Beispiel (vereinfacht dargestellt) digitale Schädlinge an ihren Mustern. Scanner erkennen daher nur Schädlinge, die sie erkennen können, weil sie deren Suchmuster kennen – neue Schädlinge kennen sie systembedingt nicht. Daher hilft auch der beste Scanner nichts, wenn Sie der erste Mensch auf Erden sind, der mit einer nagelneuen Schadsoftware konfrontiert wird.

Hier springen „verhaltensbasierte Schutzprogramme“ in die Bresche. Sie versprechen, beliebiges Schadverhalten ganz allgemein zu erkennen, ohne diesen einen Virus speziell schon über sein Muster identifizieren zu können. Funktioniert auch, oft. Doch wie unterscheidet sich das Posten eines Links bei Facebook durch Sie vom gleichen Vorgang durch einen Wurm in Ihrem PC? Und selbst wenn es funktioniert, so fällt Ihnen vielleicht das Notebook herunter, Ihre Festplatte ist ein Montags-Fabrikat oder ein Erdbeben findet völlig überraschend statt.

Kurz: Sie sind sowieso nie sicher.

Ergo ist es am besten, sich vom Gedanken an irgendeine Art von „100-prozentiger Sicherheit“ gleich zu verabschieden.

Hat man das einmal verinnerlicht, stellt sich nämlich die viel wichtigere Frage: Was können Sie tun, um nach einem Crash, egal welcher Art, schnellstmöglich wieder den vorherigen Zustand herstellen?

Dieser Punkt ist mir sehr wichtig, denn wir stehen in Sachen Sicherheit meiner Meinung nach vor einem Paradigmenwechsel weg von „Abwehrmaßnahmen“ hin zu „Wiederherstellungsvorbereitung“.

Der Crash kommt so oder so. Klug ist daher derjenige, der sein System so ausgelegt hat, dass er eine Stunde nach dem Crash einfach weiterarbeiten kann.

KAPITEL

Die Angreifer

„Kenne deinen Feind" lautet eine Grundregel der Kriegskunst und daher auch eine Grundregel der Computersicherheit. Das folgende Kapitel stellt die wichtigsten Bedrohungen dar, auf die Sie im Alltag stoßen können.

2

Die Angreifer / Bedrohung

In der Computer-Regenbogenpresse findet man gelegentlich Fotos, die einem das Wasser in die Augen treiben. Den größten Bock schoss ein Magazin, das drei Jugendliche an einem Tisch zeigte. Die „Hacker“ saßen vor drei Monitoren, an deren Rändern Familienfotos klebten. Sie trugen T-Shirts mit der Aufschrift *Space-Invaders* und hatten Headset-Mikrofone um den Kopf geschnallt (wichtig!). Sie waren vermummt und auf dem Tisch vor ihnen lag eine offene Schachtel mit den Resten einer Schwertfisch-Pizza.

Da drängen sich natürlich Fragen auf. Zum Beispiel: Welcher Idiot hat dieses Foto entworfen? Warum sollten Hacker vor dem Rechner vermummt Pizzaschnitten verspeisen? Um vor ihren Webcams *unerkannt* zu bleiben?

Der Aufmacher steht für eine gewisse Hilflosigkeit der Medien, sich ein Bild von den Bedrohungen und den Angreifern zu machen. Da wird eben das Naheliegende genommen: vermummte Jugendliche, verspiegelte Sonnenbrille, Kippe im Mundwinkel, natürlich Pickel und Übergewicht. Oder die üblichen Bakterien, Würmer und Monster mit Riesenzähnen, die an Computern nagen, welche entweder ein Fieberthermometer im Mund haben oder einen Eisbeutel auf dem Monitor.

Die dunkle Seite der Macht

Dieses Kapitel schildert alle möglichen Bedrohungen, denen man heute als Windows-7-Benutzer mit einigermaßen hoher Wahrscheinlichkeit ausgesetzt ist. Auch wenn Sie eigentlich vor allem eine Schutzmaßnahme ergreifen wollen, empfehle ich die Lektüre der nachfolgenden Abschnitte. Denn wenn Sie den Feind gut kennen und seine Arbeitsmethoden verstehen, fällt es Ihnen viel leichter, Ihre individuelle reale Bedrohungslage besser einzuschätzen und die richtigen Gegenmaßnahmen zu treffen.

Wie stets ist es sinnvoller, nicht irgendetwas Beliebiges ganz besonders richtig zu tun (etwa: den Testsieger unter den Security-Suites zu installieren), sondern vor allem das Richtige zu tun.

Erste Gefahr: Windows 7

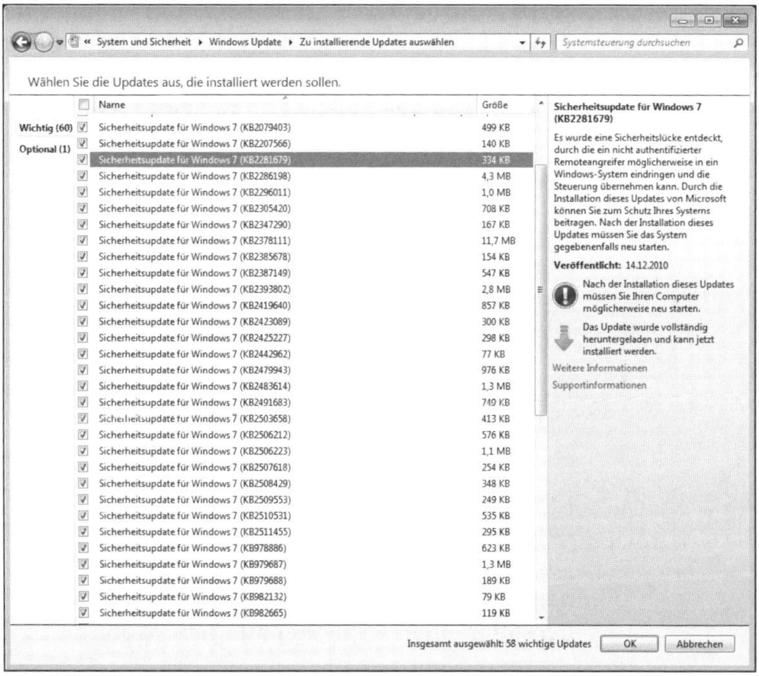

Abbildung 2.1: Viele Updates stehen für viele Fehler

Der PC ist leider ein Schlaraffenland für Angriffe und vor allem Windows-PCs sind auf absehbare Zeit das lukrativste und attraktivste Angriffsziel. Dafür gibt es einige Gründe:

- Windows-PCs haben die größte Marktdurchdringung.
- Windows ist wunderbar standardisiert: Egal wo auf der Welt jemand einen Virus schreibt, der Systemdateien löschen soll – er kann sich darauf verlassen, dass sie im Verzeichnis *C:*

Windows liegen. Auch die Einführung von Standard-Ordnern wie *Eigene Dateien* erleichtert Angriffe.

- Windows ist gut dokumentiert: Wer programmieren will, lernt dies am schnellsten und einfachsten auf Windows. Die entsprechenden Werkzeuge sind oft kostenlos zu haben.
- Windows ist historisch gewachsen: Ich habe Programme aus dem Jahr 1993, die immer noch auf Windows 7 laufen. Damit das geht, muss Windows hier und da mal ein Auge zudrücken oder veraltete Sonderfunktionen bieten. Im Ergebnis ist es für Sicherheitsprogramme schwer, das System effektiv zu kontrollieren.
- Windows ist einfach: Microsoft will stets möglichst viele zahlende Anwender gewinnen, ohne ihnen großes Know-how abzufordern. Das ist völlig verständlich und das gute Recht des Unternehmens. Das Ergebnis ist aber, dass vor den Computern immer öfter Menschen sitzen, die sie eigentlich nicht bedienen können und kein grundlegendes Verständnis davon haben, wie sie funktionieren. Das ist auch in Ordnung so, denn wir fahren auch mit dem Auto, ohne zu wissen, wie es genau funktioniert. Doch leider ist ein Computer deutlich komplizierter als alles andere, auch wenn das zunächst nicht so aussieht. Die meisten Anwender sind mit den täglichen Entscheidungen längst überfordert und meiner Beobachtung nach wird auch die Schutzsoftware immer seltener ihrer Aufgabe gerecht, dem Nutzer hier helfend unter die Arme zu greifen.

Sind Macs und Linux-PCs sicherer?

Gerne wird Windows als Virenschleuder dargestellt, wohingegen Macs und vor allem Linux das Image hochsicherer Mainframes haben, an denen Viren und Hacker abprallen.

Das ist allerdings nur vom Ende her gedacht richtig: Es gibt weniger Viren auf Mac und Linux, ja. Aber nicht etwa, weil diese sicherer wären, sondern weil derzeit noch so wenige Benutzer Mac und Linux verwenden, dass es sich nicht oder erst in jüngster Zeit lohnt, Malware für diese Systeme zu entwickeln.

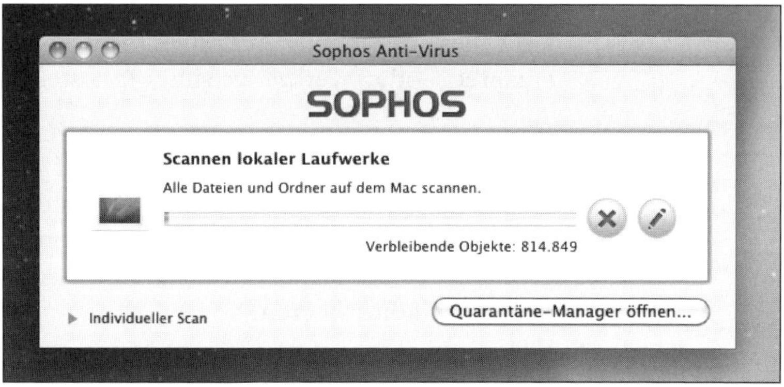

Abbildung 2.2: Keineswegs virenfrei: Auch der Mac kennt Scanner

Das wird sich ohnehin ändern. Je erfolgreicher Apples Mac-Produkte sind, desto interessanter wird es, dort kriminelle Energien zu investieren. Das Smartphone-Betriebssystem Android ist ebenfalls schon verstärkt im Visier der Virenschreiber und mit der zunehmenden Verbreitung von Tablets wird die Zahl der digitalen Plagen dort auch zunehmen.

Tablets sind besonders interessant, weil sich hier die Philosophien neu gründen müssen. Viele welt- und computerferne Journalisten in den Medien beklagen zum Beispiel, dass Apples iPhones und iPads ein „geschlossenes System" darstellen: Der Benutzer kann hier nur in bestimmten Grenzen Dinge tun, nur bestimmte Programme installieren und so weiter. Stimmt auch, doch dafür hat er seltener Ärger damit. Android hingegen wird als „offenes System" gepriesen, allerdings vergisst man dabei den Pferdefuß zu nennen: Wie bei Windows kann man hier eben mehr falsch machen. Google hat bereits die Notbremse gezogen und schaut nun ebenfalls genauer hin.

Freiheit und Sicherheit sind – zumindest im digitalen Bereich – nur schwer vereinbar. Mein Rat als Alles-Nutzer:

Windows-PCs sind völlig in Ordnung, man muss halt nur ein wenig aufpassen.

Macs sind ganz wunderbare Geräte, die sich meines Erachtens für Einsteiger ohne spezielle Bedürfnisse (einzelne Programme, die es nur auf Windows gibt) noch besser eignen als Windows. Aber ihr Erfolg macht die Plattform zunehmend interessant für Angreifer, die Zeit des friedlichen Eilands ist vorbei.

Das iPad-Tablet kann jedem, der ohnehin nur Mails lesen, surfen und so weiter will, nur empfohlen werden. Man ist darauf etwas sicherer als auf Windows, sofern man sich bei den Apps auf die wichtigsten und namhaftesten beschränkt. Allerdings ist man keineswegs völlig sicher: Wie bei Windows lassen sich prinzipiell durch Tricks beim Surfen per iPad Schadprogramme einschleusen, etwa durch Exploits bei der PDF-Anzeige. Das wird bei Android-Tablets nicht anders werden ...

HINWEIS

Kein Grund zur Panik: Der einzige bisher bekannte iPad-Virus war kein solcher, sondern versuchte, als iTunes-Update getarnt Nutzerdaten abzugreifen.

Bedrohung durch Hacker

Historisch gesehen ist der Hacker „der Gute“: „to hack“ hieß nichts anderes, als auf seiner Tastatur herumzuklappern, und diejenigen, die es besonders gut konnten, waren eben „Hacker“.

Ein *Hack* beschreibt dabei auch das Bemühen, mehr aus einer Sache herauszuholen, als eigentlich in ihr drin steckt. Das kann man an Blogs wie *www.lifehacker.com* sehen, wo es nicht nur um Computer geht, sondern wo alles „gehackt“ wird: wie man sein Büro einrichtet, mit Geld besser umgeht, seine Geschirrspülmaschine optimiert. Das deutsche Wort „Verbrauchertipps“ wirkt hier deutlich lahmer als „sein Leben hacken“, aber letztlich sind Hacks oft nur Tipps.

Pfiffig: Phone-Freaks

Die Hacker-Ära begann in den 1950er Jahren mit dem *Phreaking*, bei dem findige Nutzer vor allem in den USA ihre Telefone mit verschiedenen Mitteln manipulierten. Das rhythmische Schlagen auf die Gabel konnte zum Beispiel die Funktion der Wählscheibe ersetzen. Und weil die Schaltsysteme der Telefongesellschaften untereinander mit Pfeiftönen kommunizierten, gelang es Anwendern allein durch das Pfeifen mit einer bestimmten Frequenz (zum Beispiel 2.600 Hertz), interne Funktionen des Telefonsystems anzusprechen und so zum Beispiel kostenlos zu telefonieren.

Der Trick bestand im Wesentlichen darin, durch Pfeiftöne der Vermittlungsstelle glauben zu machen, man habe aufgelegt, und dann durch weitere Pfeiftöne Telefonnummern anzuwählen.

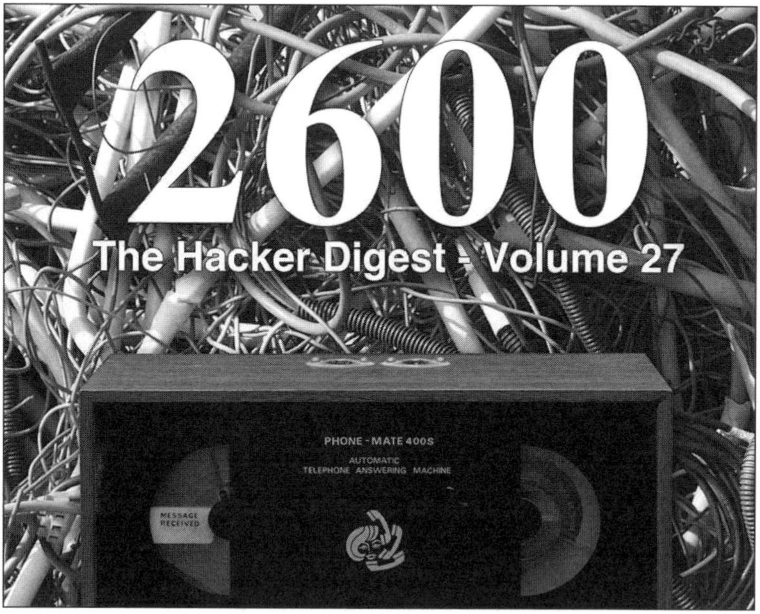

Abbildung 2.3: Hacker-Magazin 2600, *www.2600.com*

Später erschien in einer US-Zeitschrift für Politik und Literatur die Bauanleitung mit Teilebeschreibung für ein Gerät (*Blue box*), das einem die Pfeiferei abnahm und das verschiedene zusätzliche Funktionen bot. *Phreaking* und *Blueboxing* entwickelten sich auch im Zuge der 68er-Bewegung zu einer gegen die Obrigkeit gerichteten Gegenkultur, die sich noch lange Zeit hielt und in den 80ern auf die (Heim-)Computer übergriff.

Das Magazin Phrack (*http://phrack.org*) erschien erstmalig 1985 und behandelte die Themen *Phr*eaking und H*ack*ing.

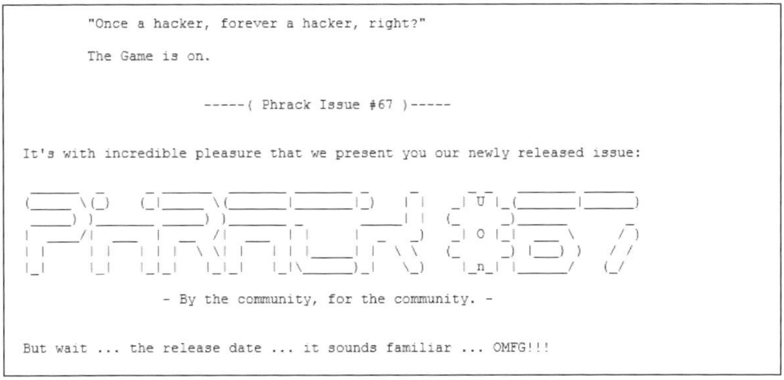

```
"Once a hacker, forever a hacker, right?"

The Game is on.

-----( Phrack Issue #67 )-----

It's with incredible pleasure that we present you our newly released issue:

- By the community, for the community. -

But wait ... the release date ... it sounds familiar ... OMFG!!!
```

Abbildung 2.4: Hacker-Magazin Phrack, *http://phrack.org/*

In Deutschland gab es das schon 1984 mit *Die Datenschleuder. Das wissenschaftliche Fachblatt für Datenreisende* des Hacker-Clubs CCC und *Bayrische Hackerpost Das Informationsblatt für den lebensbejahenden DFÜ-Benutzer*, ebenfalls Magazine, in denen es um die Manipulation von Computer- und Telefonsystemen ging.

Prinzipiell kann man sagen, dass abgesehen von unrühmlichen Ausnahmen diese Szene vor allem von Spaß an der Freude geprägt und selten bis gar nicht von kommerziellen Interessen getrieben war.

Die ersten Computer-Hacker

Die ersten Computer hatten keine Tastatur, man musste sie mit Lochkarten oder Lochbändern füttern, auf denen die Programme eingestanzt waren. Dazu bekam man Rechenzeit zugewiesen, die Programmierer gaben ihre Lochkarten ab und erhielten das Ergebnis der Berechnung als Ausdruck zurück.

Mit der Verbreitung von Computern im universitären Umfeld änderte sich das. Noch immer bekam man Rechenzeit zugewiesen (*Time-sharing*), hatte aber einen eigenen Bildschirm (das *Terminal*) und so die Möglichkeit, einigermaßen direkt in das Geschehen einzugreifen.

Weil nun aber mehrere Benutzer an einem Computer arbeiteten, war es plötzlich von einem gewissen Interesse, in den Bereich des anderen einzudringen.

Zugleich arbeiteten auch mehrere Programme in einem Rechner. 1962 entwickelten drei Hacker ein Spiel namens *Darwin*, bei dem sich zwei oder mehr Programme im Speicherbereich eines Computers vom Typ PDP-1 bekämpften.

Das Spiel wurde später unter dem Namen *Core War* neu aufgelegt und wird heute noch „gespielt“. Interessenten finden Infos dazu auf *www.corewar.info* und *www.corewars.org*. Core War darf man sich dabei nicht wie ein Videospiel vorstellen. Stattdessen programmiert man in einer speziellen Maschinensprache kleine Programme, die sich gegenseitig zu löschen oder virenartig zu infizieren versuchen (siehe Abbildung 2.5).

In eine ähnliche Richtung zielen Spiele wie Conways *Game of Life* (*zelluläre Automaten*), bei denen sich virtuelle Lebewesen in einem begrenzten und durch strenge Regeln definierten Raum ausbreiten und dabei Verhaltensmuster entwickeln, die man auch sehen kann. Auf *www.denkoffen.de/Games/SpieldesLebens/* kann man das ausprobieren (siehe Abbildung 2.6).

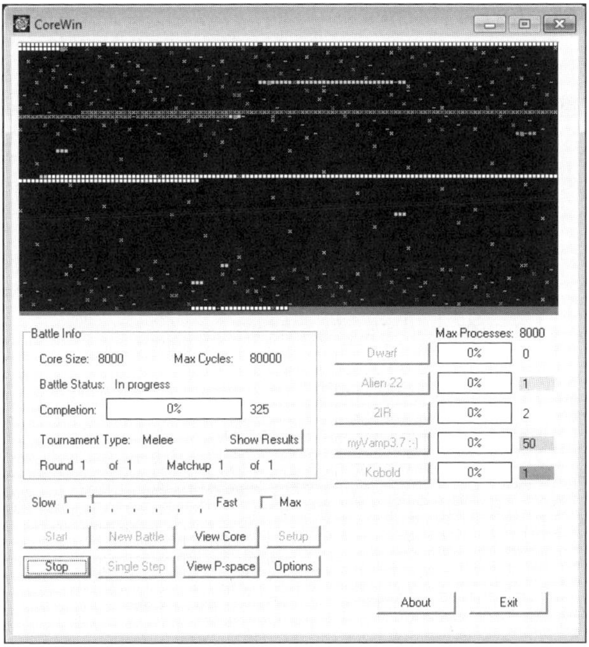

Abbildung 2.5: Core War: spielerisches Programmieren

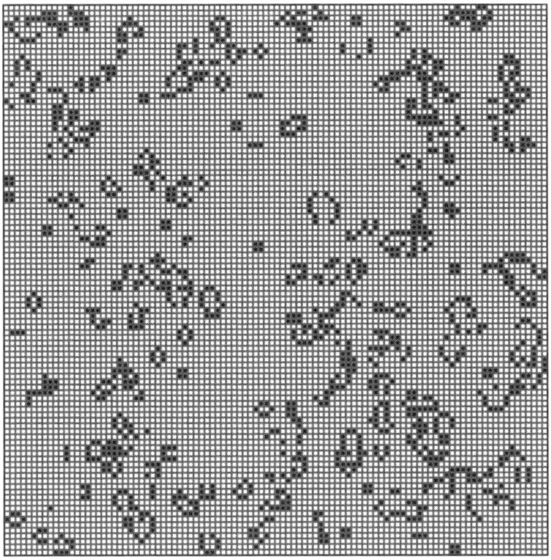

Abbildung 2.6: Spiel des Lebens: musterartiges Leben

Moderne Hacker

Hacker wird niemand durch die Berufsberatung, man wird es aus Leidenschaft. Die persönliche Charakterbildung entscheidet dann letztlich darüber, zu welcher Gruppe man sich hingezogen fühlt:

- *Black-Hat-Hacker* oder *Cracker* sind kriminelle Computerspezialisten, die direkt oder indirekt an Computerkriminalität beteiligt sind, heutzutage meist professionell und mit kommerziellen Interessen.

Abbildung 2.7: Black Hat: Sicherheitskonferenz (nicht nur) für Hacker

- *White-Hat-Hacker* oder *Ethical Hacker* sind mehr oder weniger versierte Sicherheitsexperten, die ihre Fähigkeiten in den Dienst des Schutzes gegen Black-Hat-Hacker stellen.
- Die Welt ist allerdings nicht schwarz oder weiß, sondern meist grau: *Gray-Hat-Hacker* bewegen sich zwischen diesen beiden Extremen. Sie übertreten durchaus das Gesetz, wenn es ihrem Ziel im Weg steht. Möglicherweise sind es auch nur Black-Hats, die sich in der Öffentlichkeit als White-Hats tarnen, weil es sonst etwas schwerer ist, an Sicherheits- und Hacker-Konferenzen teilzunehmen.

Soweit die offizielle Einteilung in der Branche. Dabei fehlen mir persönlich allerdings ein paar Hacker-Typen:

- *No-Hat-Hacker* sind meist Menschen, die zum persönlichen Vergnügen hacken und sich als Spaziergänger in fremden Datengärten empfinden. Sie versuchen, dabei keine Spuren und keinen Schaden zu hinterlassen. Sie lassen sich nicht von Computerkriminellen kaufen, aber auch nicht von Sicherheitsunternehmen vereinnahmen.
- *Script-Kids* sind meist junge Menschen, die vom Thema fasziniert sind und mithilfe fertiger Tools ohne konkrete Zielsetzung allerlei Unfug anstellen. Sie sind keineswegs ungefährlich, nur arbeiten sie eben nicht professionell. Dazu können auch Kinder gehören, die ihre Eltern ausspionieren wollen. Oder anders herum: In dem Augenblick, in dem Eltern zum Beispiel einen Kinderschutz installieren, müssen sie damit rechnen, dass ihre Kinder zu Hackern werden. Meist wird *Script-Kiddies* als abschätzige Bezeichnung verwendet.
- *Amateur-Hacker* sind zum Beispiel Konkurrenten, die nicht das Geld in einen Black-Hat-Hacker investieren, um ihre Konkurrenz auszuspionieren, sondern das mit eigenen Mitteln versuchen. Dazu gehören auch kleinere Firmen, die ihre eigenen Mitarbeiter ausspionieren.
- *Privatdetektive* untersuchen so manchen Fall, der auch mit Online-Kriminalität zu tun hat. Entsprechend kennen auch sie inzwischen das Instrumentarium der Hacker, und sei es nur, um Kunden gegen Lauschangriffe zu schützen.
- *Gamer*, vor allem von Massive Multiplayer Games wie World Of Warcraft, haben ein großes Interesse, schnell weiterzukommen oder bestimmte Spiel-Levels zu erreichen. Zugleich sammelt sich bei dieser Art von Spielen eine große Menge von Zeit und Arbeit in der digitalen Spiel-Identität. Hinzu kommen neuerdings virtuelle Gegenstände, die für reales Geld gekauft werden können. Dadurch wird eine Spiel-Identität wertvoll – auch für Diebe: *Game-Thief-Trojaner* erledigen diesen Job.

Abbildung 2.8: Hilfe zu Game-Hacks, *http://eu.battle.net/de/security/*

- *Polizisten und Nachrichtendienstler* werden förmlich gezwungen, zu Hackern zu werden. Daher ist es kein Wunder, dass bei den Behörden digital aufgerüstet wird. So gibt es Bemühungen, Skype abzuhören. Bekannt wurde auch der Fall, dass einem Verdächtigen unter dem Vorwand der Sprengstoffkontrolle am Flughafen das Notebook vorübergehend entwendet wurde – um darauf eine Spionagesoftware zu installieren (*www.spiegel.de/spiegel/0,1518,748110,00.html*), die regelmäßig Screenshots verschickte.
- *Kinderpornografen.* Leider ist der Kinderporno-Konsument von politischen Kreisen zur großflächigen Einführung staatlicher Überwachungs-Infrastrukturen (vor allem *Vorratsdatenspeicherung*) so sehr missbraucht worden, dass keiner mehr wahrhaben will, dass es ihn wirklich gibt. Solche Leute werden üblicherweise erwischt, daher sind auch sie an der Verwischung ihrer digitalen Spuren interessiert. Des Nachbarn ungeschütztes Internet zu verwenden, ist da nur naheliegend. Ja, das wird eher selten der Fall sein, aber wenn es passiert, ist das kein Spaß für den Gehackten.

- *Journalisten und Whistleblower* greifen auch mal zu Hacker-Methoden, um an ihre Informationen zu gelangen. Zugleich sind in diesem Umfeld Sicherheitsmethoden interessant, um Quellen und Informationen zu schützen.
- *Insider* sind enttäuschte oder bereits entlassene Mitarbeiter, die sich in irgendeiner Form an ihrer Ex-Firma rächen wollen und das entweder selbst in die Hand nehmen oder sich zum *Maulwurf* externer Interessengruppen machen lassen.
- *Der einfache Mann und die Frau von der Straße.* Man darf das kriminelle Potenzial völlig normaler Mitmenschen nicht unterschätzen. Sich bei einem Shop unter dem Namen der Ex-Freundin anzumelden und dort Sexspielzeug in ihrem Namen zu bestellen, ist ein Hack, mithin Identitätsbetrug und somit kriminell. Aber dergleichen passiert ständig, meist ausgehend von menschlichen Tragödien, Neid und Missgunst, Enttäuschung und Rache.

Ist Hacken ein Kavaliersdelikt?

Bekannt sind Fälle von kriminellen Hackern, die ertappt wurden und nach einer Gefängnisstrafe zu Beratern in Sicherheitsunternehmen wurden. Ebenso bekannt sind aber auch Fälle von derart geläuterten Crackern, die dann irgendwann doch wieder kriminell wurden. Ob es einem passt oder nicht, man bewegt sich dabei immer in einer semikriminellen Zone. Daher geht der Ethical Hacker nur mit Erlaubnis der jeweiligen Unternehmen vor.

Schon frühe Hacker wie *Captain Crunch*, der bemerkte, dass die Spielzeugpfeife aus einer Frühstücksflockenpackung genau den 2.600-Hertz-Ton aufwies, den man zum Hacken von Telefonen benötigte, bekam es schnell mit dem FBI zu tun und erhielt für das schwere Vergehen, ins Telefon zu pfeifen, fünf Jahre auf Bewährung.

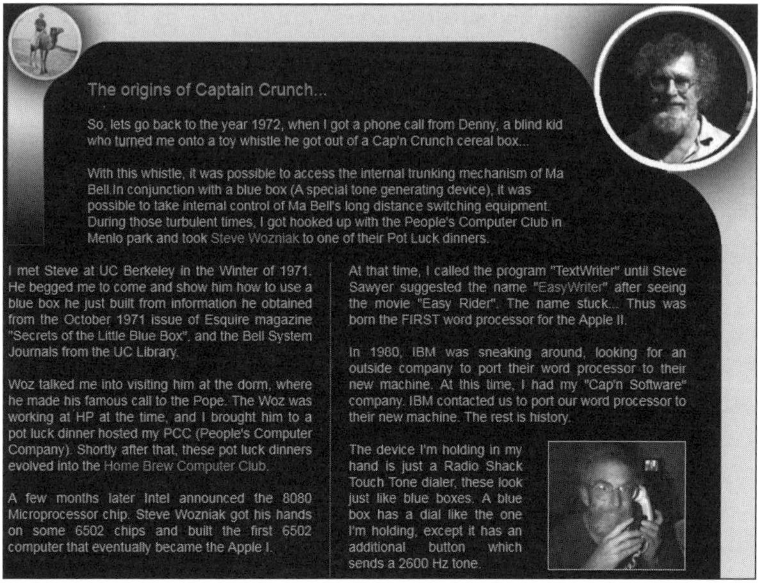

Abbildung 2.9: Hacker „Captain Crunch“ auf *www.webcrunchers.com*

Hacken war also noch nie ein Kavaliersdelikt, spätestens seit 9/11 wird Cyberkriminalität international als ernsthaftes Problem mit noch ernsthafterem Potenzial wahrgenommen, und das keineswegs nur, weil Nachrichtendienste damit höhere Budgets begründen können. Es liegt auch daran, dass Online-Kriminalität immer öfter Hand in Hand mit der klassischen organisierten Kriminalität arbeitet.

HINWEIS

Eine sehr gute Lektüre bietet hier das Buch *Fatal System Error: The Hunt for the New Crime Lords Who are Bringing Down the Internet* von *Joseph Menn*. Es schildet anhand zahlreicher Beispiele, wie Computerkriminalität und klassische Kriminalität verstrickt sind. Gewöhnungsbedürftig ist die amerikanische, fast romanhafte Art dieser Sorte von Sachbuch. Dennoch eine interessante Lektüre.

Typische Hacks

Dass Hacker heute weniger als die Robin Hoods der Datenwälder gelten, sondern mehr in Richtung Al Capone eingeordnet werden, hat seine Gründe. Denn nur die besonders spektakulären Hacks schafften es in die Medien und sie prägten das Image der Hacker-Szene.

- 1989 drangen deutsche Hacker in Systeme der US-Regierung sowie amerikanischer Firmen ein und verschacherten Ergebnisse an den KGB. Der deutsche Spielfilm *23 – Nichts ist so, wie es scheint* zeigt auf recht realistische Weise, wie das Umfeld der Hacker aussah, und ist sehr sehenswert.

Abbildung 2.10: 23 – Nichts ist so, wie es scheint (EuroVideo)

- Im November 1994 entdeckte der Chaos Computer Clubs eine Lücke im damals populären (weil einzig erlaubten) Bildschirmtext-System, bei dem bereits Online-Banking möglich war. Die Lücke erlaubte es zwei Hackern, zahlreiche kleinere Beträge abzuzwacken und so letztlich über 130.000 Mark beiseitezuschaffen. Die wurden natürlich zurückgezahlt, denn der *Btx-Hack* sollte nur demonstrieren, dass das System nicht so sicher war wie versprochen. Der CCC hatte vorher auf den Fehler hingewiesen, dieser war aber nicht behoben worden – noch heute weist der CCC immer wieder Fehler in Systemen nach, die dann lieber totgeschwiegen als behoben werden.

- 1995 überwiesen sich Sankt Petersburger Hacker rund um den Russen Vladimir Levin zehn Millionen US-Dollar vom Computersystem der Citibank auf ihre eigenen Konten.
- 1998 hackte Ehud Tenenbaum während des Golfkriegs die Homepage des israelischen Parlaments und drang ins US-Verteidigungsministerium und ins Pentagon ein. Weil man ihn für einen Iraker hielt, wurden alle Hebel in Bewegung gesetzt, um ihn zu fassen. Elf Jahre später räumte er bei amerikanischen und kanadischen Banken mehrere Millionen ab.
- 2000 legte der Australier Vitek Boden aus Rache eine Kläranlage lahm. Millionen Liter Abwasser verseuchten den Fluss und die Küstengewässer der Stadt Maroochydore in Queensland. Der Fall zeigt beispielhaft, dass sich die von Computerkriminellen ausgehende Gefahr nicht im rein virtuellen Raum abspielt. Sie hat reale Auswirkungen.
- Zwischen 2001 und 2002 brach der Brite Gary McKinnon in fast 100 Systeme der Vereinigten Staaten ein, darunter auch NASA und militärische Systeme. Er benutzte dazu einfachste Mittel. Besonders interessant: Der Hacker startete nicht etwa einen Cyberangriff, sondern suchte angeblich nach Beweisen für UFOs. Das ähnelt einem Fall aus dem Jahr 1994, wo der erst 21-jährige Matthew Bevan mit einem Heimcomputer vom Typ Commodore Amiga unter anderem in Computer der NASA eindrang, ebenfalls auf der Suche nach UFO-Beweisen.
- Im Dezember 2008 kursierte eine CD mit 21 Millionen Datensätzen deutscher Bürger. Neben Namen und Geburtsdatum enthielten die Daten auch Bankverbindungen und detaillierte Angaben zur Vermögenslage. Im Verdacht stehen hier nicht Hacker, sondern Mitarbeiter von Callcentern, die sich mit dem lukrativen Verkauf persönlicher Daten ein Zubrot verdienen wollten.

Überprüfungsanfrage Herr Andreas Winterer Posteingang | X

F. Rehmann von **Schutzzentrale.de** an andreas Details anzeigen 26. Mai. Antworten

„ Ihre persönlichen Daten haben wir legal Erworben! “

Sehr geehrter Herr Winterer,
Wir haben Ihre persönlichen Daten legal im Internet gekauft.
Herr Winterer Sie brauchen aber bei uns keine Sorge zu haben, wir werden Ihre Daten an niemanden weitergeben. Sinn unserer Mailaktion ist, die Verbraucher aufzuwecken. Viele sind in dem Glauben, ihnen passiert so etwas nicht und irgendwann wundert man sich, daß die Werbung auf allen persönlichen Kommunikationswegen ständig zunimmt. Oder sind Sie nicht Herr Andreas Winterer? Dann löschen Sie bitte einfach diese Email.

Ansonsten Herr Winterer sind Ihre Daten Bestandteil eines großen Paketes, daß von so genannten Adressbrokern im Internet zu Werbezwecken für jeden Interessenten zum Kauf angeboten wird. Diese Daten beinhalten: Ansprechpartner, Adresse, Geburtsdatum, E-Mail-Adresse, IP-Adresse und Telefonnummer, meist zusätzlich Beruf, Kaufkraft, Wohnsituation, sowie in vielen Fällen sogar die Bankverbindung einschließlich Kontonummer.

Sie sind schockiert?

Herr Winterer Sie können sich jetzt vorstellen, warum Sie so zielgerichtet mit Werbung überhäuft werden?
In Ihrem Falle sind uns folgende Daten übermittelt worden:

-Werbeeinverständnis: Ja
-Intresse: Erotik
-Vorname: Andreas
-Name: Winterer

Abbildung 2.11: Adresshandel: im Internet leider Alltag

- Anfang 2011 drangen Hacker bei Sony ein und entwendeten Millionen von Nutzer-Zugangsdaten, auch zahlreiche Kreditkartendaten sollen dabei gewesen sein. Sony musste wochenlang seine Dienste stilllegen und wurde dabei Opfer weiterer Hacks.

Rache

Immer öfter wird aus Rache gehackt.

- Im Sommer 2002 wurden die Webseiten der Recording Industry Association of America (RIAA) gehackt und zu einer illegalen Möglichkeit für den Download von Musik umgebaut. Auslöser war der Kampf der RIAA gegen illegale Musikdownload-Angebote.

- Die *Iranian Cyber Army* hackte sich 2009 bei Twitter ein, angeblich um sich für die Einmischung der USA im Iran zu rächen.
- Ende 2010 legten Hacker die Webseiten von Visa, Mastercard und Amazon lahm. Motiv: die Rache für Wikileaks. Die Kreditkarten-Unternehmen hatten verhindert, dass Wikileaks Spenden sammeln konnte, Amazon hatte Wikileaks seinen Speicherplatz entzogen. Wikileaks steht symbolisch für den kommenden Konflikt zwischen Regierungen und Hackern.

Abbildung 2.12: Wikileaks

- Im Juni 2011 legten Hacker die Webseiten der Gesellschaft zur Verfolgung von Urheberrechtsverletzungen (GVU) lahm. Dem vorausgegangen war die Verhaftung einiger Betreiber des damit auch geschlossenen Filmportals *kino.to* wegen des Verdachts der Bildung einer kriminellen Vereinigung zur gewerbsmäßigen Begehung von Urheberrechtsverletzungen.

Defacement

2010 manipulierten mutmaßlich türkische Hacker die Website einiger CDU-Landesverbände. Anstelle der gewohnten Informationen zu den Landesverbänden von Hamburg und Mecklenburg-Vorpommern erschienen das Wappen der Osmanen und der Hinweis *Hacked By GHoST61 & EmreY*.

Der Vorfall steht stellvertretend für zahlreiche andere Fälle von *Defacing*. Bei dieser Spielart des Hacks geht es darum, eine Website zu verunstalten und den Inhaber lächerlich zu machen. Die Methode ähnelt Sprayer-Vandalismus, Grabschänderei und dem Verbrennen von Flaggen.

Das Defacing kann als einfachere Spielart des Hackens gelten, weil Webseiten in vielen Fällen keine sicherheitsrelevanten Bereiche sind und daher auch so behandelt werden. Als Grundlage für den Hack dienen in den meisten Fällen Schwachstellen in PHP-Programmen und MySQL-Datenbanken.

Ziel ist häufig eine politische Botschaft. Oft dient das Defacing nur als Hinweis, dass man „es" konnte und ein toller Hacker ist.

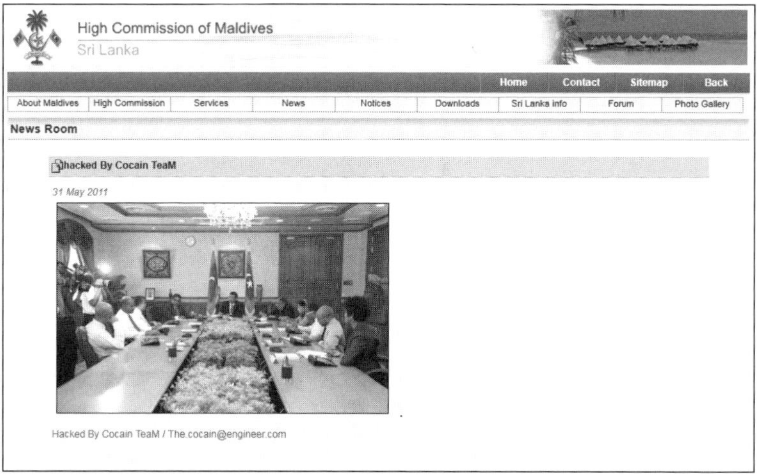

Abbildung 2.13: Defacement: Der Hacker war hier

Typisch sind Defacements im politischen Umfeld im allerweitesten Sinne, etwa um den politischen Gegner lächerlich zu machen. Hacker dringen dabei auch gegenseitig in ihre Webseiten ein. Auffällig war zum Beispiel der Hack der Website *www.isharegossip.com* im Juni 2011, bei dem die Domain-Napper den Betreibern des umstrittenen Mobbing-Portals nahelegten, zur Polizei zu gehen und sich zu stellen.

Abbildung 2.14: Hacker-Botschaft

Defacement geht jeden an, der eine Website hat. Inzwischen werden mehrere Millionen Webseiten pro Jahr verunstaltet. Das Problem ist, dass jeder Hacker, der eine Seite mit politischer Botschaft verunzieren kann, ebenso leicht Schadsoftware über diese Seiten verbreiten und dabei seine eigenen Spuren verschleiern kann.

Die Website *www.zone-h.org* sammelt unter anderem Defacements. Ähnliches macht *attrition.org*, das auf *http://attrition.org/attrition/defacement.html* sympathischerweise sogar die Angriffe auf sich selbst dokumentiert.

When	Company & Incident
2011-06-06	Unveillance faces troubled waters in the wake of LulzSec visit
2011-06-03	LulzSec Hacks FBI Affiliate Infragard
2011-06-03	Cisco deceived Canadian courts in audacious ploy to jail executive, judge finds
2011-05-24	New hack on Comodo reseller exposes private data
2011-05-05	LastPass Says Hackers May Have Stolen Password Data
2011-04-27	Oracle hedging its vulnerability reports?
2011-04-21	Hundreds log into a rogue wireless hotspot at Infosec conference
2011-04-21	[Ashampoo] Hackers breach security vendor's defences
2011-04-18	Whitehats pierce giant hole in Microsoft security shield
2011-04-11	[Barracuda] Hack attack spills web security firm's confidential data
2011-03-23	[Comodo] Phony SSL Certificates issued for Google, Yahoo, Skype, Others

Abbildung 2.15: attrition.org: sammelt Defacement-Meldungen

Zweckentfremdung

Als Hacks bezeichnet man auch, wenn man Dinge völlig anders benutzt, als vom Hersteller vorgesehen.

- iPod-Hacker lassen auf dem Gerät alternative Musik-Player laufen. Playstation-Hacker installieren Linux als Betriebssystem auf ihrer Spielekonsole. Zahlreiche WLAN-Router oder Netzwerkspeicher (NAS) werden durch eine Firmware gesteuert, die durch Firmware-Hacks erweitert wurde.
- Beim *Jailbraking* überwindet man vor allem Nutzungsbeschränkungen des Geräts, meist auf Apple-Systemen. Ähnliches gibt es aber auch auf Android. Damit einher geht nicht nur ein möglicher Garantieverlust, auch verschiedene Sicherheitsfunktionen verlieren dabei ihre Wirksamkeit und machen das Gerät anfällig für Schadsoftware.
- Solche Hacks sind auch ein Geschäftsmodell: Asiatische Anbieter verticken unter anderem über eBay Modchips, mit denen sich Geräte (meist Spielekonsolen) modifizieren lassen. Sie sind dann in der Lage, raubkopierte Spiele auszuführen.

Abbildung 2.16: Mods: Hardware-Hacker modifizieren Maschinen

Wie Hacker vorgehen

Die eigentliche Tätigkeit von Hackern bleibt ein bisschen unklar, vor allem wenn man sie nur aus Populärmedien kennt.

Mein Favorit ist in dieser Hinsicht die TV-Serie *Navy CIS*, in der es völlig normal ist, dass sich pro Folge eine Figur in irgendetwas hineinhackt, was auch jeweils nur einige Sekunden in Anspruch nimmt.

Aber was genau passiert nun wirklich beim Hacken?

- Am Anfang steht eine Zielsetzung, etwa das Entwenden von Informationen oder das pure Vergnügen, jemanden zu schädigen.
- In einer ersten Phase versucht der Hacker, ausgehend von der Zielsetzung, möglichst viele Informationen über das Zielobjekt zu sammeln. Bei Einzelpersonen bieten sich Profile in sozialen Netzen, Mülluntersuchung oder Beschattung an. Bei Firmen verraten Webseiten viel, Stellenanzeigen oft am meisten, zum Beispiel über die verwendete IT. Bei erreichbaren IT-Infrastrukturen bieten sich auch Schwachstellen-Scanner an, die automatisch nach Systemen und ihrer Verwundbarkeit suchen – typisch etwa bei Defacements.

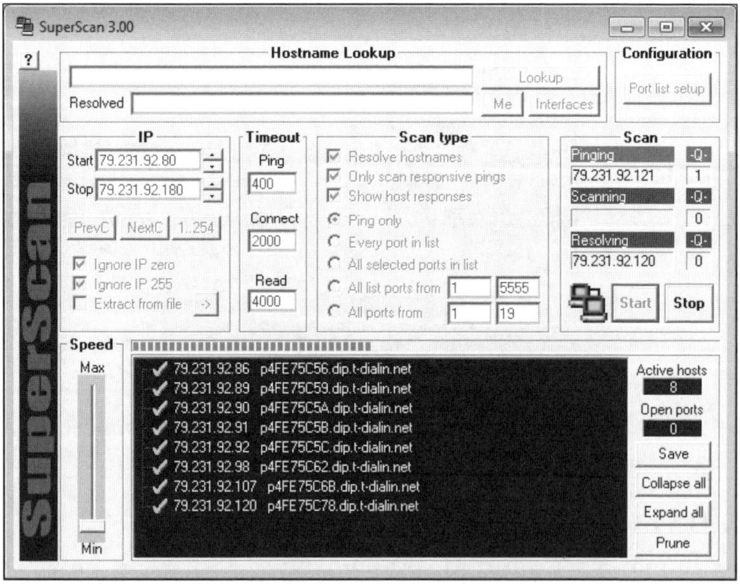

Abbildung 2.17: Einfacher Scanner zeigt Rechner im Netz

- Der Angreifer versucht dann, in ein System (einen PC oder ein Netzwerk) einzudringen und weitere Informationen einzuholen oder sein Ziel zu erreichen.
- Das ist ein iterativer Prozess: Ausgehend von einem ersten Eindringen in einen einzelnen PC stellt der Hacker weitere Analysen an, bis er eben sein Ziel erreicht hat.
- Er achtet dabei in der Regel darauf, nicht aufzufallen.

Das Eindringen in ein System wird dabei im Wesentlichen über zwei Wege erreicht:

Systemschwächen und Exploits erlauben es dem Hacker, die Kontrolle über das System zu erlangen, ohne sich dafür authentifizieren zu müssen. Dazu im Abschnitt *Gefährliche Fehler: Exploits* weiter unten mehr.

Der Hacker authentifiziert sich mit einer gestohlenen Identität, die meist nur durch ein Passwort geschützt ist.

Authentifizierung überwinden

Alle digitalen Systeme besitzen eine Liste. Sie verzeichnet, welche digitalen Identitäten das Recht haben, sich am System anzumelden und verschiedene Arbeiten oder Einstellungen vorzunehmen und auf Daten lesend oder auch schreibend zuzugreifen.

Die Feststellung einer digitalen Identität ist allerdings eine Kunst für sich und mit einem hohen Aufwand verbunden. Die Sache ist nämlich weit komplizierter, als es zunächst aussieht, und würde ein eigenes Buch ergeben.

Das Folgende kann die Problematik nur stark vereinfacht darstellen. Um zu beweisen, dass Sie der sind, der Sie zu sein vorgeben, haben Sie verschiedene Möglichkeiten:

- Sie sind einfach Sie, das kann man an Ihren körperlichen Merkmalen sehen. Ihr Nachbar lässt Sie also herein, weil er Sie kennt. Heutzutage nennt man das *Biometrie*: Das System lässt Sie herein, weil es Ihren Fingerabdruck oder ein anderes körperliches (biometrisches) Merkmal erkennt.

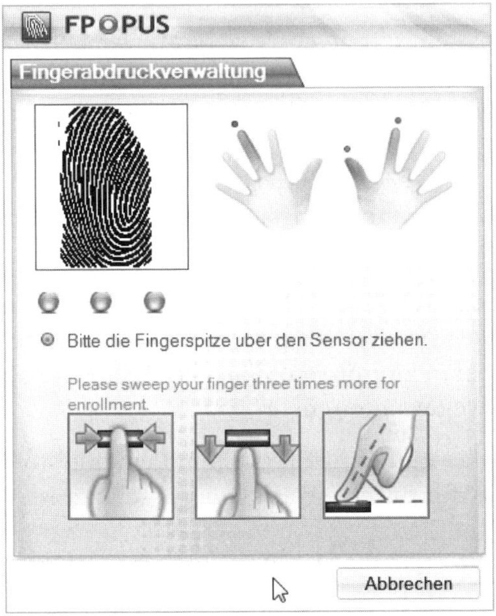

Abbildung 2.18: Ihr Fingerabdruck steht für Ihre Identität

- Sie wissen etwas, das nur Sie wissen können. Zum Beispiel ein vereinbartes Passwort, das nur Sie kennen und das zugleich Ihre Identität beweist. Oder eine Losung wie *Schwertfisch*, die nötig ist, um in die Kneipe eingelassen zu werden.

Abbildung 2.19: Inzwischen Alltag: ein Login

- Sie besitzen etwas, das nur Sie haben können. Zum Beispiel einen Schlüssel für das Schloss, eine Chipkarte oder ein ähnliches *Token*.

Abbildung 2.20: Smartcard-Token von Giesecke & Devrient

Zur Sicherheit kombiniert man diese Verfahren zu einer Zwei-Faktor-Authentifizierung:

- Besitz und Wissen: Sie besitzen zum Beispiel eine Chipkarte und kennen außerdem die PIN.
- Merkmal und Wissen: Sie haben einen Fingerabdruck und kennen das Passwort.

Als Beispiel sei eine Bankfiliale genannt, die außerhalb der Öffnungszeichen einen nicht frei zugänglichen Bereich für die Bankautomaten reserviert hat.

Mit Ihrer EC-Karte autorisieren Sie sich als Besitzer einer EC-Karte. Damit ist nichts sonst über Sie gesagt, außer dass Sie kein Obdachloser sind, der hier im Warmen übernachten will. Das heißt, das Token identifiziert Sie nicht, es verschafft Ihnen lediglich Zugang.

Mit dem Einschieben Ihrer EC-Karte *identifizieren* Sie sich beim Automaten. Der weiß nun, dass Sie Max Mustermann mit der Kontonummer soundso sind. Genauer gesagt, weiß er aber nur, dass die Karte von Max Mustermann eingesteckt wurde, sie könnte auch geklaut sein.

Mit der zusätzlichen Eingabe der PIN-Nummer *authentifizieren* Sie sich. Sie beweisen damit, dass Sie der legitime Besitzer der Karte sind und nicht etwa jemand, der die Karte nur gestohlen hat.

Auf Windows 7 und im Internet sieht das nun ganz anders aus. Ihre digitale Identität besteht dort prinzipiell nur aus einem Paar von Zeichenketten, nämlich dem Benutzernamen und einem Passwort. Die Sicherheit reduziert sich auf einen Weg: Wissen.

Und das ist schlecht, denn

- ein Passwort kann man vergessen (deshalb nehmen wir nur leicht zu merkende, daher auch leicht zu knackende Kennwörter).
- ein Passwort kann entwendet werden.
- ein Passwort kann erraten werden.

Weil das auf Windows 7 und im Internet so ist, besteht die größte Aufgabe für einen Hacker dort, Ihren Benutzernamen und Ihr Passwort zu ermitteln.

Und das ist so schwer nicht. Windows zum Beispiel zeigt die Namen seiner Benutzer an, man muss also nur noch daraufklicken und dann das Passwort eingeben. Hat man sich vertippt, erscheint eine Passworthilfe ...

Auch beim Zugriff auf Mailkonten und andere Webdienste, wo der Benutzername meist der E-Mail-Adresse entspricht, reduziert sich die Arbeit auf die Suche nach einem Passwort.

Passwörter knacken durch Erraten

Die Erfahrung lehrt:

- Wer *Max Mustermann* heißt, verwendet meist *Max* oder *Mustermann* als Passwort. Typisch ist auch der Name des Dienstes (*gmx*, *amazon*, *facebook*) oder des Unternehmens (*sonybmg*). Das ist keine theoretische Unterstellung: Mehrere Mitarbeiter eines Konzerns hatten bei einer 2011 gehackten Passwort-Datenbank den Firmennamen als Passwort, einer seinen Nachnamen.

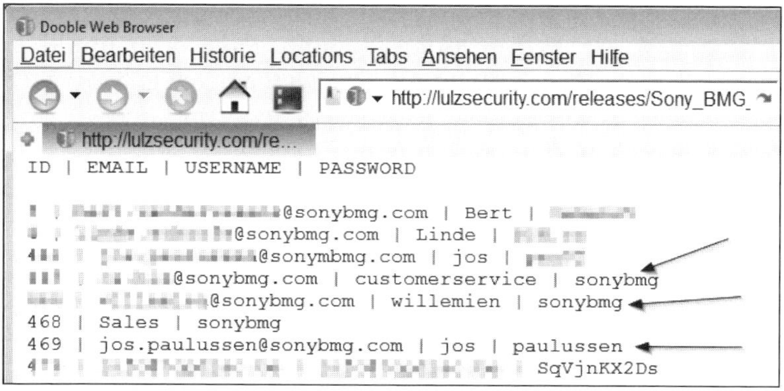

Abbildung 2.21: Gehackte Passwort-Datenbank

- Schlauer sind die Leute, die Passwörter verwenden, in denen ihr Name oder der Name des Dienstes nicht vorkommen. Gerne genommen werden daher leicht zu merkende Wörter wie *sesam*, *superman* oder *123456*. Der Nachteil dieser Methode: Die Passwörter sind leicht zu erraten, etwa wenn man denjenigen kennt – Science-Fiction-Fans haben garantiert ein Science-Fiction-Kennwort.
- Typische Passwörter sind auch der Name der Freundin, das eigene Geburtsdatum, beides auch mal rückwärts, die Telefonnummer, der Name der Hauskatze und so weiter.

Der typische Hacker macht also seit Jahrzehnten nichts anderes, als Passwörter zu erraten. Das hält man natürlich nur mit Cola und Pizza aus. Und weil das eher mühsam ist, übernehmen diesen Job heute Programme.

Passwörter erraten mit brutaler (Rechen-)Gewalt

Erinnern Sie sich noch an die Versuche, das Zahlenschloss von Fahrrädern zu knacken? Einige wenige konnten es angeblich hören, wenn die richtigen Zahlen einrasteten. Wir Sterbliche rechneten aus, dass drei Stellen mit je zehn Ziffern zusammen 1.000 Möglichkeiten ausmachen. Das ist in absehbarer Zeit zu schaffen.

Das Prinzip lässt sich auf Passwörter übertragen: *Brute-Force*-Knackprogramme wenden einfach jede mögliche Kombination von Buchstaben und Zahlen von *0* über *0aZ* bis *ZZZZZZZZZZ* auf das zu knackende Objekt an.

http://howsecureismypassword.net kann Ihnen einen anschaulichen Anhaltspunkt dafür liefern, wie lange es dauert, bis ein Angreifer alle Kombinationen durchgerechnet hat.

Abbildung 2.22: Eine Stunde Knackzeit für ein 12-stelliges Passwort

Der Fall, dass Sie gewaltsam gezwungen werden, das Passwort herauszugeben (etwa die PIN der Geldkarte), sei hier außen vor gelassen.

Passwörter knacken mit Wortlisten

Schlauer ist die brutale Methode natürlich, nur reale, natürliche und unvollkommene Passwörter ausprobieren zu lassen, weil die meisten Menschen ja sowieso unsichere Passwörter verwenden. Zu diesem Zweck gibt es *Passwortlisten*. Das sind einfache

Textdateien, die einfach nur eine Liste mit zahlreichen Wörtern und Namen enthalten. Mit ihrer Hilfe lassen sich *Wörterbuchattacken* durchführen.

Das Geheimnis der Wörterbuchattacken besteht darin, dass sie funktionieren. Sehr viele Nutzer verwenden Filmstars oder andere Namen und Begriffe aus der Popkultur und glauben sich damit auf der sicheren Seite. Das Gegenteil ist der Fall, denn all diese Begriffe finden sich auf den Wortlisten wieder, und gegenüber der reinen Brute-Force-Methode reduziert sich damit die Knackdauer auf wenige Minuten bis Stunden, abhängig vom Zielsystem.

Es lohnt sich daher sehr, einen Blick in Passwortlisten zu werfen, wie sie zum Beispiel auf *www.outpost9.com/files/WordLists.html* zu finden sind.

```
123456 password phpbb qwerty 12345 12345678 letmein 111111 abc123 1234 123456789 123123 test
monkey dragon trustno1 master 1234567 hello password1 computer killer 000000 whatever shadow
superman iloveyou internet fuckyou aaaaaa football asdf 654321 cheese starwars 123321 qazwsx
soccer tigger sunshine jesus michael freedom 666666 buster pokemon testing charlie matrix
baseball joshua  welcome hunter pass asdfasdf blahblah nothing thomas 123qwe jordan pepper
jennifer 1111 secret merlin orange princess 112233 gateway purple silver google mustang angel
forum admin chicken eminem hahaha helpme love testtest 7777777 biteme asdfgh ginger 123654
amanda compaq cookie fuckoff 159753 hannah 1q2w3e azerty asdasd ashley william 1234567890
1q2w3e4r 1qaz2wsx online passw0rd poop asshole christ 11111 access liverpool microsoft snoopy
justin 11111111 123abc banana diablo diamond iloveyou1 lalala mother nintendo batman digital
hello1 qwerty1 apple booger maverick startrek taylor test123 1212 jessica lollol metallica
rachel rainbow 121212 cocacola foobar maggie peanut robert summer windows blabla swordfish
```

Abbildung 2.23: Typische Passwortliste (nur ein kleiner Ausschnitt)

Sie lehren nämlich, wie echte Passwörter auf keinen Fall aussehen sollten. Auf *http://packetstormsecurity.org/Crackers/wordlists/* finden Sie sogar thematisch geordnete Passwortlisten, zum Beispiel für Sportarten wie Golf. Die kommen zum Einsatz, wenn man hinreichend begründet vermuten kann, dass das gesuchte Passwort aus einem dieser Bereiche stammt.

Passwörter einzeln entwenden

Doch selbst wer ein gutes Passwort hat, ist nicht unbedingt sicher. Denn Passwörter lassen sich auf verschiedene Weise entwenden:

- Ein Keylogger liest die Tastaturanschläge des Benutzers aus und erlaubt die Analyse des Passworts.
- Ein Trojanisches Pferd arbeitet auf dem PC des Benutzers. Es liest dann zum Beispiel die im Browser gespeicherten Passwörter aus und verschickt sie.
- Ein Schnüffel-Trojaner arbeitet auf einem anderen, benachbarten PC im Heimnetz, Firmennetz oder öffentlichen WLAN-Hotspot und analysiert den Netzwerkverkehr und ermittelt so verwendete Passwörter.
- Ein benutzter Anonymisierungs-Server checkt den durch ihn geleiteten Netzwerkverkehr, analysiert ihn und ermittelt auf diese Weise benutzte Kennwörter.
- Der Benutzer wird durch Tricks auf eine Website geleitet, die dem echten Dienst (Shop, Mail, Bank, Post, eBay etc.) täuschend ähnlich sieht. Er gibt Benutzernamen und Passwort ein – und damit dann an die Passwortdiebe weiter (*Phishing*).
- Der Passwortdieb verwendet *Social-Engineering*-Methoden, um das Passwort freiwillig vom Opfer zu erhalten. Er gibt sich zum Beispiel als Autorität (Systemverwalter oder Ähnliches) aus und behauptet, Benutzernamen und Passwort überprüfen zu müssen.

Passwörter massenhaft entwenden

Die vorgenannten Angriffe gelten einzelnen Passwörtern. Gerne stiehlt man aber komplette Passwort-Datenbanken.

Anfang 2011 mussten Sony und seine Tochtergesellschaften mehrfach Einbrüche in ihre Sicherheitssysteme hinnehmen. Die Hacker entwendeten dabei vor allem Listen mit unverschlüsselten Passwörtern. Dazu dringen sie auf vielfältige Weise in ein System ein und verschaffen sich Zutritt zu diesen Listen.

Abbildung 2.24: Hackergruppe LulzSec hackte Passwort-Datenbanken

Aus diesem und ähnlichen Vorfällen lässt sich dreierlei lernen:

- Zahlreiche auch namhafte Unternehmen speichern ihre Kundendaten unverschlüsselt und sind nicht in der Lage, den Zugriff darauf abzusichern. Man muss also damit rechnen, dass seine Passwörter schlecht gesichert gespeichert werden.
- Hacker, die die gestohlenen Listen studieren, können sehen, welches Passwort *Max Mustermann* mit der E-Mail-Adresse *Max.Mustermann@example.com* beim *Musterdienst* verwendet. Viele Anwender nutzen ein und dasselbe Passwort bei mehreren Diensten. Ein bereits ermitteltes Passwort kann folglich als Grundlage für das zweite dienen. Daher sind identische Passwörter für zwei oder mehr Dienste dringend zu vermeiden.
- Ein Blick auf geknackte Dateien dieser Art zeigt immer wieder, dass überraschend viele Anwender eher unsichere Passwörter verwenden. Solche geknackten Datenbanken können als Quellmaterial für weitere Wortlisten dienen.

Weil Passwörter das A und O des Zugangsschutzes sind und unsichere Passwörter den Hackern Tür und Tor öffnen, ist der Passwortsicherheit das Kapitel 6 gewidmet.

Andere Authentifizierungsmethoden überwinden

Wo Zwei-Wege-Authentifizierungen eingesetzt werden, wird es natürlich schwerer. Aber nicht unmöglich.

Gegenstände und Token basieren alle auf dem guten alten Haustürschlüssel und haben auch die damit verbundenen Probleme:

- Das Token kann verloren werden, das heißt, der Benutzer kommt nicht ins System, obwohl er dürfen sollte.
- Das Token kann entwendet werden. Es ermöglicht dann dem Hacker als neuem Besitzer den Zugriff (eingeschränkt nur durch zusätzliche Maßnahmen wie eine PIN).
- Das Token kann kopiert werden. Das ist vor allem bei Smartcards sehr schwierig, aber wie sich immer wieder gezeigt hat, ist es Hackern nicht unmöglich.

Die biometrischen Methoden haben auch ihre Probleme, auch wenn sie in Filmen immer besonders elegant aussehen.

- Das System ist eher geneigt, Benutzer nicht einzulassen, als sie einzulassen, was den Einsatz unpraktisch macht. Körperliche Merkmale haben zudem die Neigung, sich zu verändern.
- Körperliche Merkmale können grausigerweise entwendet werden. Das ist natürlich nur dort der Fall, wo das Geheimnis wichtig genug ist, und diese Kriminalität lässt dann die Computerkriminalität weit hinter sich.
- Körperliche Merkmale können kopiert werden. Die Website *dasalte.ccc.de/biometrie/fingerabdruck_kopieren* zeigt beispielhaft, wie man Fingerabdrücke klonen kann Das gilt natürlich nur dann, wenn die Erfassung des Merkmals von Schwächen begleitet ist. Das ist sie aber – preisbedingt: Der

Fingerabdruckscanner in einem Notebook ist ein Bauteil für weniger als zehn Euro. Entsprechend eingeschränkt kann seine Sicherheit sein, die wichtige Lebend-Erkennung („Befindet sich der Finger noch am Besitzer?“) ist da eher nicht so ausgereift.

Abbildung 2.25: Fingerabdrücke kann man klonen

- Körperliche Merkmale müssen mit einem Vergleichswert verifiziert werden. Dabei muss zum Beispiel (vereinfacht gesagt) ein Bild des Fingerabdrucks vom Scanner-Chip zum Analyse-Chip übermittelt werden. Diese Übertragung kann abgehört und nachgestellt werden.

Trotz dieser Möglichkeiten gilt ganz allgemein, dass Sie die Sicherheit auf einem Windows-PC erhöhen können, indem Sie die Authentifizierung mit einem Passwort durch weitere Methoden wie Karte (etwa für Banking) oder Fingerabdruck (für das Anmelden bei Windows) ergänzen. Allerdings sind diese Methoden auch recht teuer. Immerhin führt der *neue Personalausweis* tatsächlich einen Gegenstand (sich selbst) ein, um die

Anmeldung etwa bei Shops sicherer zu gestalten, indem er Besitz und Wissen gleichzeitig einbezieht.

WLAN-Hacking

Wer sich in seinen eigenen vier Wänden befindet, kann sich theoretisch einigermaßen sicher fühlen. In der Praxis kommt aber seit Jahren WLAN als Sicherheitsproblem dazu. Funknetze kennen keine Wände und wer sich im Empfangsbereich des WLAN-Routers befindet, kann auch darauf zugreifen.

Beim *Wardriving* fahren oder gehen Hacker gezielt durch die Straßen und suchen nach offenen oder ungenügend gesicherten Funknetzen.

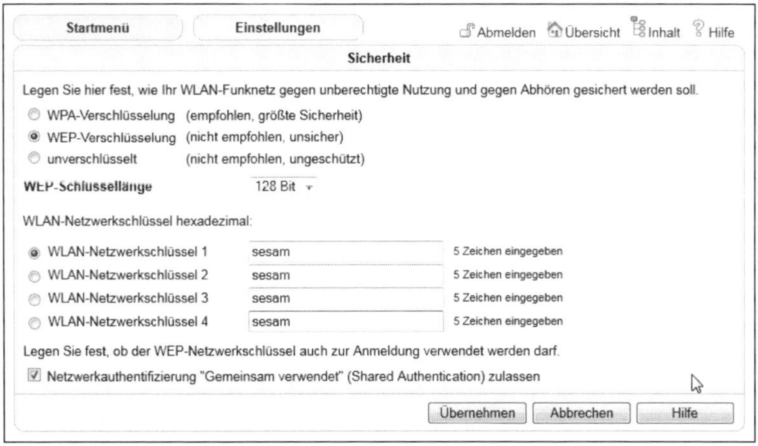

Abbildung 2.26: Schlechte Funknetz-Verschlüsselung

- Offene Funknetze sind solche ohne jede Verschlüsselung. Absolut nicht empfehlenswert.
- Ungenügend gesicherte Funknetze sind solche mit veralteten Verschlüsselungsmethoden, vor allem WEP. Hacker haben spezielle Programme, die solche einfachen Schlüssel knacken können. Absolut nicht empfehlenswert, aber leider

manchmal notwendig, etwa wenn man ein altes Gerät betreibt, das nur WEP kann.

- Ungenügend gesicherte Funknetze sind auch solche mit zwar modernen Verschlüsselungsmethoden, aber zu kurzen oder zu einfachen Passwörtern.

Ein Angreifer kann sich auf solche Netze mehr oder weniger schnell Zugriff verschaffen. Vielen ist nicht bewusst, welche Gefahren damit verbunden sind.

- Der Angreifer kann über den gekaperten Anschluss weitere Hacks im Internet durchführen. Die Spur führt dann aber nicht zu ihm, sondern zum Besitzer des gekaperten Anschlusses.
- Der Angreifer kann urheberrechtlich geschütztes Material (Raubkopien) oder Schlimmeres (Kinderpornos) über Ihren Anschluss beziehen.

> Rechtlich wird immer gegen den Besitzer des Routers und des Anschlusses vorgegangen (Störerhaftung). Die Rechtslage ist hier unklar, Gerichte entscheiden von Fall zu Fall unterschiedlich. Sicher ist nur, dass man den Ärger am Hals hat.

Zu bedenken ist auch, dass derjenige, der auf Ihren Router zugreifen kann, ihn meist auch konfigurieren kann. Denn viele Geräte haben voreingestellte Passwörter, die ein Nutzer nie ändert. Typisch auf Routern sind zum Beispiel *0000* und *1234* als Zugangskennwörter für die Browser-Verwaltung. Ändern Sie das daher unbedingt.

Suchmaschinen-Hacking

In ihrer blinden Indizierungswut speichern Suchmaschinen auch Hinweise auf Sicherheitslücken. Das nutzen findige Leute für das sogenannte *Google-Hacking*, das natürlich mit Google ebenso wie mit Bing oder anderen Suchmaschinen funktioniert.

Dabei geht es darum, mithilfe geschickt formulierter Suchanfragen Systeme im Internet zu finden, deren Schwäche an einer Zeichenkette zu erkennen ist, die von der Suchmaschine indiziert wurde.

Geben Sie zum Beispiel den Google-Suchbegriff *Pan / Tilt inurl:ViewerFrame?mode=Motion* ein, zeigt das Ergebnis Links auf offen zugängliche Webcams eines bestimmten Typs. Wer mit diesem und ähnlichen Suchbegriffen googelt, findet also schnell Webcams von öffentlichen Plätzen, Parkhäusern oder Einkaufszentren, aber auch Bootsyachten und, und, und.

Etliche Stand-alone-Webcams übertragen ihre Bilder direkt ins Internet, die Besitzer scheren sich offenbar noch nicht mal darum, sie mit einem einfachen Passwort zu sichern – das Bild erscheint sofort. Ein „Riesenspaß“, bei dem man Leuten ins Büro oder Wohnzimmer gucken kann. Der Spaß hört halt auf, wenn's das Kinderzimmer ist.

Abbildung 2.27: Mal im Büro vorbeischauen ...

Da sich IP-Adressen grob ihren Geodaten zuordnen lassen, ergibt sich im Zusammenspiel mit Google Maps die Möglichkeit, eine Landkarte solcher Kameras zu erstellen. *www.butterfat.net/goocam/* hat so ein *Google-Mashup* gemacht.

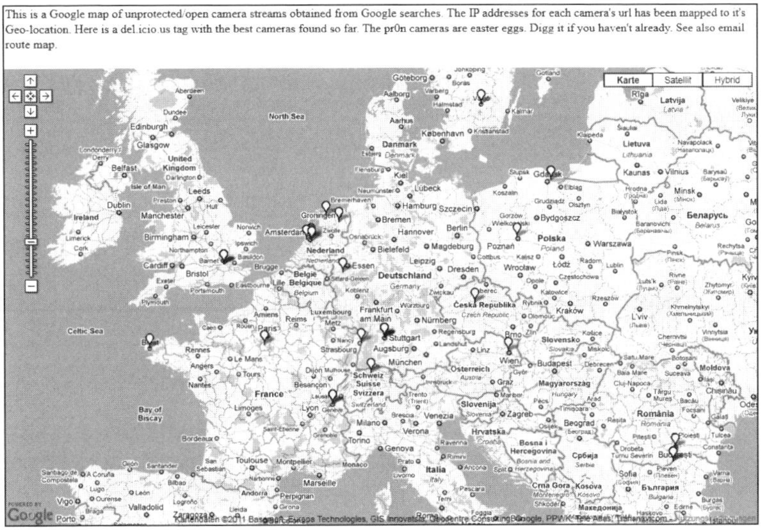

Abbildung 2.28: Landkarten-Mashup mit ungesicherten Webcams

Die offenen Webcams sind nur ein Beispiel von vielen für Suchmaschinen-Hacking. Es lässt sich beliebig ausdehnen.

Ein anderes wichtiges Beispiel: Ehe ein Hacker irgendwo einbrechen kann, muss er ja erst mal einen Login-Screen überwinden. Jeder Login-Screen hat zwei Eingabefelder, neben denen garantiert die Wörter *User* und *Passwort* stehen, außerdem hat die Webadresse des Logins sicherlich einen Bestandteil wie *login.php* und der Begriff *Login* steht bestimmt auch im Titel – ergo findet eine Google-Abfrage wie *intitle:Login inurl:login.php user password* entsprechende Seiten mit einiger Wahrscheinlichkeit.

Abbildung 2.29: Login-Seiten sind Türen zu gesicherten Systemen

Social Engineering

Beim *Social Engineering* wird nicht der PC gehackt, sondern sein Besitzer. Dabei nutzt der Angreifer menschliche Schwächen aus, um Informationen zu erlangen oder Autorisierungshürden zu umgehen. Es gewinnt an Bedeutung, weil sich zunehmend die Einsicht durchsetzt, dass rein technische Angriffe immer öfter scheitern werden, zum Beispiel an den in den nächsten Kapiteln vorgestellten Abwehrmaßnahmen.

Menschliche Schwächen ausnutzen

Social Engineering nutzt menschliche Schwächen aus, die gerade in unserer liberalen Gesellschaft häufig als menschliche Stärken betrachtet werden:

- Autoritätshörigkeit: Die meisten Menschen lassen sich von irgendetwas mächtig beeindrucken und tun dann Dinge, die sie normalerweise nicht tun würden. Unser Leben ist durchdrungen von Experten, die es besser wissen. Wir haben freiwillig Respekt vor akademischen Titeln und aus Angst geborenen Respekt vor Uniformen, vor Vertretern von Behörden wie Polizei und so weiter.

- Hilfsbereitschaft: Kaum jemand ist in der Lage, bei einer plausiblen und vehement vorgetragenen Hilfsanfrage Nein zu sagen. Hacker nutzen das aus, genau wie professionell organisierte Bettler.
- Kundenservice: Vor allem Unternehmen wollen sich den Kunden gegenüber freundlich zeigen. Auch das lässt sich ausnutzen, indem man den Service in Anspruch nimmt. Nur das quietschende Rädchen wird geölt.
- Dankbarkeit: Sie lässt sich ausnutzen, um bei der Gelegenheit einen kleinen Gefallen einzufordern. Bestechung geht einen Schritt weiter, aber Dankbarkeit reicht oft schon.
- Harmoniebedürfnis: Wir vermeiden in der Regel Streitigkeiten, neigen zum Einlenken und versuchen stets, zu deeskalieren. Sie werden kein populäres Medium finden, das Ihnen rät, im Zweifel den Streit einfach mal eskalieren zu lassen. Der Angreifer kann darauf zählen und das Gegenüber so zu Handlungen zwingen, die es gar nicht ausführen wollte.
- Anpassung: Wir werden heute alle auf Teamplayer getrimmt. Hürden und Kontrollpunkte gelten als bürokratisch. Vermeintliche Teamplayer drücken daher lieber ein Auge zu. Niemand will als der Depp auffallen, der den Service-Techniker für einen Eindringling hielt und Alarm schlug. Vorsicht wird bestraft, Nachsicht belohnt. Angreifer machen sich das Ergebnis dieser gesellschaftlichen Verwilderung zunutze.
- Mangelndes Denkvermögen: Wer Angst hat oder verwirrt ist, kann nicht mehr klar denken. Das gilt umso mehr, aber keineswegs nur, wenn man ohnehin schon nicht der spitzeste Bleistift in der Schublade ist. Der erste Schritt ist also, ein eher schlicht gestricktes Opfer zu suchen, ihm Angst einzujagen und es dann sofort zu einer Handlung zu überreden.
- Gier: Wir alle wollen ein iPhone geschenkt haben und die Lotterie-Million aus dem Ausland überwiesen bekommen. Daher haben entsprechende Angebote gute Chancen, unser Misstrauen zu überwinden.

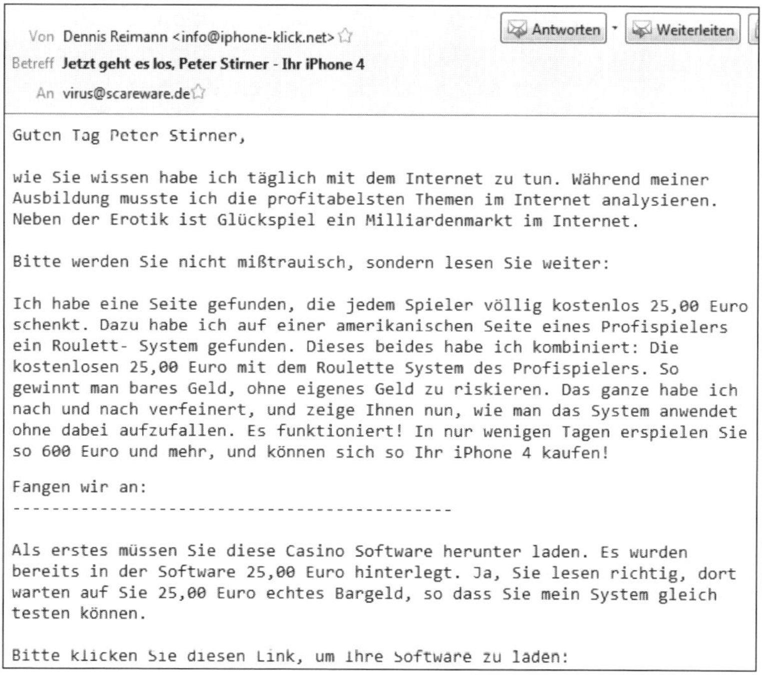

Von Dennis Reimann <info@iphone-klick.net>
Betreff **Jetzt geht es los, Peter Stirner - Ihr iPhone 4**
An virus@scareware.de

Antworten | Weiterleiten

```
Guten Tag Peter Stirner,

wie Sie wissen habe ich täglich mit dem Internet zu tun. Während meiner
Ausbildung musste ich die profitabelsten Themen im Internet analysieren.
Neben der Erotik ist Glückspiel ein Milliardenmarkt im Internet.

Bitte werden Sie nicht mißtrauisch, sondern lesen Sie weiter:

Ich habe eine Seite gefunden, die jedem Spieler völlig kostenlos 25,00 Euro
schenkt. Dazu habe ich auf einer amerikanischen Seite eines Profispielers
ein Roulett- System gefunden. Dieses beides habe ich kombiniert: Die
kostenlosen 25,00 Euro mit dem Roulette System des Profispielers. So
gewinnt man bares Geld, ohne eigenes Geld zu riskieren. Das ganze habe ich
nach und nach verfeinert, und zeige Ihnen nun, wie man das System anwendet
ohne dabei aufzufallen. Es funktioniert! In nur wenigen Tagen erspielen Sie
so 600 Euro und mehr, und können sich so Ihr iPhone 4 kaufen!

Fangen wir an:
-------------------------------------------

Als erstes müssen Sie diese Casino Software herunter laden. Es wurden
bereits in der Software 25,00 Euro hinterlegt. Ja, Sie lesen richtig, dort
warten auf Sie 25,00 Euro echtes Bargeld, so dass Sie mein System gleich
testen können.

Bitte klicken Sie diesen Link, um Ihre Software zu laden:
```

Abbildung 2.30: Zahlreiche Schwindeleien zählen auf die Gier

- Gute Zuhörer: Ein Hack kann auch in der Kneipe beginnen, wo man sich bei einem Glas Bier oder Wein zunehmend besser versteht und über Dinge spricht, die eigentlich intern sind. In dem Zusammenhang sind laute Handy-Gespräche zum Beispiel in Zügen eine wahre Wonne.
- Gute Freunde: Aufwendige Hacks verwenden aufwendige Methoden, zum Beispiel informiert sich der Angreifer vorher ausführlich über die Zielperson. Er schafft dann eine falsche Identität, aus der heraus sich später gemeinsame Interessen ableiten lassen. Dann erschleicht er sich die Freundschaft der Zielperson.

Über diese Wege erschleicht sich der Angreifer direkten Zugang zu einem System oder zum Ort, an dem das System steht, oder indirekten Zugang, indem er versucht, digitale Identitäten und Passwörter zu ermitteln.

Social Engineering: Beispiele

- Im Chat gibt sich ein Benutzer mit dem Namen *Administrator* als Angestellter des Chat-Betreibers aus und fordert aus Sicherheitsgründen die Zugangsdaten samt Passwort. Wer sie mitteilt, gibt sie dem Hacker preis, denn so arbeitet kein Chat-Dienst egal welcher Art.

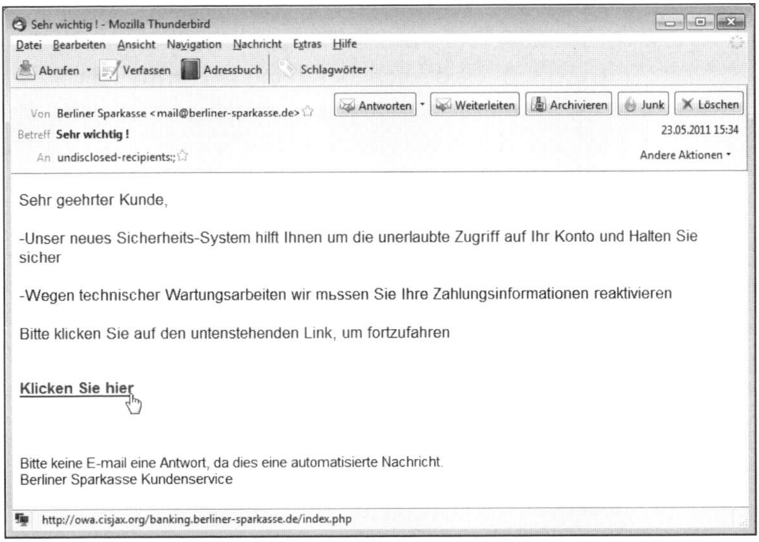

Abbildung 2.31: Zugangsdaten reaktivieren – ein alter Trick

- Der Benutzer erhält eine Mail, in der ihm mitgeteilt wird, dass sein Passwort geändert worden ist. Das neue Passwort befindet sich im Anhang der Mail … und ist natürlich eine Malware.

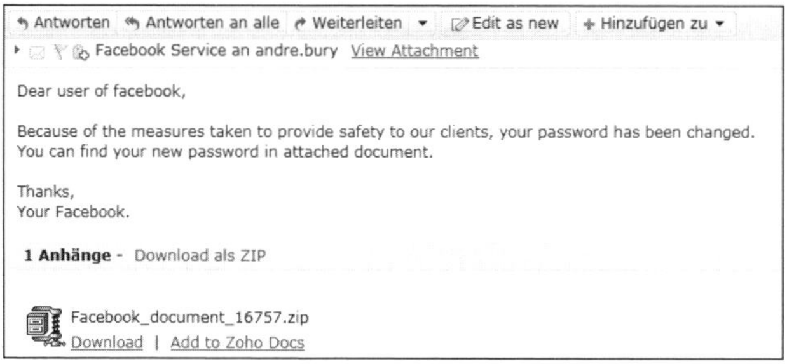

Abbildung 2.32: Malware nutzt Social-Engineering-Methoden

- Der Benutzer erhält eine Mail, in der er dringend angewiesen wird, sich bei seinem Konto (Bank, Shop, Mail oder anderer Service) anzumelden und seine Benutzerdaten zu verifizieren. Andernfalls würde das Konto gesperrt. Die Mail enthält einen Link zum fraglichen Dienst. Der Link ist allerdings falsch, die aufgerufene Website sieht dem Dienst nur ähnlich und wer dort Namen und Passwort eingibt, hat sie preisgegeben. Diese Methode wird *Phishing* (nach Passwörtern fischen) genannt und ist äußerst erfolgreich, zumal die meisten Unternehmen sehr wohl Mails mit ähnlichen Anliegen verschicken.

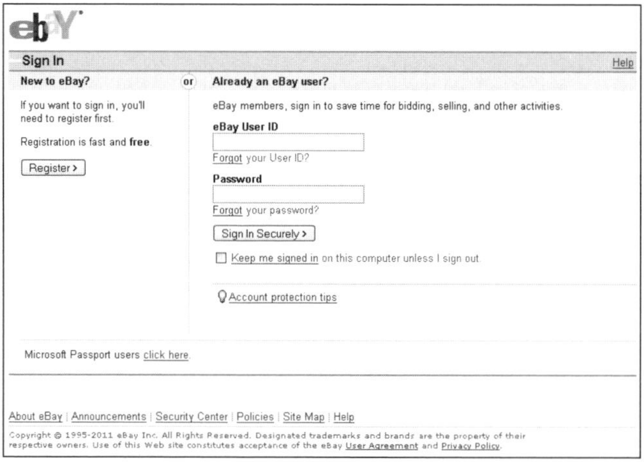

Abbildung 2.33: Phishing-Website ahmen echte Websites nach

- Die Sekretärin des Chefs einer anderen Niederlassung meldet sich in Tränen aufgelöst beim IT-Service unter dem Vorwand, dass ihr Chef gerade unterwegs sei und sie ihm Dokumente mailen müsse, aber nicht an seinen PC könne, weil ihr das Passwort fehle. Sie erwähnt interne Informationen, bezieht sich auf bekannte Mitarbeiter oder gemeinsame Betriebsfeste und wirkt daher unverdächtig. Richtig Druck macht sie aber mit der verweinten Story, dass sie das ihr überantwortete Passwort verloren hat, und das, wo sie doch letzten Monat ohnehin schon eine Abmahnung erhalten habe (natürlich nur wegen einer langen Fehlzeit aufgrund einer schweren Krankheit), und nun hänge ihr Job an einem seidenen Faden, ihr Chef würde ihr den Kopf abreißen und ... so weiter. Wenn das nur überzeugend genug vorgetragen wird, funktioniert es in Wirklichkeit weit besser als auf dem Papier.

HINWEIS

Im Herbst 2010 wurde ein besonders interessanter Fall bekannt, der verdeutlicht, wie gut Social Engineering funktioniert. Die hübsche IT-Expertin Robin Sage befreundete sich über soziale Netze wie Facebook, Twitter, LinkedIn und andere mit Personen aus dem US-Militär, der US-Regierung und relevanten Unternehmen. Die dachten sich wohl, dass eine Spezialistin für Cyberkriminalität zu kennen ja nie schaden kann, zumal wenn sie beim Naval Network Warfare Command in Norfolk arbeitet und als Beraterin für Firmen wie Google tätig ist. Das Problem war nur: Der Name „Robin Sage“ entstammt dem Trainingshandbuch militärischer Spezialeinheiten. Die Person war eine aufwendige Erfindung des Sicherheitsspezialisten Thomas Ryan, der damit nachwies, dass soziale Netze sich eignen, das Vertrauen anderer auch mit einem fiktiven Profil zu erschleichen. Seine Analyse finden Sie auf *http://media.blackhat.com/bh-us-10/whitepapers/Ryan/BlackHat-USA-2010-Ryan-Getting-In-Bed-With-Robin-Sage-v1.0.pdf*

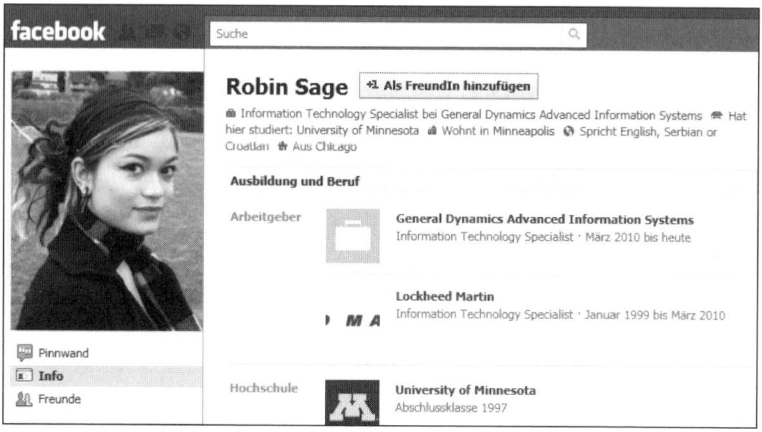

Abbildung 2.34: Robin Sage: die erfundene Person verwendete Social-Engineering-Methoden

Das Ziel der Ausnutzung menschlicher Schwächen ist fast immer, den eigenen Zugriff auf nicht öffentliche Informationen zu autorisieren.

Man darf sich das allerdings nicht so vorstellen, dass einer einzelnen Person alles aus der Nase gezogen wird. Natürlich schöpft auch der müdeste Mitarbeiter irgendwann Verdacht. Stattdessen geht der Sozial-Hacker schrittweise vor, telefoniert und spricht mit verschiedenen Personen, verwendet gewonnene Details in den nächsten Gesprächen zum Ausbau der Legende und setzt Stück für Stück ein Informationsbild zusammen.

Es versteht sich von selbst, dass das viel Arbeit ist.

Man sollte sich hier also nicht paranoid machen lassen: Private Personen müssen ein Geheimnis haben, dass diesen Aufwand auch wirklich rechtfertigt, sonst bleibt es Krimi-Stoff. Doch im Umfeld von Firmen sieht das schon anders aus und prinzipiell ist jeder Mitarbeiter dort eine nützliche Informationsquelle, die meisten hegen einen Groll und lästern gern.

Online-Betrug

Wenn es nicht um einen Hack geht, dann geht es meist um einen Online-Betrug, oft auch als *Scam* bezeichnet. Dieser ist äußerst vielfältig, nutzt aber meist die Methoden des Social Engineering.

Piraten des Mitgefühls

Anfang 2010 verwüstete ein enorm schweres Erdbeben die Hälfte des Inselstaates Haiti. Kurz darauf kursierten E-Mails: *Spenden Sie jetzt!*, bat zum Beispiel das *Britische Rote Kreuz* und nannte auch gleich ein paar Kontonummern bei der Western Union Money Transfer. Die *Haiti Desaster Response Agency* rief ebenfalls zu Spenden auf. Und natürlich kamen dem viele Nutzer nach.

Allerdings floss das Geld nicht nach Haiti, sondern direkt in die Taschen von Online-Kriminellen, die die Hilfsbereitschaft der Leute ausbeuten.

Das Vorgehen ist archetypisch: Nach Katastrophen bitten Hilfsorganisationen um Geld, doch einige von ihnen sind eben nicht echt. Die fiktiven Spendenaufrufe verteilen sich über E-Mail ebenso wie über soziale Netzwerke, denn natürlich verhält sich jeder hilfsbereit und leitet den Aufruf weiter – und macht sich damit zum Werkzeug der Abzocker.

Mindestens so effektiv wie große Katastrophen sind die kleinen Tragödien. Seit Jahren beobachtet das FBI Fälle, in denen dramatische Einzelschicksale von Kindern oder Jugendlichen als emotionale Köder dienen, auf die spendenwillige Bürger immer wieder hereinfallen.

Vorschussbetrug: der Brief aus Nigeria

Diese Abzocke ist dermaßen alt, dass man eigentlich nicht glauben möchte, dass sie noch funktioniert: Beim Nigeria-Brief erhalten Sie Post von einer Ihnen unbekannten Person aus Nigeria, Südafrika oder einem anderen fernen Staat. Sie wendet sich in einer vertrauensvollen Angelegenheit an Sie: Sie habe durch Glück oder zufällig Zugriff auf enorme Summen erhalten, die zum Beispiel eine verstorbene Person oder ein Unternehmen hinterlassen hat.

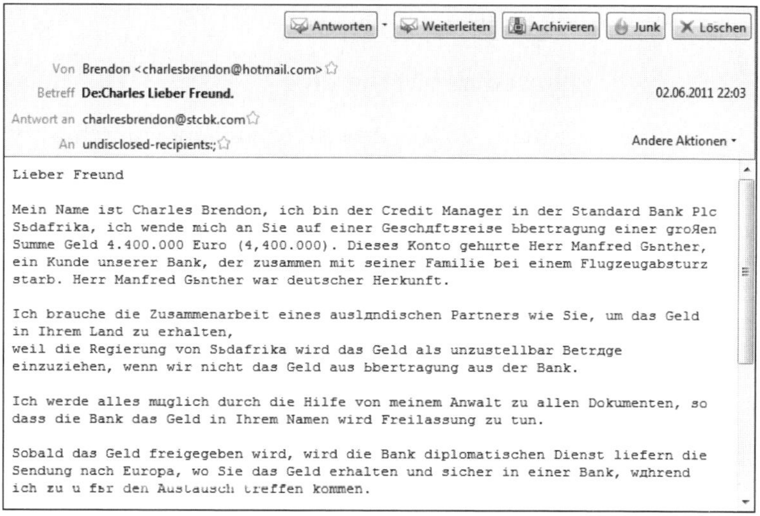
Antworten Weiterleiten Archivieren Junk Löschen

Von Brendon <charlesbrendon@hotmail.com>
Betreff **De:Charles Lieber Freund.** 02.06.2011 22:03
Antwort an charlresbrendon@stcbk.com
An undisclosed-recipients:;
Andere Aktionen

```
Lieber Freund

Mein Name ist Charles Brendon, ich bin der Credit Manager in der Standard Bank Plc
Sьdafrika, ich wende mich an Sie auf einer Geschдftsreise ьbertragung einer groЯen
Summe Geld 4.400.000 Euro (4,400.000). Dieses Konto gehцrte Herr Manfred Gьnther,
ein Kunde unserer Bank, der zusammen mit seiner Familie bei einem Flugzeugabsturz
starb. Herr Manfred Gьnther war deutscher Herkunft.

Ich brauche die Zusammenarbeit eines auslдndischen Partners wie Sie, um das Geld
in Ihrem Land zu erhalten,
weil die Regierung von Sьdafrika wird das Geld als unzustellbar Betrдge
einzuziehen, wenn wir nicht das Geld aus ьbertragung aus der Bank.

Ich werde alles mцglich durch die Hilfe von meinem Anwalt zu allen Dokumenten, so
dass die Bank das Geld in Ihrem Namen wird Freilassung zu tun.

Sobald das Geld freigegeben wird, wird die Bank diplomatischen Dienst liefern die
Sendung nach Europa, wo Sie das Geld erhalten und sicher in einer Bank, wдhrend
ich zu u fьr den Austausch treffen kommen.
```

Abbildung 2.35: Klassiker: der „nigerianische Brief"

Die Sache hat nur einen Haken: Der Mann aus Südafrika kann das wertvolle Gut nicht beschaffen, denn erst mal muss er zuständige Behörden bestechen, Gebühren entrichten oder Ähnliches. Er unterbreitet Ihnen daher das Angebot, Sie mit einem zweistelligen Prozentbetrag zu beteiligen, wenn Sie ihm das Geld für die Bestechung oder anderweitige Auslösung des Vermächtnisses vorschießen – daher *Vorschussbetrug*.

> **HINWEIS**
>
> In einer typischen und sehr häufigen Variation haben Sie bei einer Lotterie gewonnen und sind reich. Sie müssen nur eine Gebühr abführen, um den Gewinn einstreichen zu können. Alternativ handelt es sich um Kriegsbeute, die ausgelöst werden muss, oder um eine Erbschaft im Umfeld einer realen Katastrophe, die sich zuvor ereignet hat.

Diese Betrüger arbeiten sehr professionell und mit hohem Aufwand. Gefälschte Briefe, Faxe, Webseiten und Visitenkarten imitieren den Look wirklich vorhandener Lotterie-Betreiber oder echter Banken und (meist erfundener) Behörden und erzeugen so die Illusion, der Betreffende warte wirklich auf einige Millionen, nur ein paar Tausender würden reichen, ihm aus der Klemme zu helfen und nebenbei eine satte Provision zu kassieren.

Wer tatsächlich zahlt, wird entweder sofort sitzen gelassen. Oder es kommt zur Übergabe des wertvollen Guts, meist im Ausland, wobei sich dann allerdings herausstellt, dass die Banknoten zum Beispiel markiert sind. Man wird dann um weiteres Geld gebeten, um das Geld zu waschen und so weiter.

Suchen Sie auf der Website *www.auswaertiges-amt.de* nach *Internetbetrug* für das entsprechende PDF-Merkblatt des Auswärtigen Amtes. Eine sehr interessante Website ist in diesem Zusammenhang auch *www.scambaiter.info*: Hier versuchen *Scambaiter*, den Spieß umzudrehen und die Betrüger gezielt hereinzulegen.

Abbildung 2.36: *scambaiter.info* betrügt die Betrüger

Liebesbetrug

Beim Liebesbetrug wird der Benutzer in eine Affäre verwickelt und dann ausgenommen. International hat sich der Begriff *Love Scam* oder etwas charmanter *Romance Scam* entwickelt.

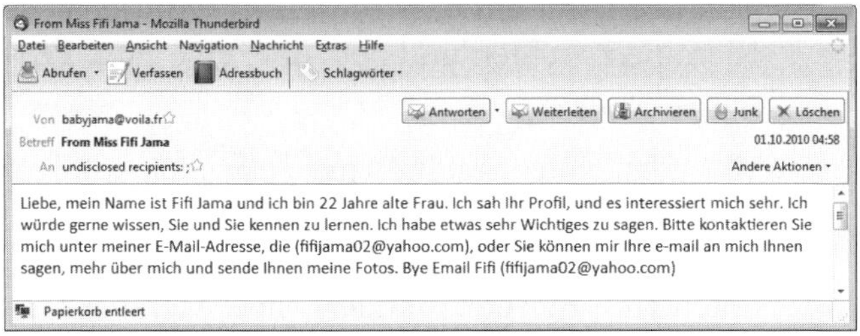

Abbildung 2.37: Die Liebe lauert überall

Love Scams zeigen sich vor allem in sozialen Netzen, mehr noch auf Dating-Portalen, weil die Benutzer ja ein eindeutiges Interesse haben. Hier werden oft gezielt Frauen adressiert. Der Absender der Mail ist meist ein gutaussehender (falsches Foto) reicher Mann aus dem Ausland, an dem einfach alles stimmt und der tolle, einfühlsame Mails schreibt …

In vielen Fällen findet dann letztlich aber ein Vorschussbetrug nach Muster des nigerianischen Briefes statt. Alternativ wird Geld geliehen und schnell zurückgezahlt, um Vertrauen aufzubauen, dann Geld geliehen und nicht mehr zurückgezahlt – wie das auch außerhalb des Webs bei Heiratsschwindlern üblich ist.

Abbildung 2.38: Die schöne Vernia … sie will ausgerechnet mich?

Money Mule: freiberuflicher, lukrativer Nebenjob

Nebenverdienst mit wenig Aufwand – das hört man gern. Gesucht werden meist von seriös wirkenden Agenturen Finanzagenten, Finanzmanager, Produkttester und andere freie Mitarbeiter.

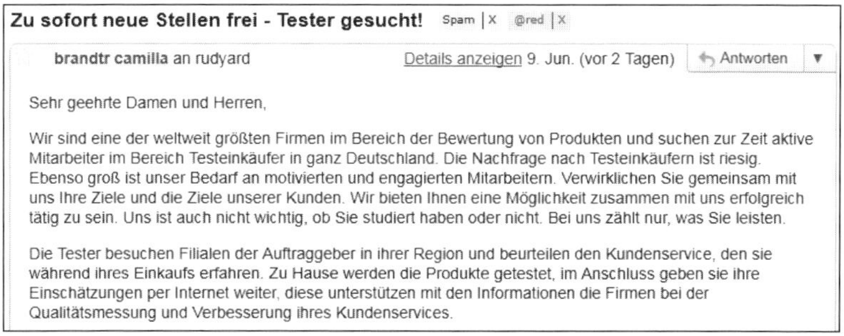
Zu sofort neue Stellen frei - Tester gesucht! Spam | X @red | X

brandtr camilla an rudyard Details anzeigen 9. Jun. (vor 2 Tagen) Antworten

Sehr geehrte Damen und Herren,

Wir sind eine der weltweit größten Firmen im Bereich der Bewertung von Produkten und suchen zur Zeit aktive Mitarbeiter im Bereich Testeinkäufer in ganz Deutschland. Die Nachfrage nach Testeinkäufern ist riesig. Ebenso groß ist unser Bedarf an motivierten und engagierten Mitarbeitern. Verwirklichen Sie gemeinsam mit uns Ihre Ziele und die Ziele unserer Kunden. Wir bieten Ihnen eine Möglichkeit zusammen mit uns erfolgreich tätig zu sein. Uns ist auch nicht wichtig, ob Sie studiert haben oder nicht. Bei uns zählt nur, was Sie leisten.

Die Tester besuchen Filialen der Auftraggeber in ihrer Region und beurteilen den Kundenservice, den sie während ihres Einkaufs erfahren. Zu Hause werden die Produkte getestet, im Anschluss geben sie ihre Einschätzungen per Internet weiter, diese unterstützen mit den Informationen die Firmen bei der Qualitätsmessung und Verbesserung ihres Kundenservices.

Abbildung 2.39: Typische Anwerbe-Mail

Das Geld ist leicht verdient: Sie müssen nur Ihr Bankkonto für Finanztransaktionen zur Verfügung stellen und erhalten dafür satte Provisionen von bis zu 20 Prozent. Die Gelder gehen direkt auf das Konto des Finanzagenten ein, der es dann über ein anderes Verfahren wie Western Union an Konten im Ausland überweist.

Das klingt alles ganz gut. Wer sich aber solcherart freiberuflich betätigt, wird dabei auch zum *Money Mule* und arbeitet für echte Kriminelle als Geldwäscher. Die eingehenden Gelder wurden andernorts gestohlen (zum Beispiel über Banking-Trojaner), der Geldesel überweist sie an die Kriminellen oder eine weitere Zwischenstation.

Das allein würde Verzweifelte mit leerem Bankkonto wohl noch nicht schrecken. Doch wer angesichts der nächsten Job-Krise meint, es lohne sich, Money Mule zu werden, der irrt: Denn hier geht es aus Gründen der Unauffälligkeit um Kleinbeträge von weniger als 10.000 Euro. Und auch diese werden pro Geldesel nur über eine begrenzte Zeitspanne überwiesen.

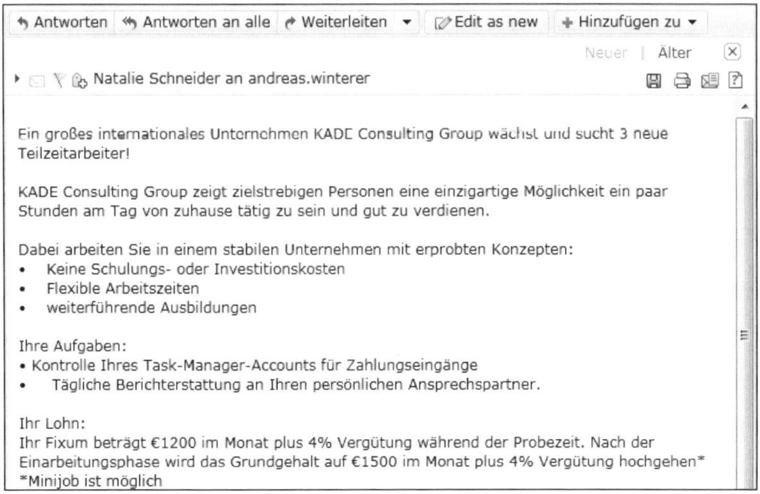
Antworten | Antworten an alle | Weiterleiten | Edit as new | Hinzufügen zu

Neuer | Älter

Natalie Schneider an andreas.winterer

Ein großes internationales Unternehmen KADE Consulting Group wächst und sucht 3 neue Teilzeitarbeiter!

KADE Consulting Group zeigt zielstrebigen Personen eine einzigartige Möglichkeit ein paar Stunden am Tag von zuhause tätig zu sein und gut zu verdienen.

Dabei arbeiten Sie in einem stabilen Unternehmen mit erprobten Konzepten:

- Keine Schulungs- oder Investitionskosten
- Flexible Arbeitszeiten
- weiterführende Ausbildungen

Ihre Aufgaben:

- Kontrolle Ihres Task-Manager-Accounts für Zahlungseingänge
- Tägliche Berichterstattung an Ihren persönlichen Ansprechspartner.

Ihr Lohn:
Ihr Fixum beträgt €1200 im Monat plus 4% Vergütung während der Probezeit. Nach der Einarbeitungsphase wird das Grundgehalt auf €1500 im Monat plus 4% Vergütung hochgehen*
*Minijob ist möglich

Abbildung 2.40: Schnelles Geld

Früher oder später befindet sich die Polizei auf der Suche nach den Online-Bankräubern. Ihre einzige Spur ist oft das Konto, auf das die Gelder transferiert werden – eben das Konto des „freiberuflichen Mitarbeiters".

Es kann also nur dringend von dieser Art von Job abgeraten werden. In extremen Fällen gehen Money Mules sogar den Deal ein, PINs und TANs ihrer Konten weiterzugeben, damit die Kriminellen sich direkt bedienen können. Wie wahnsinnig kann man eigentlich sein?

Typische Merkmale solcher Mails:

- ✔ Sie müssen wenig oder nichts tun und kriegen dafür angeblich viel.
- ✔ Unterbreiter des Angebots ist meist eine Frau, möglicherweise weil Benutzer wahrscheinlich meist Männer sind und Frauen eher vertrauen.
- ✔ Die Absender haben Freemail-Adressen und die E-Mail-Adresse im Absender-Teil der Mail ist eine andere als die

in der Mail genannte. Oft stimmen auch die Namen nicht überein.

- Man bietet Ihnen von selbst einen Nebenjob an. Verdächtig, denn in der Realität müssen wir uns stets selbst in Bewegung setzen und bewerben. Wer Ihnen ohne Aufforderung etwas Gutes tun will, will das in der Regel nicht wirklich.

Arbeit für Dich!

Gut bezahlte Arbeit

Wir bieten Dir die Möglichkeit an, das Geld ganz einfach zu verdienen. Möglich ist die Vereinbarung mit anderer Tätigkeit! Arbeit in unserer Firma wird nicht mehr als 2-3 Stunden pro Tag 1-2 Mal pro Woche in Deinem Arbeitsplan in Anspruch nehmen.

Kurze Beschreibung der Tätigkeit:

1. Wir überweisen auf Dein Bankkonto ab 3000 bis 8000 Euro.
2. Nach dem Geldeingang hebst Du das Geld ab.
3. **Du hast schon 20 % von dem überwiesenen Betrag verdient! 600-1600 Euro behältst Du für Dich!**
4. Den restlichen Betrag übermittelst Du uns.

Betrag und Zahl von Überweisungen werden im Voraus vereinbart und können nach Deinem Wunsch beliebig sein. Diese Tätigkeit ist absolut legal und verletzt keine Gesetze Deutschlands und EU.

Wenn Du in unserem Angebot interessiert bist, teile uns darüber per folgende e-Mailadresse mit:
Wir kontaktieren Dich in möglichst kürzer Zeit und beantworten alle Fragen.

Beeile Dich, Zahl von Stellenangeboten ist begrenzt!

Abbildung 2.41: Schnelles Geld als Money Mule

Inzwischen hat diese Masche eine neue Stufe erklommen. Die Täter gehen dazu über, ihre Opfer persönlich zu kontaktieren, etwa in Chatrooms und sozialen Netzwerken wie Facebook. Mit Methoden des Social Engineering wird der Angesprochene dann dazu verleitet, eine Auslandsüberweisung im Namen der fremden Person vorzunehmen, die damit ihre eigenen Spuren verwischt.

Die Abofalle

Man bietet Ihnen per Internet oder im Web etwas Nützliches oder Begehrenswertes an, die Palette reicht von der kostenlosen SMS bis hin zu einer Liste möglicher Vornamen für die kommenden Kinder, Kochrezepten, Gratis-Erotik und auch Software-Downloads, dreisterweise von Software, die eigentlich gratis ist.

Voraussetzung für den Erhalt der digitalen Ware ist allerdings eine Anmeldung beim Service. Die ist kostenlos.

Ein paar Wochen später wird der kostenlose Dienst jedoch in einen kostenpflichtigen umgewandelt. Den Hinweis dazu haben Sie zwar erhalten, aber weil man weiß, wie Spam-Filter arbeiten, sieht der Hinweis garantiert so aus, dass er im Spam-Ordner gelandet ist und vom Opfer übersehen wurde.

Alternativ war der Dienst schon vorher kostenpflichtig, nur waren die Kosten so auf der Website versteckt, dass keiner sie lesen konnte oder lesen wollte – meist in den AGBs.

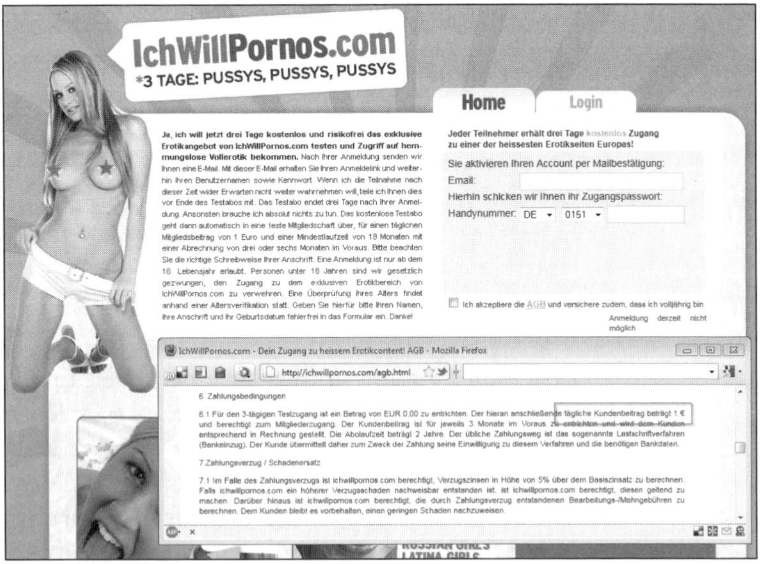

Abbildung 2.42: Bei vielen Angeboten muss man die AGBs genau lesen

Es folgen Rechnungen, dann Mahnungen mit entsprechenden Drohungen (Anzeige, Schufa-Eintrag usw.). Verbraucherzentralen helfen, Infos und Musterbriefe für den Widerspruch finden Sie auf den Seiten des Verbraucherschutzministeriums: *www.bmelv.de/SharedDocs/Dossier/Verbraucherschutz/Internetkostenfallen.html*

HINWEIS

Werden Sie spätestens dann misstrauisch, wenn Kostenlos-Dienste Ihre Handy-Nummer fordern. Halten Sie sich eine eigene Mailadresse nur für solche Angebote, eine Adresse, in der sonst nichts auf Ihre reale Identität verweist.

Hacker: Wie real ist die Gefahr?

Die Gefahr, direkt durch Hacker angegriffen zu werden, ist eher gering und sehr stark abhängig von der individuellen Bedrohungslage.

- Familienväter und andere normale Bürger müssen in seltenen Fällen damit rechnen, dass verfeindete Nachbarn oder verschmähte Frauen ihnen mit Hacker-Methoden auf den Leib rücken. Frauen haben umgekehrt das Problem abgewiesener oder völlig ignorierter Liebhaber, Cyberstalker, Ex-Ehe-Männer und so weiter. Und: Eltern sollten prinzipiell davon ausgehen, dass ihre Kinder Einschränkungen der Freiheit am Computer direkt für ihre Hacker-Grundausbildung nutzen.
- Selbstständige und Angestellte müssen damit rechnen, dass neidische Kollegen oder Konkurrenten im kleinen Maßstab tätig werden. Im Zweifel ist es ein ehemaliger Geschäftspartner oder ein anderer Insider. Für gezielte Angriffe von völlig Fremden fehlt einfach das Motiv.

Einsteiger benötigen eine enorme Portion krimineller Energie, um sich in das Thema Hacking einzuarbeiten. Die wendet nur auf, wer gehörigen Grund hat. Bei genügend emotionalem Treibstoff kann der aber durchaus vorhanden sein. Typische Beweggründe sind Frustration, Enttäuschung, Hass und Rache. Wer ein akutes Problem mit einem Computer-affinen Menschen hat, sollte erhöhte Wachsamkeit walten lassen, auch wenn man natürlich nicht alle IT-Experten unter Generalverdacht stellen darf.

Allerdings ist das Gefahrenpotenzial in einigen Bereichen höher:

- Identitätsdiebstahl ist zwar noch immer vergleichsweise selten, aber für das Opfer in der Regel höchst unangenehm und aufwendig.
- WLAN-Hacking ist überall dort möglich, wo das Funknetz ungesichert ist.
- Social Engineering wird verstärkt in allen Bereichen digitaler Kriminalität (und auch außerhalb) eingesetzt.

Hacker abwehren

Eine Firewall ist bei der Abwehr von Hacker-Angriffen auf einzelne Personen eher überflüssig, auch wenn das manchmal anders dargestellt wird. Es ist eine Änderung des Verhaltens, die hilft.

- Achten Sie auf Ihre digitale Identität, also die Summe aller Daten und Fakten, die Sie online preisgeben und online speichern. Machen Sie sich bewusst, dass alles, was Sie ins Internet einstellen, dort sehr schwer wieder zu entfernen ist.
- Achten Sie auf Kennwortsicherheit. Weil das eigentlich der wichtigste Ratschlag ist, finden Sie dazu ein eigenes Kapitel (Kapitel 6).
- Schaffen Sie sich verschiedene digitale Identitäten für verschiedene Zwecke. Verwenden Sie zum Beispiel ein E-Mail-Konto für vertrauenswürdige Shops und benutzen Sie diese Adresse nur dort. Treten Sie öffentlich hingegen mit einem anderen E-Mail-Konto auf. Sorgen Sie dafür, dass diese

Konten nicht aufeinander verweisen, sondern vollständig getrennt sind.

HINWEIS

Manche mögen das paranoid finden, aber sicherheitsbewusste Anwender haben ein eigenes Konto nur für Facebook und ein weiteres Konto für Nachrichten, die sie in Foren hinterlassen. Ich habe einen Leser in meinem Blog, der beim Kommentieren eine eigene Adresse nur für mein Blog verwendet – damit er sehen kann, ob über mein System seine Adresse an Spam-Versender verramscht wird.

- Bilden Sie Sicherheitszonen. Viele Anwender speichern zum Beispiel ihre Passwörter im Browser. Das ist problematisch, aber letztlich ist es halt so. Eine Sicherheitszone könnte dann zum Beispiel die eine wichtige, nur Ihnen und Ihren engsten Freunden bekannte E-Mail-Adresse oder Shop-Mail-Adresse sein, zu der Sie das Passwort ausnahmsweise nicht im Browser speichern. Stiehlt ein Hacker Ihre Passwörter, so verlieren Sie nur Sicherheit in der unsicheren Zone.
- Eine andere Sicherheitszone wäre die: Speichern Sie auf dem PC durchaus Ihre Passwörter im Browser. Aber tun Sie es nicht auf Ihrem Mobilrechner, denn das ist im Vergleich ein unsicherer Platz. Oder machen Sie sich dort die Mühe, die Funktion des Master-Passworts zu verwenden oder ihn zu verschlüsseln.
- Wenn Sie Anlass zur Sorge haben, dass Ex-Partner gleich welcher Art kurz nach einer Trennung zu Cyberstalking oder Ähnlichem neigen, dann ziehen Sie die Notbremse. Wechseln Sie alle Passwörter, eröffnen Sie ein neues Konto und ändern Sie auch alle weiteren Parameter Ihrer digitalen Identität.

Die meisten Hacker-Attacken richten sich gegen normale Surfer, die nicht als Individuen wahrgenommen werden. Sie manifestieren sich als Exploits, Viren, Würmer, Trojaner, Scareware und Botnetze, um die es in den nächsten Abschnitten geht.

Gefährliche Fehler: Exploits

Irren ist nicht nur menschlich, es ist zutiefst maschinell, denn Menschen haben die Programme geschrieben. Dabei schleichen sich Fehler ein – je größer und komplizierter das Projekt, desto mehr Fehler hat es. Erst recht, wenn mehrere Autoren gemeinsam am Programmcode arbeiten.

Fehlerfreiheit kann heute daher nicht garantiert werden. Man hat längst den Spieß umgedreht und definiert Fehlerfreiheit von der Anforderungsseite: Wenn eine Software, die Bilder von JPG zu GIF konvertieren können soll, dies auch tut, dann gilt sie als fehlerfrei – selbst dann, wenn sie bei drei von zehn Versuchen abstürzt.

Anders gesagt: Die Entwickler haben aufgegeben. Und die Anwender tun gut daran, wenn sie den Umstand berücksichtigen, dass Software heutzutage nicht fehlerfrei sein *kann*.

Wanzen, Bugs, Programmfehler

Im amerikanischen Sprachraum nennt man mechanische Defekte schon seit etwa 1878 Bugs. Doch eine spezielle Legende verlegt das Geburtsjahr der Bugs auf 1947. In diesem Jahr verirrte sich nämlich eine Motte an der Harvard University in einem Computer vom Typ MARK II und blockierte eine analoge Schaltung. Dort fand sie die Computerspezialistin Grace Murray Hopper, klebte die Motte in ein Album und versah sie mit dem Hinweis, dies sei der erste Fall eines Computer-Bugs.

Eine schöne Geschichte. Wahr ist: Immer wieder suchten Insekten und andere Lebewesen die Wärme der Computer, krochen in die Geräte und versursachten dort Defekte. Der Sage nach führte das zum Begriff *Debuggen*, womit auch heute noch die Suche nicht nach Motten, sondern nach Programmfehlern gemeint ist. Entsprechende Programme zur Fehlerbereinigung heißen *Debugger*.

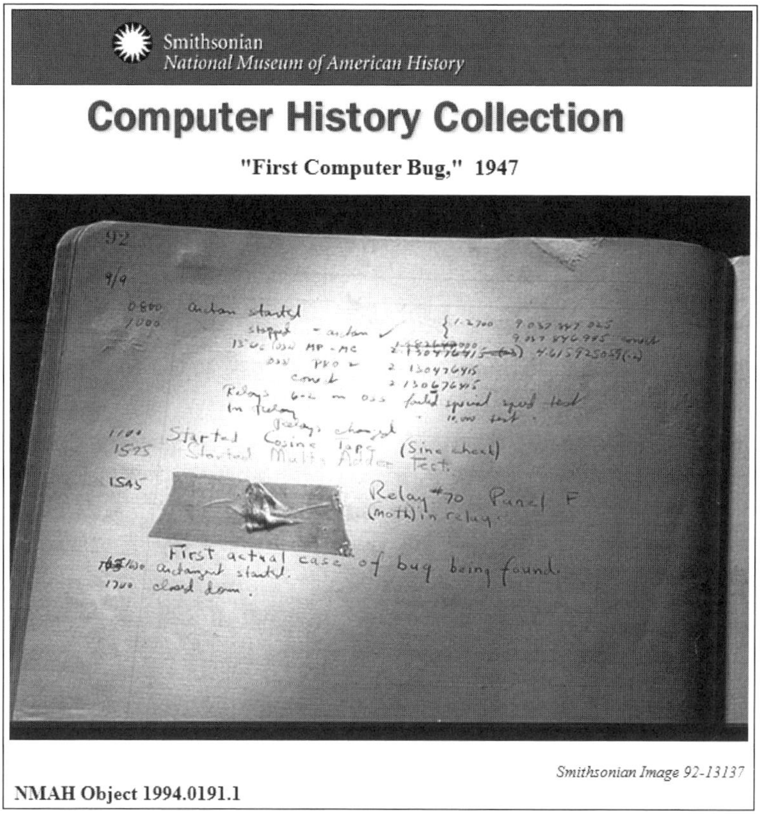

Abbildung 2.43: *http://americanhistory.si.edu/collections/comphist/objects/bug.htm* zeigt den „ersten Bug“

HINWEIS

Windows hatte früher einen eigenen Debugger namens *debug.exe*, der allerdings in Windows 7 nicht mehr enthalten ist. Ersatz gibt es bei Microsoft unter *http://tinyurl.com/6ax4zdh*. Einsteiger können zum Beispiel den freien OllyDbg (*www.ollydbg.de*) nehmen.

Warum sind Bugs eine Erwähnung wert? Weil es in der Computer-Steinzeit eine beliebte Ausrede des Händlers war, die Computerprobleme einem Virus in die Schuhe zu schieben.

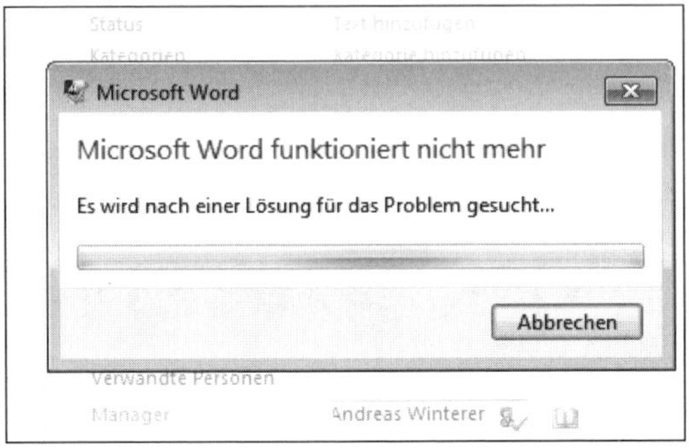

Abbildung 2.44: Bugs: Es gibt sie auch heute noch

Auch heute noch wird Windows gerne als ständig abstürzendes Betriebssystem dargestellt. Aber diese Zeiten sind vorbei. Gerade bei Windows 7 können Sie von Folgendem ausgehen: Wenn der PC regelmäßig abstürzt, dann ist nicht Windows schuld, sondern eine Software, ein fehlerhafter Treiber oder eine fehlerhafte Hardware. Abhilfe schaffen meist neue Treiber oder neue Programmversionen.

Das bedeutet nicht, dass Windows fehlerfrei wäre, im Gegenteil. Systembedingt ist das Angebot an Softwarefehlern schier unerschöpflich. Denn manchmal packen Programmierer Probleme falsch an oder berücksichtigen kommende Veränderungen nicht hinreichend. Typisches Beispiel ist der *Jahr-2000-Bug*: Ende der 70er glaubte niemand, den IBM-PC würde es länger als zehn Jahre geben. Nicht selten hat ein System *Architekturfehler*, weil zu Beginn noch nicht das große Ganze betrachtet werden konnte oder eben falsch betrachtet wurde. Hinzu kommt schlecht programmierter Code, weil moderne Entwicklungsmethoden gerne mal auf die Dokumentation verzichten – spätestens beim Personalwechsel stehen die Entwickler dann vor unlesbarem Spaghetti-Code.

HINWEIS

Es lohnt an dieser Stelle ein Besuch der Website *www.kublikon.de/fehlermeldungen/*, die Screenshots typischer Fehlermeldungen sammelt. Hunderte von Screenshots zeugen davon, dass Maschinen bis auf Weiteres nicht die Weltherrschaft übernehmen werden.

Auch ohne Viren sind Computer also schon ziemlich unzuverlässig. Die Schäden sind meistens immens. An der Tokioter Börse sorgte ein Programmfehler dafür, dass Käufer fehlerhafte Verkaufsorder nicht stornieren konnten – der Schaden lag im dreistelligen Millionenbereich. Und Anfang 2010 mussten Chipkartenhersteller einräumen, dass ihre Produkte einen Defekt enthielten, durch den die Kunden kein Geld mehr am Automaten bekamen. Ein Aufkleber auf dem Chip konnte das Problem einigermaßen entschärfen, denn der alte Magnetstreifen, der vom modernen Chip abgelöst werden sollte, funktionierte weiter.

Softwarefehler zum Ausnutzen: Exploits

Bugs sind nicht deswegen ein Problem, weil ab und zu mal ein PC abstürzt, sondern weil Programmierfehler gezielt ausgenutzt werden können. Man spricht dann vom *Exploiten* (englisch für: ausbeuten), die Fehler selbst nennt man *Exploits*.

Typisches Beispiel sind Webserver: Diese haben auf Verlangen eine Website anzuzeigen und erhalten dazu die Webadresse. Durch Programmierfehler gelang es in der Vergangenheit Hackern immer wieder, durch die Eingabe unrealistischer, überlanger oder anderweitig manipulierter „Webadressen" den Webserver zu Dingen zu überreden, die eigentlich nicht vorgesehen sind. Gleiches ist heute bei SQL-Datenbanken üblich, aber auch bei den Eingaben bei Windows-Programmen und an Orten, wo man so etwas nicht vermutet.

So wurde im Sommer 2010 eine Sicherheitslücke bekannt, bei der es reichte, dass Windows das Icon einer präparierten LNK-Datei anzeigte – schon konnte eine Schadsoftware gestartet werden.

Fast jeder Exploit hat mindestens eines von zwei Zielen. Das eine Ziel ist es, Schadsoftware in das Zielsystem einzubringen, also ein Programm zu starten, ohne dass der Benutzer selbst es gestartet hat. Das andere Ziel ist es, auf irgendeine Weise mehr Benutzerrechte zu erhalten als der aktuelle Benutzer. Auf Linux ist es üblich, dass der Anwender keine Administrator-Rechte hat (root), und so hat auch eine versehentlich gestartete Schadsoftware nur eingeschränkte Rechte und bleibt gefangen. Nur durch Exploits kann man das System dann zuweilen austricksen und root-Rechte erlangen. Auf Windows spielt Letzteres keine so große Rolle, weil die meisten Anwender sowieso Administratoren sind.

Exploits sind einer der größten Unsicherheitsfaktoren. Die meisten Angriffe durch Schadsoftware und Hacker hätten ohne Bugs und Exploits keine Chance. Doch wie erhalten Computerkriminelle Kenntnis von Exploits?

Natürlich über das Internet.

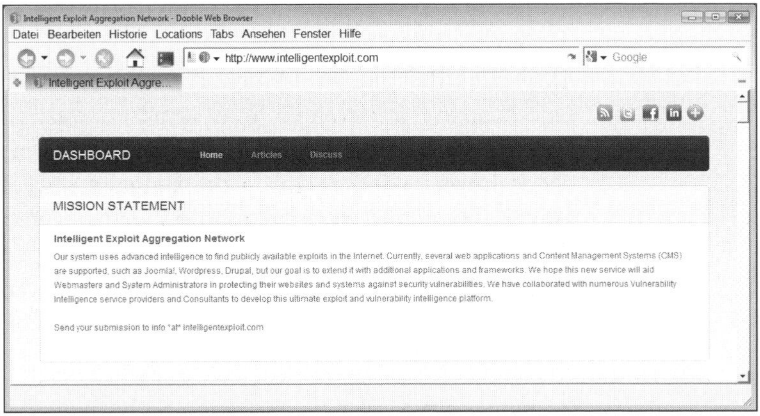

Abbildung 2.45: *www.intelligentexploit.com* sammelt Exploits

Zero-Day-Exploits

Webseiten wie *www.intelligentexploit.com* oder *www.metasploit.com* sammeln Informationen über Exploits auf allen möglichen Systemen, Blogs wie *http://esploit.blogspot.com* tun ein Übriges und mit Plattformen wie *www.windowsexploits.com* gibt es auch auf Windows spezialisierte Exploit-Sammler.

Abbildung 2.46: Metasploit bietet Exploits und Analyse-Tools

Das kann man verdammten, denn die Seiten informieren den Untergrund. Das könnte man als Hersteller aber auch benutzen, um die Sicherheitslücke schnell zu schließen.

KNOW-HOW

Allgemein streiten sich hier zwei Schulen. Die eine Schule lehrt, dass man auf keinen Fall über Exploits auch nur sprechen darf, und schon die Warnung vor einer ausnutzbaren Sicherheitslücke wird als verkappte Aufforderung interpretiert, diese Sicherheitslücke anzugreifen: „Sicherheit durch Verschleierung" („Security by Obscurity"). Die andere Schule lehrt, dass nur bei aufgedeckten Sicherheitslücken genügend Druck existiert, der dafür sorgt, dass sie geschlossen werden. Die Transparenz, die zur Folge hat, dass Angreifer neue Ziele finden, sorgt zugleich dafür, dass die aufgeklärten Benutzer die wahre Bedrohungslage kennen – und umsichtiger handeln können. Der angelsächsische Sprachraum geht generell offener mit dem Problem um.

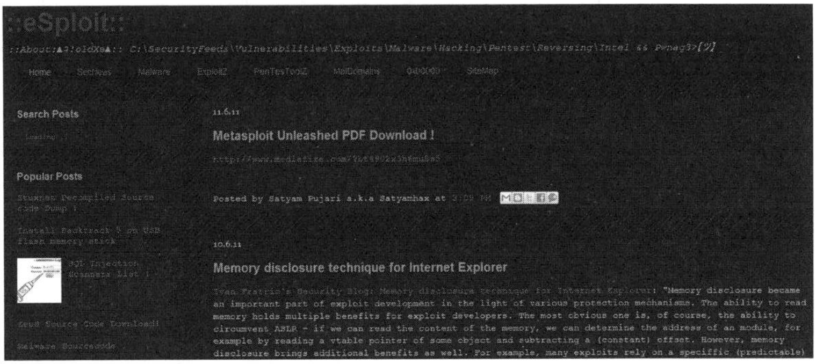

Abbildung 2.47: Exploits auf *http://esploit.blogspot.com*

Hier kommt der Anwender wieder ins Spiel. Indem er regelmäßig die bekannten Sicherheitslücken durch Updates und Patches behebt, nimmt er den Exploits (fast) jede Möglichkeit.

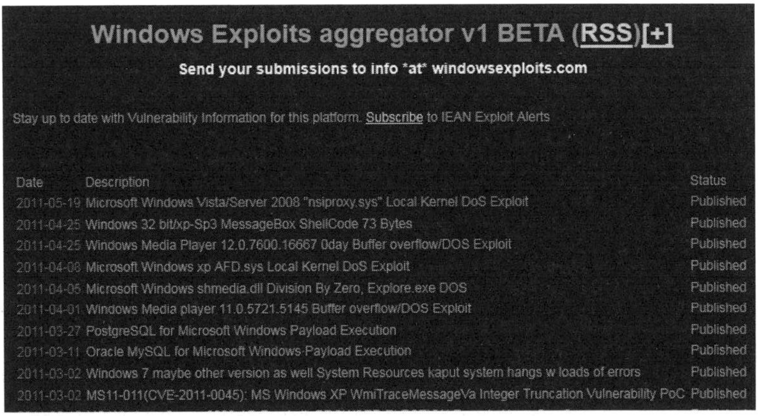

Abbildung 2.48: Windows-Schwächen auf *www.windowsexploits.com*

Das funktioniert auch ganz gut, bis auf eine Ausnahme, den sogenannten *Zero-Day-Exploit*. Fällt das Wissen über einen Exploit nämlich zuerst computerkriminellen Hackern in die Hände, dann haben diese einen zeitlichen Vorsprung: Sie können die Sicherheitslücke angreifen, ehe der Hersteller sie stopfen und den Software-Flicken verteilen konnte. Das geschieht sozusagen noch am selben Tag, also am nullten Tag – daher „Zero Day“.

Zero-Day-Attacken versuchen, innerhalb kürzester Zeit (also bevor der Hersteller ein Update liefern kann) möglichst viele Rechner anzugreifen, und oft gelingt das auch erstaunlich erfolgreich. Daher sind Hersteller dazu übergegangen, Prämien für das Entdecken von Schwachstellen auszuzahlen. Infolgedessen haben sich inzwischen kleine Firmen gebildet, die nichts anderes machen, als solche Schwächen zu finden und die Prämien einzusacken. Besser das, als sie Kriminellen zu verkaufen.

Drive-by-Infektionen

Die meisten Benutzer im Web laden keine Raubkopien, sie laden keine Pornos, sie laden auch sonst nichts herunter und verhalten sich eigentlich völlig korrekt und brav. Dennoch infizieren sie sich – durch Exploits.

Die typischen Einfallstore sind dabei

- ✔ Exploits und andere Schwachstellen im Browser
- ✔ Schwachstellen in Browser-Erweiterungen, vor allem Flash, aber auch ÜDF, Java, JavaScript ...

Dabei spricht man von einem *Drive-by-Download* oder einer *Drive-by-Infektion*. Man nimmt die Schadsoftware „im Vorbeisurfen“ auf, ohne es zu merken. Doch auch hier stellt sich für die Hacker ein Problem: Bevor sie ihren Schadcode einschleusen können, muss der Surfer erst einmal zu ihren Seiten surfen. Denn bei Zero-Day-Attacken reicht es nicht, zum Beispiel im Umfeld von Hacker/Cracker/Raubkopien darauf zu warten, dass zufällig ein potenzielles Opfer vorbeisurft. Man möchte möglichst schnell möglichst viele Surfer infizieren.

Das erreicht man zum Beispiel durch massenhafte Spam-Mails. Sie versuchen, durch einen in der Nachricht formulierten Vorwand den Benutzer zum Klick auf einen Link zu verleiten. Der Link wiederum führt zu einer Seite mit Schadsoftware. Der Surfer wendet sich angesichts mangelhafter Inhalte enttäuscht ab, ist aber längst infiziert.

Auf seriösen und bekannten Webseiten ist man aber keineswegs sicherer. Diese könnten gehackt worden sein und dann ebenfalls Malware im Drive-by-Verfahren verbreiten. G Data fand Ende 2009 erste Beispiele von Hacks, bei denen nur die 404-Fehlerseite einer Site manipuliert wurde, sodass die Manipulation weniger schnell auffiel und schlechter einer Quelle zugeordnet werden konnte.

Noch effektiver ist aber inzwischen, die Anwender über Suchmaschinen zu sich zu locken.

Vergiftete Suchmaschinen

Eine zunehmend gängige Praxis ist das „Vergiften" von Suchmaschinen. Sie basiert auf normalen, gängigen und legalen Methoden der *Suchmaschinenoptimierung* (Search Engine Optimization, SEO), deren Kunst darin besteht, in der Ergebnisliste einer Suchmaschine wie Google bei der Suche nach ausgesuchten Begriffen mit der eigenen Webadresse möglichst weit oben vertreten zu sein.

Beim *SEO-Poisoning*, auch *Black-Hat-SEO* genannt, optimieren Kriminelle (und auch legale Anbieter, etwa von Online-Poker) ihre Webseiten so, dass sie bei Google schnell an den vordersten Stellen auftauchen. Das geschieht vor allem bei aktuellen und dramatischen Ereignissen und Schlüsselthemen, etwa großen Katastrophen oder dem Tod bekannter Popstars.

Auch auf die Namen begehrter – meist weiblicher – Starlets werden Suchmaschineneinträge optimiert. Wer sich probeweise mal selbst infizieren will, kommt am leichtesten über die Suche nach Nacktbildern zu einer Malware.

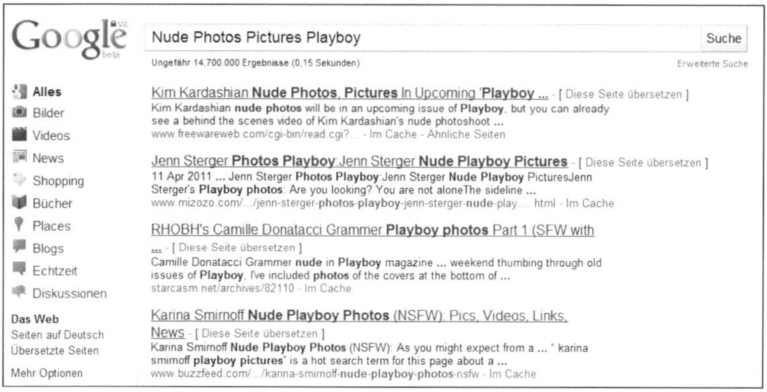

Abbildung 2.49: Nicht zu erkennen: Der erste Link ist vergiftet

Der Surfer sucht dann nach einem Begriff – nach dem Namen der Katastrophe oder des verstorbenen Stars, nach Herrenunterhaltungsbildern ... – und erhält wie üblich von der Suchmaschine eine Liste mit Fundstellen. Doch einige davon gehören zu schnell aus dem Boden gestampften Pseudo-Webseiten, deren ausschließliche Aufgabe es ist, den Browser des Surfers über einen möglichweise vorhandenen Zero-Day-Exploit anzugreifen.

HINWEIS

Dasselbe wird gezielt über die Bildersuche gemacht. Dabei reicht es, die Google-Vorschau (die Ansicht nach dem Klick auf das Vorschaubild) anzusehen, schon ist man infiziert, sofern Browser und Erweiterungen Exploits haben.

Grundlage für erfolgreiche Black-Hat-SEOs sind Trendanzeigen wie die aus *www.google.de/insights/search/*. Sie zeigen, wonach gerade gesucht wird – darauf reagieren dann die Suchmaschinen-Vergifter.

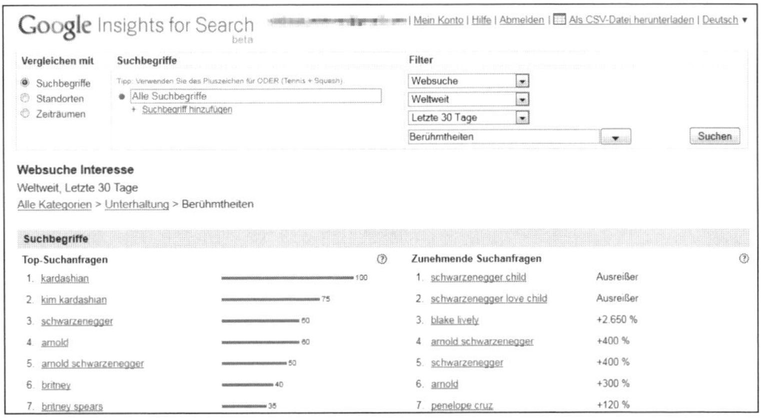

Abbildung 2.50: Google Insights hilft Black-SEOs bei der Trendsuche

Exploits: Wie real ist die Gefahr?

Die Gefahr, durch Bugs und Exploits angegriffen zu werden, ist sehr hoch. Sie sind heute eine der gängigsten Ursachen für Sicherheitsprobleme aller Art.

- Der Familienvater kann durch die bloße Suche nach aktuellen Begriffen wie etwa dem Spendenkonto für die Opfer einer Naturkatastrophe auf vergiftete Seiten manövriert und dort im Drive-by-Verfahren infiziert werden. Die Infektion selbst kann alles Mögliche sein, zum Beispiel ein Banking-Trojaner, der Geld abzwackt.
- Der Selbstständige begibt sich immer dann in dieselbe Gefahr, wenn er seinen Rechner auch privat verwendet, da sich die meisten Drive-by-Attacken an populären Themen und dem täglichen News-Hype orientieren.
- Gleiches gilt für den Angestellten. Innerhalb der Firma hat die IT eigentlich dafür zu sorgen, dass Drive-by-Attacken keine Chance haben. Nimmt er sein Notebook jedoch mit und verwendet es außerhalb der Firma, so hat die IT-Infrastruktur keine Wirkung mehr. Hinzu kommen gezielte Angriffe auf bestimmte Firmen oder generell auf Firmen:

Der Angreifer könnte Zero-Day-Attacken und Drive-by-Infektionen zum Beispiel nicht für Banking-Trojaner, sondern für die Distribution von Sniffern und Lauschprogrammen verwenden. Auf diese Weise lässt sich ein Netz „von innen" ausspionieren.

Exploits abwehren

Die Bedrohung lässt sich nicht völlig verhindern, weil sie letztlich durch das systembedingte Versagen der Programmierer entsteht: Jede Software hat Fehler und obwohl heutzutage starke Werkzeuge für die Fehlersuche existieren, lassen sich nicht alle vermeiden, zumal manche Probleme nur im Zusammenspiel verschiedener Faktoren auftreten.

Die Bedrohung lässt sich aber minimieren, zum Beispiel durch Verhaltensänderungen:

- Vorsicht: Klicken Sie nicht auf unbekannte Links, die Ihnen durch egal welches Medium geschickt werden, selbst dann, wenn Sie den Absender der Links kennen.
- Sicherheitszonen: Versuchen Sie, Privates und Berufliches zu trennen. Installieren Sie auf einem Arbeits-PC nur die Dinge, die Sie für die Arbeit benötigen, und verwenden Sie ihn nicht für Freizeitbeschäftigungen. Bewahren Sie umgekehrt auf Ihren Privatrechnern keine beruflichen Daten auf.

Natürlich gibt es auch technische Maßnahmen:

- Updates: Achten Sie darauf, dass Ihr System immer auf dem neuesten Stand ist. Laden Sie möglichst häufig Updates und verwenden Sie die jeweils neuesten Versionen der Software, die Sie einsetzen. Hinweise zur Windows-Aktualisierung finden Sie in Kapitel 3.
- Tools: Spezielle Update-Helfer können Ihnen helfen, indem sie überprüfen, ob Ihr System auf dem neuesten Stand ist – mehr in Kapitel 4.

- Erweiterungen: Mithilfe einiger Browser-Erweiterungen erhöhen Sie die Sicherheit beim Surfen, indem sie zum Beispiel Flash und Skripte blockieren – siehe Kapitel 4.
- Exotik: Verwenden Sie möglichst exotische Software, denn diese ist weniger populär, daher weniger verbreitet, ergo ein weniger interessantes und daher auch weniger wahrscheinliches Angriffsziel. Ratschläge für alternative Programme erhalten Sie in Kapitel 4.
- Backup: Bereiten Sie sich für den Ernstfall vor und führen Sie regelmäßig Backups durch – mehr dazu in Kapitel 3 und 5.

Bedrohung durch Viren

Die Bezeichnung „Viren“ für ansteckende Computerprogramme wurde aus der Biologie entlehnt, weil die Infektion ganz ähnlich abläuft.

Biologische Viren

Ein biologisches Virus besteht aus einem Stück DNS, das sein „biologisches Programm“ darstellt. Es ist umgeben von einer Proteinhülle, die aufgrund ihrer Eigenschaften mit der Umgebung interagieren kann – sie transportiert die DNS. Bei den Bakteriophagen, die zu den höchstentwickelten Virenarten gehören, bohrt ein geradezu halbautomatisch arbeitender Viruskörper ein Loch in die Hülle einer Opferzelle und fügt seine eigene DNS hinein.

Abbildung 2.51:
Virus T4 verspeist am liebsten Bakterien (Grafik: Mysid)

Die Opferzelle selbst ist vereinfacht gesagt auch nichts anderes als eine Hülle mit einem enthaltenen Programm, das die verschiedenen Vorrichtungen der Zelle im Sinne ihrer Eigenschaften steuert. Die nunmehr „infizierte“ Wirtszelle kann aber das fremde DNS-Programm nicht vom eigenen unterscheiden: Es arbeitet die neuen Anweisungen ab und in diesen ist festgelegt, dass die Zelle weitere Viren herstellen soll. Und das tut sie dann auch: Sie stellt exakte Kopien der viralen DNS-Stränge her und baut aus verfügbaren Grundstoffen neue Körper für diese Viren-DNS auf. Schließlich platzt die Zelle und entlässt so die kopierten Viren in die Umgebung, der Zyklus beginnt von Neuem, nur diesmal mit noch mehr Viren.

In Computern, Notebooks, Tablets, Smartphones und prinzipiell allen von Software gesteuerten Maschinen (also auch Flugzeugen, intelligenten Supermarktkassen und Kernkraftwerken) läuft die Infektion fast genauso wie beim biologischen Vorbild ab.

Computerviren

Grundlage jedes PCs sind ein Arbeitsspeicher und ein Programm, das darin aufbewahrt wird. Das Programm selbst ist eine Abfolge von Arbeitsanweisungen. Die Zentraleinheit (CPU), in Computern heute meist ein Intel- oder AMD-Prozessor, arbeitet das Programm ab, indem sie Schritt für Schritt die Arbeitsanweisungen befolgt. Die Festplatte dient zum Speichern von Daten und einer großen Zahl von Programmen und natürlich gibt es noch weitere angeschlossene Systeme, etwa für die Darstellung des Bilds (Grafikkarte) und vieles Weiteres mehr. Aber letztlich läuft es stets auf diese Grundform hinaus.

Das Programm als Abfolge von Arbeitsanweisungen kann man sich wie einen Stapel Papier vorstellen, der Zeile für Zeile vorschreibt, was die Zentraleinheit machen soll. Am Ende steht zum Beispiel das Programm für einen Taschenrechner, den der Benutzer verwenden kann.

Hier kommt der Computervirus ins Spiel: Sein Ziel ist es, einen Teil der vorhandenen Arbeitsanweisungen zu ersetzen oder besser noch zusätzlich zu den vorhandenen Anweisungen neue hinzufügen. Und wie beim biologischen Vorbild enthalten die neuen Arbeitsanweisungen vor allem die Konstruktionspläne für neue Computerviren und die Anleitung, wie man diese in weitere Programme hineinschreibt. Da Computer sich ihrer selbst heute noch nicht bewusst sind, führen sie die neuen Anweisungen einfach aus. Sie starten zum Beispiel den infizierten Windows-Taschenrechner und verbreiten damit die Infektion.

```
            MOV   DX,OFFSET GSXX       ; load new interrupt routine offset
            MOV   AX,251CH
            INT   21H                  ; set new interrupt vector
            MOV   AX,3100H
            MOV   DX,OFFSET INST+100H  ; load offset where resident code ends
            MOV   CL,4
            SHR   DX,CL                ; convert from bytes to paragraphs
            INC   DX                   ; round value
            INT   21H                  ; terminate-stay-resident
INST01:     MOV   AX,4C00H
            INT   21H                  ; normal terminate in case of error
            GENSOUND ENDP
```

Abbildung 2.52: Assembler – jede Zeile stellt eine Anweisung dar

Ein auf diese Weise geändertes Programm ist „infiziert“ – mit Folgen:

Das Programm kann unter Umständen (nicht immer) nicht mehr tun, wozu es gedacht war, und verliert seine ursprüngliche Funktion. Der infizierte Windows-Taschenrechner stürzt dann schon beim Start ab – er ist wirklich „kaputt“.

Das Programm kann zusätzliche Dinge tun: Ehe es abstürzt, sucht es sich ein weiteres Programm – den Windows-Editor –, infiziert es und stürzt dann erst ab.

Schlauerweise wird ein Virus aber versuchen, die ursprüngliche Funktion des Wirtsprogramms zu schonen. Das heißt: Der Taschenrechner startet, gibt die Kontrolle an den Virus ab, dieser infiziert ein anderes Programm, gibt die Kontrolle zurück – und am Ende sieht der Anwender seinen normalen Taschenrechner, als wäre nichts gewesen.

Die Idee für Computerviren ist älter, als man glaubt. Bereits in den frühen 50er Jahren beschäftigte sich der in die USA emigrierte ungarische Informatiker János Baron von Neumann (1903–1957) mit Maschinen, die sich selbst bauen können. Wesentliches Konzept der von ihm vorgestellten Von-Neumann-Computerarchitektur ist es, Programm und Daten in einem gemeinsamen Speicher zu verstauen – vorher waren sie noch getrennt. Das hat zur Folge, dass die CPU Daten als Befehle interpretieren kann und umgekehrt. Dies markiert die Geburtsstunde der Viren, denn die sind ja nichts anderes als Programme, die sich selbst und andere wie Daten behandeln, verarbeiten, verändern und infizieren.

Wie Viren aufgebaut sind

Als Windows-Benutzer kennen Sie Programme vor allem als Symbole auf dem Bildschirm. Doch hinter jedem Symbol steht eine ausführbare Programmdatei, meist erkennbar an der Endung *.exe* (aber nicht nur). Typische ausführbare Dateien auf jedem PC sind *calc.exe* (der Windows-Taschenrechner) oder *notepad.exe* (der Windows-Editor, Sie finden beide über *Start / Alle Programme / Zubehör*).

Ein Virus kann hingegen eigentlich nicht für sich selbst stehen. Es wird niemals eine ausführbare Datei wie *virus.exe* auf Ihrem PC ankommen und seine Ausführung erbitten. Stattdessen kommt der Virus stets als unerwünschter Gast eines normalen Programms. Er wird zu einem Bestandteil von Programmen wie *calc.exe* und *notepad.exe* und wird erst dann aktiv, wenn diese gestartet werden.

Da ist bereits einiges an Programmierkunst gefordert, denn der Virus muss einige wichtige Funktionen und Methoden von sich auf andere Programme kopieren.

Aktivierungsstrategie

Beim Aufruf des infizierten Programms muss der Virus entscheiden, ob er in irgendeiner Weise aktiv werden soll. Würde sich ein Virus zum Beispiel mit jedem Aufruf vermehren, könnte ein PC schnell überlastet sein – und dann würde er keine Viren mehr verbreiten können.

Auch gibt es verschiedene Aktivierungsmethoden, der Programmaufruf ist nur eine davon: Beim Hochfahren zum Beispiel wird vor Windows ein spezielles Mini-Programm (Boot-Loader) abgearbeitet, das ebenfalls infiziert werden kann. Und beim Öffnen von Dokumenten werden Makros geladen, die unter bestimmten Bedingungen ausgeführt werden.

Vermehrungsstrategie

Ein Dateivirus sucht nach zu infizierenden Dateien. Ein Bootsektor-Virus sucht nach Festplatten (früher auch Disketten) und USB-Sticks. Makro-Viren suchen nach Dokumenten. Kurz: Ein Teil des Virenprogramm muss in der Lage sein, das gesamte Programm in ein anderes Programm zu kopieren. Dazu muss es potenzielle Wirte erkennen können und ein Wissen darüber haben, wie es diese infizieren kann – denn das ändert sich von Windows-Version zu Windows-Version.

Einige Viren schlagen sofort bei der ersten Ausführung zu und kopieren sich in ein oder mehrere Wirtsprogramme. Andere verankern sich im Speicher, befestigen sich an internen Abläufen und Systemprogrammen und arbeiten parallel zum Rest des Systems.

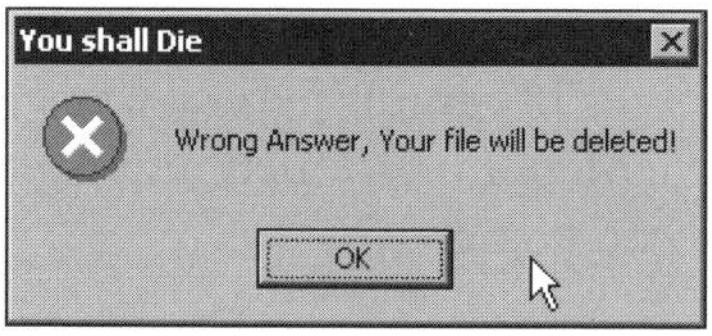

Abbildung 2.53: Typische Virus-Meldung

Die Infektion findet nur unter bestimmten Bedingungen statt: etwa an speziellen Tagen, an bedeutungsträchtigen Daten, alle zwei Stunden oder bei jedem zehnten Öffnen eines Dokuments. Denn es kann für den Virus sinnvoll sein, nicht alle Programme zu infizieren – er würde sonst auffallen.

Verteidigungsstrategie

Viren verfügen nicht immer über eine Verteidigungsstrategie oder manchmal nur rudimentär, aber die Abwehrtricks gegen das Entdecken und Bekämpfen nehmen zu.

Das beginnt ganz simpel damit, möglichst nicht aufzufallen. So verändert zum Beispiel die Infektion naturgemäß die Eigenschaften einer Datei, etwa das Datum der letzten Änderung und die Größe der Datei. Die Tarnung kann nun also darin bestehen, nach der Änderung das ursprüngliche Datum wiederherzustellen und Windows so zu manipulieren, dass es die alte Dateigröße anzeigt statt einer neuen.

Moderne Tarn-Komponenten sorgen auch dafür, dass der Virus von Antivirenprogrammen nicht entdeckt wird. Bereits der sehr alte DOS-Virus *Frodo* alias *4096* (das ist seine Länge in Byte) konnte das. Er registriert Zugriffe auf den Speicher – sobald diese auftauchen, verkrümelt sich Frodo in entlegene Adressen. Versucht ein Virenscanner auf eine mit Frodo infizierte Datei zuzugreifen, bemerkt Frodo das – und lässt den Scanner nur eine gereinigte Version der Datei sehen. Der so geblendete Virenjäger nickt die saubere Datei ab und schließt sie wieder, was 4096 zum Anlass nimmt, sie wieder zu infizieren.

Moderne Viren machen richtig Ernst und schalten Antivirenprogramme oder Firewalls einfach aus. Das geht natürlich nicht ganz so einfach, wie es klingt, aber es geht.

HINWEIS

Hierzu muss man sich Folgendes vor Augen führen: Nicht nur der Benutzer eines PCs startet und bedient Programme, auch der PC selbst startet und bedient im Namen des Benutzers Programme. Alles, was der Benutzer kann, kann also auch eine installierte oder versehentlich gestartete Software. Kann der Benutzer Firewall und Virenschutz ausschalten, kann es folglich auch ein Virus.

Die eigentliche „Wirkung"

Alles, was über Aktivierung und Vermehrung hinausgeht, ist nur noch schmückendes Beiwerk – streng genommen braucht der Virus nicht mehr und auch die Verteidigung ist entbehrlich. Tatsächlich gibt es viele Viren, die sich einfach nur verbreiten, und ihre Entwickler können sich stolz auf die Schulter klopfen, wenn das sehr erfolgreich passiert.

HINWEIS

Der Virus *Micro-128* ist so einer und kommt daher mit 128 Byte aus. Mal zum Anschauen – so sehen 128 Byte aus:

GATCGATCGATCGATCGATCGATCGATCGATC
GATCGATCGATCGATCGATCGATCGATCGATC
GATCGATCGATCGATCGATCGATCGATCGATC
GATCGATCGATCGATCGATCGATCGATCGATC

Jeder Buchstabe steht für eine ganz simple Anweisung und mit 128 Anweisungen war dieser Virus in der Lage, sich selbst zu reproduzieren. Allerdings war das noch Anfang der 90er mit DOS – unter Windows geht's nicht mehr ganz so einfach.

Moderne Viren haben allerdings immer auch Wirk-Bestandteile, im Virenforscher-Slang meist *Payload* genannt:

Früher bestand die Wirkung vor allem in Nachrichten an Benutzer, rüttelnden Diskettenlaufwerken, bunten Screens, hypnotisierenden Spiralen, lachenden Totenköpfen und ähnlichem Unfug. In die Geschichte eingegangen ist der Oropax-Virus (nervt mit Gedudel aus dem PC-Lautsprecher) oder der Virus *Syslock/Xmas* (zeichnet im Dezember Adventskerzen auf den Bildschirm). Der *Herbstlaub*-Virus ließ Buchstaben nach unten fallen, *Ambulance Car* einen Krankenwagen durch den Bildschirm fahren.

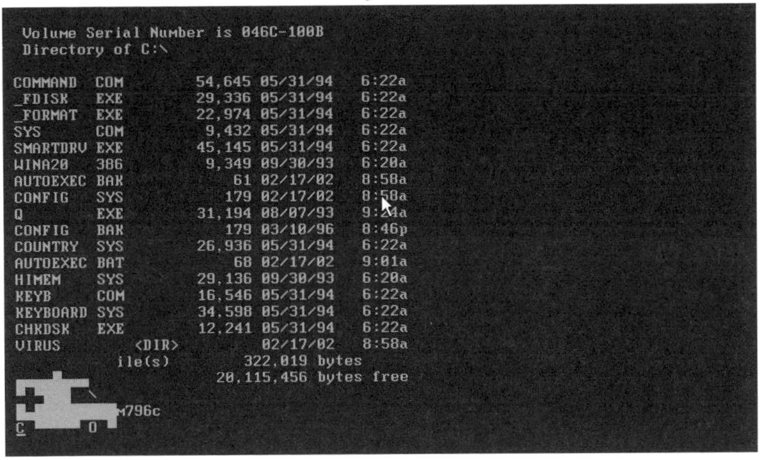

Abbildung 2.54: Virus Ambulance Car fährt …

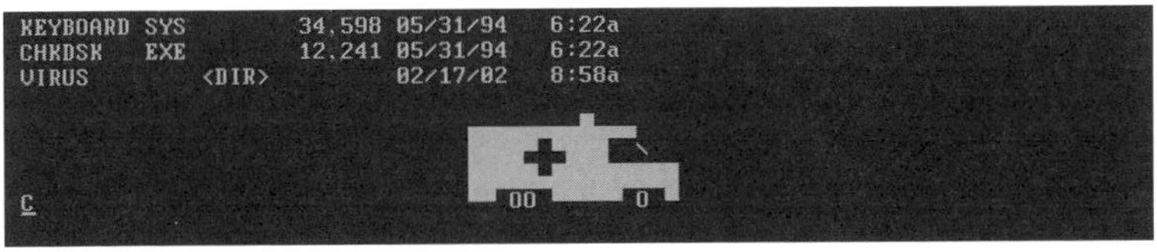

Abbildung 2.55: … von links …

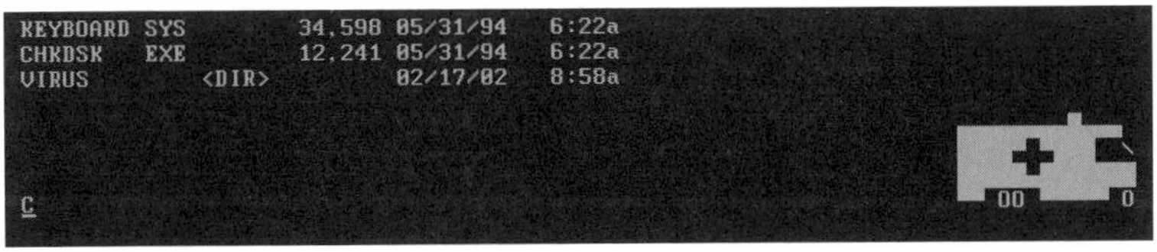

Abbildung 2.56: … nach rechts

Nicht alles war so harmlos. Vieles Payloads waren auf Zerstörung programmiert. Zum Beispiel wurde bei den Infizierten zu bestimmten Tagen eine oder mehrere Dateien gelöscht, der Rechner blockiert, die Festplatte formatiert und Ähnliches.

Heute besteht die Wirkung meist in der Installation von zusätzlichen Programmkomponenten, die weit über die Möglichkeiten von Viren hinausgehen. Die eher verspielten sichtbaren Wirkungen sind zurückgegangen.

Einige Erreger tragen merkwürdige Sprüche oder Sätze in sich. Der *Tremor-Virus* meldete philosophisch:

```
MOMENT-OF-TERROR-IS-THE-BEGINNING-OF-LIFE
```

Solche Zeichenketten, die oft nur mit einem Hex-Editor sichtbar werden, geben dem Virus dann oft seinen Namen. Hier der erste bekannte Virus überhaupt, der *Elk-Cloner*:

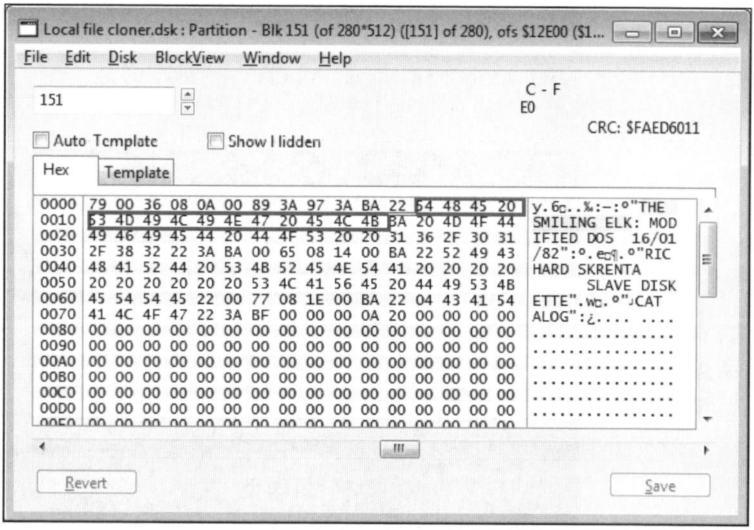

Abbildung 2.57: Elk – ein früher Apple-II-Bootsektor-Virus

Er gab bei jedem fünfzigsten Einlegen einer Diskette folgenden Text aus:

```
Elk Cloner: The program with a personality
It will get on all your disks
```

```
It will infiltrate your chips
Yes, it's Cloner!
It will stick to you like glue
It will modify RAM too
Send in the Cloner!
```

Der *Whale-Virus* hatte dieses Rätsel in sich versteckt:

```
A Whale is no Fish!
Mind her Mutant Fish
and the hidden Fish Eggs
for they are damaging.
The sixth Fish mutates
only if the Whale is in
her Cave.
```

Diese Zeiten der Hacker-Hippie-Kultur sind übrigens vorbei. Moderne Malware-Programmierer sind reine Geschäftsleute.

Struktur im Pseudocode

Ein unschuldiges, gesundes Programm sieht ungefähr so aus:

```
Anfang
Anweisung 1
Anweisung 2
Anweisung 3
Ende
```

Nun kommt ein Virus des Wegs und fügt neue Anweisungen ein. Das sieht dann grob so aus:

```
Anfang
 Virus-Anfang (Aktivierung)
 Immer: Virus-Tarnung
 Wenn schon infiziert: gehezu Alter Anfang
 Wenn Sonntag, dann: Virus-Wirkung
 Wenn Dienstag, dann: Virus-Vermehrung
 Virus-Ende
Alter Anfang
 Anweisung 1
```

```
 Anweisung 2
 Anweisung 3
Altes Ende
```

Startet das Programm, nimmt der Virus Tarnmaßnahmen vor. Erkennt ein Virenscanner bereits eine Infektion (eine ganz eigene Kunst), dann versucht er es kein zweites Mal. Ist heute Sonntag, wird sein Payload aktiv (der Virus zeigt etwa die Meldung: „Sonntags arbeitet man nicht!“). Ist zum Zeitpunkt der Ausführung Dienstag, vermehrt er sich.

Sind diese Aufgaben abgearbeitet, geht's in jedem Fall weiter mit dem „normalen“ Programm, dessen Anfang auf *Alter Anfang* verschoben wurde. Das Ganze geht so schnell, dass ein Anwender keinen Unterschied bemerkt.

Viren-Arten

Viren und andere Malware werden von den Antivirensoftware-Herstellern nach verschiedenen Methoden kategorisiert, eigentlich nur, damit man in etwa weiß, mit was man es zu tun hat. Die folgende Klassifizierung erhebt keinen Anspruch auf Wissenschaftlichkeit, sondern soll nur einmal aufzeigen, was da alles unterwegs ist.

(Master-)Bootsektor-Viren

Jeder PC führt beim Start eine Reihe festgelegter Schritte aus, unter anderem lädt der Rechner einen bestimmten Bereich von der Festplatte, den sogenannten Master-Bootsektor. Auf PCs steht hier drin, wie die Festplatte aufgeteilt ist und wie Windows geladen werden soll (Bootloader). Ganz allgemein ist der Bootsektor gut dokumentiert, denn er muss funktionieren, sonst kann man den Rest vergessen.

Natürlich kann sich auch ein Virus an diese Stelle setzen. Der Master-Bootsektor selbst ist mit 512 Byte zwar klein, aber es reicht ja, ganz hinten am Ende der Festplatte den eigentlichen Code zu verstecken und dort einfach vom Master-Bootsektor aus hinzuspringen.

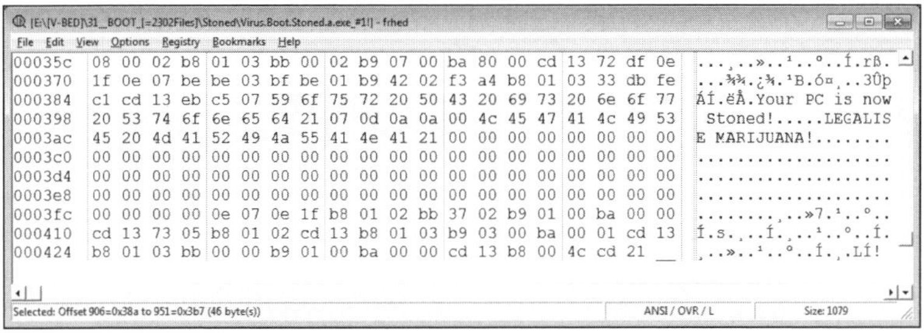

Abbildung 2.58: Ein Blick in den *Stoned-Virus*

Der Master-Bootsektor gibt früher oder später die Kontrolle an die einzelnen Partitionen ab. Diese sind technisch gesehen nichts anderes als „sehr große Disketten" mit eigenen Bootsektoren. In diesen wiederum können normale Bootsektor-Viren schlummern. Es gibt daher auch die Möglichkeit der doppelten Infektion: ein Master-Bootsektor-Virus plus ein „normaler" Bootsektor-Virus.

Abbildung 2.59: Bootsektor-Virus Joshi: Erst wer zum Geburtstag gratulierte, konnte weiterarbeiten

Der Trick ist nun theoretisch, dass der Bootsektor-Virus vor dem Betriebssystem startet, also schon aktiv ist, ehe das Betriebssystem einen Virenscanner starten kann. In der Praxis war das vor allem in den 90ern ein Problem, das sich aber mit Windows-NT-basierten Windows-Versionen (auch Windows 7) erledigt hat, weil es einfach viel zu kompliziert gewesen wäre, einen solchen Virus zu schreiben, denn er hätte Windows „als virtuelle Maschine" ausführen müssen.

Indes haben die virtuellen Maschinen inzwischen starke Fortschritte gemacht, daher sind theoretisch (!) Bootsektor-Viren denkbar, die beim Start eine virtuelle Maschine öffnen und das installierte Windows 7 darin ausführen. Wie *Neo* im Film *Mat-*

rix würde das virtuelle Windows gar nicht merken, dass es sich nicht auf einem wirklichen PC befindet, sondern in einem virtuellen. Allerdings ist das Ganze immer noch sehr kompliziert und daher eher von akademischem Interesse.

Dateiviren / File-Viren

Standardviren, wie oben dargestellt, infizieren vor allem Dateien und benötigen Dateien für die Verbreitung. Sie sind entsprechend etwas abhängiger vom Betriebssystem und von der Betriebssystemversion. Sprich: Alte Windows-95-Viren haben es auf Windows 7 deutlich schwerer.

Man unterscheidet außerdem

- *Überschreibende Dateiviren*: Sie verhalten sich eher „dumm“ und überschreiben beim Kopieren ihres eigenen Codes in das Wirtsprogramm Teile des Wirts und zerstören ihn damit. Dumm ist das deswegen, weil so natürlich jedem Benutzer irgendwann auffällt, dass irgendwas nicht stimmt – etwa wenn ständig etwas abstürzt.
- *Append/Prepend-Viren*: Sie überschreiben nicht das Wirtsprogramm, sondern hängen sich ans Ende des Wirts an (append) oder fügen sich vor dem Wirtsprogramm ein (prepend), werden also nach oder vor dem Programm ausgeführt. Das hat für das Opfer den Vorteil, dass Antivirenprogramme diese Dateien oft (nicht immer) wieder reparieren können.
- *Companion-Viren*: Sie ersetzen das komplette Wirtsprogramm. Zum Beispiel nennt der Virus *notepad.exe* zu *notepad2.exe* um und platziert sich selbst als *notepad.exe*. Wird es gestartet, führt es seine Infizierung durch, dann startet es *notepad2.exe*, sodass der Anwender nichts mitkriegt.

Skript-Viren

Damit Programme ausgeführt werden können, werden sie von einem sogenannten *Compiler* aus einer für Menschen verständlichen Programmiersprache komplett in eine für den PC verständliche Maschinensprache übersetzt und zu einer Programmdatei zusammengeklebt.

Das muss aber nicht sein. Man könnte die Anweisungen auch Schritt für Schritt in kleinen Häppchen für die Maschine übersetzen. Das passiert bei sogenannten Skriptsprachen, die unglaublich vielfältig sind, einfach zu handhaben und dennoch sehr leistungsfähig. PHP ist zum Beispiel so eine Skriptsprache, die auf vielen Webseiten eingesetzt wird (Facebook ist zum großen Teil in PHP geschrieben).

Auf Windows kommen verschiedene Skriptsprachen zum Einsatz. Über den *Windows Script Host (WSH)* lassen sich JScript (eine Spielart von JavaScript) und Visual-Basic-Script (VBS) verwenden. Seit Windows 7 kommt außerdem die *Windows Power Shell* zum Einsatz.

Abbildung 2.60: Ein verschlüsselter Skript-Virus als Teil einer Webseite

Praktisch alle Skripte lassen sich auch „infizieren", wobei der Virus einfach Teile des Skripts durch sich selbst ersetzt. Praktisch jede Skriptsprache kennt daher heute Skript-Viren.

Makro-Viren

Makros sind Funktionserweiterungen von Anwendungen: Mithilfe einer Skriptsprache können Sie dank Makros neue Funktionen selbst programmieren. Entsprechend gibt es natürlich Makro-Viren.

Sie befallen vor allem Dokumente, die in irgendeiner Form Makro-fähig sind. Word, Excel, Office sind davon ebenso betroffen wie andere Office-Systeme, selbst AutoCAD-Viren gab es schon.

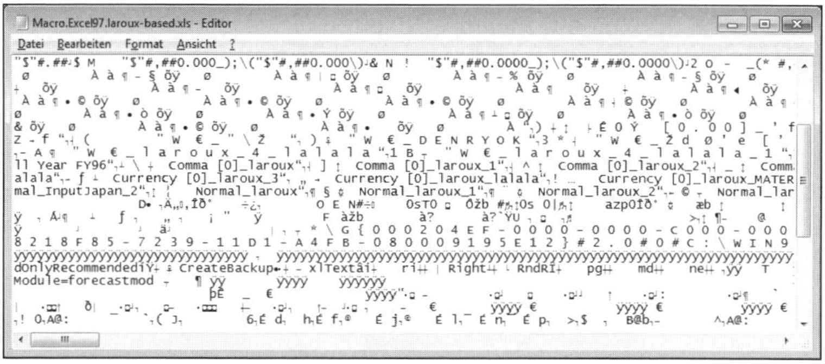

Abbildung 2.61: Excel-Tabelle mit Laroux-Virus

Das infizierte Dokument kommt zum Beispiel per E-Mail. Der Anwender öffnet es, die Anwendung (etwa: Word) startet automatisch die enthaltenen Makros. Das Makro wiederum schreibt sich selbst in das Basis-Template der Anwendung, in Word zum Beispiel *normal.dot* oder *normal.dotm*. Dieses wird immer dann aufgerufen, wenn Word aufgerufen wird – so ist der Makro-Virus aktiv, sobald Word aktiv ist. Öffnet der Anwender ein nicht infiziertes Dokument, schreibt sich das Makro auch dort hinein.

Ein Beispiel dafür ist der 1999 von David Smith entwickelte *Melissa*. Der Virus vermehrte sich so effektiv, dass er Mailserver auf der ganzen Welt lahmlegte – der Schaden wurde auf 80 Millionen US-Dollar geschätzt. Die Polizei verhaftete den damals 29-Jährigen, er wurde zu 20 Monaten Haft verurteilt.

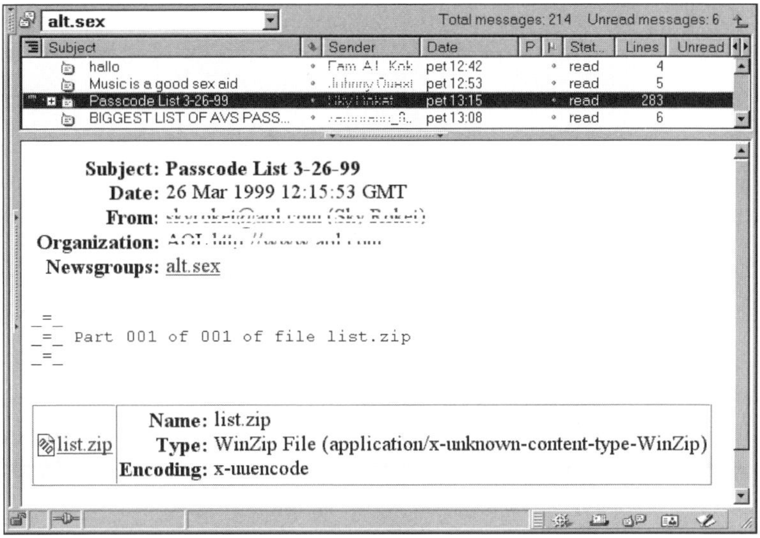

Abbildung 2.62: Virus-Datei in Newsgruppen (Bild: Datafellows)

Stealth-Viren

Gemeint sind Viren, die sich besonders gut tarnen können. Ein anschauliches Beispiel: Einige Word-Viren ersetzen das Word-Menü, mit dem sie Makros (und damit Makro-Viren) anzeigen können, durch ein eigenes Menü. Beim Aufruf sehen Sie dann nicht etwa die aktuellen Makros, sondern einen Screenshot eines leeren Makrobereichs.

Polymorphe Viren

Eigentlich handelt es sich um Stealth-Viren, aber sie tarnen sich auf besondere Weise. Virenscanner erkennen Viren nämlich (nicht ausschließlich, aber meistens) anhand des Musters der Bytes in ihnen. Enthält eine Datei die Bytes *FC B4 E1 CD 21 80 FC E1 73 16* in dieser Reihenfolge, so ist die Wahrscheinlichkeit hoch, dass es sich um einen Virus handelt.

Ergo verändern Viren ihre Gestalt, sie treten in vielen (*poly*) Gestalten (*morph*) auf. Dazu reicht es zum Beispiel, die Bytes mit ein paar Nullen zu erweitern: *FC 00 B4 00 E1 00 CD 00 21 00 80 00 FC 00 E1 00 73 00 16*. Die Nullen stehen für den Befehl *no operation* und werden bei der Programmausführung einfach übergangen, doch das Muster ist nicht mehr ohne Weiteres wiederzuerkennen.

Moderne Erreger schütteln ihren Code komplett durch, verschlüsseln sich selbst und vieles mehr.

Hybrid-Viren

War ja klar, dass einer kommen würde, der zwei Virentypen zu einem neuen Hybriden mischt. So gibt es zum Beispiel Viren, die sich zwischen Bootsektor und Dateien bewegen können, oder Makro-Viren, die auf dem PC normale Dateiviren erzeugen können.

Rabbits

Schon zur Zeit der Großrechner tauchten Programme auf, die sich innerhalb des Systems duplizierten und dabei zwar nicht andere Programme, aber Rechenzeit und Speicherplatz verschlangen – beides seinerzeit sehr wertvolle Ressourcen. Bei diesen Programmen war es also allein ihre karnickelartige Vermehrung, die sie zur Software-Plage werden ließ.

Speicher gibt es heute genug, knapp hingegen ist der Platz am Bildschirm. So gibt es (selten) Rabbits auch in Java, JavaScript und Visual Basic Script: Diese Biester müllen Ihnen rücksichtslos den Bildschirm voll, meist aus Spaß an der Freude. Als Rabbits könnte man auch aufdringliche Werbeseiten einstufen, die vor allem im Rotlicht-Web die Eigenschaft haben, dass sich beim Schließen eines Browser-Fensters zwei neue öffnen.

Proof-of-Concept-Viren

Das sind echte Viren, aber sie stellen meist keine reale Gefahr dar. Beim *Proof of Concept* geht einem besonders schlauen Kopf nur darum, zu zeigen, dass „es prinzipiell möglich ist“.

So schätzten Experten einst die Gefahr von Word-Viren als gering ein – doch irgendwann gab es Tausende, einer der ersten hieß *Concept* und war ein PoC-Virus. Der Geschäftsführer eines Antiviren-Unternehmens lachte in meinem Beisein den Geschäftsführer eines anderen konkurrierenden Unternehmens aus, weil dieser Quellcode-Viren prophezeite – es gibt sie heute. Entsprechend gab es Proof-of-Concept-Viren für Android-Smartphones und für Linux (beides also doch nicht so sicher), für die sichere Windows Power Shell und, und, und bis hin zu *Winux*, dem Virus, der nur zeigen sollte, dass es Viren geben kann, die von Windows zu Linux springen und umgekehrt.

Ganz allgemein gilt: Wann immer etwas als besonders sicher gilt, dann wird jemand versuchen, via Proof of Concept nachzuweisen, dass es nicht sicher ist. Wenn die Medien dann über „einen neuen Virus" berichten, heißt das im Fall von PoC-Viren, dass die reale Gefahr derzeit noch vernachlässigbar ist.

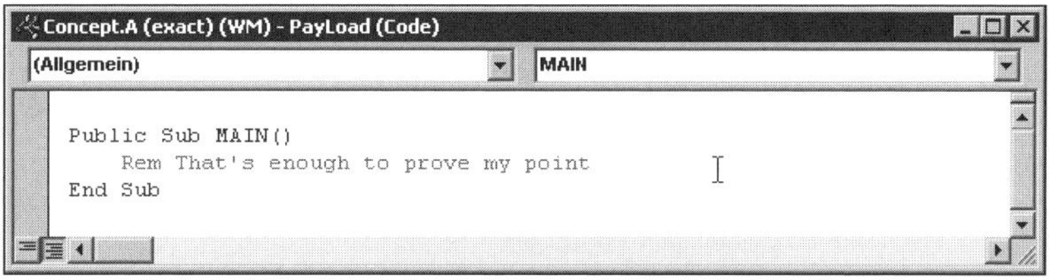

Abbildung 2.63: Word-Virus Concept: Nachweis, dass „es" geht ...

Viren: Wie real ist die Gefahr?

Die gute Nachricht: Reine Viren werden immer seltener, trotzdem gibt es sie noch.

- Vor allem der Familienvater neigt dazu, möglichst kostenlose Programme einzusetzen. Dagegen ist auch nichts einzuwenden, doch der Griff zu Raubkopien birgt eine hohe Gefahr von Viren und anderen Schadprogrammen.
- Auch Selbstständige greifen öfter mal zu Raubkopien, weil entsprechende kommerzielle Produkte ihnen zu teuer er-

scheinen. Die Gefahr besteht auch hier, sich einen Virus oder eine andere Malware einzufangen.

- Angestellte sind am wenigsten gefährdet, weil Viren relativ klar definiert sind und die IT diese einigermaßen im Griff haben kann.

Die schlechte Nachricht: Moderne Schadprogramme können weit mehr als Viren. Heute sind es vor allem Mischformen, die man allgemein als Schadprogramme und Malware bezeichnet. Sie verwenden allerdings noch immer viele der genannten Methoden, mit denen schon Viren erfolgreich waren.

Die Website *home.mcafee.com/VirusInfo/VirusMap.aspx* zeigt anschaulich auf einer Weltkarte, welche Malware gerade wo aktiv ist.

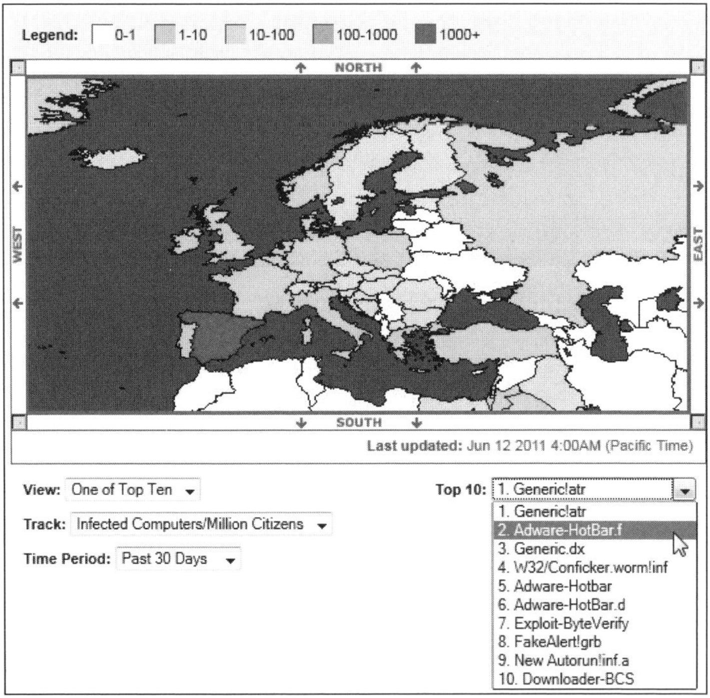

Abbildung 2.64: McAfee Malware-Weltkarte

Viren abwehren

Einen reinen Virus kann man schon durch eine Veränderung seines Nutzerverhaltens vermeiden.

- Illegales: Verwenden Sie keine Software aus illegalen Quellen. Meiden Sie Cracks, Serials und Software aus Tauschbörsen. Trauen Sie auch Heft-CDs nicht automatisch, denn obwohl sich die Redaktionen Mühe geben (ich weiß es, ich habe auch schon Heft-CDs gemacht), arbeiten auch dort nur Menschen und es gibt dokumentierte Fälle von Schadsoftware auf Heft-CDs.
- Legales: Verwenden Sie nur Software aus legalen Quellen. Trauen Sie auch dieser Software nicht, es gibt bekannte Fälle von Viren, die sich zum Beispiel auf Treiber-Disketten befanden.

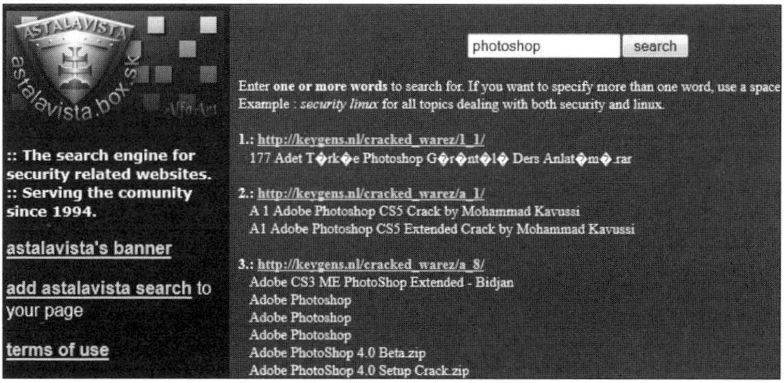

Abbildung 2.65: Beliebt, aber gefährlich: Crack-Programme

- Bewährtes: Bevorzugen Sie bei kostenloser Software solche Programme, die eine lange Versionsgeschichte haben. Vermeiden Sie es, völlig neue Software unbedingt als Erster auszuprobieren.
- Verdächtiges: Meiden Sie Software, die für illegale oder halbseidene Zwecke geschaffen wurde. Es gibt zum Beispiel Facebook-Hacker-Tools, die natürlich sehr begehrt sind bei

Jugendlichen, die ihre gleichaltrigen Mitmenschen „dissen" wollen. Sie haben allerdings meist nur die Aufgabe, den Benutzer selbst zu hacken.

Jenseits dessen gibt es bekannte technische Maßnahmen.

- Virenscanner: Verwenden Sie eine Antivirussoftware. Achten Sie darauf, dass diese einen *Hintergrundschutz* verwendet, auch *Wächter* oder *Echtzeitschutz* genannt. Mehr dazu in Kapitel 4.
- Virenprüfung: Prüfen Sie jede Software, egal ob legal oder illegal, vor dem Einsatz auf Viren.
- Backup: Bereiten Sie sich für den Ernstfall vor und führen Sie regelmäßig Backups durch – mehr dazu in Kapitel 3 und 5.

Bedrohung durch Computerwürmer

Ein Virus springt von Datei zu Datei, meist innerhalb eines geschlossenen Systems, einem PC. Das ist lästig genug, aber eben nur für einen PC.

Mit Würmern kommt eine ganz neue Dimension in das Spiel. Denn sie infizieren nicht einzelne Dateien, sondern komplette Systeme. Dabei reicht eine einzige infizierte Datei pro PC, um ihn zu einem verwurmten PC zu machen.

Doch Würmern reicht das nicht. Sie infizieren auch gleich alle anderen PCs, die mit dem Opfer irgendwie verbunden sind, also das gesamte verfügbare Netzwerk. Im Falle des Internets also alle Rechner, die mit dem Internet verbunden sind. Im Falle von Mobiltelefonen alle Mobiltelefone mit Verbindung zum Netz.

Wie ein Wurm funktioniert

Bei jedem Hochfahren des Windows-Rechners starten zahlreiche automatische Programme, Dienste und Prozesse. Windows führt auf verschiedene Orte verteilt (Registry, Autostart-Ordner und andere) eine Liste der Prozesse, die zu starten sind, zum Beispiel Dienste für die Indizierung von Inhalten auf Ihrer Festplatte, für die Defragmentierung oder Terminkalender für den zeitgesteuerten Start von Updates.

Die Liste der bei jedem Bootvorgang mitstartenden Programme lässt sich durch den Benutzer erweitern. Man kennt das: Nach jeder Installation eines Programms hat man plötzlich ein neues Symbol im Infobereich rechts unten. Office-Programme installieren hier ihre Schnellstarter, Skype startet automatisch mit und vieles mehr.

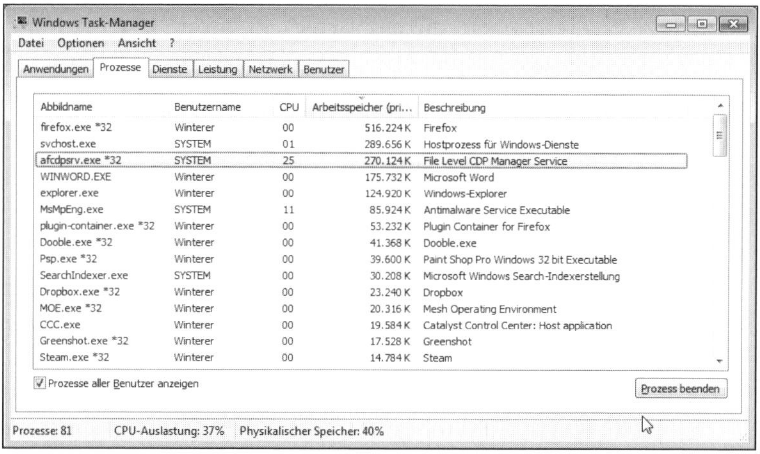

Abbildung 2.66: Ein Blick in den Task-Manager zeigt viele Prozesse unbekannter Herkunft

Computerwürmer machen genau dasselbe, nur sind sie eben nicht erwünscht. Sie befestigen sich wie ganz normale Nutzprogramme in den Software-Innereien des PCs und werden bei jedem Start von Windows ebenfalls aktiviert. Man kann ohne Übertreibung sagen: Sie werden Teil des Systems.

Ein auf diese Weise geändertes Programm ist „verwurmt“ – mit Folgen:

Der Wurm sucht nach weiteren PCs im Netzwerk, die er infizieren kann. Er verbraucht dabei Bandbreite und macht Ihren Internetzugriff langsam.

Um sich selbst zu verteidigen, setzt der Wurm verschiedene Sicherheitsfunktionen außer Gefecht – was den PC noch anfälliger macht für andere Probleme.

Fehlerhaft arbeitende Würmer legen den PC lahm. Bei massiver Ausbreitung (ebenfalls eher fehlerhaft als gewünscht) legt der Wurm das ganze Netzwerk lahm oder einzelne Dienste wie Webserver oder Mailserver.

Der Wurm kann nur die Vorhut sein: Er lädt weitere Programmteile nach, die ein Virus sein können, heutzutage aber meist Spionageprogramme, Fernsteuerungsprogramme oder Banking-Trojaner sind. Sprich: Nicht der Wurm ist dann das eigentliche Problem, sondern die Schadsoftware, für deren massive Verbreitung er eingesetzt wurde.

Kleine Wurmgeschichte

Anfang der 70er basteln Entwickler der Advanced Research Projects Agency (ARPA) an ersten, nützlichen Würmern für Netzwerke. *Creeper* von Bob Thomas baut dazu selbstständig eine telefonische Wählverbindung zu einem anderen Computersystem innerhalb von ARPANet auf, überträgt seinen gesamten Code und aktiviert seinen Klon. Wo der Wurm auftaucht, hinterlässt er folgende Nachricht:

```
I'm the Creeper, catch me if you can!
```

Creeper soll demonstrieren, dass Software sich selbstständig durch Netze bewegen kann. Leider erweist sich der Wurm als hartnäckiger als erwartet, zahlreiche Kopien des Wurms verstopfen schnell die Rechnersysteme. Und so entwickelt man *Reaper*, das sich ebenfalls durchs ARPANet bewegt, nach Kopien von Creeper sucht und sie löscht.

Die Würmer haben schon früh Autoren inspiriert. David Gerrold beschreibt 1972 in seinem Buch „Ich bin Harlie“ („When Harlie was one“), wie ein wurmähnliches System Wählverbindungen benutzt, um sich selbst auf andere Computer zu übertragen. 1975 erzählt SF-Autor John Brunner in „Der Schockwellenreiter“ („The Shockwave Rider“) von einem Gebilde namens *tapeworm*, das sich durch vernetzte Systeme schlängelt und Passwörter benutzt, um Zugriff auf bestimmte Daten zu erhalten. Zugleich ist es so programmiert, dass es nicht zerstört werden kann, weil sich Kopien des Wurms aktivieren, sobald das Original stirbt. Beides sind auch heute noch lesenswerte Romane.

Anfang der 80er führen John F. Shoch und Jon A. Hupp im Xerox Palo Alto Research Center (PARC) verschiedene Experimente mit Computerwürmern durch. Auch sie finden sich selbst ausbreitende Funktionen nützlich: Der Wurm soll zum Beispiel freie Rechenzeit auf den vernetzten Maschinen finden und sie nutzen. Obwohl Shoch und Hupp bei ihren Experimenten höchsten Wert auf Sicherheitsmaßnahmen legen, wird der Wurm bei einer verstümmelten Datenübertragung modifiziert und verbreitet daraufhin defekte Versionen seiner selbst. Die Folge ist der Absturz etlicher Großrechenanlagen.

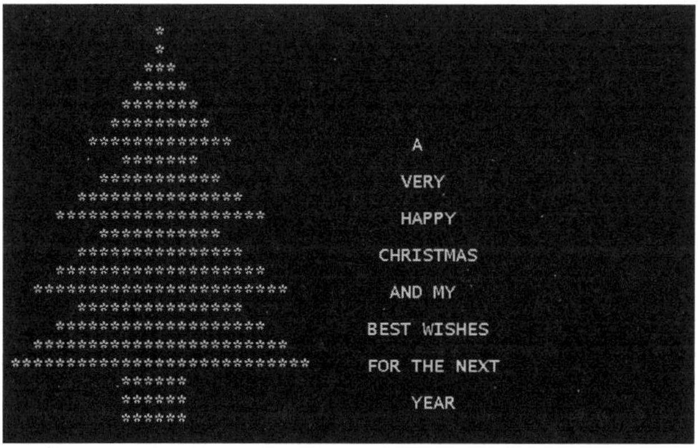

Abbildung 2.67: Der Weihnachtsbaum-Wurm

Im November 1988 infiziert ein von Robert T. Morris entwickelter Wurm Tausende von Internetsystemen innerhalb weniger Stunden und legt sie dadurch lahm, dass seine Vermehrung und Verbreitung einen Großteil der Rechenzeit verschlingt. Viele Server ziehen daher aus Sicherheitsgründen den Netz-Stecker und kappen alle Verbindungen ins Internet, das damals schon weltweite Netz ist erst Wochen später wieder voll funktionsfähig. Die Website *http://ethics.csc.ncsu.edu/abuse/wvt/worm/darby/* kann noch immer als eine der ausführlichsten Wurm-Analysen gelten.

2010 macht der Wurm *Stuxnet* von sich reden, als er im Iran dafür sorgt, dass ein Atomkraftwerk heruntergefahren werden muss. Man kann sich vorstellen, dass das etwas brisanter ist als ein Windows-Wurm. Allerdings war Stuxnet sichtlich nicht als Wurm für die allgemeine Verbreitung geplant, sondern sollte ganz gezielt dieses Atomkraftwerk angreifen. Als Hintermänner werden inzwischen israelische Nachrichtendienste vermutet. Bewiesen ist das nicht.

Wie Würmer aufgebaut sind

Würmer sind wie völlig normale Programme aufgebaut, denn sie müssen keine anderen Programme infizieren. Es reicht, wenn sie sich in Windows an den dafür vorgesehenen Stellen als selbststartende Programme eintragen – das kann jeder Programmierer mit wenig Aufwand und ist Teil vieler normaler und seriöser Programme.

Aktivierungsstrategie

Abhängig vom Wurm nistet sich der Rechner zum Beispiel in den Autostart-Ordnern ein, die Sie über *Start / Alle Programme / Autostart* selbst prüfen können. Dazu muss er nur einen Link auf seine Programmdatei dort platzieren.

Wichtiger sind aber die Windows-Registrierungsdateien, die auf die Dateien *system.dat* und *user.dat* verteilt sind. Anders als der Autostart-Ordner bleiben die Einträge dieser Dateien dem

Benutzer verborgen. Interessant für Würmer sind die Registry-Einträge im Bereich *HKEY_LOCAL_MACHINE\Software\Microsoft\Windows\Run* sowie im Bereich *HKEY_CURRENT_USER\Software\Microsoft\Windows\CurrentVersion\Run*. Es sind allerdings nicht die einzigen – wie Sie diese effektiv kontrollieren, lesen Sie in den späteren Kapiteln

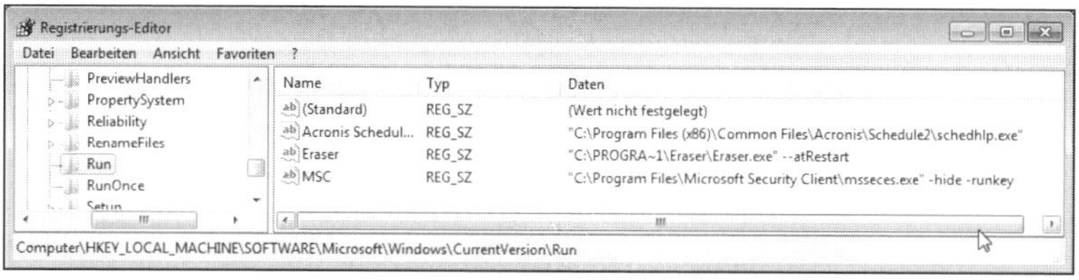

Abbildung 2.68: Registry-Schlüssel mit autostartenden Programmen

Vermehrungsstrategie

Jeder Wurm sucht nach weiteren Rechnern, über die er sich verbreiten kann. Als Infrastruktur dient ihm dabei das Netzwerk – sprich: Sobald Computersysteme miteinander vernetzt sind, existiert die prinzipielle Möglichkeit, darin einen Wurm zu verbreiten. Grundlage der Wurmverbreitung ist dabei entweder ein Exploit oder das Ausnutzen menschlicher Schwächen.

In der Vergangenheit hatte Windows zum Beispiel eine nicht ab Werk aktivierte Firewall und war daher bei der direkten Einwahl ins Internet mit all seinen Diensten sichtbar. Einige dieser Dienste hatten ausnutzbare Schwächen, die es einem Angreifer von außen ermöglichten, ohne Erlaubnis ein Programm zu übertragen und zu starten. Es reichte damals, mit Windows ins Internet zu gehen – man konnte zusehen, wie der Rechner innerhalb von Sekunden infiziert war.

Menschliche Schwächen spielen immer dann eine Rolle, wenn der Wurm sich nicht selbst verbreiten kann. Stattdessen verschickt der Wurm zum Beispiel Mails, auf die der Empfänger dann unvorsichtigerweise klickt und so unbeabsichtigt den Wurm in seinem System installiert.

Im April 1997 machte zum Beispiel die Word-Schadsoftware *Sharefun* von sich reden. Sie pickte per Zufall drei Empfänger aus der Microsoft-Mail-Kontaktliste des Anwenders und verschickte sich an diese per E-Mail. Die Empfänger erhielten eine Mail mit dem Betreff

```
You have GOT to read this!
```

Eine Datei namens *doc1.doc* begleitete die Mail als Anhang, ein Doppelklick reichte, um Word zu starten und damit auch das Makro und die Infektion weiterzuführen.

Da auch Mailprogramme Exploits haben, gab es auch Würmer, die sich selbst ausführen, sobald der User die Mail nur ansah.

Die Art der Vernetzung spielt also eine Rolle. Drei Windows-Rechner in einem lokalen Netzwerk sind miteinander vernetzt – dort kann sich ein Windows-Wurm ausbreiten. Über solche Grenzen hinaus verbreiten sich Mailwürmer. Chatprogramme und soziale Netze verbreiten ebenfalls Würmer. Handys und Smartphones sind über das Mobilfunknetz verbunden und entsprechend ebenfalls wurmanfällig. Sollten eines Tages unsere Kühlschränke und Mikrowellen vernetzt sein, werden auch sie Würmer haben – garantiert.

Verteidigung und Tarnung

Wie Viren besitzen einige Würmer die Möglichkeit, sich gegen Angriffe durch Schutzsoftware zu verteidigen. Dabei müssen sie mitunter etwas klüger zu Werke gehen als Viren, denn Würmer sind ja nur „einmal pro PC vorhanden“.

Anders als ein Virus ist ein Wurm zum Beispiel als einzelner Prozess in Windows aktiv. Daher lässt er sich prinzipiell mit dem Task-Manager von Windows oder einem Prozess-Analyse-Werkzeug aufspüren.

Zur Tarnung bieten sich verschiedene Möglichkeiten an. Einige Würmer sperren zum Beispiel den Task-Manager, der Benutzer kann ihn dann nicht mehr verwenden. Andere tarnen sich als „normale Prozesse“ mit „normalen Namen“ wie *explorer.exe* und täuschen so vor allem Laien. Fortgeschrittene Würmer verwenden Rootkit-Techniken, die sie mit speziellen Tarn-Techniken vor Analyse-Tools verbergen.

Auch zur Verteidigung haben sich solche Schadprogramme einiges einfallen lassen. Nicht selten findet man zum Beispiel zwei oder mehr Prozesse gleichzeitig, die sich gegenseitig überwachen. Wird der eine Prozess entfernt, merken das die anderen Prozesse und starten ihn einfach neu. Der Wurm entwickelt sich dann regelrecht zu einer Hydra: Schlägt man einen Kopf ab, wachsen zwei weitere nach.

Hat nur Windows Würmer?

Traditionell kommen Würmer aus der Unix-Welt, denn diese war bereits vernetzt, als man in den meisten Unternehmen mit Windows-PCs noch „Turnschuh-Netzwerke" verwendete – also die Daten mit einer Diskette von A nach B transportierte.

Dennoch gibt es heute die meisten Würmer für Windows und Windows-Anwendungen, aber auch hier nicht etwa, weil Windows weniger sicher wäre als andere Betriebssysteme, sondern weil es einfach die höchste Verbreitung hat. Für Würmer gilt im ganz besonderen Maße: Nur jene Typen verbreiten sich erfolgreich, die sich an die meistgenutzten Betriebssysteme und Anwendungen anhängen.

Dennoch gibt es auch einige Würmer für Macs und Linux.

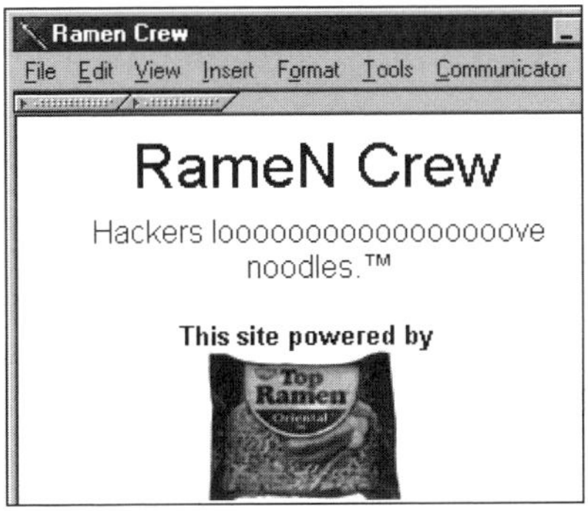

Abbildung 2.69: Der Wurm *Ramen* auf Linux

Ramen zum Beispiel griff gezielt Red-Hat-Linux an und machte von sich reden, indem es die Startdatei des Webservers so umbaute, dass sie seine Begeisterung für asiatische Tütensuppe anzeigte.

Wurm-Arten

Computerwürmer unterscheiden sich vor allem in ihrer Vermehrungsstrategie.

E-Mail-Würmer

Schon sehr früh dienten Mailprogramme zu mehr als nur zur Anzeige von Nachrichten. Sie konnten mit kleinen Programmen erweitert werden. Entsprechend früh erschienen E-Mail-Würmer, die sich selbst beim Empfänger reproduzierten und an weitere Empfänger verschickten. Schlecht programmierte Versionen von Outlook machten es jahrelang den Würmern sehr leicht, sich zu verbreiten: Der Wurm konnte auf das Adressbuch des Benutzers zugreifen und in seinem Namen Mails verschicken.

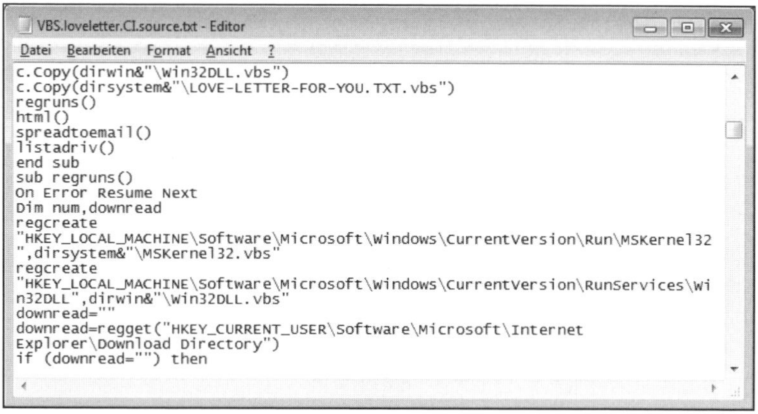

Abbildung 2.70: Loveletter: sehr erfolgreicher Skript-Wurm

E-Mail-Würmer bestehen dabei meist aus einer Nachricht und einem Anhang.

Die Nachricht hat vor allem die Aufgabe, den Benutzer in irgendeiner Form davon zu überzeugen, dass er den Anhang anklicken soll. Sie verspricht Spaß, Nacktbilder, kostenlose Dinge und vieles mehr.

Der Anhang enthält in irgendeiner Weise den eigentlichen Wurm in Form eines Programms oder Skripts oder einer an sich harmlos wirkenden Dokumenten-Datei. Die Programme und Skripte werden beim Start des Anhangs ausgeführt, installieren optional den Wurm im System und verbreiten ihn per Mail an andere Systeme. Doch auch eine präparierte PDF-Datei oder eine Flash-Animation können einen Wurm verbreiten, denn PDF-Betrachter und Flash-Wiedergabeprogramme haben ihrerseits Exploits, die es dem Wurm ermöglichen, die Kontrolle an sich zu reißen und verborgenen Programmcode mit Benutzerrechten zu starten. Ebenso können sich E-Mail-Würmer als Makros verbreiten, denn natürlich sind angehängte Texte oder Tabellen auf den ersten Blick plausibel. Die zugehörigen Anwendungen können allerdings über ihre Makro-Skriptsprachen oft auch automatisiert Mails verschicken.

Einige Würmer brauchen gar kein vorhandenes Mailprogramm, sie haben ihr eigenes Mailprogramm als Programmcode dabei.

Netzwürmer

Wer einen Wurm hat, hat ihn nicht allein. Jeder Computer im Internet kann theoretisch mit allen anderen Rechnern im Internet kommunizieren. Das geschieht über standardisierte Kommunikationsprotokolle. Jedes dieser Protokolle kann theoretisch fehlerhaft programmiert sein und daher für die Wurmverbreitung eingesetzt werden.

Als Beispiel kann der Windows-Wurm *Sasser* dienen, der sich durch einen Fehler in Windows XP massiv verbreiten konnte. Er nutzte eine Schwachstelle im System LSASS, dessen genaue Funktion hier keine Rolle spielt. Mangels Firewall konnte jedoch ein Angreifer mit diesem Dienst kommunizieren. Weil das möglich war, konnte der Angreifer einen Pufferüberlauf erzeugen und über die typischen Exploits eine Software ferngesteuert starten. Im Fall von Sasser startete man diesen über den in Windows eingebauten FTP-Client *ftp.exe*, der ganz offiziell zur Dateiübertragung im Internet dient. Der FTP-Client lädt daraufhin den Sasser-Wurm vom angreifenden, bereits infizierten Rechner herunter und startet ihn. Damit ist der Rechner verwurmt und wird selbst zum Angreifer, das heißt, er sucht sich dann im Netzwerk andere Rechner zur Infektion aus.

Der Wurm hat mehrere Millionen Rechner infiziert und veranlasste Microsoft, ein Kopfgeld auf den Entwickler auszusetzen. Dass Microsoft ein Kopfgeld auf den verantwortlichen Programmierer der Sicherheitslücke ausgesetzt hätte, ist nicht bekannt. Immerhin hat Windows nun schon seit geraumer Zeit eine Firewall, die prinzipiell dafür sorgt, dass Dienste (fehlerfreie ebenso wie fehlerhafte) nicht mehr ohne Erlaubnis des Anwenders kontaktiert und dann exploitet werden können.

Der Sasser-Wurm zeigt sehr schön, dass nicht immer die Anwender schuld sind, wenn Malware sich verbreitet. Es reichte damals, wenn sich Benutzer von Windows 2000 und Windows XP per Direktwahl mit dem Internet verbanden. Sie mussten nichts anklicken: War der PC ungeschützt, konnten sie förmlich zusehen, wie ihr Windows infiziert wurde.

Webwürmer

Nicht nur Benutzer verwenden Rechner, die mit dem Internet verbunden sind: Auch alle Server im Internet sind ja Anwendungen, die möglicherweise Fehler haben. Legendär war hier der Webseiten-Netzwurm *Code Red*, der sich einen Pufferüberlauf-Exploit in fehlerhaften Versionen des Microsoft-Webservers Internet Information Server zunutze machte. Über diesen Exploit brachte Code Red den Webserver dazu, den eingebrachten Programmcode auszuführen, der für die weitere Verbreitung sorgte. Innerhalb weniger Stunden konnte der Wurm eine Viertelmillion Webserver infizieren.

Abbildung 2.71: Code Red hinterlässt modifizierte Webseiten wie diese

Zugleich hatte er eine verborgene, zeitgesteuerte Wirk-Komponente. Die so infizierten Server sollten eine spezielle Attacke – einen *DDoS-Angriff* – auf die Webserver des Weißen Hauses (*www.whitehouse.gov*) durchführen. Das hätte im Weißen Haus niemandem geschadet, nur die Webseite wäre nicht mehr erreichbar gewesen – der Angriff war also rein symbolisch gemeint.

USB-Würmer

Wo immer etwas automatisch starten kann, ist ein Virus oder ein Wurm nicht weit. Wenn Sie einen USB-Stick an einen Windows-PC anschließen, startet dieser automatisch Software vom USB-Stick. Ganz speziell sucht Windows eine Textdatei namens *autorun.inf*: Diese ist nicht wirklich ausführbar, doch ihr Inhalt verweist auf ausführbare Inhalte.

Eine einfache Version sieht so aus:

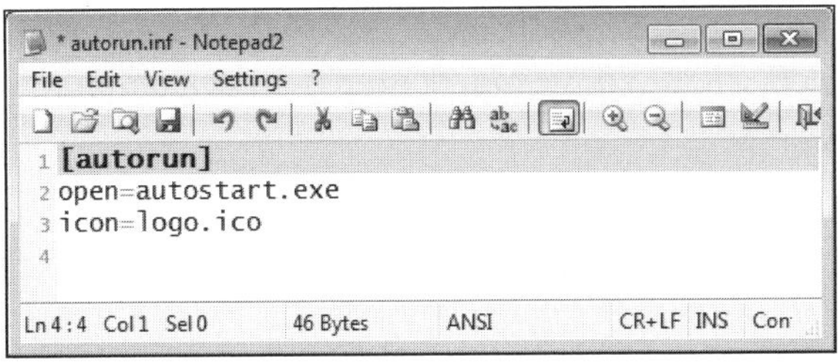

Abbildung 2.72: Das Innere einer Datei *autorun.inf*

Auf einer typischen CD mit Software wird das genutzt, um zum Beispiel das Setup-Programm automatisch zu starten. Speziel-le USB-Sticks mit eingebauten Programmen (früher U3, heute vor allem Portable Apps, *http://portableapps.com/*) starten so automatisch das Start-Programm. Sehr nützlich und völlig seriös. Und so geht's:

- *[autorun]* legt fest, dass hier die Autorun-Angaben stehen – die Datei *autorun.inf* kann nämlich noch mehr, was hier aber nicht wichtig ist.
- *Open=* legt fest, welches Programm Windows automatisch starten soll.
- *icon=* legt fest, welches Icon der Wechseldatenträger haben soll, die ICO-Datei ist eine ganz normale Grafikdatei im ICO-Format.

Das Gefährliche daran: Würmer können dies nutzen, um Wechseldatenträger als zusätzlichen Verbreitungsweg zu verwenden. Sie sind zum Beispiel ein geschäftlicher Anwender und haben einen USB-Stick. Sie gehen auf eine Messe und lassen sich Informationen auf den Stick spielen, dazu schließen Sie ihn an einen Messe-Rechner an.

Der Messe-Rechner ist allerdings infiziert. Im Augenblick des Einsteckens schreibt der Wurm sich auf den USB-Stick und erzeugt eine *autorun.inf* mit sich selbst als Aufruf in der *open=*-Zeile. Davon merken Sie nichts.

Sie nehmen den Stick mit ins Büro und stecken ihn dort ein. Windows führt schafsbrav die Inhalte in *autorun.inf* aus und infiziert sich und möglicherweise das ganze Netzwerk, denn natürlich können Würmer ihre Infektionsmethoden auch kombinieren.

HINWEIS

Microsoft hat das prinzipielle Problem mit dem Update *support.microsoft.com/kb/971029* für USB-Datenträger behoben. Würmer, die es nutzen, sind aber nach wie vor unterwegs, was zeigt, dass viele Systemen dieses Update nicht verwenden. Außerdem betrifft es nach wie vor CDs und DVDs. Kurz: Vorsicht ist geboten im Umgang mit USB-Sticks

Peer-to-Peer-Würmer

Peer-to-Peer-Netzwerke unterscheiden sich von „großen" Netzwerken eigentlich nur dadurch, dass man keinen Server braucht, um sie zu verbinden. Wenn Sie zwei PCs im Heimnetzwerk haben und diese aufeinander zugreifen, dann haben Sie bereits ein *P2P-Netzwerk*.

Windows 7 macht das besonders einfach und auch sicher durch die sogenannte Heimnetzgruppe, die nur für Windows-7-Rechner zur Verfügung steht. In früheren Windows-Versionen standen die Freigaben, auf die andere Rechner im Heimnetz zugreifen konnten, sperrangelweit offen. Heute muss man Teil der passwortgeschützten Heimnetzgruppe sein, um Daten austauschen zu können.

Vor Würmern schützt das nicht. Denn wer sich zum Beispiel einen USB-Wurm auf den Rechner holt, muss damit rechnen, dass dieser auch andere Fortpflanzungsmethoden beherrscht. Er kann zum Beispiel die anderen PCs der Heimnetzgruppe daraufhin prüfen, ob dort Verzeichnisse freigegeben sind – was fast immer das Fall ist. Dann schreibt er dort eine Programmdatei hinein, die den Wurm enthält. Hinzu kommt ein unschuldiger Name für das Tool.

Und dann muss man nur noch warten.

Irgendeiner klickt schon drauf.

HINWEIS

Eine Sonderform dieses Wurms könnte sich über Tauschbörsen ausbreiten. Alle Nutzer von Systemen wie Bittorrent sind ja ihrerseits durch das Bittorrent-Netzwerk miteinander verknüpft, was prinzipiell die Möglichkeit bietet, eine Infektion zu verbreiten (zusätzlich zu den vielen verseuchten Programmen, die ohnehin schon in den Tauschbörsen kursieren).

Social-Media-Würmer

Wo immer netzwerkartige Verbindungen vorliegen, können sich Würmer prinzipiell ausbreiten. Das trifft im besonderen Maße auf soziale Netzwerke wie Facebook oder Twitter zu, denn die Kontakte, deren Äußerungen man in seinem persönlichen Stream lesen kann, genießen ja ein gewisses Vertrauen – und genau das nutzen Würmer aus.

Allerdings ist die konkrete Verbreitung relativ kompliziert, denn noch sind Social-Media-Programme wie Facebook nicht eng mit Windows verzahnt – worüber man froh sein darf. Als Beispiel für den komplexen Infektionsverlauf kann der Facebook-Wurm *Koobface.gen!D* dienen.

Die Infektion verläuft wie folgt:

- Sie erhalten eine Nachricht bei Facebook. Der Absender ist bereits infiziert, weiß aber nichts davon. Der Wurm hat die Mail in seinem Namen geschrieben.

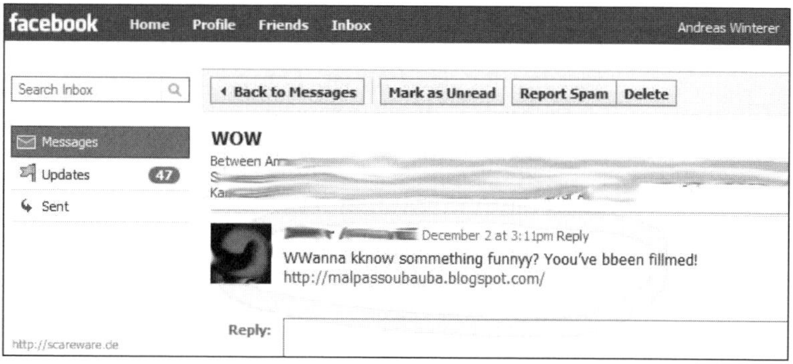

Abbildung 2.73: So fängt es an: Man soll einem Link folgen ...

- Das neugierige Opfer klickt auf den Link. Dieser führt offiziell zu einem Blog auf *blogspot.com*, das ist die Adresse, bei der die Google-Tochter *blogger.com* ihre gehosteten Blogs anzeigt.

- Das Ergebnis unterscheidet sich danach, ob der Benutzer JavaScript aktiviert hat oder nicht. Hat er es nicht aktiviert, sieht er nur eine harmlose Blogspot-Webseite – das soll vor allem Suchmaschinen täuschen. Hat der Besucher JavaScript aktiviert, zeigt sich hingegen eine ganz andere Seite, die wie YouTube aussieht (oder zumindest so aussehen soll).

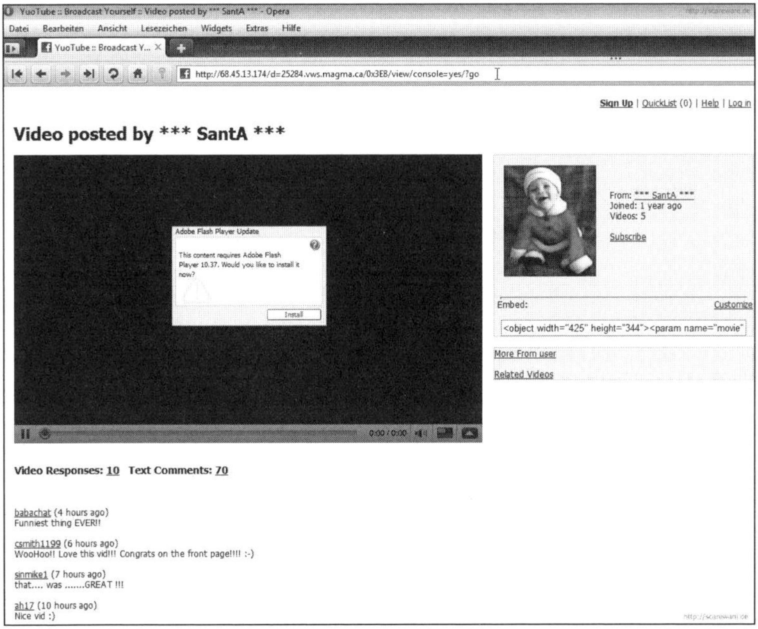

Abbildung 2.74: Sieht harmlos aus, aber ...

- Allerdings gibt es einen Schönheitsfehler, denn das „Video" der „YouTube-Seite" startet nicht – angeblich, so ist anstelle des Videos zu lesen, weil man eine falsche Version von Flash installiert habe.
- Und schon öffnet sich auf dem Windows des Besuchers ein Fenster und bietet den Download einer ausführbaren Datei namens *setup.exe* an.

Abbildung 2.75: Die aufgedrängte *setup.exe* enthält den Schadcode

- Das ist auch auf anderen Seiten ein völlig alltäglicher Vorgang. Ständig sagen uns irgendwelche Websites, dass wir dieses oder jenes nicht sehen, weil wir irgendeine veraltete Version haben und diese aktualisieren müssen. Die Falle sieht also völlig plausibel aus und viele haben *setup.exe* gestartet und so den Facebook-Wurm bei sich installiert.

Prinzipiell ganz ähnlich funktionieren auch andere Würmer, die auf sozialen Kontakten basieren:

Auf Facebook kursierte ein spezieller Wurm, der einen Link zum Stream eines Freundes anzeigte. Klickte man ihn an, klickte man damit automatisch auf den Gefällt-mir-Button einer Facebook-Page.

Twitter-Würmer verbreiten sich über Links in Tweets, meist über solche, die über URL-Kürzdienste unkenntlich gemacht wurden (siehe Abbildung 2.76).

Chat-Würmer verbreiten sich über Instant Messenger wie Yahoo! Messenger, ICQ, Microsoft Messenger, Skype und andere und verwenden hier ebenfalls Links.

Abbildung 2.76: Ein spezieller Twitter-Wurm breitet sich über Links aus

Ein spezielles Chat-System ist *IRC* (*Internet Relay Chat*), bei dem die Chat-Tools eingebaute Skriptsprachen besitzen. Die dienen eigentlich dem Komfort des etwas umständlichen IRC, lassen sich aber stark zweckentfremden. Alte IRC-Hasen machen sich einen Spaß daraus, andere Chatter mit hoch entwickelten IRC-Robots aus dem Chat zu schießen. Und natürlich verbreiten sich auch zahlreiche Würmer über die Erweiterungen der IRC-Clients.

Abgesehen davon ist IRC ein deutlich spannenderes System als normale Instant Messenger. Denn IRC ist in thematisch orientierte *Channels* unterteilt, die jeder selbst ins Leben rufen kann. Innerhalb dieser Channels diskutieren dann User aus aller Welt miteinander, was sehr viel Spaß machen kann.

Wer sich für das Thema interessiert, besucht die deutschsprachige Website *http://irc.helios-matrix.net*, die in das Thema einführt. Man muss dafür noch nicht mal viel Software installieren, im Prinzip reicht die Firefox-Erweiterung *ChatZilla* (*addons.mozilla.org/de/firefox/addon/chatzilla/*).

XSS-Würmer

Eine Besonderheit im Umfeld von Websites sind *XSS-Würmer*. XSS steht dabei für *Cross Site Scripting* und bezieht sich auf eine spezielle Schwäche von Webanwendungen gegenüber geskripteten Anwendungen. Ziel ist es, Informationen zwischen vertrauenswürdigen und wenig vertrauenswürdigen Umgebungen auszutauschen.

Ein Beispiel: Auf MySpace kursierte eine Zeitlang ein ansteckender Code, der in Profile geschrieben wurde. Sah man das Profil an, wurde dabei ein Skript gestartet, das den Browser so steuerte, dass er denselben Code in das eigene Profil schrieb (was dem Angreifer nur möglich war, weil er das an sich nicht vertrauenswürdige Skript im Kontext eines anderen Benutzers ausführen konnte). Dort sahen es natürlich andere und so weiter. Der Wurm infizierte innerhalb eines Tages angeblich eine Million Benutzerprofile auf MySpace.

Ein anderes Beispiel: Jemand ist bei Facebook angemeldet und gleichzeitig surft er auf Pornoseiten. Durch eine (zugegebenermaßen schwere) XSS-Attacke könnte die Pornoseite dafür sorgen, dass der Browser im Facebook-Profil des Benutzers einen Hinweis auf seine Interessen hinterlässt. Anders gesagt: Es ist sicherer, sich für jede Art von nicht ganz sauberem Surfen einen speziellen Browser zu besorgen – wovon in Kapitel 4 im Abschnitt Sichere Anwendungen noch zu hören sein wird.

Gutartige Würmer

Würmer müssen nicht automatisch schlecht sein. Es gibt durchaus auch Modelle, in denen Würmer gutartig arbeiten und zum

Beispiel Updates verteilen oder bestehende bösartige Würmer entfernen. So sorgte ein gutartiger Anti-Wurm dafür, dass der Wurm *Code Red* von etlichen Servern verschwand. Allerdings werden auch gutartige Würmer meist einhellig verteufelt. Als Problem bleibt nämlich, dass die automatische Ausbreitung von was auch immer gegen den verständlichen Wunsch spricht, dass jeder sein System selbst kontrollieren möchte.

Würmer: Wie real ist die Gefahr?

Würmer sind nach wie vor eine sehr große Bedrohung. In den Schadsoftware-Top-10s stellen sie noch immer den zweitgrößten Anteil der Infektionen.

- Egal ob Familienvater, Selbstständiger oder Angestellter: Sie alle neigen dazu, auf die Methoden des Wurms hereinzufallen.
- Diese bestehen in der Regel darin, den Benutzer dazu zu verleiten, auf einen Link, eine Datei oder den Anhang einer Mail zu klicken und diese zu starten.

Würmer abwehren

Würmer machen sich vor allem Methoden des Social Engineering zunutze. Die beste Abwehr besteht daher in einer Aufklärung über diese Methoden.

- Anhänge: Klicken Sie nicht unbedacht auf die Anhänge von E-Mails, egal aus welcher Quelle. Überlegen Sie, ob der eingehenden Nachricht eine Nachricht Ihrerseits vorausging. Gibt es wirklich einen Grund, Dokumente zu verschicken oder zu erhalten?
- Plötzliche Erscheinungen: Klicken Sie nicht unbedacht auf Dateien, die plötzlich irgendwo auftauchen.
- Fremde: Öffnen Sie möglichst keine Mails von Unbekannten.

- Ansprache: Achten Sie auch darauf, wie der Nachrichtentext einer Mail aussieht. Wenn er seltsam aus dem Zusammenhang gerissen klingt, sollten Ihre Alarmglocken klingeln.
- Sprache: Werden Sie misstrauisch, wenn die verwendete Sprache von Mails eine andere ist als üblich. Wenn Sie keine Mails mit dem Ausland austauschen, spricht vieles dafür, dass Mails aus dem Ausland für Sie gefährlich sind.
- Erweiterungen: Öffnen Sie keine Anhänge mit seltsamen Doppel-Erweiterungen wie *name.bmp.exe*, *name.jpg.js*, *name.txt.vbs*, *www.name.com*. Nehmen Sie dieses Beispiel als nicht zu konkret: Ganz allgemein sind doppelte Dateiendungen gleich welcher Art ein Indiz dafür, dass jemand mit der zweiten Endung die erste verbergen möchte.
- Konfigurieren Sie Windows so, dass es Dateiendungen anzeigt – siehe am Ende von Kapitel 3.

Achten Sie vor allem auf die Anzeichen für Social-Engineering-Methoden, mit denen man Sie zum Anklicken eines Links oder einer angehängten Datei überreden will. Bedenken Sie dabei, dass die Welt nicht schwarz und weiß ist, sondern eben grau. Wenn Ihr Kollege Ihnen eine lustige PowerPoint-Datei schickt, dann ist das in Ordnung. Wenn er dabei plötzlich auf Englisch schreibt, dann wird es verdächtig.

Verdächtige Merkmale typischer Wurm-Mails:

- Dringend: Etwas ist ganz besonders dringend und wichtig, sodass Sie jetzt unbedingt gleich sofort draufklicken sollten.
- Geil: Wenn Ihnen junge hübsche Mädchen tolle Dinge versprechen, dann ist das verdächtig. (Leider.)
- Lustig: Die Mail verheißt, dass Sie im Angang etwas unglaublich Lustiges finden.
- Versprechen von Gewinn: Die Verfasser der Mail möchten Ihnen etwas schenken, selten Geld, meist aktuelle Trendgeräte wie ein iPhone/iPad oder was auch immer.

- Drohung von Verlust: Wenn Ihnen jemand droht, dass dieses oder jenes nicht mehr möglich wäre, wenn Sie nicht jetzt gleich sofort handeln, dann ist das höchst verdächtig.
- Drohung mit Schock: Dabei erhalten Sie eine (einigermaßen) plausible Rechnung über einen (meist) utopischen Betrag. Im Anhang finden Sie die „Rechnung“ als „PDF“ …
- Drohung mit Strafe: Eine „Behörde“ (Polizei oder Ähnliches) wirft Ihnen vor, Tauschbörsen benutzt, urheberrechtlich geschützte Inhalte heruntergeladen oder etwas anderes Illegales getan zu haben. Dieser Trick ist besonders perfide, denn natürlich haben dies viele Benutzer getan und fühlen sich ertappt. Sie können aber gewiss sein: Wenn es ernst wird, dann erhalten Sie einen Brief per Post.

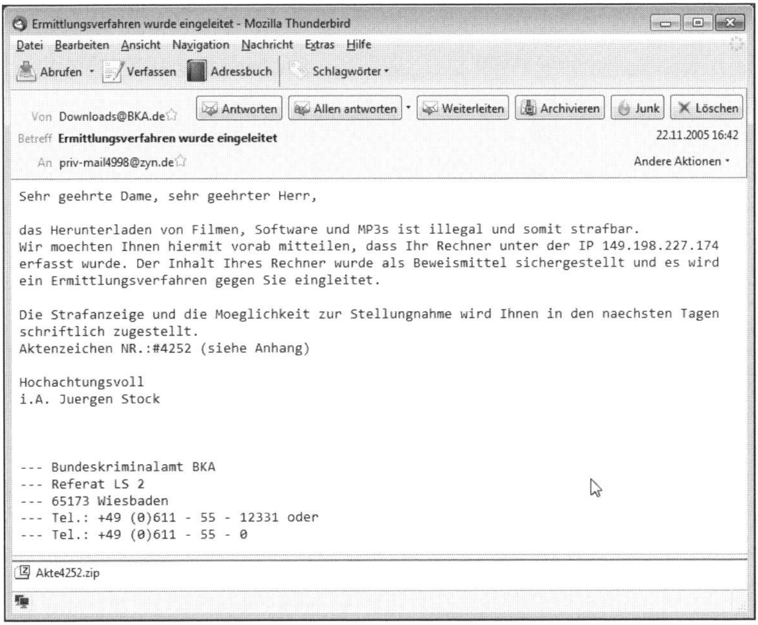

Abbildung 2.77: Strafanzeige? Vom BKA? *Schluck!*

- Angebot eines Straferlasses: Im Zusammenhang mit dem vorgenannten Punkt bieten Mails oft an, Sie könnten der gerechten Strafe entgehen. Natürlich durch eine Schnellüberweisung. Besonders verdächtig ist, dass diese dann nicht über eine normale Überweisung, sondern über Dienste wie Paysafecard oder Western Union abgewickelt wird. Diese Dienste sind für sich genommen legal und völlig in Ordnung – aber sie erlauben es eben den Abzockern auch, sich hinter ihnen zu verstecken.

- Keine Panik! Wenn überraschende Forderungen, autoritäres Auftreten, unverhohlene Drohungen, Paragrafen-Gewimmel, peinliche Hinweise auf Pornos, ungeheure Summen oder andere Dinge bei Ihnen das Gefühl von Panik auslösen, dann sollten Sie sofort hellhörig werden und am besten *nicht* sofort reagieren, sondern erst einmal eine Nacht drüber schlafen. Und dann entscheiden, was zu tun ist.

All diese eher psychologischen Tricks werden dazu verwendet, Sie dazu zu bringen, den Anhang einer Mail zu öffnen und sich mit dem Wurm zu infizieren.

HINWEIS

Ignorieren Sie auf keinen Fall postalische Briefe mit einer Abmahnung, denn das kann üble Folgen haben. Falls es sich um ein urheberrechtliches Problem handelt, lohnt es sich, diese Sache sofort an darauf spezialisierte Anwälte zu übergeben, die meist für einen klar kommunizierten Festpreis arbeiten. Versuchen Sie nicht selbst, mit der gegnerischen Partei zu reden. Trauen Sie vor allem den vielen Web-Foren im Internet nicht: Dort können Sie zahlreiche Aussagen finden, aber nicht alle sind hilfreich. Ein guter Ausgangspunkt ist hingegen zum Beispiel *http://abmahnwahn-dreipage.de*, wo auch konkrete Anwälte genannt werden.

Jenseits dessen gibt es bekannte technische Maßnahmen.

- Scanner: Verwenden Sie eine Antivirussoftware, sie behandelt Würmer wie Viren. Achten Sie darauf, dass diese einen *Hintergrundschutz* verwendet, auch *Wächter* oder *Echtzeitschutz* genannt. Mehr dazu in Kapitel 4.

- Dateiprüfung: Starten Sie niemals den Anhang direkt über einen Doppelklick. Laden Sie die Version erst herunter und überprüfen Sie sie dann mit dem Virenscanner.
- Exotik: Verwenden Sie ein möglichst exotisches Mailprogramm, das nicht den Versuch macht, die Technik vor Ihnen zu verbergen. Thunderbird zum Beispiel zeigt Anhänge und ihre Endungen klar an. Vorschläge finden Sie in Kapitel 4 im Abschnitt Sichere Anwendungen.
- Verwenden Sie einen Webmaildienst, der einen Virenschutz enthält. Das kann manchmal lästig sein – mit Google Mail können Sie zum Beispiel keine ausführbaren Dateien verschicken –, aber es ist eben auch wirksam.
- Backup: Bereiten Sie sich für den Ernstfall vor und führen Sie regelmäßig Backups durch – mehr dazu in Kapitel 3 und 5.

Bedrohung durch Trojanische Pferde

Die Story ist eigentlich kaum zu glauben: Nachdem die Griechen jahrelang erfolglos die Stadt Troja belagert hatten, sollen sie sich zu einem besonderen Schritt entschlossen haben und setzten statt Gewalt eine List ein. Diese bestand darin, den Rückzug vorzutäuschen – den Trojanern aber ein riesiges Pferd aus Holz vor die Festung zu setzen. Die Einwohner von Troja, sichtlich keine Kinogänger, hielten der Sage nach das hölzerne Pferd für ein Geschenk der Götter. Einem geschenkten Gaul schaute man schon damals nicht ins Maul: Die Trojaner brachten das neue Möbel ins Haus und freuten sich ein bisschen. Bis in der Nacht dann die 30 Athener herausbrachen, die sich im Holzpferd versteckt hatten. Sie öffneten den griechischen Armeen die Tore und besorgten auf diese Weise den Untergang Trojas.

Moral von der Geschichte: Nicht alles, was sich als Geschenk präsentiert, kommt mit guten Absichten ins Haus. Und nirgendwo gilt das mehr als beim Computer.

Als *Trojanische Pferde* (oder kurz *Trojaner*) bezeichnet man noch heute jede Strategie, durch die man in einen geschützten Bereich eindringen kann, indem man sich für etwas anderes ausgibt, als man ist.

Speziell auf Computern sind solche Strategien das A und O der bösen Buben. Um die vorgenannten Viren und Würmer zu verbreiten, müssen diese den Benutzer ja fast immer dazu bringen, sie mindestens einmal aufzurufen. Dazu geben sie sich als etwas anderes, Harmloses, ja Begehrenswertes aus – ein Programm oder ein Mailanhang, den man unbedingt aufrufen muss.

Trojanische Pferde können sich im Vergleich zu Viren und Würmern nicht selbst verbreiten. Doch meist verwenden Würmer und andere Schadprogramme trojanische Strategien, um erfolgreich zu sein.

Die ersten Trojanischen Pferde

Die ersten Trojanischen Pferde gab es, wie alles, auf Unix. Sie gaukelten dem Benutzer vor, er befände sich am Login-Bildschirm und könne seine Benutzerdaten und sein Passwort eingeben. Das gab der User dann ein, allerdings nahm der Trojaner es entgegen und schickte es seinem Besitzer, dem Hacker. Heute noch wird diese Methode beim *Phishing* eingesetzt, von dem noch die Rede sein wird.

Ein klassischer Trojaner war das Programm *egabtr.com.* Das Programm, das in den 80ern kursierte, versprach dem Anwender, es würde die grafische Leistung seines PCs verbessern. Bereits damals gab es eine aktive Szene von Software-Tausch über Mailboxen, in die man sich per Telefon einwählte, und zahlreiche Anwender holten sich das Programm. Es löschte allerdings nur ihre Dateien, und zwar alle. Dann gab es die Meldung *Arf, arf, Gotcha!* aus, sinngemäß *Wau, wau, ich hab dich!*. Lustig fand das nur sein Entwickler.

Direct-Action-Trojaner

Trojaner, die „sofort loslegen“ (Direct Action), gibt es kaum noch. Ihre Aufgabe war meist rein zerstörerisch: Ein einfacher Klick auf den Mailanhang reichte, schon war der Computer gelöscht, formatiert oder anderweitig schwer angeschlagen. Das machte offenbar noch nicht mal den Hackern Spaß, daher sind Direct-Action-Trojaner heute eine Seltenheit.

Dialer-Trojaner

Unter dem Deckmantel begehrenswerter und dennoch kostenloser Inhalte (Pornografie, Raubkopien, Hacker-Tools ...) locken die Anbieter von Einwahl-Trojanern Websurfer auf ihre Seiten. Egal, was man dort tun möchte, letztlich kann man nur eines tun, nämlich eine ausführbare Datei herunterladen und sie starten.

Abbildung 2.78: Typische Download-Site für (angebliche) Hacker-Tools, in Wirklichkeit aber Dialer und Trojaner

Wer das tut, startet einen *Einwahl-Trojaner*, auch *Dialer-Trojaner* genannt. Er ersetzt zum Beispiel das normale Wählprogramm von Windows durch ein eigenes oder fügt alternativ eine neue DFÜ-Verbindung hinzu.

Die Folge: Man kommt nicht mehr über seinen normalen Internet-Service-Provider ins Netz, sondern nur noch mit einer Premium-Dienste-Nummer, die dem Benutzer natürlich verborgen bleibt. Und natürlich ist die nicht ganz billig, sondern hat die saftigen Preise einer Telefon-Sex-Hotline. Sich hier rechtlich zur Wehr zu setzen, ist traditionell problematisch, denn natürlich könnte man das Angebot auch völlig „normal" benutzt haben. Dass ein Trojaner den Dialer installierte, das muss man erst einmal nachweisen.

Die gute Nachricht: Mit der zunehmenden Verbreitung von DSL und Routern haben Dialer-Trojaner an Bedeutung verloren.

Allerdings präsentieren sie sich in neuen Formen. So zeigten sich bereits erste Schadprogramme auf Smartphones, die zum Beispiel kostenpflichtige SMS verschicken. Der Trojaner *Trojan-SMS.AndroidOS.FakePlayer.b* tarnte sich beispielsweise als kostenloser Porno-Player für Android-Handys und sanierte sich mit SMS-Nachrichten, die pro Stück 6 Dollar kosteten.

Je mehr Möglichkeiten wir erhalten, mit unseren Computern, Tablets oder Smartphones bequem und komfortabel zu zahlen, desto größer ist die Wahrscheinlichkeit, dass der Einwahl-Trojaner in neuer Gestalt seine Renaissance erlebt.

Sabotage, logische Bomben, Zeitbomben

Eine *logische Bombe* funktioniert zum Beispiel wie folgt: Der festangestellte Entwickler einer Software, mit dem die Gehälter eines Unternehmens abgerechnet werden, baut in seine Software eine Routine ein, die überprüft, ob er selbst noch auf der Gehaltsliste steht. Ist das der Fall, arbeitet die Software ganz normal. Doch ist das nicht mehr der Fall, dann hört die Software einfach auf zu arbeiten oder macht anderen Unfug. Die „Logik" besteht darin, dass die Software erst unter bestimmten Bedingungen die verborgene trojanische Zusatzfunktion ausführt.

Zeitbomben sind hingegen darauf programmiert, unabhängig von sonstigen Bedingungen zu einem bestimmten Termin eine programmierte Wirkung zu entfalten.

Zahlreiche Viren beinhalteten in der Vergangenheit auch eine Zeitbombe als Teil ihres Payloads. So gab es Viren, die am 1. April, stets am 13. eines Monats (oder nur am Freitag, dem 13.) oder an geschichtsträchtigen Daten wirksam wurden. Wer sich dafür interessiert, findet auf *home.mcafee.com/Virus-Info/VirusCalendar.aspx* einen spezialisierten Viren-Kalender, der sich allein an den Zünddaten der Zeitbomben orientiert.

Zeitbomben und logische Bomben gab es bis in die jüngste Vergangenheit immer wieder. Theoretisch kann nicht ausgeschlossen werden, dass wir alle heute Software verwenden, in der verborgene Funktionen stecken – chinesische Hacker sind in der Vergangenheit ja durchaus auffällig geworden. In der Praxis zeigt sich aber immer wieder, dass Logik- und Zeitbomben von entlassenen Mitarbeitern eingebracht werden. Viele Fälle dürften im Dunkel geblieben sein und mit der Zahlung von Lösegeld geendet haben.

Hintertüren

Verborgener Code kommt auch bei *Hintertüren* zum Einsatz. Das Ziel heißt hier allerdings nicht, etwas zu zerstören. Stattdessen soll die *Backdoor* dem Entwickler einer Anwendung Zugriff auf das geschützte System geben.

Ein Beispiel: Wenn Sie sich bei Windows 7 anmelden, dann sehen Sie einen Anmeldebildschirm, auf dem Sie Namen und Passwort angeben müssen, andernfalls lässt Windows Sie nicht ins System. Dieser Anmeldebildschirm ist auch nur ein Programm. Der Entwickler dieses Programms kann sich theoretisch eine Hintertür offen gelassen haben: „Wenn der eingegebene Benutzername *Aladin* und das Passwort *Sesam* eingegeben werden, dann lasse den Nutzer ins System, selbst wenn er gar kein Konto hat.“ Eine solche Hintertür gewährt also einem Unbefugten Zugriff auf Systeme.

Backdoors gibt es auch bei Verschlüsselungssystemen. Ganz klassisch: Wer seine Festplatte verschlüsselt hat und das Passwort vergisst, der ruft beim Hersteller an und fragt, ob es nicht doch einen geheimen Super-Schlüssel gibt, um diese wieder zu entschlüsseln. Jeder vernünftige Hersteller wird das verneinen, denn eine Sicherheitssoftware mit Hintertür ist keine und er könnte seinen Laden zumachen. Und doch wurde zum Beispiel vor Kurzem bekannt, dass das FBI namhafte Entwickler dafür bezahlt hat, Hintertüren in ihre Software einzubauen.

Verschwörungstheoretiker gehen daher davon aus, dass alle als sicher geltenden Systeme Hintertüren haben. Auch das ist einer der Gründe dafür, warum im Bereich Sicherheit Open-Source-Software eine Rolle spielt. Nicht etwa, weil sie kostenlos zu haben wäre, sondern weil ihr Programmquellcode offenliegt, für jeden einsehbar ist und daher jeder selbst überprüfen kann, ob eine Hintertür vorhanden ist.

HINWEIS

Das stößt allerdings schnell an Grenzen. Selbst wenn ein Anwender rein vom Know-how her in der Lage wäre, den Quellcode zu lesen, zu verstehen und die Hintertür darin zu finden, so bliebe das doch ein zeitlich aufwendiges Unterfangen und ist daher nicht praktikabel. Denn der normale Nutzer lädt sich nicht den *Quellcode* einer Sicherheitssoftware wie TrueCrypt herunter, sondern natürlich die für Windows, Mac oder Linux bereits kompilierte Version (*Binärcode*). Und diese wird natürlich auch nicht auf Hintertüren überprüft: Man vertraut einfach darauf, dass die Quelle, von der man das Programm lädt, das Programm „sauber" übersetzt hat. Selbst wenn man es selbst machen würde, gäbe es immer noch die theoretische Möglichkeit, dass ein manipulierter Compiler oder ein Quellcode-Virus eine Hintertür ins fertige Programm einbaut. Seine extremste Ausformung findet das im Betriebssystem Gentoo Linux *www.gentoo.org*, das man sich als Anwender fast vollständig aus Quellcode selbst zusammenbaut und daher größtmögliche Kontrolle hat.

Eastereggs

Eastereggs sind eine harmlose Version logischer Bomben. Man ruft damit absichtlich versteckte Funktionen einer Software auf. So gab es in Versionen von Word und Excel versteckte Mini-Spiele, die man mit bestimmten Tastenkombinationen zum Vorschein bringen konnte. Firefox zeigt *The Book of Mozilla*, einen fiktiven Bibel-Bestandteil, wenn man *about:mozilla* in die Adresszeile eingibt. Auch *about:robots* zeigt ein harmloses Easteregg.

Auf *www.eastereggs.svensoltmann.de* finden Sie ein Blog, das sich ausschließlich mit Eastereggs beschäftigt. *www.mogelpower.de/easter* sammelt solche versteckten Funktionen. Auch auf DVDs findet man versteckte Eastereggs, oft muss man bestimmte Tasten drücken oder nicht sichtbare Menüs anwählen, um verborgene Mini-Filme zu sehen. Eine ganze Reihe davon hat die Website *www.dvd-hahn.de* gesammelt.

In eine ähnliche Richtung zielen reale Objekte, die auf fiktiven Stoffen basieren. So hat die fiktive Firma Massive Dynamic aus der TV-Serie *Fringe* auf *www.massivedynamic.com* eine eigene Homepage.

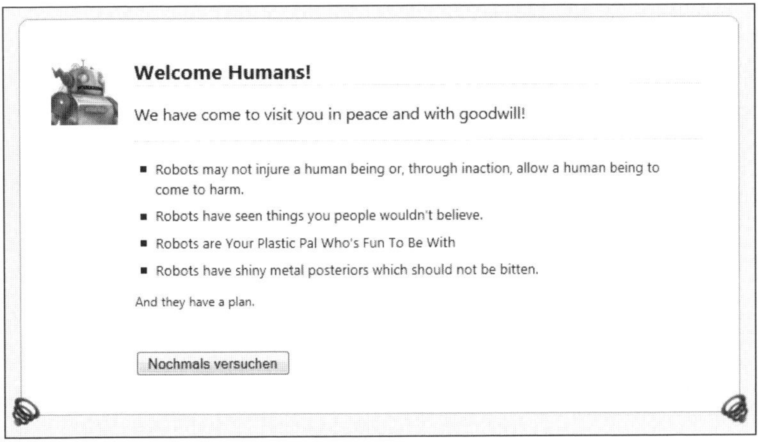

Abbildung 2.79: Harmloses Easteregg in Firefox

Zurück zu ernsthafteren Dingen: Eine andere nennenswerte Form der Hintertür sind gefälschte Informationen. So enthalten einige Landkarten absichtlich falsche Straßennamen, Telefonbücher falsche Personendaten. Ziel ist es, Abschreiber dadurch zu enttarnen, dass sie diese fiktiven Informationen ungeprüft übernehmen.

Moderne Trojaner

Moderne Trojaner haben eigentlich nur zwei Aufgaben: Sie wollen Ihnen etwas stehlen oder dem Angreifer die Kontrolle über Ihren Rechner geben.

Dropper

Dropper sind eigentlich nur die trojanische Verpackung für eine Schadsoftware, die ihrerseits ein Virus, ein Wurm oder ein Spionage-Trojaner sein kann.

Der Dropper kommt sehr häufig im Gewand eines Crackz daher, also in Form einer kleinen Software, die ein kopiergeschütztes Programm entsperrt und als Raubkopie nutzbar macht. Dieser Funktion kommt es in der Regel sogar nach – lässt aber bei der Gelegenheit auch die schädliche Nutzlast ins System fallen.

HINWEIS

Zu bedenken ist dabei auch, dass es sich zunehmend um ein Geschäftsmodell handelt, etwa wenn über den Dropper eine Scareware verteilt wird. Wie Webmaster für Links Geld erhalten, erhalten die Entwickler einen Bonus für jeden infizierten Rechner.

Remote-Access-Trojaner

Die vielfältigen Formen von Lausch-Trojanern finden sich in sogenannten *RATs* wieder, das sind *Remote Access Trojans*. Es handelt sich klassischerweise um Tools für Script-Kids, die aber auch für ernsthafte Spionage eingesetzt werden könnten.

Die RATs arbeiten wie ein Baukasten. Der Angreifer klickt sich zunächst einen Trojaner zusammen, bestimmt also aus verschiedenen Modulen, wie die Tarnung aussehen soll. Dann schiebt er dem Angegriffenen diese Software irgendwie unter.

Ist der RAT installiert, stellt er eine Verbindung zum Angreifer her. Dieser hat eine passende Steuerungssoftware. Sie erlaubt es ihm, den Bildschirm der Zielperson zu betrachten und übliche Schnüffeleien durchzuführen.

Zusätzlich gibt es noch Steuerungsmöglichkeiten. Der Angreifer kann den Rechner des Angegriffenen fernsteuern, die CD-Lade öffnen, Programme starten und allerlei Unfug anstellen. RATs sind das ideale Spielzeug für Script-Kids, denn sie können viel, verlangen vom Angreifer aber kein eigenes Know-how. Rumklicken reicht.

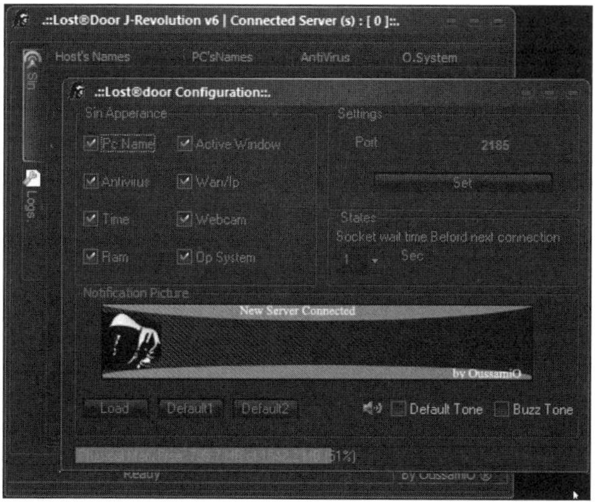

Abbildung 2.80: Moderner Trojaner: Lost Door kostet 130 Euro

HINWEIS

Viele Antivirenprogramme melden auch legale, normale, für seriöse Zwecke gedachte Fernsteuerprogramme (Remote Access Software) wie VNC (zum Beispiel uVNC, *www.uvnc.com*), denn diese funktionieren im Prinzip auch nicht anders.

Übrigens: Windows 7 enthält bereits eine eingebaute Fernsteuersoftware, die von den Virenjägern nie bemängelt wird.

Eine Sonderform des RAT sind Bots, die Rechner massenweise zu Zombie-PCs machen. Dazu später mehr.

Spionage-Trojaner

Angela Merkel hat Erfahrung damit: 2007 wurden Spionageprogramme und Trojaner im Kanzleramt festgestellt. Spekuliert wurde auf chinesische Hacker, was aber aus verständlichen Gründen nicht bewiesen wurde.

Spionage- und Lausch-Trojaner versuchen auch sonst, uns zu belauschen, und zwar mit allen möglichen Mitteln:

- Keylogger-Trojaner zeichnen Ihre Tasteneingaben auf. Auf diese Weise lässt sich eine digitale Identität stehlen, indem man zum Beispiel in dieser Reihenfolge aufzeichnet: Die Eingabe einer Webadresse, die Eingabe eines Benutzernamens und die Eingabe eines Passworts. Damit hat der Keylogger-Trojaner auch schon seine Aufgabe erfüllt. Keylogger selbst müssen nicht unbedingt als Trojaner kommen, sie können auch heimlich installiert oder als Hardware angeschlossen worden sein, weshalb die Keylogger in einem gesonderten Abschnitt nochmal besprochen werden.
- Spionage-Tools übermitteln dem Hacker Infos darüber, welche Fenster und Programme offen sind und was Sie auf dem Monitor sehen. Es gibt sogar „nicht kriminelle Software" für Unternehmen, die so etwas macht: Sie wird dazu verwendet, die Mitarbeiter zu überwachen. In Deutschland ist das rechtlich höchst problematisch, aber Gesetze haben auch Firmen wie die Telekom nicht daran gehindert, die Telefone ihrer Mitarbeiter abzuhören („Telekom-Abhörskandal").
- Trojaner können in Sekunden die Daten Ihres PCs untersuchen und gespeicherte Passwörter (im Browser, in Mailprogrammen) auslesen und verschicken.

- Sniffer schneiden den Netzwerkverkehr mit. In ungesicherten Unternehmensnetzwerken kann ein einziger infizierter PC die Netzwerkzugriffe aller anderen PCs (zumindest der Rechner in seinem Netzwerksegment) untersuchen und auf diese Weise Passwörter ermitteln. Hier wird der Trojaner zum Werkzeug eines geplant vorgehenden Hackers.
- Einige Trojaner zapfen das Mikrofon an und schicken dem Hacker die Tonsignale. Das geht live und in Echtzeit und selbstverständlich auch auf Handys.

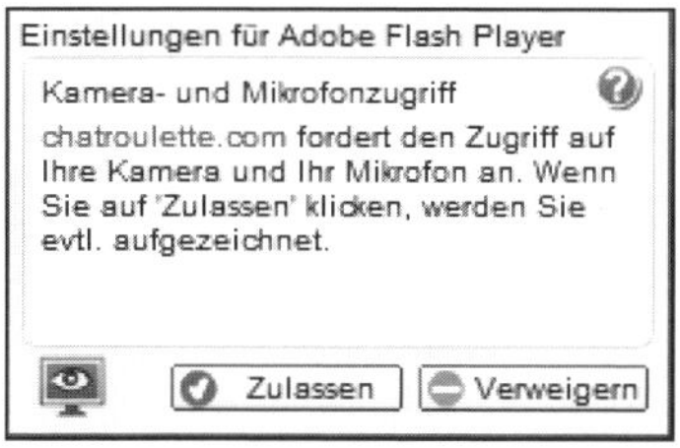

Abbildung 2.81: Nur ein Klick trennt den Besucher bei vielen Websites von Cam- und Mikro-Zugriff; Trojaner brauchen nicht mal den

- Spyware-Trojaner zapfen auch mal die Webcam an und schicken dem Hacker Bilder von Ihnen. Belegt sind Fälle perverser Männer, die damit Mädchen begafft haben. In den USA fiel eine Schule dadurch auf, dass sie erst Notebooks an die Schüler verteilte – und diese dann in ihren eigenen vier Wänden beobachtete („Webcam Gate"). Über 60.000 Bilder sollen dabei angefallen sein.

HINWEIS

Spionage-Trojaner gibt es auch von Unternehmen, von denen man das nicht erwartet hätte. Die Firma Sony BMG publizierte einige Musik-CDs mit einer eingebauten Software, die ohne Erlaubnis des Benutzers aktiv wurde, sobald man die CD im PC anhört. Der XCP (Extended Copy Protection) genannte Schadcode installierte dabei nicht nur einen Kopierschutz, sondern schnüffelte auch herum. Zugleich.

arbeitete der Trojaner wie ein Rootkit, um sich vor dem Benutzer zu verbergen. Das Problem ist hierbei nicht nur, dass Sony sichtlich nicht den Unterschied zwischen Feinden und Kunden kennt, sondern dass solche Programme auch zusätzliche Schwächen ins System einbringen. Tatsächlich existierte kurz darauf Schadsoftware, die sich XCP zunutze macht. Sony BMG zog die CDs nach mehrfachen Protesten und einer Sammelklage zurück.

Ransomware

In einigen wenigen Fällen ging die Schadsoftware wie folgt vor: Sie verschlüsselte die Dateien des Anwenders und schickte ihm Informationen darüber, wie er sie wieder entschlüsseln kann. Dabei sollte natürlich Geld überwiesen werden. Erste Fälle dieser Art gehen bis in die späten 80er zurück, wo ein Arzt auf diese Weise versuchte, Geld für die HIV-Forschung zu erpressen (HIV-Trojaner).

Immer wieder tauchen seitdem Programme auf, die auf immer bessere Weise die Daten eines Systems verschlüsseln und die Entschlüsselung nur gegen Bezahlung versprechen. Allerdings rät zum Beispiel das Bundesministerium für Sicherheit in der Informationstechnik vom Bezahlen ab, da ohnehin nicht sicher sei, ob man für sein Geld auch die versprochene Entschlüsselung bekommen würde.

Ransomware ist in modernen Formen immer noch im Umlauf, aber eine Bedrohung, die man als privater Anwender eher selten treffen wird. Wie bei einer realen Erpressung hat der Angreifer das Problem, dass die Geldübergabe stattfinden muss, ohne dass er selbst in Erscheinung tritt. Bei Unternehmen und entsprechenden Geldsummen sind gezielte Angriffe dagegen praktikabel.

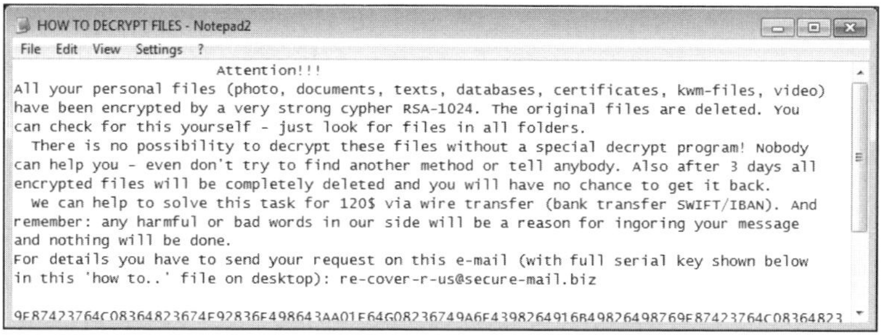

Abbildung 2.82: Erpressung: Lösegeld zahlen oder die Daten sind weg!

Phishing-Trojaner

In einigen wenigen Fällen manipulieren Trojaner Windows so, dass der Benutzer beim Surfen nicht mehr die Seiten sieht, die er aufruft, sondern – bei einigen speziellen Seiten – andere.

Möglich wird das durch eine Manipulation der DNS-Einträge auf allen Windows-Versionen. Das *Domain Name System* (*DNS*) sorgt dafür, dass der Benutzer bequeme Textadressen eingeben kann, während der Computer natürlich intern mit Zahlen hantiert. Das können Sie ganz einfach nachvollziehen, indem Sie eine Eingabeaufforderung öffnen und darin *nslookup <webadresse>* eingeben.

```
Microsoft Windows [Version 6.1.7601]
Copyright (c) 2009 Microsoft Corporation.

C:\Users\Winterer>nslookup www.web.de
Server:   google-public-dns-a.google.com
Address:  8.8.8.8

Nicht autorisierende Antwort:
Name:     www.web.de
Address:  213.165.64.75
```

Abbildung 2.83: Manuelles Lookup

Ein Beispiel: Wenn Sie die Webadresse *www.web.de* in der Adresszeile des Browsers aufrufen, dann fragt der Webbrowser Windows, unter welcher IP-Adresse diese Webadresse zu finden ist. Windows wiederum fragt den DNS-Dienst (meist im Router oder beim Provider). Das Ergebnis ist ein Zahlenwert wie 213.165.64.75. Der Browser ruft diese Seite dann auf.

Windows (und andere Betriebssysteme genauso) enthält aber eine interne Liste mit Adressen, die Datei *hosts* im Verzeichnis *%SystemRoot%\system32\drivers\etc*. Wenn in dieser Liste Web.de einer anderen IP-Adresse zugewiesen ist, ruft der Browser stattdessen diese andere Adresse auf – der Benutzer merkt keinen Unterschied.

Ziel dieser Manipulation ist es meistens, die Zugangsdaten des Benutzers abzugreifen (*Phishing*). Denn er gibt sie automatisch preis, sobald er sich beim gefälschten Web.de-Dienst anzumelden versucht.

Adware

Adware ist nur bedingt ein Trojaner, aber zunehmend eine Plage. Sie installieren sich dabei eine nützliche, nicht immer kostenlose Software und stellen plötzlich fest, dass Sie eine neue Toolbar haben. Diese leitet ihre Suche auf Suchmaschinen um, die verzweifelt um Marktanteile kämpfen, etwa Yahoo oder Ask.com. Die meisten dieser Programme erlauben es, während der Installation die Adware-Komponente wegzulassen. Aber viele Benutzer achten nicht darauf und haben dann unerwünschte Toolbars.

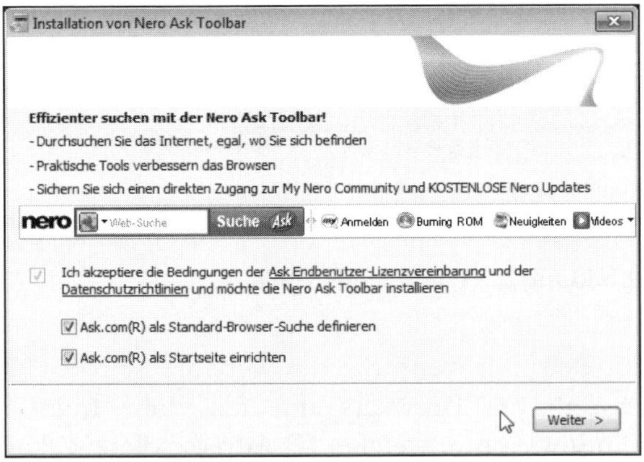

Abbildung 2.84: Werbefinanzierte Software

Werbefinanzierte Software macht dies normalerweise dem Benutzer auch klar. Es lohnt sich, gute Download-Quellen zu verwenden wie zum Beispiel das Heise-Software-Verzeichnis *www.heise.de/software/*, in dem man gezielt filtern oder eben auch suchen kann.

Es gibt allerdings auch weniger freundliche Adware. Sie installiert sich, getarnt als etwas Nützliches, und blendet Werbung auf Webseiten auch dann ein, wenn diese gar keine Werbung haben. Es erscheinen zum Beispiel Fenster, die gar keine andere Möglichkeit bieten, als auf *OK* zu klicken. Man wird dann zu Webseiten umgeleitet, auf denen zum Beispiel Abo-Fallen lauern.

Abbildung 2.85: Echte Adware mit nervenden Pop-ups

Scherzprogramme

Scherzprogramme sind völlig ungefährlich, aber sie tun so, als würde es sich bei ihnen um eine Schadsoftware handeln. Man lädt sie von einschlägigen Websites herunter, schickt sie einem Kollegen oder Freund und bringt ihn mit irgendeinem Vorwand dazu, das Programm aufzurufen. Fenster, Taskleisten, Cursor, Buchstaben und anderes verschwinden und ähnlicher Unsinn. Drei Klassiker:

- *Winfehler* (*www.winfehler.de*) produziert in unregelmäßigen Abständen skurrile Windows-Fehlermeldungen. Man installiert das Programm auf einem unbewachten PC, startet es und stellt einen der Nerv-Levels von wenig bis penetrant ein. Das ist natürlich totaler Blödsinn, aber ich verspreche

Ihnen: Sie werden Tränen lachen! Allerdings nur so lange, bis Sie verzweifelt versuchen, es wieder loszuwerden.

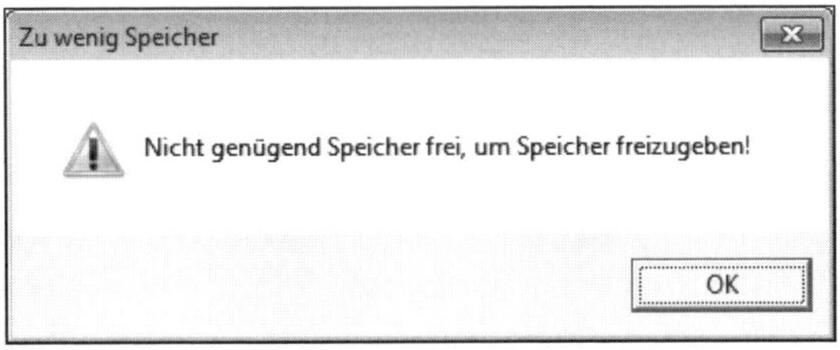

Abbildung 2.86: Skurrile Fehlermeldungen töten einem den Nerv ...

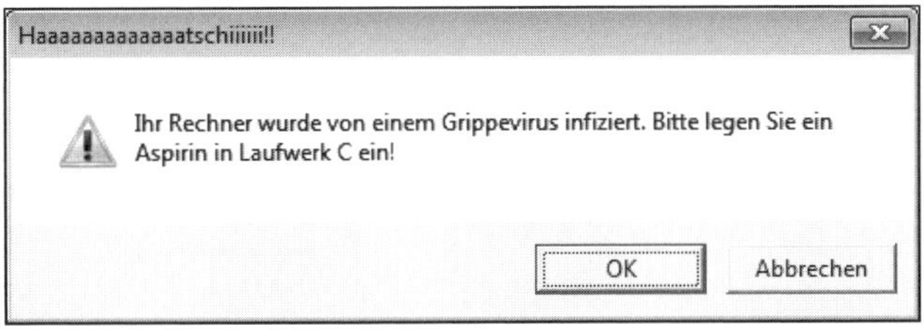

Abbildung 2.87: ... dank diesem Tool von *www.winfehler.de*

- Auf *RJL* (*www.rjlpranks.com/pranks/*) gibt es gleich eine ganze Reihe von Scherzprogrammen. Mein Favorit ist *Fake Format*, das realistisch vorgibt, die Festplatte zu löschen. Es bietet dem Benutzer an, das Formatieren zu stoppen, doch wohin der Benutzer auch klickt, es passiert nichts und er muss ohnmächtig dabei zusehen, wie die Formatierung weitergeht ... (siehe Abbildung 2.88).
- Eine Legende ist das Tool *Desktop Fun* von Gemtree (*www.gemtree.com*), das als „Stress Reducer" bekannt ist. Eine Downloadmöglichkeit finden Sie auf *www.computerbild.de/download/Desktop-Games-425007.html*. Es simuliert zwar weder Virus noch Trojaner, aber erlaubt Ihnen, auf verschiedene Weise Ihren Monitor zu zerschießen und zu zersägen. Sehr entspannend und völlig harmlos (siehe Abbildung 2.89).

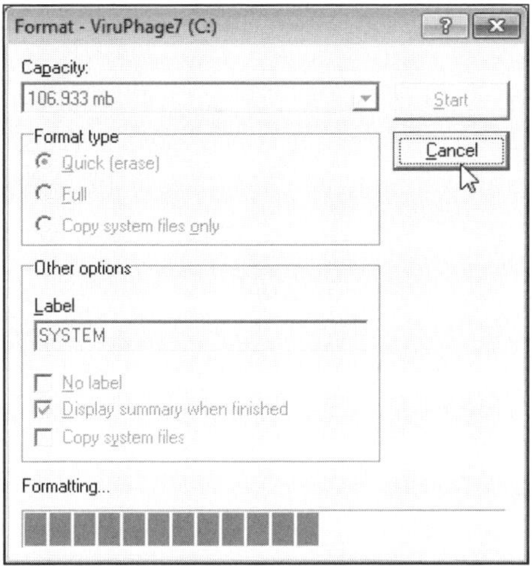

Abbildung 2.88: Erschreckend authentisch: Fake Format

Abbildung 2.89: Zertrümmern Sie Windows mit Desktop Fun

So spaßig Scherzprogramme auch sind, sie bergen auch ein Problem in sich, zumindest wenn man sie aus zweifelhaften Quellen lädt. Achten Sie daher darauf, solche Programme nur beim Entwickler selbst zu laden oder, wenn das wie beim Stress Reducer nicht möglich ist, aus einem bekannten Download-Portal.

HINWEIS

Ehe Sie jemandem ein erschreckendes Scherzprogramm installieren oder per Mail zuschicken, sollten Sie das Tool auf Viren untersuchen – zum Beispiel mithilfe von *www.virustotal.com* – und danach anständigerweise erst einmal an sich selbst ausprobieren.

Trojaner-Tricks

Trojaner arbeiten beim ersten Aufruf: Sie können also sofort Daten vom PC stehlen, zum Beispiel die Zugangsdaten des Outlook-Express-Mailkontos auslesen und verschicken oder als Keylogger auf die Eingabe von PINs und TANs warten. Größenbeschränkungen gibt es so gut wie keine, denn ist ein kleiner Trojaner erst einmal gestartet, kann er nahezu beliebige weitere Malware nachladen (*Trojan Downloader*), um zum Beispiel eine Spyware zu installieren, Würmer zu verbreiten und den PC zum Versenden von Spams zu missbrauchen.

Trojaner verwenden immer neue Tricks, um den Benutzer zum Doppelklick zu verleiten. Als PDF-Rechnung von T-Com kommt *COQ* ins Haus. Seine Tarnung ist wie bei Würmern eine Doppelendung wie *.pdf.exe*, die auf den meisten PCs als *.pdf* angezeigt wird.

Zugleich verwendet die EXE-Datei als Programm-Icon genau das Symbol, das Windows auch bei einem PDF anzeigen würde. Typisch ist auch, sich als JPG-Datei (mit Bild-Icon) oder als Dokument (mit Editor-Icon) zu tarnen.

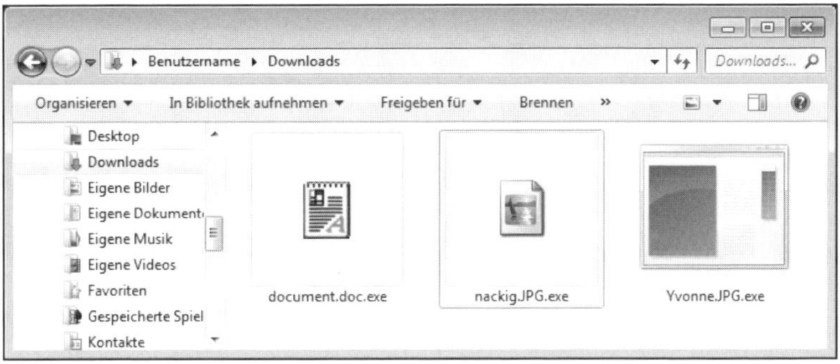

Abbildung 2.90: Trojaner mit Doppel-Dateiendungen und gefälschten Icons

Anders als Viren oder Würmer verbreiten sich Trojaner nicht und können daher aufwendigere Methoden der Tarnung nutzen. Viren und Würmer müssen sich beispielsweise selbstständig vermehren: Alle Tarntechniken, etwa die Verschlüsselung des eigenen Programmcodes, müssen sie dabei ebenfalls transportieren. Das macht Viren und Würmer verwundbar für generische Analysen: Erkennt der Virenscanner nicht das Muster einer bestimmten Malware, so erkennt er eben das Muster seines Verschlüsselungsschemas (das kann schwer genug sein) oder erkennt ganz allgemein, dass ein Programm sich verschlüsselt und kann daraufhin einen gewissen Verdacht äußern.

Ein Trojaner hingegen muss sich nicht vermehren und kann dabei beliebig aufwendige Tarn- und Verschlüsselungstechniken verwenden. Das erschwert generische Analysen durch den Virenscanner. Ein Beispiel dafür ist die Tarnung mithilfe eines Komprimier-Tools für ausführbare Dateien. Das bekannteste seiner Art ist UPX: Damit lassen sich EXE-Dateien – auch ältere, den Virenscannern bereits bekannte Trojaner – so verpacken, dass der Trojaner nicht mehr erkennbar ist. Heute werden UPX-getarnte Trojaner oft als „generische“ Trojaner erkannt („Win32 Trojan-gen UPX“ oder ähnlich).

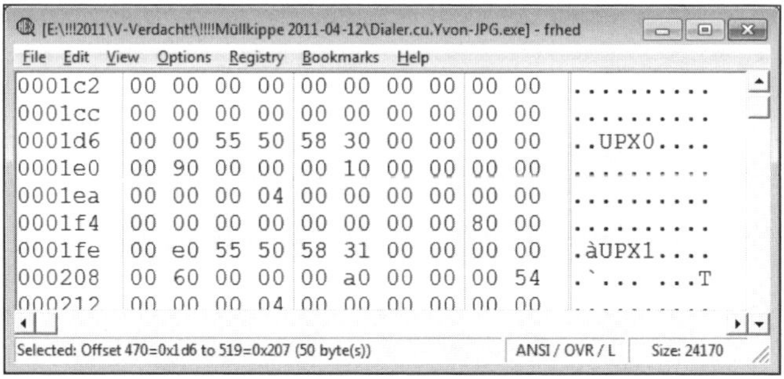

Abbildung 2.91: UPX kann Malware tarnen

Das ist höchst problematisch, denn die Malware kann unerkannt starten und ist dann in der Lage, den Virenwächter mit allen Mitteln zu bekämpfen, die auch jede andere Software hätte – einschließlich Deinstallation. Inzwischen gibt es spezielle Tools, die nichts anderes machen, als Trojaner mit umfangreichen und viel weiter entwickelten Methoden so zu tarnen, dass sie nicht oder nur sehr schwer erkannt werden können.

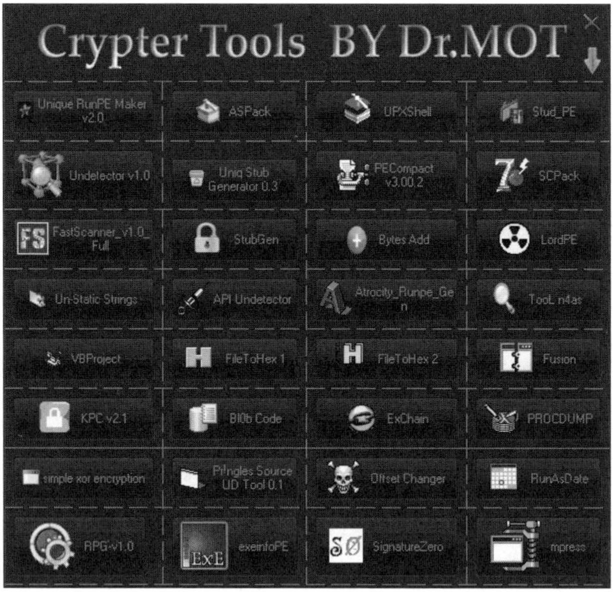

Abbildung 2.92: *Crypter Tools* verstecken und tarnen Malware

Sonderfall: Banking-Trojaner

Immer häufiger werden die sogenannten *Banking-Trojaner*. Sie erlauben es Kriminellen, mithilfe von Baukasten-Software und in Verbindung mit ahnungslosen Geldkurieren (*Money Mules*) innerhalb weniger Wochen Hunderttausende von Euro erbeuten.

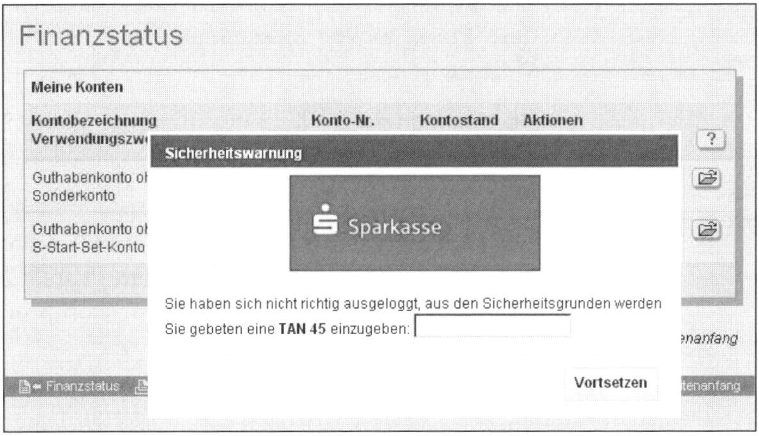

Abbildung 2.93: Typischer Banking-Trojaner

Aus Filmen kennt man den Bankraub als Einbruch in ein Computersystem, bei dem der Hacker schnell mal den Kontostand um einige Nullen erweitert. Die Wirklichkeit sieht weitaus weniger spektakulär aus, aber in der Summe kommen deutlich mehr Personen zu Schaden.

Ein Cyberbankraub läuft in etwa wie folgt ab:

- In einschlägigen Web-Foren handeln Programmierer mit Trojaner-Baukästen.
- Zu Preisen um die 200 US-Dollar können Online-Kriminelle diese Software kaufen.

- Der Trojaner-Baukasten stellt auf Basis von Exploits ansteckende Websites her, also solche, bei denen der Aufruf mit einem Browser für eine Drive-by-Ansteckung ausreicht.
- Die so präparierten Webseiten werden auf eigenen, angemieteten Webservern geparkt oder alternativ auf den gekaperten Webseiten von unschuldigen Dritten platziert.
- Ein umfangreiches Spam-Mailing, Black-Hat-SEO oder andere Tricks locken massenhaft Besucher auf die präparierte Website.
- Die Besucher der Website infizieren sich während des bloßen Betrachtens über die Sicherheitslücken im Browser oder in Browser-Erweiterungen.
- Die Infektion hinterlässt einen Remote-Access-Trojaner auf dem PC des Besuchers. Dieser lauert im Hintergrund und lässt sich über eine Fernsteuerungskomponente kontrollieren.
- Aus dem Ausland greifen Online-Kriminelle dann auf die infizierten Rechner zu. Dabei wird keineswegs der Zugang samt Passwort zum Banking-Konto gehackt. Denn das würde nichts nützen, denn es sind die TANs, die einzelne Transaktionen schützen und die kein zweites Mal verwendet werden können.
- Hacker und Trojaner warten stattdessen vielmehr, bis sich der User bei einer Bank anmeldet und eine Überweisung vornimmt.
- Und jetzt kommt der Trick: Dem Benutzer werden andere Überweisungsdaten angezeigt, als sie in Wirklichkeit verwendet werden. Also: Der Trojaner merkt sich, was der Benutzer eigentlich überweisen wollte, und manipuliert die Anzeige bei der Bestätigung der Überweisung so, dass dies korrekt angezeigt wird. Der Benutzer gibt dann die TAN ein und autorisiert die Überweisung – aber nicht die vom Benutzer vorgesehene, sondern die vom Trojaner in Wirklichkeit durchgeführte.

- Damit der Benutzer keinen Verdacht schöpft, wird auch die nachträgliche Anzeige der Kontobewegung manipuliert. Der Benutzer sieht also nicht mal im Nachhinein, was passiert ist.

Möglich wird das, weil Webseiten auf dem Weg vom Server zu Ihnen verändert werden können. Jeder Browser kann das, jede Browser-Erweiterung kann es (die Google-Toolbar und viele andere Tools machen es tatsächlich) und ein im System vorhandener Trojaner kann es natürlich auch.

HINWEIS

Der Benutzer ist hier weitgehend machtlos und kann eigentlich nur auf Online-Banking verzichten, bis die Banken wirklich in der Lage sind, eine gesicherte Infrastruktur einzuführen. Abhilfe schafft daher nur, im Vorfeld alles zu tun, um den PC nicht zu infizieren. Allerdings sind erste Produkte aufgetaucht, die in einer sicheren Zone einen abgeschirmten Browser starten. Das Antivirenprogramm Avast! 6.0 (*www.avast.com*) führt dazu ein Feature namens *Safe Zone* ein, das im Wesentlichen eine virtuelle Maschine mit einem Chrome-Browser ist. Prinzipiell lässt sich so was auch mit einer Linux-Live-CD realisieren, die Sie nur für die Überweisung verwenden. Allerdings müssen Sie dann der Linux-Version vertrauen.

Sonderfall: Bundestrojaner

Der *Bundestrojaner* (auch *Ländertrojaner*) ist mein persönlicher Lieblingstrojaner. Die meisten stellen sich darunter eine Art fertige Software vor, die von der Polizei oder anderen hoheitlichen Behörden einfach irgendwo eingeschleust wird.

Das wird so garantiert nicht der Fall sein. Eine entsprechende Software würde früher oder später erkannt, der Antivirenindustrie zugespielt und damit wertlos. Verschwörungstheoretiker halten dem gerne entgegen, dass die Antivirenindustrie kooperieren würde. Dagegen spricht, dass ein einziger Skandal die

Vertrauenswürdigkeit des betreffenden Unternehmens zerstören würde.

Abbildung 2.94: Scherz-Website *www.bundestrojaner.net*

Der Bundestrojaner, der neuerdings gerne unter dem Titel *Remote Forensic Software* (*RFS*) gehandelt wird und über den aus verständlichen Gründen wenig Konkretes bestätigt bekannt ist, kann daher nur aus einem Bündel von Methoden zur Online-Durchsuchung bestehen.

Grob gesagt kann man sich das Ganze so vorstellen: Die Behörde verschafft sich Zutritt zur Wohnung (teils mit entsprechender Genehmigung), kopiert alle (mutmaßlich verschlüsselten) Festplatten, installiert einen Keylogger und macht sich wieder aus dem Staub. Eine andere Möglichkeit, den Rechner zu infiltrieren, ist am Flughafen, etwa unter dem Vorwand einer Sprengstoffkontrolle des Notebooks.

Dann warten die Behörden zum Beispiel, bis der Verdächtige sein Passwort durch die Eingabe preisgibt, um die gespeicherten Festplatten zu entschlüsseln und in aller Ruhe mit computerforensischen Methoden zu untersuchen. Oder sie prüfen die Screenshots, die täglich in Intervallen vom Schnüffelprogramm verschickt werden.

Der Bundestrojaner hat einfach viele Gesichter.

Mit *Forensik* bezeichnet man Methoden, mit deren Hilfe man kriminelle Verhaltensweisen systematisch analysieren und rekonstruieren kann, um den Beweis oder Gegenbeweis für ein

Vergehen zu liefern. Die *Computerforensik* wendet diese Methoden auf Computer an. Das geht inzwischen sehr weit: Es gibt USB-Sticks, die stecken Sie bei einem Windows-PC ein und die enthaltene Software ermittelt vollautomatisch fast alles, was es zu ermitteln gibt. Wer sich in das Thema reinfuchsen möchte, liest am besten den BSI-Leitfaden dazu (*www.bsi.bund.de/ContentBSI/Themen/Internet_Sicherheit/Uebersicht/ITRevision/IT-Forensik/it-forensik.html*).

Keylogger

Es ist eine Art Magie: Sie drücken auf der Tastatur die Taste A, daraufhin erscheint am Bildschirm wie durch ein Wunder der Buchstabe A. Damit das funktioniert, erfasst die Tastatur den Tastendruck, signalisiert ihn dem PC, der PC meldet ihn an Windows, danach meldet Windows ihn an die Anwendung.

An allen Übergabepunkten ist der Tastendruck abhörbar: im Kabel der Tastatur durch *Hardware-Keylogger*, in Windows durch *Software-Keylogger*. In beiden Fällen zeichnen Keylogger auf, welche Tasten gedrückt worden sind.

Warum setzt jemand Keylogger ein?

Die Welt ist schlecht. Hacker fischen blind nach Passwörtern. Kollegen wollen Ihnen ans Leder. Chefs wollen Sie aushorchen. Ihr Ehepartner verdächtigt Sie, Seitensprungs-Foren im Web zu besuchen. Eltern wollen wissen, was ihre Kinder tun, und Teenies wollen wissen, was ihre Eltern tun. Die Kripo will das Passwort zu Ihrer verschlüsselten Festplatte.

Hardware-Keylogger

Hardware-Keylogger steckt man einfach zwischen Tastatur und PC. Ihren Strom beziehen sie aus der Tastatur- oder USB-Buchse. Die Aufzeichnung beginnt mit dem Einstecken oder Hochfahren und dauert, bis der Speicher voll ist. Was Wochen dauern kann. Der Angreifer schließt in einem unbeobachteten Moment den Keylogger an und holt ihn irgendwann wieder ab.

Abbildung 2.95: Keylogger auf *www.keelog.com*

Einfache Keylogger zum Dazwischenstecken für USB und PS/2 sind ab 30 Euro zu haben, sie speichern einige Seiten Text. Man muss dazu noch nicht mal in spezielle Spy-Shops, selbst Amazon hat Keylogger im Portfolio.

Besser getarnt sind Keylogger, die man wie Wanzen in die Tastatur einbaut – dafür muss man die Tastatur aufschrauben, ein paar Kabel durchzwicken und zwei, drei Stellen löten – schwer ist das nicht. Für den großflächigen Einsatz etwa bei Angestellten gibt es Trojaner-Tastaturen mit bereits eingebautem Keylogger.

Das Problem all dieser Keylogger: Man muss zweimal physisch Zugriff auf den PC haben: einmal zum Anbringen, ein weiteres Mal um Abholen der Daten.

Abbildung 2.96: Keylogger-Keyboards auf *www.keyghost.com*

Einfacher geht es mit WLAN-Keyloggern, die deutlich teurer sind – etwa 150 Euro. Diese können mit dem WLAN-Router Verbindung aufnehmen und einmal täglich per E-Mail Ihre Eingaben verschicken, ohne dass Sie das mitbekommen.

KNOW-HOW

Eine Sonderform ist der Geldautomaten-Keylogger, der für den Diebstahl von Bankkartendaten eingesetzt wird. Beim sogenannten *Skimming* gehen die Diebe in zwei Schritten vor: Erstens wird der Magnetstreifen der Karte ausgelesen und für die Duplikation gespeichert. Zweitens wird Ihre Geheimzahl (PIN) abgegriffen. Die Geldkarten-Fälscher müssen dazu keineswegs die Tastatur anzapfen, sie legen einfach eine zweite Tastatur über die bestehende. Alles funktioniert wie normal, denn die Tastendrücke werden zur echten Tastatur „durchgepaust", doch am Ende haben die Kriminellen sowohl die Karte kopiert als auch die PIN gespeichert.

Keylogger-Software

Einfacher und billiger als eine Keylogger-Hardware ist natürlich eine Software: *Keylogger-Trojaner* zapfen einfach per Windows Ihre Tastatur an. Ab und zu schickt der Keylogger-Trojaner dann eine Datei mit den aufgezeichneten Eingaben an den Hacker (oder beim einfachen Keylogger: Ihr Büro-Feind holt sich die Keylog-Datei von Ihrem PC). So lassen sich Passwörter problemlos ausspionieren.

Es gibt kommerzielle Keylogger-Software. Sie wird meist im Rahmen von Kinderschutzsoftware verkauft. Der Untergrund arbeitet wahlweise mit kostenlosen Tools oder verwendet frei verfügbaren Quellcode, um eigene Keylogger-Routinen in ihre Software aufzunehmen.

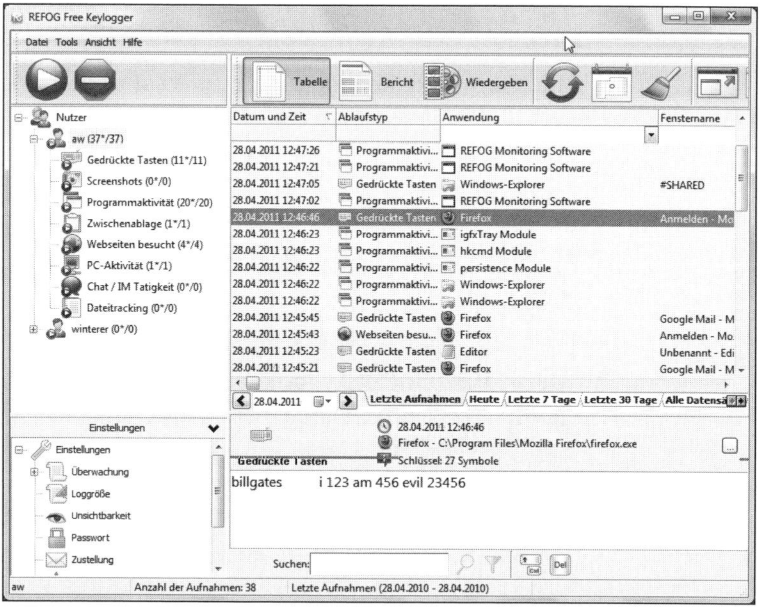

Abbildung 2.97: Refog Keylogger, *www.refog.de/free-keylogger.html*

HINWEIS

> Ich kann nur davon abraten, auf eigene Faust Keylogger-Programme im Web zu suchen, wenn Sie etwa Ihre Kinder überwachen wollen. Die Gefahr ist sehr hoch, sich dabei einen echten Trojaner zuzuziehen.

Typische Software-Keylogger zeichnen nicht nur die Tastenanschläge auf, sondern weit mehr:

- Tastendrücke (den Anwendungen zugeordnet)
- Programmaktivitäten (Start, Beenden)
- Zwischenablagen (den Anwendungen zugeordnet)
- besuchte Websites (URLs)

Gelegentlich wird geraten, eine Bildschirmtastatur zu verwenden, um zu vermeiden, dass der Keylogger die Tastenanschläge aufzeichnen kann.

Die Open-Source-Software *PyKeylogger* von *pykeylogger.sourceforge.net* demonstriert anschaulich, warum das keine Lösung ist. Sie fertigt nämlich nicht nur ein Logfile mit Tastenanschlägen, sie knipst auch Bildschirm-Detailaufnahmen von der Umgebung des Ortes, auf den Sie mit der Maus klicken.

Jeder Mausklick führt dann zu einem Mini-Screenshot, aus dem sich das Passwort erkennen lässt. Die Bilder werden der Reihenfolge nach gespeichert und lassen sich fast wie Klartext lesen. Für einen Angreifer, der Ihnen PyKeylogger auf den PC geschmuggelt hat, sieht die Passworteingabe *sesam* dann zum Beispiel wie im folgenden Bild aus:

Abbildung 2.98: Screenshots einer ausspionierten Bildschirmtastatur

PyKeylogger ist obendrein eine kostenlose Open-Source-Software. Das heißt, jeder Programmierer, der halbwegs bei Verstand ist, kann den Code verwenden und in seine eigenen Programme einbauen und so ebenfalls Bildschirmtastaturen abhören. (Man kann nur hoffen, dass die Bundesregierung für die Entwicklung des Bundestrojaners nicht allzu viel Geld ausgegeben hat ...)

Trojaner: Wie real ist die Gefahr?

Die Gefahr ist absolut real: Trojaner sind die heute am häufigsten in den Top-10-Listen auftauchenden Malware-Programme. Dabei ist fast immer irgendeine Mischform üblich, also im Verbund mit virulenten oder wurmartigen Methoden und auch als Transporter für Scareware und Bots (siehe weiter unten).

- Der Familienvater ist dem Risiko ausgesetzt, indem er Software aus unbekannten Quellen einsetzt. Diese kann einen Trojaner enthalten, der praktisch alles ausspionieren kann, was sich auf dem PC befindet, oder ihn für kriminelle Zwecke missbraucht. Zusätzliche Gefahr geht von Familienmitgliedern aus, die auf denselben PC zugreifen. Söhne spionieren dabei ebenso gerne ihre Väter aus wie umgekehrt, auch bei ehelichen Problemen könnte ein Computer-affiner Partner zum Trojaner greifen.
- Selbstständige und Angestellte müssen damit rechnen, dass Konkurrenten hoch entwickelte Trojaner für Industriespionage einsetzen. Diese gehören längst zum Standardinstrumentarium.
- Angestellte müssen damit rechnen, dass ihr Arbeitgeber ihnen mithilfe eines Trojaners nachstellt und zum Beispiel das Verhalten am Arbeitsplatz beobachtet, unabhängig davon, wie legal das ist. Die Unternehmen selbst müssen damit rechnen, dass ihre Angestellten aus Versehen Trojaner ins Netz einschleppen, etwa durch Drive-by-Downloads.

Letztlich kann hinter jedem Programm ein Trojaner stecken. Es stellt sich also vor allem die Frage, wie vertrauenswürdig die Quelle ist, aus der die Software stammt. Kommerzielle Programme namhafter Unternehmen können daher als einigermaßen frei von Trojanern gelten, de facto sind sie es aber auch nicht immer.

- Geheimagenten setzen aus diesem Grunde mit hoher Wahrscheinlichkeit nicht einfach irgendeine Software ein, sondern lassen ihre Sicherheitsprogramme hausintern von der technischen Abteilung („Q“) des eigenen Nachrichtendienstes entwickeln.
- Umgekehrt können Sie davon ausgehen, dass Sie, wenn Sie mit wirklich staatswichtigen Dingen zu tun haben, in der einen oder anderen Form mit dem Bundestrojaner rechnen müssen.

Trojaner abwehren

Einen reinen Virus kann man schon durch eine Veränderung seines Nutzerverhaltens vermeiden.

- Illegales: Verwenden Sie keine Software aus illegalen Quellen. Meiden Sie Cracks, Serials und Software aus Tauschbörsen. Trauen Sie auch Heft-CDs nicht automatisch, denn obwohl sich die Redaktionen Mühe geben (ich weiß es, ich habe auch schon Heft-CDs gemacht), arbeiten auch dort nur Menschen und es gibt dokumentierte Fälle von Schadsoftware auf Heft-CDs.
- Legales: Verwenden Sie nur Software aus legalen Quellen. Trauen Sie auch dieser Software nicht, es gibt bekannte Fälle von Viren, die sich zum Beispiel auf Treiber-Disketten befanden.
- Bewährtes: Bevorzugen Sie bei kostenloser Software solche Programme, die eine lange Versionsgeschichte haben. Vermeiden Sie es, völlig neue Software unbedingt als Erster auszuprobieren.
- Verdächtiges: Meiden Sie Software, die für illegale oder halbseidene Zwecke geschaffen wurde. Es gibt zum Beispiel

Facebook-Hacker-Tools, die natürlich sehr begehrt bei Jugendlichen sind, die ihre gleichaltrigen Mitmenschen „dissen“ wollen. Sie haben allerdings meist nur die Aufgabe, den Benutzer selbst zu hacken.

Jenseits dessen gibt es bekannte technische Maßnahmen.

- Virenscanner: Verwenden Sie eine Antivirussoftware. Achten Sie darauf, dass diese einen *Hintergrundschutz* verwendet, auch *Wächter* oder *Echtzeitschutz* genannt. Mehr dazu in Kapitel 4.
- Virenprüfung: Prüfen Sie jede Software, egal ob legal oder illegal, vor dem Einsatz auf Viren.
- Backup: Bereiten Sie sich für den Ernstfall vor und führen Sie regelmäßig Backups durch – mehr dazu in Kapitel 3 und 5.

Bedrohung durch Scareware

Scareware oder auch *Rogueware* bezeichnet heute vor allem betrügerische Programme, die mit folgender Methode vorgehen:

- Sie gaukeln Vireninfektionen und akute Gefahren vor und versuchen, den Benutzer zu erschrecken (englisch *to scare*).
- Sie sehen dabei genauso aus wie eine normale Virensoftware.
- Wenn Sie versuchen, mit ihrer Hilfe den angezeigten Virus zu entfernen, behauptet die Software, das nicht zu können.
- Sie bietet stattdessen den Kauf der kostenpflichtigen Vollversion an.

Der Betrug findet statt, wenn Sie die Software kaufen, die kein echtes Antivirenprogramm ist.

Wie Scareware arbeitet

Scareware erschreckt den Anwender mit einer Meldung, die nach echtem Windows aussieht und vor einer Gefahr warnt.

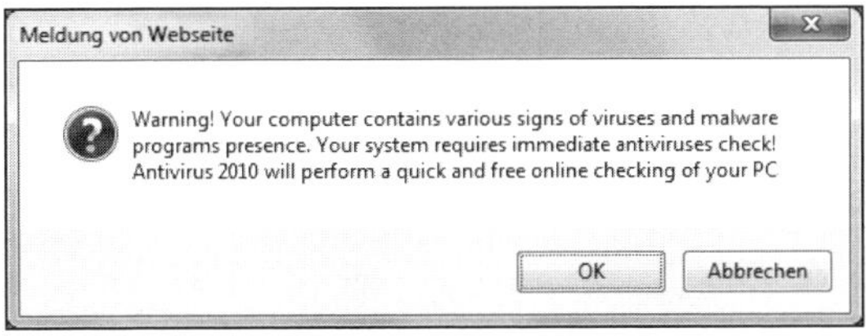

Abbildung 2.99: Angebliche Warnmeldung

Das *OK* ist hier meist obligatorisch, denn es ändert nichts und installiert auch nichts. Die Anzeige stammt von einem Browser-Skript und wurde mit einem einzigen (harmlosen) JavaScript-Befehl erzeugt. Bis hierher ist alles noch absolut harmlos.

Die Betrüger-Website zeigt sich nach dem Klick auf *OK* als das folgende Fenster (oder als eine Variation davon). Sie macht dem Nutzer weis, sein Rechner sei infiziert. Dazu dient eine Simulation eines typischen Windows-XP-Fensters (die zunehmend durch Versionen im Windows-7-Look ersetzt werden wird, es existieren auch erste Seiten im Mac-Look).

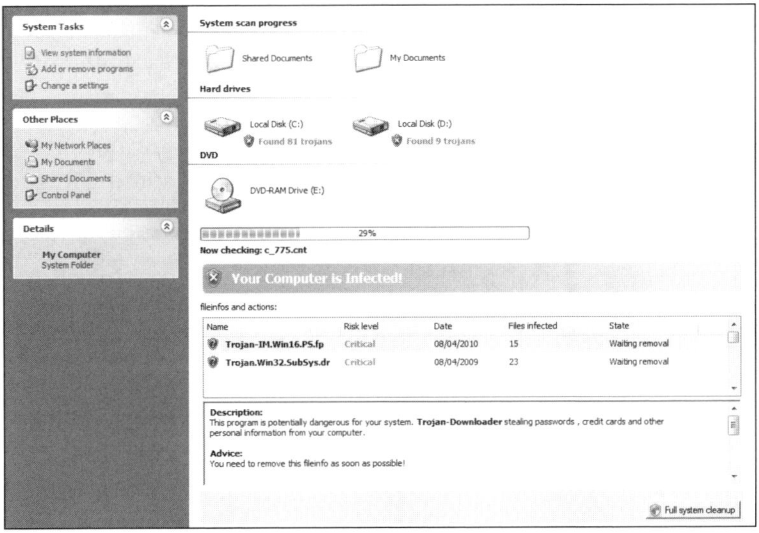

Abbildung 2.100: Wer würde hier nicht auf *Start Protection* klicken?

Der User wird nun dazu überredet, etwas herunterzuladen. Ein Klick auf *Remove All* oder *Start Protection* (die genaue Bezeichnung variiert), schon wandert die angebliche Schutzsoftware auf den Rechner.

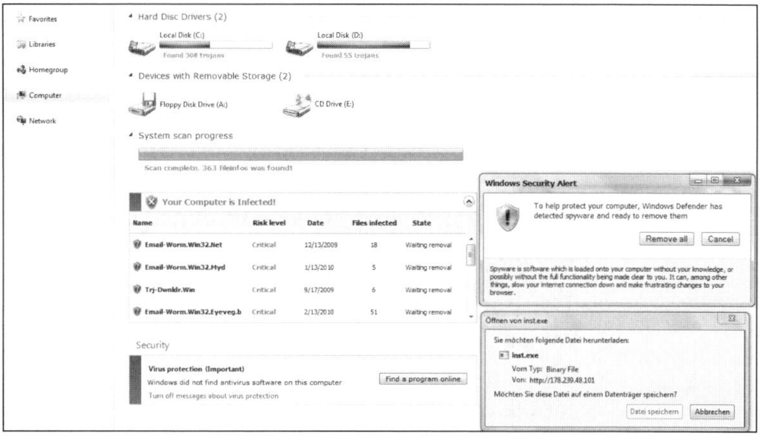

Abbildung 2.101: Die Datei *inst.exe* enthält die Scareware

Ein Klick auf *Cancel* oder den *Schließen*-Button bewirkt übrigens meist das gleiche: nichts. Es hilft nur, den Browser zu schließen.

Viele Menschen laden die Software herunter und installieren sie. Dann zeigt sich zum Beispiel ständig folgender Hinweis:

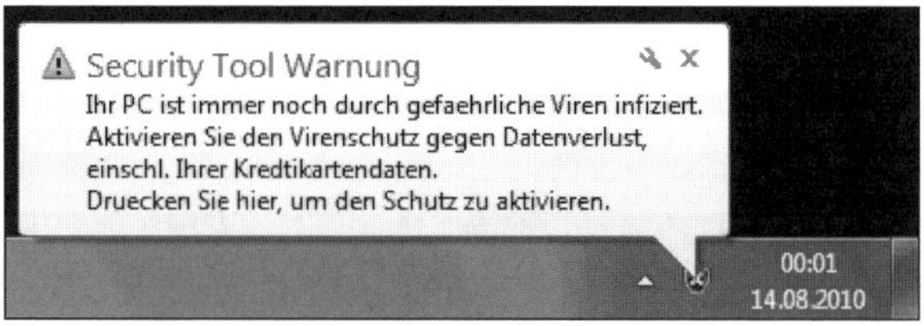

Abbildung 2.102: Scareware meldet Viren, die nicht da sind

Natürlich startet man dann den neuen „Virenscanner" und der findet prompt auch reichlich Viren.

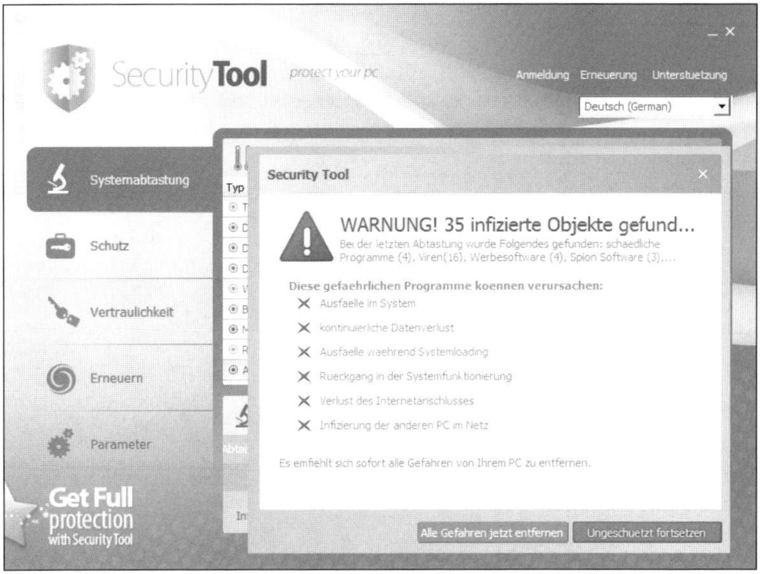

Abbildung 2.103: Der angebliche Virenscanner wurde fündig

Wer nun auf *Alle Gefahren jetzt entfernen* oder ähnliche Buttons klickt, erhält einen Hinweis, dass er keine Vollversion hat. Die Version, die man hat, kann nur Viren finden. Entfernen kann sie erst die Vollversion.

HINWEIS

Dies ist zugleich ein ganz typisches Merkmal von Scareware. Eine seriöse 30-Tage-Demo einer namhaften Schutzsoftware entfernt die Viren auch. Derzeit kann man sagen: Das ist immer so.

Die „Vollversion" gibt's wie üblich im Webshop.

Hier findet nun der eigentliche Betrug statt. Er besteht darin, dass man Ihnen ein Heilmittel gegen eine Krankheit verkauft, die Sie gar nicht haben. Das ähnelt dem Haarwuchs-Wundermittel, das man manchmal im Western sieht …

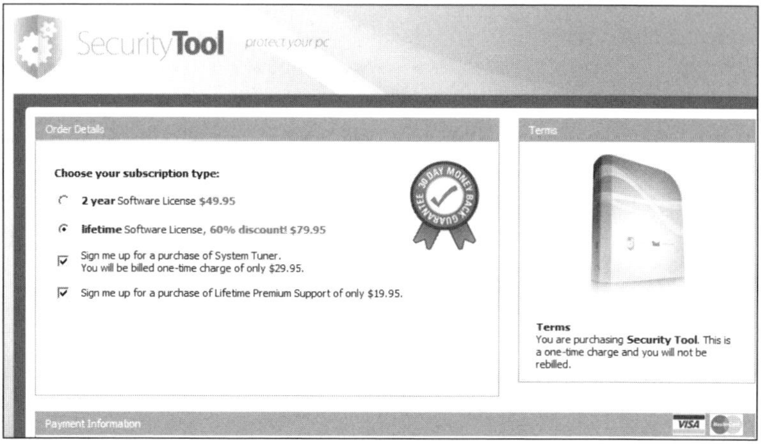

Abbildung 2.104: Hier kauft man die angebliche Schutzsoftware

Weil Sie rechtlich gesehen (vereinfacht gesagt) nur eine Software gekauft haben, die nicht besonders toll arbeitet (und welche Software tut das schon?), sehen Sie Ihr Geld in aller Regel nicht wieder. Zumal niemand für unter 100 Euro Prozesse anstrengt, noch dazu internationale. Weil, das dürfte ja klar sein, die „Hersteller" ihren Sitz meist in „Hinter-Blahtschigistan" haben.

Warum Scareware Erfolg hat

Rogueware und Scareware funktioniert ganz hervorragend, weil verschiedenste Faktoren zusammenkommen:

- ✔ Die Anwender sind immer auf der Suche nach Schnäppchen.
- ✔ Ständig poppen irgendwelche Fenster hoch, die der Benutzer abnicken soll. Ständig muss er Updates installieren. Ganz ehrlich: Ein normaler Anwender hat so gut wie keine Chance, wirklich fehlerfrei zu entscheiden, welche Installation sinnvoll ist und welche gefährlich.

- Es gibt so ungeheuer viel Software, wer weiß schon, welche davon echt oder gefälscht ist. Es gibt zugleich so ungeheuer viele Web-Foren und andere Informationsseiten, die sich wiedersprechen, dass es schwer ist, verlässliche Informationen zu erhalten. Scareware ändert nämlich ständig sein Aussehen und seine „Marke", neuerdings werden sogar namhafte Produkte gefälscht.
- Das Recht, einen Onlinekauf innerhalb von 14 Tagen rückgängig zu machen, hilft Ihnen nur, wenn Sie es auch durchsetzen können. Sobald die Gegenseite aber das Geld schon hat, wird das schwer.
- Es ist ein ganz hervorragendes Geschäftsmodell. Der Hersteller sackt 50 Euro ein. Die Leute, die Pop-ups im Web positionieren, erhalten für jede erfolgreiche Scareware-Vermittlung eine Provision – sie sind Geschäftspartner.

Scareware-Tricks

Prinzipiell gilt, dass Schadsoftware auf Ihrem PC alles kann, was auch nützliche Software kann. Vor allem Scareware ist hier durch Fantasiereichtum aufgefallen.

- Der wichtigste Trick ist der eigentliche Betrug, denn er findet außerhalb der Infektion statt. Das Opfer zahlt freiwillig für eine Software.
- Scareware lässt sich nicht deinstallieren. Sie tut höchstens so, aber letztlich geht es nicht.
- Hilfreiche Tools werden gesperrt. Zum Beispiel könnten Sie mit dem Task-Manager *taskmgr.exe* den Prozess des Scareware-Programms aus dem Speicher entfernen. Unabhängig davon, ob das erfolgreich wäre, verhindert die meiste Scareware den Start des Task-Managers – mit der Begründung, der wäre angeblich infiziert.

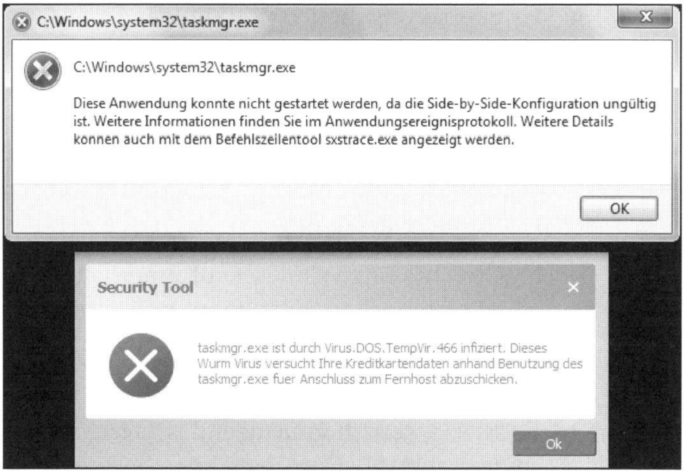

Abbildung 2.105: Angeblich infizierter Task-Manager

- Auch andere Möglichkeiten sind gesperrt: Es gibt keine Kommandozeile über *cmd.exe*, keinen Registry-Editor über *regedit.exe*, auch die Systemwiederherstellung ist blockiert. Böse formuliert: Die Software ist 99,9 Prozent der Anwender an IT-Know-how einfach überlegen.
- Einige Scareware lässt den Start des Task-Managers zu – scheinbar. In Wirklichkeit handelt es sich um eine manipulierte Version, die Zauberkunststücke beherrscht, etwa das Erkennen infizierter Prozesse.

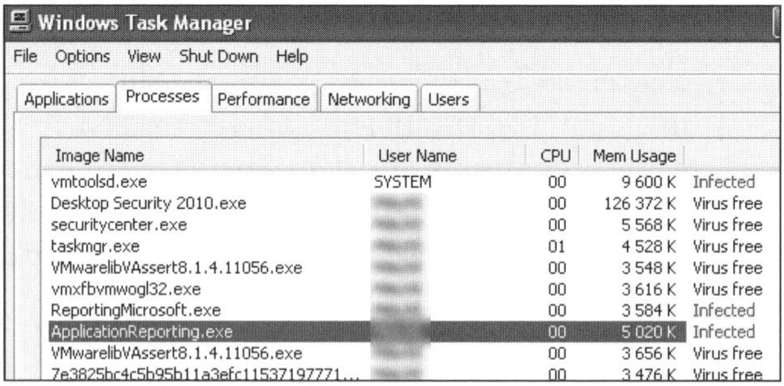

Abbildung 2.106: Gefälschter Task-Manager (Bild: Kaspersky Blog)

- Findige Anwender können in der Regel den Schädling über das Starten von der Windows-7-Wiederherstellungs-CD loswerden, aber meist funktioniert dann Windows nicht mehr.
- Nicht immer zeigt sich Scareware als Antivirenprogramm im Web. Neuerdings zeigt sie sich auch als Update, zum Beispiel von Firefox, Flash oder anderen Erweiterungen.

Scareware: Wie real ist die Gefahr?

Die Gefahr ist real. Zwar schafft es Scareware nicht in die Top 10 der Virenstatistiken, aber das ist nur deswegen der Fall, weil sich andere Trojaner, Würmer und Bots eben systembedingt mehr verbreiten. Bei Scareware hingegen macht auch Kleinvieh Mist, denn es fließt direkt vom abgezockten Kunden reales Geld zum Betrüger.

- Der Familienvater ist dem Risiko ausgesetzt, indem er auf fremden Websites surft und zum Beispiel seiner Neigung an Fotografie im Bereich der Herrenunterhaltung frönt. Es reicht auch schon, im Umfeld aktueller Ereignisse zu googeln, denn Suchmaschinenvergifter behalten die Suchtrends im Auge und reagieren auf diese. Aus diesem Grunde sind deutsche Surfer auch etwas sicherer als Surfer im englischsprachigen Raum, einfach weil der lokale deutsche Markt kleiner und daher weniger interessant ist. Die meiste Scareware kommt auf Englisch daher.
- Selbstständige und Angestellte können ihre PCs ebenfalls infizieren, wenn sie zum Beispiel auf ihren beruflichen PCs privaten Interessen nachgehen.

Scareware abwehren

- Ignorieren Sie Installationsaufforderungen, die sich aus dem Web ergeben und die nicht beim Starten des Browser erscheinen.
- Wenn im Browser etwas hochpoppt, das Ihnen sagt, Sie müssten es installieren, dann notieren Sie, was installiert

werden soll, verlassen Sie die Seite und prüfen Sie extern, ob Sie die Erweiterung wirklich brauchen. Ich sage: PDF, Flash, Java – mehr braucht keiner. Und eigentlich sollte man auf alle drei verzichten.

- Je dringender, eiliger, wichtiger, umsonster, je mehr free – desto misstrauischer müssen Sie sein.
- Werden Sie misstrauisch bei Fragen, bei denen Sie nur ein *OK* oder *Ja* zur Wahl haben – kein *Nein* oder *Abbrechen*.
- Werden Sie misstrauisch, wenn alle Downloads einer Seite zwar unterschiedliche Namen haben, aber alle gleich groß sind.

Abbildung 2.107: Typisch sind gleich große Dateilängen, hier 3,3 MB

- Achten Sie auf die Sprache: Scareware verwendet (noch) meistens Englisch oder schlechtes Deutsch.
- Werden Sie besonders misstrauisch, wenn im Web etwas, das wie ein Virenscanner aussieht, auftaucht, obwohl Sie überhaupt keinen Online-Virenscanner besucht haben.
- Werden Sie misstrauisch, wenn Ihnen ein Scanner sehr viele oder viele verschiedene Infektionen anzeigt. Die hat niemand (na gut: kaum jemand ...), die meisten Rechner haben ein bis drei Tierchen. Aber keine sieben und mehr. Hier übertreibt es die Scareware ...

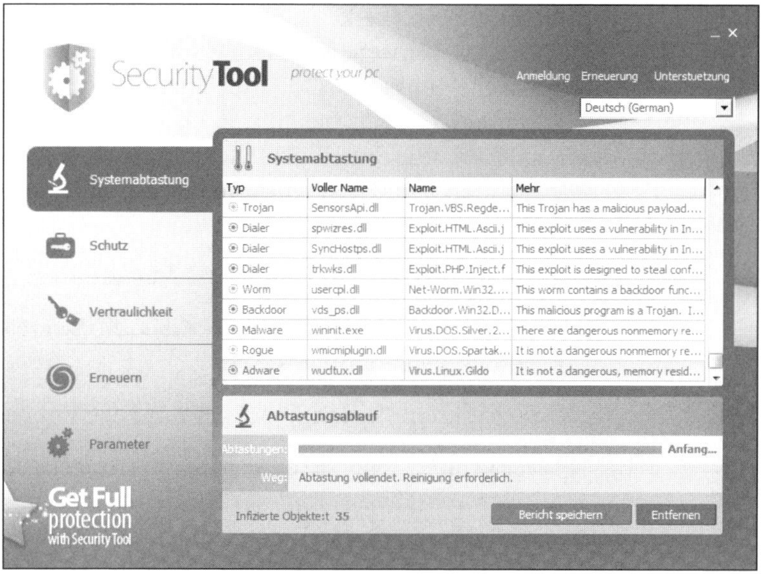

Abbildung 2.108: Zu viele Viren, um echt zu sein

- Werden Sie misstrauisch, wenn ein Scanner Viren zwar anzeigt, aber nicht entfernen mag.

> HINWEIS
>
> Seriöse 30-Tage-Test-Versionen von Antivirensoftware funktionieren 30 Tage lang wirklich vollständig, können also auch Viren entfernen. Alles andere ist Mist. Nehmen Sie hier der Einfachheit halber namhafte Produkte wie *Symantec Norton* (*de.norton.com/downloads/trialsoftware*), *Kaspersky* (*www.kaspersky.com/de/trials*), *F-Secure* (*my.f-secure.com/de/home/-/subscribe/DE/FCI1/trial*) oder *G Data* (*www.gdata.de/support/downloads/testversionen.html*).

- Werden Sie misstrauisch, wenn jede Funktion, die wirklich nützlich ist, nur zu einem Fenster führt, in dem Sie zur Kasse gebeten werden.
- Verlassen Sie sich auf nichts.

- Installieren Sie keine Software aus dubiosen Quellen, keine Cracks, keine Serial-Generatoren, keine Raubkopien. Achten Sie umgekehrt darauf, Ihre Software nur aus als einigermaßen seriös bekannten Quellen zu beziehen, am besten solchen, die Feedback-Mechanismen haben, über die die Kunden zum Beispiel Bewertungspunkte oder Kommentare abgeben können.

Auch hier gibt es rein technische Maßnahmen:

- Verwenden Sie möglichst aktuelle Software, spielen Sie regelmäßig alle Updates ein.
- Verwenden Sie Schutzprogramme wie Virenscanner.
- Verwenden Sie Browser-Erweiterungen, die gefährliche Links markieren, und verwenden Sie zum gefahrenträchtigen „Herumsurfen“ einen speziellen Browser wie Dooble – siehe Kapitel 4 im Abschnitt Sichere Anwendungen.

Bedrohung durch Zombies und Botnetze

Mit der zunehmenden Professionalisierung der Cyberkriminalität sind Viren, Würmer und Trojaner oft nur noch die Transportmittel, um deutlich weitreichendere IT-Gefahren zu verbreiten. Der einzelne Anwender von Windows 7 ist dabei weniger einer Gefahr ausgesetzt als die Opfer zielgerichteter Attacken, aber ein unsicherer Windows-7-PC kann für solche Attacken missbraucht werden.

Ihr PC: ein Zombie

Eine ungeheure Zahl von PCs befindet sich ständig im Internet und doch sind sie meistens ungenutzt, weil der Anwender gerade den Inhalt einer Website liest und der PC auf den nächsten Mausklick wartet. Diesen Umstand machen sich Programme wie BOINC (*http://boinc.berkeley.edu/*) zunutze: Die Anwender installieren sich freiwillig ein Tool auf ihrem PC, und immer, wenn der Rechner nichts zu tun hat, erledigt er über die

BOINC-Software eine Aufgabe. Die Palette reicht dabei vom Errechnen extrem hoher Primzahlen (PrimeGrid) bis hin zur Analyse von Funksignalen aus dem All auf Spuren außerirdischer Merkmale (SETI@Home). Diese Systeme für *verteiltes Rechnen* sind völlig legal und sauber, weil nur mitmacht, wer sich freiwillig anmeldet.

In einer zunehmenden Anzahl von Fällen werden PCs jedoch mit einem Trojaner infiziert, der den PC nicht oder zumindest nicht ausschließlich schädigt, sondern ihn ebenfalls für verteilte Aufgaben einsetzt. Diese sind allerdings meist illegal und geschehen ohne Erlaubnis und meist auch ohne Kenntnis des Anwenders. Weil nicht mehr der Anwender, sondern ein mutmaßlicher Hacker mithilfe eines Trojaners die Kontrolle über den PC hat, spricht man von *Zombie-PCs* oder weniger sensationell von *Bots*.

Viele Bots ergeben ein Botnetz

Die Bots sind meist nicht dazu da, den einzelnen Anwender auszuspionieren oder seinen PC zu schädigen, ganz im Gegenteil: Der Anwender soll am besten gar nichts bemerken, damit der Bot weiterhin unbehelligt seiner Aufgabe nachkommen kann.

Und die besteht darin, in einem Verbund infizierter Zombie-PCs nur einer von vielen Zuarbeitern zu sein, die eine der folgenden Aufgaben haben:

- Angriffe: Ruft ein Browser eine Website auf, dann lächelt der Server nur müde. Sind es hundert Browser gleichzeitig, kommt der Server schon ins Schwitzen. Greifen Hunderttausende von Zombie-PCs auf eine Adresse zu, spricht man von einer *DDoS-Attacke* (*Distributed Denial of Service*): Der Zielserver wird dann derartig mit Anfragen der PCs aus dem Botnetz bombardiert, dass er zusammenbricht und normale Anfragen nicht mehr oder nur nach langer Wartezeit beantworten kann – die Website ist „offline".
- Erpressung: Da mit Websites Geld verdient wird, etwa über Shops oder kostenpflichtige Dienste, kann ein solcher An-

griff das Geschäft schädigen. Das wiederum lässt sich benutzen, um den jeweiligen Betreiber zu erpressen. Er zahlt dafür, dass die DDoS-Attacken aufhören. Das ist seit Jahren gängige Praxis. Der Angreifer lässt sich nicht blockieren, weil er sich in einer Wolke aus Bots verbirgt, die genauso gut echte Benutzer sein könnten.

- Phishing: Das Paar aus Benutzername und Kennwort, das beim Phishing eingesammelt wird, wird auch über Bots eingesammelt, die vorrübergehend als Webserver eingesetzt werden.
- Spam: Die infizierten Rechner verschicken massenhaft Werbung. Die Zombie-PCs verhindern dabei, dass man den Spam einer klaren Quelle zuordnen und so blockieren kann. Der verteilte Spam kommt erfolgreicher und ungehinderter ans Ziel.
- E-Mail-Harvesting: Im Web sind sogenannte E-Mail-Ernteprogramme – sogenannte *Harvester* – unterwegs, die einfach jede Adresse, die irgendwo auf einer Website zu lesen ist, einsammeln und an Spammer verkaufen. Zusätzlich untersuchen die Bots den lokalen PC und fügen auch diese Adressen der Sammlung hinzu. Das ist ein Grund, warum man auch dann Spam erhalten kann, wenn man niemals seine Adresse auf einer Website hinterlassen hat.
- Anonymisierung: Hacker müssen nicht mehr direkt ins Internet, sie können ihre Angriffe über ein williges Heer von Zombie-PCs leiten und so völlig anonym Downloads durchführen, auf Illegales zugreifen oder anderen typischen kriminellen Geschäften nachgehen.

In all diesen Fällen bleiben die eigentlichen Kriminellen unsichtbar, die normalen Benutzer hingegen müssen damit rechnen, dass Spuren zu Themen wie Phishing, Spam, Hacker-Angriffen und Cyberterrorismus zu ihnen führen.

Botnetz-Operatoren

Wie Viren, Würmer und Trojaner sind auch Botnetze keine eigenständigen Entitäten, sie unterstehen (noch ;-) der Kontrolle eines Botnetz-Operators. Der verkauft Zeit und Aktionen als Dienstleistungen, deren Preis je nach Botnetz-Größe schwankt. Im Gespräch sind Preise von 50 bis zu mehreren Tausend Euro pro Tag.

Einziger Trost: Wo es Geld zu verdienen gibt, sind Kriminelle nicht weit. Es gab bereits mehrere Fälle gekaperter Botnetze, in denen ein Hacker dem anderen sein System stehlen wollte oder es sogar geschafft hat.

Besonderheiten

Distributed Computing, also verteiltes Rechnen, gilt heute als Schlüssel für viele Probleme. Google zum Beispiel verarbeitet Suchanfragen nicht zentral, sondern über zahllose kleine Google-Server, die sich gegenseitig informieren. Die *Cloud* ist nicht nur ein modisches Schlagwort, sondern steht – sinnvoll eingesetzt – für völlig neue Möglichkeiten im Design von Informationstechnik.

Entsprechend können Botnetze heute als fortschrittlichste Seite der Malware-Verbreitung gelten. Ein paar Beispiele:

- ✔ Die Botnetze sorgen selbst für ihre Verbreitung, indem sie Spam-Mails mit infizierten Anhängen oder Links auf infizierte Webseiten verschicken und zugleich diese Webseiten selbst schreiben (meist Blogs).
- ✔ Einige Botnetz-Trojaner verändern ununterbrochen ihr Aussehen, indem sie neuen Code von Webservern herunterladen. Wie ein polymorpher Virus ist die Bot-Backdoor also nicht mehr zu erkennen, teilweise findet die Änderung im Stundenrhythmus statt. Die Absicht dahinter: Virenscanner sollen die Backdoors nicht mehr erkennen können.
- ✔ Einige Botnetze werden zentral gesteuert, was theoretisch erlaubt, die Steuerzentrale zu ermitteln. Daher werden an-

dere Botnetze dezentral gesteuert: Jeder Zombie-PC gibt die Steuerbefehle an andere Zombie-PCs weiter, es reicht also, wenn der Botnetz-Operator sie nur einem einzigen Zombie mitgeteilt hat.

- Botnetze erkennen, wenn sie untersucht werden, und führen DDoS-Attacken gegen die Adressen aus, von denen aus die Untersuchungen stattfinden.

Botnetze: Wie real ist die Gefahr?

Botnetze sind keine abgehobene Theorie. Die Zahlen gehen zwar stark auseinander, doch je nach Schätzung sind zwischen 10 und 25 Prozent aller PCs durch Botnetze kompromittiert.

Beim Botnetz *BredoLab*, das im Oktober 2010 durch einen Polizeieinsatz außer Verkehr gezogen worden ist, wurden über 140 Kontrollserver gefunden, die 30 Millionen infizierte PCs kontrolliert haben sollen, über die mehrere Milliarden Spam-Mails pro Tag verschickt worden waren. Das Botnetz *Mariposa* soll aus 13 Millionen Rechnern bestanden haben, die sich auf fast 200 Länder verteilten und die auch in 500 US-Großunternehmen zu finden waren.

Abbildung 2.109: *www.botfrei.de* informiert über Botnetze

- Familienväter müssen nicht automatisch befürchten, dass direkter Schaden entsteht. Allerdings kann die Funktion des PCs störend beeinflusst werden, etwa durch geringes Arbeitstempo und langsames Internet.
- Selbstständige und Angestellte haben hier dasselbe Problem. Hinzu kommt, dass größere Infrastrukturen ihrer Leistungsfähigkeit beraubt werden.
- Wer keine Flatrate hat (etwa bei mobiler Nutzung), muss mit deutlichen Mehrkosten für anfallende Datenübertragungen rechnen, etwa wenn der Zombie für den Mailversand genutzt wird.

Doch ganz allgemein muss man sagen, dass die direkte negative Auswirkung von Botnetzen für den Einzelnen eher gering ausfällt. Wohl deshalb ist der Hype darum eher klein, obwohl diese Malware verbreiteter ist als etwa Viren.

Dennoch sollte es für niemanden ein akzeptabler Zustand sein, dass der eigene Rechner für fremde Zwecke missbraucht wird und man auf diese Weise auch ins Visier der Fahnder geraten könnte. Zumal die Gefahr besteht, dass das Botnetz gekapert oder am Ende seines Lebenszyklus verkauft und für andere Zwecke verwendet wird, etwa das Verteilen von Banking-Trojanern oder Scareware.

Botnetze abwehren

- Die Infektion mit einem Bot erfolgt wie bei Viren, Würmern, Trojanern oder Scareware. Es gelten entsprechend alle dort angesprochenen Vorsichtsmaßnahmen.
- Im Speziellen hilft nur die vorbeugende, nicht nachträgliche Installation eines Virenschutzprogramms. Mehr dazu in Kapitel 4.
- Bei Botnetzen lohnen sich dann auch kommerzielle Antivirenprogramme im Gegensatz zur Freeware, weil die integrierten Firewalls und verhaltensbasierten Erkennungsmethoden eher in der Lage sind, Bots anhand ihrer Tätigkeit

zu erkennen. Zugleich schöpfen die Hersteller dabei statistische Daten ab, die dabei helfen können, die Betreiber der Botnetze dingfest zu machen und das Übel so an der Wurzel zu packen. Davon haben alle was.

KAPITEL

3

Windows 7 Sicherheit

Windows 7 ist deutlich besser als seine Vorgänger, auch dank einer Reihe enthaltener Sicherheitsfeatures. Die sollte man sich unbedingt ansehen, denn sie erlauben eine solide Grundabsicherung des Systems ohne zusätzliche Tools.

Windows 7 Sicherheit

Windows 7 führte eine ganze Reihe von Sicherheitsfunktionen ein oder baut Funktionen früherer Versionen aus. Zugleich macht es andere Sicherheitsfunktionen besser, die bei Windows Vista genervt haben und zu dessen schlechtem Ruf beitrugen.

- Benutzerkonten regeln den lokalen Zugriff auf Dateien und erlauben es, auch ein sicheres Heimnetzwerk zu gestalten.
- Der eingebaute Windows Defender verhindert, dass Spyware und andere unerwünschte Software sich auf Ihrem Windows 7 einnistet.
- Die Windows-Firewall blockiert auf Wunsch unerwünschte Netzwerkverbindungen.
- Das Wartungscenter zeigt, ob die Firewall aktiviert, die Antivirensoftware auf dem neuesten Stand und die automatische Installation von Updates auf dem Computer eingerichtet ist. Es unterrichtet den Anwender außerdem über mögliche Probleme.
- Die Benutzerkontensteuerung reduziert die Probleme mit Systemveränderungen durch Software.
- Die Funktionen zum Sichern und Wiederherstellen ergänzen Windows mit einem sehr einfachen und trotzdem brauchbaren Backup-Programm.
- Eine Rettungs-CD können Sie bei Windows 7 selbst erzeugen: Sie hilft Ihnen im Falle eines Crashs, Windows wieder auf die Beine zu bringen.
- Hinzu kommen kleine Erweiterungen, die nicht auf allen Windows-Versionen gleichermaßen zu haben sind, zum Beispiel eine eingebaute Verschlüsselungsfunktion.
- Die automatischen Updates aktualisieren Windows und auch Microsoft Office.

Diese und weitere Funktionen sind Thema dieses Kapitels.

Sichere Benutzerkonten

Die erste Stufe der Sicherheit auf einem Windows-PC ist natürlich das *Benutzerkonto*. Die Identifizierung und Autorisierung eines Benutzers erlaubt es, ihm bestimmte Rechte zuzuweisen. So können auf Windows 7 auch mehrere Benutzer arbeiten, die nicht auf Ihre jeweiligen Dateien zugreifen können.

Benutzerkonten-Typen

Es gibt dabei zwei Typen von Benutzerkonten:

- *Standardbenutzer*: Diese Benutzer können den Computer normal bedienen, Programme starten und vieles mehr. Sie können auch individualisierende Einstellungen vornehmen, etwa das Design ändern. Sie können allerdings keine systemkritischen und sicherheitsrelevanten Dinge ändern.
- *Administrator*: Diese Benutzer haben so gut wie alle Rechte, können also auch Systemeinstellungen ändern und Konfigurationen vornehmen, die die Systemsicherheit betreffen. Die *Benutzerkontensteuerung* sorgt dafür, dass bei systemkritischen Änderungen eine Sicherheitsabfrage erscheint.

Abbildung 3.1: Vier Benutzertypen

Weil das ja zu einfach wäre, gibt es noch zwei zusätzliche Spezial-Benutzer:

- *Gast*: Das ist ein vorgegebenes Konto ohne Passwort mit geringen Rechten, das sich zum Beispiel verwenden lässt, um über das Netzwerk Zugriffe ohne Benutzerkonto zu ermöglichen. Es ist per Vorgabe deaktiviert, und das sollte auch so bleiben.
- *Verborgener Administrator*: Ebenfalls von Windows 7 voreingestellt ist ein Benutzer namens *Administrator*, der natürlich auch vom Typ *Administrator* ist (allerdings noch mehr Rechte hat, was die Benutzung dieses Kontos problematisch macht). Er ist per Vorgabe verborgen und deaktiviert, und das sollte auch so bleiben.

Passwort des Benutzerkontos wählen

In der Verwaltung für Benutzerkonten können Sie zum Beispiel ein anderes Bild wählen oder den Kontonamen ändern, aber auch sicherheitsrelevante Einstellungen vornehmen.

Auf vielen Rechnern ist der Bequemlichkeit halber kein Passwort eingerichtet. Ein sicheres Passwort ist allerdings die einfachste Möglichkeit, einen Rechner gegen unbefugten Zugriff zu schützen.

So stellen Sie ein Passwort ein:

- Öffnen Sie *Systemsteuerung / Benutzerkonten und Jugendschutz* und klicken Sie auf *Benutzerkonten* (siehe Abbildung 3.2).
- Klicken Sie auf *Kennwort für das eigene Konto erstellen.*
- Geben Sie zweimal das Kennwort ein. Es sollte mindestens 12 Zeichen lang sein und sowohl Buchstaben als auch Zahlen verwenden. Verwenden Sie kein zu simples Kennwort und notieren Sie es sich auf einem Dokument, das Sie nur zu Hause verwahren (siehe Abbildung 3.3).

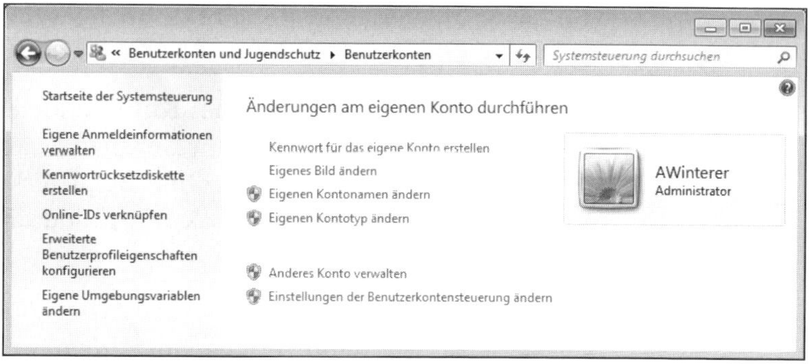

Abbildung 3.2: Benutzerkonto

Abbildung 3.3: Kennwort und Kennworthinweis

- Gehen Sie beim *Kennworthinweis* nichts ein, was direkten Rückschluss auf Ihr Kennwort gibt. Wenn Sie zum Beispiel Ihr Geburtsdatum als Kennwort verwenden und als Kennworthinweis *Geburtsdatum* eintragen, dann haben Daten-

Langfinger leichtes Spiel. Verwenden Sie auf keinen Fall das Kennwort als Kennworthinweis. Dennoch sollte der Hinweis natürlich als Gedächtnisstütze ausreichen, vor allem wenn Sie im Urlaub plötzlich das Kennwort vergessen. (Das passiert garantiert.)

- Klicken Sie auf *Kennwort erstellen*.

Auf analoge Weise ändern Sie ein Kennwort:

- Öffnen Sie *Systemsteuerung / Benutzerkonten und Jugendschutz* und klicken Sie auf *Benutzerkonten*.
- Klicken Sie auf *Eigenes Kennwort ändern*.

HINWEIS

Kennwörter sind das A und O der Sicherheit. Mehr zu diesem Thema erfahren Sie daher in Kapitel 6. Einige Tipps ermöglichen es, dass Windows startet, ohne das Kennwort abzufragen. Das ist bequemer, aber auch unsicherer. Bei einer Methode müssen Sie dafür das Kennwort entfernen, womit der Rechner ungeschützt ist, auch für Angriffe von Malware. Bei einer anderen Methode wird das Kennwort in der Windows-Registry gespeichert, wo es ausgelesen werden kann und daher ebenfalls keinen Schutz bietet.

Wird Windows 7 mit einem gut passwortgeschützten Benutzerkonto wirklich sicherer? Ja. Denn neugierige Mitmenschen, die den Rechner in die Finger bekommen, müssen eine weitere Hürde überwinden.

Es sei aber angemerkt, dass diese Hürde nicht unüberwindbar ist:

- Es existieren Hacker-Tool-CDs, mit denen sich ein Windows-Benutzerpasswort löschen oder neu setzen lässt, zum Beispiel *ntpasswd* (*http://pogostick.net/~pnh/ntpasswd/*). Allerdings muss der Angreifer Zugriff auf Ihren Rechner haben, um diesen Angriff ausführen zu können.

- Auf Heim-PCs haben jedoch meist nur vertrauenswürdige Personen Zugriff.
- Um mobile Rechner wie Notebooks und Netbooks so zu sichern, dass auch eine solche Hack-CD nichts mehr hilft, müssen Inhalte auf dem PC zusätzlich verschlüsselt werden. Anders geht es nicht.
- Ab Windows 7 Professional stehen dazu Bordmittel zur Verfügung, siehe in diesem Kapitel den Abschnitt *Verschlüsselung*.
- Auf jedem Windows geht das mit zusätzlichen Mitteln wie TrueCrypt, siehe dazu Kapitel 7.

Administratorkonto passwortschützen oder deaktivieren

Mit einem in den Medien kursierenden Trick kann man das verborgene Administratorkonto sichtbar machen und aktivieren.

Dazu öffnet man *Start / Alle Programme / Zubehör*, klickt mit der rechten Maustaste auf *Eingabeaufforderung* und wählt im Kontextmenü *Als Administrator ausführen*. Anschließend gibt man auf der Kommandozeile `net user administrator /active:yes` ein.

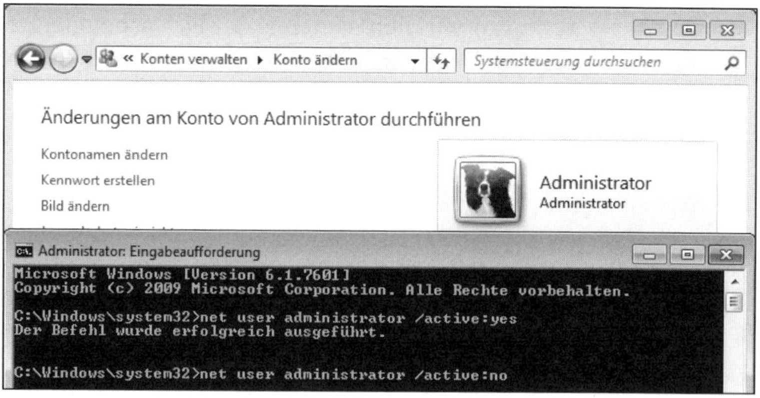

Abbildung 3.4: Verborgener „Super-Administrator"

Aus Sicherheitsgründen ist dies gleich zweifach problematisch:

- Das Konto hat per Vorgabe kein Passwort und stellt damit im aktivierten Zustand eine Sicherheitslücke dar. Versehen Sie das Konto daher unbedingt mit einem Kennwort, wenn Sie diesem Trick folgen.
- Das Konto hat per Vorgabe mehr Administratorrechte als Benutzerkonten mit Administratorstatus. So ist zum Beispiel die Benutzerkontensteuerung nicht wirksam. Daher sollte man es nur dann verwenden, wenn es keinen anderen Weg gibt, und den gibt es fast immer.

Deaktivieren Sie also lieber das Konto.

Öffnen Sie *Start / Alle Programme / Zubehör*, klicken Sie mit der rechten Maustaste auf *Eingabeaufforderung* und wählen Sie im Kontextmenü *Als Administrator ausführen*. Geben Sie auf der Kommandozeile `net user administrator /active:no` ein.

Neue Benutzer hinzufügen

Normalerweise braucht ein PC oder Notebook nur einen Benutzer: Sie selbst. Es empfiehlt sich aber in vielen Fällen, mehrere Benutzer einzurichten.

Das ist zum Beispiel in folgenden Situationen der Fall:

- Der PC wird von weiteren Anwendern genutzt, die mit Computern nicht so sehr vertraut sind wie Sie.
- Sie betreiben eine Heimnetzgruppe mit mehreren Rechnern, an denen unterschiedliche Personen arbeiten.
- Sie wollen aus Sicherheitsgründen einen Benutzer „für sich selbst" einrichten, der geringere Rechte hat.

Der Weg zum zusätzlichen Benutzer ist ganz einfach.

- Öffnen Sie *Systemsteuerung / Benutzerkonten und Jugendschutz* und klicken Sie auf *Benutzerkonten hinzufügen/entfernen*.

- Bestätigen Sie die Abfrage der Benutzerkontensteuerung mit *Ja*.
- Klicken Sie auf *Neues Konto erstellen*.

Abbildung 3.5: Benutzerkonto erstellen

- Wählen Sie den Kontotyp für das neue Konto. Verwenden Sie nach Möglichkeit *Standardbenutzer*. Es gibt wirklich wenig Dinge, die man mit diesem Konto nicht machen kann, es reicht fast immer aus – siehe nächster Abschnitt.

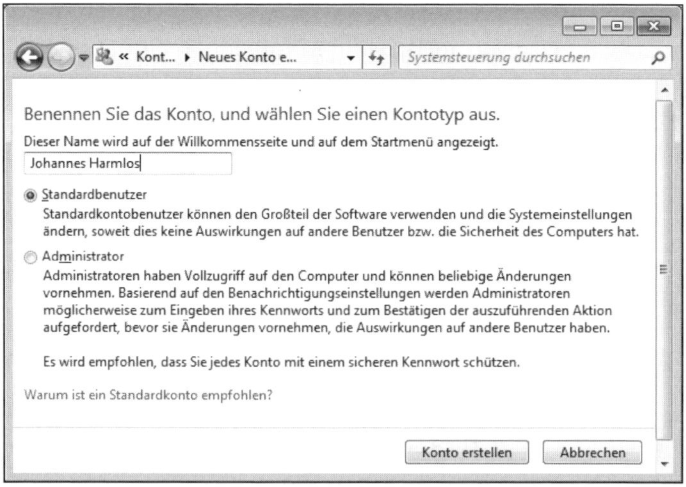

Abbildung 3.6: Benutzerkonto anlegen

- Klicken Sie auf *Konto erstellen*.
- Das Konto hat kein Passwort. Klicken Sie daher auf das neu angelegte Konto, klicken Sie auf *Kennwort erstellen*, geben Sie wie üblich Kennwort und Kennworthinweis ein und klicken Sie auf *Kennwort erstellen*.

Benutzerkonten für mehr Sicherheit einsetzen

Mit dem genannten Verfahren sind Sie gerüstet, um Benutzerkonten in einer Heimnetzgruppe für die erhöhte Sicherheit einzusetzen.

Lokale Zugriffsrechte vergeben

Wenn Vater, Mutter, Sohn und Tochter oder verschiedene Mitarbeiter eines kleinen Büros jeweils eigene Konten haben, dann hat das einen positiven Effekt: Jeder sieht sein individuelles Windows, mit seinen Wallpapers und Farbeinstellungen, seinen Bookmarks und E-Mails.

Erst solche Benutzerkonten machen auch lokale Zugriffsrechte wirksam.

Wenn alle über ein Konto auf den PC zugreifen, können alle Benutzer auf alle Daten zugreifen. Wenn jeder über sein individuelles Benutzerkonto zugreifen muss, dann regeln seine individuellen Rechte den Zugriff.

Windows gleicht dabei zwei Werte ab: Welche Rechte hat der Anwender, der auf eine Datei oder einen Ordner zugreifen will? Und welche Rechte fordert die Datei oder der Ordner, um den Zugriff zuzulassen?

Ein Beispiel:

- Starten Sie den Windows-Explorer.
- Klinken Sie links bei *Favoriten* auf *Desktop*.
- Doppelklicken Sie auf Ihren Benutzerordner, also das Verzeichnis mit Ihrem Namen.

- Klicken Sie mit der rechten Maustaste auf *Eigene Dokumente* und wählen Sie *Eigenschaften*.
- Wechseln Sie in das Register *Sicherheit*.

Abbildung 3.7: Lokale Benutzerrechte

Hier sehen Sie die lokalen Benutzerrechte für den *Dokumente*-Ordner des aktuellen Benutzers.

- *SYSTEM:* Dieser Eintrag ist fast immer vorhanden, denn das System muss selbstverständlich mehr Zugriffe haben als seine Benutzer, gelegentlich auch alleinige Zugriffsrechte.
- *Benutzername:* Dieser Eintrag trägt auf Ihrem PC natürlich Ihren eigenen Benutzernamen. Er steht für Ihre eigenen Zugriffsrechte auf eine Datei oder einen Ordner.
- *Administratoren:* Neben einzelnen Benutzern können auch Benutzergruppen Zugriff auf Dateien und Ordner haben. Die Benutzergruppe *Administratoren* ist dabei ab Werk vorgegeben und vereinfacht den Zugriff für Systemverwalter.

Es gibt auch eine Gruppe *Benutzer*, in der alle Standardbenutzer automatisch Mitglied sind.

Um die Rechte eines namentlich genannten Anwenders oder einer Benutzergruppe anzuzeigen, markieren Sie seinen Eintrag im Bereich *Gruppen- oder Benutzernamen*. Der Bereich *Berechtigungen für "Benutzer"* zeigt dann die Rechte, die für den Zugriff auf diese Datei erforderlich sind.

Angenommen, Sie legen auf *C:* den Ordner *bla* an. Dann haben Sie selbst natürlich volle Rechte an diesem Ordner, ebenso alle Benutzer der Gruppe *Administratoren*. Andere Benutzer haben nur eingeschränkte Rechte.

Abbildung 3.8: Eingeschränkte Rechte

Die Anwender der Gruppe *Benutzer* (alle Konten vom Typ *Standardbenutzer*) haben hier hingegen nur eingeschränkten Zugriff, im Beispiel *Lesen, Ausführen* und *Anzeigen*.

HINWEIS

Lesen und *Ausführen* wird unterschieden, damit man zum Beispiel Programme ansehen, aber nicht starten kann.

Die Rechte lassen sich natürlich jederzeit anpassen.

- Klicken Sie auf *Bearbeiten*.
- Markieren Sie wieder den Benutzer oder die Gruppe, deren Rechte Sie ändern wollen.
- Weisen Sie über die Spalten *Zulassen* und *Verweigern* die Rechte zu.

Abbildung 3.9: Rechte zuweisen

- Sie können die Rechte für verschiedene Gruppen oder Benutzer zuweisen.
- Wenn der Benutzer oder die Gruppe nicht aufgeführt ist, klicken Sie auf *Hinzufügen*.
- Geben Sie hier die Namen der Benutzer ein, die Sie zur Verwaltung hinzufügen wollen. Klicken Sie auf *Namen überprüfen*, um sicherzustellen, dass das Benutzerkonto mit diesem Namen existiert.

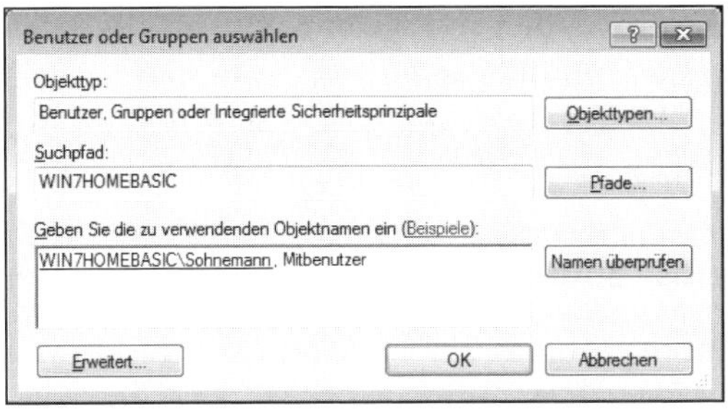

Abbildung 3.10: Benutzer oder Gruppen hinzufügen

- Klicken Sie auf *OK*, um das Fenster zu schließen.
- Sie können den hinzugefügten Konten natürlich auch Rechte entziehen, indem Sie die jeweiligen Optionskästchen deaktivieren. Weil unter Umständen Rechte aus Bibliotheken oder übergeordneten Ordnern vererbt werden, können Sie einige Rechte über die Spalte *Verweigern* auch ausdrücklich ausschließen.

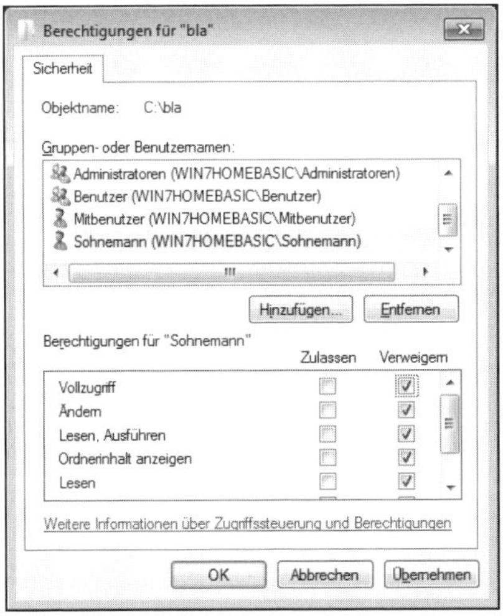

Abbildung 3.11: Verweigerte Rechte

- Schließen Sie ab mit *OK*.

Im Zusammenspiel mit gewährten und verweigerten Rechten lassen sich detaillierte Konfigurationen erstellen, um die Sicherheit der verschiedenen Benutzerkonten auf einem System zu gewährleisten.

Sich selbst zum unsicheren Benutzer machen

Das Hauptproblem an Windows ist traditionell, dass der Benutzer zugleich Administrator ist. Das hat zur Folge, dass alles, was der Benutzer am PC macht, zugleich mit den Rechten eines Administrators gemacht wird. Zum Beispiel gewähren die meisten Dateien nur lesenden Zugriff für Benutzer, aber schreibenden und damit auch löschenden für Administratoren. Ruft ein Benutzer mit einem Konto vom Typ *Administrator* aus Versehen einen Trojaner auf, hat dieser Trojaner folglich Administratorrechte und kann alle Sicherheitsmechanismen sofort außer Gefecht setzen.

HINWEIS

Auf Unix-Systemen ist das traditionell anders, Administratorrechte hat nur der Verwalter des Systems. GNU/Linux und Mac OS X folgen dieser Philosophie weitgehend.

Doch auch bei Windows 7 ist es so, dass derjenige, der Windows 7 in Betrieb nimmt oder installiert, als erster Benutzer des Systems ein Konto vom Typ *Administrator* erhält. Das kann man aber ändern.

Sie fügen wie oben beschrieben einen neuen Benutzer ein:

- Öffnen Sie *Systemsteuerung / Benutzerkonten und Jugendschutz* und klicken Sie auf *Benutzerkonten hinzufügen/entfernen*.
- Bestätigen Sie die Abfrage der Benutzerkontensteuerung mit *Ja*.
- Klicken Sie auf *Neues Konto erstellen*.
- Geben Sie einen Benutzernamen ein. Statt *Winterer* nennen Sie den neuen Benutzer zum Beispiel *SuperWinterer*. Als Kontotyp wählen Sie *Administrator*.

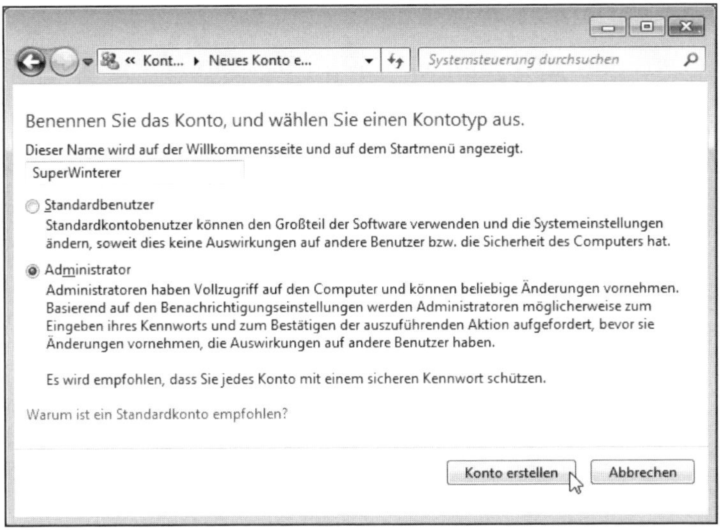

Abbildung 3.12: Neuer Benutzer, der künftig Administrator sein wird

- Klicken Sie auf *Konto erstellen*.
- Klicken Sie auf das soeben angelegte Konto.

Abbildung 3.13: Der neue Benutzer

- Klicken Sie links auf *Kennwort erstellen* und geben Sie Kennwort und Kennworthinweis ein.

HINWEIS

Wichtig: Dieses Passwort sollte mindestens ebenso sicher und komplex sein wie das normale. Es sollte aber auch nicht so kompliziert sein, dass Sie es sich nicht merken können. Sie können es sich aber leicht machen und zum Beispiel das vorhandene Passwort nehmen und ein *admin* hinten dranhängen oder ein *super* voranstellen. Denken Sie daran, dass Sie dieses Passwort künftig eingeben müssen, um systemkritische Änderungen zu bestätigen.

- Klicken Sie auf *Kennwort erstellen*.

Sie haben also ein neues Konto erstellt. Dies wird künftig das wichtige Konto mit den Admin-Rechten sein, das Sie aber nur selten verwenden. Jetzt melden Sie sich als dieser Super-User an und reduzieren die Rechte Ihres normalen Kontos.

- Wählen Sie *Start / Herunterfahren / Abmelden*.

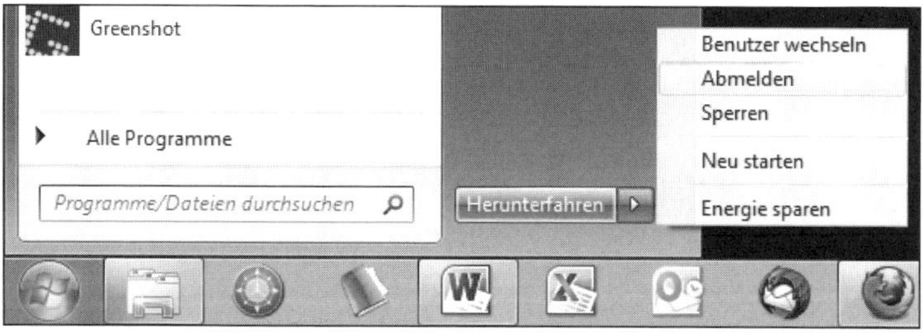

Abbildung 3.14: Abmelden

- Melden Sie sich als der neue Super-Benutzer an, indem Sie auf das neue Benutzersymbol klicken und sein Passwort eingeben.

Abbildung 3.15: Als Super-Nutzer anmelden

- Stören Sie sich nicht daran, dass alle Individualisierungen, die Sie an Windows vorgenommen haben (Design, Wallpapers, Programme) verschwunden sind. Diese gelten für jedes Konto individuell und dieses neue Konto verwendet die Standardeinstellungen.
- Öffnen Sie *Start / Systemsteuerung / Benutzerkonten und Jugendschutz* und klicken Sie auf *Benutzerkonten hinzufügen/ entfernen.*
- Klicken Sie auf Ihren bisherigen Nutzernamen.
- Wählen Sie links *Kontotyp ändern.*

Abbildung 3.16: Kontotyp ändern

- Schalten Sie um auf *Standardbenutzer* und klicken Sie auf *Kontotyp ändern* (siehe Abbildung 3.17).
- Melden Sie sich über *Start / Herunterfahren / Abmelden* ab und mit Ihrem normalen Benutzernamen wieder an.
- Jetzt ist wieder alles beim Alten, Ihre Individualisierungen gingen nicht verloren.
- Jetzt kommt der entscheidende Unterschied: Drücken Sie [Win] + [R], geben Sie `perfmon.exe` ein und drücken Sie [↵].

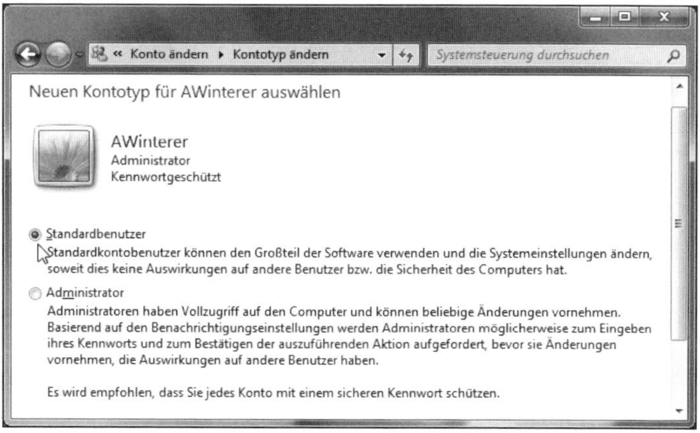

Abbildung 3.17: Auf Standardbenutzer zurückstufen

- ✓ Das ist der Ressourcen-Monitor, der nur als Beispiel dient. Weil es sich um ein systemkritisches Programm handelt, fordert Windows jetzt die Eingabe eines Administratorkennworts. Da das aktuell verwendete Konto zum Standardbenutzer heruntergestuft wurde, reicht ein einfaches *Ja* nicht mehr aus: Sie müssen das Passwort des Administratorkontos eingeben, damit die Änderung wirksam wird.

Abbildung 3.18: Administratorabfrage

- Das Programm wird dann auch tatsächlich im Namen dieses Benutzers ausgeführt, was ein Blick in den Task-Manager zeigt.

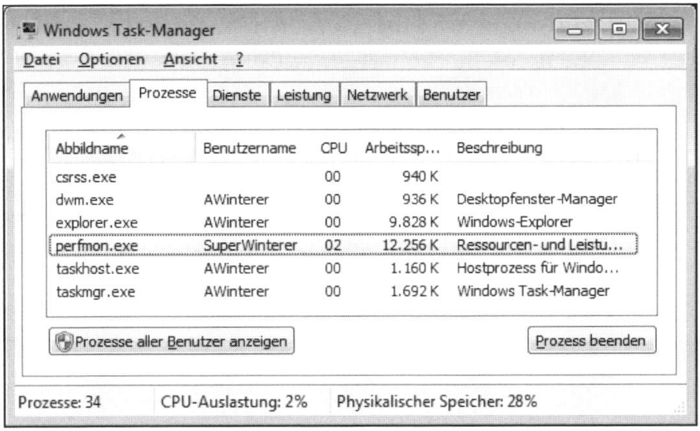

Abbildung 3.19: *perfmon.exe* als Prozess des Super-Benutzers

Fazit: Indem Sie Ihr eigenes Benutzerkonto seiner Allmächtigkeit berauben, schützen Sie Ihr Windows vor Problemen im Zusammenhang mit Malware. Der Preis dafür ist ein geringer Verlust an Komfort, den man aber in diesem Fall verschmerzen kann. Sie erkennen Anwendungen, die Administratorrechte erfordern, an dem kleinen Schild-Symbol.

HINWEIS

Da Sie jedes Mal, wenn systemkritische Änderungen gefragt sind, das Passwort des Super-Benutzers verwenden müssen, sollte dieses nicht zu kompliziert sein. Denn wenn das der Fall ist, werden Sie früher oder später diese Änderung genervt rückgängig machen und der Effekt wäre dahin. Es darf aber auch nicht zu einfach sein, sonst stellt das Super-Konto eine eigene Sicherheitslücke dar.

Wird Windows damit wirklich sicherer? Ja! Denn unbekannte Software und systemkritische Programme müssen eine weitere Hürde überwinden.

Es sei aber angemerkt, dass diese Hürde nicht unüberwindbar ist: Auf allen Betriebssystemen trachten Angriffsmethoden danach, über einen Exploit auch vom Standardbenutzer aus die Rechte eines Administrators zu erlangen. Allerdings ist das nicht alltäglich. Die Änderung erhöht daher trotzdem Ihre prinzipielle Sicherheit auf Windows 7.

Gleiche Benutzerkonten in der Heimnetzgruppe verwenden

Innerhalb der Heimnetzgruppe können die Anwender keineswegs so einfach auf ihre freigegebenen Verzeichnisse zugreifen, wie das zunächst den Anschein hat.

Ein Beispiel:

- Auf dem PC *Win7Anna* hat die Benutzerin *Anna* ein Benutzerkonto.
- Auf dem Notebook *Win7Bert* hat der Benutzer *Bert* ein Benutzerkonto.
- Greift *Anna* auf *Win7Bert* oder *Bert* auf *Win7Anna* zu, erscheint jeweils folgender Dialog:

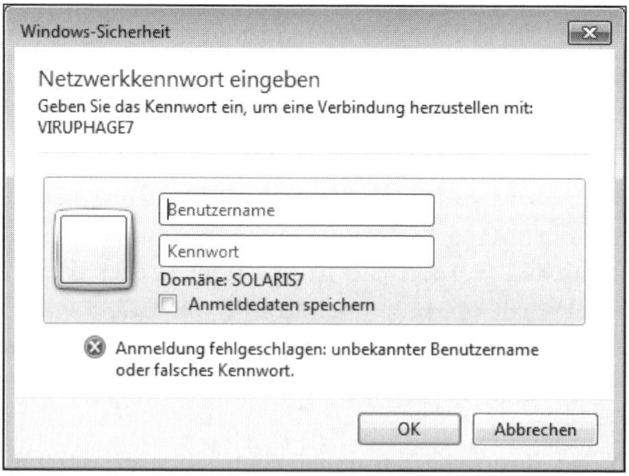

Abbildung 3.20: Zugriff auf einen Rechner der Heimnetzgruppe

- Hierbei ist nun das Passwort mindestens eines gültigen Benutzerkontos auf dem Zielrechner einzugeben. Anna könnte also den Benutzernamen *Bert* und dessen Kennwort eingeben, Bert könnte den Benutzernamen *Anna* und ihr Kennwort eingeben.
- Aktiviert man zusätzlich die Option *Anmeldedaten speichern*, werden diese Zugangsdaten auch gespeichert.

Der Nachteil dieser Methode ist natürlich, dass Anna und Bert sich gegenseitig ihre Kennwörter mitteilen müssen.

Viele Anwender umgehen „das Problem" meistens, indem sie die zuständige Sicherheitsfunktion (*Kennwortgeschütztes Freigeben*) abschalten und die Freigabe für *Jeder* öffnen. Damit wird Windows 7 aber unsicherer.

Sicherer ist der Weg über mehrere Benutzerkonten pro PC:

- Richten Sie einfach auf dem PC *Win7Anna* ein Konto *Bert* vom Typ *Standardbenutzer* mit dessen Kennwort ein.
- Richten Sie umgekehrt auf dem Notebook *Win7Bert* ein Konto *Anna* vom Typ *Standardbenutzer* mit ihrem Kennwort ein.

Im Ergebnis können beide Rechner innerhalb der Heimnetzgruppe aufeinander zugreifen, ohne dass Sie bei den erweiterten Freigabeoptionen auf Sicherheit verzichten müssen.

Benutzerkennwort auf USB-Stick speichern

Es ist ratsam, sich das Passwort zum Windows-7-Benutzerkonto aufzuschreiben. Am besten in einem Buch, das zu groß ist, um es mitzunehmen – Passwortbücher gehören nicht in die Reisetasche. Mancher merkt es sich auch einfach nur – und vergisst es dann.

Abhilfe für den Ernstfall schafft die *Kennwortrücksetzdiskette*, bei der Sie das Windows-Passwort in verschlüsselter Form auf einem USB-Stick speichern und das Kennwort per USB-Stick zurücksetzen können.

Sie brauchen dazu nur einen USB-Stick, am besten einen alten, einfachen, kleinen, den Sie nicht in der Öffentlichkeit herumtragen, denn dieser hier sollte zu Hause bleiben, bei den persönlichen Unterlagen.

- Verbinden Sie einen USB-Stick mit Ihrem Rechner.
- Öffnen Sie *Start / Systemsteuerung* und wählen Sie *Benutzerkonten und Jugendschutz / Benutzerkonten.*

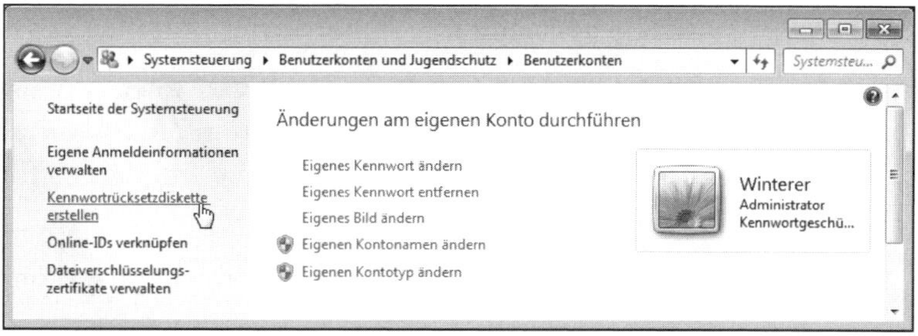

Abbildung 3.21: Kennwortrücksetzdiskette erstellen

- Klicken Sie links auf *Kennwortrücksetzdiskette erstellen* und klicken Sie auf *Weiter.*
- Wählen Sie den Stick aus.

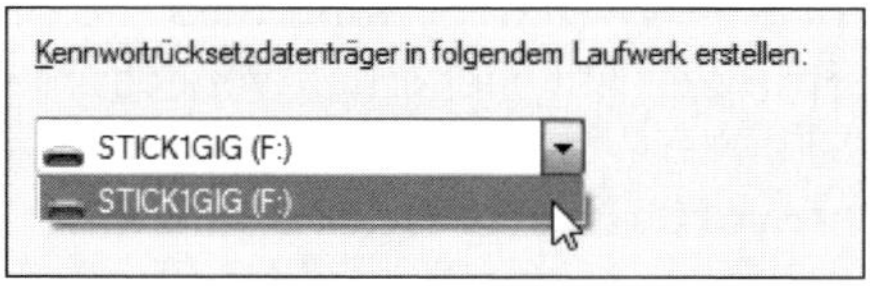

Abbildung 3.22: Die „Diskette" ist heute meist ein USB-Stick

- Geben Sie das *Aktuelle Benutzerkontokennwort* ein.
- Klicken Sie nacheinander auf *Weiter*, *Weiter* und *Fertig stellen.*
- Werfen Sie den USB-Stick aus, ziehen Sie ihn heraus und bewahren Sie ihn an einem sicheren Ort auf.

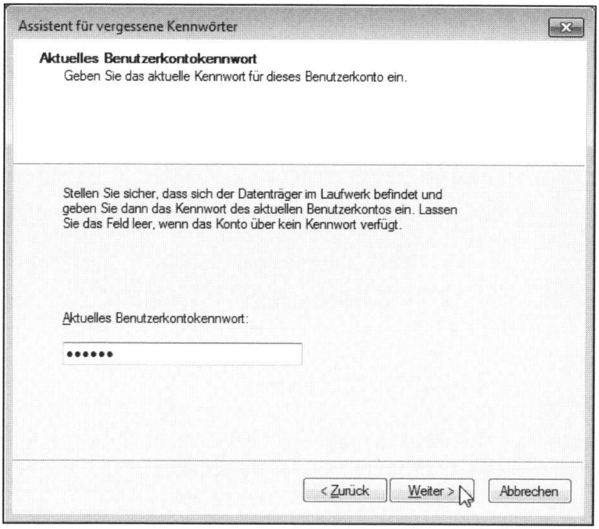

Abbildung 3.23: Das Benutzerkontokennwort eingeben

Dieses Kennwortrücksetzsystem speichert nicht direkt Ihr Passwort als Klartext. Es hilft Ihnen nur, im Falle eines Falles Windows dazu zu zwingen, ein neues Passwort einzurichten.

So setzen Sie im Bedarfsfall Ihr Windows-Passwort zurück:

- Schließen Sie den USB-Stick an.
- Geben Sie bei der Anmeldung einmalig ein falsches Kennwort ein und drücken Sie die [↵]-Taste. Dann zeigt Windows die Kennworterinnerung und eine neue Option an:

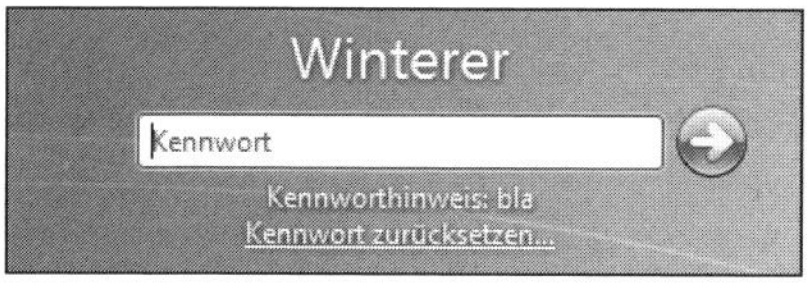

Abbildung 3.24: Kennworterinnerung

- Klicken Sie auf *Kennwort zurücksetzen*.
- Klicken Sie auf *Weiter*.

- Wählen Sie den USB-Stick aus.

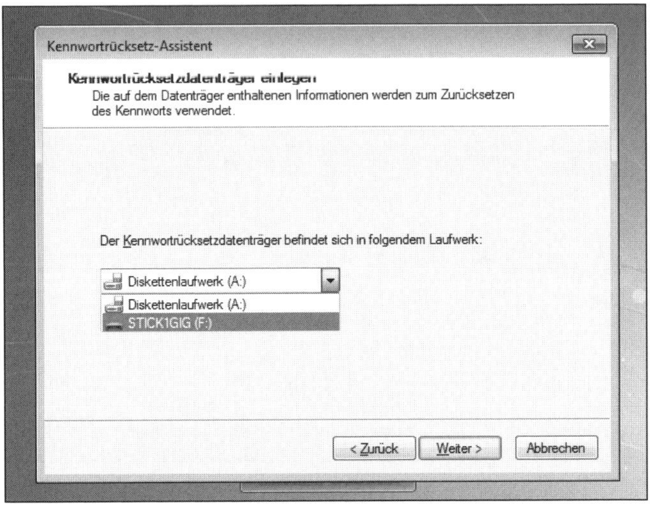

Abbildung 3.25: USB-Stick auswählen

- Geben Sie ein neues Kennwort und einen neuen Kennworthinweis ein.

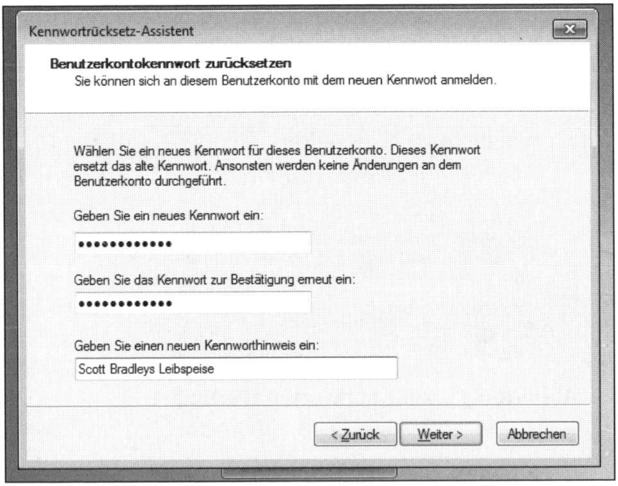

Abbildung 3.26: Neues Kennwort festlegen

- Klicken Sie auf *Weiter* und auf *Fertig stellen.*

Jetzt können Sie sich mit dem neuen Passwort anmelden.

HINWEIS

Im Prinzip könnten Sie im allerschlimmsten Notfall auch ein Hacker-Tool wie *ntpasswd* verwenden, um das Passwort zurückzusetzen. Doch bei der offiziellen Methode sind verschlüsselte Dateien auch nach dem Zurücksetzen noch lesbar. Bei der inoffiziellen über solche Hacker-Tools geht der Zugriff verloren. Das bedeutet im Umkehrschluss auch, dass die lokale Verschlüsselung auf mobilen PCs wichtig und wirksam ist und der Kennwortrücksetzdatenträger auf keinen Fall zusammen mit dem mobilen Gerät transportiert werden darf.

Passwortabfrage nach Bildschirmschoner aktivieren

Das Windows-Kennwort nützt nichts, wenn es nicht immer abgefragt wird. Beim Start ist das normalerweise der Fall, nicht jedoch beim Beenden des Bildschirmschoners. In Ihrer Abwesenheit ist der eingeschaltete Rechner daher leicht zugänglich.

So aktivieren Sie die Kennwortabfrage des Bildschirmschoners:

- Klicken Sie mit der rechten Maustaste auf den leeren Desktop und wählen Sie *Anpassen.*
- Klicken Sie rechts unten auf *Bildschirmschoner.*
- Aktivieren Sie die Option *Anmeldeseite bei Reaktivierung.*
- Klicken Sie auf *Übernehmen.*

Abbildung 3.27: Bildschirmschoner-Passwortabfrage

Passwortabfrage nach Energiesparmodus aktivieren

Auch bei der Rückkehr aus dem Energiesparmodus fragt Windows nicht automatisch nach einem Passwort.

So aktivieren Sie die Kennwortabfrage beim Aufwachen:

- Öffnen Sie *Start / Systemsteuerung / System und Sicherheit / Energieoptionen*.
- Klicken Sie links auf *Kennwort bei Reaktivierung anfordern* (siehe Abbildung 3.28).
- Klicken Sie auf *Einige Einstellungen sind derzeit nicht verfügbar* und bestätigen Sie mit *Ja*.
- Schalten Sie um auf *Kennwort ist erforderlich* und klicken Sie auf *Änderungen speichern* (siehe Abbildung 3.29).

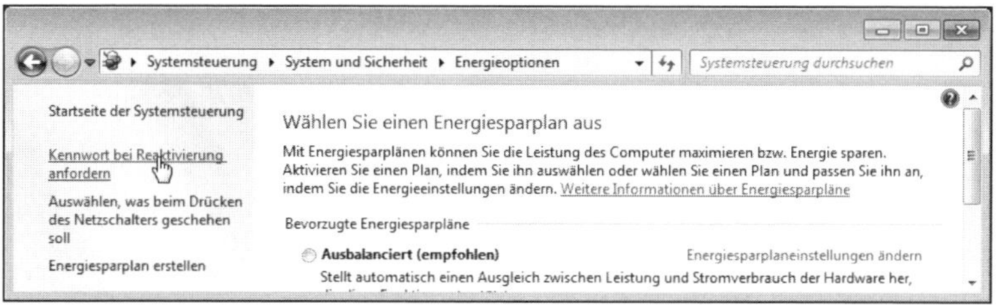

Abbildung 3.28: Kennwort bei Reaktivierung anfordern

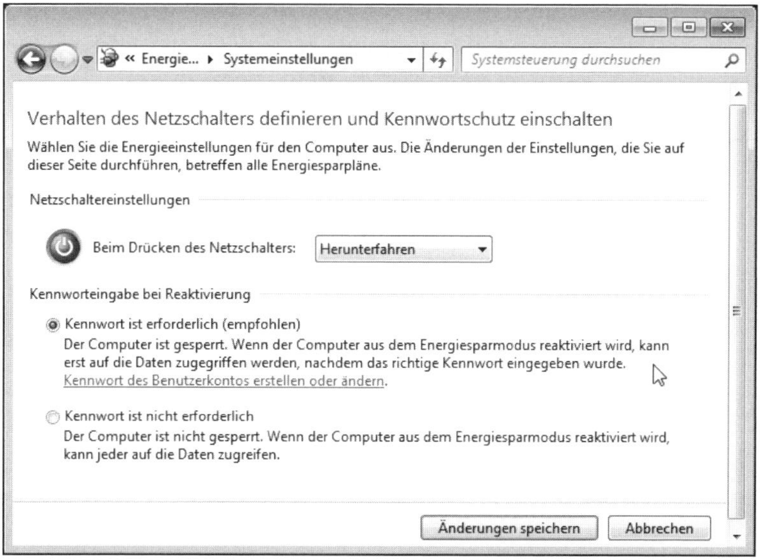

Abbildung 3.29: Kennwort ist erforderlich

Passwörter alle 30 Tage erneuern?

Ein häufig zu lesender Ratschlag ist, dass Sie einmal im Monat Ihr Passwort wechseln sollten. Das ist theoretisch richtig, in der Praxis aber unsinnig. Es führt nämlich dazu, dass der Anwender sich monatlich ein Passwort merken muss. Dementsprechend wird es einfacher als möglich ausfallen und daher entsprechend unsicher sein.

Wer es dennoch tun will:

- Öffnen Sie *Start / Alle Programme / Zubehör*.
- Klicken Sie mit der rechten Maustaste auf *Eingabeaufforderung* und wählen Sie *Als Administrator ausführen*.
- Geben Sie den Befehl `net accounts /maxpwage:365` ein.

Das sorgt dafür, dass Windows einmal im Jahr (alle 365 Tage) verlangt, dass die Benutzer ihr Passwort ändern.

Um das rückgängig zu machen, wenden Sie auf dieselbe Weise das Kommando `net accounts /maxpwage:unlimited` an. Dann laufen Kennwörter nicht mehr ab.

Passwortlänge erzwingen

Passwörter sollten nicht zu kurz sein. Per Vorgabe stört sich Windows nur an Passwörtern mit weniger als sechs Zeichen.

Das können Sie ändern:

- Öffnen Sie wie oben beschrieben eine Eingabeaufforderung als Administrator.
- Geben Sie den Befehl `net accounts /minpwlen:10` ein.

Wenn Benutzer ihr Passwort ändern, gibt sich Windows nicht zufrieden, wenn es nicht wenigstens 10 Zeichen lang ist.

Jugendschutz einrichten

Sie können einem Benutzerkonto, etwa dem Konto Ihrer Kinder, reduzierte Rechte und Zugriffszeiten im Sinne des Jugendschutzes geben.

- Öffnen Sie das Startmenü und klicken Sie auf Ihr Benutzerbild.
- Klicken Sie links auf *Jugendschutz einrichten*.

> Dies ist natürlich nur sinnvoll und wirksam, wenn alle Benutzerkonten mit einem guten Passwort gesichert sind. Wenn der Jugendschutz wirksam ist und Ihren Nachwuchs einschränkt, wird dieser sich unter Umständen zu helfen wissen und versuchen, über ein anderes Konto das System zu verwenden.

Abbildung 3.30: Jugendschutz einrichten

- Wählen Sie das Benutzerkonto, das mit einem Zugriffsschutz versehen werden soll.

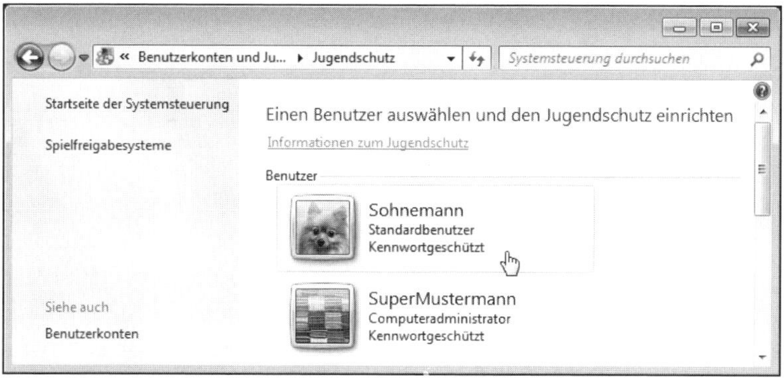

Abbildung 3.31: Benutzerkonto mit Jugendschutz

> **HINWEIS**
>
> Wenn an dieser Stelle ein Windows-Live-Anmeldefenster hochpoppt, dann haben Sie die Erweiterung Windows Live installiert, die zusätzliche Jugendschutzfilter mitbringt. Schließen Sie dann das Live-Anmeldefenster und schalten Sie auf der Seite für die Wahl des Jugendschutzes unten bei *Anbieter auswählen* um auf *Keine*. Dann verwendet Windows wieder seine internen Einstellungen.

- Schalten Sie die Option *Jugendschutz* um auf *Ein – Einstellungen erzwingen*.

Abbildung 3.32: Jugendschutz ein

- Sie können verschiedene Arten von Zugriffen einschränken, per Vorgabe sind erst einmal alle erlaubt. Klicken Sie auf *Zeitlimits*, *Spiele* oder *Bestimmte Programme zulassen und blockieren*, um die jeweiligen Einstellungen vorzunehmen.
- Klicken Sie auf *Zeitlimits*. Fahren Sie einfach mit gedrückter Maustaste über die Felder. Dunkel sperrt, Weiß gibt frei. So

können Sie dafür sorgen, dass der Nachwuchs nicht ständig an der Kiste klebt.

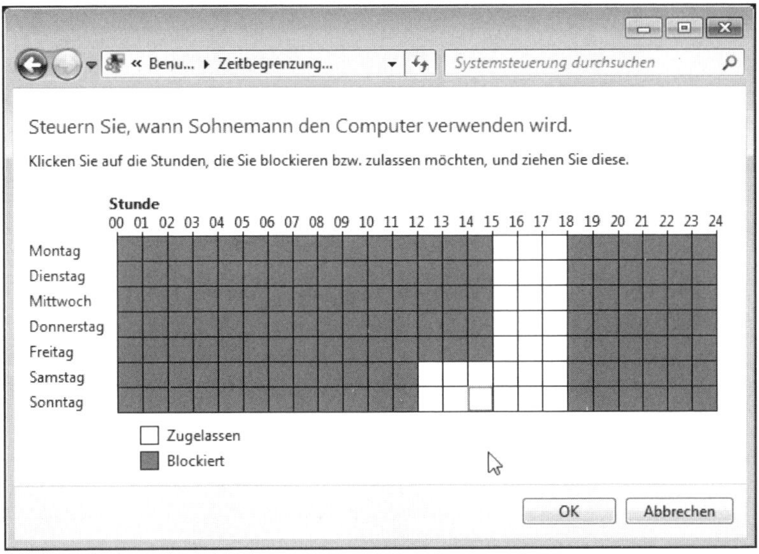

Abbildung 3.33: Zeitlimits beim Jugendschutz

- Klicken Sie auf *Spiele*. Sie können hier generell festlegen, ob Spiele gespielt werden dürfen oder nicht. Klicken Sie auf *Spielfreigaben festlegen*: Dort können Sie zum Beispiel die Altersstufe festlegen und Erwachsenenspiele verbieten. Klicken Sie auf *Bestimmte Spiele zulassen oder blockieren*, um einzelne Spiele zu blockieren oder zu erlauben.
- Leider funktioniert dieser Schutz nicht besonders gut, das sei hier offen gesagt. Denn nur ein geringer Teil der verfügbaren Spiele meldet sich so bei Windows an, dass Windows diese Einstellungen sinnvoll anwenden kann. Überprüfen Sie also in jedem Fall, ob Ihre Einstellungen auch funktionieren, und verwenden Sie zur Not die Möglichkeit, die Spiele als ganz normale Programme zu sperren oder zu erlauben.

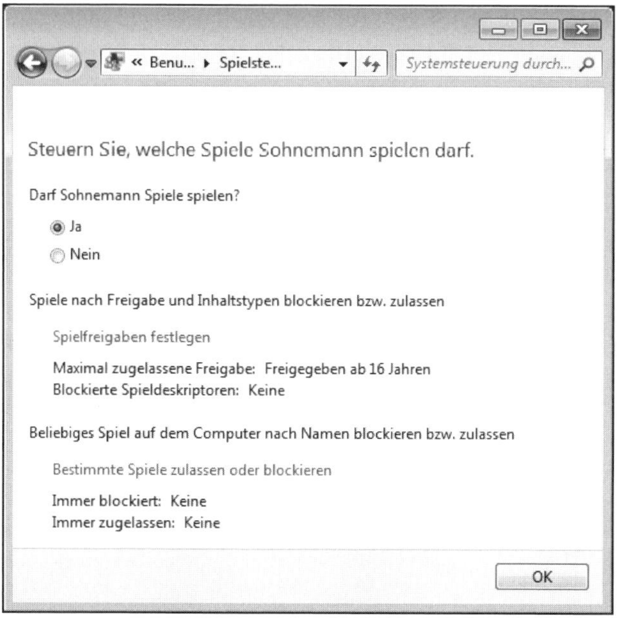

Abbildung 3.34: Spiele im Jugendschutz

- Klicken Sie auf *Bestimmte Programme zulassen und blockieren.* Hier können Sie entweder generell alle Programme erlauben (Vorgabe) oder alles blockieren und nur ausgesuchte Programme zulassen. Das ist naturgemäß mit Arbeit verbunden. Windows sucht dann alle Programme und Sie können festlegen, welche davon das Konto mit Jugendschutz nutzen darf (siehe Abbildung 3.35).
- Bedenken Sie, dass bestimmte Programme aus mehreren Komponenten bestehen und das nicht immer sofort überschaubar ist. Probieren Sie also unbedingt aus, ob das freigegebene Programm auch wirklich funktioniert. Geben Sie auf keinen Fall Systemwerkzeuge wie Registrierungs-Editor, Eingabeaufforderung oder Ähnliches frei, sonst hackt sich der Nachwuchs höhere Rechte zusammen.
- Klicken Sie auf *OK*, um zu speichern (siehe Abbildung 3.36).

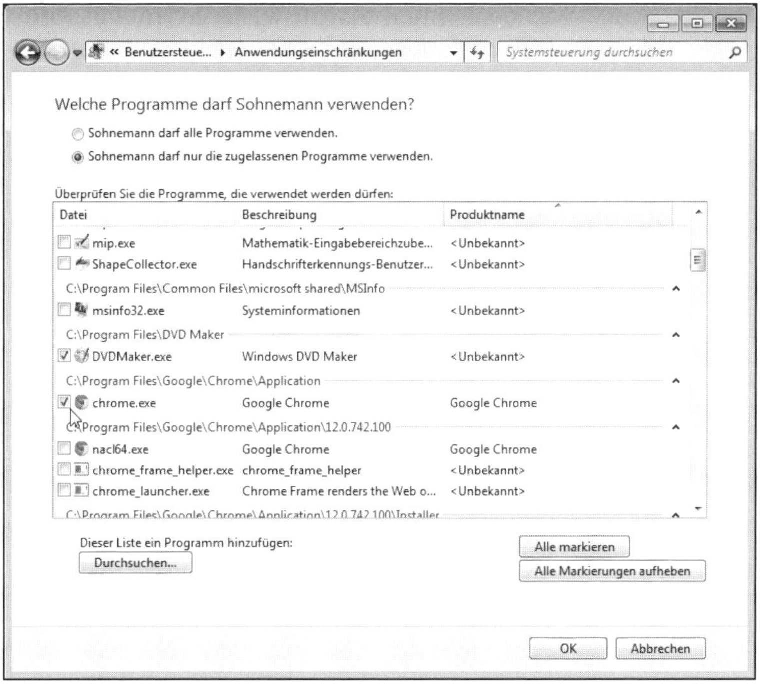

Abbildung 3.35: DVD Maker und Chrome sind hier erlaubt

Abbildung 3.36: Eingeschränktes Konto

Wer noch einen Schritt weitergehen will, holt sich auf *explore.live.com/windows-live-family-safety* die Software *Windows Live Family Safety*. Sie erlaubt es unter anderem, den Jugendschutz über die Live-Website aus der Ferne zu konfigurieren, Webseiten zu sperren und Chats über Live-Messenger auf ausgewählte Kontakte zu beschränken.

Benutzerkontensteuerung

Microsoft führte mit Windows Vista ein System namens *User Account Control (UAC)* ein: die *Benutzerkontensteuerung*. Die Idee dahinter war gut: Verschiedene Systemfunktionen bleiben dem Benutzer verwehrt; erst wenn er dies ausdrücklich anfordert, erhält er vorübergehend (zum Beispiel für Änderungen in einem Konfigurationsfenster) die dafür notwendigen höheren Rechte.

Auf Vista nervte die UAC mit viel zu vielen Nachfragen derartig, dass die meisten Anwender sie mithilfe von Tricks abschalteten (und so bewusst die frühere Unsicherheit von Windows XP wiederherstellten). Gewohnheitsmäßig machen Umsteiger auf Windows 7 dasselbe.

Dabei hat Microsoft die Benutzerkontensteuerung in Windows 7 sinnvoll umgestaltet. Sie fragt nur noch bei wirklich potenziell systemkritischen Änderungen um Ihre ausdrückliche Erlaubnis.

Sie erkennen Programme, bei denen das typischerweise Fall ist, wenn deren Icon das schraffierte Schild-Symbol zeigt.

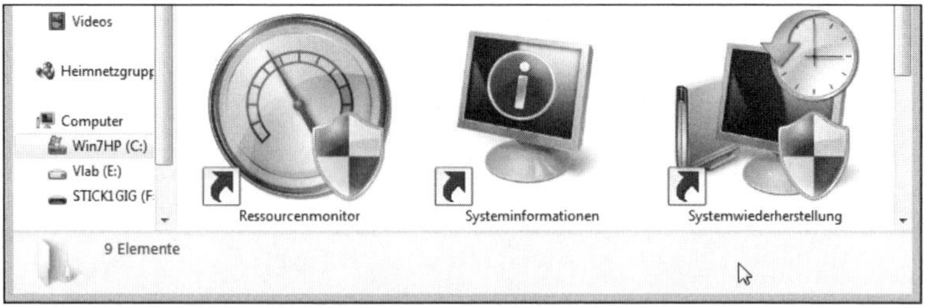

Abbildung 3.37: Symbole mit Schild: Admin-Rechte notwendig

Einstellungen der Benutzerkontensteuerung ändern

Wie scharf die Benutzerkontensteuerung aufpasst, das können Sie anpassen:

- Öffnen Sie *Systemsteuerung / Benutzerkonten und Jugendschutz / Benutzerkonten.*
- Klicken Sie auf *Einstellungen der Benutzerkontensteuerung ändern* und bestätigen Sie mit *Ja*.
- Sie haben nun einen einfachen Regler vor sich:

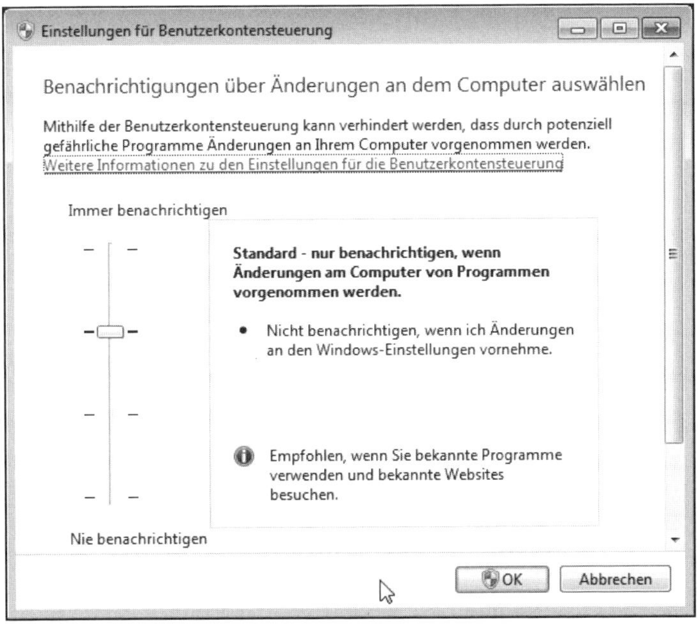

Abbildung 3.38: Standard-Einstellung der Benutzerkontensteuerung

Die vier Einstellungen entscheiden darüber, wie viele Nachfragen Sie erhalten. Die Nachfragen sollten genau betrachtet und nicht einfach abgesegnet werden: Haben Sie wirklich etwas angeklickt oder ein Programm gestartet, das diese Nachfrage direkt oder indirekt zur Folge hatte? Oder taucht die Nachfrage urplötzlich auf? In zweitem Fall ist Misstrauen angebracht.

Die vier Stufen im Einzelnen:

- Oberste Stufe (*Immer benachrichtigen*): Jeder Versuch, an Windows Änderungen vorzunehmen, führt zu einer Abfrage durch die Benutzerkontensteuerung. Man sollte sich dann sehr genau überlegen, ob man *Ja* sagt. Dies ist vereinfacht gesagt die Stufe von Vista und sie ist zugleich die sicherste Einstellung. Ich würde sie empfehlen – wäre sie nicht zugleich die nervigste Stufe. Wenn Sie aber wissen, dass Sie sich in Gefahr begeben, etwa auf unbekannten Websites surfen, dann wählen Sie diese Stufe. Sie ist – in Grenzen – sogar in der Lage, Drive-by-Infektionen zu verhindern.
- Die zweite Stufe von oben ist die Vorgabe. Die Rückfragen halten sich in Grenzen. Schadsoftware kann erkannt werden, kann in dieser Sicherheitsstufe aber auch durch die Lappen gehen, denn vom Benutzer ausgehende Systemveränderungen werden nicht nachgefragt. Wie in der ersten Stufe wird der Bildschirm abgedunkelt (*Sicherer Desktop*), nur das Warnfenster ist zu sehen: Das soll verhindern, dass Programme für Sie auf *Ja* klicken können.
- Die dritte Stufe entspricht der zweiten. Der entscheidende Unterschied ist die Präsentation: Der Bildschirm wird nicht abgedunkelt, auf den sicheren Desktop wird verzichtet. Es gibt keinen Grund, diese Stufe zu verwenden, auch wenn das manchmal als Tipp zu lesen ist.
- Die vierte Stufe entspricht dem Ausschalten: Sie werden nie benachrichtigt. Viren und Würmer können machen, was sie wollen. Auch Sicherheitsgründen nicht zu empfehlen.

HINWEIS

Der sichere Desktop (*Secure Desktop*) verhindert, dass andere Programme das gezeigte Hinweisfenster manipulieren können. Es bedeutet nicht, dass dieses Fenster eine „echte" Nachfrage von Windows 7 ist. Es gibt Schadprogramme, die das Abdunkeln des Bildschirms imitieren. Sie wollen den Eindruck erwecken, es handle sich um eine wichtige Nachfrage des Systems. Klicken Sie also nicht automatisch auf *Ja*, nur weil sich der Bildschirm abdunkelt. Sondern überlegen Sie stets, ob die Abfrage überhaupt sinnvoll ist und ihr wirklich eine Ihrer eigenen Handlungen vorausging, zum Beispiel die Änderung einer wichtigen Konfiguration, der Start einer Anwendung oder die Installation einer Software oder eines Updates.

Fazit: Sichere Benutzerkonten

Das Absichern der Benutzerkonten kann Sie gegen folgende Probleme schützen:

- Private Anwender können damit klar getrennte Benutzerkonten auf dem PC einrichten und so den einzelnen Anwendern – Familienmitgliedern ebenso wie WG-Mitbewohnern – mehr Privatsphäre gewähren. Speziell Eltern können über die Benutzerkonten auch Jugendschutzfunktionen zuweisen.
- Selbstständige können verhindern, dass Unbefugte mit kurzfristigem Zugriff auf den PC automatisch auch Zugriff auf die Daten haben. Benutzerkonten dienen auch als Grundlage für die Sicherheit beim Verlust von Datenträgern oder Mobilrechnern, wenn sie mit Verschlüsselung kombiniert wird.
- Indem Sie die Rechte des hauptsächlich verwendeten Benutzerskontos auf die eines Standardbenutzers reduzieren, können alle Arten von Anwendern die Ausführung von Schadsoftware mit vollen Rechten verhindern und so die allgemeine Gefährdung reduzieren.

Es kann Sie nicht schützen vor:

- Zugriff von Unbefugten, die längeren Zugriff auf Ihren Rechner haben. Wer zum Beispiel Ihr Notebook entwendet oder Ihre Festplatte extern kopiert, kommt früher oder später doch an die Daten. Abhilfe schafft der Einsatz von Verschlüsselung (siehe Abschnitt *Verschlüsselung*).

- Ausführung von Schadsoftware mit Standardbenutzerrechten, die im Einzelfall den Schutz überwinden kann. Abhilfe schafft der Einsatz von Antivirensoftware, siehe zum Beispiel Kapitel 4.

Sichere Windows-Netze

Wann immer Sie sich erstmalig mit einem drahtgebundenen Netzwerk (LAN) oder einem Funknetz oder Hotspot (WLAN) verbinden, fragt Windows, um was für eine Art von Netz es sich handelt.

Windows unterscheidet dabei verschiedene Netzwerktypen, die es über *Orte* symbolisiert. Der englische Begriff ist *Network Location Awareness* (*NLA*). Die Idee hinter der NLA ist, die Netzwerkkonfiguration mit wechselnden Umgebungen zu vereinfachen, indem die Wahl des Ortes zum Beispiel das Verhalten der Firewall automatisch mit verändert.

Heimnetzwerk

Die Einstellung *Heimnetzwerk* verwenden Sie am besten nur in den eigenen vier Wänden. Sie ist auch dort nur dann sinnvoll, wenn Sie für den Netzwerkzugang ein Kabel oder ein mit WPA verschlüsseltes WLAN verwenden.

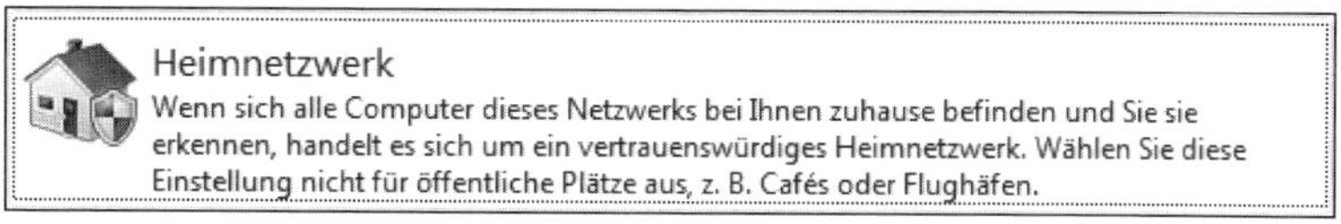

Abbildung 3.39: Heimnetzwerk: nur in den eigenen vier Wänden

Der Ort *Heimnetzwerk* stellt Windows so ein, dass es alle Geräte im Netz automatisch zu erkennen und einer vorhandenen Heimnetzgruppe zuzuordnen oder diese zu gründen versucht. Innerhalb dieser Heimnetzgruppe herrscht dann maximales Vertrauen. Datei- und Druckerfreigabe sind aktiviert.

Arbeitsplatznetzwerk

Diese Einstellung verwenden Sie in Büros Ihrer eigenen Firma. Meiden Sie diese Einstellung hingegen in fremden Büros, denn Sie wissen nicht, um was für eine Art von Netzwerk es sich handelt und was andere Nutzer darin tun.

Abbildung 3.40: Arbeitsplatznetzwerk: kennt keine Heimnetzgruppen

Der Ort *Arbeitsplatznetzwerk* verhindert, dass der Windows-7-Rechner Heimnetzgruppen gründen oder ihnen beitreten kann. In Unternehmen kommen typischerweise Domänen zum Einsatz, deren Erläuterung den Rahmen dieses Buches sprengen würde. Datei- und Druckerfreigabe sind dennoch aktiviert, ebenso die Erkennung von Freigaben und Netzwerkdruckern.

Öffentliches Netzwerk

Diese Einstellung verwenden Sie bei Hotspots, öffentlichen Netzwerken auf Messen, Flughäfen und in Hotels sowie in allen anderen Netzen, in denen Sie Ihre unsichtbaren Nachbarn im Netz nicht kennen. Sie verwenden diese Einstellung also auch, wenn Sie sich nicht indirekt über einen Router, sondern direkt per DSL-Wählleitung oder UMTZS/LTE-Stick einwählen.

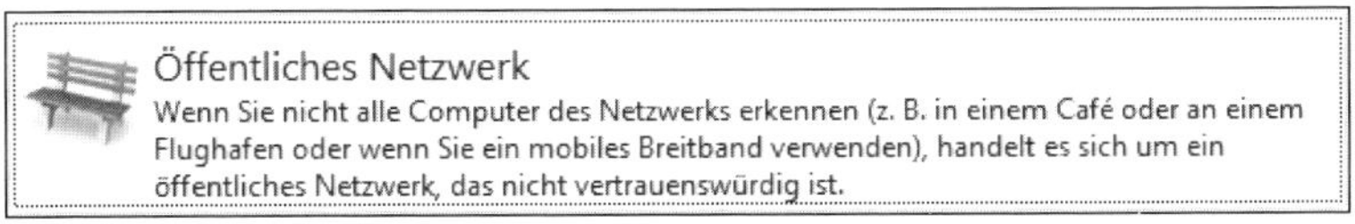

Abbildung 3.41: Öffentliches Netzwerk: schottet Sie ab

Mit der Einstellung *Öffentliches Netzwerk* wird Windows 7 so konfiguriert, dass es andere Computer nur eingeschränkt automatisch zu erkennen versucht. Umgekehrt bietet der Rechner nun seinerseits dem Netzwerk weniger Dienste an.

HINWEIS

Vorsicht, Falle: *Öffentliches Netzwerk* ist auch dann die bevorzugte Einstellung, wenn Sie sich direkt ins Internet einwählen. Bei DSL ist das der Fall, wenn Sie sich direkt mit dem DSL-Anschluss verbinden, also nicht per Kabel oder WLAN über einen Router ins Internet gehen. Bei Modems und ISDN ist es hingegen fast immer der Fall. Auch bei der Verwendung von mobilem Breitband ist Ihr Netzwerk öffentlich: Verwenden Sie diese Einstellung also auch bei USB-Surfsticks von Anbietern wie T-Mobile, Vodafone, O2 und so weiter, egal ob Sie UMTS oder LTE verwenden. Auch beim Surfen über ein angeschlossenes Handy (*Tethering*) ist das Netzwerk öffentlich – das heißt, wenn Sie Windows falsch einstellen, können „Nachbar-Rechner" aus dem gesamten Mobilnetz unter Umständen auf Ihren Rechner zugreifen.

Vorgabe: Öffentliches Netzwerk

Die Option *Zukünftige Netzwerke als öffentliche Netzwerke behandeln. Nicht erneut fragen* aktivieren Sie nur, wenn Sie zum Beispiel häufig WLAN-Hotspots wechseln und die Entscheidung nicht jedes Mal neu treffen wollen. Dann und nur dann lohnt sich das.

Netzwerktyp (Ort) nachträglich ändern

Sie können die Einstellung überprüfen oder nachträglich ändern:

- Wählen Sie *Start / Systemsteuerung / Netzwerk und Internet / Netzwerk- und Freigabecenter* und prüfen Sie den Wert bei *Aktive Netzwerke anzeigen*. Normalerweise befindet sich dort nur ein Eintrag, er verwendet häufig den Namen des verwendeten Routers.

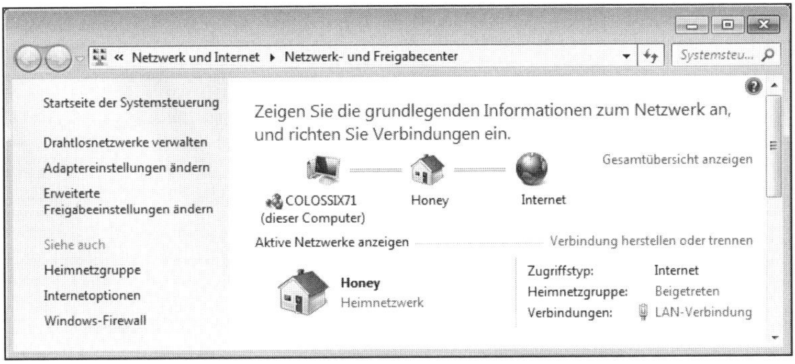

Abbildung 3.42: Ein Heimnetzwerk über ein Kabel

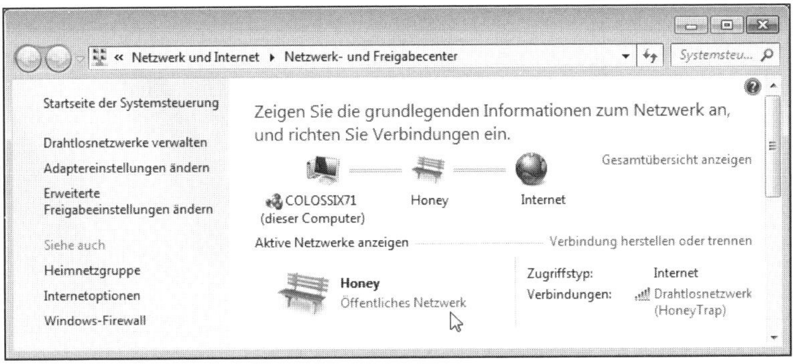

Abbildung 3.43: Öffentliches Netzwerk über Funk

- ✓ Klicken Sie bei Bedarf zum Ändern auf den Netzwerktyp unterhalb des Netzwerknamens.
- ✓ Sie haben dann die Möglichkeit, den Typ zu ändern.

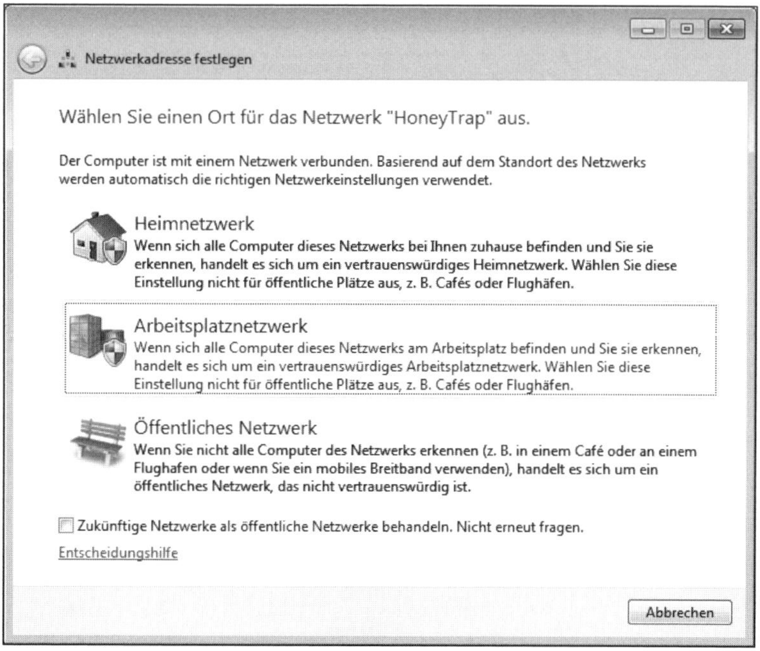

Abbildung 3.44: Hier stellen Sie neue Orte ein

Kabelnetz: Sicherheit im LAN

Netzwerktechnik ist ein nahezu unendlich großes Gebiet. Wirklich relevant ist es für einen Windows-7-Anwender aber, einige wichtige Fakten zur Sicherheit im Netz zu kennen.

Die Verbindung mit einem Kabel ist einigermaßen abhörsicher. Familienväter und Selbstständige müssen hier keine Gefahr befürchten.

Der Geheimagent hingegen schon: Mit viel Aufwand kann man nämlich auch eine Leitung abhören. Braucht man aber nicht: Innerhalb eines Netzwerksegments können alle angeschlossenen PCs hören, was alle anderen PCs sagen. Das heißt: Ein Angreifer würde nicht den technisch schwierigen Weg des Abhörens der Leitungsabstrahlung gehen, sondern einen Mini-PC an einen der vorhandenen PCs anschließen. Auch ein auf einen der Rechner eingeschmuggelter Trojaner kann diesen Job übernehmen.

Sniffer

Datenpakete fließen in üblichen Ethernet-Netzwerken nicht von A nach B, sondern werden an alle Teilnehmer des Netzes „hinausgeschrien" (*Broadcast*). Alle Rechner hören zu – nur der zuständige Rechner nimmt die Daten wirklich auf. Er erkennt seine Zuständigkeit anhand der *MAC-Adresse*.

Nicht zuständige Rechner können aber mithören. Wenn Sie zum Beispiel einen DSL-Router mit eingebautem 5-Port-Hub verwenden, und Rechner 1 meldet sich im Internet bei einer Website an, dann bekommen auch die Rechner 2 bis 5 das mit und können diese Kommunikation aufzeichnen.

Das geht mithilfe einer Netzwerkanalysesoftware (*Sniffer*, *Packet Sniffer*, von englisch *to sniff* für schnüffeln, schnuppern).

HINWEIS

> Seine Grenze findet das normalerweise, wenn Sie statt eines *Hubs* einen *Switch* verwenden. Bei in einer Firma mit zur Lastverteilung typischerweise geswitchten Netzen können Sie daher davon ausgehen, dass zum Beispiel nur eine Abteilung oder eine Etage theoretisch „mithören" kann.

In einer Firma könnte zum Beispiel eine bösartige Person im Netzwerk eine Sniffer-Software einsetzen. Sie zeichnet alle Broadcasts auf, die im Netzwerk kursieren, auch jene, die für andere Rechner bestimmt sind (siehe Abbildung 3.45).

Der kostenlose *Wireshark* (*www.wireshark.org*) ist ein Beispiel für einen sehr guten Sniffer, der einerseits einfach zu bedienen ist und andererseits auf Windows läuft.

Sniffer sind nicht per se Hacker-Tools: Netzwerkverwalter und Entwickler benötigen solche Programme bei der Suche nach einem Fehler in der Netzwerkkommunikation.

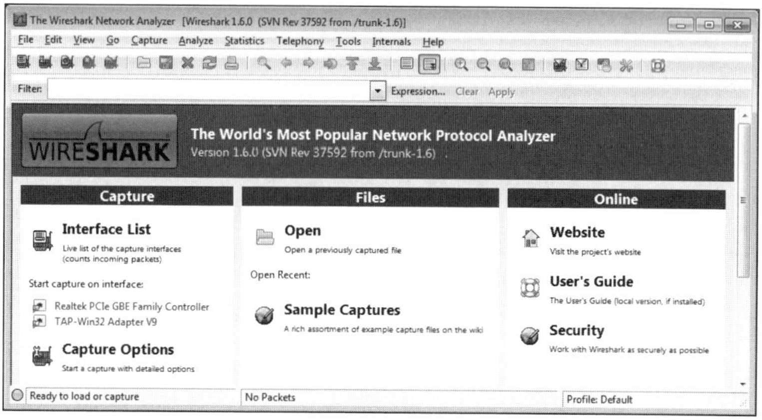

Abbildung 3.45: Ein Sniffer

Intelligente Sniffer wie Wireshark erkennen aber auch Passworteingaben und können so gezielt nach Netzwerkübertragungen suchen, bei denen ein Passwort übermittelt wird.

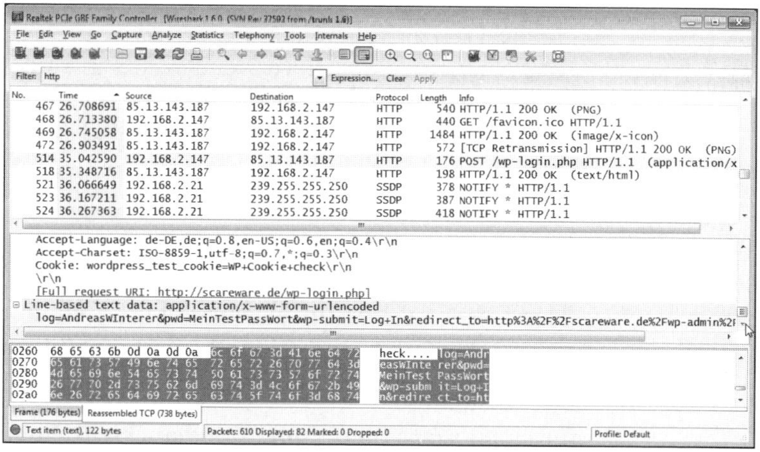

Abbildung 3.46: Abgehörte Übertragung eines Passworts

Bedenken Sie daher beim Verbinden mit egal welchem Netzwerk immer, dass Sie darin nur so sicher sind wie das Netzwerk vertrauenswürdig ist. Es reicht unter Umständen und abhängig von der Netztopologie, wenn ein einziger PC im Netzwerk mit einem Sniffer-Trojaner infiziert ist, um auch Ihren Netzwerkverkehr mitzuschneiden.

Das gilt auch für ein Heimnetzwerk: Ist der Heimrechner infiziert, droht indirekt auch Gefahr für den anderen Heimrechner. Ist das Heimnetzwerk „offen", etwa weil das WLAN nicht gesichert ist, gilt das Gleiche.

Abhilfe schaffen zwei Dinge:

- Befinden Sie sich in einem möglicherweise nicht vertrauenswürdigen Netz, verwenden Sie unbedingt die Windows-Einstellung *Öffentliches Netzwerk*.
- Greifen Sie außerdem auf Dienste im Internet möglichst nur über abgesicherte Verbindungen zu. Sie erkennen diese daran, dass der Browser die Webdresse mit *https://* anstelle von *http://* beginnt (*Secure HTTP*). Auch Mailprogramme lassen sich auf sicheren Zugriff umstellen. Mehr dazu in Kapitel 4.

Funknetz: Sicherheit im WLAN

Das WLAN überträgt alle Daten per Funk. Daher müssen diese verschlüsselt werden, sonst kann sie jeder mit einem Funkempfänger mitschneiden. Hier ein paar Tipps, um Ihr WLAN sicherer zu machen.

Verschlüsselung WPA2 wählen

Wählen Sie im Router-Setup *WPA2* als Verschlüsselung für den WLAN-DSL-Router. Je nach Router-Typ müssen Sie dazu unter Umständen erst *WPA* (*Wi-Fi Protected Access*) wählen und dann als WPA-Typ *WPA2* (manchmal auch *WPA2 TKIP* oder *WPA2 CCMP*) auswählen.

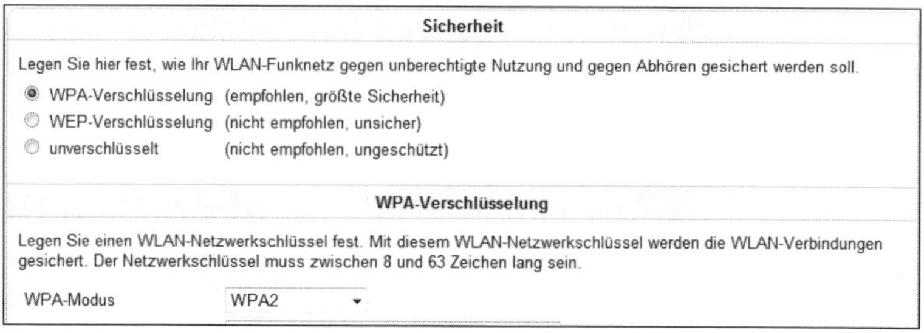

Abbildung 3.47: Wählen Sie WPA2 als Verschlüsselung

Langen WLAN-Schlüssel wählen

Verwenden Sie als WLAN-Netzwerkschlüssel ein Passwort von mindestens 20 Zeichen Länge. Meistens sind vom Hersteller nur 8 oder 16 Zeichen voreingestellt – das reicht nicht mehr.

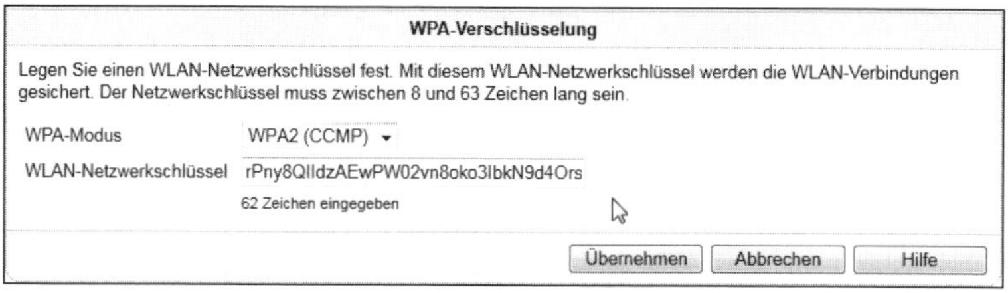

Abbildung 3.48: Wählen Sie einen langen WLAN-Netzwerkschlüssel

Wählen Sie hier eine Passphrase, die absolut kryptisch und nervtötend ist. Dann und nur dann schützt Sie WPA2 gegen Brute-Force- und Wörterbuch-Attacken auf Ihr Funknetz. Am besten, Sie fluchen jedes Mal, wenn Sie den WPA-Netzwerkschlüssel eingeben müssen, eben weil er so elend lang und kryptisch ist. Denn dann flucht der Hacker auch.

Am besten ist ein WLAN-Netzwerkschlüssel mit der maximalen möglichen Länge von 63 Zeichen. Nützlich ist hier ein Passwortgenerator im Web, etwa *www.dywep.de/wlan.php*.

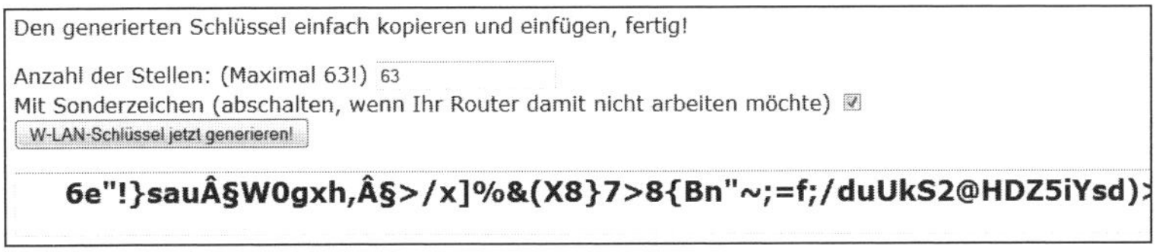

Abbildung 3.49: Ein WLAN-Passwortgenerator

Wählen Sie besser nicht *WPA*. Wählen Sie auf keinen Fall *WEP*. Vermeiden Sie den Mischbetrieb, denn die Kette bricht wie stets auch hier im schwächsten Glied. Nur WPA2 kann derzeit als sicher gelten. Wenn Sie nur WPA oder WEP, nicht jedoch WPA2 wählen können, sollten Sie unbedingt den Kauf eines neuen Routers erwägen, da der alte keine befriedigende Sicherheit mehr bietet.

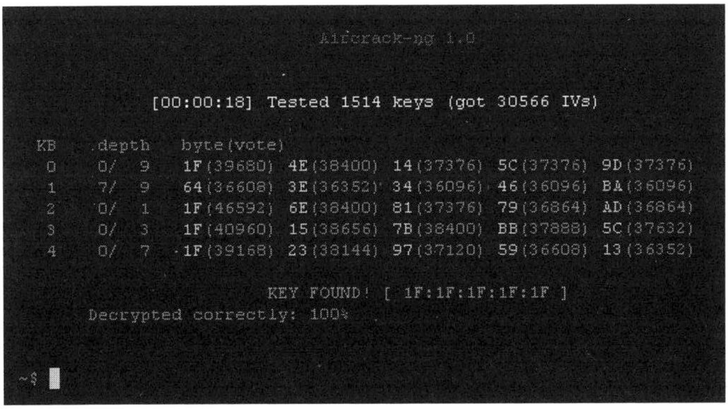

Abbildung 3.50: Aircrack: WLAN-Knackprogramm für WEP

Besonders sicher sind natürlich Schlüssel mit Sonderzeichen. Allerdings sollten Sie bedenken, dass Sie diese auf einem Notebook leichter eingeben können als zum Beispiel bei einem WLAN-Radio, das nur eine Fernbedienung hat. Zur Not nehmen Sie also einen WLAN-Schlüssel ohne Sonderzeichen – aber dann eben den längstmöglichen mit 63 Zeichen.

Router-Admin-Passwort ändern

Sichern Sie das Setup des Funk-Routers mit einem Kennwort. Dazu melden Sie sich wie im Handbuch beschrieben über einen Browser im Setup-Menü des Routers an, meist indem Sie eine Webadresse wie *http:/192.168.0.1*, *http:/192.168.1.1* oder Ähnliches aufrufen.

Sie melden sich dann mit Vorgaben wie *0000*, *1234*, *admin*, *password* und so weiter an. Diese Vorgaben finden Sie im Handbuch. Diese Handbücher gibt es beim Hersteller auch als PDF im Internet. Und das ist der Grund, warum man das Kennwort unbedingt ändern sollte.

Wer das WLAN geknackt hat, steht dann immerhin noch vor dem Problem, dass er Ihren Router nicht knacken kann.

Abbildung 3.51: Handbücher geben Hinweise auf Standardpasswörter

Notieren Sie das neue, komplexere Passwort auf einem Haftzettel und bringen Sie diesen in der Gebrauchsanleitung des Geräts an, um es leicht wieder zu finden.

Funknetzname (SSID) ändern

Gelegentlich wird empfohlen, zum Beispiel die SSID Ihres WLAN-Routers zu verbergen. Meist geschieht das über Funktionen wie *SSID-Broadcast* oder *Name des WLAN-Funknetzes*, die von Router zu Router abweichen.

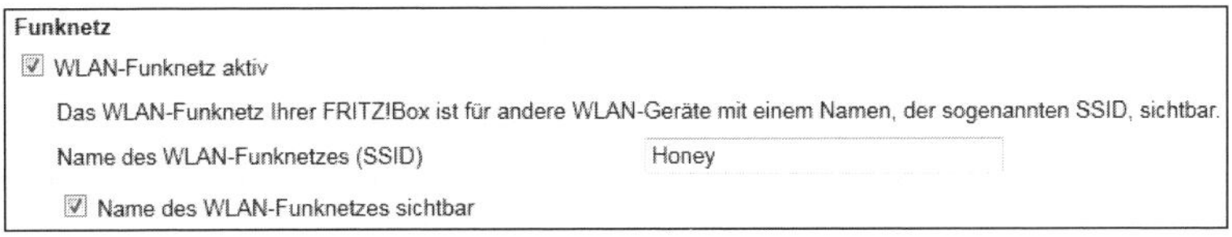

Abbildung 3.52: WLAN-SSID

In Wirklichkeit wird damit aber nur verhindert, dass der Router die SSID laut rausschreit. Letztlich dringt die SSID trotzdem auch außen und kann mit entsprechenden Programmen aufgespürt werden, zum Beispiel mit WLAN-Sniffern wie *Kismet* (*www.kismetwireless.net*).

Gegen neugierige Nachbarn hilft das etwas, gegen motivierte Angreifer richtet es nichts aus.

Sinnvoll ist hingegen, als SSID nicht etwa Ihren Namen zu verwenden oder den Ort, wo der Router steht. Beides liefert Informationen, um schlechte Passwörter zu erraten. Verwenden Sie auch nicht den vorgegebenen Namen des Geräts, da er Informationen zum Gerät und damit zu eventuell vorhandenen Sicherheitslücken liefert.

MAC-Filter

Die *MAC-Adresse* (*Media Access Control*) ist eine Nummer, die jede Netzwerk-Hardware auf der physikalischen Schicht einigermaßen eindeutig identifiziert. Vereinfacht gesagt sind alle Netzwerkanschlüsse in Ihrer Umgebung durchnummeriert, damit die einzelnen Rechner wissen, wer gemeint ist.

Router registrieren diese MAC-Adressen und erkennen die zugehörigen Geräte mit ihrer Hilfe wieder. Ein *MAC-Filter* legt fest, welche Geräte ins Netzwerk dürfen und welche nicht – anhand ihrer MAC-Adresse.

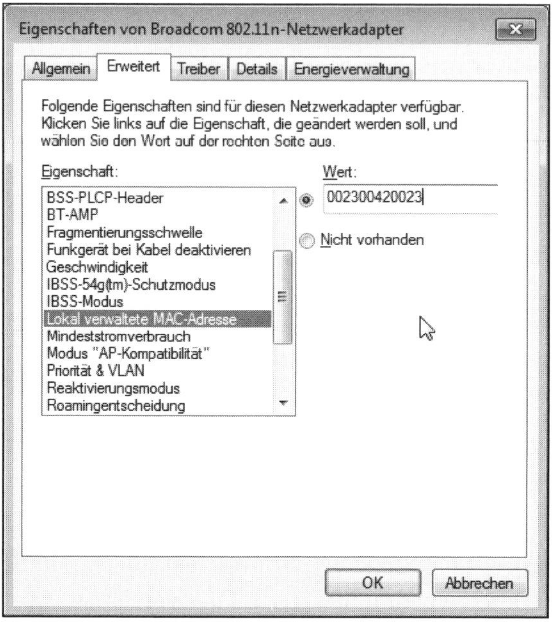

Abbildung 3.53: MAC-Adresse

So weit, so gut. Wenn Sie in Windows 7 aber *Start / Systemsteuerung / Netzwerk und Internet / Netzwerk- und Freigabecenter* wählen, auf *LAN-Verbindung* und dann auf *Konfigurieren* klicken und in das Register *Erweitert* wechseln, ist die Wahrscheinlichkeit mittelgroß, dass Sie dort eine MAC-Adresse oder Netzwerkadresse manuell eingeben können.

Anders gesagt: Die MAC-Adresse ist fälschbar.

Die Erfahrung lehrt, dass ein MAC-Filter immer dann stört, wenn man selbst ein neues Gerät ins Netz bringen will. Umgekehrt kann man davon ausgehen, dass, wer das WLAN gehackt hat, in der Fälschung der MAC kein Hindernis mehr sieht.

WLAN abschalten

Schalten Sie das WLAN aus, wenn Sie es nicht brauchen. Einige Router bringen dafür eine Nachtabschaltung mit. Das verhindert zwar nicht, dass der Router gehackt wird, wenn er angeschaltet ist. Aber es spart Strom – ist ja auch was. Und die Schurken arbeiten ja meist in der Nacht, da ist das Gerät dann ausgeschaltet.

Abbildung 3.54: Nachtabschaltung

HINWEIS

Einige Geräte bieten bei der Nachtabschaltung die Möglichkeit, dass diese erst dann zuschlägt, wenn kein WLAN-Gerät mehr aktiv ist. Das sorgt dafür, dass Ihnen nicht etwa um Mitternacht der Saft auf dem iPad abgedreht wird oder Ähnliches. Aber Vorsicht: Einige Geräte, vor allem WLAN-Radios, schalten sich nie ab und sind auch im Stand-by mit dem WLAN verbunden –welches sich deswegen dann aber unter Umständen nie abschaltet.

Einige Geräte bieten die Möglichkeit, die Sendestärke zu reduzieren. Es lohnt sich, das mal auszuprobieren und einfach weniger stark zu senden. Das verhindert zwar nicht einen Angriff, aber der Angreifer muss sich in Ihre Nähe begeben.

In beiden Fällen steigt zwar Ihre Sicherheit ein paar Prozent, aber eine echte Abwehr stellt das nicht dar.

Was hingegen wirkt: ganz auf WLAN verzichten. Wer zwar ein Notebook verwendet, aber ohnehin immer am Schreibtisch sitzt, kann auch ein Kabel nehmen. Ist schneller, gesünder und spart Strom.

Weitere WLAN-Sicherheitstipps

- Fernwartung: Einige Router bieten eine Fernwartungsfunktion. Lieber abschalten.
- Portfreigaben: Wer Tauschbörsen verwendet, trachtet nach möglichst viel Datendurchsatz und verwendet dazu *Port-Freigaben* oder *Port-Weiterleitung*, die je nach Gerät anders heißen. Davon ist dringend abzuraten, es verringert potenziell die Sicherheit.
- DMZ: Einige Router haben eine sogenannte *demilitarisierte Zone*, die durch eine IP-Adresse festgelegt wird. Der entsprechende Rechner ist dann ein sogenannter *Exposed Host*, das heißt, sein Netzwerkverkehr wird ungefiltert ins Internet geleitet und umgekehrt. Davon ist dringend abzuraten. Eine echte DMZ in Unternehmen ist durch eine Firewall vom Rest des Unternehmensnetzes getrennt; in einem Heimnetz ist das nicht der Fall – wird der DMZ-Rechner kompromittiert, kann er auf die anderen PCs außerhalb der DMZ einwirken.

Sicherheit mit der Heimnetzgruppe

Wenn Sie in den eigenen vier Wänden das *Heimnetzwerk* verwenden, haben Sie die Möglichkeit, eine Heimnetzgruppe zu gründen. Der erste Rechner macht das ganz automatisch, weitere Rechner können dann hinzustoßen.

Windows 7 geht hier auf Basis der altbekannten *Arbeitsgruppe* neue Wege: Die neue *Heimnetzgruppe* vereinfacht die Verwaltung der Rechte und macht damit die Sicherheit beim Zugriff etwas leichter verständlich. Zugleich bricht sie mit der Kompatibilität zu früheren Versionen. Windows XP und Vista lassen sich ebenso schwer einbinden wie Netzwerkspeicher auf Basis des am meisten verbreiteten Samba-Standards.

Heimnetzgruppe erstellen

So legen Sie eine neue Heimnetzgruppe an:

- Öffnen Sie *Start / Systemsteuerung / Netzwerk und Internet / Heimnetzgruppe.*
- Klicken Sie auf *Heimnetzgruppe erstellen.*

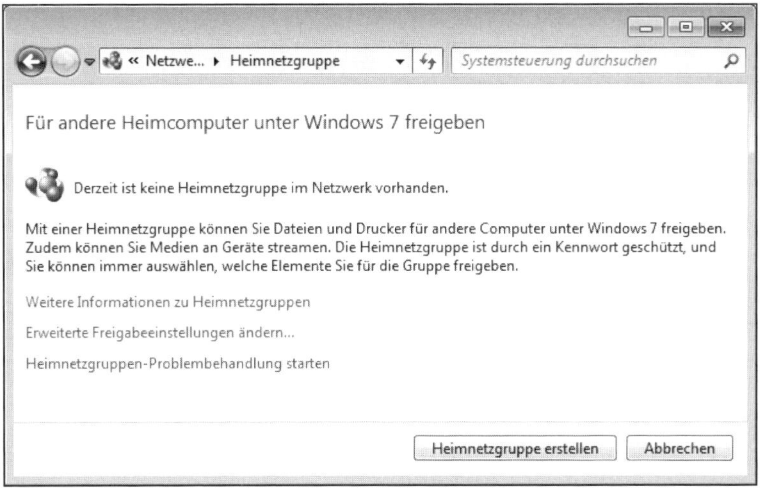

Abbildung 3.55: Heimnetzgruppe erstellen

- Aktivieren oder deaktivieren Sie nun die Optionen für verschiedene Objekte, die Sie innerhalb der Heimnetzgruppe freigeben wollen oder nicht. Per Vorgabe werden zum Beispiel der *Drucker* und Multimedia-Bibliotheken wie *Bilder, Musik* und *Videos* freigegeben. Das heißt, andere Nutzer der Heimnetzgruppe können darauf zugreifen.
- Klicken Sie auf *Weiter* (siehe Abbildung 3.56).
- Die Heimnetzgruppe wird nun angelegt.
- Anschließend erscheint ein Passworthinweis, den Sie ausdrucken oder kopieren sollten, nicht jedoch irgendwo speichern (siehe Abbildung 3.57).

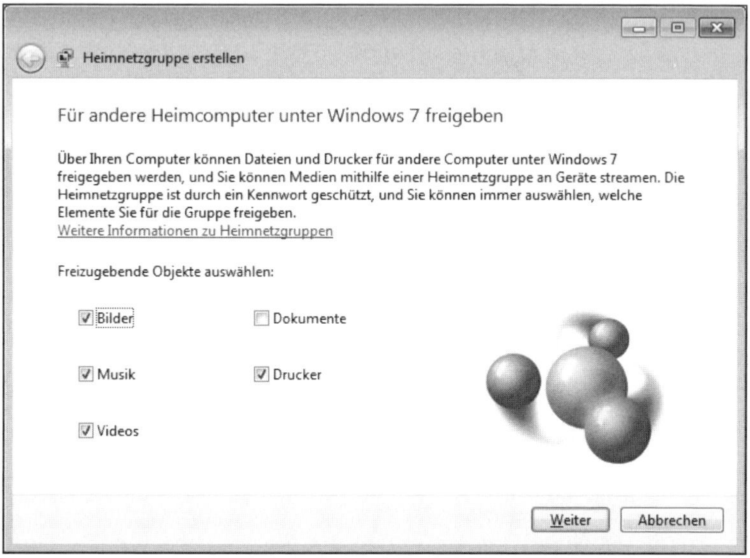

Abbildung 3.56: Standardfreigaben für die Heimnetzgruppe

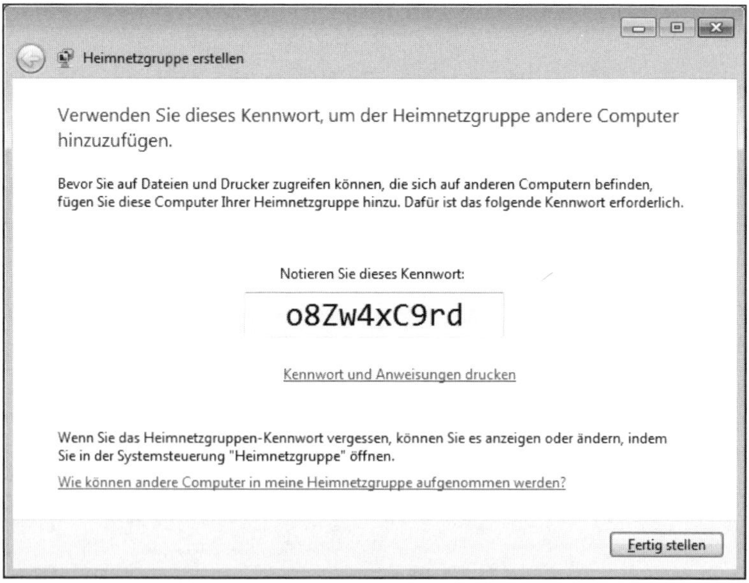

Abbildung 3.57: Heimnetzgruppen-Kennwort

Heimnetzgruppe und Freigaben

Als Zone des Vertrauens hat die Heimnetzgruppe vor allem die Aufgabe, den Aufbau eines gesicherten Heimnetzes zu vereinfachen. Die Kommunikation läuft dabei innerhalb der Gruppe verschlüsselt und somit abhörsicher ab. Es gibt also keinen Grund, in den eigenen vier Wänden in einem gut gesicherten WLAN auf diesen Komfort zu verzichten.

Heimnetzgruppe beitreten

Der zweite Rechner in einem Windows-7-Netz muss einer bestehenden Heimnetzgruppe beitreten.

- Öffnen Sie *Start / Systemsteuerung / Netzwerk und Internet / Heimnetzgruppe.*
- Windows erkennt, dass eine Heimnetzgruppe vorhanden ist, und bietet den Beitritt an.

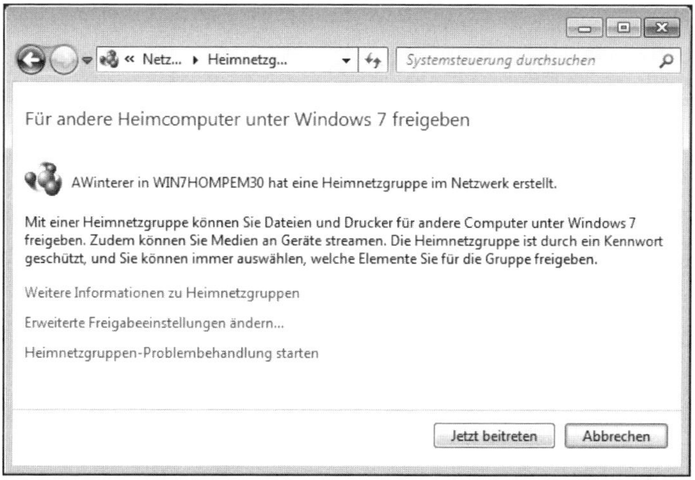

Abbildung 3.58: Heimnetzgruppe beitreten

- Klicken Sie auf *Jetzt beitreten.*

- Wählen Sie auch hier wieder, ob der Drucker und welche Bibliotheken freigegeben werden sollen, und klicken Sie auf *Weiter*.
- Geben Sie das Kennwort an, im Beispiel `o8Zw4xC9rd`.

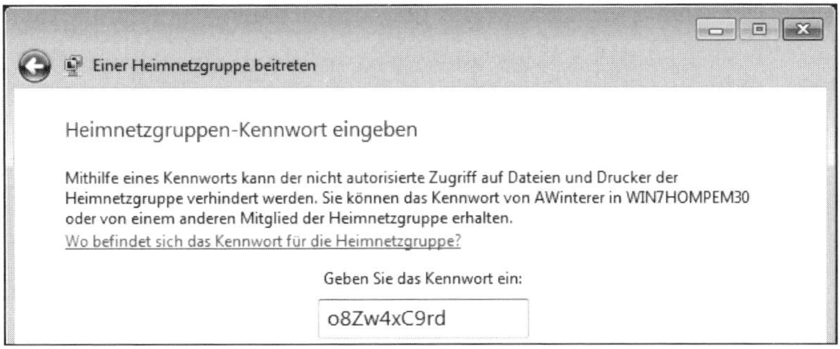

Abbildung 3.59: Passworteingabe beim Beitritt zur Heimnetzgruppe

- Klicken Sie auf *Weiter* und auf *Fertig stellen*.

Zugriff auf Freigaben

Grundlage für den einfachen Zugriff auf andere Rechner innerhalb der Heimnetzgruppe ist, dass alle die gleichen Benutzer und Passwörter verwenden. Angenommen, Sie haben zwei Rechner und vernetzen diese privat, dann müssen Sie auf beiden Rechnern denselben Benutzernamen und dasselbe Passwort verwenden. Angenommen, Sie verwenden zwei Rechner zu zweit, dann müssen Sie auf beiden Rechnern für beide Nutzer Konten mit identischen Namen und Passwörtern einrichten.

Innerhalb der Heimnetzgruppe greifen Sie ganz einfach auf die Freigaben anderer Rechner zu:

- Klicken Sie im Windows-Explorer links auf *Netzwerk*.
- Warten Sie, bis alle Rechner erfasst sind.

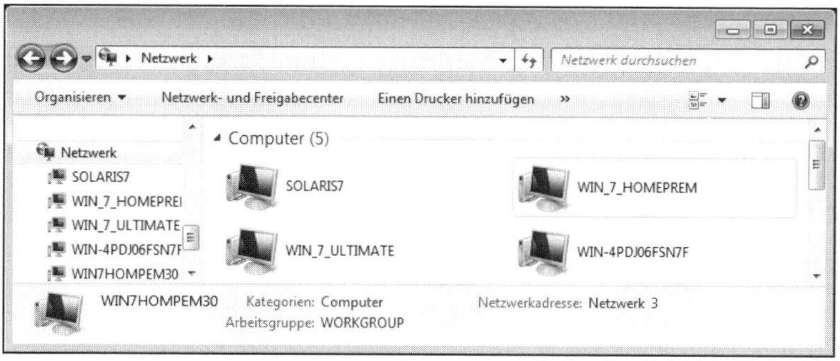

Abbildung 3.60: Rechner im Netzwerk

- Klicken Sie doppelt auf einen der Rechnernamen. Es erscheint das Verzeichnis *Users*. Es steht für die individuellen Freigaben des Besitzers.
- Klicken Sie doppelt auf *Users*. Sie nennen nun zum einen die Benutzer des Rechners (in der Regel Sie selbst) und die öffentlichen Ordner.

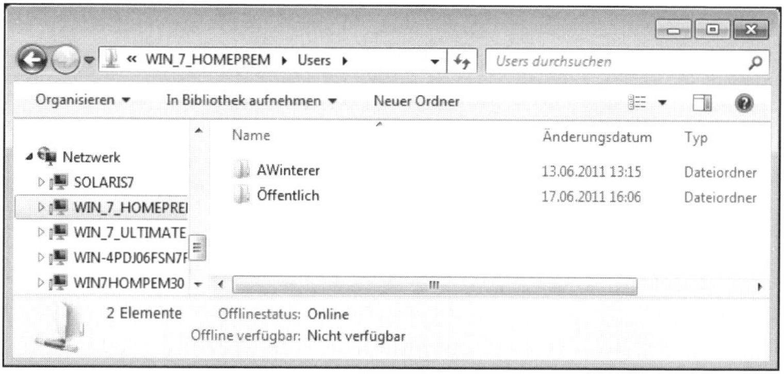

Abbildung 3.61: Benutzerverzeichnis und öffentliches Verzeichnis

- Doppelklicken Sie auf den Benutzernamen. Versuchen Sie, eine Datei in diesen Ordner zu kopieren oder mit der rechten Maustaste und *Neu / Ordner* einen neuen Ordner anzulegen. Sie erhalten eine Fehlermeldung.

- Gehen Sie zurück und doppelklicken Sie auf *Öffentlich*. Versuchen Sie erneut, eine Datei in diesen Ordner zu kopieren oder mit der rechten Maustaste und *Neu / Ordner* einen neuen Ordner anzulegen. Hier geht es.

Der Unterschied liegt in den *Zugriffsrechten*, die Windows 7 in Richtung Heimnetzwerk verwaltet.

Rechte in der Heimnetzgruppe

Windows 7 unterscheidet für das Netz drei Arten von Rechten:

- *Kein Recht*: Das heißt, die Datei oder der Ordner wird im Netzwerk noch nicht einmal angezeigt.
- *Lesen*: Die Datei wird angezeigt und kann zur Anzeige geöffnet werden – einige Programme streiken allerdings, weil sie sofort überprüfen, ob eine Datei auch geschrieben werden kann. Sie können eine solche Datei vom Netzwerkrechner auf den lokalen Rechner kopieren und dann auch bearbeiten. Gleiches gilt für Ordner.
- *Lesen/Schreiben*: Die Datei ist sichtbar, lässt sich lesend öffnen und sie kann bearbeitet und gespeichert, also auch überschrieben oder gelöscht werden.

Wenn Sie die vorgegebenen Einstellungen beibehalten, können Rechner im Netz also wie folgt auf Ihre Daten zugreifen:

- Dateien und Ordner in den Bibliotheken *Musik*, *Video*, *Foto*: Andere PCs der Heimnetzgruppe können die Daten lesen, aber nicht löschen. Der Rechner, auf dem die Daten liegen, unterliegt keinerlei Einschränkungen.
- Dateien und Ordner in den öffentlichen Ordnern (mit Unterverzeichnissen wie *Öffentliche Bilder*, *Öffentliche Musik* und so weiter): Alle PCs der Heimnetzgruppe können die Daten lesen, schreiben und löschen.

Rechte in der Heimnetzgruppe anpassen

Die Rechte können Sie auf vielfältige Weise vergeben:

- Auf eine Datei: Sie können bei jeder einzelnen Datei bestimmen, dass diese in der Heimnetzgruppe sichtbar, lesbar oder beschreibbar sein darf. Das ist natürlich aufwendig und unnötig kompliziert.
- Auf einen Ordner: Sie können nahezu beliebige Ordner für die Heimnetzgruppe freigeben oder eben sperren. Alle enthaltenen Dateien werden ebenfalls freigegeben oder gesperrt.
- Auf eine Bibliothek: Hierbei stellen Sie die Rechte an einer Bibliothek ein. Der Vorteil: Alle enthaltenen Ordner (und ihre Dateien) werden automatisch an diese Rechte angepasst.

Ich rate dazu, ausschließlich Bibliotheken freizugeben, aber das ist letztlich eine reine Geschmacksfrage.

HINWEIS

Vorsicht: Geben Sie niemals ganze Laufwerke frei, also zum Beispiel *C:* oder *D:*. In einigen Situationen erscheint das wahnsinnig praktisch, in der Regel ist es aber aus Sicherheitsgründen problematisch.

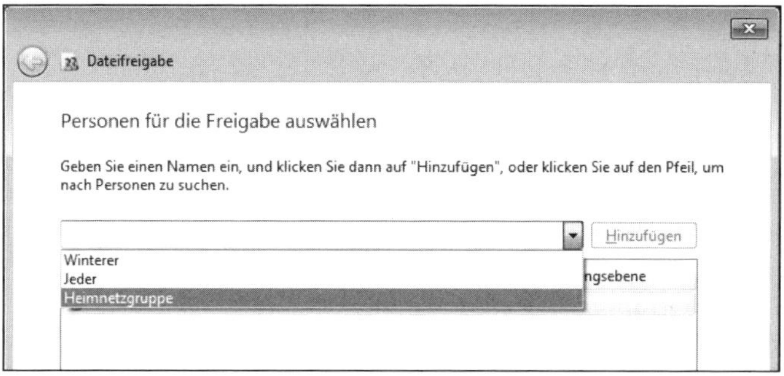

Abbildung 3.62: Für wen eine Netzwerkfreigabe gilt

Bei der Freigabe von Objekten (Dateien, Ordnern, Bibliotheken) unterscheidet Windows bei näherem Hinsehen auch zwischen beliebigen Nutzern im Netz (*Jeder*), Benutzern der *Heimnetzgruppe* und ausgewählten Benutzern, die Sie namentlich nennen.

Allgemein gilt, dass Sie die Einstellung *Jeder* meiden sollten.

Objekte in der Heimnetzgruppe freigeben

Sie haben eine eigene Bibliothek namens *Beispiel-Bibliothek* angelegt und möchten diese für den Zugriff durch das Netzwerk zum Lesen und zum Schreiben freigeben.

- Klicken Sie im Windows-Explorer links auf *Bibliotheken*.
- Klicken Sie mit der rechten Maustaste auf die neue Bibliothek.
- Wählen Sie im Kontextmenü *Freigeben für / Heimnetzgruppe (Lesen/Schreiben)*.

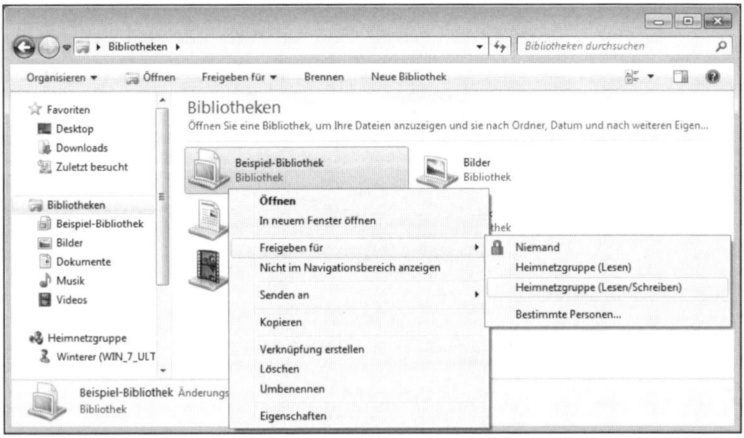

Abbildung 3.63: Bibliothek freigeben

Diese Bibliothek und alle ihre Inhalte sind damit aus der Heimnetzgruppe heraus sichtbar, lesbar und beschreibbar und ihre Inhalte sind löschbar.

> Angenommen, Sie legen eine Bibliothek namens *Freigaben* an und geben diese wie beschrieben frei. Dann reicht es in Zukunft, Ordner einfach in diese Bibliothek aufzunehmen – schon sind sie freigegeben. Umgekehrt entfernen Sie die Freigabe, indem Sie den Ordner aus dieser Bibliothek entfernen.

Zugriffsrechte entfernen

Um Rechte zu entfernen, wählen Sie nicht *Freigeben für / Niemand* – obwohl das naheliegend erscheint (siehe nächster Abschnitt). Stattdessen entfernen Sie die Zugriffsrechte für die Heimnetzgruppe.

Das folgende Beispiel entfernt die Rechte für die Heimnetzgruppe bei der per Vorgabe freigegebenen Bibliothek *Musik*.

- Starten Sie den Windows-Explorer und klicken Sie links auf *Bibliotheken*.
- Klicken Sie mit der rechten Maustaste auf die Bibliothek *Musik* und wählen Sie *Freigeben für / Bestimmte Personen*.

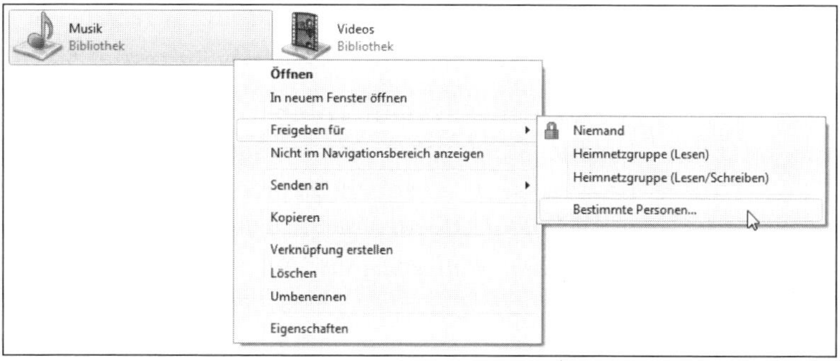

Abbildung 3.64: Bibliotheksfreigaben ansehen

- Es erscheint eine Liste mit Einträgen. Hier ist zu sehen, wer welche Zugriffsrechte hat. Der Besitzer – normalerweise der Benutzer, also Sie – kann bestehen bleiben.

- Klicken Sie bei der Person *Heimnetzgruppe* auf die Spalte *Berechtigungsebene* und wählen Sie *Entfernen*.

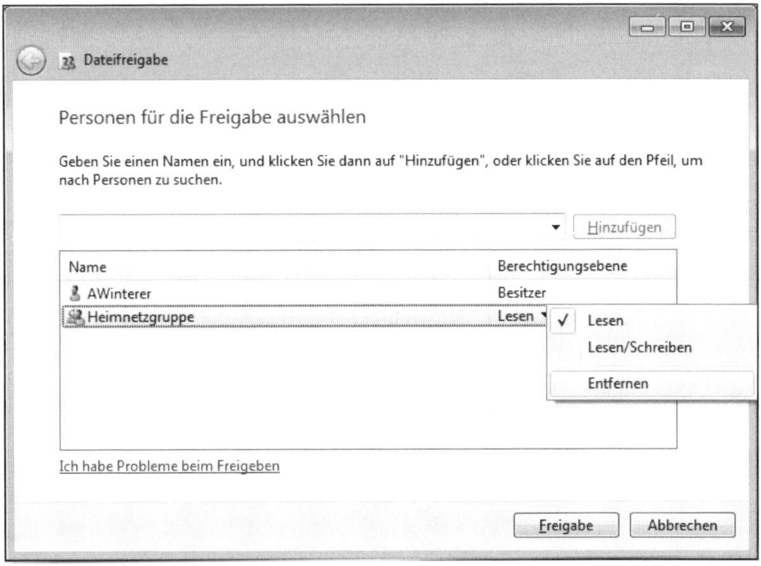

Abbildung 3.65: Freigabe entfernen

- Klicken Sie abschließend auf *Freigabe*. Windows 7 übernimmt die Einstellungen. Bestätigen Sie mit *Fertig*.

Sie können ganz einfach überprüfen, ob das geklappt hat. Wählen Sie *Start / Systemsteuerung / Netzwerk und Internet / Heimnetzgruppe*. Hier sehen Sie, dass die Berechtigung für den Ordner *Musik* entfernt wurde. Der Zugriff von einem anderen PC zeigt die enthaltenen Ordner nicht mehr an.

HINWEIS

Dieser Weg wäre also einfacher gewesen – aber er ist eben nur für die Standard-Bibliotheken *Bilder*, *Musik*, *Videos* und *Dokumente* nutzbar. Für Ihre eigenen Bibliotheken ist der angegebene Weg der einzige.

Abbildung 3.66: Freigaben der Standard-Bibliotheken

Zugriffsrechte einschränken

Es ist allerdings auch folgender Fall denkbar: Sie haben die *Bilder*-Bibliothek – wie von Windows als Standard eingerichtet – für die Heimnetzgruppe zum Lesen freigegeben. Das bedeutet, dass alle enthaltenen Objekte diese Eigenschaft erben.

Innerhalb der Bibliothek existiert jedoch ein Ordner namens *Geheime Bilder*, bei dem Sie eine Ausnahme machen wollen: Ihn soll keiner sehen.

Auch hierfür bietet Windows eine Lösung:

- Klicken Sie mit der rechten Maustaste auf den entsprechenden Ordner.
- Wählen Sie im Kontextmenü *Freigeben für / Niemand* (siehe Abbildung 3.67).

Dadurch erhält der Ordner ein Vorhängeschloss-Symbol (siehe Abbildung 3.68).

Es verdeutlicht, dass der fragliche Ordner für das Netzwerk gesperrt ist, egal, welche Eigenschaften er von übergeordneten Ordnern oder Bibliotheken geerbt haben mag.

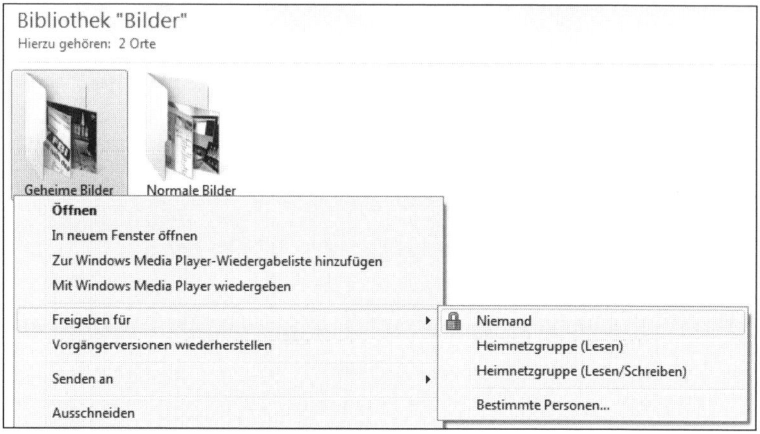

Abbildung 3.67: Freigabe sperren

Abbildung 3.68: Gesperrter Ordner mit Vorhängeschloss-Icon

HINWEIS

Diese Einschränkung der Zugriffsrechte lässt sich auf Dateien, Ordner und Bibliotheken gleichermaßen anwenden. Es empfiehlt sich aber, hier nicht zu sehr ins Detail zu gehen und einzelne Ordner zu sperren – letztlich wird die Rechtevergabe dadurch nur unübersichtlich. Ebenso ist es klüger, bei Bedarf den Bibliotheken generell die Zugriffsrechte für die Heimnetzgruppe zu entziehen, statt sie erst generell zu erlauben und dann nachtäglich zu sperren.

Bibliotheken nicht mehr freigeben

Per Vorgabe sind die Standard-Bibliotheken (außer *Dokumente*) für jeden in der Heimnetzgruppe lesbar. Wer dieses Feature nicht wirklich braucht, sollte es auf Notebooks aus Sicherheitsgründen abschalten. Auf Heim-PCs ist das weniger wichtig, sofern Sie wirklich wünschen, dass alle anderen PCs im Heimnetz diesen Zugriff haben.

So schalten Sie den Zugriff ab:

- Öffnen Sie *Start / Systemsteuerung / Netzwerk und Internet / Heimnetzgruppe*.
- Deaktivieren Sie die Optionen für jede Bibliothek, die Sie nicht wirklich freigeben wollen.

Abbildung 3.69: So schließen Sie die Bibliotheks-Standardfreigaben

- Falls keiner den *Drucker* nutzen muss, deaktivieren Sie auch diese Option.
- Klicken Sie auf *Änderungen speichern*.

Öffentliche Ordner verbergen

Per Vorgabe sind die öffentlichen Ordner für jeden Nutzer im Netz zugänglich. Diese Ordner bieten sich daher an, um Dateien im Netzwerk zu tauschen. Sie erreichen diese Ordner über die Bibliotheken, in die sie jeweils zusätzlich zu den nicht öffentlichen Ordnern des Benutzers eingebunden sind.

Platzieren Sie im öffentlichen Ordner nach Möglichkeit keine vertraulichen Dateien und nichts, was nicht aus Versehen gelöscht werden darf.

Im Zweifel schalten Sie die Freigabe für öffentliche Ordner ab:

- Öffnen Sie *Start / Systemsteuerung / Netzwerk und Internet / Heimnetzgruppe*.
- Klicken Sie auf *Erweiterte Freigabeeinstellungen ändern*.
- Öffnen Sie den Bereich *Privat oder Arbeitsplatz*.
- Schalten Sie im Abschnitt *Freigabe des öffentlichen Ordners* um auf *„Freigabe des öffentlichen Ordners deaktivieren*.
- Öffnen Sie nun stattdessen den Bereich *Öffentlich* und schalten Sie auch dort im Abschnitt *Freigabe des öffentlichen Ordners* um auf *„Freigabe des öffentlichen Ordners deaktivieren*.
- Klicken Sie auf *Änderungen speichern*.

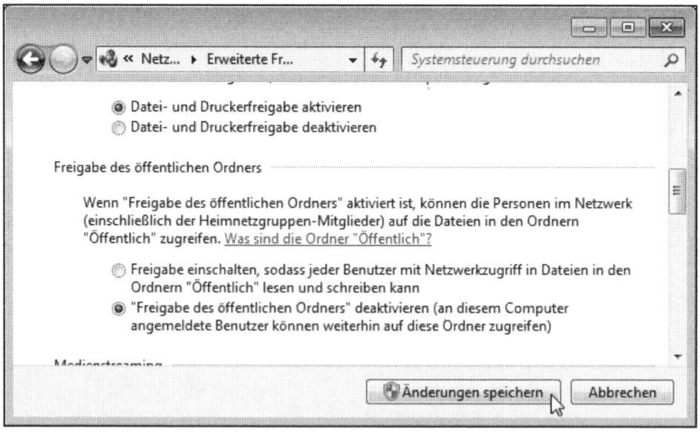

Abbildung 3.70: Freigabe der öffentlichen Ordner beenden

Auf diese Weise sind die öffentlichen Ordner im Netzwerk nicht mehr sichtbar, lesbar oder beschreibbar.

Freigaben generell abschalten

Wer generell verhindern will, dass irgendjemand auf Freigaben des lokalen PCs zugreifen kann, der schaltet das komplett ab. Das ist eigentlich nicht nötig, kann aber im Einzelfall gewünscht sein.

- Öffnen Sie *Start / Systemsteuerung / Netzwerk und Internet / Heimnetzgruppe* und klicken Sie auf *Erweiterte Freigabeeinstellungen ändern.*
- Öffnen Sie den Bereich *Privat oder Arbeitsplatz.*
- Schalten Sie im Abschnitt *Datei- und Druckerfreigabe* um auf *Datei- und Druckerfreigabe deaktivieren.*

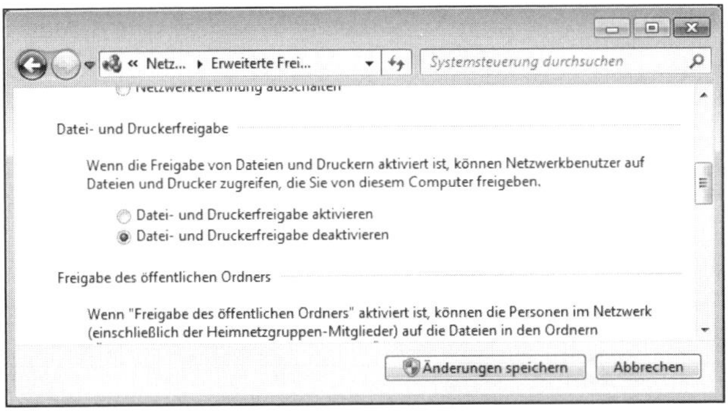

Abbildung 3.71: Datei- und Druckerfreigabe deaktivieren

- Wiederholen Sie das für den Bereich *Öffentlich.*
- Klicken Sie auf *Änderungen speichern.*

Nun kann generell kein Rechner mehr auf den lokalen PC zugreifen, egal, welche Rechte gesetzt sind. Das empfiehlt sich wirklich nur bei Bedarf und sicherheitshalber bei PCs, die die meiste Zeit mobil verwendet werden.

Medienstreaming abschalten

Windows 7 kann als Medienstreaming-Server dienen. Das heißt, Sie können Musik und Videos über das Multimedia-Protokoll *UPnP AV* an Wiedergabegeräte (Netzwerkplayer, WLAN-Radios etc.) im Netz senden oder umgekehrt diesen den Zugriff auf Windows 7 erlauben.

Der Zugriff ist auch von Windows 7 aus möglich. Klicken Sie einfach links auf *Netzwerk* und warten Sie, bis der Windows-Explorer alle Server erkannt hat. Im Abschnitt *Multimedia* führt Windows dann alle Systeme auf, die als Medienstreaming-Server fungieren können.

Der Zugriff erfolgt dabei nicht wie bei Freigaben. Stattdessen öffnet ein Doppelklick direkt den Windows Media Player, der die Dateien anzeigt.

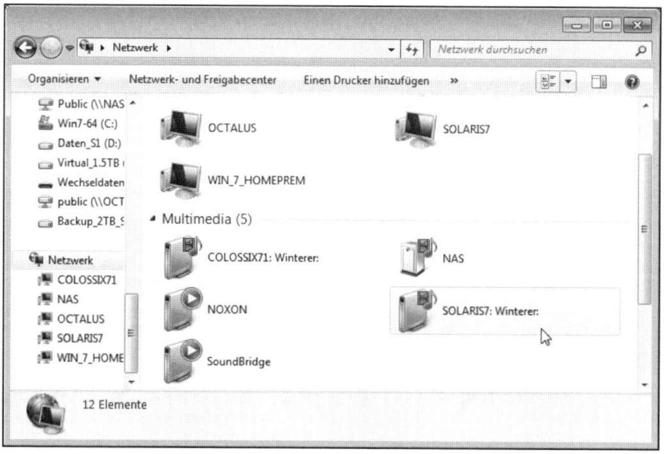

Abbildung 3.72: Streaming-Quellen in einem Netz

Sicherheitsbewusste können und sollten die Einstellung prüfen und bei Bedarf korrigieren:

- Öffnen Sie *Start / Systemsteuerung / Netzwerk und Internet / Heimnetzgruppe*.

- Um diese Option wirklich abzuschalten, ist ein Trick nötig: Aktivieren Sie zuerst die Option *Eigene Bilder, Musik und Videos an alle Geräte im eigenen Heimnetzwerk streamen*.
- Klicken Sie auf *Änderungen speichern*.
- Klicken Sie wieder auf *Heimnetzgruppe*.
- Deaktivieren Sie diese Option wieder.
- Klicken Sie erneut auf *Änderungen speichern*.

Eigentlich ist die Option per Vorgabe abgeschaltet. Aber so sicher ist das nicht: Denn das Gemeine ist, dass ein Teil dieser Option eingeschaltet sein kann, die Funktion aber immer noch abgeschaltet aussieht.

Die Option funktioniert nämlich so: Wenn Sie sie ausschalten und die Änderungen speichern, werden alle Unterfunktionen ausgeschaltet. Wenn Sie sie einschalten und die Änderungen speichern, werden alle Unterfunktionen eingeschaltet. Wenn Sie aber nur eine der Unterfunktionen ändern, ändert das nichts am Grundzustand. Anders gesagt: Am Zustand dieser Option können Sie nicht wirklich sehen, ob wirklich etwas blockiert oder zugelassen ist.

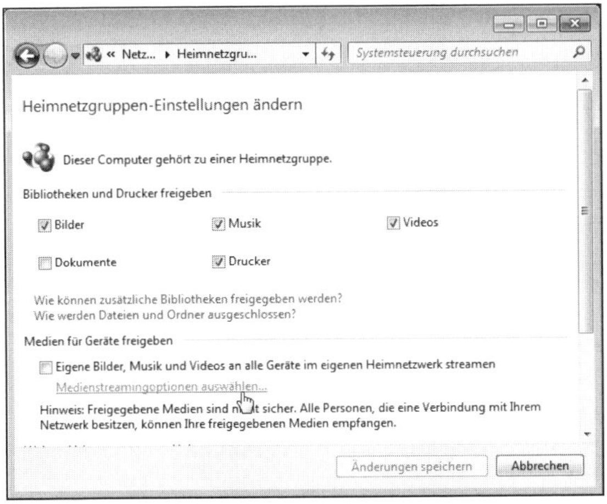

Abbildung 3.73: Medienstreamingoptionen

Zum Beispiel haben Sie die Möglichkeit, die Erlaubnis generell zu entziehen, indem Sie wie oben beschrieben die Option abschalten.

Danach geben Sie nur einzelnen Systemen die Erlaubnis:

- Deaktivieren Sie wie oben beschrieben die Option *Eigene Bilder, Musik und Videos an alle Geräte im eigenen Heimnetzwerk streamen.*
- Klicken Sie auf *Änderungen speichern* und klicken Sie wieder auf *Heimnetzgruppe.*
- Klicken diesmal auf *Medienstreamingoptionen auswählen.*
- Windows zeigt hier alle im Netz erkannten Geräte an, die in der Lage wären, die Multimediadateien des lokalen PCs via UPnP-AV-Streaming anzuzapfen.

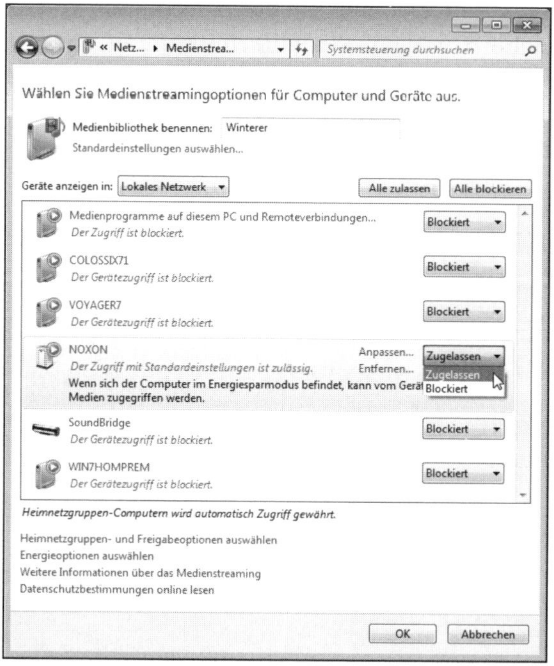

Abbildung 3.74: Medienstreaming für Gerät *Noxon* zulassen

- Schalten Sie hier bei Geräten, die Medienstreams empfangen dürfen sollen, auf *Zugelassen* um.
- Klicken Sie auf *OK*.

Das Ergebnis ist im Beispiel, dass das zugelassene Gerät von außen auf die Medienangebote Ihres PCs zugreifen kann.

Auf einem WLAN-Radio sieht das zum Beispiel so aus:

Abbildung 3.75: WLAN-Radio mit UPnP-AV-Zugriff

Der Rechner *Solaris7* gewährt den Zugriff (erkennbar am Ordner-Icon), *Colossix71* verwehrt ihn (gerade noch so erkennbar am stilisierten Vorhängeschloss). Wählt man den offenen Rechner *Solaris7*, stehen direkt die Bereiche *Musik*, *Bilder* und *Video* zur Verfügung. Das Radio zum Beispiel kann direkt MP3s vom PC abspielen, moderne Fernseher können auf diese Weise natürlich auch Videos wiedergeben.

Bei aktivierter Option kann das auch jeder Windows-PC im lokalen Netz.

HINWEIS

Man muss hier aber auch nicht paranoider sein als nötig. Auf Notebooks würde ich diese Option prinzipiell abschalten, zumindest wenn Sie unterwegs sind. In einem Heimnetz mit gesichertem WLAN spricht jedoch nichts dagegen, das Medienstreaming freizugeben. In kleinen Unternehmensbüros, die mit der Heimnetzgruppe vernetzt sind, sollte man einfach darauf achten, generell den Zugriff zu verbieten und ihn nur bei echtem Bedarf bestimmten Personen oder Geräten zu gewähren.

Erweiterte Freigabeeinstellungen

Windows 7 erlaubt darüber hinaus verschiedene Feineinstellungen für die Freigaben, die Sie wie folgt anpassen:

- Öffnen Sie *Start / Systemsteuerung / Netzwerk und Internet / Heimnetzgruppe* und klicken Sie auf *Erweiterte Freigabeeinstellungen ändern.*

Die folgenden Optionen existieren jeweils für *Privat oder Arbeitsplatz* (an den Orten *Heimnetzwerk* und *Arbeitsplatznetzwerk*) und *Öffentlich* (Ort *Öffentliches Netzwerk*) und werden jeweils gültig, falls Sie den Netzwerktyp ändern.

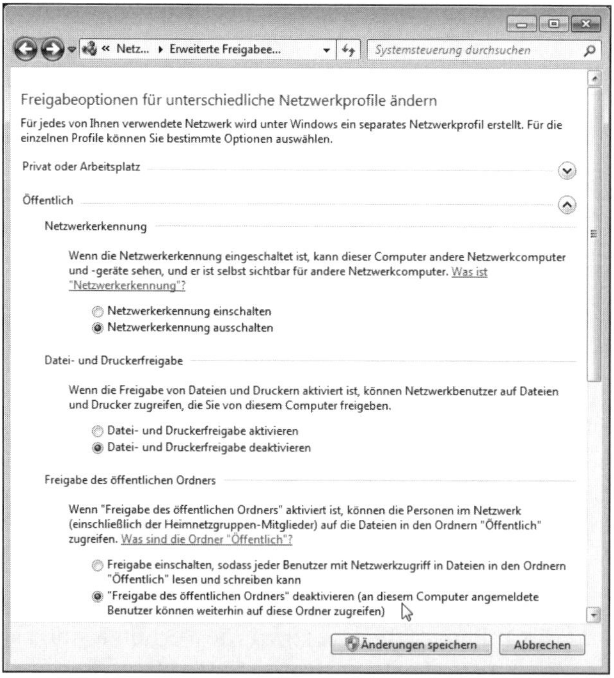

Abbildung 3.76: Freigabeoptionen

- *Netzwerkerkennung*: Sollte man nur in vertrauten Umgebungen einschalten, braucht man nur in unvertrauten Umgebungen auszuschalten. Ist per Vorgabe sicher konfiguriert, sodass keine Änderung nötig ist.
- *Datei- und Druckerfreigabe*: In vertrauten Umgebungen kann diese angeschaltet werden, in unvertrauten sollten Sie sie unbedingt abschalten. Ist per Vorgabe sicher konfiguriert, sodass keine Änderung nötig ist. Ausnahme: Sie wollen auch in einem Heimnetzwerk ganz generell nicht, dass der Rechner überhaupt Freigaben anbietet.
- *Freigabe des öffentlichen Ordners*: Ist per Vorgabe immer aktiviert. Sollte man für das Profil *Öffentlich* abschalten.

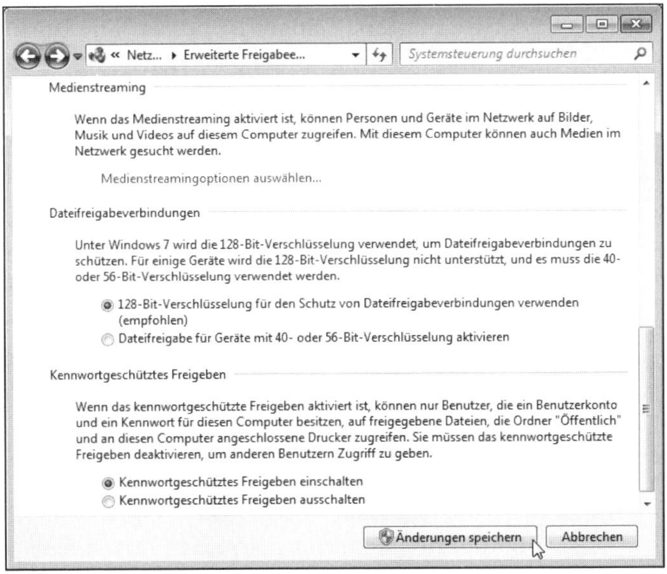

Abbildung 3.77: Weitere Freigabeoptionen

Ganz generell kann man das abschalten, wenn man sich zum Beispiel für einen NAS-Server entscheidet. *NAS* steht für *Network Attached Storage* und bezeichnet einen Mini-Server, der sich im Netz wie ein Windows-PC verhält, der ausschließlich Freigaben anbietet. Der Vorteil: Dateien, auf die alle Nutzer im Netzwerk zugreifen können sollen, liegen an diesem zentralen Ort. Sie sind immer erreichbar, auch dann, wenn der fragliche Windows-PC abgeschaltet ist. Selbst Backups lassen sich auf dem NAS speichern. Zugleich ermöglicht er es, auf Freigaben im Netzwerk generell zu verzichten und so die Sicherheit zu steigern. Ein typisches NAS mit 1 TByte Speicher ist schon für unter 150 Euro zu haben.

- *Medienstreaming*: Wie oben im Abschnitt *Medienstreaming abschalten*.
- *Dateifreigabeverbindungen*: Hier geht es um die Schlüssellänge. Size matters: Länger ist besser. Die Einstellung ist sicher und muss nicht geändert werden. Es gibt keinen Grund, in Windows-7-Netzen von den sicheren 128 Bit auf unsichere 40/56 Bit umzuschalten. Auch Windows XP kann damit umgehen.
- *Kennwortgeschütztes Freigeben*: Das ist per Vorgabe aktiviert. Es bedeutet, dass der Zugreifende auf dem Rechner, auf den er zugreift, ein Konto mit identischem Benutzernamen und Passwort haben muss. Die Vorgabe ist sicher, aber unbequem, weil Sie auf jedem PC der Heimnetzgruppe identische Benutzerkonten mit identischen Passwörtern einrichten müssen.
- *Heimnetzgruppen-Verbindungen*: Nur am Ort *Privat oder Arbeitsplatz* zu haben, legt diese Option fest, ob Windows 7 überhaupt Heimnetzgruppen verwenden soll. Wenn Sie diese Option abschalten, verhält sich Windows 7 mehr oder weniger wie Vista oder XP. In Sachen Sicherheit ist damit nichts gewonnen.

Kennwortgeschützte Freigaben abschalten

Wie bereits erwähnt, kann ein Rechner der Heimnetzgruppe nur dann auf die Freigaben anderer Rechner darin zugreifen, wenn der Benutzer auf beiden Rechnern ein Benutzerkonto mit identischem Namen und Passwort verwendet.

Prinzipiell lässt sich das aber auch anders regeln:

- Öffnen Sie *Start / Systemsteuerung / Netzwerk und Internet / Heimnetzgruppe* und klicken Sie auf *Erweiterte Freigabeeinstellungen ändern.*
- Öffnen Sie den Bereich *Privat oder Arbeitsplatz.*
- Schalten Sie im Abschnitt *Kennwortgeschütztes Freigeben* um auf *Kennwortgeschütztes Freigeben ausschalten.*
- Wechseln Sie zu dem Objekt, das Sie freigeben wollen, etwa zur Bibliothek.
- Klicken Sie mit der rechten Maustaste auf die Bibliothek und wählen Sie im Kontextmenü *Freigeben für / Bestimmte Personen.*
- Wählen Sie im Listenfeld den Eintrag *Jeder* und klicken Sie auf *Hinzufügen.*

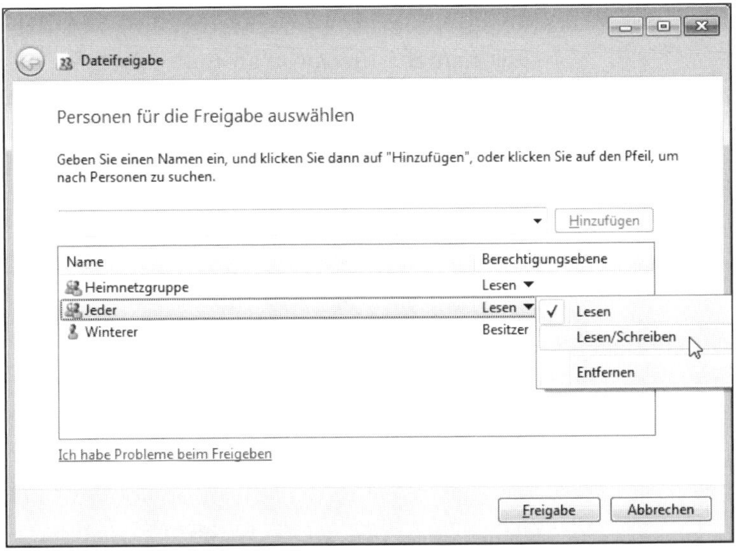

Abbildung 3.78: Unsicher: Die Freigabe für *Jeder* ist zu vermeiden

- Ändern Sie die Zugriffsrechte je nach Bedarf in der Spalte *Berechtigungsebene*.
- Klicken Sie auf *Freigabe*.

Das Ergebnis ist, dass Windows-7-Rechner nun generell auf diese Freigaben zugreifen können.

HINWEIS

Das ist zwar einfacher, aber auf keinen Fall sicherer. Daher ist dringend davon abzuraten, vor allem auf Notebooks. Die bessere Methode ist, das *Kennwortgeschützte Freigeben* aktiviert zu lassen und auf allen Rechnern der Heimnetzgruppe identische Benutzerkonten einzurichten.

Alle Freigaben anzeigen

Im Laufe der Zeit gibt man in Windows mal den einen, mal den anderen Ordner frei – und verliert irgendwann völlig den Überblick.

Abhilfe schaffen zwei Maßnahmen:

- Schalten Sie alle Freigaben ab. Legen Sie dann eine Bibliothek namens *Freigaben* an und geben Sie diese frei. Ordner, die Sie in diese Bibliothek aufnehmen, geben Sie damit automatisch frei und entfernen die Freigabe, indem Sie den Ordner aus der Bibliothek entfernen.
- Alternativ bringen Sie Windows dazu, Ihnen eine Freigabenübersicht anzuzeigen.

So gehen Sie für Letzteres vor:

- Starten Sie den Windows-Explorer.
- Klicken Sie mit der rechten Maustaste in der linken Spalte auf *Computer* und wählen Sie *Verwalten*.
- Navigieren Sie in der linken Spalte der *Computerverwaltung* zu *System / Freigegebene Ordner / Freigaben*.

- In der rechten Spalte zeigt Windows nun übersichtlich alle Freigaben an. Gezeigt werden nur echte Ordner, nicht Bibliotheken, da diese nur virtuelle Objekte sind. Gezeigt werden aber sehr wohl die Ordnerfreigaben, die sich aus vererbten Bibliotheksfreigaben ergeben.

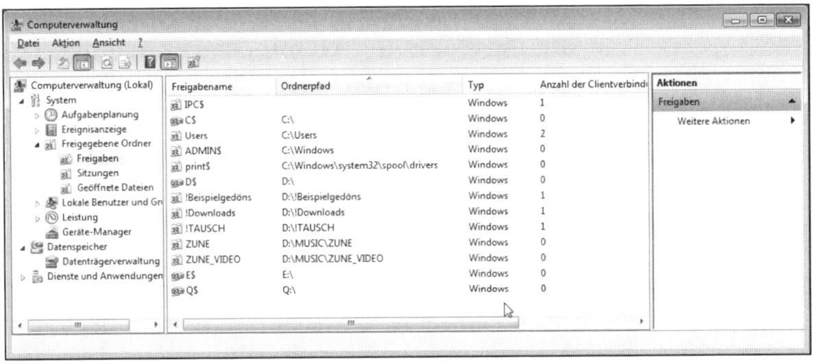

Abbildung 3.79: Alle Freigaben anzeigen

HINWEIS

Es ist völlig normal, dass für jedes Laufwerk eine Freigabe existiert. Sie erkennen diese Windows-eigenen Freigaben daran, dass sie mit einem Dollarzeichen enden.

Fazit: Sichere Windows-Netze

Das Absichern von WLAN, LAN und Heimnetzgruppe kann Sie gegen folgende Probleme schützen:

- Unerwünschte Zugriffe innerhalb der Heimnetzgruppe
- Unerwünschte Zugriffe von außerhalb der Heimnetzgruppe
- Versehentliche Freigabe von lokalen Daten auf dem PC in öffentlichen Netzen, etwa WLAN-Hotspots

Es kann Sie nicht schützen gegen:

- Das Abhören von Netzwerkverbindungen in öffentlichen Netzen. Wenn Sie etwa ein Mailprogramm verwenden und damit bei einem WLAN-Hotspot Mails abholen, dann ist diese Verbindung (in Grenzen) abhörbar. Abhilfe schafft, auf Dienste im Internet stets über verschlüsselte Protokolle zuzugreifen.

- Den Einbruch von Schadsoftware in Ihr gesamtes Netz über die üblichen Kanäle (Web, Mail, Links etc.). Wenn sich auch nur ein PC in der Heimnetzgruppe infiziert, kann er die anderen PCs belauschen. Abhilfe schafft der Einsatz von Antivirensoftware auf allen PCs.

Die Windows-7-Firewall

Mit Windows XP lieferte Microsoft erstmalig eine Firewall aus, ließ diese aber ab Werk abgeschaltet. Im Zusammenspiel mit einigen Exploits führte dies zu Beginn des letzten Jahrzehnts zu den größten bisher da gewesenen Wurm-Epidemien (vor allem *Blaster* und *Sasser*). Seit Windows Vista ist die Firewall bei der Grundinstallation aktiviert. Und Windows 7 führt erstmalig erweiterte Firewall-Funktionen ein, die den Einsatz einer kommerziellen Firewall nicht mehr unbedingt lohnenswert erscheinen lassen.

HINWEIS

Ich persönlich würde sogar abraten. Der Einsatz einer Firewall von einem Drittanbieter sorgt meiner Erfahrung nach für mehr Probleme als erwünscht.

Funktion einer Firewall

Um die Funktion einer Firewall in Grundsätzen zu verstehen, ist eine kleine Einführung in TCP/IP nötig.

Jedes System im Internet kann mit jedem anderen System im Internet kommunizieren, indem es mit ihm Datenpakete austauscht. Das *Internet Protokoll (IP)* stellt die grundlegende Sprache dar und legt fest, auf welche Weise diese Datenpakete ausgetauscht werden.

Um ein Datenpaket zu transportieren, klebt der Absender einen Paketaufkleber auf die Daten: Er enthält jeweils die *IP-Adresse* des Absenders und des Ziels. Diese besteht aus vier Zahlen mit Werten zwischen 0 und 255, zum Beispiel 192.168.2.1 oder 127.0.0.1.

Ist der Paketaufkleber mit der Adresse auf das Datenpaket aufgeklebt, geht das IP-Datenpaket auf die Reise. Es wandert von Rechner zu Rechner (*Hops*). Alle Hops zwischen Absender und Ziel haben eigene IP-Adressen. Sie kennen die *Route*, die sich aus diesen drei Adressen ergibt, und reichen das Paket entsprechend weiter, bis es sein Ziel erreicht. Daher hat zum Beispiel der DSL-*Router* seinen Namen.

IP-Datenpakete haben verschiedene Typen, darunter *TCP (Transmission Control Protocol)* und *UDP (User Datagram Protocol)*. Sie erweitern die IP-Adressen um sogenannte *Ports*. Die Adresse 192.0.43.10 kommuniziert beispielsweise über Port 23, kurz über 192.0.43.10:23.

Der aus Datenpaketen bestehende Dialog zwischen zwei Internetrechnern besteht also aus Paketen, die zum Beispiel vom Rechner 217.233.89.209:42 über eine gewisse Route zum Rechner 207.46.197.100:42 gelangen.

Anhand der per Doppelpunkt abgetrennten Portnummer weiß die Empfängersoftware, für welche Anwendung die IP-Pakete bestimmt sind. Port 80 heißt zum Beispiel Webserver, Port 20 und 21 stehen für den FTP-Server, 25 und 110 für Mailserver und so weiter.

HINWEIS

Die Portnummern lassen sich theoretisch beliebig verwenden, in der Praxis gibt es eine Liste mit häufig verwendeten Ports, die für bestimmte Anwendungen lose reserviert sind (*www.iana.org/assignments/port-numbers*).

Wer direkt im Internet surft, also sich per DSL oder über einen UMTS-Stick direkt vom PC aus einwählt, erhält (meistens) jedes Mal eine neue IP-Adresse. Wer über einen DSL-Router surft, hat die IP-Adresse häufig für etwa einen Tag, bis der Provider die Verbindung kappt und man sich neu einwählen muss.

Demgegenüber haben die meisten seriösen Server im Internet fest zugewiesene IP-Adressen. Daher muss niemand im Browser *207.46.197.32:80* eingeben, sondern kann stattdessen den Namen der Domäne eingeben, also *http://www.microsoft.de*. Spezielle *Domain Name Server (DNS)* wandeln auf Anfrage die für den Menschen verständliche Eingabe *http://www.microsoft.de* in die für Maschinen nutzbare IP-Adresse *207.46.197.32:80* um.

Auf Windows sind es aus Benutzersicht verschiedene Programme, die auf das Internet zugreifen. Aus der Sicht von Windows sind es vor allem unterschiedliche Prozesse. Der Prozess des Browsers kommuniziert zum Beispiel mit einem Webserver, während parallel der Prozess des Mailprogramms über einen anderen Port mit einem Mailserver kommuniziert.

Das war's schon mit IP.

HINWEIS

Natürlich ist es etwas komplizierter. Über TCP/IP sind ganze Bücher geschrieben worden, hier können also nur die Grundzüge vereinfacht dargestellt werden. Wer sich umfassend in das Thema einlesen will, findet auf *microsoft.com/germany/technet/datenbank/articles/600579.mspx* eine Einführung von Microsoft.

Schon sind wir bei der Personal Firewall: Sie verwendet alle genannten Informationen. Sie prüft jedes IP-Datenpaket und stellt fest,

- um welchen Typ es sich handelt,
- wer Absender und Ziel sind,
- welche Ports es verwendet und
- welche Prozesse und somit Anwendungen für die Kommunikation verantwortlich sind.

Eine Personal Firewall ist also nichts anderes als ein Filter für Datenpakete. Sie entscheidet aufgrund festgelegter Kriterien (Konfiguration), welche Datenpakete sie passieren lässt und welche sie blockiert.

Ihre Aufgaben:

- Schutz gegen Angriffe von außen: Einem typischen Angriff geht normalerweise die Analyse voraus. Dabei wird der PC mit Datenpaketen beschickt und die Reaktionen darauf werden ausgewertet. *Portscans* zum Beispiel finden auf diese Weise offene, also reagierende Ports und können daraus ableiten, welche Anwendungen auf dem Rechner laufen (und welche Exploits sie haben könnten). Die Personal Firewall sorgt dafür, dass die laufenden Prozesse nichts von diesen Kommunikationsanfragen mitbekommen und daher auch nicht reagieren.
- Schutz gegen Angriffe von innen: Hat man sich einen Trojaner eingefangen, will der ja seine spionierten Daten irgendwo hinschicken. Dazu muss er eine Datenverbindung öffnen. Die Personal Firewall erkennt das, fragt den Benutzer um Erlaubnis und kann die Kommunikation im Zweifelsfall unterbinden.

Allerdings funktioniert das nicht immer.

Wo Firewalls versagen

Man unterscheidet zwischen Firewalls im Netzwerk, etwa bei einer Firma, und Firewalls auf dem PC des Anwenders, *Personal Firewalls* oder *Desktop Firewalls* genannt.

Letztere haben systembedingt Schwächen:

- Personal Firewalls laufen auf dem Rechner, den sie schützen sollen. Wird der Rechner kompromittiert, ist auch der Firewall-Schutz dahin.
- Sie sind also nur dann bedingt sinnvoll, wenn der Benutzer höchst umsichtig handelt und außerdem ein Viren-

schutzprogramm einsetzt. Es bleibt aber als Problem, dass Firewalls nicht abwehren können, was sie bedrohen kann: Schadprogramme.

- Personal Firewalls richtig zu konfigurieren, ist eine hohe Kunst, die, vereinfacht gesagt, keiner beherrscht. Die Gefahr ist also groß, dass man sich eine Firewall installiert, sich sicher fühlt, in Wirklichkeit aber nicht sicherer ist als vorher.
- Oder sogar unsicherer. Denn Windows hat bereits Fehler, eine zusätzliche Software fügt weitere Fehler hinzu. Firewall-Exploits werden wie andere Exploits auch in Hacker-Kreisen verbreitet und lassen sich ausnutzen, um in PCs einzudringen oder zumindest die Firewall abzuschalten. (Updates!)
- Um einen Computer sinnvoll verwenden zu können, müssen Sie zum Beispiel dem Browser die Erlaubnis erteilen, auf das Web zuzugreifen. Wenn aber der Browser das kann, dann kann es jede Software, die in der Lage ist, sich als dieser Browser auszugeben.

Aus den vorgenannten Gründen sind Personal Firewalls wie die Windows-7-Firewall eigentlich nicht sinnvoll.

Das gilt aber nur bei sehr strenger Betrachtung. In der Praxis helfen sie natürlich schon. Ein bisschen.

Man sollte sich eben nur nicht blind auf sie verlassen.

Lieber gleich zusätzliche Firewall aus Security Suiten?

Bei Windows XP war es so, dass die eingebaute Firewall nicht mehr war als ein einfacher Paketfilter, noch dazu ein deaktivierter. Firewalls von Drittanbietern waren daher eine einigermaßen sinnvolle Ergänzung.

Bei Windows 7 ist eine Firewall von einem Drittanbieter eigentlich nicht mehr notwendig. Dies gilt erst recht, wenn sich der Rechner hinter einem DSL-Router befindet, denn dieser wirkt (auch ohne Firewall) bereits wie eine gewisse Mauer zwischen Ihrem PC und dem Internet.

Allerdings bieten die Firewalls der Drittanbieter zusätzliche Funktionen. Sie enthalten erweiterte Konfigurationseinstellungen und kommen, wenn auch nicht immer, mit einer Handvoll vorkonfigurierter Programme daher. Einige Firewalls bieten erstaunliche Extras und merken es zum Beispiel, wenn eine Software versucht, ein Bildschirmfoto aufzuzeichnen – es könnte ein Trojaner sein. Und schön bunt sind sie auch.

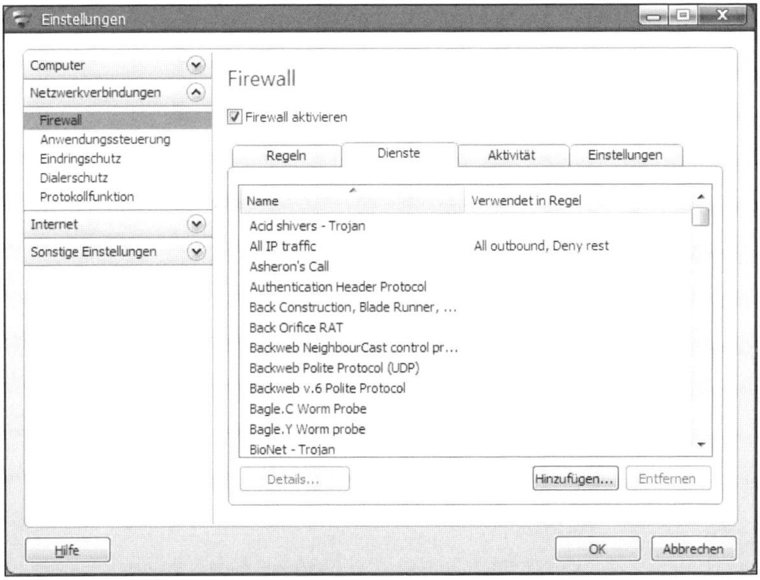

Abbildung 3.80: Kommerzielle Firewalls haben zum Beispiel eine Liste typischer Trojaner und der von ihnen benutzten Ports

Mein Rat ist dennoch, auf sie zu verzichten. Meiner Erfahrung nach schaffen die meisten zusätzlichen Firewalls zusätzliche Probleme und nerven den Benutzer mit ständigen Anfragen, die letztlich nur dazu da sind, ihm das gute Gefühl zu vermitteln, für sein Geld eine Gegenleistung zu erhalten.

Solange Sie also kein spezielles Bedürfnis haben (etwa zu erfahren, welcher Trojaner möglicherweise tätig ist), kommen Sie gut ohne aus. Die Hoffnung, die Firewall würde zum Beispiel

Trojaner daran hindern, Daten zu versenden, ist einfach nur begrenzt berechtigt.

Windows-Firewall öffnen

- Öffnen Sie die Windows-Firewall über *Start / Systemsteuerung / System und Sicherheit / Windows-Firewall.*
- Alternativ drücken Sie die [⊞]-Taste, geben `Windows-Fire` ein und klicken auf *Windows-Firewall.*

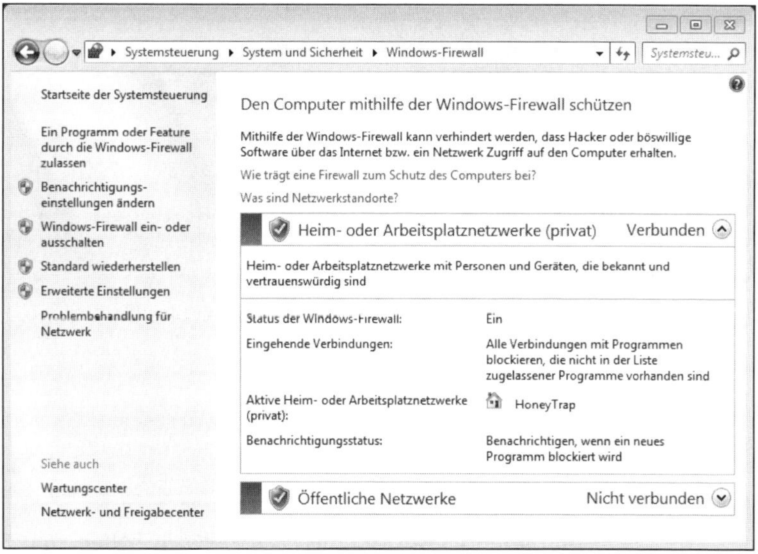

Abbildung 3.81: Windows-Firewall

Auch die Windows-Firewall unterscheidet zwischen zwei Arten von Netzwerken und passt sich automatisch der jeweiligen Situation an:

- *Heim- oder Arbeitsplatznetzwerke (privat)*: Das ist das Netzwerk, das Sie zu Hause oder am Arbeitsplatz verwenden und bei dem sie einigermaßen sicher sein können, dass Angriffe von außen eher ausbleiben.

- *Öffentliche Netzwerke*: Das sind WLAN-Hotspots, Netzzugänge in Hotels oder Internet-Cafés und so weiter, prinzipiell also unsichere Netze, in denen Sie Ihre Nachbarn nicht kennen.

Eingehende und ausgehende Verbindungen

Man unterscheidet zwischen eingehenden und ausgehenden Verbindungen.

- *Eingehende Verbindung*: Ein benachbarter PC im Heimnetz fragt nach Ihren Dateifreigaben oder auch nur dem Namen Ihres PCs. Oder eine Fernsteuerungssoftware klopft bei Ihrem Windows an und fragt nach, ob Sie das Fernsteuern Ihres PCs erlaubt haben. Oder ein Hacker befragt alle Ihre Ports, um die Beschaffenheit Ihres Systems zu analysieren.
- *Ausgehende Verbindung*: Der Webbrowser greift auf eine Website zu. Oder das E-Mail-Programm holt Nachrichten ab. Oder: Eine Spionagesoftware funkt die abgeschöpften Infos in Internet.
- *Gemischte Verbindungen*: Einige Programme arbeiten natürlich in beide Richtungen, typischerweise Chat, Instant Messenger, Internettelefonie und je nach Anwendungsfall auch alle anderen Internetprogramme.

Eingehende Verbindungen blockieren

In der Grundeinstellung geht die Windows-Firewall nur mit eingehenden Verbindungen um. Das bedeutet, nur Anfragen von außen werden überprüft und wahlweise durchgelassen oder gefiltert.

- Ist die Zulassung erteilt, wird die Anfrage von außen an das jeweilige Programm weitergereicht.
- Ist die Zulassung nicht erteilt, wird die Anfrage von außen gefiltert, das jeweilige Programm bekommt nichts davon mit.

In der Hauptsache verhindert man damit *Port-Scans* und *Service-Scans*. Dabei suchen Scanner-Programme nach reagierenden TCP/IP-Ports auf Ihrem System. Deren Reaktionen kann der Angreifer nutzen, um mit den Services und Diensten zu kommunizieren, die sich durch Reaktionen an ihren Ports als kommunikationswillig anzeigen.

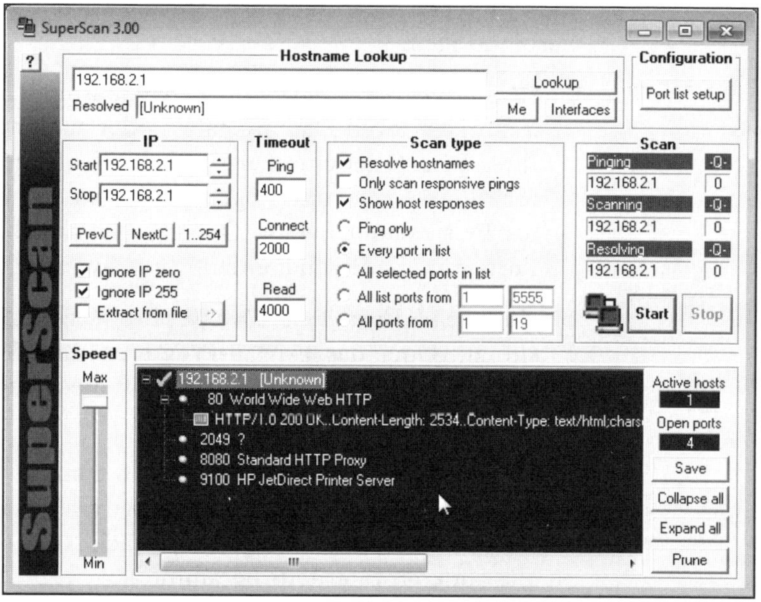

Abbildung 3.82: Ein Port-Scanner zeigt Services

In der obigen Abbildung ist es zum Beispiel der DSL-Router, über den man vor einem Scan nichts weiß, außer seiner IP-Adresse. Der Scan enthüllt, dass er auf Port 80 einen Webserver betreibt und auf Port 9100 einen Printserver.

Wenn Sie selbst ins Internet geben, erhält Ihr Rechner eine IP-Adresse. Welche das ist, erfahren Sie zum Beispiel auf *www.wieistmeineip.de*.

Abbildung 3.83: *www.wieistmeineip.de* ermittelt Ihre IP-Adresse

Potenzielle Angreifer im Internet könnten diese Adresse scannen und so sehen, welche Dienste an Ihrem PC betrieben werden. Sie können Dienste finden, die Schwächen haben könnten, aber auch laufende Trojaner entdecken, die darauf warten, dass jemand ihre Fernsteuerung übernimmt.

Sie können sich probeweise selbst scannen: Sie finden auf *http://grc.com* einen externen Port-Scanner namens *ShieldsUp!*, der an die Türen Ihres Rechners klopft und guckt, ob dieser oder jener Port geöffnet ist.

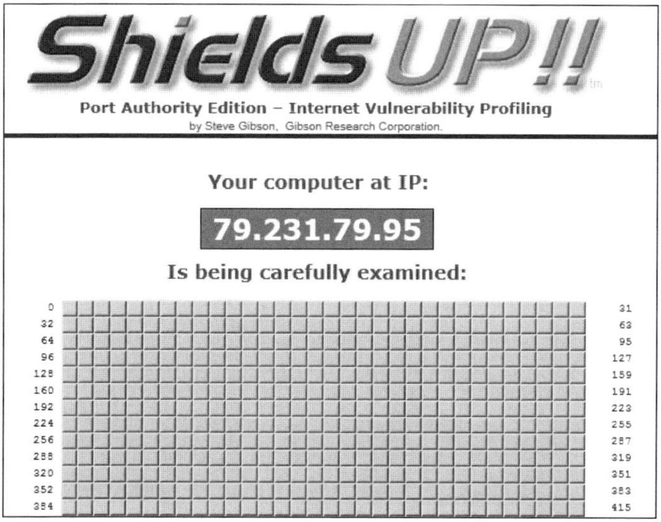

Abbildung 3.84: *www.grc.com/x/ne.dll?bh0bkyd2* scannt Ports

Die Idee der Überprüfung und Blockierung eingehender Verbindungen durch die Firewall ist, dass Sie selbst die Kontrolle darüber behalten, welche der Dienste und Programme auf Ihrem PC reagieren dürfen und welche nicht.

Es folgt aber ein extrem großes Aber:

- Das alles geht nur, wenn Sie selbst direkt mit dem Internet verbunden sind (Modem, ISDN, DSL-Wahlleitung, UMTS/LTE-Surfstick, Handy via Bluetooth).
- Es geht nicht, wenn Sie indirekt (in einer Firma, bei einem WLAN-Hotspot, über einen DSL-Router) verbunden sind, denn der Router bildet einen Übergang zum Internet, der eingehende Verbindungen nicht weiterreicht, sofern es nicht ausdrücklich verlangt wird.

Das bedeutet: Solange Sie sich hinter einem DSL-Router mit sogenannter NAT-Funktion (heute Standard) befinden, solange brauchen Sie eigentlich keine Überprüfung eingehender Verbindungen durch die Windows-Firewall. Denn Kontaktversuche ebenso wie Port-Scans laufen sowieso am Router auf. Und der ist relativ simpel und stur und daher sicher.

Die Situation ändert sich, sobald Sie sich in ein Internet-Café oder an einen WLAN-Hotspot begeben. Dort sitzen möglicherweise Angreifer, die alle anderen Nutzer scannen. Dann hilft der Portblocker der Windows-Firewall.

Eine gewisse Gemengelage ergibt sich, wenn Sie bedenken, dass einer der Rechner in Ihrem Heimnetz infiziert worden sein könnte: Er könne als Vorposten dienen, um andere Rechner zu scannen.

Es schadet daher nicht, die Windows-Firewall zu verwenden. Es gibt keinen Grund, sie auszuschalten.

HINWEIS

Wer mit einem mobilen Rechner ständig zwischen Büro, Campus oder WLAN-Hotspots und zu Hause wechselt, setzt diesen einer gewissen Gefahr aus, die sich wiederum auf sein

Heimnetzwerk auswirken kann. Es gibt die Möglichkeit, dem mit *Router-Kaskaden* entgegenzuwirken: Sie verbinden dabei die stationären PCs des Heimnetzes über einen zweiter Router, der gemeinsam mit dem unsicheren Notebook wiederum mit dem ersten Router verbunden sind. Alle können ins Internet, dennoch werden die beiden Netze recht gut voneinander abgeschirmt, sodass Schadprogramme nicht vom Notebook auf die anderen Rechner überspringen. Das Ganze ist aber teuer, je nach Router-Typ höchst aufwendig und daher eher nicht praktikabel.

Kommunikation auf Nachfrage zulassen oder verbieten

Sobald eine Anwendung ihre Ports in Richtung Internet öffnet, fragt Windows automatisch, ob Sie dafür die Erlaubnis erteilen wollen oder nicht.

Das sieht so aus:

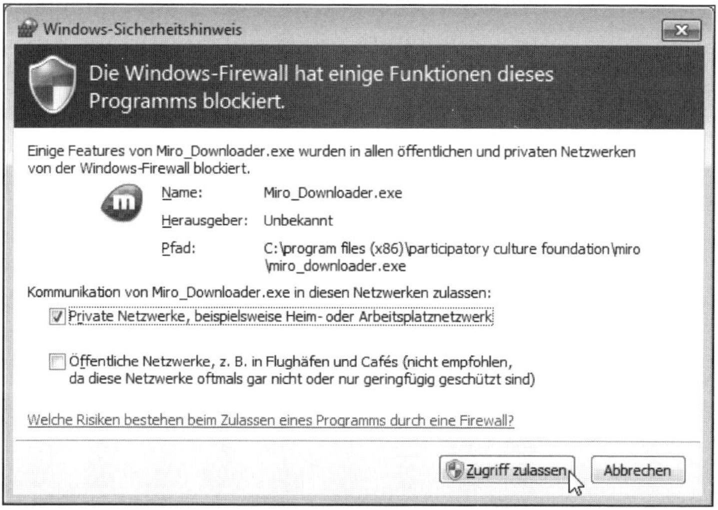

Abbildung 3.85: Einzelne Frage der Windows-Firewall

Aktivieren oder deaktivieren Sie die Optionen je nach Wunsch, klicken Sie auf *Zulassen* und bestätigen Sie die Abfrage der Benutzerkontensteuerung mit *Ja*.

Beachten Sie dabei stets folgende Dinge:

- ✔ Haben Sie selbst soeben ein Programm gestartet oder eine Funktion eines Programms verwendet, die auf das Internet zugreift oder die möglicherweise Internetzugriff brauchen könnte?
  - ✔ Wenn nein, dann sollten Sie misstrauisch werden. Die Meldung erscheint fast immer nur nach dem erstmaligen Start neu installierter Programme. Sie erscheint nicht einfach so, ohne Anlass.
  - ✔ Wenn doch, dann können Sie den Zugriff durchaus zulassen.
- ✔ Beachten Sie auch den angezeigten Pfad zum gestarteten Programm. Der sagt natürlich vor allem fortgeschrittenen Anwendern etwas, aber der Programmpfad und das gestartete Programm sollten Ihnen bekannt vorkommen. Kryptische Pfade und Programmnamen sollten hingegen Ihr Misstrauen wecken. Leider ist das keine zuverlässige Methode, Schadprogramme zu erkennen – aber einen Versuch ist es wert.
- ✔ Handelt es sich überhaupt um ein Programm, das auf Kontaktversuche auf dem Internet reagieren sollte? Bei Internetprogrammen aller Art liegt das auf der Hand. Auch viele Spiele informieren die Hersteller über einen zentralen Server im Internet über ihre Nutzung und funktionieren nicht, wenn das blockiert wird. Text- und Bildbearbeitungen hingegen brauchen keinen solchen Zugriff.
- ✔ Wie üblich unterscheidet Windows auch hier zwischen privaten Netzwerken (Heimnetzwerk, Arbeitsplatznetzwerk) und öffentlichen Netzwerken. Die Erlaubnis *Zugriff zulassen* gilt also jeweils nur für den Bereich, für den Sie ein Häkchen gesetzt haben.

- Verwenden Sie zum Beispiel Instant Messenger oder Skype auf einem Notebook, dann sollten Sie auch für öffentliche Netze die Erlaubnis erteilen, sonst funktioniert Skype dort nicht.
- Verwenden Sie zum Beispiel einen lokal installierten Webserver wie Apache als Dienst, sollten Sie die Erlaubnis nur für private Netze erteilen, sonst ist der Dienst an Hotspots erreichbar.

- Sie können beide Optionen deaktivieren und auf *Abbrechen* klicken und auf diese Weise die Zulassung entziehen. Aber: Das bedeutet nicht, dass Sie das Programm blockieren! Es bedeutet nur, dass Windows eingehende Verbindungsversuche mit diesem Programm filtert. Hier gesperrte Programme können über ausgehende Verbindungen ungehindert auf das Internet zugreifen.

Keine Sorge: Man kann sich hier auch mal falsch entscheiden, denn die Einstellungen lassen sich nachträglich bearbeiten.

Firewall-Zulassungen nachträglich bearbeiten

- Öffnen Sie die Windows-Firewall über *Start / Systemsteuerung / System und Sicherheit / Windows-Firewall.*
- Klicken Sie links auf *Ein Programm oder Feature durch die Windows-Firewall zulassen.*

Abbildung 3.86: Firewall-Einstellungen überarbeiten

- Es erscheint eine Liste aller irgendwie erfassten Programme. Sie ist unvollständig: Es gibt zum Beispiel Programme, die nie einen Zugriff über das Internet angefordert haben – solche werden hier nicht gelistet.
- In der Regel können nur Benutzer mit Administratorrechten diese Einstellungen ändern: Klicken Sie rechts oben auf *Einstellungen ändern*, um sich diese Rechte zuzuweisen.

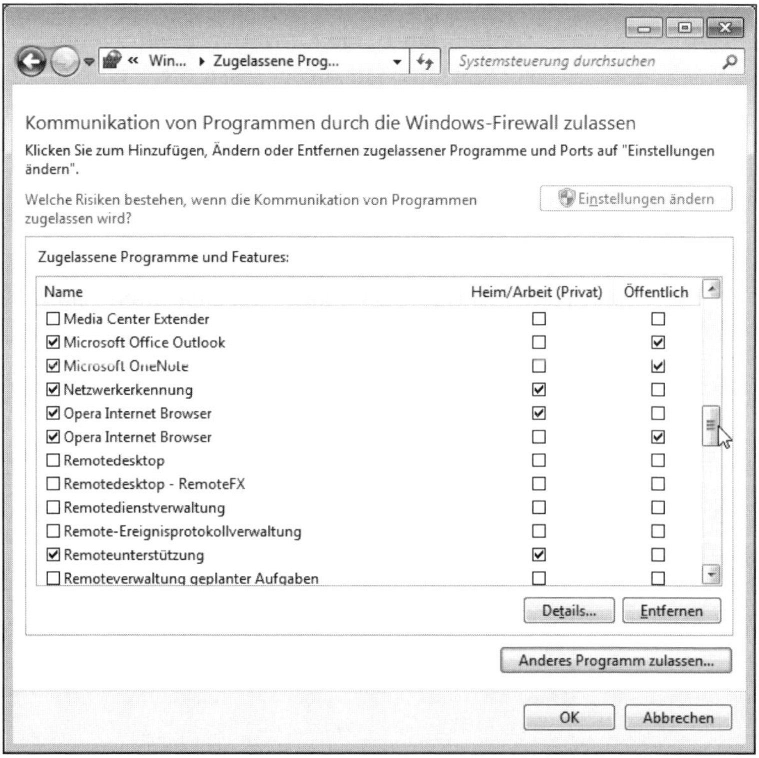

Abbildung 3.87: Liste eingehender Verbindungsmöglichkeiten

- Ist die Option vor dem Programm- oder Dienstenamen deaktiviert, filtert Windows Anfragen von außen an dieses Programm generell.

- Ist die Option vor dem Programm- oder Dienstenamen aktiviert, leitet Windows prinzipiell Anfragen von außen an dieses Programm weiter.
- Ist die Option in der Spalte *Heim/Arbeit (Privat)* oder *Öffentlich* aktiviert, gilt die Erlaubnis nur dann, wenn der aktuelle Netzwerkort dem entspricht.
- Ein paar Beispiele:

Bei folgender Einstellung gestattet die Firewall im Heimnetz eingehenden Verbindungen, mit der Remoteunterstützung Kontakt aufzunehmen. Bei einem WLAN-Hotspot wird eine solche Anfrage nicht durchgelassen.

Name	Heim/Arbeit (Privat)	Öffentlich
☑ Remoteunterstützung	☑	☐

Abbildung 3.88: Privat erlaubt

Bei der folgenden Konfiguration gestattet die Windows-Firewall der Anwendung Skype, eingehende Kontaktversuche stets anzunehmen – egal in welchem Netz.

Name	Heim/Arbeit (Privat)	Öffentlich
☑ Skype	☑	☑

Abbildung 3.89: Alles erlaubt

Ist die Erlaubnis entzogen, filtert die Windows-Firewall wie im folgenden Beispiel für den Media Center Extender jeden Kontaktversuch von außen.

Name	Heim/Arbeit (Privat)	Öffentlich
☐ Media Center Extender	☐	☐

Abbildung 3.90: Nichts erlaubt

Es ist wichtig, sich eines klarzumachen: Wo keine Erlaubnis vorliegt, bedeutet das *nicht*, dass diese Anwendung nicht ihrerseits auf das Internet zugreifen kann. Nur eingehende Kontaktversuche werden gefiltert.

HINWEIS

Bei einigen Einträgen sehen Sie gelegentlich zwei identische oder leicht verschiedene Programmnamen. Seine Ursache hat das zum Beispiel darin, dass eine neue Version der jeweiligen Software installiert wurde oder dass in einer Software zwei verschiedene Bestandteile für eingehende und ausgehende Verbindung zuständig sind.

Was Sie nicht blockieren sollten

- Internetanwendungen, denn diese brauchen den Zugriff.
- Die Einträge *Kernnetzwerk, Netzwerkerkennung, Datei- und Druckerfreigabe, Heimnetzgruppe*, denn die brauchen den Zugriff ebenfalls. Wenn Sie diese offenen Stellen loswerden wollen, schalten Sie sie besser über die *Erweiterten Freigabeeinstellungen* ab. Denn es ist natürlich unsinnig, Kommunikationsdienste zu betreiben und diese zu blockieren, statt die Kommunikationsdienste selbst zu beenden.

Was tun, wenn man falsch konfiguriert hat?

Ganz klassisches Problem: Plötzlich geht irgendwas nicht mehr, weil man zu viel an der Firewall herumgefummelt hat.

Sie können einzelne Einstellungen löschen:

- Öffnen Sie die Windows-Firewall über *Start / Systemsteuerung / System und Sicherheit / Windows-Firewall.*
- Schließen Sie das Programm, das Probleme macht.
- Klicken Sie in den Firewall-Einstellungen links auf *Ein Programm oder Feature durch die Windows-Firewall zulassen.*
- Klicken Sie bei Bedarf rechts oben auf *Einstellungen ändern*, um sich diese Rechte zuzuweisen.

- Markieren Sie einen Eintrag in der Liste: den, dessen Programm gerade Probleme macht. Klicken Sie dann auf *Entfernen*.
- Der Eintrag wird gelöscht. Schließen Sie die Firewall-Einstellungen.
- Starten Sie das Programm, das vorhin Probleme machte. Windows wird erneut die Fragen nach den Rechten stellen, die nun neu angegeben werden können.

Firewall zurücksetzen

Typisch auch: Man hatte die Firewall eines Drittanbieters installiert, nun aber mit der Suite deinstalliert und nichts geht mehr.

Sie können dann alles auf einmal zurücksetzen:

- Öffnen Sie die Windows-Firewall über *Start / Systemsteuerung / System und Sicherheit / Windows-Firewall*.
- Klicken Sie in der Spalte links auf *Standard wiederherstellen*. Bestätigen Sie mit *Standard wiederherstellen*.
- Windows wird bei startenden Programmen die Fragen nach den Rechten gegebenenfalls neu stellen und so eine neue Liste aufbauen.

Alle Verbindungen blockieren

Sie können die Windows-Firewall so einstellen, dass sie prinzipiell alle eingehenden Verbindungsversuche filtert:

- Öffnen Sie *Systemsteuerung / System und Sicherheit / Windows-Firewall* und klicken Sie links auf *Benachrichtigungseinstellungen ändern*.
- Um per Vorgabe alle eingehenden Verbindungsversuche zu filtern, aktivieren Sie die Option *Alle eingehenden Verbindungen blockieren ...*.

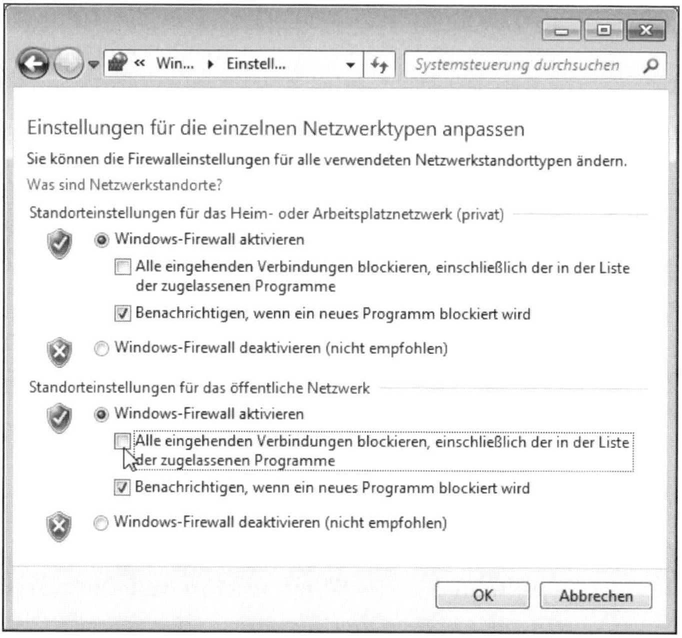

Abbildung 3.91: Alle eingehenden Verbindungen blockieren

Das ist allerdings nur in einem öffentlichen Netz sinnvoll. Besser wäre es, dann einfach die WLAN-Funktion des Notebooks abzuschalten. In einem privaten Netz sollte man alles so lassen, wie es ist.

Nachfragen abschalten

Per Vorgabe fragt die Windows-Firewall bei jedem Versuch einer Anwendung nach, Kommunikationskanäle nach außen zu öffnen. Das können Sie unterbinden und zum Beispiel stets alles blockieren lassen.

✓ Deaktivieren Sie dazu die Option *Benachrichtigen, wenn ein neues Programm blockiert wird.*

Es ist allerdings nicht ratsam, das abzuschalten, denn gehäufte Meldungen der Firewall können Hinweise auf aktive Schadprogramme geben.

Ausgehende Verbindung blockieren

Die Windows-7-Firewall kann nicht nur eingehende, sondern auch ausgehende Verbindungen blockieren und auf diese Weise auch nach Hause telefonierende Programme zum Schweigen bringen.

Was gegen die erweiterte Firewall spricht

Die „erweiterte" Firewall entspricht funktional typischen kommerziellen Programmen. Jenseits eher exotischer Szenarios gibt es aber keinen Grund, sie zu verwenden. Sie ist recht kompliziert zu bedienen. Und letztlich ergibt sich das systemimmanente Problem, dass, wenn Sie einer einzigen Windows-Anwendung ausgehenden Zugriff auf das Internet gewähren, Sie damit auch allen Anwendungen auf die eine oder andere Weise Zugriff gewähren.

Ein ganz einfaches Beispiel mag das verdeutlichen: Auf einem PC seien alle Programme außer dem Browser blockiert.

- ✓ Klicken Sie mit der rechten Maustaste auf den Desktop und wählen Sie *Neu / Verknüpfung*.
- ✓ Geben Sie als Verknüpfung `http://blindsearch.fejus.com/?q=%computername%` (oder, falls Sie die Verwendung Ihres Nutzernamens nicht stört, `http://blindsearch.fejus.com/?q=%username%`) ein und klicken Sie auf *Weiter*.

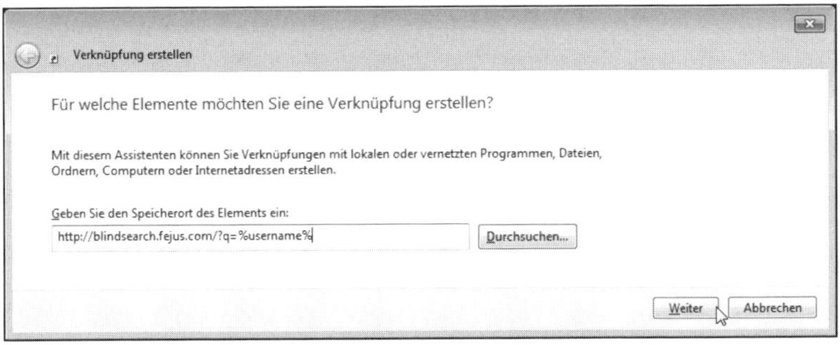

Abbildung 3.92: Dieser Aufruf übergibt den Benutzernamen

- Geben Sie als Namen `Transmit` ein und klicken Sie auf *Fertig stellen*.

Sie haben nun auf dem Desktop ein Icon namens *Transmit*. Klicken Sie doppelt darauf, startet der Browser und Sie erhalten das Ergebnis einer Suchmaschine, die nach dem Namen Ihres Computers sucht. Der wesentliche Punkt hier ist, dass eine Information, nämlich der Name Ihres Computers oder Ihres Benutzerkontos, sich allein schon dadurch ins Internet übertragen lässt, dass man sie zum Teil einer aufrufenden Webadresse macht. Es reicht also, wenn der Webbrowser nicht blockiert ist – dann kann prinzipiell jedes Programm ihn irgendwie dazu bringen, Informationen zu überreichen.

HINWEIS

> In Wirklichkeit ist es natürlich komplizierter. Schadprogramme schleichen sich direkt in vorhandene Programme ein und surfen sozusagen auf deren Schultern. Umgekehrt könnten Sie aber zum Beispiel per Firewall dem Browser nur erlauben, auf bekannte Websites wie *spiegel.de* und so weiter zuzugreifen, dann würde *Transmit* scheitern. In der Praxis ist das aber einfach zu aufwendig.

Grundsätzliches Verhalten steuern

Abbildung 3.93: Erweiterte Firewall starten

- Öffnen Sie *Start / Systemsteuerung / System und Sicherheit / Windows-Firewall*.
- Klicken Sie links auf *Erweiterte Einstellungen* und bestätigen Sie gegebenenfalls die Abfrage der Benutzerkontensteuerung mit *Ja*.
- Sie haben nun die Basis-Ansicht der erweiterten Firewall vor sich.
- Markieren Sie in der Spalte links den Eintrag *Windows-Firewall mit erweiterter Sicherheit* und klicken Sie rechts auf *Eigenschaften*.
- Hier sehen Sie die grundsätzlichen Einstellungen der Firewall. Jedes Register bedient dabei einer der vordefinierten Netzwerkorte wie *Privat*, *Arbeitsplatznetz* oder *Öffentlich*. Sie können die Firewall gänzlich abschalten (wovon abzuraten ist) und verschiedene Benachrichtigungs- und Protokolleigenschaften festlegen.
- Wirklich spannend ist nur das Listenfeld *Ausgehende Verbindungen*, das per Vorgabe auf *Zulassen (Standard)* eingestellt ist.

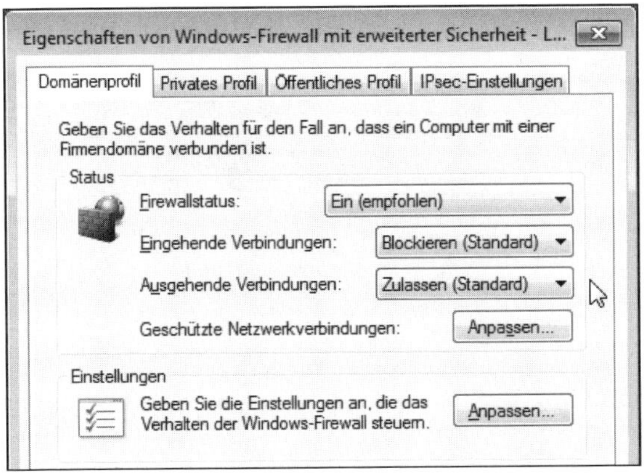

Abbildung 3.94: Ausgehende Verbindungen sind per Vorgabe erlaubt

- Es gibt zwei Philosophien:
  - Sie lassen prinzipiell alles zu. Sie sperren nur, was Sie sperren wollen (Vorgabe). Das ist bequem und einfach. Allerdings können theoretisch Spionageprogramme ungehindert Ihre Daten ins Internet übertragen.
  - Sie blockieren prinzipiell erst mal alles. Sie geben dann erst frei, was Zugriff haben darf. Das ist unbequem und aufwendig. Spionageprogramme können theoretisch nicht ungehindert Ihre Daten ins Internet übertragen, weil der Zugriff blockiert ist. In der Praxis ist diese Konfiguration so aufwendig und mit so vielen Alltagsproblemen verbunden, dass sie kein Mensch nutzt. Möglich wäre es jedoch.
- Klicken Sie auf *Abbrechen.*

Ausgehende Verbindungen prüfen

Die Basis-Ansicht der erweiterten Firewall unterscheidet zwischen eingehenden und ausgehenden Regeln.

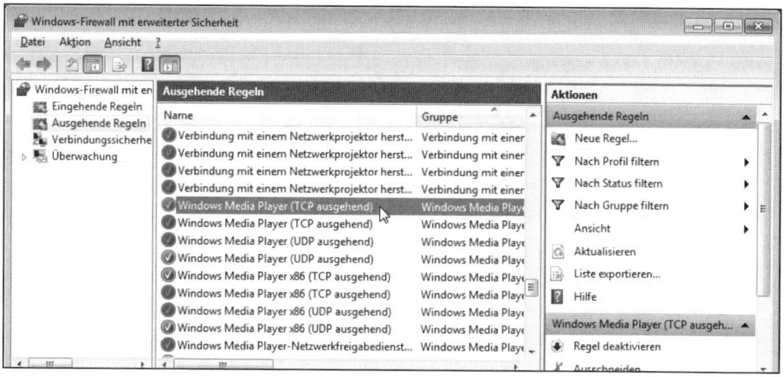

Abbildung 3.95: Regeln für ausgehende Verbindungen

- Klicken Sie links auf *Eingehende Regeln.* Was Sie hier sehen, entspricht im Großen und Ganzen den Einstellungen, die Sie von der vereinfachten Ansicht der Firewall schon kennen. Sie ist dort einfacher zu verwalten als hier.

- Klicken Sie links auf *Ausgehende Regeln*. Hier speichert die Windows-Firewall die Regeln, um den Internetzugriff laufender Programme zu steuern.

Regel für ausgehende Verbindungen prüfen

Jede Regel speichert eine Gruppe von Verhaltensmustern für ein Programm.

- Klicken Sie doppelt auf einen Eintrag, zum Beispiel *Windows Media Player (TCP ausgehend)*.
- Es öffnet sich der Editor für eine einzelne Regel. In diesem speziellen Fall lassen sich nicht alle Eigenschaften ändern, aber es geht ja auch nur darum, sie kurz vorzustellen.
- Im Register *Allgemein* legen Sie zum Beispiel fest, ob es sich um eine zulassende Regel handelt oder um eine blockierende Regel. Sie können eigene Regeln, die nicht funktionieren, auch einfach vorrübergehend deaktivieren, bis Sie wieder Zeit haben, sich darum zu kümmern.

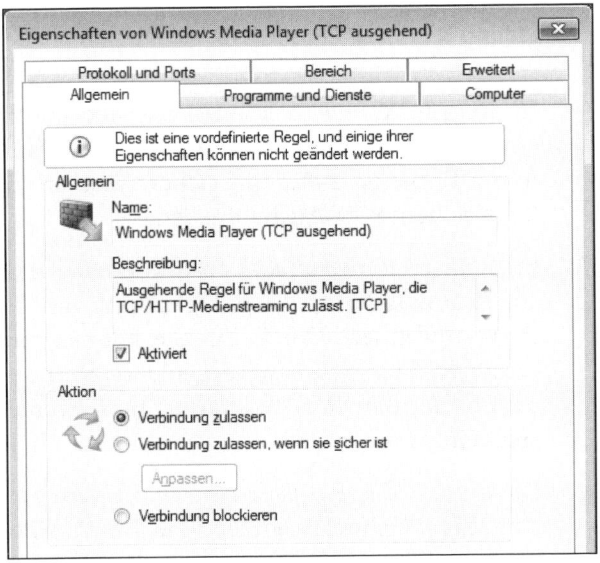

Abbildung 3.96: Jede Regel kann blockieren oder zulassen

- Im Register *Programme und Dienste* wird festgelegt, für welches Programm die Regel angewendet wird. Das Programm muss dabei als Windows-Programmdatei zugewiesen werden. Zusätzlich lassen sich Dienste festlegen. So könnte man zum Beispiel bei einer grundsätzlichen Blockade Update-Dienste von Drittanbietern über diese Einstellungen erlauben.

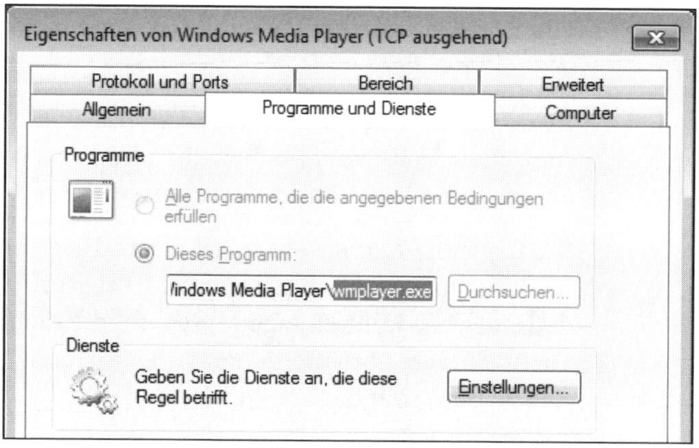

Abbildung 3.97: Jede Regel gilt für ein Programm oder einen Dienst

- Im Register *Computer* können Sie theoretisch festlegen, dass die Anwendung nur auf bestimmte Computer zugreifen soll. In der Praxis ist dafür eine sichere Verbindung mit IPsec nötig, was heute die Ausnahme ist.
- Im Register *Protokoll und Ports* können Sie die Regel gezielt auf Protokolltypen (TCP, UDP) und lokale sowie entferne Ports anwenden. Das heißt, Sie können einer Anwendung verbieten oder erlauben, vom lokalen Port 1 eine Verbindung zum entfernten Port 2 vorzunehmen, wenn das notwendig erscheint.
- Dazu passt das Register *Bereich*, in dem Sie festlegen können, für welche IP-Adresse die Regel gültig sein soll. So könnten Sie zum Beispiel generell auf einem Rechner alles blockieren und ihm Zugriff auf die IP-Adresse eines ande-

ren Rechners geben und umgekehrt. Oder Sie können gezielt die Kommunikation mit Servern im Internet verbieten oder eben erlauben. Man könnte sich damit einen eigenen Jugendschutzfilter oder Werbe-Blocker basteln, indem man die entsprechende Adresse blockiert.

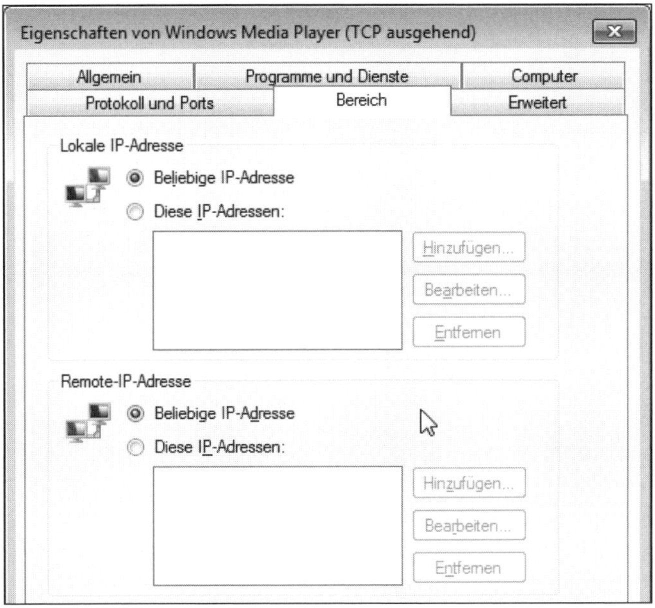

Abbildung 3.98: Einzelne IP-Adressen lassen sich erlauben oder verbieten

- Im Register *Erweitert* schließlich können Sie zum Beispiel festlegen, in welchem Netzwerkort die Regel gilt. Über die *Schnittstellentypen* legen Sie außerdem fest, dass eine Regel zum Beispiel nur in WLANs gelten soll.

Wie Sie sehen, sind die Möglichkeiten unendlich. Das macht es so schwierig, eine Firewall für den Einsatz auf einem normalen PC sinnvoll zu konfigurieren.

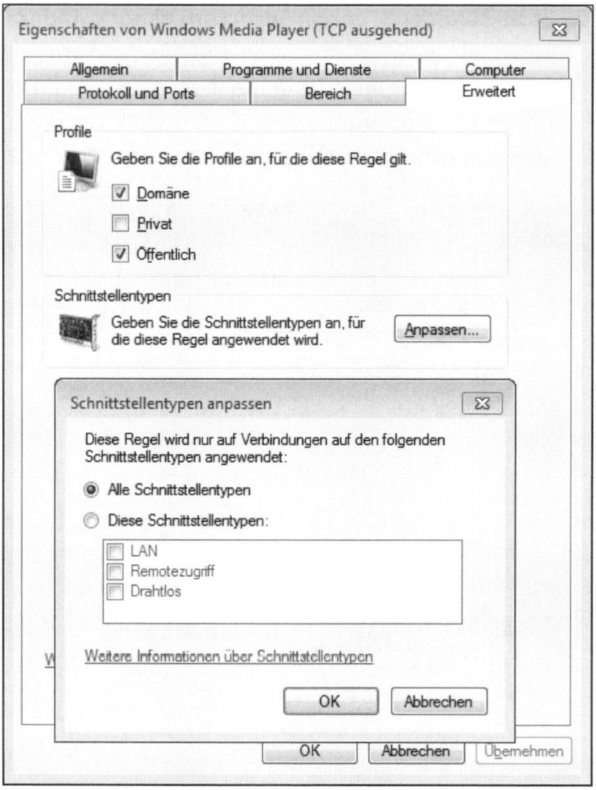

Abbildung 3.99: Das Register *Erweitert*

Einzelnes Programm mit erweiterter Firewall blockieren

Das folgende Beispiel blockiert beispielhaft alles außer Firefox. Es lässt sich auf beliebige andere Programme übertragen.

Zunächst blockieren Sie einfach mal alles:

- Starten Sie in der Hauptansicht *Windows-Firewall mit erweiterter Sicherheit.*

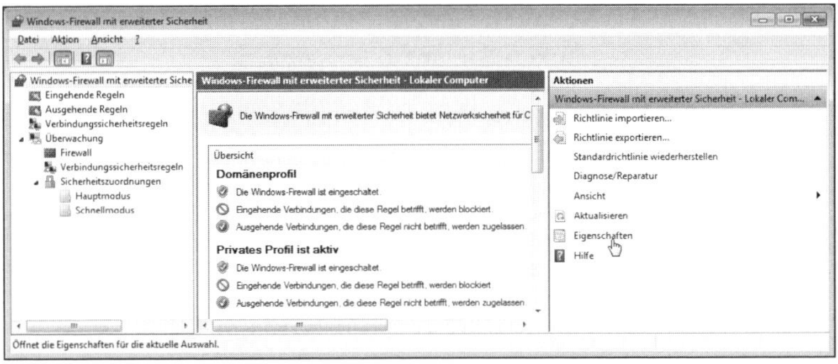

Abbildung 3.100: Die erweiterte Windows-Firewall

- Klicken Sie im Firewall-Konfigurationswerkzeug rechts in der Spalte *Aktionen* auf *Eigenschaften*.
- Wechseln Sie ins Register *Privates Profil*.

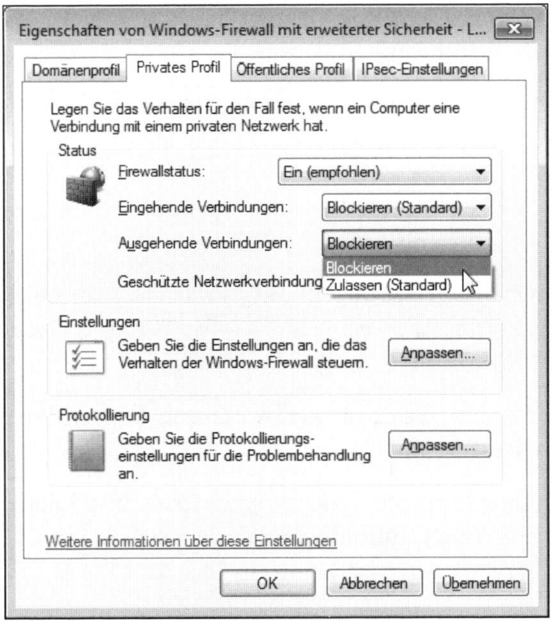

Abbildung 3.101: Register *Privates Profil*

- Schalten Sie *Ausgehende Verbindungen* um auf *Blockieren* und klicken Sie auf *Übernehmen.*
- Wiederholen Sie den Vorgang für die Register *Öffentliches Profil* und *Domänenprofil.* Wie üblich wendet Windows die Regeln danach an, welchen Netzwerkort Sie eingestellt haben. Sie könnten also die Blockade auf Wunsch auch im Privatnetz erlauben, in der Öffentlichkeit hingegen verbieten.
- Klicken Sie abschließend auf *OK.*

Sie können die Wirkung sofort überprüfen: Starten Sie einen Browser oder eine andere Internetsoftware. Nichts kann aufs Internet zugreifen. Perfekter Schutz.

Nun richten Sie eine Ausnahme für Firefox ein:

- In der Hauptansicht *Windows-Firewall mit erweiterter Sicherheit* markieren Sie in der Spalte links den Eintrag *Ausgehende Regeln.* Die Firewall zeigt hier alle Regeln, die für ausgehende Verbindungen gelten.
- Klicken Sie rechts auf *Neue Regel.*
- Wählen Sie *Programm* und klicken Sie auf *Weiter.*
- Klicken Sie auf *Durchsuchen* und wählen Sie das Programm, das zugreifen dürfen soll.
- Wechseln Sie auf 32-Bit-Windows zum Ordner *C:\Programme\Mozilla Firefox*, auf 64-Bit-Windows wechseln Sie zu *C:\Program Files (x86)\Mozilla Firefox.*
- Wählen Sie darin *firefox.exe* und klicken Sie auf *Öffnen.* Klicken Sie auf *Weiter.*
- Aktivieren Sie *Verbindung zulassen* und klicken Sie auf *Weiter* und noch einmal auf *Weiter.* Geben Sie einen Namen wie `Firefox-Ausgehend` ein und klicken Sie auf *Fertig stellen.*

Probieren Sie es aus: Firefox kann nun wieder auf das Web zugreifen, andere Programme – etwa der Internet Explorer – aber nicht mehr.

Auf analoge Weise können Sie nun für alle Ihre installierten Programme die Zugriffsrechte einstellen und so versuchen, Trojaner per Firewall zu bekämpfen.

Erweitere Firewall schneller starten

- Drücken Sie die [Windows]-Taste, geben Sie `wf.msc` ein und drücken Sie [Enter].

Firewall-Assistent

Recht nützlich ist der Firewall-Assistent:

- Starten Sie in der Hauptansicht *Windows-Firewall mit erweiterter Sicherheit*.
- Klicken Sie links auf *Verbindungssicherheitsregeln* und rechts auf *Neue Regel*.
- Der Assistent hält vorkonfigurierte Regelsätze bereit, über *Benutzerdefiniert* legen Sie völlig eigene Regeln fest.

Der Assistent führt Sie dann durch Menüs wie Eckpunkte und Anforderungen einer Verbindung, Protokolle und Ports und so weiter.

Fazit: Windows-Firewall

Die Windows-Firewall beschützt Sie auf folgende Weise:

- Bei korrekter Auswahl des Netzwerkortes – vor allem zu Hause versus öffentlich – schützt sie private ebenso wie berufliche Anwender gegen Port-Scans und Zugriffsversuche auf ihre Rechner.
- Sie meldet per Vorgabe Programme, die einen Kommunikationsport in Richtung Internet öffnen. Mit erweiterter Konfiguration können Sie in Grenzen verhindern, dass Programme von Windows auf das Internet zugreifen.

Die Firewall kann Sie nicht gegen alles schützen:

- Anwendungen, die Sie für den sinnvollen Internetzugriff freigeben mussten, können ihrerseits Schwächen haben, die sich durch die Freigabe exploiten lassen. Abhilfe: auf aktuelle Versionen aller Programme achten.
- Die Zugriffsperre auf das Internet ist kompliziert zu bedienen. Und: Sie lässt sich mit hinreichendem Aufwand umgehen.
- Die Firewall kann zwar prinzipiell Schadprogramme an der Kommunikation hindern, doch Schadprogramme können ihrerseits auch die Firewall abschalten. Hier hilft nur der Virenschutz.

Eingebauter Windows-7-Virenschutz

Windows 7 kommt ab Werk mit zwei eher versteckten Virenscannern daher. Der eine ist als *Windows Defender* noch aus Vista bekannt, auf Windows 7 tritt er aber deutlich diskreter auf. Der andere versteckt sich in Updates.

Tool zum Entfernen bösartiger Software

Allmonatlich installiert Windows über *Windows Update* automatisch eine Software namens *Microsoft Windows-Tool zum Entfernen bösartiger Software*. Diese taucht nirgendwo auf, denn das Tool wird über die Windows-Updates geradezu versteckt hinzugefügt (siehe Abbildung 3.102).

- Drücken Sie die Tastenkombination [Win] + [R], geben Sie als Kommando `mrt` ein, drücken Sie [Enter] und bestätigen Sie gegebenenfalls die Nachfrage der Benutzerkontensteuerung mit einem Klick auf *Ja* (siehe Abbildung 3.103).
- Es erscheint das Tool. Achten Sie darauf, dass in der Titelzeile ein Datum zu sehen ist, das nicht älter ist als der letzte Monat.

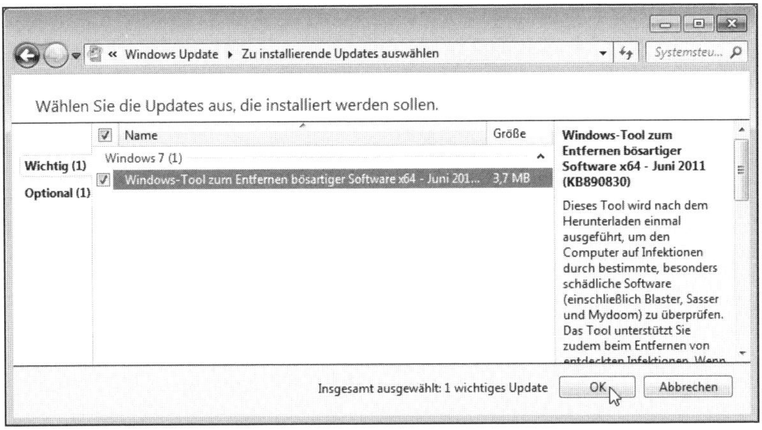

Abbildung 3.102: Windows-Tool zum Entfernen bösartiger Software

Es lässt sich aber bei Bedarf manuell aufrufen:

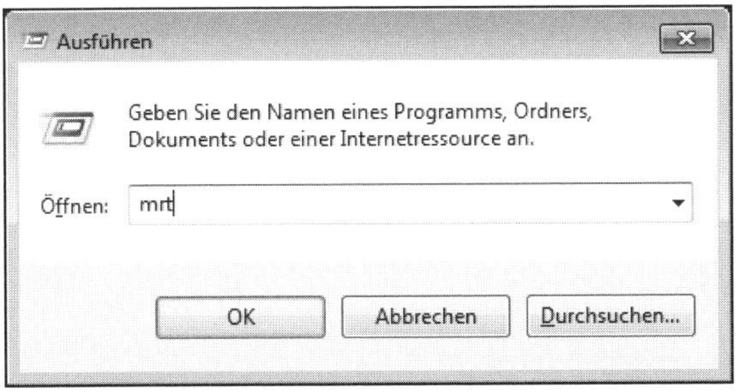

Abbildung 3.103: Manuelle Ausführung von *mrt.exe*

- *mrt.exe* erkennt und entfernt nur die wichtigsten Schadprogramme, aber genau die fängt man sich ja mit der größten Wahrscheinlichkeit ein. Klicken Sie bei Interesse auf *Eine Liste der bösartigen Software anzeigen, die dieses Tools ermittelt und entfernt.*
- Oder klicken Sie auf *Weiter.*

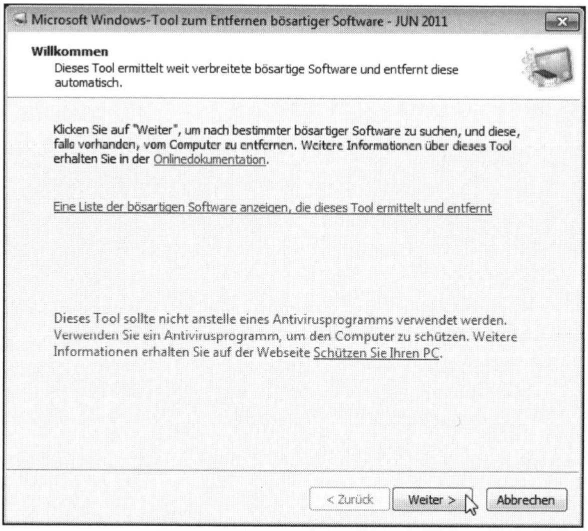

Abbildung 3.104: *mrt.exe*

✔ Wählen Sie *Vollständige Überprüfung* und klicken Sie auf *Weiter*.

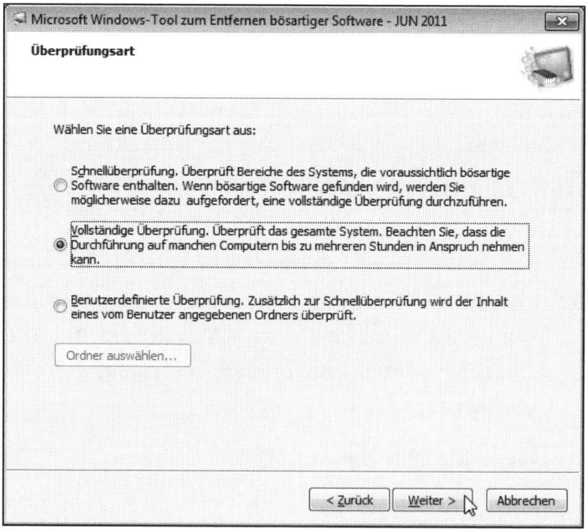

Abbildung 3.105: Vollständige Überprüfung

- Die Virensuche beginnt sofort.

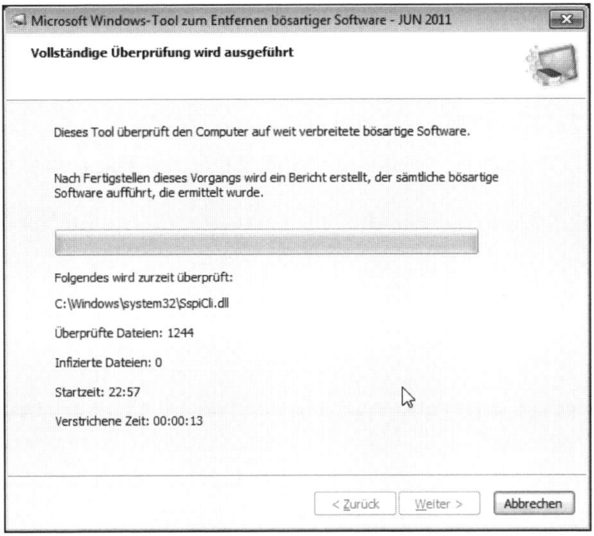

Abbildung 3.106: Virensuche mit *mrt.exe*

Dieses Tool ist kein Ersatz für ein echtes Antivirenprogramm. Es soll nur in bestimmten Fällen eingesetzt werden:

- Sie haben vor wenigen Sekunden erst aus Versehen irgendetwas gestartet und sind sich nun nicht mehr sicher, ob das eine gute Idee war. Dann starten Sie das Tool am besten noch vor dem Neustart.
- Sie haben den Verdacht auf eine bekannte Infektion wie *Netsky*, *Magistr*, *Mydoom* oder *Blaster* oder einen bekannten Trojaner wie *Optix*. All diese bösartige Software kann das Tool unter Umständen entfernen.

Es ist gewiss kein Allheilmittel, aber einen Versuch ist es immer wert.

Windows Defender

Windows Defender ist als Antispyware in Windows enthalten und wird automatisch ausgeführt. Es schützt den Rechner in Grenzen durchaus vor ganz typischen Angriffen und sollte daher nicht deaktiviert werden.

Ab Werk ist Windows Defender allerdings ziemlich versteckt.

- ✓ Drücken Sie die ⊞-Taste, geben Sie im Schnellsuchfeld `Defender` ein und klicken Sie in der Ergebnisliste auf *Windows Defender*.

HINWEIS

Achtung: Wenn das Programm nicht startet, sondern Sie einen Hinweis erhalten, dass es deaktiviert sei, dann ist das in der Regel richtig. Grund ist, dass bereits eine andere Antivirensoftware installiert wurde. Versuchen Sie dann nicht, Windows Defender zu reaktivieren.

- ✓ Es startet Windows Defender.

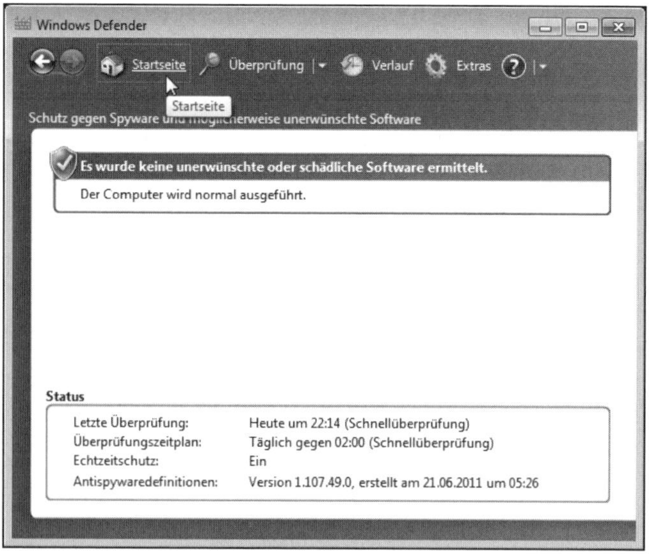

Abbildung 3.107: Windows Defender

- Auf der *Startseite* können Sie den Status überprüfen. Wichtig ist der grüne Status. Es schadet auch nicht, einen Blick auf das Datum der letzten Überprüfung und der letzten Updates zu wagen. Wie alle Virenscanner ist auch Windows Defender nur so gut wie seine Signaturen, die es allerdings automatisch täglich per Windows Update bezieht.
- Klicken Sie auf *Überprüfung*, um eine manuelle Schnellüberprüfung des Systems zu starten.
- Klicken Sie stattdessen auf das kleine Dreieck neben *Überprüfung*. Dann haben Sie die Möglichkeit, auch eine *Vollständige Überprüfung* (alle Dateien auf allen Laufwerken) oder eine *Benutzerdefinierte Überprüfung* (Sie wählen selbst einige Verzeichnisse auf verschiedenen Laufwerken aus) zu starten.

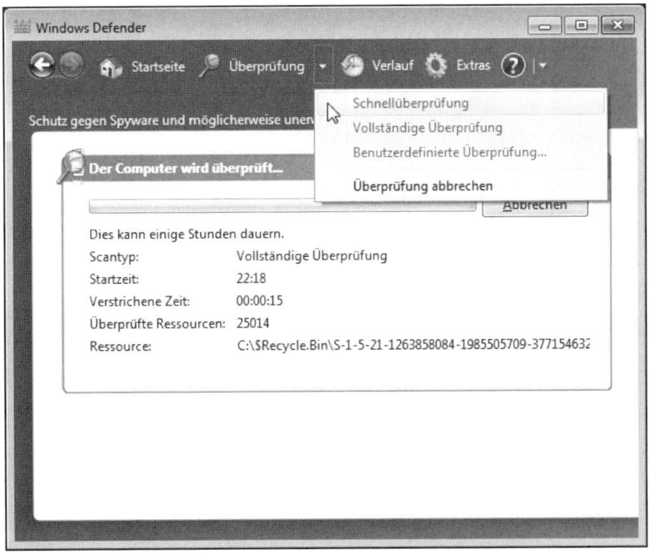

Abbildung 3.108: Die Art der Überprüfung wählen

- Klicken Sie auf *Verlauf*, um zu sehen, ob Windows Defender in der Vergangenheit etwas gefunden hat.

Windows Defender konfigurieren

Auf der Seite *Einstellungen und Extras* nehmen Sie verschiedene Einstellungen vor.

Abbildung 3.109: Windows Defender: Optionen

- Klicken Sie auf *Optionen*.
- Im Bereich *Automatische Überprüfung* legen Sie fest, dass Windows täglich einmal eine Suche nach Schadprogrammen durchführt. Ändern Sie die Zeit zum Beispiel auf die Mittagszeit. Aktivieren Sie unbedingt die Option *Vor Überprüfung nach aktualisierten Signaturen suchen* (siehe Abbildung 3.110).
- Im Bereich *Standardaktionen* legen Sie fest, was Windows Defender mit Malware machen soll. Würmer zum Beispiel kann man löschen, Makro-Schädlinge hingegen sind Teil des Dokuments, das man daher besser in die Quarantäne schickt. Belassen Sie die Einstellungen.

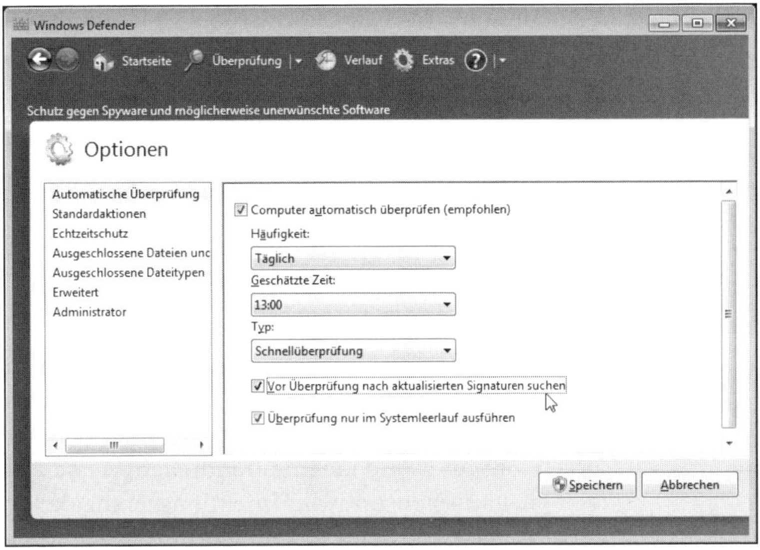

Abbildung 3.110: Der Zeitplaner des Windows Defender

- Im Bereich *Echtzeitschutz* ist festgelegt, dass Windows Defender immer arbeitet. Sprich: Wenn Sie eine Software herunterladen, wird diese sofort untersucht. Nicht abschalten.

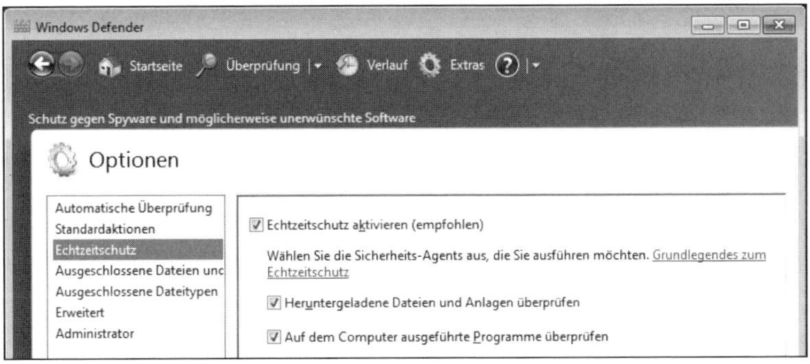

Abbildung 3.111: Wichtig: Der Echtzeitschutz arbeitet im Hintergrund

- Im Bereich *Ausgeschlossene Dateien und Ordner* legen Sie Ausnahmen fest. Auf langsameren PCs könnte man hier zum

Beispiel das Verzeichnis eines Spiels zur Ausnahme machen und so dafür sorgen, dass es nicht vom Windows Defender ausgebremst wird.

- Im Bereich *Ausgeschlossene Dateitypen* legen Sie ebenfalls Ausnahmen fest, hier aber anhand ihrer Dateiendung. Angenommen, Sie sind Fotograf und wollen Ihre TIF- und RAW-Dateien nicht zeitaufwendig durchsuchen lassen, dann legen Sie diese hier als Ausnahme fest.
- Im Bereich *Erweitert* sind verschiedene Einstellungen zugänglich, die man selten zu ändern braucht. Aktivieren Sie zum Beispiel die Option *Wechseldatenträger überprüfen*, wenn Sie häufig Daten per USB-Stick zwischen Ihrem privaten Computer und einem öffentlichen Messe- oder Campus-PC austauschen und die Infektionsgefahr daher hoch ist. Aber Vorsicht: Windows Defender durchsucht dann wirklich jedes Mal den ganzen Stick.

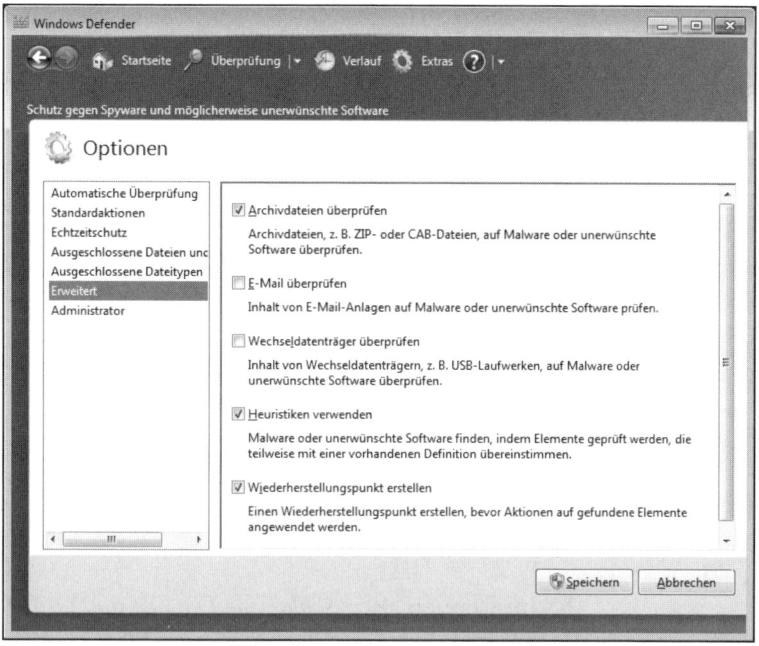

Abbildung 3.112: Erweitere Einstellungen des Windows Defender

- Klicken Sie am Ende auf *Speichern*.

mrt.exe und Windows Defender sind besser als nichts. Aber sie sind trotzdem nicht besonders gut und verhindern nur das Schlimmste, daher sollte man sie wie in Kapitel 4 beschrieben zumindest mithilfe der Microsoft Security Essentials erweitern.

HINWEIS

Über *Extras / Microsoft SpyNet* treten Sie auf Wunsch einer Gemeinschaft von Rechnern bei, die jeweils an Microsoft melden, was sie an Schadsoftware gefunden haben. Per Vorgabe ist das deaktiviert. Allerdings spricht nichts gegen den Beitritt als einfaches Mitglied, denn die Auswertungen machen Windows Defender besser und das kommt allen zugute.

Virenfund!

Wenn Windows Defender Schadprogramme erkennt, meldet sich das Wartungscenter. Die weiße Fahne enthält dann zusätzlich ein rotes X, um auf Probleme aufmerksam zu machen.

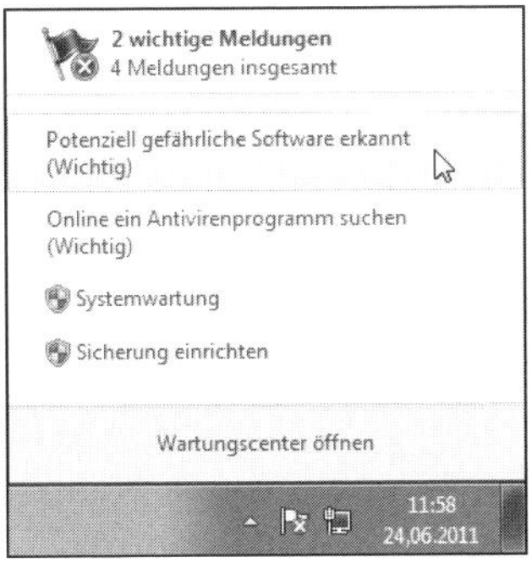

Abbildung 3.113: Warnung des Windows Defender im Wartungscenter

- Klicken Sie auf das Fahnen-Symbol und dann auf den Hinweis *Potenziell gefährliche Software erkannt (Wichtig)*.
- Es öffnet sich die Anzeige gefundener Viren in Windows Defender. Klicken Sie links unten auf *Details anzeigen*, um mehr über das Problem zu erfahren.

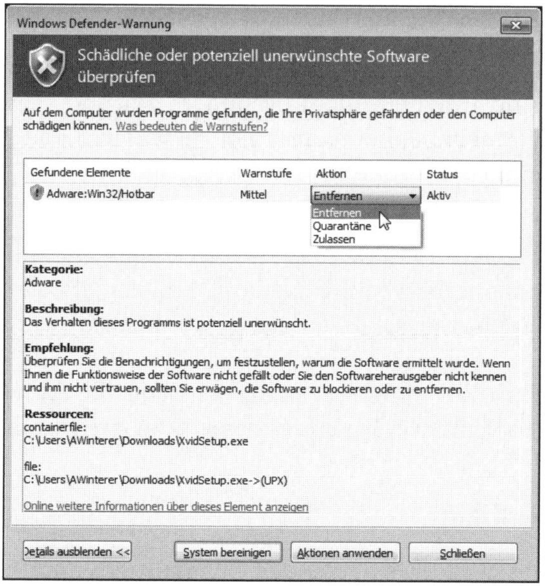

Abbildung 3.114: Windows Defender hat etwas gefunden

- Wenn mehrere Infektionen erkannt werden, was selten ist, möchten Sie unter Umständen nicht bei jeder selbst einstellen, was zu tun ist. Klicken Sie dann einfach auf *System bereinigen*. Windows entfernt dann nach eigenem Ermessen Schädlinge oder schickt sie in Quarantäne.

Alternativ wählen Sie bei jeder Fundstelle selbst aus, was zu tun ist:

- Prüfen Sie, zum Beispiel anhand des Namens der gemeldeten Datei, welche Aktion in Frage kommt.
  - *Entfernen*: Funktioniert problemlos bei soeben erst heruntergeladenen Dateien, die Sie noch nicht ausgeführt haben. Auch andere Funde auf Laufwerken außerhalb von *C:* lassen sich in der Regel problemlos entfernen.
  - *Quarantäne*: Wenn das Programm in *C:\Windows* oder ähnlichen Systempfaden erkannt wird, dann besteht eine gewisse Gefahr, dass Sie Windows durch die Entfernung

beschädigen. Die Quarantäne sorgt dann dafür, dass der Schädling verschwindet, aber so, dass er zur Not wiederhergestellt werden könnte.

- *Zulassen*: Diese Option wählen Sie nur, wenn Sie ganz genau wissen, was Sie tun. Sie kommt dann und nur dann in Frage, wenn Windows Defender ein Schadprogramm meldet, wo keines ist (Fehlalarm).

- Klicken Sie auf *Aktionen anwenden*.

HINWEIS

Wo ein Schädling ist, ist ein zweiter nicht fern – es empfiehlt sich, dann eine Virensuche über den gesamten PC zu starten. Windows Defender ist dabei möglicherweise nicht in der Lage, weitere Schadsoftware zu finden. Setzen Sie daher bei einem Virenfund zusätzlich zu Windows Defender mindestens einen der anderen Scanner aus Kapitel 4 ein.

Bei einer manuellen Überprüfung sieht der Screen etwas anders aus:

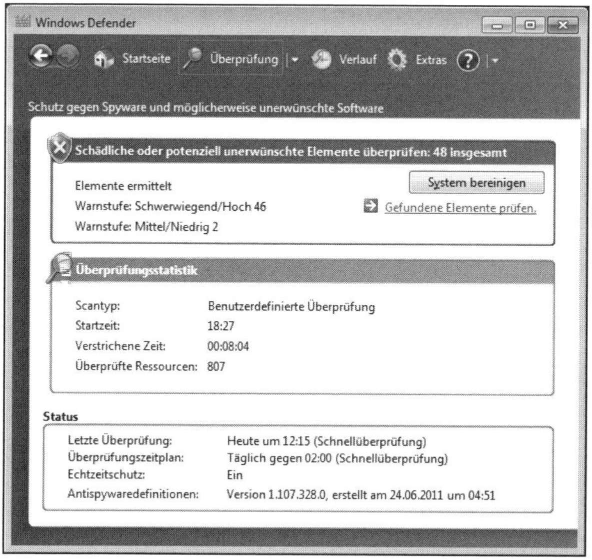

Abbildung 3.115: Ergebnis einer manuellen Überprüfung

Das Vorgehen ist aber ähnlich:

- Um alles automatisch säubern zu lassen, klicken Sie auf *System bereinigen*.
- Um vorher selbst noch mal einen Blick auf die Liste zu werfen, klicken Sie auf *Gefundene Elemente prüfen*. Sie erhalten denn dieselbe Liste wie oben.

Automatische Aktionen festlegen

Sie können selbst festlegen, welche Aktionen Windows Defender per Vorgabe anwenden soll.

- Wählen Sie dazu in Windows Defender *Extras / Optionen / Standardaktionen* und legen Sie hier die vorgegebenen Aktionen für verschiedene Gefahrenklassen fest.

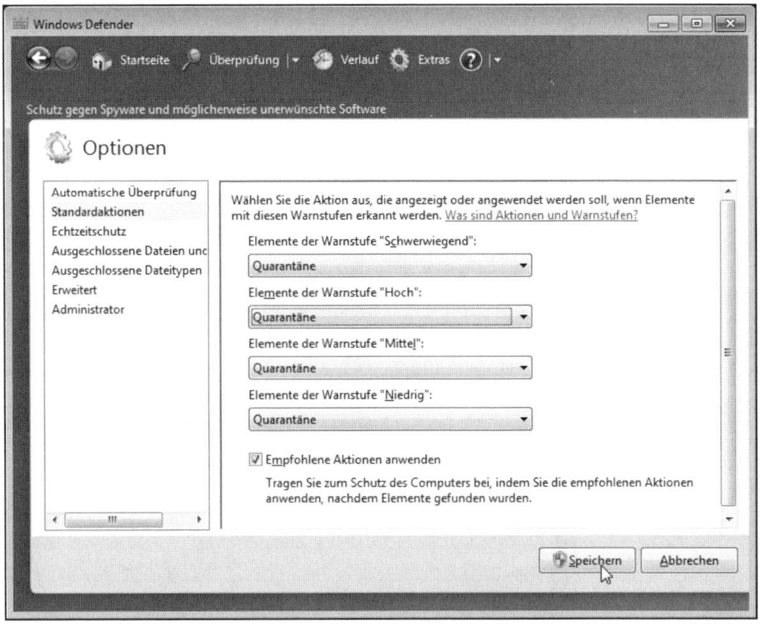

Abbildung 3.116: Automatische Aktionen festlegen

- Aktivieren Sie außerdem die Option *Empfohlene Aktionen anwenden.*

Bei einer Virensuche führt Windows Defender nun automatisch die Aktionen durch, im gezeigten Beispiel werden alle Schadprogramme gleich welcher Art in die Quarantäne verschoben.

Dateien aus Quarantäne zurückholen

Wurden versehentlich wichtige Dateien gelöscht, holen Sie diese problemlos wieder zurück – sofern sie in die Quarantäne verschoben wurden.

- Wählen Sie dazu in Windows-Defender *Extras / Unter Quarantäne.*
- Klicken Sie dort auf *Ansicht*, um die Ansicht freizuschalten.

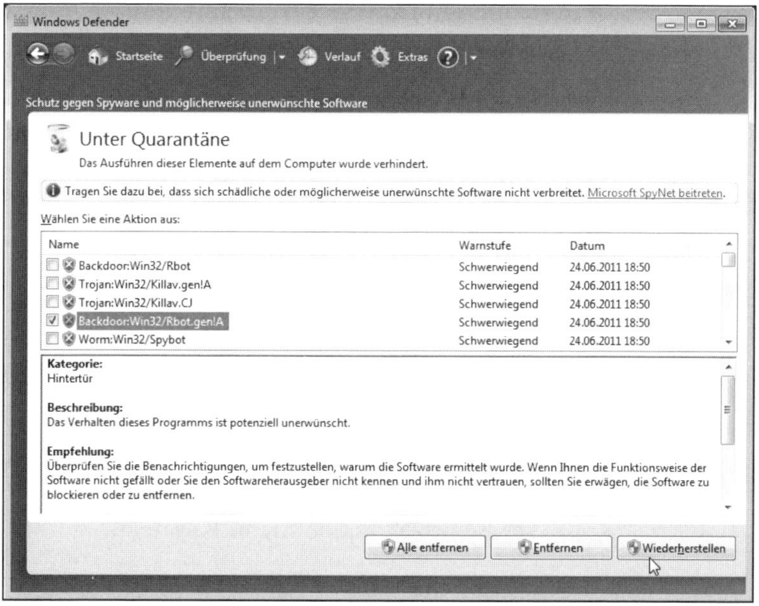

Abbildung 3.117: Die Dateien unter Quarantäne

- Markieren Sie das Kontrollkästchen einer Datei und klicken Sie auf *Wiederherstellen*, um sie zu restaurieren. Sie wird an der Stelle gespeichert, an der sie gelöscht wurde. Machen Sie das nur mit Fundstellen, bei denen Sie ganz sicher sind, dass es sich um harmlose, erwünschte, zu Unrecht gelöschte Programme handelt.
- Alternativ klicken Sie auf *Alle entfernen*, um die erkannten Schadprogramme endgültig aus der Quarantäne zu löschen.

Fazit: Eingebauter Windows-Virenschutz

Die ab Werk eingebauten Windows-Virenschutzfunktionen bieten nicht viel Schutz:

- Private ebenso wie berufliche Anwender können auf den Schutz vor den allerüblichsten Angriffen rechnen, bei denen Windows Defender dann automatisch tätig wird. Ein Antivirenprogramm ersetzt es nicht.
- Das Windows-Tool zum Entfernen bösartiger Software kann die üblichen Verdächtigen beseitigen. Jenseits weit verbreiteter Schadprogramme hilft es aber nicht mehr.

Der eingebaute Virenschutz hat seine Grenzen:

- Vor allem der private Anwender surft auf so vielen Webseiten, dass der Schutz hierfür nicht ausreicht. Der berufliche Anwender muss mit reichlich Spam rechnen und damit, dass er früher oder später der Versuchung nachgibt, einen Link oder einen Anhang zu öffnen.
- In beiden Fällen bieten die eingebauten Programme zu wenig Schutz. Vorschläge für eine kostenlose Erweiterung dieses Schutzes finden Sie in Kapitel 4.

Verschlüsselung

Windows kennt zwei eingebaute Methoden der Verschlüsselung:

- *EFS* (*Encrypting File System*) ist ab Windows Professional enthalten.
- *BitLocker* ist ab Windows Ultimate/Enterprise enthalten.

Die entscheidenden Unterschiede:

- EFS arbeitet auf Ebene des Dateisystems und verschlüsselt Dateien und Ordner auf Zuruf. BitLocker verschlüsselt ganze Laufwerke, auch das Windows-Laufwerk.
- Bei EFS sind daher auch im verschlüsselten Zustand Dateinamen wie *Geheimes_Dokument.doc*, *Schlimmer_Porno.avi* oder *Erpresser-Akte.pdf* zu sehen, auch wenn die Inhalte nicht lesbar sind. Bei BitLocker sind auch die Dateinamen nicht lesbar.
- Mit EFS verschlüsselte Dateien sind für zwei unterschiedliche Benutzer eines einzigen PCs nicht lesbar (solange Sie nicht die Zertifikate exportieren und importieren). Die BitLocker-Verschlüsselung gilt für den ganzen PC, alle Benutzer haben transparenten Zugriff (können diesen aber intern durch Rechte steuern).
- EFS verwendet transportable Verschlüsselungszertifikate, BitLocker ist an die Hardware gebunden und greift auf TPM-Funktionen des Mainboards zurück, das diese unterstützen muss. Ersatzweise kann ein USB-Stick als TPM-Ersatz verwendet werden.

Verschlüsselung mit EFS

Ab Version Professional hat Windows 7 eine sehr einfache eingebaute Möglichkeit, Daten zu verschlüsseln: das *verschlüsselnde Dateisystem* (Encrypting File System, EFS).

- Die Verschlüsselung arbeitet sehr einfach und transparent, das bedeutet, solange Sie Ihr eigenes Windows verwenden, merken Sie praktisch nichts davon, dass überhaupt verschlüsselt wird.

- Die Verschlüsselung wird schützend wirksam, sobald ein weiterer Nutzer sich am PC anmeldet. Er kann zwar unter Umständen auf die Daten anderer Nutzer zugreifen, aber diese nicht lesen – sie bleiben verschlüsselt. Auch der Zugriff über ein gehacktes Windows-Konto (zurückgesetztes Passwort) gibt nur Zugriff auf die verschlüsselten Daten: Ihr Inhalt bleibt Angreifern weiterhin verborgen.
- Das ist zugleich auch ein Nachteil. Wer sich selbst ausschließt, verliert damit auch seine Daten (das gilt aber für jede Verschlüsselungssoftware). Umso wichtiger ist es, sein Benutzerkonto auf USB-Stick zu speichern – siehe Abschnitt *Sichere Benutzerkonten*.
- Die Verschlüsselung arbeitet nicht außerhalb des PCs: Wenn Sie eine verschlüsselte Datei an eine Mail anhängen und verschicken, ist ihr Inhalt unverschlüsselt. Abhilfe schaffen externe Verschlüsselungstools – siehe Kapitel 7.

Dateien und Ordner verschlüsseln

Das Feature der EFS-Verschlüsselung ist erst ab der Version Professional zu haben. Daher empfiehlt sich diese Version für Notebooks, wo der Einsatz dieser Art von Verschlüsselung absolut sinnvoll und prinzipiell ausreichend ist.

Die Anwendung ist ganz einfach:

- Markieren Sie mit der Maus die Datei, den Ordner oder mehrere Dateien und Ordner, die Sie verschlüsseln wollen.
- Klicken Sie mit der rechten Maustaste auf eine der markierten Dateien und wählen Sie im Kontextmenü *Eigenschaften*(siehe Abbildung 3.118)
- Klicken Sie auf *Erweitert* (siehe Abbildung 3.119).
- Aktivieren Sie die Option *Inhalt verschlüsseln, um Datei zu schützen*.
- Klicken Sie auf *OK*.

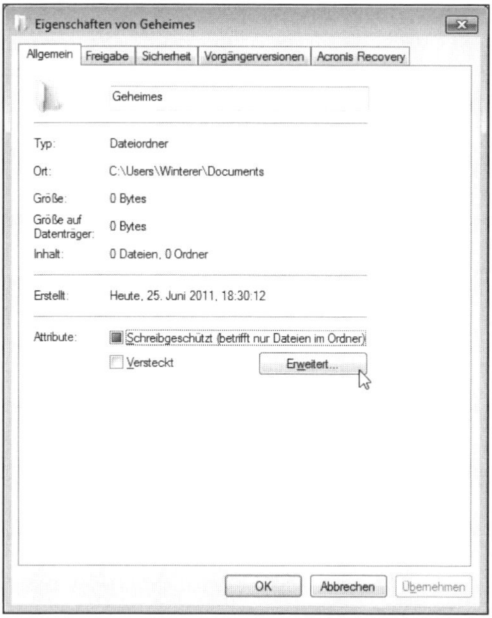

Abbildung 3.118: Eigenschaften eines Ordners

Abbildung 3.119: Die erweiterten Attribute

- ✔ Windows fragt, ob Sie auch Unterverzeichnisse verschlüsseln wollen. Beantworten Sie die Frage Ihrem Wunsch gemäß und klicken Sie auf *OK*.

EFS-Zertifikate sichern

Sofort nach der Verschlüsselung taucht rechts unten ein Pop-up im Wartungscenter auf.

- Klicken Sie auf *Den Schlüssel für die Dateiverschlüsselung sichern*.

Der Hintergrund: Zur Verschlüsselung wird vereinfacht gesagt Ihr in Windows 7 genutztes Benutzerkonto verwendet. Das ist wörtlich zu verstehen: Der Schlüssel ist nicht, wie oft üblich, ein Passwort, sondern ein digitales Zertifikat, das mit Ihrem Konto verbunden ist. Wenn Sie sich im Zuge eines Defekts, einer Neuinstallation oder eines anderen Problems nicht mehr mit Ihrem ursprünglichen Benutzerkonto einloggen können, dann können Sie auch nicht mehr auf die verschlüsselten Daten zugreifen (denn das ist ja der Sinn dieser Art von Verschlüsselung). Abhilfe schafft nur, den Schlüssel bzw. das Zertifikat für die Dateiverschlüsselung zu speichern.

- Es erscheint ein Dialog mit verschiedenen Möglichkeiten.

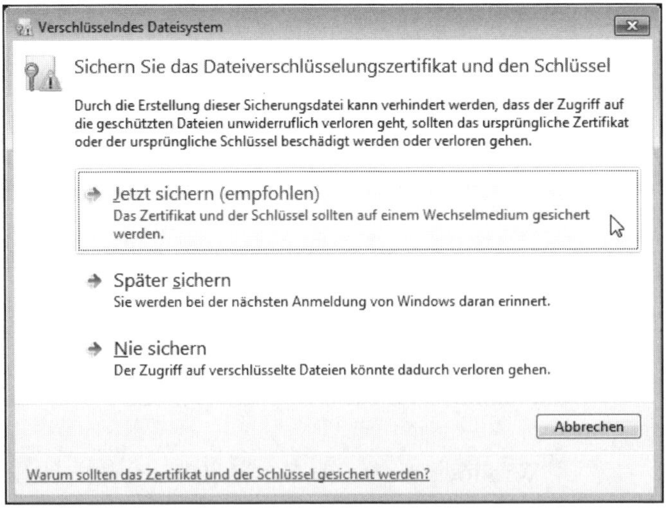

Abbildung 3.120: Dateiverschlüsselungszertifikat sichern

- Klicken Sie auf *Jetzt sichern (empfohlen)*.
- Es startet ein Assistent, bestätigen Sie mit *Weiter*.

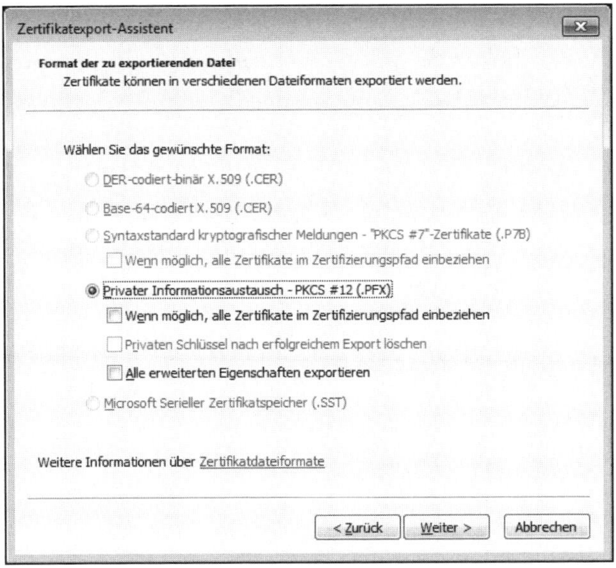

Abbildung 3.121: Zertifikat exportieren

- Klicken Sie auf *Weiter*.
- Geben Sie ein Kennwort ein, um das Zertifikat zu verschlüsseln.

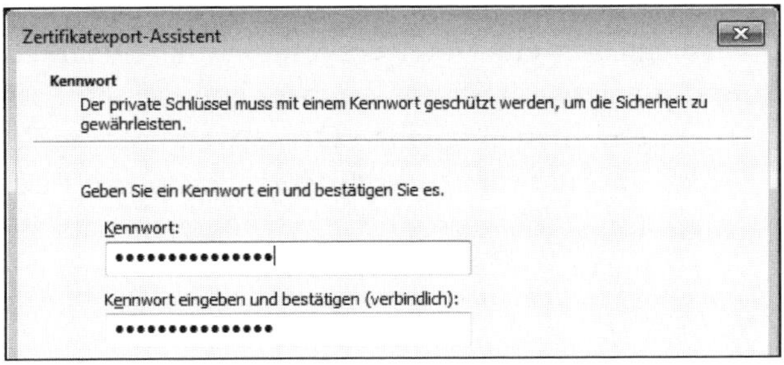

Abbildung 3.122: Verschlüsselung des Zertifikats

- Es ist nur eine Sicherheitsmaßnahme, denn Sie bewahren das Zertifikat ja ohnehin nur an einem sicheren Platz auf. Notieren Sie das Kennwort aber an einer neutralen Stelle in Ihrem Passwortbuch und klicken Sie auf *Weiter*.
- Klicken Sie auf *Durchsuchen*, um das Verzeichnis anzugeben, an dem die Datei gespeichert werden soll.

HINWEIS

Wählen Sie unbedingt einen mobilen Datenträger, nicht eine lokale Festplatte. Fällt das Zertifikat in die falschen Hände, kann es dort dazu dienen, Ihre verschlüsselten Dateien zu entschlüsseln.

- Geben Sie den Dateinamen ein und klicken Sie auf *Speichern*.

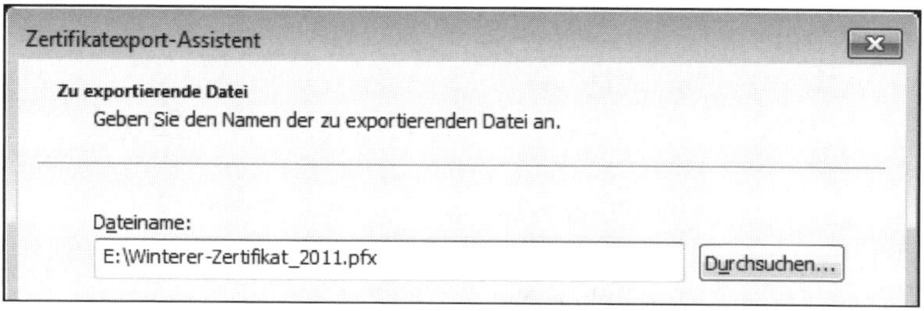

Abbildung 3.123: Dateiname für das Zertifikat

- Klicken Sie auf *Weiter*, auf *Fertig stellen* und auf *OK*.

Es liegt nun ein Dateiverschlüsselungszertifikat mit der Dateiendung *.pfx* auf Ihrem Wechseldatenträger. Sichern Sie diesen an einem unzugänglichen Ort, etwa bei Ihren Versicherungsunterlagen. Sie brauchen das Zertifikat nur für den Fall, dass Sie eines Tages die verschlüsselten Dateien entschlüsseln müssen, ohne Ihr Original-Benutzerkonto dafür nutzen zu können.

> Die Erfahrung lehrt, dass dieser USB-Stick genau an jenem Tag defekt sein wird, an dem Sie ihn brauchen. Wer ganz sichergehen will, brennt die PFX-Datei daher zusätzlich auf CD oder auf einen zweiten Stick. Bewahren Sie die Datei aber nicht auf dem PC auf.

Dateiverschlüsselungszertifikat nachträglich sichern

Sie haben das Pop-up verpasst – kein Problem, man kann das auch nachträglich tun:

- Öffnen Sie das Startmenü und klicken Sie auf das Bild Ihres Benutzerkontos rechts oben, um die Benutzerkontenverwaltung zu öffnen.
- Klicken Sie links auf *Dateiverschlüsselungszertifikate verwalten*.

Abbildung 3.124: Dateiverschlüsselungszertifikate verwalten

- Klicken Sie auf *Weiter* und auf *Weiter*.
- Wählen Sie als Sicherungsort einen mobilen Datenträger, etwa einen USB-Stick, und einen Dateinamen. Wählen Sie außerdem ein Passwort zum Verschlüsseln des Zertifikats. Klicken Sie auf *Weiter*.

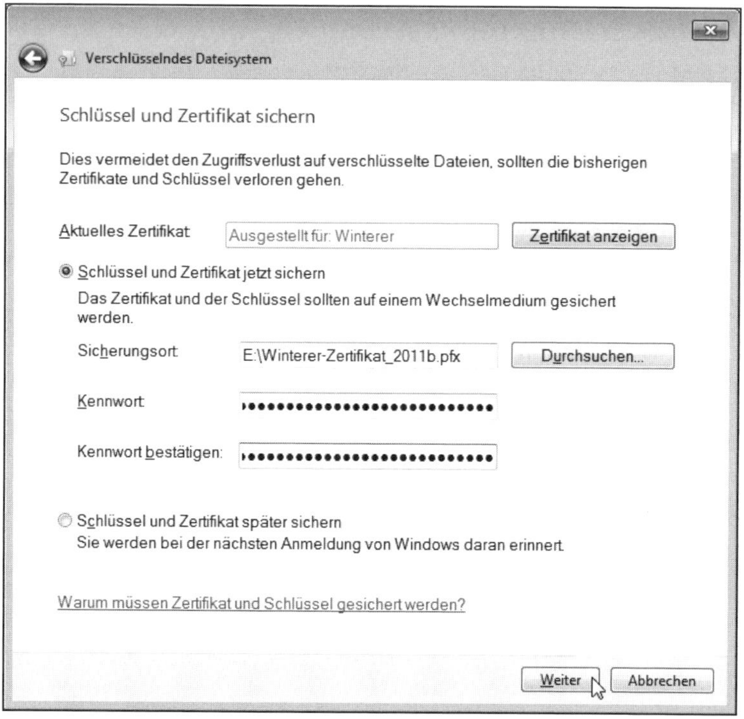

Abbildung 3.125: Manuelles Sichern des Zertifikats

✔ Klicken Sie auf *Weiter* und auf *Schließen*.

Handhabung verschlüsselter Dateien

Im Alltagsbetrieb verhalten sich die verschlüsselten Dateien wie unverschlüsselte. Es gibt keinen spürbaren Unterschied. Verschlüsselte Dateien und Ordner werden allerdings grün markiert.

Die Verschlüsselung findet wirklich auf Ebene des Dateisystems statt. Das heißt, wenn Sie zum Beispiel eine Verzeichnis-Synchronisations-Software wie Dropbox verwenden, dann werden dort und auf den anderen Rechnern unverschlüsselte Dateien gespeichert.

Dateien und Ordner entschlüsseln

Sobald Sie verschlüsselte Dateien mit Ihrem Benutzerkonto auf ein unverschlüsseltes Medium kopieren, werden sie entschlüsselt und dort unverschlüsselt gespeichert. Manuelles Entschlüsseln ist also nur in Ausnahmefällen nötig.

Zum Entschlüsseln gehen Sie analog vor:

- Markieren Sie, was Sie entschlüsseln wollen.
- Klicken Sie mit der rechten Maustaste auf die markierten Objekte und wählen Sie *Eigenschaften.*
- Klicken Sie auf *Erweitert.*
- Deaktivieren Sie die Option *Inhalt verschlüsseln, um Datei zu schützen* und klicken Sie auf *OK.*

HINWEIS

> Das funktioniert auch auf USB-Sticks und externen Festplatten, allerdings nur, wenn diese mit NTFS formatiert sind. Um einen Datenträger mit NTFS zu formatieren, klicken Sie ihn mit der rechten Maustaste an, wählen *Formatieren* und bei *Dateisystem* die Einstellung *NTFS* und klicken auf *Starten.* Achtung, dabei gehen die Inhalte des Datenträgers vollständig verloren. Ist der Datenträger dann NTFS-formatiert, können Sie darauf einzelne Dateien oder Ordner via EFS verschlüsseln.

Import von Zertifikaten

Es gibt verschiedene Situationen, in denen es nötig sein kann, das gesicherte Zertifikat zu verwenden.

- Sie wollen die verschlüsselten Dateien Ihres Rechners lesen, haben aber nicht mehr das originale Benutzerkonto. Dann können Sie das gespeicherte Zertifikat verwenden, um die Dateien wieder zu entschlüsseln.

- Sie haben Daten auf einer externen Festplatte gesichert und dort verschlüsselt (geht nur mit NTFS). Diese Daten wollen Sie nun mit einem anderen PC lesen.

In beiden Fällen importieren Sie das Zertifikat einfach auf den fraglichen Rechner:

- Schließen Sie den fraglichen USB-Stick an.
- Doppelklicken Sie auf die Zertifikats-Datei.
- Es erscheint wieder der Assistent. Klicken Sie auf *Weiter*.
- Klicken Sie auf *Weiter* und geben Sie das Passwort ein, mit dem Sie das Zertifikat gesichert hatten.

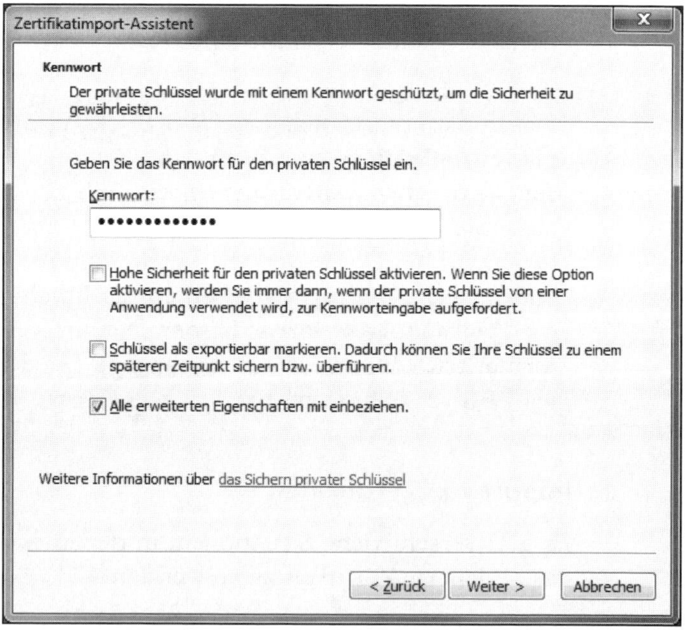

Abbildung 3.126: Import eines Zertifikats

- Klicken Sie auf *Weiter*, nochmal auf *Weiter* und auf *Fertig stellen*.

Jetzt kann das fragliche Windows auf die Dateien zugreifen, die auf einem anderen Rechner mit einem anderen Benutzerkonto verschlüsselt wurden.

Verschlüsseln per Kontextmenü

Ein Eingriff in die Registry erweitert das Kontextmenü des Windows-Explorer um den neuen Eintrag *Verschlüsseln*. Bei verschlüsselten Dateien wird stattdessen *Entschlüsseln* angezeigt. So können Sie die Funktion schneller aufrufen.

> Allerdings funktioniert das erst ab Windows Professional, weil nur dort die dafür notwendige EFS-Funktion eingebaut ist. Auch sollten Sie grundlegende Kenntnisse von Registry-Eingriffen haben, um die Änderung durchzuführen.

- Drücken Sie [Win] + [R], geben Sie `regedit` ein und drücken Sie [Enter]. Es startet der Registrierungs-Editor.
- Navigieren Sie zum Schlüssel *HKEY_CURRENT_USER\Software\Microsoft\Windows\CurrentVersion\Explorer\Advanced*.
- Wählen Sie im Menü *Bearbeiten / Neu / DWORD-Wert (32 Bit)* und geben Sie als Bezeichnung `EncryptionContextMenu` ein.
- Doppelklicken Sie auf den neuen Eintrag, geben Sie als neuen Wert 1 ein und drücken Sie [Enter].

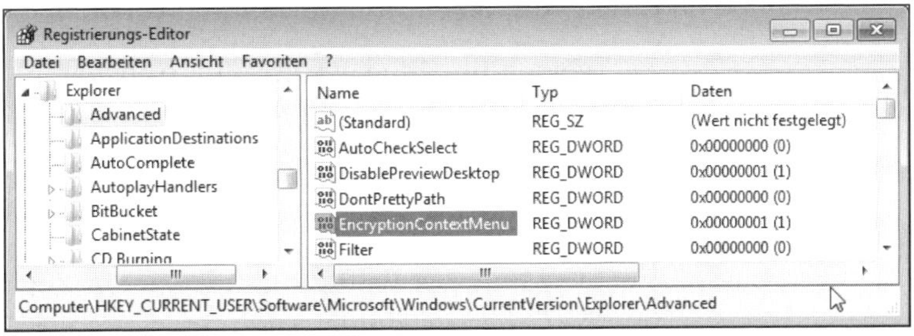

Abbildung 3.127: Registry-Hack für Kontextmenüeintrag

- Das Kontextmenü steht sofort zur Verfügung, spätestens nach dem nächsten Neustart.

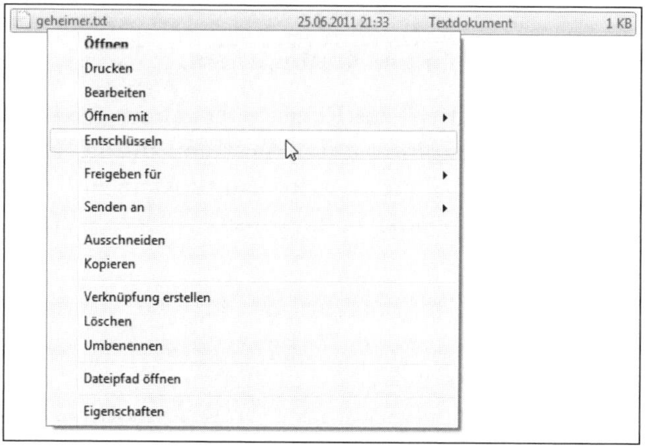

Abbildung 3.128: Kontextmenübefehl *Verschlüsseln / Entschlüsseln*

Fazit: Verschlüsselung mit EFS

Mit Windows-Bordmitteln (ab Version Professional) können Sie:

- Dateien auf Rechnern, vorzugsweise Notebooks, so verschlüsseln, dass diese nur dann zugänglich sind, wenn Sie selbst sich mit Ihrem Benutzerkonto korrekt anmelden.
- Die verschlüsselten Daten sind unzugänglich, wenn jemand mit einer Hack-CD das Benutzerkonto zurücksetzt oder sie direkt von der Festplatte zu lesen versucht.
- Die Verschlüsselung ist absolut transparent, das heißt, im Alltagsbetrieb merken Sie nichts davon.
- Auch externe Datenträger lassen sich (verzeichnisweise) verschlüsseln.
- Für den Fall des Falles können Sie ein Zertifikat erzeugen, um die Daten wieder lesbar zu machen. Sie können das Zer-

tifikat auch nutzen, um die verschlüsselten Daten auf einem anderen PC zu nutzen.

Ehrlich gesagt: Mehr Verschlüsselung braucht man kaum. Allerdings ist das Handhaben der digitalen Zertifikate etwas umständlich geraten und außerdem erst ab Windows 7 Professionell verfügbar. Abhilfe schaffen externe Tools – siehe Kapitel 7.

Verschlüsselung mit BitLocker

Windows 7 besitzt ein weiteres Verschlüsselungsfeature namens *BitLocker*, allerdings existiert es nur in den Editionen Windows 7 Ultimate und Windows 7 Enterprise, weswegen man bei Windows Home oder Professionell zu externen Produkten wie TrueCrypt greifen muss.

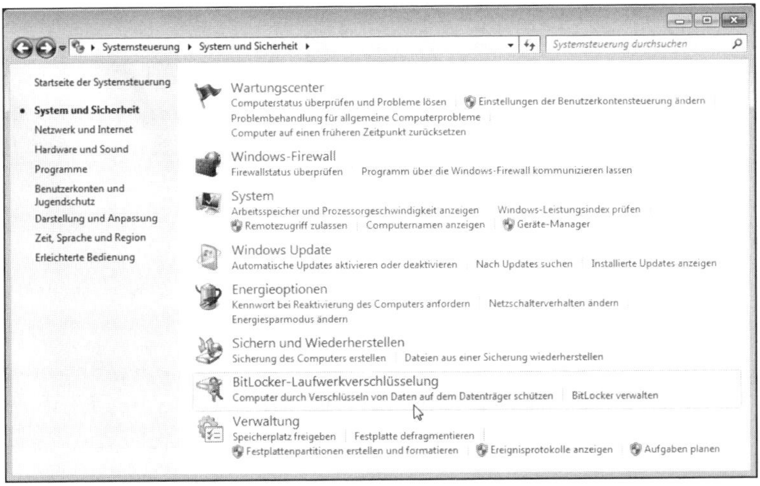

Abbildung 3.129: BitLocker in Windows Ultimate / Enterprise

BitLocker eignet sich am besten für Unternehmensumgebungen, in denen ein eigenständiger Administrator die nötigen Einstellungen vornehmen kann.

Rein technisch gesehen kann man auch als Privatperson BitLocker verwenden. Doch BitLocker reagiert sehr sensitiv schon zum Beispiel auf Änderungen der Startdateien. Das bedeutet, schon der Angriff durch Schadsoftware kann dafür sorgen, dass Windows 7 aus Sicherheitsgründen nicht mehr startet. Im Unternehmen können Sie dann in der Regel an einem anderen Arbeitsplatz weiterarbeiten, privaten Anwendern und Selbstständigen ist wegen der aufwendigen Wiederherstellung eher davon abzuraten.

Eine Ausnahme ist *BitLocker To Go*, das sich problemlos auch für den privaten Einsatz eignet.

BitLocker To Go für ein Laufwerk nutzen

BitLocker To Go kann man auch als eine Art BitLocker Light betrachten: Es verschlüsselt Wechsellaufwerke, also USB-Sticks und externe Festplatten. Die Daten sind dann während des Transports gesichert.

Auf dem Zielsystem können Sie das verschlüsselte Laufwerk wieder öffnen. Übrigens auch dann, wenn es sich um eine normale Windows-Edition (nicht Ultimate oder Enterprise) handelt.

So wenden Sie BitLocker To Go an:

- Öffnen Sie *Start / Systemsteuerung / System und Sicherheit / BitLocker-Laufwerkverschlüsselung.*
- Sie sehen hier die Laufwerke, die BitLocker verschlüsseln kann. Im Beispiel wird ein externes Laufwerk *E:* verschlüsselt. Klicken Sie dazu einfach auf *BitLocker aktivieren.*
- Sie haben die Wahl, eine SmartCard (spezielle Chipkarte) und/oder ein Passwort als Methode zum Entsperren des Laufwerks zu verwenden. In der Regel verwenden Sie ein Passwort, in größeren Unternehmen sind SmartCards üblich – fragen Sie Ihren Administrator.

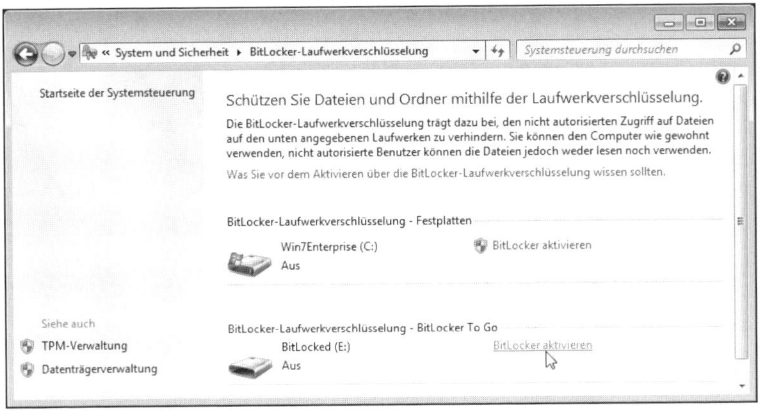

Abbildung 3.130: BitLocker-Laufwerkverschlüsselung

- Geben Sie zum Beispiel das Passwort ein und klicken Sie auf *Weiter*. Beim Passwort gilt bei BitLocker als Offline-System, dass es mindestens 16 Zeichen (besser 20 Zeichen) lang sein und Buchstaben in Gemischtschreibung sowie Ziffern und Sonderzeichen enthalten sollte. Mehr Hinweise zu Passwörtern finden Sie in Kapitel 6.

Es gibt kommerzielle Produkte, die BitLocker-verschlüsselte Laufwerke knacken können, zum Beispiel *Pass Ware Kit Enterprise* (*www.lostpassword.com/kit-enterprise.htm*). Das erweckt den Eindruck, als wäre BitLocker nicht sicher. Die Produktfunktion arbeitet aber nur, wenn der PC angeschaltet und das verschlüsselte Laufwerk verbunden ist (!). Sprich: Wenn ein GSG-9-Team die Zentrale der Gauner stürmt und es schafft, die noch laufenden Notebooks einzusammeln, dann und nur dann nützt diese Software etwas. Ist der PC ausgeschaltet, sind BitLocker-verschlüsselte Laufwerke (ebenso wie bei TrueCrypt) prinzipiell nur via Brute-Force-Methoden oder Keylogger zu knacken. Und je länger das Passwort, desto länger der Brute-Force-Knackvorgang.

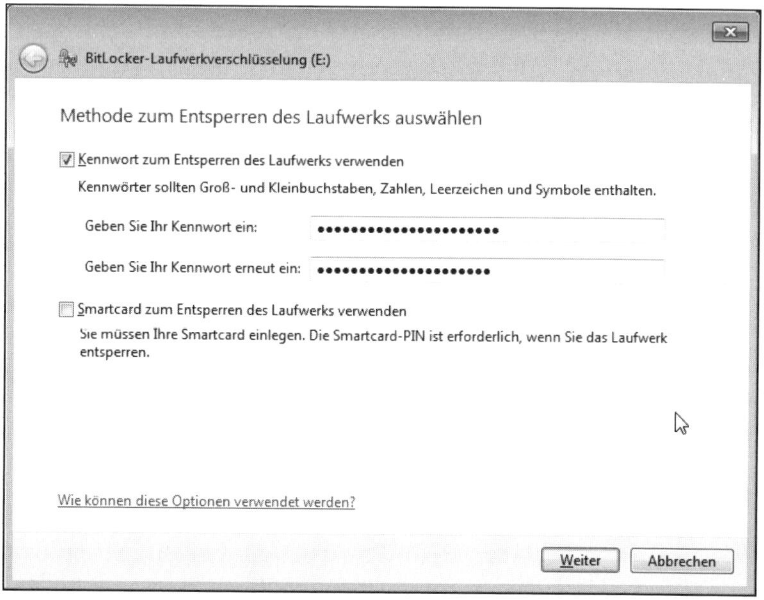

Abbildung 3.131: Kennwort zum Entsperren

- Sie erhalten die Möglichkeit, den Wiederherstellungsschlüssel zu speichern und zu drucken. Tun Sie beides und klicken Sie auf *Weiter*. Speichern Sie den Wiederherstellungsschlüssel aber möglichst nicht auf dem PC, an dem Sie arbeiten, sondern ziehen Sie ihn schnell auf einen USB-Stick oder brennen Sie ihn auf CD (siehe Abbildung 3.132).
- Nun kann es losgehen: Klicken Sie auf *Verschlüsselung starten*.
- BitLocker verschlüsselt nun das Laufwerk. Abhängig von der Größe des Laufwerks kann das beachtliche Zeit dauern. Die Zeit ist unabhängig davon, wie viele Daten wirklich auf dem Laufwerk gespeichert sind, denn auch der leere Platz muss verschlüsselt werden (siehe Abbildung 3.133).
- Wenn BitLocker den Vorgang abgeschlossen hat, klicken Sie auf *Schließen*.

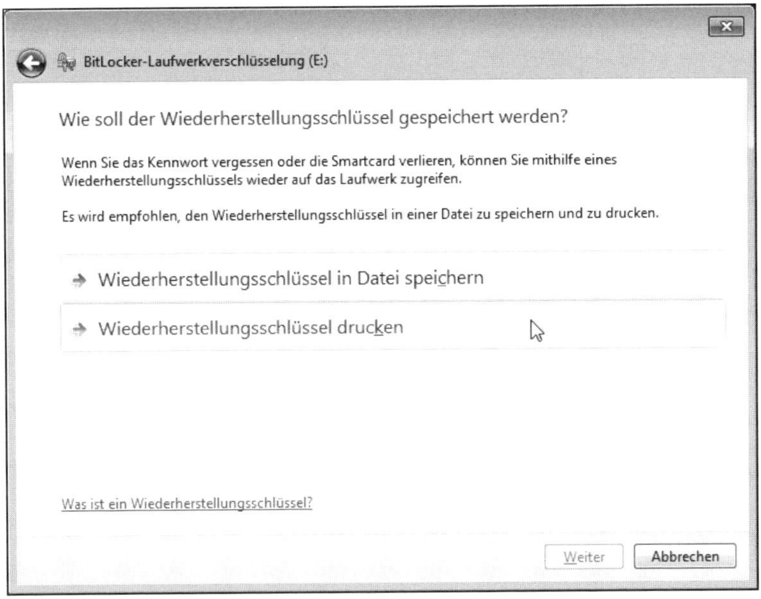

Abbildung 3.132: Wiederherstellungsschlüssel speichern

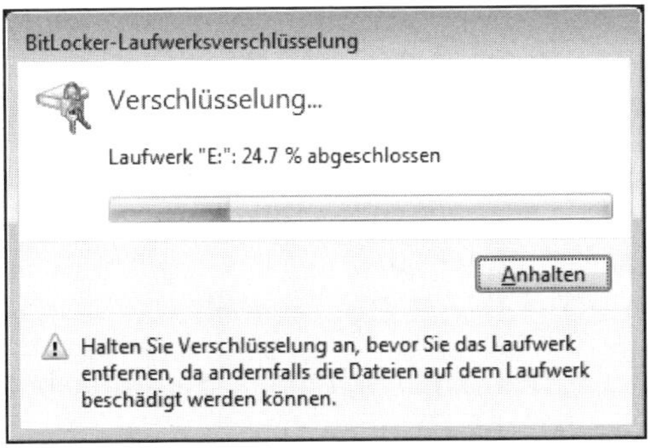

Abbildung 3.133: Hier wird chiffriert …

Die Darstellung auf der BitLocker-Seite der Systemsteuerung sieht nun so aus:

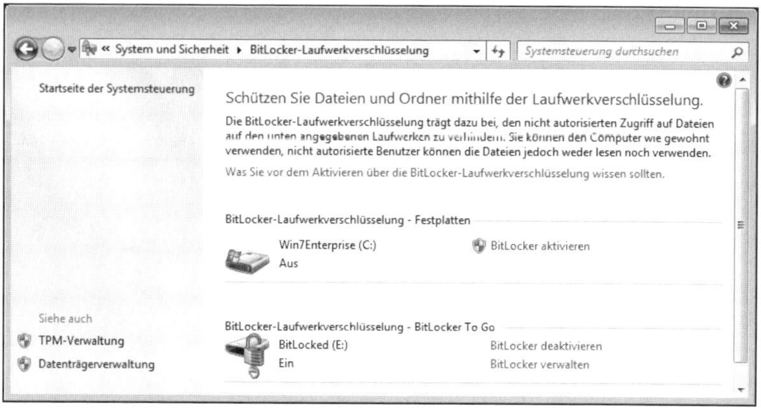

Abbildung 3.134: Ein Laufwerk verschlüsselt

Über *BitLocker verwalten* können Sie nun folgende Dinge tun:

- Sie können das Laufwerk wieder entschlüsseln.
- Sie können das Kennwort nachträglich ändern.
- Sie können den Wiederherstellungsschlüssel erneut speichern.

BitLocker-To-Go-Laufwerk öffnen

Windows-7-Rechner können so verschlüsselte Laufwerke problemlos öffnen. Erfreulicherweise nicht nur Ultimate und Enterprise: Das Öffnen ist auch auf kleinen Windows-Versionen bis hinunter zu Windows 7 Home möglich.

- Auf dem Zielsystem schließen Sie einfach den USB-Stick oder die externe Festplatte an.
- Windows 7 erkennt automatisch, dass der Datenträger mit BitLocker To Go verschlüsselt wurde, und fragt das Kennwort für den Datenträger ab.
- Geben Sie das Passwort für das Laufwerk ein.

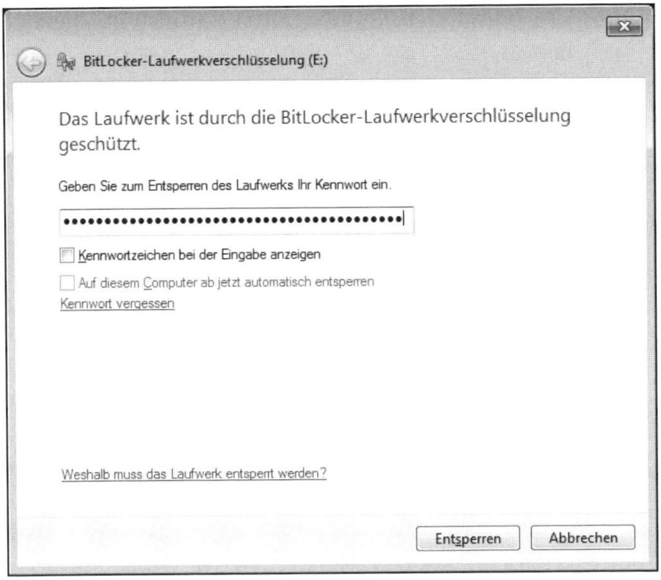

Abbildung 3.135: BitLocker To Go entsperren

- Aktivieren Sie die Option *Kennwortzeichen bei der Eingabe anzeigen* nur dann, wenn Sie Probleme haben, das Laufwerk zu öffnen – oft liegt nur ein Tippfehler vor.
- Die Option *Auf diesem Computer ab jetzt automatisch entsperren* ist den Editionen Windows 7 Ultimate und Enterprise vorbehalten, dort öffnet sich das Laufwerk dann automatisch.
- Klicken Sie auf *Entsperren*, um das Laufwerk zu öffnen.

Windows geht damit wie mit einem normalen externen Laufwerk um. Sie können also Daten lesen und schreiben und hinterher das Laufwerk wie gewöhnlich auswerfen.

Trick: VHD mit BitLocker To Go

Im Zusammenspiel mit der Fähigkeit von Windows 7, virtuelle Laufwerke anzulegen, können Sie BitLocker auch verwenden, um verschlüsselte Container zu basteln, die sich transportieren lassen.

- Öffnen Sie *Start / Systemsteuerung / System und Sicherheit.*
- Klicken Sie bei *Verwaltung* auf *Festplattenpartitionen erstellen und formatieren.*

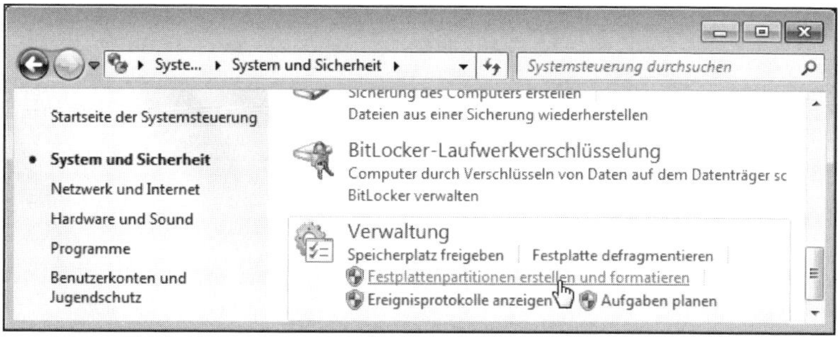

Abbildung 3.136: Festplattenverwaltung starten

- Wählen Sie im Menü *Aktion / Virtuelle Festplatte erstellen.*

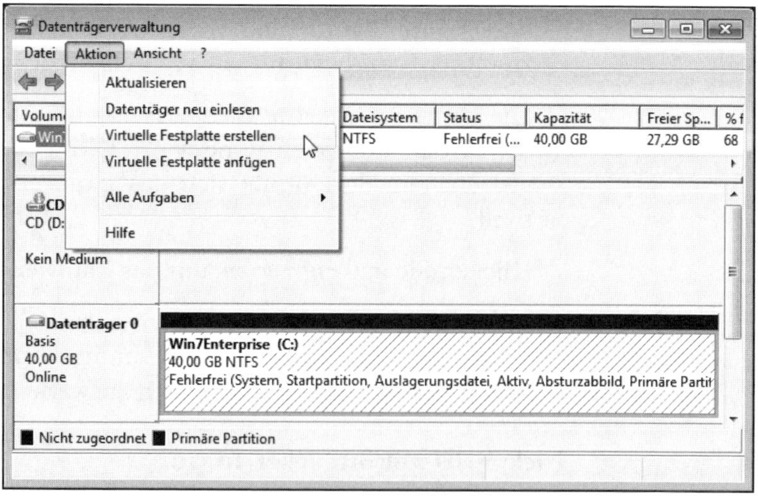

Abbildung 3.137: Virtuelle Festplatte erstellen

✓ Geben Sie einen Ort und einen Dateinamen an, an dem die virtuelle Festplatte gespeichert werden soll. Im Beispiel enthält die Datei *BL-Container_1GB.vhd* die komplette virtuelle Festplatte.

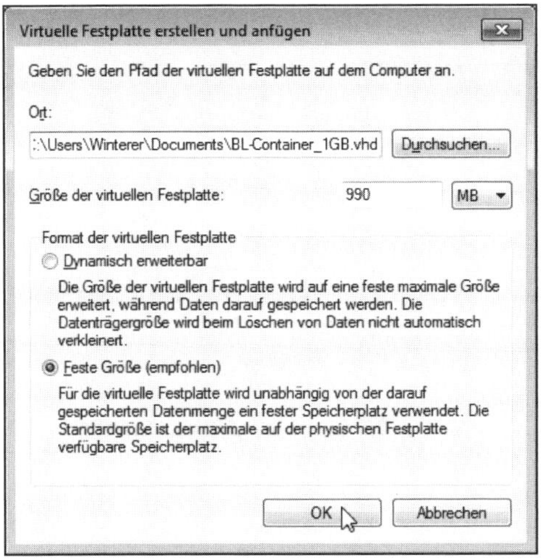

Abbildung 3.138: Name und Größe

✓ Bedenken Sie bei der Wahl der Größe der virtuellen Festplatte, wie Sie diese transportieren wollen. Im Beispiel ist sie 990 MByte groß, damit sie auf 2-GByte-Sticks problemlos transportiert werden kann und dennoch Platz für weitere, unverschlüsselte Daten lässt. Auf externen Festplatten kann die Datei natürlich größer sein.

HINWEIS

Sie können eine solche Datei auch über Dienste wie Dropbox online mit anderen PCs austauschen. Vor allem dann empfiehlt es sich, lieber mehrere kleine Container anzulegen als einen großen. Mindestens 20 Zeichen lange komplexe Passwörter für den Container sind dann Pflicht.

✓ Wählen Sie *Feste Größe (empfohlen)* und klicken Sie auf *OK*.

- Windows erzeugt die Datei, die eine virtuelle Festplatte enthält. Diese ist noch nicht initialisiert oder formatiert.
- Klicken Sie mit der rechten Maustaste auf den Eintrag des Datenträgers am linken Rand der Anzeige, wählen Sie *Datenträgerinitialisierung* und klicken Sie auf *OK*.

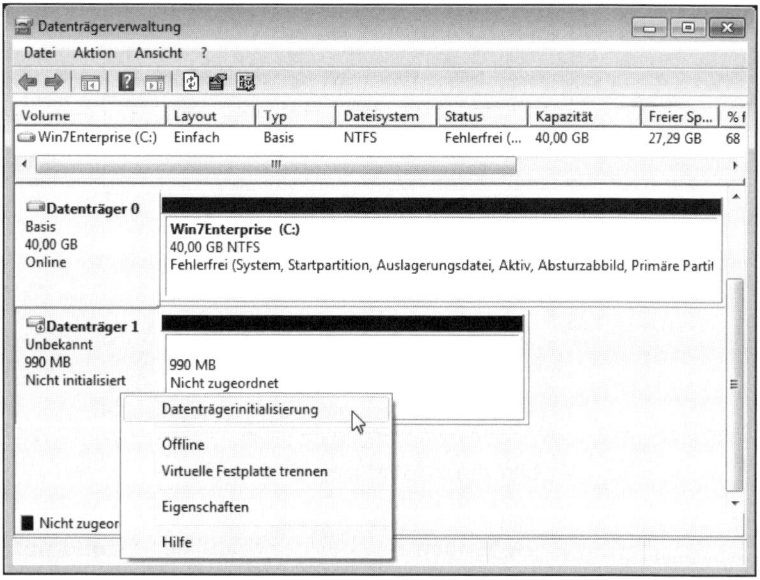

Abbildung 3.139: VHD initialisieren

- Klicken Sie mit der rechten Maustaste auf die Fläche, die für den nicht zugeordneten Speicherbereich steht, und wählen Sie *Neues einfaches Volume* (siehe Abbildung 3.140).
- Klicken Sie auf *Weiter*, *Weiter*, *Weiter*. Prüfen Sie, ob beim Dateisystem wirklich *NTFS* gewählt wurde, geben Sie einen Namen für das Volume an und klicken Sie auf *Weiter*. Wenn Sie übrigens *Komprimierung für Dateien und Ordner aktivieren* für dieses Laufwerk aktivieren, dann passt noch etwas mehr drauf – funktioniert aber nur bei Office-Dateien, nicht bei Musik und Bildern (siehe Abbildung 3.141).

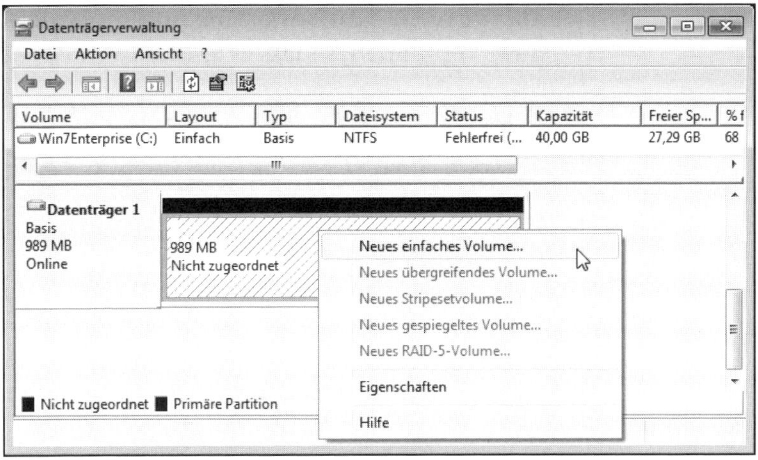

Abbildung 3.140: Neues Volume

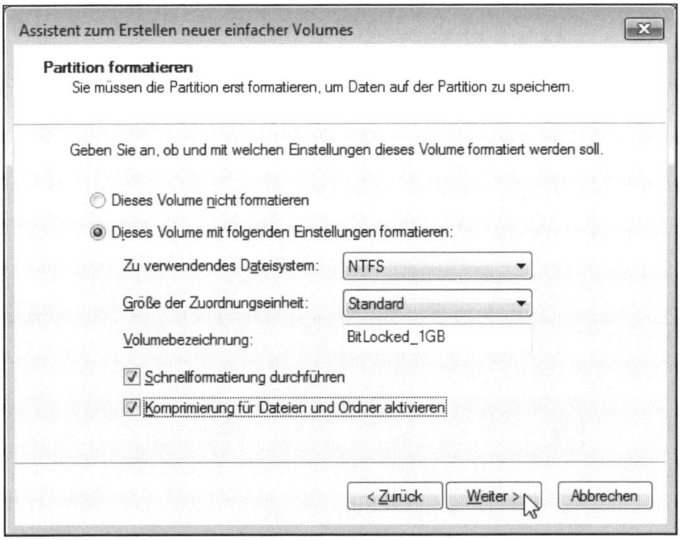

Abbildung 3.141: Virtuelles Laufwerk formatieren

- Klicken Sie auf *Weiter* und *Fertig stellen*.

- Das virtuelle Laufwerk wird nun formatiert und mit Windows verbunden, sodass es als Laufwerkbuchstabe erscheint.

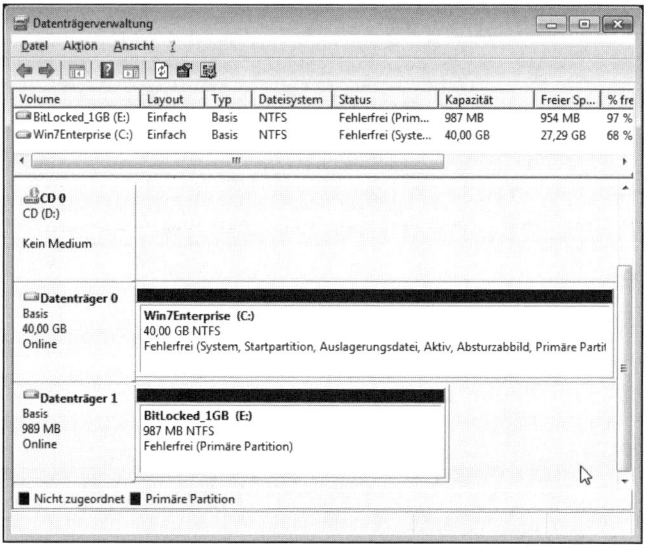

Abbildung 3.142: Das neue, virtuelle Laufwerk *E:*

- Starten Sie nun wie oben bereits beschrieben BitLocker über *Start / Systemsteuerung / System und Sicherheit / BitLocker-Laufwerkverschlüsselung*.
- Klicken Sie beim soeben erzeugten virtuellen Laufwerk auf *BitLocker aktivieren*.

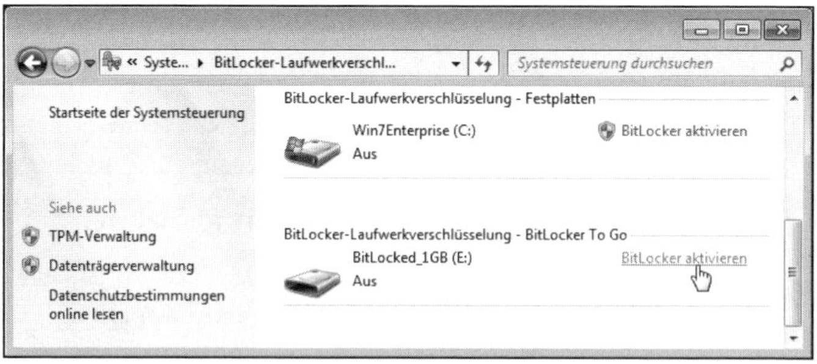

Abbildung 3.143: Virtuelles Laufwerk verschlüsseln

- Verwenden Sie die Passwortmethode, beherzigen Sie wie üblich die Regeln für hohe Kennwortsicherheit. Geben Sie das Passwort ein und klicken Sie auf *Weiter*.
- Speichern und/oder drucken Sie den Wiederherstellungsschlüssel und klicken Sie auf *Weiter*.
- Klicken Sie auf *Verschlüsselung starten*. BitLocker verschlüsselt nun das virtuelle Laufwerk, also den Inhalt der VHD-Datei. Klicken Sie danach auf *Schließen*.
- Wechseln Sie zurück ins Fenster der *Datenträgerverwaltung*.
- Klicken Sie mit der rechten Maustaste auf den Eintrag des virtuellen Datenträgers am linken Rand der Anzeige, wählen Sie *Virtuelle Festplatte trennen* und bestätigen Sie mit *OK*.

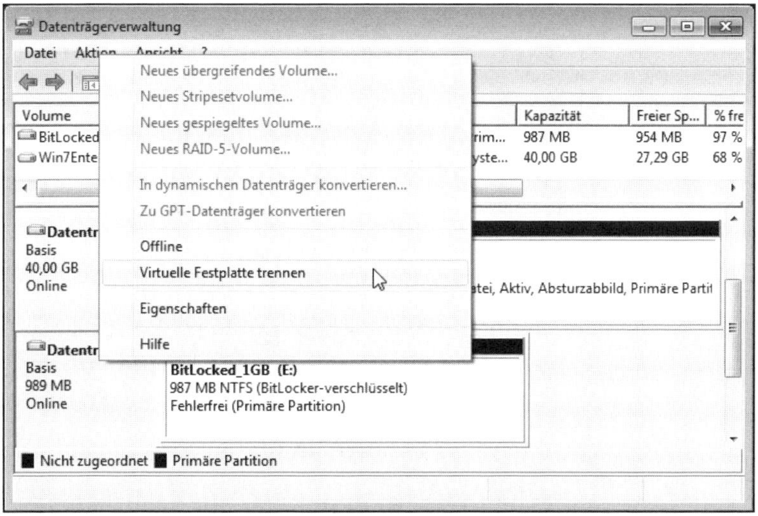

Abbildung 3.144: Virtuelle Festplatte trennen

- Jetzt ist die fragliche Datei, im Beispiel *BL-Container_1GB.vhd*, nicht mehr eingebunden und kann gefahrlos transportiert werden. Ob per Stick, externer Festplatte, Online-Speicher oder Mail ist dabei gleich.

Auf dem Zielsystem binden Sie diese virtuelle Festplatte ganz einfach über die nun schon bekannte Datenträgerverwaltung ein.

- Öffnen Sie *Start / Systemsteuerung / System und Sicherheit / Festplattenpartitionen erstellen und formatieren*.
- Wählen Sie im Menü *Aktion / Virtuelle Festplatte anfügen*.

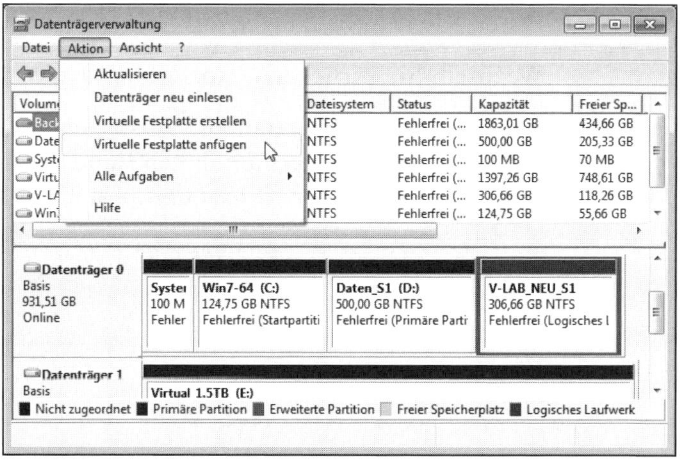

Abbildung 3.145: Virtuelle Festplatte anfügen

- Wählen Sie die VHD-Datei, im Beispiel *BL-Container_1GB.vhd*, und klicken Sie auf *Öffnen* und *OK*.
- Direkt nach dem Anfügen meldet sich BitLocker: Geben Sie hier das Passwort ein und klicken Sie auf *Entsperren*.

Das Laufwerk ist nun verfügbar. Sie haben also auf ganz einfache Weise und mit Bordmitteln verschlüsselte Dateien in einer Containerdatei transportiert.

HINWEIS

Sie können diese Containerdatei auch einfach kopieren und umbenennen. Sie haben dann zwei Containerdateien. Den Inhalt der zweiten löschen Sie einfach (Sie haben ihn ja schon in der ersten) und nutzen ihn für weitere Daten. So brauchen Sie keine neuen Container anzulegen.

Vergessenes Kennwort

Eines liegt in der Natur der Sache: Wenn Sie Ihr Kennwort vergessen, sind die Inhalte hinüber. Wäre es anders, taugte die Verschlüsselung nichts.

Es hilft nur, wenn Sie vorher wie beschrieben den Wiederherstellungsschlüssel gesichert oder ausgedruckt haben. Dann können Sie nämlich trotzdem zugreifen: Der Wiederherstellungsschlüssel ist eine Art Nachschlüssel für Ihre Daten:

- Wenn Sie das Kennwort nicht mehr wissen, klicken Sie auf *Kennwort vergessen*.

Abbildung 3.146: Kennwort vergessen

- Geben Sie den Wiederherstellungsschlüssel ein, den Sie vorher gespeichert oder ausgedruckt hatten.

- Klicken Sie auf *Weiter*.

Abbildung 3.147: Wiederherstellungsschlüssel

- Für Windows reicht das. Es verbindet das Laufwerk so, als hätten Sie das Passwort eingegeben. Auf Windows Ultimate/Enterprise können und sollten Sie nun das Passwort für dieses Laufwerk über *BitLocker verwalten* ändern. Auf den anderen Windows-Versionen retten Sie immerhin Ihre Daten.

BitLocker To Go bietet funktional das Minimum. Das geht völlig in Ordnung, aber eben nur, wenn man mit Bordmitteln auskommen möchte und Windows Ultimate oder Enterprise hat. Für alle anderen Fälle leistet TrueCrypt komfortabler mehr.

Trick: BitLocker To Go gratis

Weil alle Windows-Versionen BitLocker-To-Go-Laufwerke öffnen können, kann man BitLocker To Go eigentlich gratis verwenden: Man braucht nur eine Person, die Windows 7 Ultimate oder Enterprise hat und einem einmalig das externe Laufwerk mit einem Passwort verschlüsselt. Man kann es dann mit Windows 7 Home und Professionell problemlos verwenden (allerdings nicht das Passwort ändern).

Experimentierfreudige mit einem freien PC oder Kenntnissen von virtuellen Maschinen behelfen sich mit einem Trick: Man kann die Enterprise-Version von Windows 7 auf *http://technet.microsoft.com/de-de/evalcenter/cc442495* downloaden. Sie läuft legal 90 Tage und ist in dieser Zeit ebenfalls in der Lage, BitLocker-To-Go-Laufwerke anzulegen, die man dann verwenden kann.

Allerdings ist man für Änderungen des Passworts oder bei einem Recovery-Versuch immer auf den Ultimate/Enterprise-Rechner angewiesen. Man kann hier also auch gleich TrueCrypt-Container einsetzen – siehe Kapitel 7.

TPM checken

BitLocker funktioniert am besten, wenn die Hardware einen *TPM*-Mikrochip besitzt (*Trusted Platform Module*). Das ist allerdings keineswegs die Regel.

- Öffnen Sie *Start / Systemsteuerung / System und Sicherheit / BitLocker-Laufwerkverschlüsselung*.
- Klicken Sie links auf *TPM-Verwaltung*.
- BitLocker analysiert die Hardware und teilt Ihnen mit, ob TPM unterstützt wird. Wenn nicht, können Sie BitLocker auch mit einem Stick verwenden.

HINWEIS

> Wie beim EFS-Zertifikat hängt die Wiederherstellung verschlüsselter Daten im Notfall dann an diesem Stick, weswegen man ihn gut aufbewahren und nicht das billigste Modell nehmen sollte.

Systemlaufwerk C: verschlüsseln

Natürlich können Sie auch das Systemlaufwerk verschlüsseln.

HINWEIS

> Bevor Sie das System verschlüsseln, sollten Sie unbedingt ein vollständiges Backup (System und Daten) durchführen. Die Erfahrung lehrt, dass Verschlüsselung auch schiefgehen und man sich damit sehr wirkungsvoll aus seinem eigenen System aussperren kann.

- Starten Sie in der Systemsteuerung die BitLocker-Hauptseite und klicken Sie beim Systemlaufwerk auf *BitLocker aktivieren*.

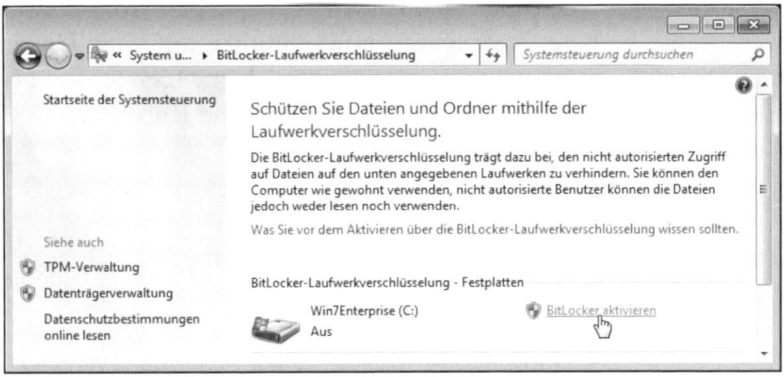

Abbildung 3.148: Systemlaufwerk mit BitLocker verschlüsseln

- In der Regel taucht dann aber dieser Hinweis auf:

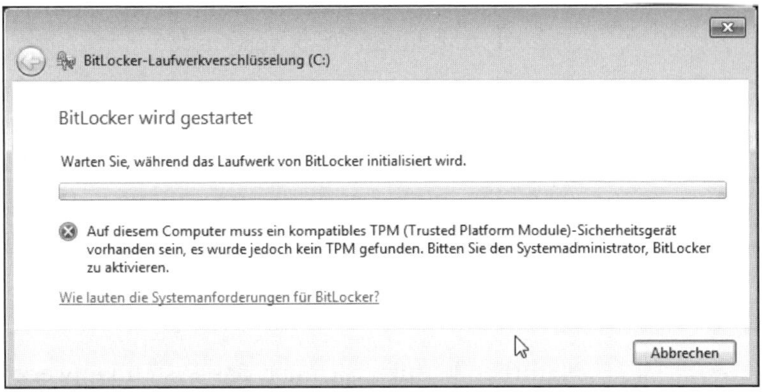

Abbildung 3.149: Kein TPM, kein BitLocker

- Klicken Sie auf *Abbrechen*.

Natürlich gibt es einen Trick.

- Drücken Sie [Win] + [R], geben die `gpedit.msc` ein und drücken Sie [Enter]. Es startet der Gruppenrichtlinien-Editor.
- Hier navigieren Sie im linken Teilfenster zu *Richtlinien für Lokaler Computer / Computerkonfiguration / Administrative Vorlagen / Windows-Komponenten / BitLocker-Laufwerkverschlüsselung / Betriebssystemlaufwerke.*

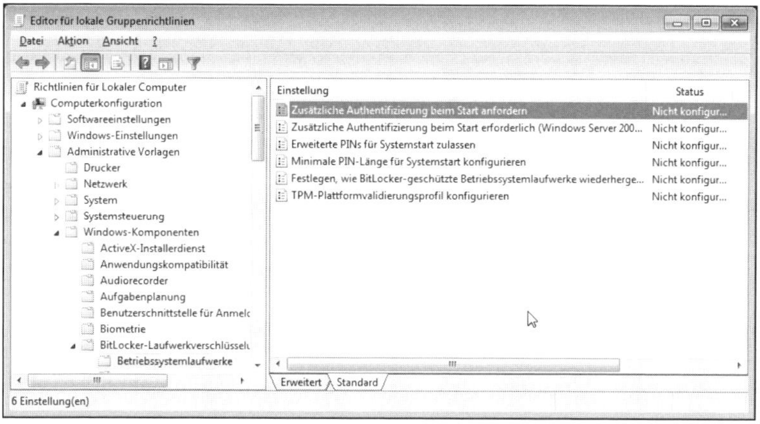

Abbildung 3.150: Editor für lokale Gruppenrichtlinien

- Doppelklicken Sie im rechten Teilfenster auf *Zusätzliche Authentifizierung beim Start anfordern.*
- Es erscheint ein umfangreicherer Dialog, von dem Sie aber nur eine einzige Option benötigen: Schalten Sie links oben um auf *Aktiviert* (siehe Abbildung 3.151).
- Klicken Sie auf *OK* und schließen Sie den Gruppenrichtlinien-Editor.

Jetzt kann BitLocker auf Laufwerk *C:* angewendet werden.

- Schließen Sie einen USB-Stick an.
- Öffnen Sie wie gehabt in der Systemsteuerung die BitLocker-Hauptseite und klicken Sie beim Systemlaufwerk auf *BitLocker aktivieren.*

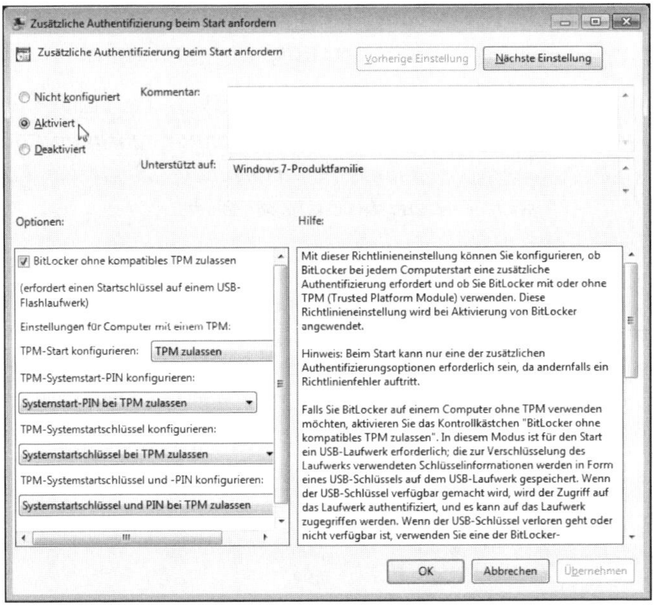

Abbildung 3.151: BitLocker ohne kompatibles TPM zulassen

- BitLocker prüft nun, ob die Voraussetzungen für den Einsatz bestehen. Dann geht's los.

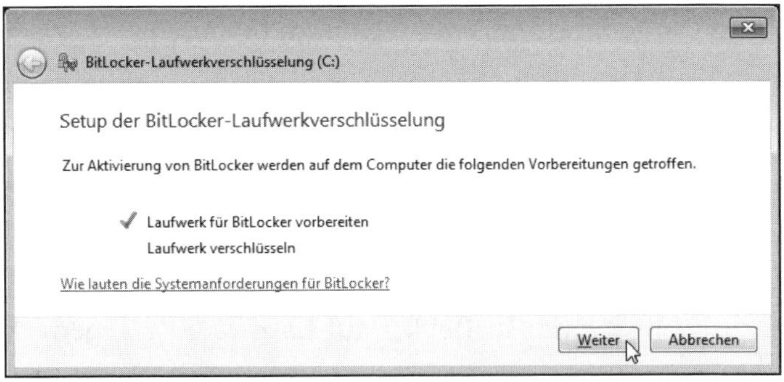

Abbildung 3.152: BitLocker-Systemverschlüsselung

- Klicken Sie auf *Weiter* und auf *Weiter*.
- BitLocker baut nun das System um.

> Dabei wird unter anderem die Systempartition etwas verkleinert, um eine spezielle Partition für BitLocker zu errichten. Das ist nötig, weil bei der Verschlüsselung ja das Systemlaufwerk verschlüsselt wird: Windows kann eigentlich gar nicht mehr starten, um BitLocker zu verwenden. Es muss also umgekehrt erst eine spezielle Version von BitLocker starten, die bei jedem Hochfahren Windows 7 neu zusammenbaut.

- Nach dem Abschluss dieser Arbeiten klicken Sie auf *Jetzt neu starten.*
- Nun wird die Festplatte verschlüsselt. Vorher fragt BitLocker, wie Sie das System entsperren wollen.

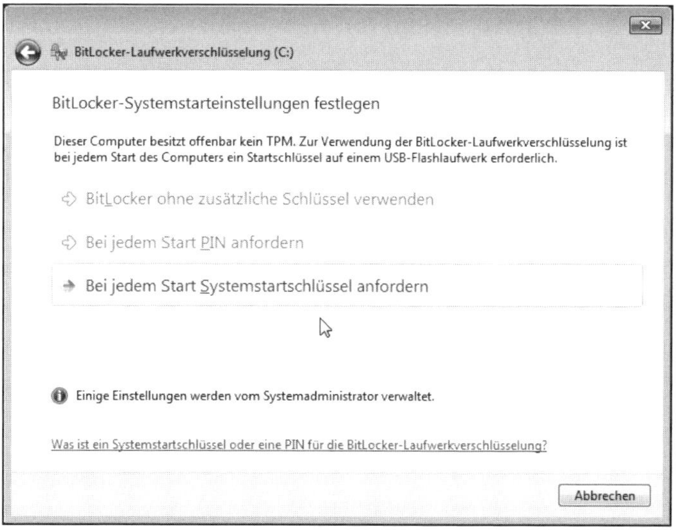

Abbildung 3.153: Start festlegen

- Klicken Sie auf *Bei jedem Start Systemschlüssel anfordern.*
- Wählen Sie den Ort, wo der Systemstartschlüssel gespeichert werden soll – typischerweise ein USB-Stick. Klicken Sie auf *Speichern.*

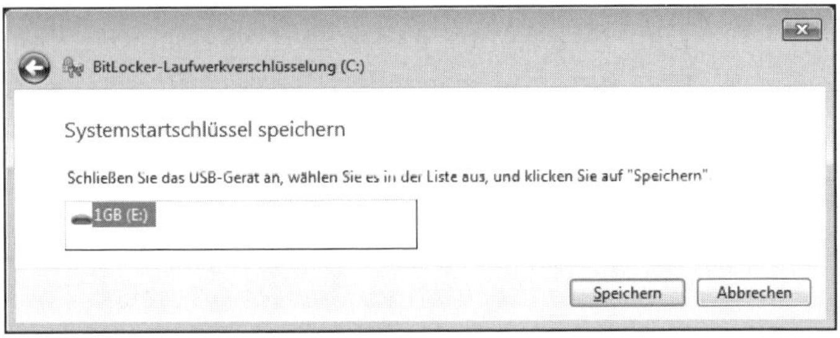

Abbildung 3.154: Systemstartschlüssel speichern

- Wählen Sie eine Methode, den Wiederherstellungsschlüssel zu speichern, und drucken Sie ihn außerdem aus. Klicken Sie dann auf *Weiter*.
- Jetzt beginnt die eigentliche Verschlüsselung.

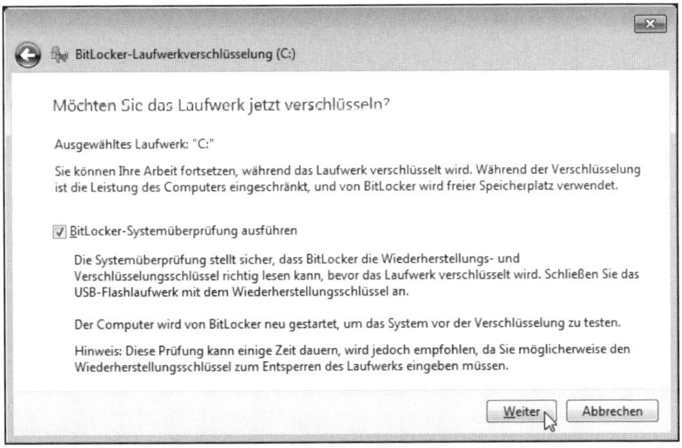

Abbildung 3.155: Verschlüsselung starten

- Klicken Sie auf *Weiter* und auf *Jetzt neu starten*.
- BitLocker startet den Rechner neu und führt dabei eine Überprüfung der Festplatte durch. Danach wird die gesamte Festplatte *C:* verschlüsselt. Das kann dauern.

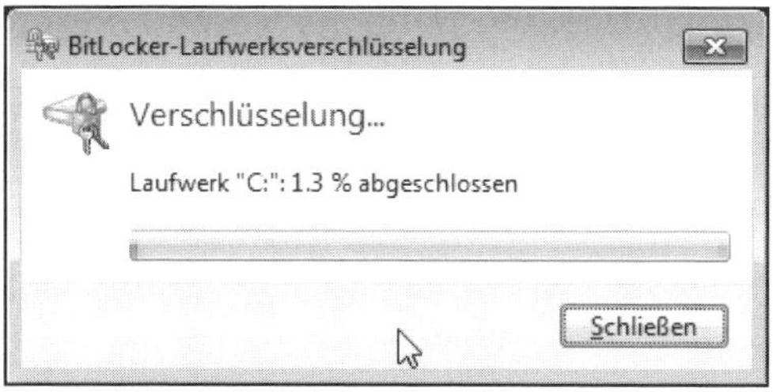

Abbildung 3.156: Verschlüsselung von *C:*

Danach kann der PC nur noch gestartet werden, wenn Sie den USB-Stick vor dem Start angeschlossen haben. Abgesehen von dieser Forderung merkt der Benutzer keinen Unterschied. Wird Windows allerdings nicht mit dem USB-Stick „aufgeschlossen“, dann passiert nichts: BitLocker entschlüsselt Windows nicht, das daher nicht hochfahren kann. Die Daten sind für einen Angreifer nicht lesbar.

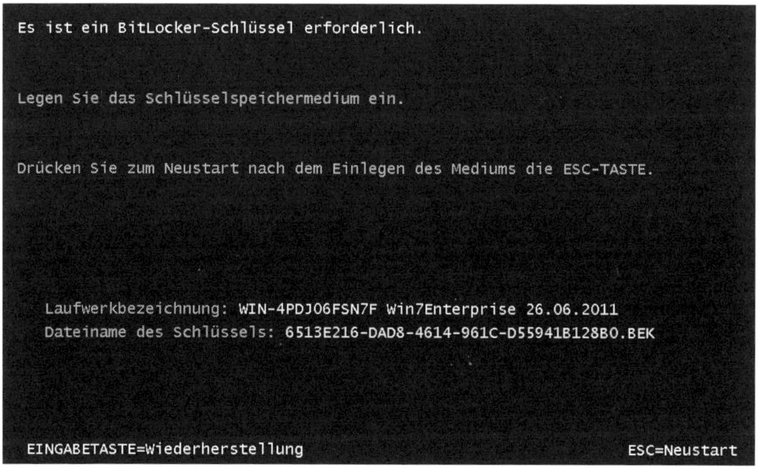

Abbildung 3.157: Verschlüsselter Systemstart

Auf analoge Weise entschlüsseln Sie die Daten auch wieder.

- Öffnen Sie die BitLocker-Hauptseite in der Systemsteuerung.

- Wählen Sie beim Systemlaufwerk *BitLocker deaktivieren.*

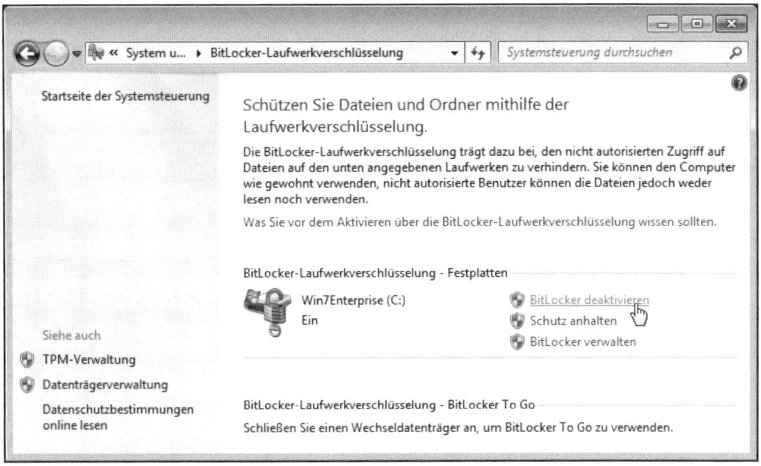

Abbildung 3.158: BitLocker deaktivieren

Fazit: Eingebaute Verschlüsselung

Windows Home kommt ab Werk ohne Verschlüsselung daher. Erst ab Windows Professionell ist eine Verschlüsselung zu haben.

- Familienväter und andere private Anwender sollten vor allem auf Mobilrechnern ein Minimum an Verschlüsselung einsetzen. Die mit Windows 7 Professionell verfügbare EFS-Verschlüsselung ist dafür völlig ausreichend. Rechner mit sicheren Passwörtern lassen sich zwar knacken, doch die mit EFS verschlüsselten Daten gehen dem Angreifer dabei durch die Lappen.
- Selbstständige und andere berufliche Anwender sind mit der ab Windows 7 Enterprise/Ultimate verfügbaren BitLocker-Verschlüsselung besser bedient. Der gesamte Rechner bleibt geschützt, benötigt aber TPM oder einen USB-Stick zum Abschließen. Am besten ist der Einsatz in einer Unternehmensumgebung.

Auch die eingebaute Verschlüsselung hat aber ihre Grenzen:

- Hardware-Keylogger können auch BitLocker-Passwörter ausspionieren.
- Die eingebaute EFS-Verschlüsselung ist mit ihren Zertifikaten nicht immer ganz einfach zu bedienen. Auch ist es ein Riesenaufwand, eine Containerdatei zu betreiben.
- Als gute und kostenlose Alternative zur eingebauten Verschlüsselung bietet sich TrueCrypt an, siehe Kapitel 7.

Backup mit der Windows-Sicherung

Selbst wenn ein Virus alles zerstört, ein Wurm sich nicht entfernen lässt, selbst wenn die Festplatte rauchend den Geist aufgibt, selbst dann können Sie in unter einer Stunde alles wieder zum Laufen kriegen: mit einem *Image-Backup*.

Und Windows 7 hat dies auch in den Home-Versionen schon eingebaut: Die Windows-Sicherung ist ab Werk verfügbar. Sie kann zwar, das muss man ganz ehrlich sagen, nicht wahnsinnig viel. Aber sie lässt sich automatisieren und kann Ihnen im entscheidenden Augenblick den Rettungsring zuwerfen.

Wichtig:

- Trennen Sie möglichst Image-Backups vom System, auf dem Windows läuft. Speichern Sie die Sicherungen also auf externen Datenträgern, externen Festplatten oder – das ist das Minimum – auf einer zweiten Festplatte (nicht bloß einer zweiten Partition!) im PC.
- Achten Sie darauf, dass Sie immer ein einigermaßen aktuelles Image-Backup haben.
- Mit einem Trick haben Sie mehrere Image-Backups zur Auswahl, denn vielleicht hatten Sie schon vor einem Monat eine Infektion, doch sie machte damals noch keine Probleme; daher wäre es vielleicht schlauer, das Backup von vor zwei Monaten zu nehmen.

Systemreparaturdatenträger brennen

Normalerweise bietet Windows 7 Ihnen an, den *Systemreparaturdatenträger* zu brennen. Oft lehnt man das ab, weil es lästig erscheint. Irgendwann aber braucht man ihn, etwa bei der Wiederherstellung eines völlig gecrashten Systems.

Also legen Sie am besten manuell einen an:

- Wählen Sie *Start / Systemsteuerung / System und Sicherheit / Sichern und Wiederherstellen* und klicken Sie auf *Systemreparaturdatenträger erstellen*.
- Alternativ suchen Sie im Eingabefeld nach *Systemrep* und klicken auf *Systemreparaturdatenträger erstellen*.
- Legen Sie einen Rohling ein.
- Wählen Sie das *Laufwerk*, falls Sie mehrere eingebaut haben.
- Klicken Sie auf *Datenträger erstellen*.

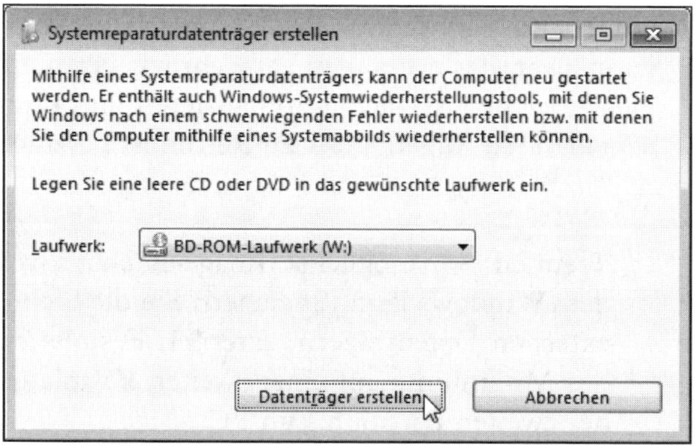

Abbildung 3.159: Systemreparaturdatenträger erstellen

Damit brennen Sie eine Notfall-Boot-CD. Falls Windows gar nicht mehr starten will, booten Sie damit ein Notsystem. Es kann verschiedene Reparaturen durchführen und die im Folgenden erzeugte Datensicherung zur Wiederherstellung nutzen.

Systemwiederherstellungspunkte

Systemwiederherstellungspunkte sind nicht wirklich Backups, sondern eine ganz spezielle Form von Sicherung bei Windows. Dabei werden systemrelevante Einstellungen von Windows zu einem Zeitpunkt erfasst und als Systemwiederherstellungspunkt gespeichert. Bei der Wiederherstellung eines Systems haben Sie die Wahl, aus diesen einfachen Wiederherstellungspunkten oder aus richtigen Datensicherungen Ihr System wiederherzustellen.

Wiederherstellung über Systemwiederherstellungspunkte

Die Wiederherstellung über Systemwiederherstellungspunkte ist, sieht man von diesem entsetzlichen Wort einmal ab, eigentlich sehr einfach und funktioniert in vielen Fällen gut.

Sie können damit sogar kleinere Schadprogramme wieder loswerden. Allerdings können Sie sich dessen leider nicht sicher sein: Vielleicht ist das Schadprogramm nach einem Restore über Systemwiederherstellungspunkte vollends entfernt worden, vielleicht ist es aber auch nur beschädigt. Daher rate ich davon ab, bei schwerwiegenden Problemen diese Art der Wiederherstellung zu verwenden.

Allerdings reicht es ja oft, das System immerhin so weit wieder auf die Beine zu bringen, dass man die wichtigsten und neuesten Daten in Sicherheit bringen kann, bevor man sich an die richtige Wiederherstellung wagt. Daher sollte man auf die Systemwiederherstellungspunkte nicht verzichten.

Systemwiederherstellungspunkte manuell setzen

Normalerweise setzt Windows diese Punkte selbst, zum Beispiel bei der Installation von Software oder Updates.

Sie können einen solchen Punkt aber auch manuell setzen:

- ✓ Drücken Sie die Tastenkombination [Win] + [Pause] oder öffnen Sie alternativ *Start / Systemsteuerung / System und Sicherheit / System*.

✔ Klicken Sie links auf *Erweiterte Systemeinstellungen*.

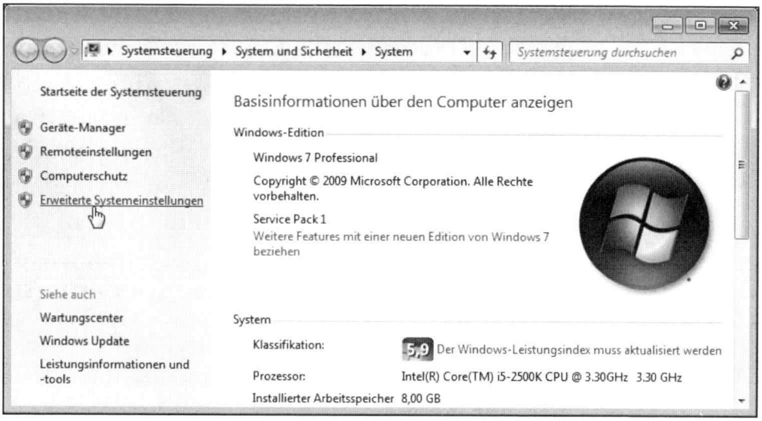

Abbildung 3.160: Erweiterte Systemeinstellungen öffnen

✔ Wechseln Sie in das Register *Computerschutz*.

Abbildung 3.161: Computerschutz

- Klicken Sie bei der Gelegenheit auf *Konfigurieren*. Hier können Sie festlegen, wie viel Speicherplatz Windows für die Wiederherstellungspunkte reserviert, bevor es alte Wiederherstellungspunkte löscht. Der Standard sind 5 Prozent, das ist völlig in Ordnung und muss nicht geändert werden, es sei denn, Sie haben eine kleine SSD-Festplatte und müssen Platz sparen. Klicken Sie auf *OK*.
- Klicken Sie nun im Register *Computerschutz* auf *Erstellen*.

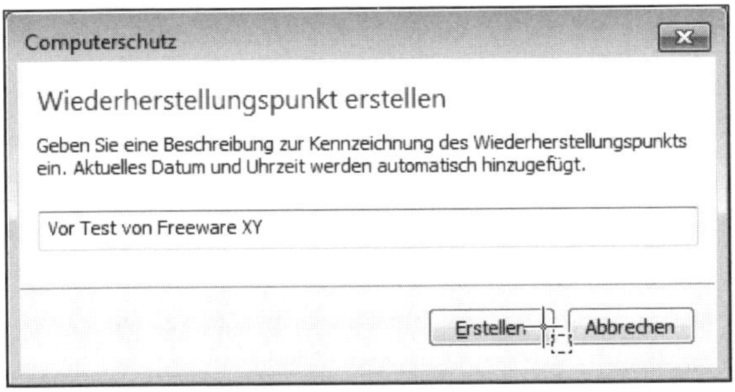

Abbildung 3.162: Systemwiederherstellungspunkt

- Geben Sie eine kurze Beschreibung für den Speicherpunkt ein und klicken Sie auf *Erstellen*.
- Der Systemwiederherstellungspunkt wird erstellt. Klicken Sie abschließend auf *Schließen*.

Es lohnt sich, vor großen Änderungen oder zwischen vielen Änderungen im System einen oder mehrere solcher Sicherungspunkte manuell zu erstellen. Das ist so lustig, wie gefrorene Kartoffeln zu schälen, aber möglicherweise kann man kurz darauf diesen einen Speicherpunkt sehr gut brauchen.

Überlegungen zum Backup-Ziel

Bei der normalen Datensicherung wird mit Redundanz gearbeitet: Das Datensicherungsprogramm legt an einem zweiten Ort eine Kopie der Daten des ersten Ortes an.

Für diese Art der Datensicherung kommen bei Windows 7 verschiedene Ziele in Frage.

Festplatte

Das ist der beste Weg. Wählen Sie unbedingt eine andere physikalische (!) Festplatte als die, auf der sich Windows befindet.

> HINWEIS
>
> Echte, physikalische Festplatten sind jene, die Sie anfassen, einbauen oder ausbauen können. Sie lassen sich durch Windows in logische Teile (Partitionen) aufteilen, die wir von Windows im Wesentlichen als Laufwerkbuchstaben wie *C:*, *D:*, *E:* und so weiter serviert bekommen. Existieren zwei physikalische Laufwerke mit je einer Partition, können diese als *C:* und *D:* erscheinen. Existiert ein physikalisches Laufwerk mit zwei Partitionen, können diese ebenfalls als *C:* und *D:* erscheinen. Wichtig ist, dass Sie Bescheid wissen, was echt ist und was nicht: Denn das Backup-Ziel sollte sich unbedingt auf einer „anderen" physikalischen Festplatte befinden. Geht nämlich eine Festplatte kaputt, dann auch alle auf ihr enthaltenen Partitionen. Das Backup nützt nichts, wenn es sich auf der zweiten Partition der nun defekten Platte befand.

Abbildung 3.163: Einfache, externe USB-Festplatte von Verbatim

Verwenden Sie zum Beispiel eine externe Festplatte, die Sie via USB, Firewire oder eSATA mit dem Rechner verbunden haben.

- USB 2.0 ist heute das Minimum, aber USB 3.0 ist besser – allerdings hat das noch nicht jeder PC.
- Firewire ist besser als USB 2.0, aber nicht jeder PC hat es und die Festplatten mit Firewire sind teurer – im Zweifel nehmen Sie lieber USB 3.0.
- eSATA ist eine schnelle Alternative sogar zu USB 3.0 – allerdings hat nicht jeder PC und jedes Notebook eine eSATA-Schnittstelle. Wenn doch, dann sollten Sie eSATA verwenden.
- Ideal ist derzeit eine Platte, die eSATA und USB 3.0 zugleich anbietet.

Externe Festplatten kriegen Sie für unter 100 Euro im Bereich 2 Terabyte – das reicht für viele Backups. Verbinden Sie externe Festplatten mit dem Rechner, bevor Sie *Systemabbild erstellen* starten – sonst findet der die Platten nicht. Die Windows-Sicherung kann ohne Tricks nur ein Image pro Festplatte ablegen, daher kann es sich lohnen, mehrere kleine Festplatten zu verwenden. Das minimiert auch das Risiko.

HINWEIS

Die Festplatte muss mit NTFS formatiert sein – externe Platten mit FAT32 nimmt das Windows-7-Image-Backup nicht an! Das liegt daran, dass FAT32 keine Daten mit mehr als 4 GByte speichern kann – die Abbilddatei wird aber bestimmt größer.

Es kann übrigens je nach Einsatzzweck durchaus trotzdem sinnvoll sein, das Backup auf derselben physikalischen Festplatte zu speichern. Angenommen, Sie wollen einfach mal eben eine Software ausprobieren, die Sie aber eigentlich gar nicht dauerhaft installieren wollen. Dann sichern Sie ein Abbild auf der zweiten Partition, testen die Software, spielen das Abbild zurück – kein Problem.

Nur für Backup-Zwecke wäre das nicht sicher genug.

CDs und DVDs

CDs und DVDs sind keine gute Wahl.

- CDs sind inzwischen einfach zu klein. Ein frisch installiertes Windows kostet Sie als Backup-Medium mindestens zehn CDs.
- Auch auf DVD lohnt sich das nur, wenn Windows ganz frisch ist und daher auf maximal eine oder zwei DVDs passt. Oder wenn Sie gerne mit mehreren DVDs jonglieren und viel Zeit haben.
- Blu-ray bietet sich scheinbar an, weil dort 25 oder mehr GByte auf einen Rohling passen. Doch wie DVDs sind Blu-rays nicht als Backup-Medium entwickelt worden und besitzen daher nicht die nötige Zuverlässigkeit.
- Alle brennbaren Medien müssen irgendwann entsorgt werden. Dabei müssen Sie die Datenträger zerschneiden, sonst sind die enthaltenen Daten lesbar.

Wenn Sie dennoch DVDs und Blu-rays verwenden wollen, kaufen Sie nicht die billigsten Rohlinge. Stellen Sie sicher, dass Ihr Brenner mit der verwendeten Rohling-Marke bisher gut zurechtkam. Sichern Sie zusätzlich ein Abbild auf Festplatte und überprüfen Sie dann, ob Sie das Abbild von DVD oder Blu-ray wiederherstellen können. Tun Sie das wirklich, denn Backups auf Rohlingen, die nicht mehr lesbar sind, nützen Ihnen nichts.

Netzwerk

Diese Option bietet das Windows-Backup ohnehin nur an, wenn Sie Windows Professional oder höher verwenden. Dann ist das durchaus eine interessante Option – aber nur, wenn Ihr PC und der Netzwerkspeicher über ein Gigabit-Ethernet-Netzwerk verbunden sind. Andernfalls dauert dieses Backup zu lange.

Außerdem sollten Sie trotzdem mindestens ein Backup auf Festplatte haben, denn die Wiederherstellung aus dem Netzwerk funktioniert nicht immer reibungslos.

Einfache Netzwerkspeicher mit 2 GByte Speicher und Gigabit-Ethernet-Anschluss finden Sie im Handel schon für unter 150 Euro.

Abbildung 3.164: Netzwerk-Speicher My Book Live von Western Digital

Systemabbild: Image-Backup mit Windows 7

So starten Sie ein Windows-Image-Backup und erzeugen somit ein Systemabbild:

- Öffnen Sie *Start / Systemsteuerung / System und Sicherheit / Sichern und Wiederherstellen*.
- Klicken Sie dort im linken Bereich auf *Systemabbild erstellen*.

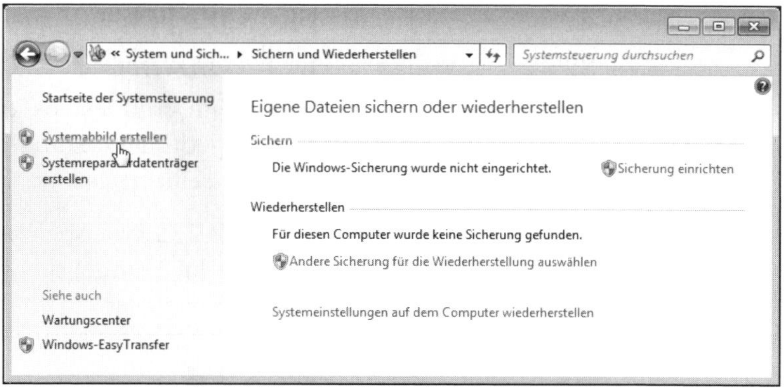

Abbildung 3.165: Systemabbild erstellen

- Windows prüft, wo ein passender Speicherplatz zu finden ist, und macht dann einige Angebote.

Abbildung 3.166: Sicherungsziel auswählen

- Wählen Sie am besten *Auf Festplatte*. Wenn Sie die externe Festplatte jetzt erst anschließen und Windows sie noch nicht als mögliches Ziel anzeigt, klappen Sie das Listenfeld auf und wählen *Aktualisieren*.
- Alternativ wählen Sie *Auf DVD(s)* oder (erst ab Windows Professional) *An einer Netzwerkadresse*.
- Klicken Sie auf *Weiter*.
- Dieser Schritt entfällt, wenn Sie nur ein Laufwerk mit einer Partition haben: *Systemabbild erstellen* fragt, ob Sie neben *C:* – also der Systempartition mit Windows – noch weitere Laufwerke in die Sicherung einschließen wollen. Tun Sie das nach Bedarf und klicken Sie auf *Weiter*.

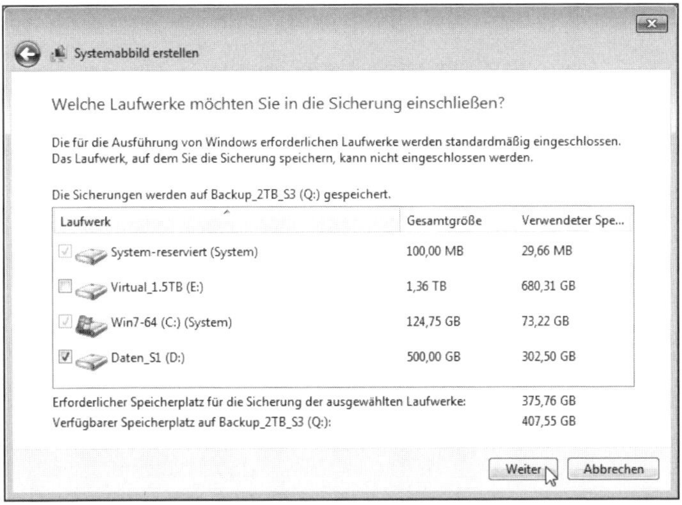

Abbildung 3.167: Backup mehrerer Partitionen

HINWEIS

Wenn Sie ein externes Laufwerk mit 1,5 GByte (verfügbarer Speicherplatz auf dem Ziel) haben und Ihr PC oder Notebook zusammengenommen weniger Speicher (verwendeter Speicherplatz) hat, dann ist das völlig in Ordnung. Wichtig ist zur Windows-Systemsicherung allerdings nur, vor allem *C:* zu sichern. Wenn Ihre Dokumente ebenfalls auf *C:* liegen, dann haben Sie diese auch gleich mit gesichert.

- Windows fragt noch einmal nach, ob alles so ist, wie Sie es haben wollen. Klicken Sie auf *Sicherung starten* und los geht's.

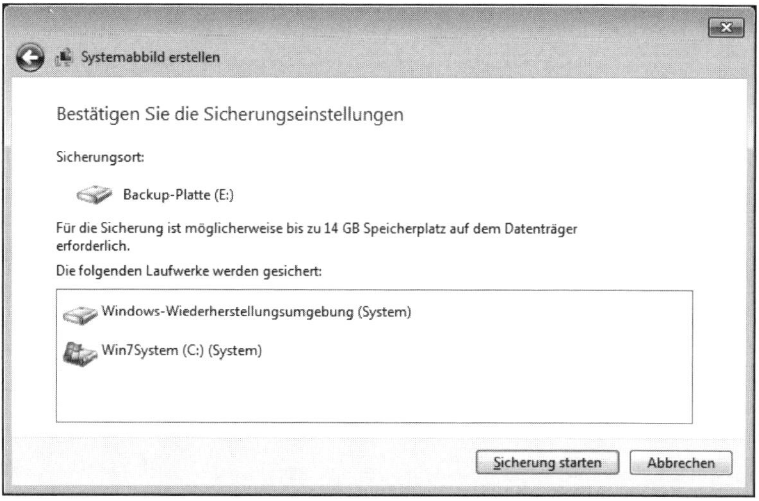

Abbildung 3.168: Backup der Systempartition

HINWEIS

Systemabbild erstellen komprimiert das Abbild beim Schreiben. Das bedeutet, dass das Backup im Endeffekt weniger Platz benötigt, als auf *C:* belegt ist. Windows nennt stets als Zahl, wie viel Platz maximal gebraucht wird. Wenn Sie nicht gerade viele Bilder, MP3s, Videos oder ähnlich schwer komprimierbaren Stoff auf *C:* speichern, können Sie damit rechnen, dass das Backup nur etwa 65 bis 75 Prozent der Größe des Originals hat.

Je nachdem, wie schnell Ihre Platten sind, kann das Backup nun 5 bis 40 Minuten dauern.

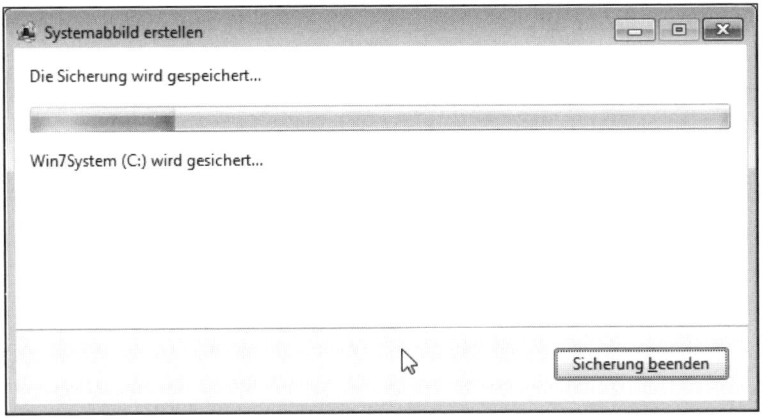

Abbildung 3.169: Das Systemabbild wird erstellt

Meine Empfehlungen dazu:

- Sie können weiterarbeiten. Bei plattenzugriffsintensiven Anwendungen werden Sie – abhängig davon, wie viel Power Ihr Rechner mitbringt – aber deutlich spüren, dass woanders noch ein Prozess läuft.
- Theoretisch speichert das Backup auch Dateien, an denen Sie gerade arbeiten. Ich würde dennoch empfehlen, vorher alle Dateien und Anwendungen zu schließen und nur das Backup durchlaufen zu lassen.
- Starten Sie das Backup also am besten zu einem Zeitpunkt, wo es Ihnen egal ist, dass der Rechner eine halbe Stunde blockiert ist, etwa vor dem Essen.
- Denken Sie daran, sich auch die Recovery-CD zu brennen. Mit ihr können Sie auch dann diese Abbilddatei zurückspielen, wenn Windows nicht mehr startet. Windows 7 bietet das liebenswürdigerweise am Ende des Backups von selbst an.

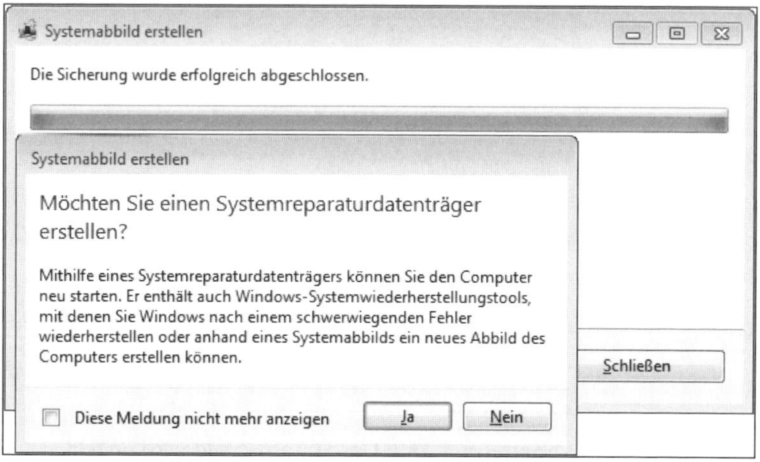

Abbildung 3.170: Unbedingt: Systemreparaturdatenträger erstellen

Mehrere Systemabbilder speichern

Bei dieser Art des Backups legt Windows eine *Systemabbilddatei* an. Diese befindet sich auf dem Ziellaufwerk im Verzeichnis \ *WindowsImageBackup*\.

Windows kann nur ein Backup aufbewahren und überschreibt die jeweils vorherige Abbilddatei mit der jeweils neueren. Das bedeutet auch: Sie haben pro Ziellaufwerk immer nur eine Version des Systemzustands.

Mit einem Trick speichern Sie verschiedene Abbilder:

- ✓ Führen Sie ein Backup durch.
- ✓ Starten Sie den Windows-Explorer und navigieren Sie zum Laufwerk mit dem Backup.
- ✓ Markieren Sie das Verzeichnis *WindowsImageBackup* und drücken Sie F2, um es umzubenennen.
- ✓ Verwenden Sie als neuen Namen zum Beispiel *WindowsImageBackup_2011-12-24*. Möglicherweise müssen Sie eine Sicherheitsabfrage bestätigen.

- Das nächste Backup wird dann erneut und frisch in das Verzeichnis *WindowsImageBackup* gespeichert.
- Auf diese Weise können Sie auch mit der Windows-7-Image-Backup-Funktion mehrere Backups verwalten!
- Um das Systemabbild eines bestimmten Datums zurückzuspielen, ändern Sie vor dem Restore den Namen des betreffenden Backup-Ordners mit dem gewünschten zurückzuspielenden Backup zurück auf *WindowsImageBackup*, dann nimmt Windows automatisch dessen Inhalt.

Wozu mehrere Systemabbilddateien?

Das Systemabbild enthält das Windows-Laufwerk (mindestens *C:*, aber auch Bootsektor und Wiederherstellungsumgebung) in genau dem Zustand, in dem es sich zum Zeitpunkt der Sicherung befand. Sprich: Alle Änderungen, die Sie danach vorgenommen haben (gespeicherte Dokumente, gespeicherte Lesezeichen, angepasstes Windows-Erscheinungsbild usw.), sind beim Zurückspielen der Sicherung weg.

Daher sollte man möglichst häufig ein Systemabbild erstellen (wie das automatisch geht, dazu weiter unten mehr). Was aber ist, wenn sich die Schadsoftware bereits im Windows von letzter Woche eingenistet hatte? Dann nützt es nichts, einfach das letzte Systemabbild zurückzuspielen, man bräuchte eine Version von vor einem Monat.

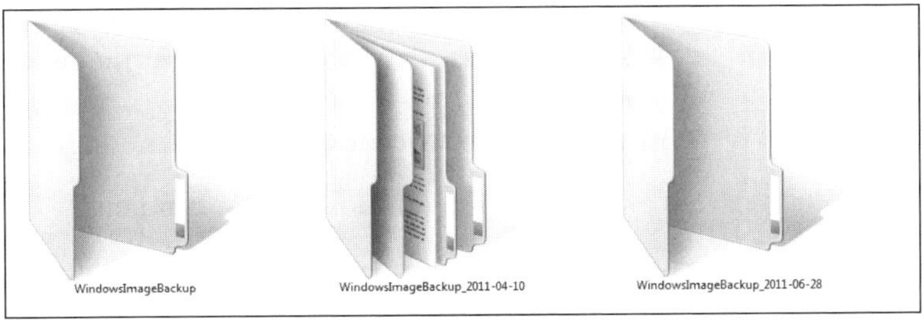

Abbildung 3.171: Nützlich: ältere Abbilddatei-Backups

Aus diesem Grund lohnt es sich, den heute reichlich vorhandenen preiswerten Speicherplatz zu nutzen und mehrere Abbilddateien abzulegen. Wenn Sie Woche für Woche ein Abbild anlegen, können Sie jederzeit einen Crash haben – und trotzdem mindestens den Zustand von letzter Woche, auf Wunsch aber auch den Zustand von vor Monaten zurückspielen.

Mehrere Abbilddateien zu haben, verringert auch die Gefahr, dass Sie überhaupt nichts zurückspielen können, etwa weil das Backup defekt ist und das Zurückspielen nicht funktioniert.

HINWEIS

> Zum Vorhalten mehrerer Abbilddateien müssen Sie nicht unbedingt den Trick mit dem Umbenennen des *WindowsImageBackup*-Verzeichnisses anwenden. Sie können auch drei externe Festplatten verwenden und diese abwechselnd als Ziel angeben.

Automatische Windows-Sicherung

Das manuelle Systemabbild bietet sich an, wenn Sie zum Beispiel ganz bewusst einmal pro Woche eine externe Festplatte anschließen, ein Abbild erstellen und die Festplatte wieder irgendwo verstauen.

Wenn Sie aber zwei Festplatten im PC haben (zwei *Partitionen* reichen nicht) oder eine stationäre, große Festplatte dauerhaft neben Ihrem Notebook betreiben, dann können Sie das Backup sehr einfach auch automatisieren. Die zweite Platte als Ziel für das Backup muss dann aber immer verfügbar sein.

Windows-Sicherung einrichten

So richten Sie die Windows-Sicherung ein:

- ✔ Öffnen Sie *Start / Systemsteuerung / System und Sicherheit / Sichern und Wiederherstellen.*
- ✔ Klicken Sie auf *Sicherung einrichten.*

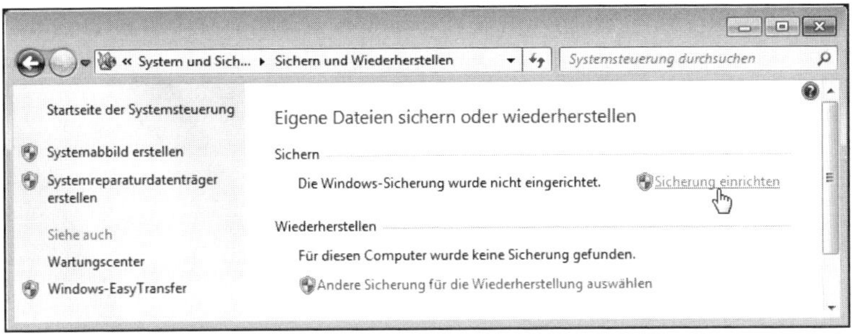

Abbildung 3.172: Sicherung einrichten

- Zunächst wählen Sie wieder aus, wohin gesichert werden soll. Windows versucht dabei selbstständig zu erkennen, welche Partition einerseits den meisten Platz bietet und andererseits sich auf einer anderen physikalischen Festplatte befindet – nur dann taucht der Hinweis *[Empfohlen]* auf.
- Ein Backup auf nicht empfohlene Partitionen ist möglich. Aber halt nicht zu empfehlen. Wählen Sie die Zielpartition und klicken Sie auf *Weiter*.

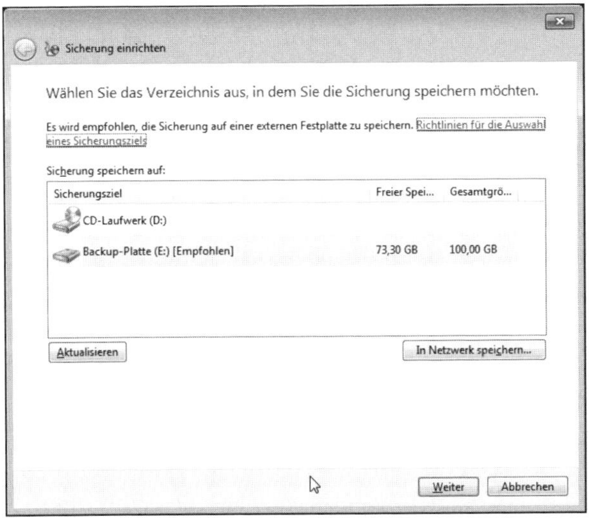

Abbildung 3.173: Sicherungsziel wählen

- Nun fragt Windows, welche Daten gesichert werden sollen.

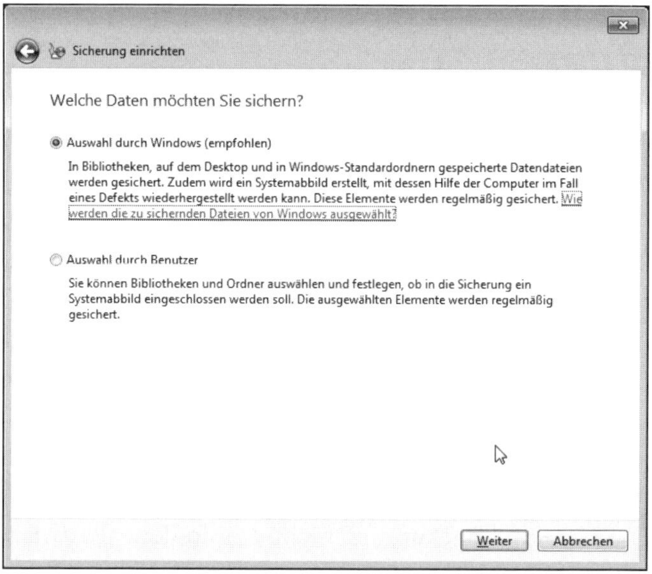

Abbildung 3.174: Was gesichert werden soll

- Wählen Sie *Auswahl durch Windows (empfohlen)*: Windows sichert dann alle Dateien in den Standard-Benutzerordnern (wie *Bilder*, *Videos*, *Dokumente* und so weiter) sowie in den Bibliotheken. Das ist eine hervorragende Auswahl für typische Anwender.
- Die Alternative ist *Auswahl durch Benutzer*: Dabei können Sie dann selbst beliebige Dateien oder Ordner für die Auswahl festlegen. Angenommen Sie haben Ihre Bilder nicht in Ihren Benutzerordnern, sondern auf *D:\Bilder* gespeichert – dann wäre dies auf den ersten Blick die bessere Methode, denn die Auswahl durch Windows erfasst diese Dateien nicht. Noch besser ist aber, die obige Auswahl trotzdem zu verwenden und stattdessen das Verzeichnis *D:\Bilder* in die Bibliothek *Bilder* aufzunehmen. Dann kümmert sich Windows nämlich automatisch darum.

Anders gesagt: Wenn Sie *Auswahl durch Windows (empfohlen)* wählen, dann sollten Sie unbedingt dafür sorgen, dass Ihre wichtigen Dateien sich entweder in Ihren Benutzerordnern befinden oder Teil einer Ihrer Bibliotheken sind. Da sich beliebige Bibliotheken anlegen lassen und diese sehr praktisch sind, empfehle ich Letzteres.

- Klicken Sie auf *Weiter*.
- Anschließend können Sie die Einstellungen überprüfen.

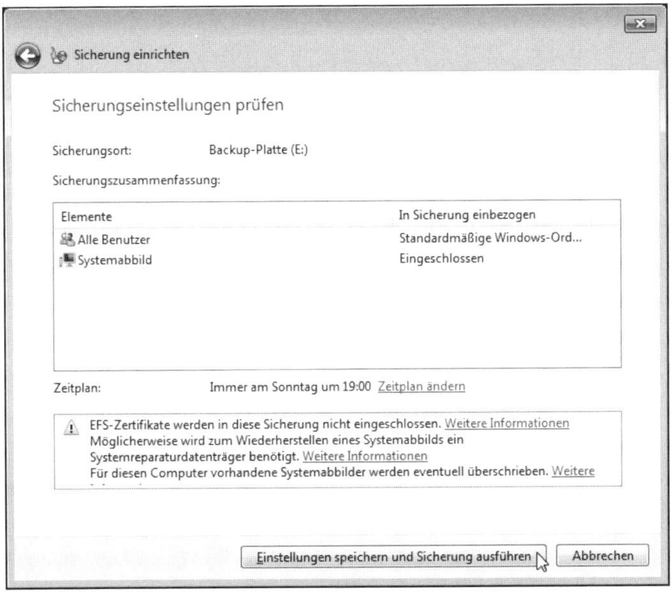

Abbildung 3.175: Sicherungseinstellungen überprüfen

- Wenn Windows EFS-verschlüsselte Ordner oder Dateien findet, weist es Sie darauf hin, dass die zugehörigen Zertifikate aus Sicherheitsgründen nicht gesichert werden (denn dann lägen sie im Backup, ein Datendieb müsste nur das Backup stehlen, um in den Besitz der Zertifikate zu gelangen). Das heißt, dass Sie die Zertifikate wie beschrieben unbedingt auf USB-Stick oder CD sichern und an einem sicheren Ort aufbewahren sollten.

- Sie sollten außerdem festlegen, wann die Sicherung stattfinden soll. Klicken Sie dazu auf *Zeitplan ändern*.

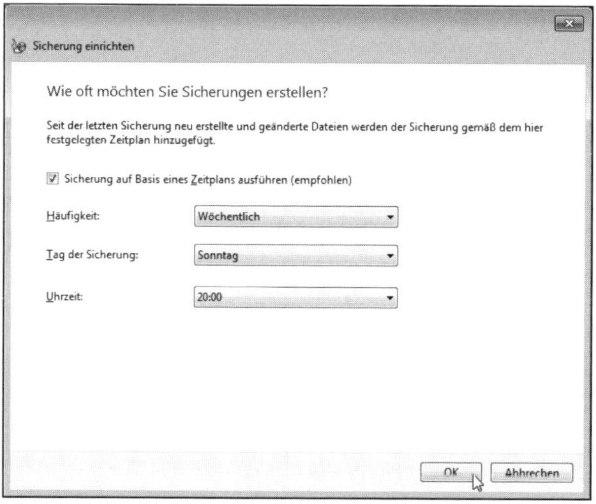

Abbildung 3.176: Sicherungszeit festlegen

- Es empfiehlt sich, eine Zeit zu wählen, in der der PC zwar an ist, aber Sie nichts daran machen. Warum nicht Sonntag, 20 Uhr, zu den Nachrichten und zum Tatort? Jeder hat da so seine Zeit. Wer sich seinen PC zum Beispiel automatisch morgens um 7 anschalten lässt, kann die Sicherung auch für 7:30 Uhr ansetzen.
  - Für private Anwender ist eine wöchentliche Sicherung völlig ausreichend.
  - Selbstständige und berufliche Anwender sollten eine tägliche Datensicherung ins Auge fassen. Das muss aber nicht sein: Wenn Sie zum Beispiel über einen zusätzlichen Dienst gleich welcher Art einmal täglich Ihre Dateien sichern, reicht dieses aufwendigere Windows-Backup auch einmal die Woche.

- Klicken Sie auf *OK*, um die Uhrzeit festzulegen.
- Klicken Sie auf *Einstellungen speichern und Sicherung ausführen.*

Die Sicherung wird nun einmalig gestartet. Sie findet danach im vorgegebenen Zeitintervall statt.

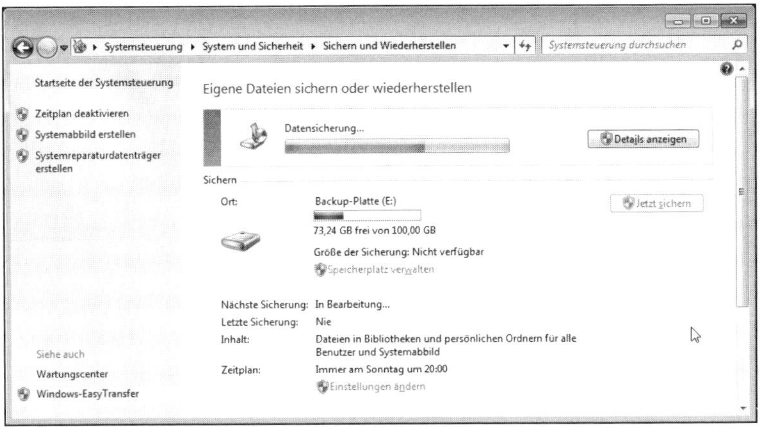

Abbildung 3.177: Datensicherung in Aktion

Sie können während der Datensicherung weiterarbeiten. Aber ich empfehle es nicht. Nutzen Sie die Gelegenheit für eine Tasse Tee.

Speicherplatz verwalten

Windows macht so lange Backups, bis die Platte voll ist. Dann werden sukzessive die ältesten Backups gelöscht, um Platz für neue zu schaffen. Das ist normalerweise völlig in Ordnung, es sei denn, Sie brauchen mal Platz und wollen Backups löschen.

- Öffnen Sie *Start / Systemsteuerung / System und Sicherheit / Sichern und Wiederherstellen.*
- Klicken Sie auf *Speicherplatz verwalten* (nur sichtbar, wenn schon einmal gesichert wurde).

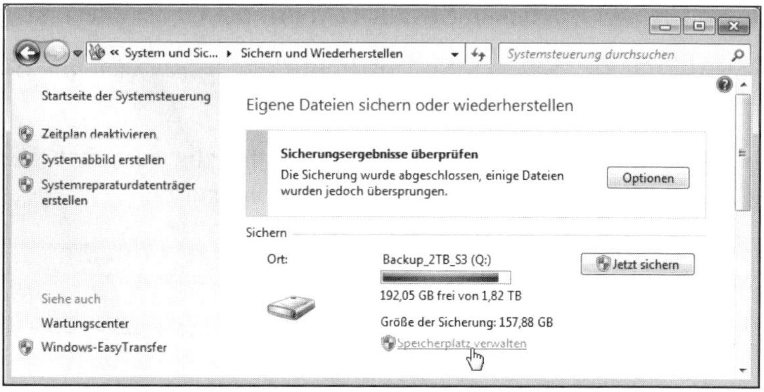

Abbildung 3.178: Speicherplatz verwalten

- Hier haben Sie zwei Möglichkeiten:
  - Klicken Sie auf *Einstellungen ändern*, um festzulegen, ob Windows selbst mit dem Speicherplatz haushalten soll oder ob es aus Platzgründen stets nur das letzte Backup aufbewahren soll.
  - Klicken Sie auf *Sicherungen anzeigen*.

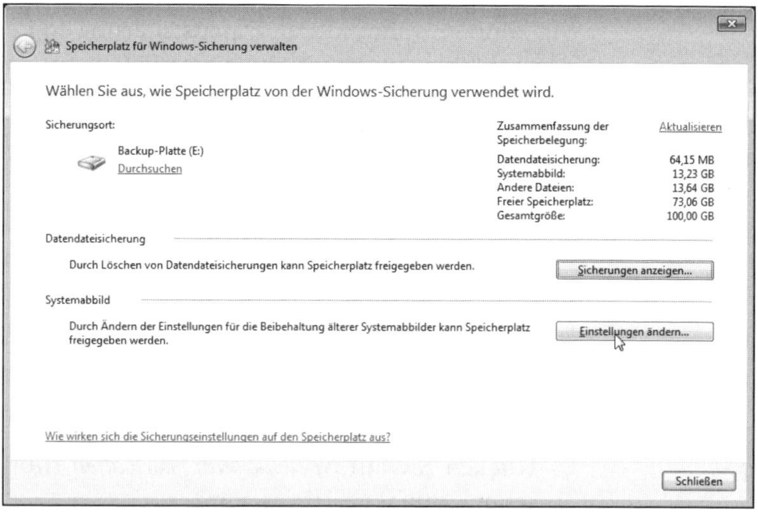

Abbildung 3.179: Speicherplatz verwalten

- Hier können Sie eines der älteren Backups auswählen und löschen.

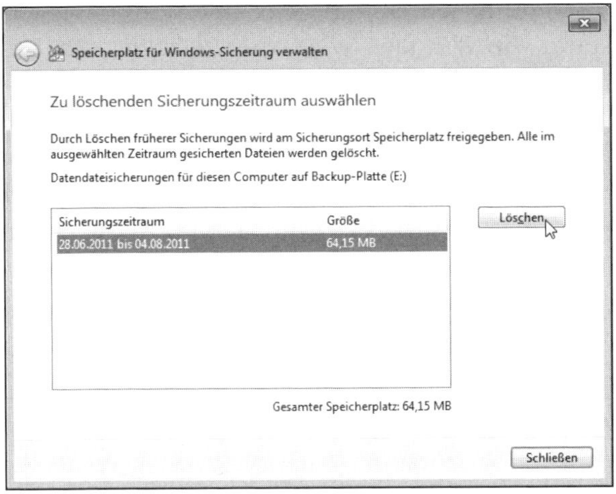

Abbildung 3.180: Bestehende Backups löschen

Wenn Sie das letzte und damit einzige Backup löschen, bietet Windows an, die Sicherung sofort neu durchzuführen. Prinzipiell eine gute Idee: Erfahrungsgemäß schmiert der Rechner ab, sobald man das letzte Backup gelöscht hat …

Windows-Sicherung wiederherstellen

Das Unangenehme an Backups ist, dass man sie machen muss, aber nie braucht. Bis man sie eben doch braucht. Und dann sind sie plötzlich das Allerwichtigste. Falls der Fall eintritt, der hoffentlich nie eintreten wird, gehen Sie wie folgt vor.

Keine Panik!

Zuallererst: *Keine Panik!* Aber: Erhöhte Aufmerksamkeit ist angesagt. Die Erfahrung lehrt, dass das Zurückspielen eines alten Backups mindestens ebenso viele Daten zerstören kann wie ein echter Crash.

Überlegen Sie sich daher gut, was Sie machen wollen.

Zuallererst: aktuelle Arbeitsdaten sichern

Bedenken Sie, dass die Wiederherstellung von Laufwerk *C:* über ein Systemabbild oder eine Windows-Sicherung den Zustand von Windows wiederherstellt, der am Tag der Sicherung geherrscht hat.

Seitdem erzeugte Dateien gehen dabei verloren!

Wenn Sie also letzten Sonntag um 20 Uhr gesichert haben und jetzt ist es Sonntag, 19 Uhr, dann sind die Ergebnisse von einer Woche Arbeit perdu.

Wenn Sie also – etwa bei einem Malware-Befall – eine Chance sehen, mit einem halbwegs laufenden Windows vorher noch geänderte Dateien zu retten – auf einen Stick, auf CD oder DVD –, dann sollten Sie das unbedingt tun.

Windows bietet das in der Regel im Zuge der Wiederherstellung selbst an. Das heißt: Ehe die Windows-7-Datensicherung das Abbild zurückschreibt, sichert es vorher noch die Dateien Ihrer Benutzerverzeichnisse. Diese schreibt es danach wieder in das zurückgesetzte Windows.

Aber: Der Teufel ist ein Eichhörnchen. Dabei kann was schiefgehen. Ergo: Wenn Sie die Chance haben, Ihre allerwichtigsten Dateien noch mal eben auf CD zu brennen oder anderweitig zu sichern, dann tun Sie das.

Wenn Sie genug Platz haben: Erzeugen Sie wie beschrieben eine Abbilddatei aller Laufwerke auf dem Backup-Medium. Diese Abbilddatei können Sie dann später nutzen, um beliebige Dateien wiederherzustellen.

HINWEIS

Einige Boot-CDs wie Ubuntu Rescue Remix (*ubuntu-rescue-remix.org*) oder SystemRescueCd (*www.sysresccd.org*) helfen Ihnen dabei, auf ein gecrashtes Windows zuzugreifen – dann können Sie die Früchte Ihrer neuesten Arbeit zum Beispiel auf einen USB-Stick oder eine externe Festplatte retten und dann erst Windows in einen funktionierenden Zustand zurückversetzen.

Wiederherstellen einzelner Dateien

Angenommen, Sie brauchen überhaupt keine Wiederherstellung des Systems oder aller Dateien. Sie brauchen nur eine einzige Datei, die letzte Woche noch da war, die aber jetzt weg ist. Dann gehen Sie wie folgt vor:

- Öffnen Sie *Start / Systemsteuerung / System und Sicherheit / Sichern und Wiederherstellen.*
- Klicken Sie im Bereich *Wiederherstellen* auf *Eigene Dateien wiederherstellen*, wenn Sie sicher sind, dass die Datei sich bei Ihren eigenen Dateien befand, oder auf *Alle Benutzerdateien wiederherstellen*, wenn die wiederherzustellende Datei einem anderen Benutzer oder zum System gehörte.

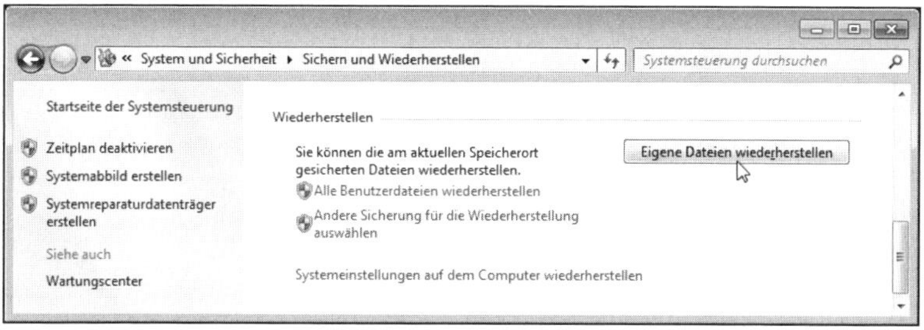

Abbildung 3.181: Einzelne Dateien wiederherstellen

- Klicken Sie auf *Suchen* und geben Sie einen Ordner- oder Dateinamen an, um das Gesicherte zu finden. Es gelten die üblichen Platzhalter wie *?* für ein oder *** für mehrere Zeichen.

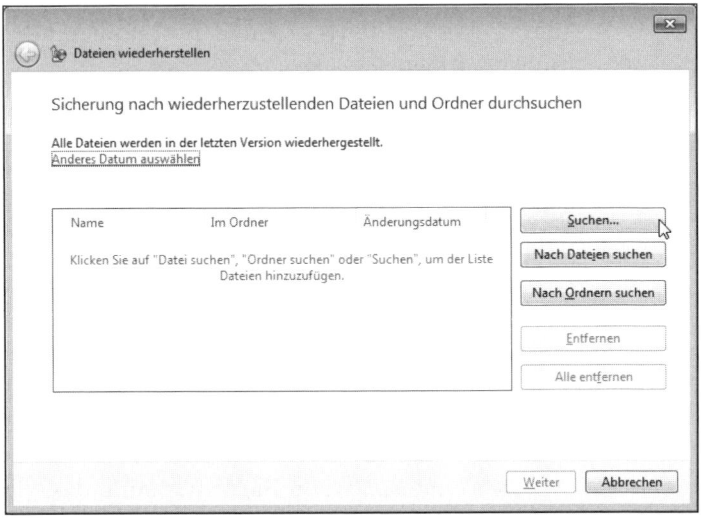

Abbildung 3.182: Suchen

- Klicken Sie auf *Suchen*. Markieren Sie danach die Dateien, die Sie wiederherstellen wollen. Klicken Sie auf *OK*.

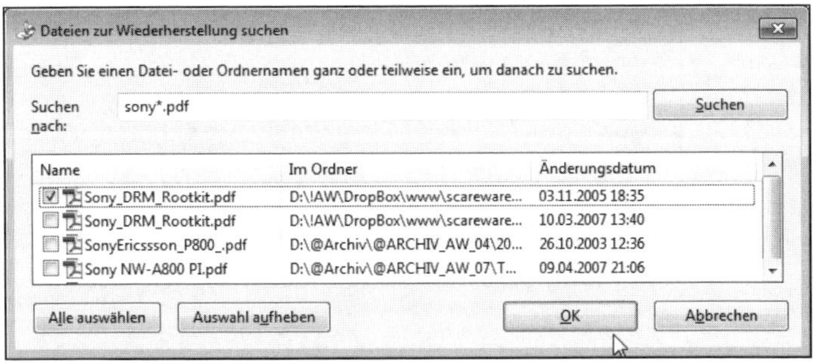

Abbildung 3.183: Markierte Datei

- Klicken Sie auf *Weiter*.
- Sie haben die Wahl, die Datei am ursprünglichen Ort (das Verzeichnis, in dem sie zum Zeitpunkt der Sicherung lag) oder an einem anderen Ort wiederherstellen zu lassen. Wählen Sie aus und klicken Sie auf *Wiederherstellen*.

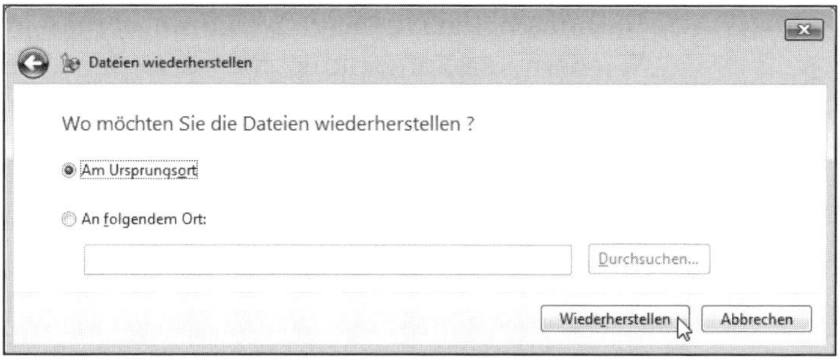

Abbildung 3.184: Ort der Wiederherstellung

- Klicken Sie abschließend auf *Fertig stellen*.

Die wiederhergestellte Datei finden Sie dann am angegebenen Ort.

Geeignet für: Dateien oder Ordner, die Sie aus Versehen gelöscht haben oder von denen Sie frühere Versionen suchen.

Wiederherstellen eines Speicherpunktes

Im Falle eines Problems – etwa deutlicher Windows-Probleme nach Installation einer Software – stellen Sie Teile des Systems samt seiner Einstellungen wieder her.

Dazu dienen die oben erstellten Systemwiederherstellungspunkte:

- Öffnen Sie *Start / Systemsteuerung / System und Sicherheit / Sichern und Wiederherstellen*.
- Klicken Sie im Bereich *Wiederherstellen* auf *Systemeinstellungen auf dem Computer wiederherstellen*.
- Klicken Sie auf *Systemwiederherstellung öffnen*. Die Systemwiederherstellung geht von den sogenannten Systemwiederherstellungspunkten aus, die Windows automatisch anlegt, meist zum Beispiel vor großen Änderungen und auch vor der Installation von Software.

- In einigen Fällen bietet Windows bereits jetzt an, welchen Wiederherstellungspunkt Sie verwenden können. Es ist einen Versuch wert, aber alternativ wählen Sie *Anderen Wiederherstellungspunkt auswählen*. In anderen Fällen erhalten Sie hier noch kein Angebot.
- Klicken Sie in beiden Fällen auf *Weiter*.

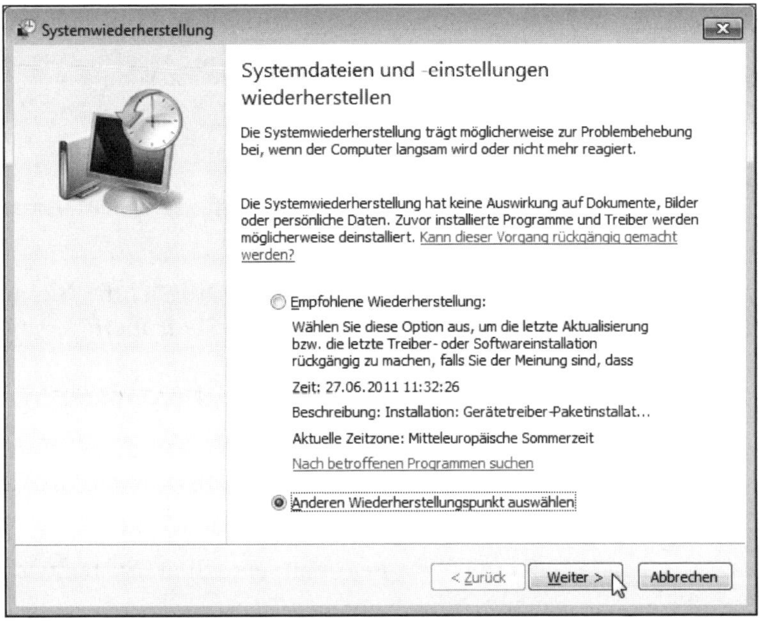

Abbildung 3.185: Wiederherstellung

- Wählen Sie nun einen Wiederherstellungspunkt aus, indem Sie ihn mit der Maus markieren.

HINWEIS

Nun taucht aber ein prinzipielles Problem auf. Angenommen, Sie haben gestern von Word 2003 auf Word 2010 aktualisiert, wählen nun aber den Wiederherstellungspunkt von letzter Woche. Dann wird nicht nur die Änderung, die das

Problem verursacht hat, rückgängig gemacht, sondern auch die nach der problematischen Änderung durchgeführten erwünschten Änderungen.

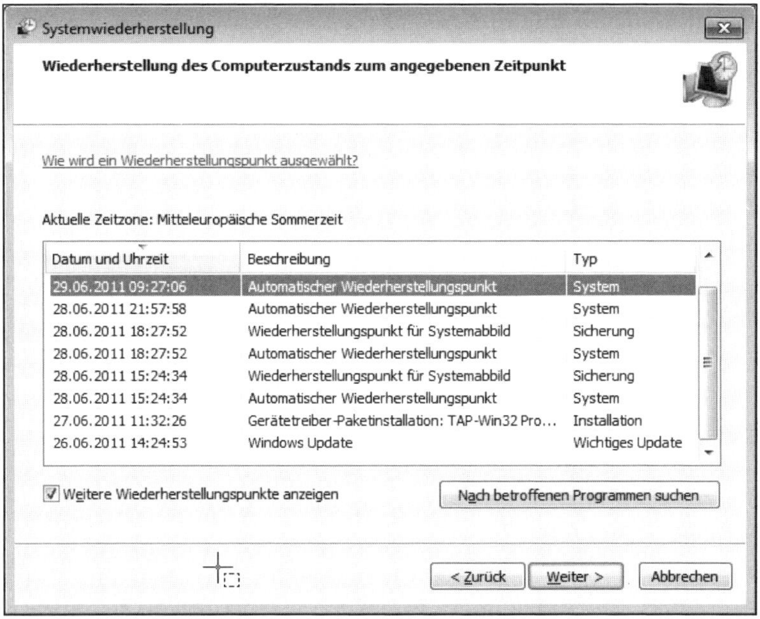

Abbildung 3.186: Wiederherstellungspunkt auswählen

- Klicken Sie auf *Nach betroffenen Programmen suchen*. Windows zeigt dann an, welche Programme vom Wiederherstellen dieses Speicherpunktes ebenfalls betroffen sein würden. In der folgenden Abbildung wurde zum Beispiel auch Firefox 4 auf 5 aktualisiert – diese Aktualisierung ginge verloren. Sie kann problemlos nachgeholt werden – aber das ist eben nicht mit jedem Programm möglich. Klicken Sie auf *Schließen*.

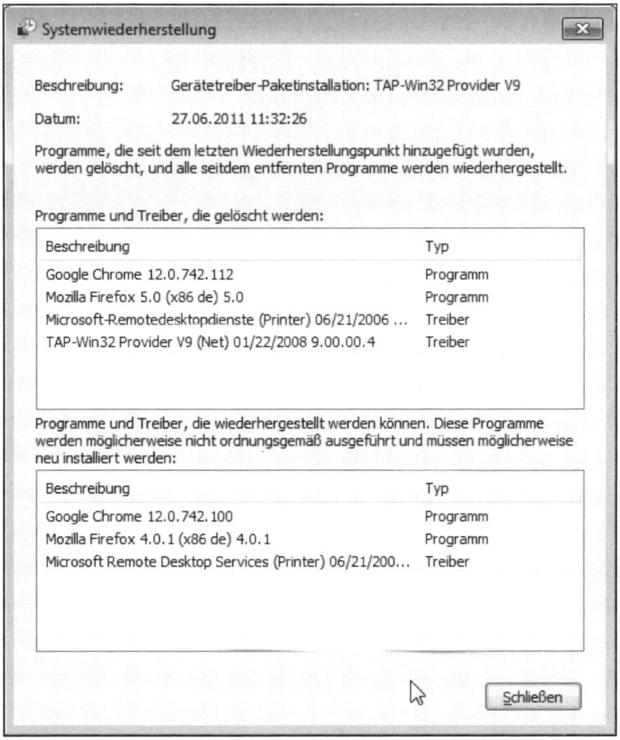

Abbildung 3.187: Von Wiederherstellung betroffene Programme

HINWEIS

Man muss hier auch keine Panik kriegen: Was sich via Internet wieder aktualisieren lässt, das kann man ruhig durchs Zurücksetzen wieder entfernen und dann neu installieren. Wenn Sie aber mit dem Mobilrechner unterwegs sind und wichtige Software-Datenträger oder Seriennummern nicht zur Hand haben, sollten Sie das Zurücksetzen unter Umständen aufschieben.

- ✔ Markieren Sie also den gewünschten Wiederherstellungspunkt und klicken Sie auf *Weiter* und auf *Fertig stellen*. Der Zustand wird wiederhergestellt.

Natürlicherweise ist die Wahrscheinlichkeit, dass Sie mit dieser Aktion ein Problem ohne Kollateralschäden wirklich beheben, umso größer, je neuer der Wiederherstellungspunkt ist.

Geeignet für: klar definiertes Zurücksetzen auf einen früheren Zustand, am besten wenn man genau weiß, wann (und mit der Installation von was) das Problem wirklich auftauchte.

Wiederherstellen aus Windows heraus starten

Bei wirklich großen Problemen ist es am besten, Windows „richtig" wiederherzustellen. Das geht am einfachsten, wenn Windows noch läuft:

- Öffnen Sie *Start / Systemsteuerung / System und Sicherheit / Sichern und Wiederherstellen.*
- Klicken Sie im Bereich *Wiederherstellen* auf *Systemeinstellungen auf dem Computer wiederherstellen.*
- Klicken Sie unten auf *Erweiterte Wiederherstellungsmethoden.*

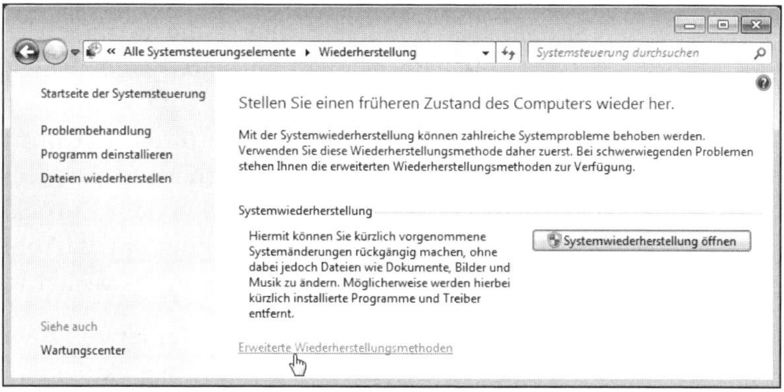

Abbildung 3.188: Erweiterte Wiederherstellungsmethoden

- Wählen Sie *Verwenden Sie ein zuvor erstelltes Systemabbild, um den Computer wiederherzustellen.* Natürlich muss ein solches Abbild auf einer erreichbaren Quelle existieren.

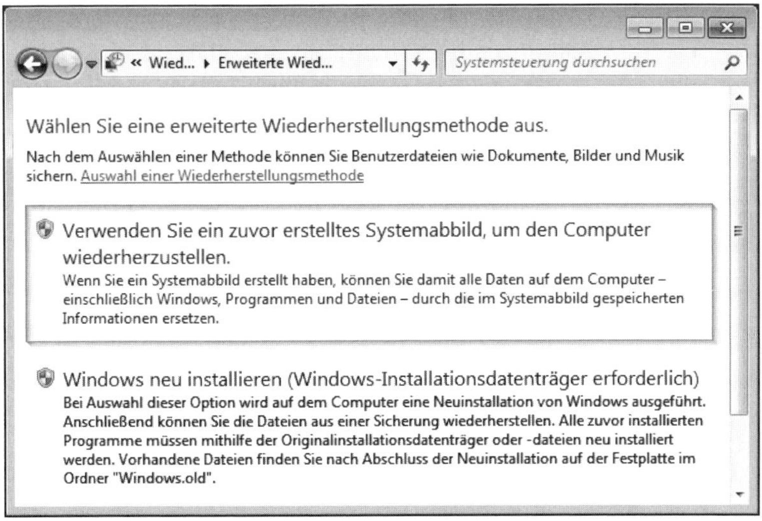

Abbildung 3.189: Systemabbild wiederherstellen

- Windows bietet jetzt an, eine Sicherung der Dateien durchzuführen. Gemeint sind Ihre Arbeitsdateien im und unterhalb des Benutzerordners, die ja möglicherweise in ihrer aktuellen Form nicht enthalten sind. Falls das der Fall ist, klicken Sie auf *Jetzt sichern* und folgen den Anweisungen, sie entsprechen dem Durchführen der oben eingerichteten automatischen Windows-Sicherung. Die so gesicherten Dateien werden dann später nach dem Zurückspielen des Updates von Windows wieder eingespielt. Abbild + gesicherte Dateien = Windows wird so, wie es vorher war.
- Wenn das angezeigte Datum der letzten Benutzerdateisicherung Sie vermuten lässt, dass alle aktuellen und aktualisierten Dateien und Einstellungen darin gesichert sind, klicken Sie auf *Überspringen*.
- Warten Sie gegebenenfalls, bis die Sicherung durchgeführt ist.

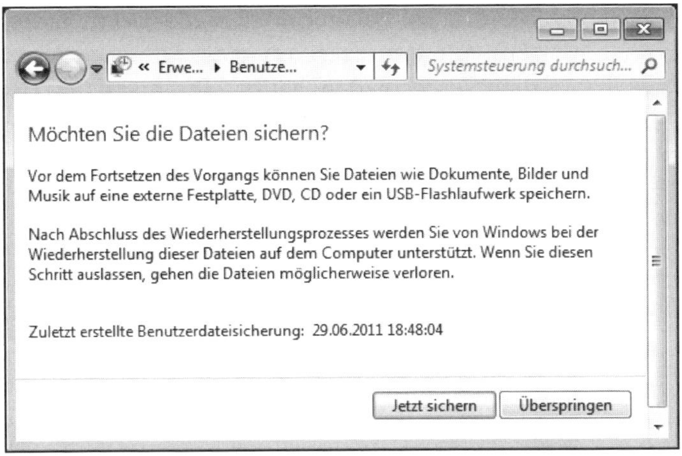

Abbildung 3.190: Nochmal schnell Daten sichern

- Klicken Sie dann erst auf *Neustart*.
- Windows startet neu und lädt eine besondere Form von Windows, nämlich ein Notsystem.

Wiederherstellen per Notsystem

- Wählen Sie *Deutsch* und klicken Sie auf *Weiter*.

Abbildung 3.191: Sprachwahl

✓ Melden Sie sich gegebenenfalls (bei mehreren Benutzerkonten) mit Benutzernamen und Passwort an. Wenn Sie sich dafür entschieden haben, Ihr normales Benutzerkonto zu einem Standardbenutzer zu machen, melden Sie sich hier besser mit dem Benutzerkonto an, das ein Administratorkonto ist. Klicken Sie auf *OK*.

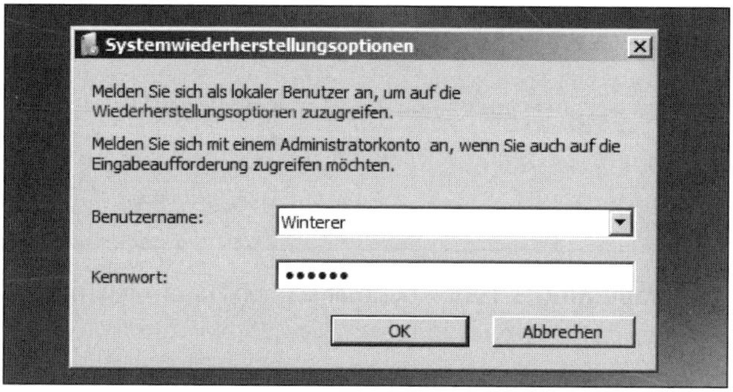

Abbildung 3.192: Anmelden

✓ Jetzt erscheint ein Menü mit den eigentlichen Systemwiederherstellungsoptionen.

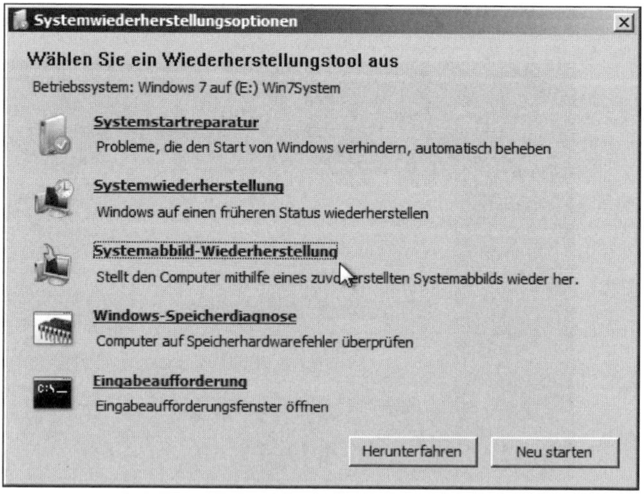

Abbildung 3.193: Mögliche Systemwiederherstellungsoptionen

- Sie haben hier nun allerlei Möglichkeiten. In diesem Fall wählen Sie im Menü *Systemabbild-Wiederherstellung*.
- Windows analysiert die Festplatten (die Festplatte mit dem Backup muss natürlich verbunden sein) und bietet automatisch die letzte gefundene Systemabbilddatei zum Zurückspielen an. Klicken Sie auf *Weiter*.

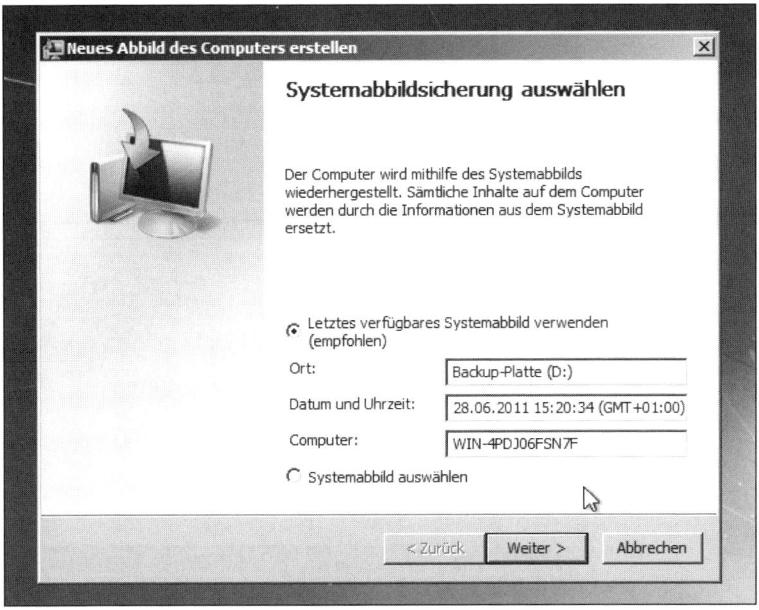

Abbildung 3.194: Systemabbildsicherung auswählen

- Es werden letzte Möglichkeiten abgefragt, die in der Regel aber nicht sinnvoll sind.
- Klicken Sie auf *Weiter* und auf *Fertig stellen* und bestätigen Sie mit *Ja*.

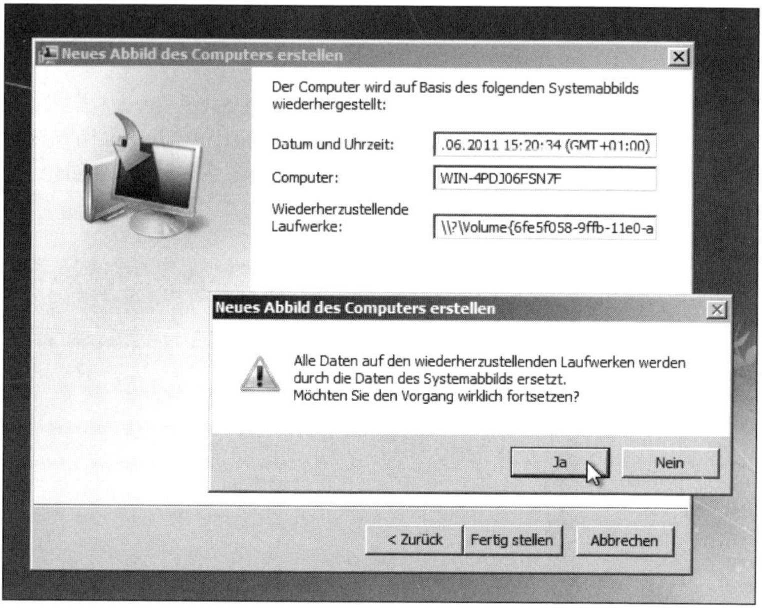

Abbildung 3.195: Wiederherstellung starten

- Die Wiederherstellung wird nun gestartet, was einige Zeit dauern kann.

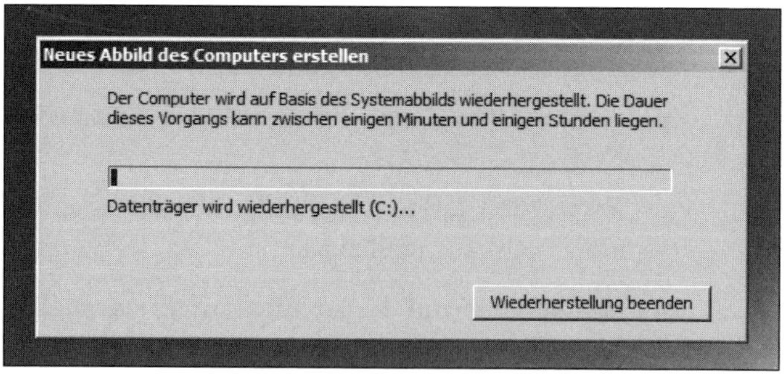

Abbildung 3.196: Wiederherstellung wird durchgeführt

- Dann klicken Sie auf *Jetzt neu starten*. Windows startet neu.

- Das Abbild ist wiederhergestellt, die aktualisierten Dateien fehlen noch.

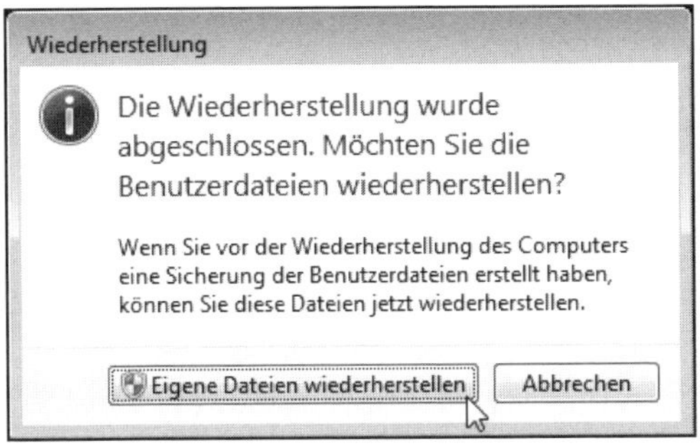

Abbildung 3.197: Eigene Dateien ebenfalls wiederherstellen

- Klicken Sie auf *Eigene Dateien wiederherstellen* und Windows beginnt auch damit.

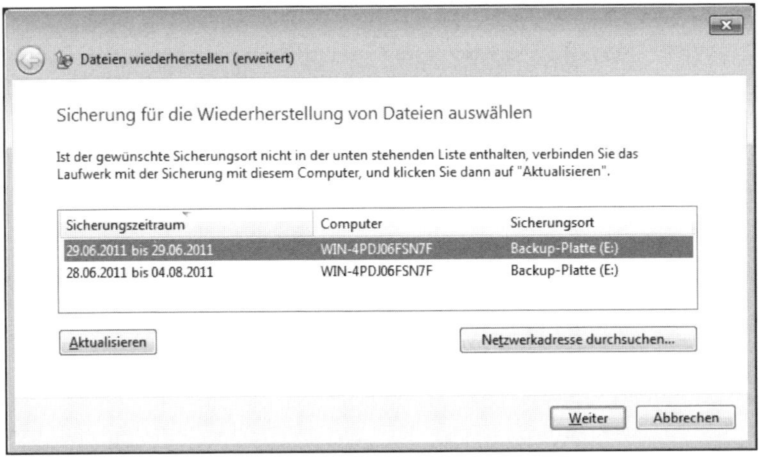

Abbildung 3.198: Verschiedene Sicherungssätze

- Auch hier haben Sie die Möglichkeit, aus verschieden datierten Sicherungssätzen zu wählen. Markieren Sie den gewünschten Satz und klicken Sie auf *Weiter*.

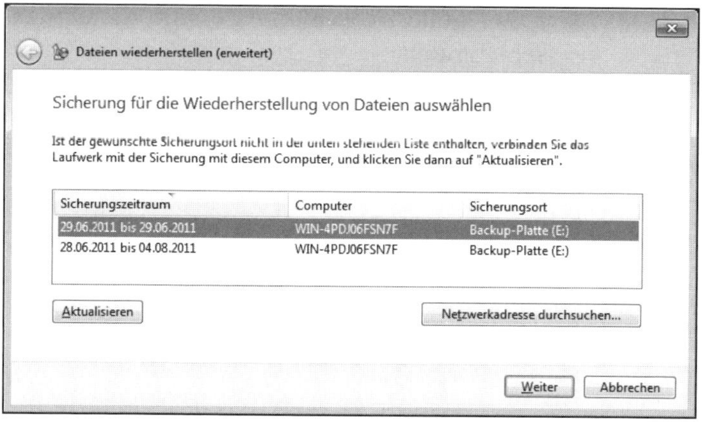

Abbildung 3.199: Dateisicherung auswählen

- Nun haben Sie die Möglichkeit, entweder alle Dateien der Dateisicherung wiederherzustellen oder einzelne auszusuchen wie oben schon beschrieben.

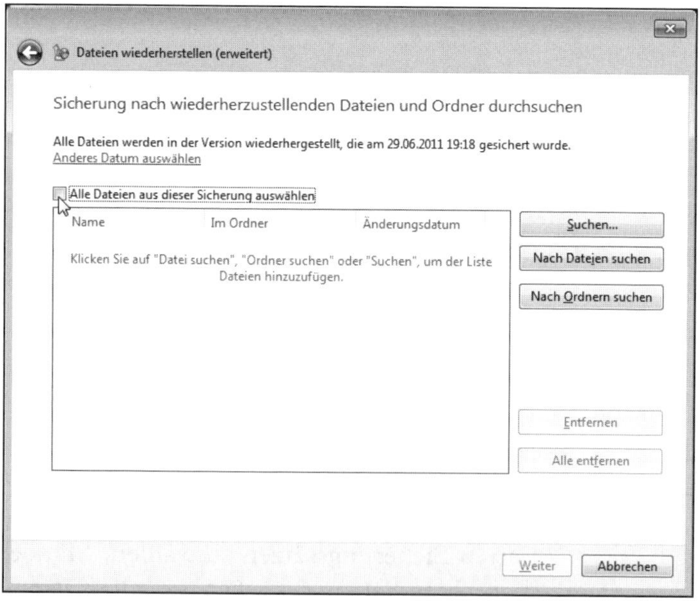

Abbildung 3.200: Dateien zum Wiederherstellen auswählen

- Aktivieren Sie die Option *Alle Dateien aus dieser Sicherung auswählen* und klicken Sie auf *Weiter*.
- Die Frage ist nun, wo man seine Dateien wiederherstellen möchte. Wählen Sie *Am Ursprungsort*.

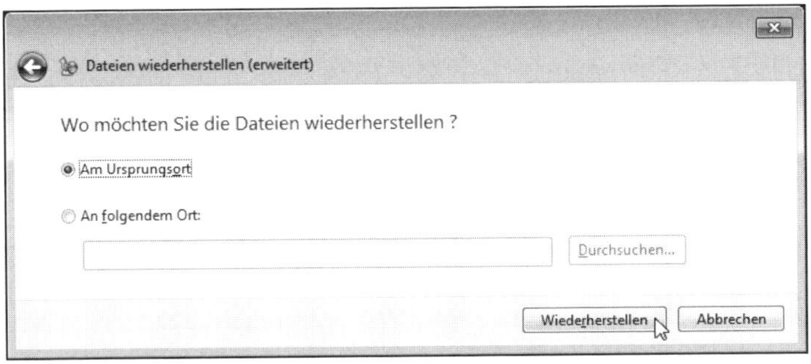

Abbildung 3.201: Ort zur Wiederherstellung wählen

- Notgedrungen werden dabei auch vorhandene Dateien überschrieben, denn die Benutzerdateien aus der Abbildsicherung sind in der Regel älter als die Benutzerdateien aus der Dateisicherung. Wenn Sie wirklich eine Datensicherung vor der Wiederherstellung durchgeführt haben, dann sollte es also kein Problem sein, hier die Option *Vorgang für alle Konflikte durchführen* zu aktivieren und *Kopieren und ersetzen* zu wählen.

HINWEIS

Genau das ist eine dieser Stolperfallen, mit denen man sich seine neueren Dateien zerschießen kann. Daher ist es meiner Ansicht nach umso wichtiger, zusätzlich zur Windows-Datensicherung aktuelle Arbeitsdaten getrennt zu sichern, wenn das möglich ist. Allerdings haben Sie wie dargestellt jederzeit auch die Möglichkeit, einzelne Dateien aus der Dateisicherung nachträglich herauszuholen.

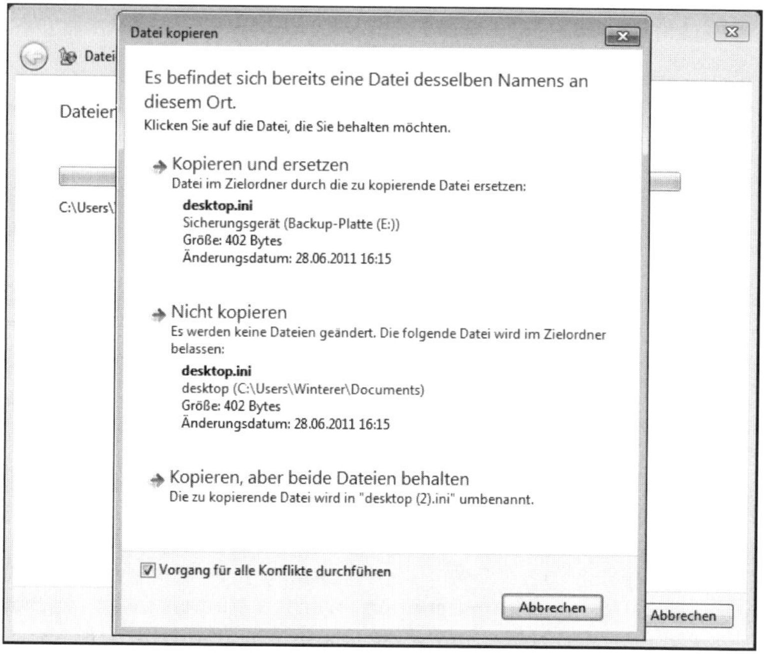

Abbildung 3.202: Vorhandene Datei überschreiben

- Abschließend erhalten Sie noch einen Link zur Protokolldatei, die genau festhält, welche Dateien wiederhergestellt wurden.
- Klicken Sie auf *Fertig stellen.*

Danach ist im wahrsten Sinne des Wortes alles wieder beim Alten.

Wiederherstellen bei kaputtem Windows

- Drücken Sie beim Starten von Windows *nach* den BIOS-Meldungen und *vor* dem Windows-Logo die Taste F8. Wählen aus dem Menü *Computer reparieren.*

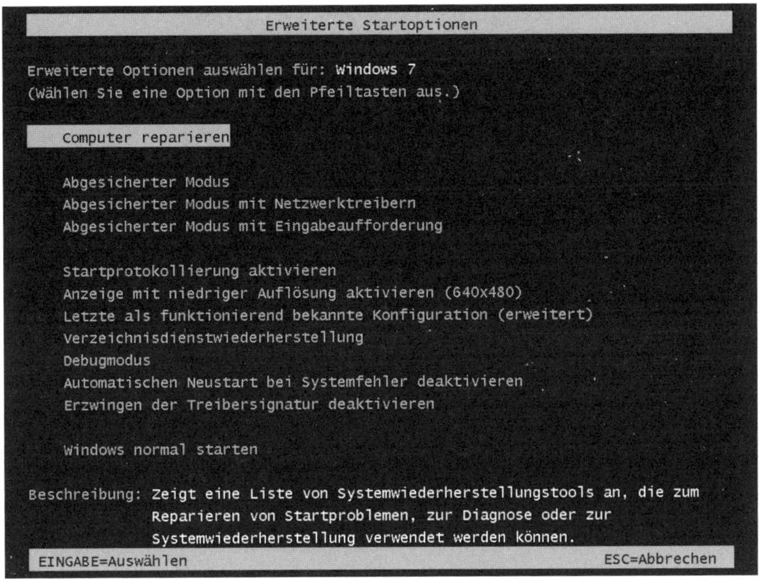

Abbildung 3.203: Wiederherstellung beim Systemstart

- ✔ Alternativ: Booten Sie vom *Systemreparaturdatenträger*.

In beiden Fällen startet ein Mini-Windows. Dann geht es weiter wie oben im Abschnitt *Wiederherstellen per Notsystem* beschrieben.

Von CD booten, zum Beispiel vom Systemreparaturdatenträger

Auf neueren PCs lässt sich beim Booten ein schnelles Boot-Menü aufrufen, in dem Sie nur für den nächsten Neustart bestimmen, dass von einem bestimmten Datenträger – eben dem CD/DVD-Laufwerk – gebootet werden soll.

- ✔ Drücken Sie dazu beim Booten kurz nach dem Piepsen direkt nach dem Anschalten und vor dem Windows-Start die Taste [F8], manchmal auch [F1], [F2], [F12], [Entf] oder [Esc]. Das Menü oder die Funktion heißt je nach Modell *Boot Menu* oder *BBS Popup*.

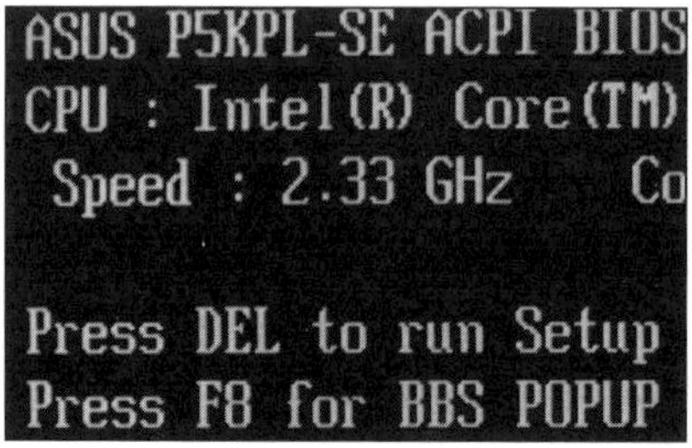

Abbildung 3.204: F8 startet hier das BBS Popup mit dem Boot-Menü

Falls das bei Ihnen nicht geht, keine Panik! Legen Sie stattdessen im BIOS-Setup fest, dass der PC oder das Notebook vom CD/DVD-Laufwerk booten soll. Die genauen Menübezeichnungen dafür weichen dabei je nach System ab, doch typischerweise ändern Sie die Boot-Reihenfolge Ihres PCs oder Notebooks so, dass der Rechner von CD-ROM bootet.

- Sie erreichen das BIOS-Setup in der Regel, indem Sie beim Booten auf eine Taste wie „Del“, Entf, Esc, F1, F2 etc. hämmern und so (hoffentlich) das BIOS-Setup starten.
- Im Setup suchen Sie eine Einstellung wie *Boot Priority* oder *Boot Sequence* und sorgen dafür, dass CD-ROM an Platz 1 steht. (Alle genannten Menünamen können je nach PC-Typ leicht abweichen.)
- Abschließend speichern Sie die Einstellungen beim Verlassen des BIOS-Setups und booten den PC mit eingelegter CD oder DVD. Das funktioniert mit Rescue-CDs ebenso wie mit Linux-Live-CDs.

Fazit: Eingebaute Datensicherung

Die Windows-7-Datensicherung ist schon ab der Home-Version zu haben und verdient ausdrückliches Lob.

- Familienväter und andere private Anwender sichern damit ihre privaten Daten wie Videos, MP3s, Fotos und so weiter auf eine externe Festplatte und sorgen dafür, dass die digitalen Erinnerungen und Dokumente auch bei einem Crash nicht verloren sind.

- Selbstständige und andere berufliche Anwender sichern damit Windows als System und ihre wertvollen Arbeitsdokumente auf externen Festplatten oder (ab Windows Professionell) im Netz. Diese Daten lassen sich im Zweifel schnell und gezielt wiederherstellen. Nach einem Crash können Selbstständige sehr schnell wieder ein arbeitsfähiges System herstellen, etwa indem sie eine neue Festplatte einbauen, von der Rettungs-CD booten und das letzte Update komplett zurückspielen.
- Der eingebaute Terminplaner erlaubt es allen Benutzertypen, für regelmäßige automatische Backups zu sorgen

Die Datensicherung hat Grenzen:

- Pro Ziel-Datenträger ist nur eine Abbilddatei speicherbar. Das reicht eigentlich aus, aber fortgeschrittene Anwender wollen unter Umständen gezielt bestimmte Systemzustände oder Installations-Milestones (zum Beispiel nach Service Packs) speichern.
- Wird die Datensicherung nicht mindestens täglich ausgeführt, bleibt immer eine gewisse Sicherheitsabdeckungslücke bei den aktuellsten Dateien.
- Kapitel 5 stellt zusätzliche Tools vor, die beide Probleme adressieren.

Automatische Updates

Wie in Kapitel 2 deutlich dargestellt, sind Programme und damit auch Windows naturgemäß fehlerhaft und Angreifer nutzen diese Fehler, um über Systemschwächen und Exploits Schadprogramme einzuschleusen oder unberechtigten Zugang zu erlangen.

Regelmäßige Updates sind daher lebenswichtig.

Windows 7 bringt dafür seine eigene Update-Funktion mit, die ihren Job sehr gut macht und deren Grundeinstellungen man daher beibehalten sollte. Wer Microsoft Office installiert, kann überdies auch diese Programme über das *Windows Update* aktualisieren lassen.

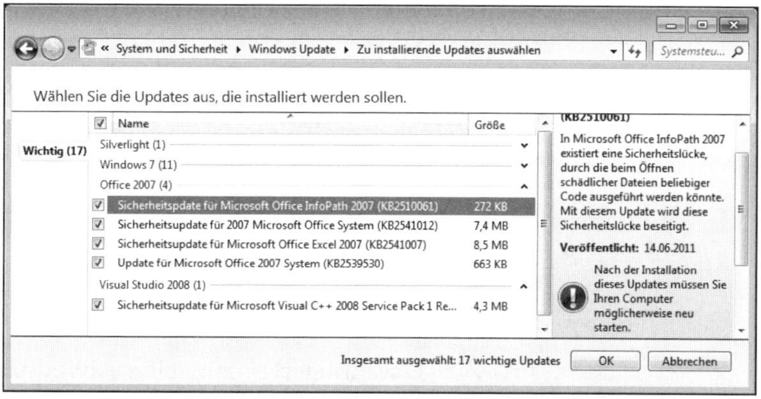

Abbildung 3.205: Windows Update aktualisiert auch andere MS-Produkte

Dennoch gibt es Fälle, wo Sie die Update-Einstellungen von Hand aufrufen wollen. Etwa bei Notebooks, die längere Zeit in der Ecke liegen: Hier sollten Sie vor dem Surfen und vor dem Urlaub ein manuelles Update erzwingen. Nur so ist sichergestellt, dass der Rechner nicht Opfer einer Zero-Day-Attacke wird, weil er erst während des Surfens mit den Patches versehen wird, die er gebraucht hätte.

Auf Updates prüfen

Um zu überprüfen, ob die Updates korrekt geladen wurden, oder um ein manuelles Update durchzuführen, gehen Sie wie folgt vor.

- ✔ Öffnen Sie *Start / Systemsteuerung / System und Sicherheit / Windows Update.*

- Windows zeigt unterhalb des Rechtecks an, wann zuletzt Updates installiert und gesucht wurden.

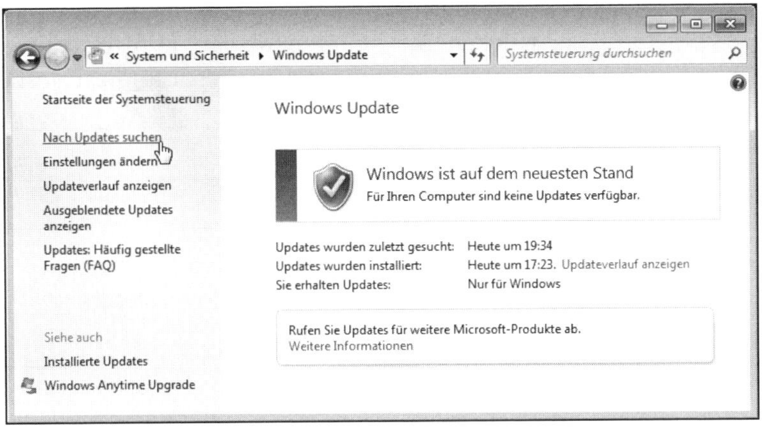

Abbildung 3.206: Windows Update

- Klicken Sie links auf *Nach Updates suchen*. Windows führt daraufhin eine Suche nach Updates durch.

Im Ergebnis unterscheidet Windows zwischen wichtigen und optionalen Updates, wobei die Definition eher von Microsoft abhängt.

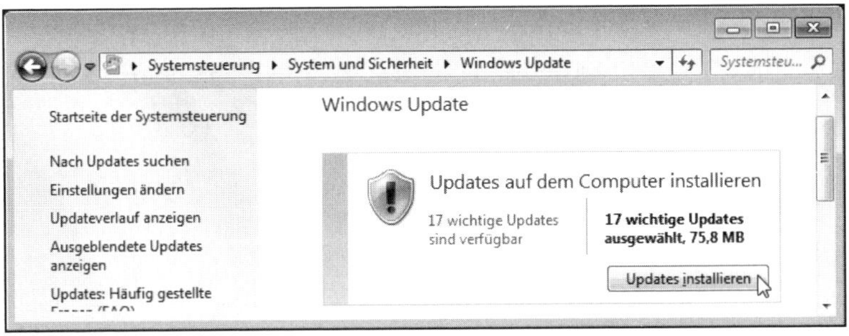

Abbildung 3.207: Wichtige Updates installiert Windows immer

- Wichtige Updates werden immer installiert, sobald Sie auf *Updates installieren* klicken. Meist geschieht das automatisch, spätestens beim Herunterfahren oder wenn Windows gerade nichts zu tun hat.

- Optionale Updates werden nicht automatisch installiert. Klicken Sie auf den blauen Hinweis mit der angezeigten Zahl der optionalen Updates, um diese auszuwählen.

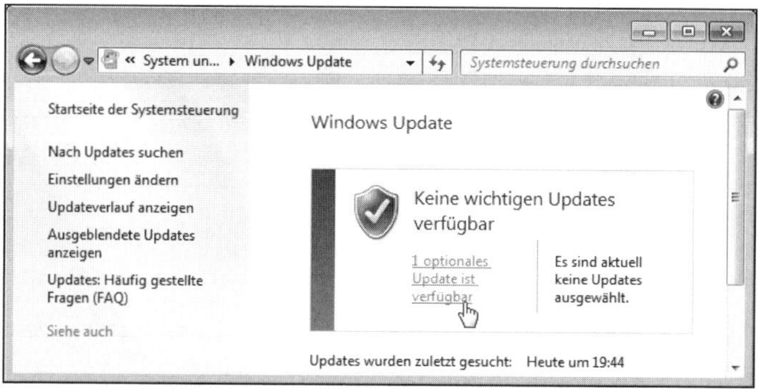

Abbildung 3.208: Optionale Updates müssen ausgewählt werden

- Allgemein fallen unter die Kategorie optionaler Updates sowohl von Microsoft gewünschte Ergänzungen wie Silverlight (Microsofts Antwort auf Flash) als auch sinnvolle Extras wie Windows Live oder Updates für Microsoft Security Essentials.
- Um ein optionales Update für die Installation auszuwählen, aktivieren Sie das Kontrollkästchen in seiner Zeile und klicken auf *OK*.

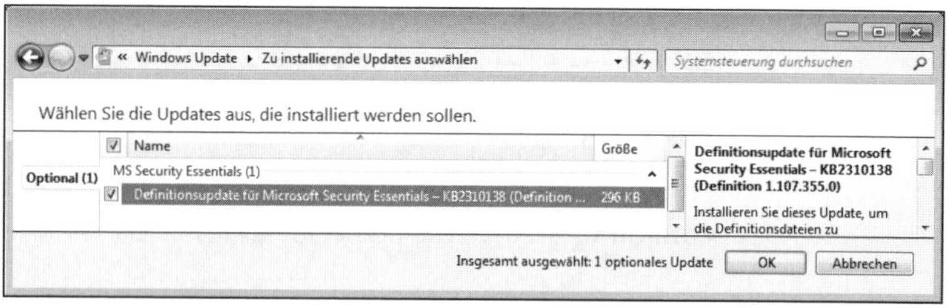

Abbildung 3.209: Auswahl optionaler Updates

Updates ausblenden

Sie müssen optionale Updates nicht einspielen. Das gilt auch zum Beispiel für die Definitions-Updates von Microsoft Security Essentials, denn das aktualisiert sich auch ohne Windows selbst.

Manche Anwender empfinden es allerdings als störend, wenn Updates eingeblendet werden, die man nicht installiert.

Abhilfe schafft, diese auszublenden:

- Markieren Sie in der Liste der optionalen Updates die Updates, die Sie nicht installieren wollen, und klicken Sie auf *Update ausblenden* und schließlich auf *OK*.

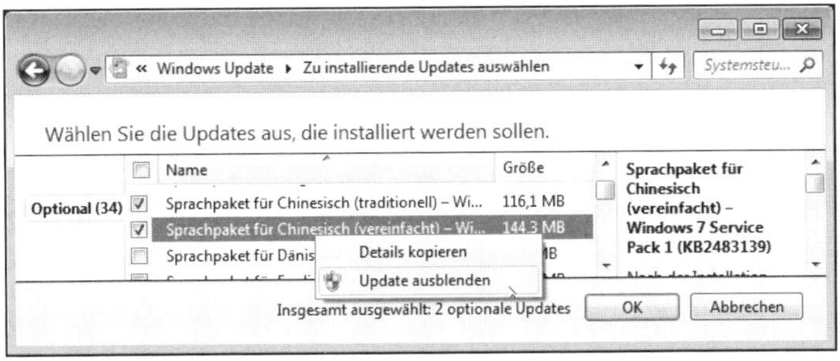

Abbildung 3.210: Update ausblenden

- Um derartig ausgeblendete Updates eines Tages doch wieder einspielen zu können, wählen Sie auf der Hauptseite von Windows Update *Ausgeblendete Updates anzeigen*. Markieren Sie auch hier wieder die fraglichen Update-Angebote und klicken Sie auf *Wiederherstellen*.

Update-Einstellungen

- Wählen Sie *Start / Systemsteuerung / System und Sicherheit / Windows Update*.

- Klicken Sie links auf *Einstellungen ändern*. Im folgenden Dialog können Sie festlegen, wie Windows Update sich verhalten soll. Es gibt allerdings, so viel sei gesagt, keinen Grund, die gezeigten Grundeinstellungen zu ändern.

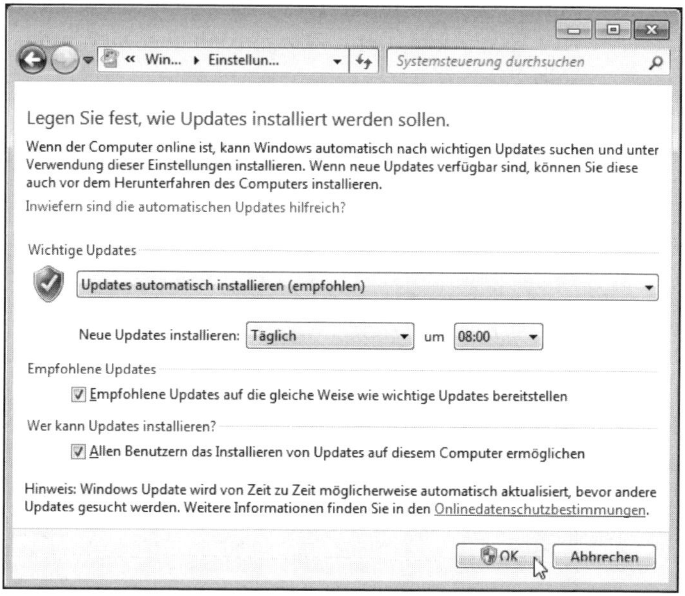

Abbildung 3.211: Update-Einstellungen

- Die Option *Updates automatisch installieren (empfohlen)* sollte aktiviert sein. Das enthebt Sie der Sorge um Updates, denn Windows führt sie selbst durch.
- Bei *Neue Updates installieren* sollte *Täglich* aktiviert sein, bei der Uhrzeit ist mein Rat, den frühen Morgen zu nehmen, also bevor Sie Ihr Tagwerk beginnen. Das kann etwas stören, etwa wenn Windows nach dem Update neu starten möchte (was nicht immer der Fall ist). Aber es ist sicherer, weil es die Wahrscheinlichkeit reduziert, Opfer einer Zero-Day-Attacke zu werden.
- Achten Sie darauf, dass die Option *Empfohlene Updates auf die gleiche Weise wie wichtige Updates bereitstellen* aktiviert ist. Dann holt Windows nicht nur die sicherheitsrelevanten, sondern alle von Microsoft empfohlenen Aktualisierungen.

- Auf Systemen mit mehreren Benutzern sollte auch die Option *Allen Benutzern das Installieren von Updates auf diesem Computer ermöglichen* aktiviert sein.
- Schließen Sie mit *OK*.

Sie können übrigens die Liste installierter Updates selbst ansehen. Klicken Sie dazu auf der Windows-Update-Hauptseite auf *Updateverlauf*.

Was tun, wenn Updates streiken

Updates sind für Windows essenziell. Umso ärgerlicher, wenn sie streiken. Ursache ist fast immer, dass vorangegangene Updates irgendein Problem hatten und nun als Fragmente auf der Festplatte herumliegen.

So gehen Sie vor:

- Starten Sie den Windows-Explorer.
- Klicken Sie mit der rechten Maustaste auf das Laufwerk *C:* und wählen Sie *Eigenschaften*.

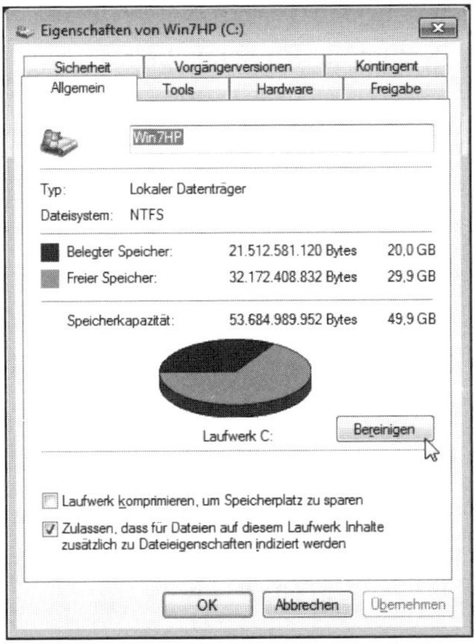

Abbildung 3.212: Laufwerkeigenschaften

- Klicken Sie auf *Bereinigen*.
- Windows 7 analysiert ein bisschen herum und zeigt dann einen Dialog. Klicken Sie darin auf *Systemdateien bereinigen* und bestätigen Sie die Anfrage der Benutzerkontensteuerung mit *Ja*.

Abbildung 3.213: Systemdateien bereinigen

- Setzen Sie nun in der Liste *Zu löschende Dateien* ein Häkchen in alle Kontrollkästchen.

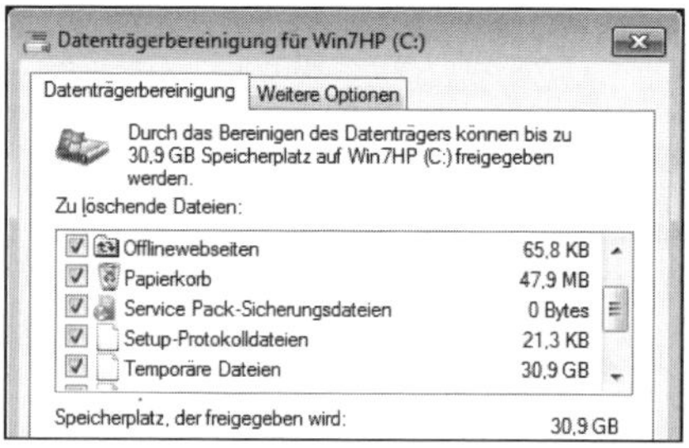

Abbildung 3.214: Häkchen in alle Kontrollkästchen

- Klicken Sie auf *OK*.
- Bestätigen Sie die Sicherheitsabfrage mit *Dateien löschen*. Verschiedene überflüssige Dateien werden nun gelöscht.
- Starten Sie Windows neu.
- Starten Sie den Update-Vorgang wie normal und versuchen Sie es erneut.

Falls das nicht funktioniert, gehen Sie wie folgt vor:

- Führen Sie erneut die Datenträgerbereinigung aus.
- Wechseln Sie mit dem Windows-Explorer in das Verzeichnis *C:\WINDOWS\Temp* und löschen Sie darin alle Dateien und Ordner. (Bei einigen wird Windows das nicht zulassen, was Sie auf sich beruhen lassen.)
- Wechseln Sie in das Verzeichnis *C:\Dokumente und Einstellungen\<Benutzername>\Lokale Einstellungen\Temp*, wobei *<Benutzername>* Ihr Benutzername ist. Löschen Sie hier ebenfalls alle Dateien und Ordner.
- Prüfen Sie, ob die Systemzeit des PCs realistisch eingestellt ist (heutiges Datum, aktuelle Uhrzeit). Wenn nicht, korrigieren Sie das – Windows Update verweigert bei größeren Abweichungen den Dienst.
- Starten Sie Windows neu und starten Sie den Update-Vorgang erneut.

Service Packs

Sowohl Windows als auch Office erhalten in mehr oder weniger großen Abständen Riesen-Updates in Form von Service Packs.

Die Erfahrung lehrt, dass Sie vor Anwendung eines Service Packs unbedingt ein komplettes Backup durchführen sollten. Also: Lehnen Sie das Update erst mal ab und schieben Sie es auf. Führen Sie ein Backup durch. Und spielen Sie erst dann via manuellem *Nach Updates suchen* das Service Pack ein.

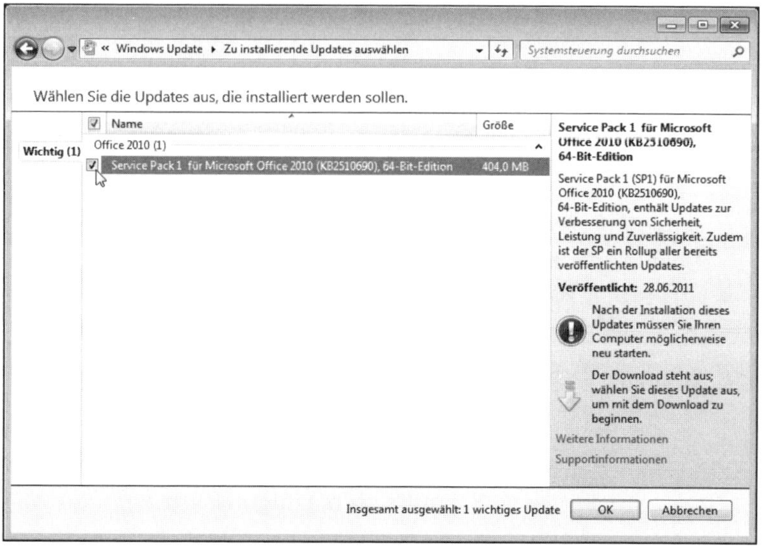

Abbildung 3.215: Ein Service Pack mit mehr als 400 MByte

Probieren Sie dann aus, ob alles noch einwandfrei funktioniert. Wenn Sie sich dessen versichert haben, erzeugen Sie ein weiteres Backup. Das könnte zum Beispiel ein Meilenstein-Backup sein, das Sie manuell über *Abbilddatei erstellen* erzeugen und auf einer zusätzlichen externen Festplatte (also zusätzlich zur normalen externen Festplatte) ein zweites Mal sichern. Wenn alle Stricke reißen, können Sie bei Bedarf den Zustand nach dem letzten Service-Pack-Update wiederherstellen.

Fazit: Automatische Updates

Automatische Updates sind das A und O der Sicherheit. Denn gegen Sicherheitslücken der Software kann der Anwender nichts tun – nur der Hersteller kann es.

Die automatischen Updates decken aber nur Microsoft-Programme ab. Mindestens ebenso wichtig ist es, auch die einzelnen Anwendungen auf dem neuesten Stand zu halten. Erfreulicherweise bieten inzwischen zahlreiche Programme eingebaute Update-Funktionen an. Suchen Sie diese ganz gezielt und rufen Sie vor allem bei Internetanwendungen – Browser und Erweiterungen, Mail, Chat – regelmäßig die Updates ab. In Kapitel 4 finden Sie im Abschnitt *Sichere Anwendungen* auch Tools, die beim Updaten helfen.

Weitere Sicherheitsfunktionen

Neben den großen Sicherheitsbereichen hat Windows 7 noch kleinere, für die Sicherheit oder die allgemeine Problembehebung nützliche Funktionen. Im Folgenden finden Sie auch einige Tricks für spezielle Bedürfnisse.

Das Wartungscenter

Die Taskleiste von Windows 7 dient nicht nur dem einfachen Starten von Programmen, sie gibt im *Infobereich* rechts unten auch schnellen Zugriff auf wichtige Informationen. Dort führt Windows 7 ein neues Symbol ein, das *Wartungscenter*.

Je nachdem, wie Sie es anklicken, haben Sie verschiedene Möglichkeiten:

- Klicken Sie es mit der linken Maustaste an, um aktuelle Statusmeldungen als Überblick zu sehen oder das Wartungscenter zu starten. Potenzielle Probleme werden hier bereits in Form von Lösungen angeboten: Hat man kein Antivirenprogramm installiert, wird die Suche nach einem angeboten; ist noch keine Sicherung eingerichtet, wird auch dies vorgeschlagen.

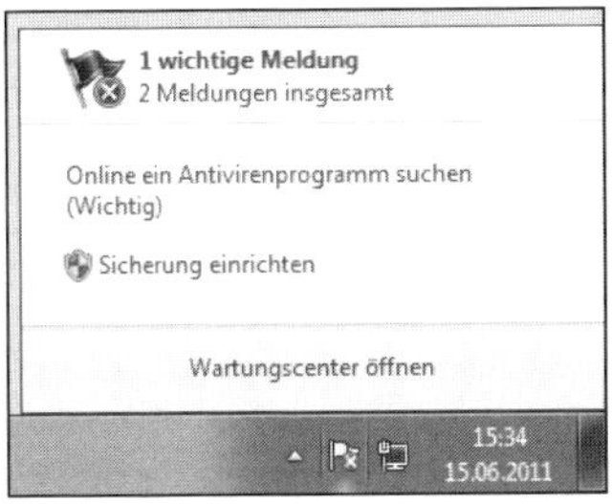

Abbildung 3.216: Wartungscenter-Symbol im Infobereich mit Linksklick

- Klicken Sie es mit der rechten Maustaste an, um direkt die Problembehebung zu starten, das Wartungscenter zu öffnen oder direkt Windows Update zu starten.

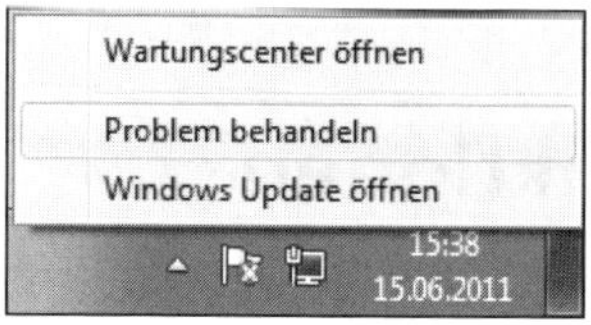

Abbildung 3.217: Wartungscenter-Symbol im Infobereich mit Rechtsklick

Wartungscenter öffnen und anpassen

Öffnen Sie das Wartungscenter, indem Sie auf das Fahnensymbol klicken und *Wartungscenter öffnen* wählen.

Abbildung 3.218: Wartungscenter

Je nach Installation können die Meldungen hier abweichen. Prinzipiell lassen sich hier aber die wichtigsten Einstellungen für verschiedene Sicherheitsbereiche vornehmen. Auch die Arbeit des Wartungscenters selbst lässt sich hier umstellen: Klicken Sie dazu in der linken Spalte auf *Wartungscentereinstellungen ändern.*

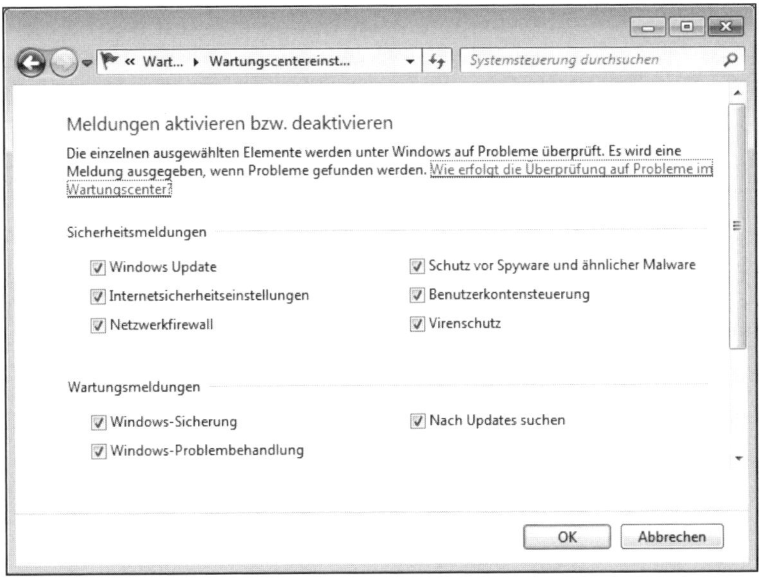

Abbildung 3.219: Wartungscentereinstellungen

Hier lassen sich verschiedene Meldungen aktivieren oder deaktivieren. Mein Rat ist, alles aktiviert zu lassen. Klicken Sie auf *OK.*

HINWEIS

In seltenen Fällen meldet sich eine exotische Antivirensoftware nicht richtig beim System an. Dann nerven die ständigen Hinweise, es sei keine Virenschutzlösung installiert. Deaktivieren Sie dann an dieser Stelle die Option *Virenschutz.* Bei der Installation einer Backup-Sicherungslösung von Drittherstellern passiert Ähnliches mit dem Hinweis, man möge die Sicherung einrichten. Deaktivieren Sie dann die Option *Windows-Sicherung.* In beiden Fällen erscheinen dann keine Hinweise mehr.

Wartungscenter: erweiterte Darstellungen

Das Wartungscenter bietet noch weitere Informationen:

- ✔ Öffnen Sie das Wartungscenter, indem Sie in der Taskleiste rechts unten im Infobereich auf das Fahnensymbol klicken und *Wartungscenter öffnen* wählen.
- ✔ Klicken Sie neben den Bereichen *Sicherheit* und *Wartung* jeweils auf das umgekehrte Dreieck, um den Bereich zu öffnen.

Der Bereich *Sicherheit* informiert unter anderem über den Status von Firewall, Windows Update, Virenschutz, Internetsicherheit, Benutzerkontensteuerung, Netzwerksicherheit und Windows Defender.

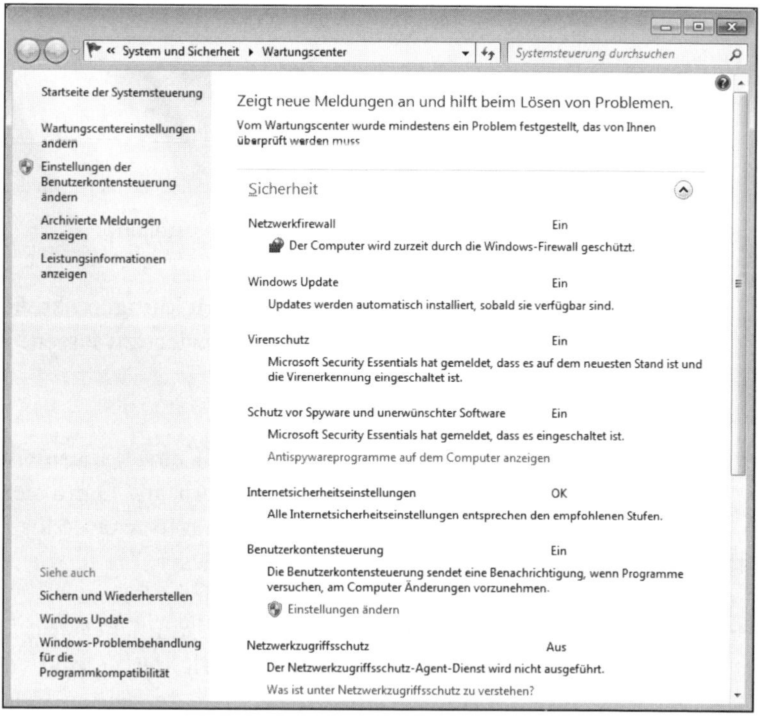

Abbildung 3.220: Wartungscenter: Sicherheit

> Auf privat genutzten Windows-Computern ist der *Netzwerkzugriffsschutz* immer auf *Aus* geschaltet. Das hat nichts zu bedeuten: Die Einstellung für *Network Access Protection (NAP)* wird nur bei PCs verwendet, die mit einem Firmennetzwerk (ab Windows Server 2003 R2) Verbindung aufnehmen. Stellt das Netzwerk fest, dass der Windows-7-Rechner zum Beispiel keine aktuellen Updates verwendet oder anderweitig Sicherheitsprobleme hat, reduziert er die Zugriffsrechte auf das Firmennetzwerk und somit die potenzielle Gefahr für das Firmennetz. Mehr Infos finden Interessierte auf *www.microsoft.com/nap*.

Der Bereich *Wartung* umfasst Funktionen, die nach Microsofts Meinung nur indirekt mit der Sicherheit zu tun haben. Sie sind aber keineswegs weniger wichtig. Hier finden Sie zum Beispiel die Einstellungen für automatische Updates, die Datensicherung, Problemberichte und den Zuverlässigkeitsverlauf, die im Folgenden genauer vorgestellt werden.

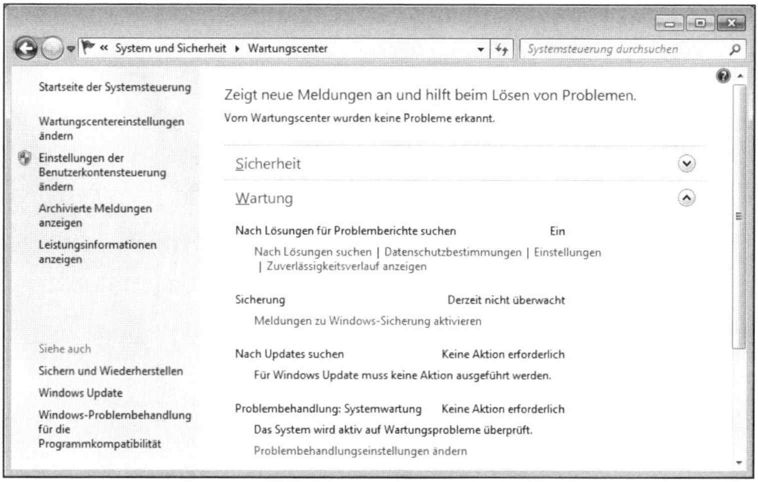

Abbildung 3.221: Wartungscenter: Wartung

Dateiendungen anzeigen

Schadsoftware und Malware schleichen sich wie in Kapitel 2 beschrieben immer wieder mit einem alten Trick ins System: Programm-Icons täuschen vor, es handle sich bei den Dateien um harmlose Formate wie DOC oder ZIP.

Weil Windows per Voreinstellung die Dateiendung ausblendet, fällt das selten auf. Daher lohnt es sich, die Voreinstellung zu ändern.

- Starten Sie den Windows-Explorer.
- Drücken Sie die Taste [Alt], um das Menü einzublenden.
- Wählen Sie im Menü *Extras / Ordneroptionen*.
- Wechseln Sie ins Register *Ansicht*.
- Deaktivieren Sie *Erweiterungen bei bekannten Dateitypen ausblenden*.

Abbildung 3.222: Dateierweiterungen wieder einblenden

- Klicken Sie auf *OK*.

Die Dateiendungen sind nun sichtbar und lassen erkennen, ob die Datei mit dem ZIP-Icon wirklich die Endung ZIP trägt, der Doppelklick also ungefährlich ist.

Hier sehen Sie den Effekt:

Abbildung 3.223: Vorgabe-Einstellung auf Windows: vier „Text"-Dateien

So sieht es mit dem Einblenden der Dateiendungen aus:

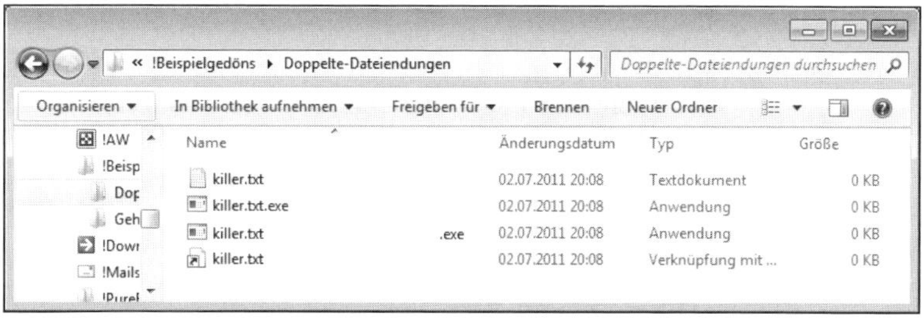

Abbildung 3.224: Doppel-Endungen werden sichtbar

Ein paar Anmerkungen noch zur letzten Abbildung:

- Die erste Datei *killer.txt* ist tatsächlich eine Textdatei, ergo die einzige harmlose Datei unter den vieren.
- Die zweite Datei ist mit der geänderten Einstellung deutlich enttarnt: Es ist gar keine Textdatei, sondern ihre wahre Endung ist *.exe* für *executable*, also eine ausführbare Datei.

- Die dritte Datei verschleiert die doppelte Endung durch viele, viele Leerzeichen – die eigentliche Dateiendung *.exe* lässt sich bei flüchtigem Hinsehen kaum der Datei zuordnen. Dennoch ist auch diese Datei kein Text, sondern ein Programme, potenziell also eine Schadsoftware.
- Die vierte Datei hat in Wirklichkeit die Endung *.pif* und kann einen einzelnen (auch schädlichen) Programmaufruf enthalten, doch Windows zeigt sie schon seit vielen Windows-Versionen trotz anderer Einstellung nicht an.

Autostart untersuchen

Viele Software-Komponenten verankern sich in Windows mit einem automatisch startenden Tool, erwünschte ebenso wie unerwünschte. Sie lassen sich mit dem Systemkonfigurations-Tool behelfsweise deaktivieren.

- Drücken Sie ⊞ + R, geben Sie `msconfig` ein und klicken Sie auf *OK*. Bestätigen Sie gegebenenfalls mit *Ja*.
- Wechseln Sie in das Register *Systemstart*. Hier sehen Sie, welche Programme sich im Autostart verankert haben.

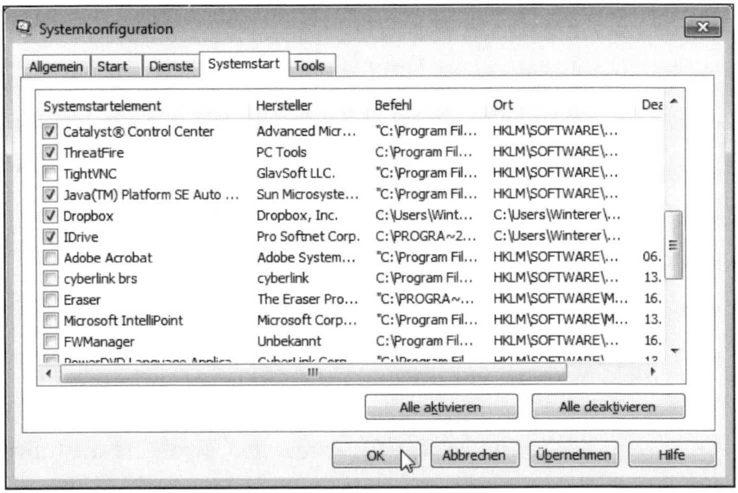

Abbildung 3.225: Systemstart ausmisten

- Entfernen Sie bei einem Eintrag das Häkchen, um diese Programmkomponente zu deaktivieren.
- Klicken Sie auf *OK*.

Übertreiben Sie es nicht: Deaktivieren Sie probeweise stets nur einen Eintrag. Starten Sie den Rechner neu und nutzen Sie ihn einige Tage. Fehlt Ihnen eine essenzielle Funktion? Wenn nicht, war das Programm nicht nötig. Entfernen Sie erst dann ein weiteres Systemstartelement.

Doppelter Explorer ist sicherer

Der Windows-Explorer wirkt wie eine eigenständige Anwendung. In Wirklichkeit ist er jedoch ein Bestandteil von Windows und als solcher eng mit Startmenü und Taskleiste verbunden. Das hat auch Nachteile: Ist der Windows-Explorer mal blockiert, reagieren meist auch Startmenü und Taskleiste nicht mehr.

Das lässt sich ändern. Dabei teilen Sie jeder Instanz von Windows-Explorer einen eigenen Speicherbereich zu. Bleibt der Windows-Explorer mal hängen, ist damit nicht automatisch auch die Taskleiste blockiert.

- Wählen Sie im Windows-Explorer *Organisieren / Ordner- und Suchoptionen*.
- Wechseln Sie ins Register *Ansicht*.
- Aktivieren Sie im Bereich *Erweiterte Einstellungen* die Option *Ordnerfenster in einem eigenen Prozess starten* (siehe Abbildung 3.226).
- Übernehmen Sie die Änderung mit *OK*.

Das Ergebnis ist im Fall des Absturzes etwas mehr Stabilität für das Startmenü. Der Speicherverbrauch des Windows-Explorer erhöht sich jedoch dadurch: Auf Rechnern mit wenig Speicher lohnt es sich daher eher nicht.

Abbildung 3.226: Windows-Explorer stabiler machen

Datenausführungsverhinderung

Die *Datenausführungsverhinderung* (*Data Execution Prevention, DEP*) hat ihren Namen zu Recht: Sie verhindert die Ausführung von Daten und Übergriffe von Schadprogrammen. Werden solche Übergriffe festgestellt, schaltet Windows das betreffende Programm ab. Natürlich funktioniert das nicht hundertprozentig zuverlässig, sonst bräuchte man keine Antivirenprogramme mehr.

Es gibt keinen Grund, die zugehörige Systemeinstellung zu ändern. Falls Sie es doch tun wollen:

- Drücken Sie ⊞ + Pause.
- Klicken Sie links auf *Erweiterte Systemeinstellungen.*
- Wechseln Sie ins Register *Erweitert* und klicken Sie im Bereich *Leistung* auf *Einstellungen.*
- Wechseln Sie ins Register *Datenausführungsverhinderung.*

Abbildung 3.227: Datenausführungsverhinderung

Aber Vorsicht: Sie können hier nicht „sicherer“ konfigurieren, sondern nur unsicherer. Bei Bedarf können Sie Programme von diesem Schutz ausnehmen, sofern er Probleme bereitet. Sinnvoller ist es, solche Programme gar nicht erst zu verwenden.

USB-Autostart abschalten

Wie in Kapitel 2 beschrieben, breiten sich noch immer etliche Schadprogramme über die Infektion von USB-Sticks und externen Festplatten aus. Sie verwenden dabei die Datei *autorun.inf* als Verbreitungsmethode.

Das manuelle Update *support.microsoft.com/kb/971029* behebt dieses Problem, aber eigentlich ist es bei Windows 7 schon automatisch installiert.

Allerdings können einige USB-Sticks einen Teil ihres Speichers als CD-Laufwerk darstellen, dann wirkt dieses Update nicht. Ebenso wenig wirkt es bei CDs/DVDs.

Mit einem Trick kann man die Datei *autorun.inf* als solches komplett sperren und die Funktion auf USB-Sticks und auf CDs/DVDs vollständig deaktivieren.

> HINWEIS
>
> Das ist durchaus sinnvoll auf (öffentlichen) Rechnern, die durch wechselnde USB-Sticks oder CDs tatsächlich einem höheren Infektionsrisiko durch diese Art von Schadprogrammen ausgesetzt sind. Es ist nicht praktisch auf Rechnern von PC-Einsteigern, da die Änderung zum Beispiel die automatische Installation von Programmen nach Einlegen der CD verhindert.

So gehen Sie vor:

- Drücken Sie [Win] + [R], geben Sie `regedit` ein und drücken Sie [Enter].
- Navigieren Sie im Registrierungs-Editor zum Schlüssel *HKEY_LOCAL_MACHINE\SOFTWARE\Microsoft\Windows NT\CurrentVersion\IniFileMapping*.
- Wählen Sie *Bearbeiten / Neu / Schlüssel*, um einen neuen Schlüssel zu erzeugen
- Geben als Namen für den neuen Schlüssel `autorun.inf` ein und drücken Sie [Enter].
- Doppelklicken Sie im Schlüssel *autorun.inf* auf *(Standard)*.
- Geben Sie als Wert `@SYS:DoesNotExist` ein und drücken Sie [Enter].
- Starten Sie Windows neu.

Jetzt dürfte *autorun.inf* nirgendwo mehr funktionieren, auch nicht auf CDs/DVDs. (Um diese Änderung wieder loszuwerden, löschen Sie einfach den Schlüssel *HKEY_LOCAL_MACHINE\SOFTWARE\Microsoft\Windows NT\CurrentVersion\IniFileMapping\autorun.inf*.)

Es gibt übrigens Antivirenprogramme, welche die Datei *autorun.inf* selbst blockieren. Dennoch befreit Sie diese Änderung von einer Sorge, auch wenn dieser Angriff nicht alltäglich sein wird. Der Preis ist natürlich ein gewisser Verlust an Komfort, gerade bei USB-Sticks mit Sonderfunktionen.

Schreibzugriff auf USB verhindern

Mit einem weiteren Registry-Eingriff verhindern Sie, dass Unbefugte via USB-Stick Daten von Ihrem Notebook entwenden können oder Malware sich von diesem PC aus auf USB-Speicher ausbreiten kann.

Aber Vorsicht! Dabei wird die USB-Funktion deutlich eingeschränkt: Sie können von USB-Sticks nur noch lesen.

- Drücken Sie [Win] + [R], geben Sie `regedit` ein und drücken Sie [↵].
- Navigieren Sie zum Schlüssel *HKEY_LOCAL_MACHINE\SYSTEM\CurrentControlSet\Control*.
- Wählen Sie im Menü *Bearbeiten / Neu / Schlüssel*, um einen neuen Schlüssel zu erzeugen.
- Geben Sie als Schlüsselnamen `StorageDevicePolicies` ein und drücken Sie [↵].
- Wählen Sie *Bearbeiten, Neu, DWORD-Wert (32-Bit)*, um einen neuen Wert anzulegen.
- Geben Sie als Namen für den Wert `WriteProtect` ein und drücken Sie die [↵].
- Doppelklicken Sie auf *WriteProtect*, geben Sie als neuen Wert 1 ein und drücken Sie die [↵].
- Schließen Sie den Registrierungs-Editor.

Windows kann nun auf USB-Sticks weder schreiben noch sie formatieren. Um das ganze rückgängig zu machen, entfernen Sie *StorageDevicePolicies*.

Task-Manager und Ressourcenmonitor

Windows 7 besteht aus einem Gemenge von Programmen, Diensten und Prozessen. Diese können mithilfe eingebauter Werkzeuge angezeigt und in Grenzen analysiert werden. Sie können mit Bordmitteln nicht reagierende Programme schließen, den Netzwerkstatus anzeigen und erstaunlich vielen Dingen auf den Grund gehen.

Task-Manager verwenden

Der *Task-Manager* kann – in Grenzen – helfen, Schadprogramme aufzuspüren.

- Starten Sie den Task-Manager, indem Sie mit der rechten Maustaste auf die Startleiste klicken und aus dem Kontextmenü *Task-Manager starten* wählen. Alternativ drücken Sie Strg + ⇧ + Esc. Oder Sie drücken Strg + Alt + Entf und klicken auf *Task-Manager starten*.

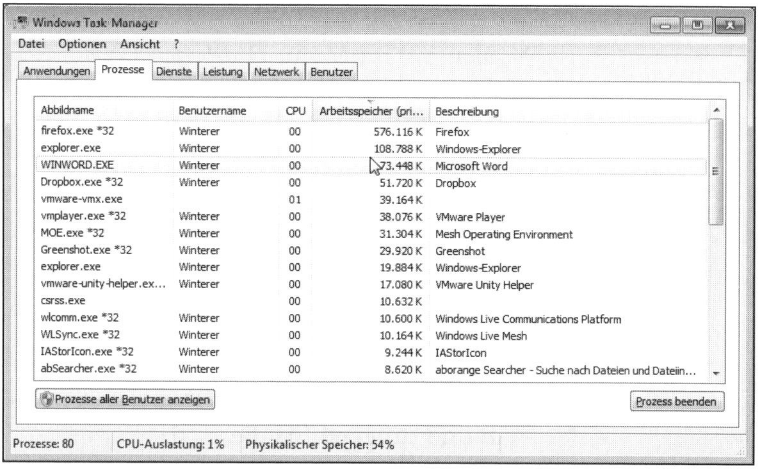

Abbildung 3.228: Task-Manager

- Im Register *Anwendungen* sehen Sie die wichtigsten Programme, die im System arbeiten. Allerdings sehen Sie hier zum Beispiel keine Programme, die sich selbst als Dienste (Services) deklariert haben.

- Im Register *Prozesse* sehen Sie die Prozesse der Programme sowie interne Windows-Programme und -Dienste. Klicken Sie links unten auf *Prozesse aller Benutzer anzeigen*, sehen Sie die Prozesse anderer Benutzer und Systemprozesse (denn auch das System ist ein anderer Benutzer).
- Um verdächtige Anwendungen zu schließen, klicken Sie sie mit der rechten Maustaste an und wählen *Task beenden*. Aber Vorsicht: Das kann die Systemstabilität gefährden, man sollte vor einem Neustart nicht ernsthaft weiterarbeiten.
- Interessant sind im Register *Prozesse* zum Bespiel die Speicherauslastung oder die verbrauchte CPU-Auslastung. Indem Sie auf den Spaltenkopf *CPU* klicken, lassen Sie die Tasks nach dem Verbrauch der Rechenzeit sortieren. So können Sie Programme ausfindig machen, die ungewöhnlich aktiv sind. Das kann verdächtig sein, mindestens aber die Ursache für einen lahmenden Rechner.
- Wählen Sie im Menü *Ansicht / Spalten auswählen*. Hier bestimmen Sie selbst, was der Task-Manager anzeigt, und fügen weitere Spalten hinzu. Interessant ist zum Beispiel der *Abbildpfadname*, denn der verweist auf die Quelle des Prozesses, also den Ort, von dem aus das Programm startete.

Abbildung 3.229: Spalten hinzufügen

- Im Register *Benutzer* sehen Sie, welche Benutzer gerade am System angemeldet sind. In der Regel sollten Sie dort nur sich selbst finden.

In Grenzen hilft der Task-Manager deswegen, weil es zum einen nicht leicht ist: Jeder PC besteht aus seiner individuellen Mischung aus Programmen und Prozessen, es ist keineswegs trivial, jene aufzuspüren, die nicht ins System gehören. Zum anderen können moderne Schadprogramme sich tarnen. Sicherheitsbewusste schauen dennoch immer wieder mal in den Task-Manager, um mit den Prozessen vertraut zu werden.

Unbekanntes Programm aufspüren

So finden Sie den Ort einer unbekannten Anwendung auf der Festplatte:

- Klicken Sie im Register *Anwendungen* mit der rechten Maustaste auf eine unbekannte Anwendung und wählen Sie *Zu Prozess wechseln*. Der Task-Manager zeigt dann das Register *Prozesse* und markiert in der Liste auch gleich den Namen des fraglichen Prozesses.

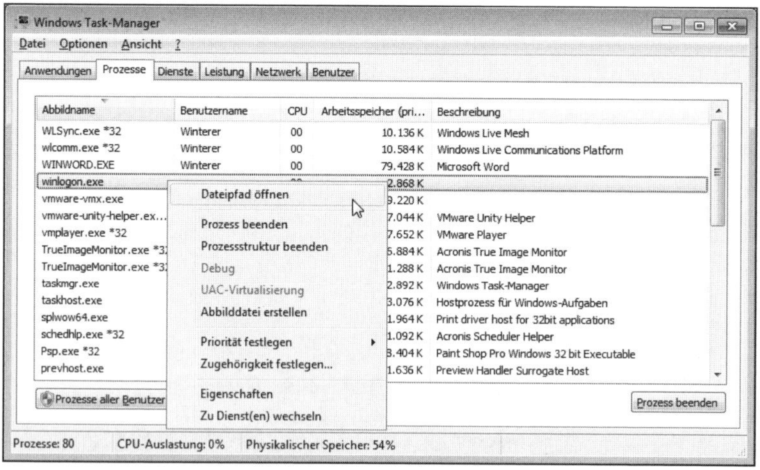

Abbildung 3.230: Ort eines Prozesses aufspüren

- Klicken Sie mit der rechten Maustaste auf diesen Prozess und wählen Sie *Dateipfad öffnen*. Das öffnet im Windows-Explorer den Ordner, aus dem heraus das Programm gestartet wurde, die Datei wird auch gleich markiert.
- Ein Blick in diesen Ordner kann zum Beispiel darüber informieren, ob das ein Programm ist, das Sie selbst bewusst installiert haben und daher kennen.
- Sie könnten das Programm oder seinen Ordner rechts anklicken und einen manuellen Virenscan durchführen lassen.
- Sie könnten die Datei auf einen Untersuchungsdienst wie *www.virustotal.com* hochladen und dort untersuchen lassen.

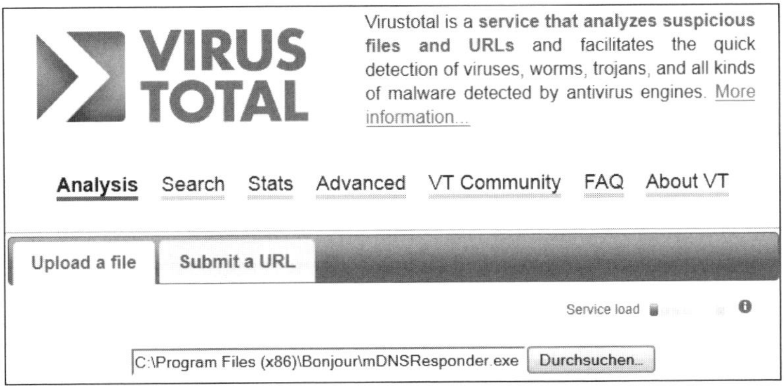

Abbildung 3.231: *www.virustotal.com* untersucht Dateien

- Wenn das Programm oder der Prozess Ihnen völlig unbekannt ist, können Sie seinen Namen – zum Beispiel *taskhost.exe* oder *jusched.exe* – googeln. Besser finde ich eine Suche auf *www.file.net/prozess/*, das zu vielen Prozessen Informationen sammelt.

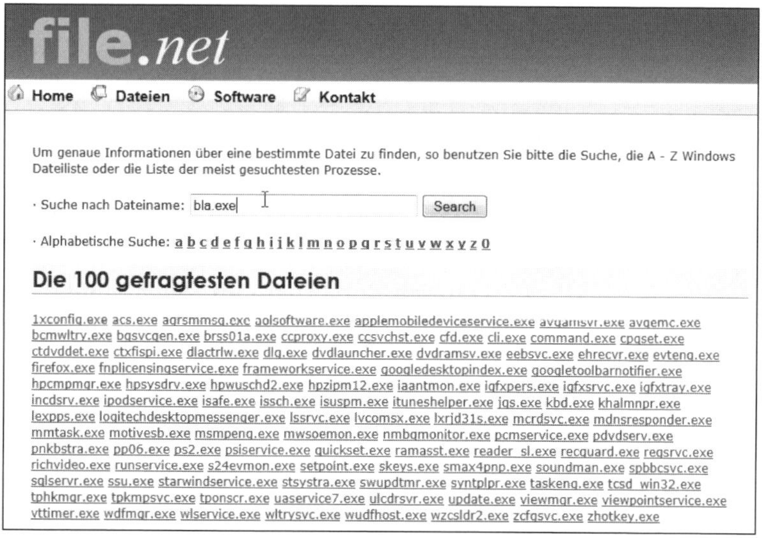

Abbildung 3.232: Infos zu Prozessen auf *www.file.net/prozess/*

Task-Manager reaktivieren

Einige Schadprogramme schalten den Task-Manager ab und verhindern so, dass Sie das System analysieren können. Dazu verändern sie die Registrierungsdatenbank. Das sieht so aus:

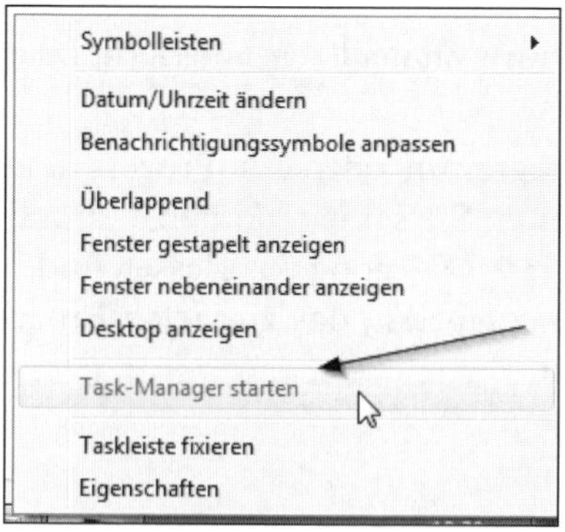

Abbildung 3.233: Das Menü *Task-Manager starten* ist hier inaktiv gesetzt

Das kann man rückgängig machen:

- Drücken Sie [Win] + [R], geben Sie `regedit` ein, drücken Sie [Enter] und klicken Sie auf *Ja*. Der Registry-Editor startet.
- Navigieren Sie zum Schlüssel *HKEY_CURRENT_USER\Software\Microsoft\Windows\CurrentVersion\Policies\System*.
- Doppelklicken Sie auf *DisableTaskMgr*, um den Wert zu ändern.
- Geben Sie als neuen Wert `0` ein und drücken Sie [Enter].

Der Registry-Editor müsste nun wieder gehen.

Ressourcenmonitor nutzen

Der *Windows-Ressourcenmonitor* ist meines Erachtens noch ein bisschen hipper als der Task-Manager. Das Systemprogramm informiert Sie über die Auslastung von CPU, Arbeitsspeicher, Festplatten und Netzwerk und zeigt Softwareressourcen wie Datei-Handles. Alles in Echtzeit und filterbar.

Ein Beispiel: Ständig arbeitet Ihre Festplatte, der Platz wird auch immer weniger – mit dem Ressourcenmonitor kriegen Sie möglicherweise heraus, wer dafür verantwortlich sein könnte.

- Drücken Sie [Win] + [R], geben Sie `resmon` ein und drücken Sie [Enter]. Der Ressourcenmonitor startet.
- In den Registern *CPU*, *Datenträger*, *Netzwerk* und *Arbeitsspeicher* können Sie die Werte dieser Bereiche jeweils genauer inspizieren. Klicken Sie jeweils auf den Spaltenkopf, um die Anzeige nach den hier gezeigten Werten zu sortieren. Aktivieren Sie die Option zu Beginn einer angezeigten Zeile, um weitere Anzeigen nur auf diesen Prozess zu filtern.
- Im Register *CPU* klappen Sie zum Beispiel den Bereich *Zugeordnete Handles* auf und geben im Suchfeld einen Suchbegriff ein. Das kann zum Beispiel der Name einer Datei sein, die sich nicht löschen lässt, oder ein Pfadname wie *C:*

Windows. Der Ressourcenmonitor zeigt dann Prozesse mit Handles, die den Suchbegriff enthalten.

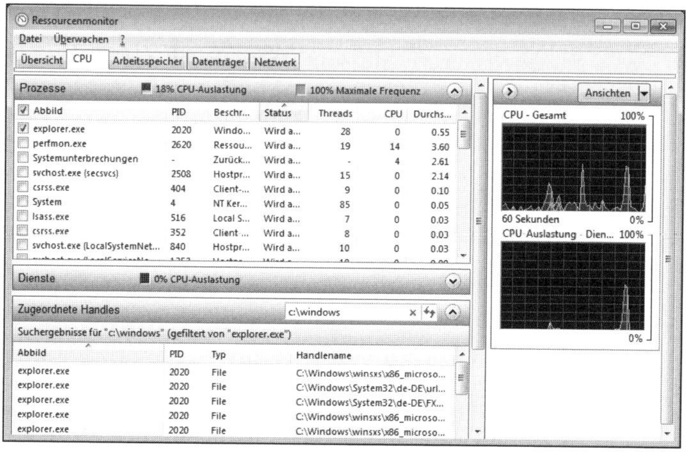

Abbildung 3.234: Ressourcenmonitor

- Im Register *Datenträger* sehen Sie Prozesse und ihre Speicherbenutzung. Klicken Sie zum Beispiel im Bereich *Prozesse mit Datenträgeraktivität* und im Bereich *Datenträgeraktivität* jeweils auf die Spalte *Gesamt B/s*, dann sehen Sie sofort, wer den Rechner durch die meisten Speicherzugriffe verlangsamt, weil er den meisten Speicher umsetzt. Aktivieren Sie die Option zu Beginn einer angezeigten Zeile, um zum Beispiel genauer zu sehen, auf welche Dateien diese Anwendung gerade zugreift (siehe Abbildung 3.235).
- Im Register *Netzwerk* sehen Sie die Netzwerkaktivitäten von Programmen. Der Bereich *Netzwerkaktivität* zeigt zum Beispiel, wie viele Daten übertragen wurden, und kann beim Aufspüren von Bots helfen. Sie sehen dabei auch, mit welchen Internetadressen der verdächtige Prozess kommuniziert. Der Bereich *Überwachungsports* zeigt, welche Anwendungen Ports in Richtung Internet öffnen, und hilft so beim Aufspüren von Trojanern (siehe Abbildung 3.236).

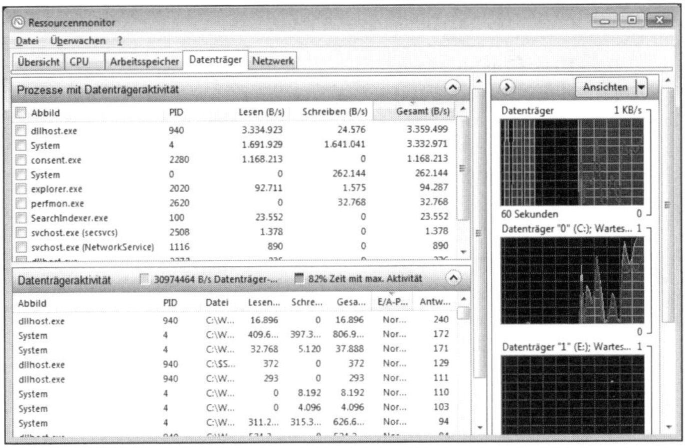

Abbildung 3.235: Anzeige hoher Datenträgeraktivitäten

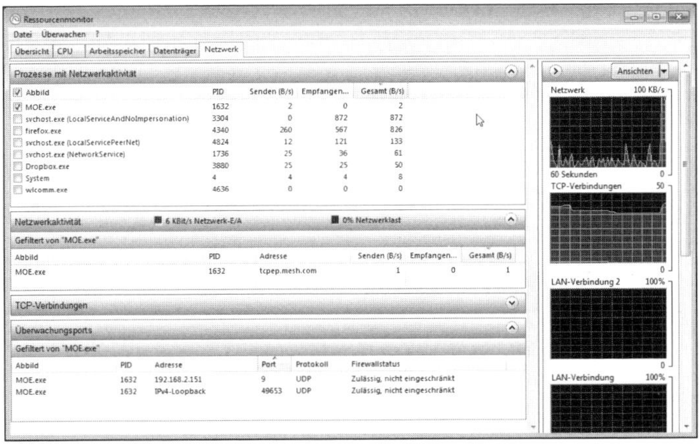

Abbildung 3.236: Die gesammelten Netzwerkaktivitäten von *moe.exe*

Es sei auch hier nicht verschwiegen, dass die Analyse für den Einsteiger nicht ohne Weiteres möglich ist. Mit ein bisschen technischem Verständnis kann man aber – auch ohne Spezialist zu sein – Kandidaten für angebrachtes Misstrauen aufspüren. Es trainiert das Auge, ab und zu mal einfach zum Spaß sein System auf diese Weise unter die Lupe zu nehmen.

Zuverlässigkeit überprüfen

Ein Fehlerhinweisfenster klickt man meist schnell weg, schließlich will man in der Regel nur schnell weiterarbeiten. Doch Fehler haben Ursachen, es lohnt sich, diese langfristig zu untersuchen.

Windows besitzt ein Werkzeug, mit dem Sie die bisherige Zuverlässigkeit Ihres Systems im Nachhinein überprüfen können.

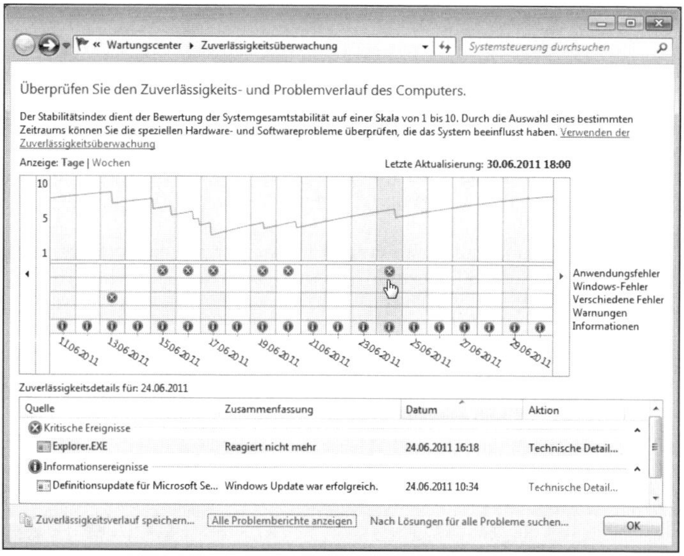

Abbildung 3.237: Zuverlässigkeitsüberwachung

- Öffnen Sie *Start / Systemsteuerung / System und Sicherheit / Wartungscenter.*
- Klicken Sie auf *Wartung*, um diesen Bereich zu erweitern.
- Klicken Sie auf *Zuverlässigkeitsverlauf anzeigen.*
- Hier zeigt Windows einen Rückblick über Ereignisse wie Updates oder Anwendungsfehler.
- Klicken Sie auf eine Spalte mit einem Ereignis, um alle Ereignisse dieses Tages zu sehen.

✔ Klicken Sie in einer Zeile bei einem rot markierten kritischen Ereignis auf *Technische Details* für weitere Informationen.

Stürzt zum Beispiel immer dieselbe bekannte Anwendung ab, sollten Sie eine neuere oder eine ältere Version des Programms installieren oder alternativ seine Kompatibilitätseinstellungen ändern. Zumindest sollten Sie sich die Frage stellen, was die Ursache sein könnte. Stürzen völlig unbekannte Programme immer wieder ab, könnte es sich um Schadsoftware handeln.

Weitere Tools zur Problembehebung

Windows bringt darüber hinaus noch andere Werkzeuge mit, die sich zur Problembehandlung eignen.

Abbildung 3.238: Computerprobleme

✔ Drücken Sie die Taste [⊞] und geben Sie ins Suchfeld `Problembeh` ein.

✔ Klicken Sie in der Ergebnisliste auf *Problembehandlung.*

✔ Klicken Sie im Bereich links auf *Alles anzeigen.*

Nun sehen Sie eine Liste von derzeit 22 Utilities, die sich zum Aufspüren von Fehlern eignen. Einige Tools befinden sich bereits auf Windows (*Ort:Lokal*), andere (*Ort:Online*) werden durch das Anklicken heruntergeladen.

Microsoft Fix it

Interessant ist auch die Website *http://support.microsoft.com/fixit/de*, auf der Microsoft Lösungs-Utilities für ausgesuchte Probleme zum Download anbietet.

Klicken Sie zum Beispiel bei *2* auf *Beheben von Problemen mit der Sicherheit, dem Datenschutz und Benutzerkonto*.

Dann zeigt Microsoft seine Tools für Sicherheitsprobleme.

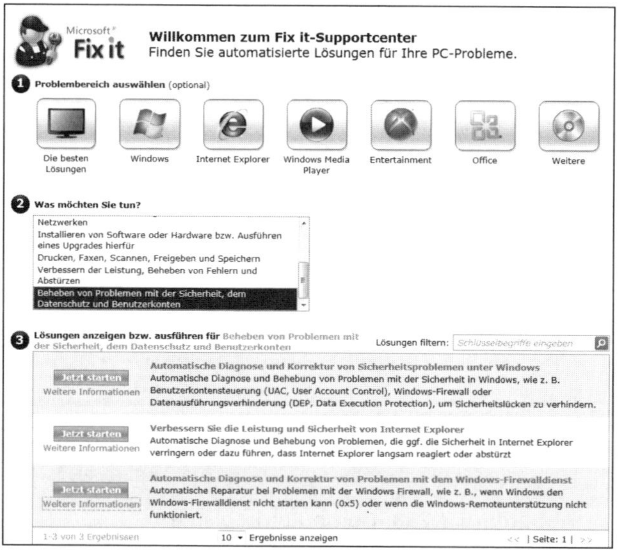

Abbildung 3.239: Microsoft Fix-it-Tools

Mit diesen Tools können Sie zum Beispiel bei Problemen die grundlegenden Sicherheitseinstellungen überprüfen lassen und auf ihre Standardwerte zurücksetzen. Der Einsatz empfiehlt sich aber nur bei Problemen, zur Vorsorge taugen diese Tools nicht.

KAPITEL 4

Gratis-Upgrade: Sicherheit

Windows 7 kann noch sicherer werden – ohne dass Sie dazu viel Geld in die Hand nehmen müssen. Virenscanner, spezielle Schutz-Tools, Update-Helfer und sichere Anwendungen helfen Ihnen, Gefahren fernzuhalten.

Gratis-Upgrade: Sicherheit

Wie das vorhergehende Kapitel gezeigt hat, bietet Windows 7 eine ganze Reihe von Neuerungen und Verbesserungen, die es insgesamt sicherer machen. Allerdings bleiben zwei großen Sicherheitsprobleme:

- Der mitgelieferte Windows Defender ist als Virenschutz nicht ausreichend. Das folgende Kapitel stellt daher alle Möglichkeiten vor, wie Sie Windows Defender durch einen besseren Virenschutz ersetzen und mit zusätzlichen Tools erweitern können.
- Die Anwendungen sind nicht immer sicher. Daher geht es in diesem Kapitel auch um die Möglichkeit, Anwendungen zum Beispiel durch Updates sicher zu machen oder Browser beispielsweise durch Schutzerweiterungen zu verbessern.

Mein Rat: Installieren Sie unbedingt mindestens Microsoft Security Essentials. Das ist in jedem Fall besser, als überhaupt kein Antivirenprogramm zu verwenden, und sollte daher das Minimum auf jedem PC, Notebook oder Netbook darstellen.

Kaufberatung Virenscanner

Kostenlose Virenscanner unterteilen sich in zwei Klassen: solche mit Echtzeitschutz und solche ohne. Erstere sind auf jeden Fall vorzuziehen, Letztere lassen sich mitunter als Zweit-Software installieren und sind daher für fortgeschrittene Anwender interessant.

Gratis-Virenscanner ohne Echtzeitschutz

Gratis-Virenscanner ohne Echtzeitschutz – zum Beispiel ClamWin oder Malwarebytes – durchsuchen Ihren PC immer dann, wenn Sie das Programm aufrufen. Oft haben sie auch einen *Zeitplaner*, der diesen Vorgang automatisiert. Sie haben allerdings keinen *Echtzeitschutz*, durchsuchen also nicht Programme, die Sie aus dem Internet laden oder die anderweitig auf Ihren Rechner gelangen.

Sie sind daher nur gut als zweite Meinung, etwa wenn Sie ein Problem haben, aber nicht sicher sind, ob es wirklich an einem Schadprogramm liegt. Sie sind ausreichend bei sehr fortgeschrittenen Anwendern, die ihren PC niemals Gefahren aussetzen.

Sie sind relativ wertlos als echter Schutz für den normalen PC-Alltagsgebrauch und daher für sich genommen eher nicht zu empfehlen.

Gratis-Virenscanner mit Echtzeitschutz

Gratis-Virenscanner mit Echtzeitschutz – zum Beispiel Microsoft Security Essentials oder Avira AntiVir Personal – binden sich korrekt in Windows 7 als Virenschutzprogramm ein und melden dem Wartungscenter, dass für Schutz gesorgt ist.

Sie haben einen Echtzeitschutz, der bei jedem Zugriff auf eine Datei diese auf Viren prüft, ehe der Zugriff erlaubt wird – das ist essenziell für vernünftigen Schutz auf einem normalen PC im Alltagsgebrauch.

Zusätzliche Funktionen hängen vom jeweiligen Produkt ab. Einige Produkte bieten einen Zeitplaner, um regelmäßige Suchen zu automatisieren. Andere enthalten spezielle Überwachungsfunktionen, die erst bei verdächtigen Aktionen von Programmen aktiv werden und diese dann unterbinden.

Gratis-Virenscanner mit Echtzeitschutz sind daher völlig ausreichend für den typischen Familienvater und andere private Anwender. Der Einsatz auf geschäftlich genutzten Rechnern ist in der Regel nicht erlaubt, eine Ausnahme ist hier Microsoft Security Essentials.

HINWEIS

Selbstständige könnten rein technisch gesehen natürlich trotzdem kostenlose Programme einsetzen. Sie sollten aber bitte bedenken, dass die Softwareentwicklung Geld kostet und diese Leistung als solche auch bezahlt werden sollte, sonst kann sie nicht dauerhaft erbracht werden.

Meine persönliche Empfehlung: Microsoft Security Essentials auf langsamen Rechnern und avast! Free Antivirus auf modernen Systemen. Beide Produkte werden im Folgenden vorgestellt.

Kommerzielle Antivirenprodukte

Kommerzielle Antivirenprodukte sind die erste Wahl für Selbstständige und gewerbliche Anwender. Der Funktionsumfang lässt hier nichts vermissen: Echtzeitschutz, Zeitplaner und viele Sonderfunktionen helfen, den PC besonders sicher zu halten.

Der Feature-Druck durch die große Zahl höchst interessanter Free-Virenscanner, die auf den kommenden Seiten vorgestellt werden, sorgt bei den kommerziellen Varianten für viele Extras. Dabei wird hier nicht nur Schnickschnack als Zusatzfunktion eingebaut: Als Beispiel kann avast! Pro Antivirus dienen, das mit der *SafeZone* eine innovative Funktion für sicheres Online-Banking eingeführt hat.

Solche Funktionen gibt es derzeit einfach nur für Geld. Wer sich selbst als privater Anwender mit erhöhtem Gefahrenpotenzial sieht oder einfach besser geschützt sein will, dem rate ich daher zu kommerziellen Antivirenprodukten.

HINWEIS

Geben Sie dabei nicht zu viel auf Vergleiche von Erkennungsraten: Namhafte Produkte schenken sich hier nur wenige Prozentpunkte und können, was die Erkennungsleistung angeht, als gleich gut gelten. Auf *www.av-test.org/certifications* finden Sie bei Interesse die Ergebnisse relativ seriöser Tests, die allerdings wenig Aufschluss darüber geben, was eigentlich wie getestet wurde. Nutzen Sie die Möglichkeiten der 30-Tage-Versionen im Zusammenspiel mit der Backup-Funktion von Windows 7, um sich selbst ein Bild zu machen.

Kommerzielle Security Suites

Jeder namhafte Antivirenprogramm-Hersteller bietet neben einem „Antivirus" auch eine oder sogar mehrere *Security Suites* an. Diese Suites erweitern das Antivirenprodukt um zusätzliche Funktionen, allen voran eine eigene Firewall. Durch Windows 7 ist diese zusätzliche Firewall streng genommen nicht mehr nötig, denn die eingebaute Firewall ist völlig ausreichend.

Allerdings bieten die Suites noch einiges mehr, zum Beispiel Spam-Filter (den freilich einige Mailprogramme schon eingebaut haben), eine automatisierte Überprüfung auf Updates von Nicht-Microsoft-Programmen, ein zusätzliches Backup-Programm oder Schutz in sozialen Netzen.

Braucht man das alles? Ich bin geneigt, Nein zu sagen. Man kann sich vieles als Freeware zusammenbrauen, wie das hier im Buch beschrieben ist. Allerdings, das sei nicht verschwiegen, erhalten Sie bei einer Suite schnell alles aus einer Hand. Und Sie haben einen Support, den Sie anrufen können, wenn etwas nicht funktioniert. Das ist auch was wert.

Einkaufstipps

Falls Sie ein kommerzielles Antivirenprogramm oder eine Security Suite erwerben wollen, dann rate ich zu Online-Händlern. Kaufen Sie nicht direkt beim Hersteller, denn online finden Sie es meist günstiger. Oft bieten vorinstallierte Programme bei ihrem Ablauf ein Jahres-Upgrade an, doch auch hier fahren Sie oft günstiger, wenn Sie nicht das Upgrade erwerben, sondern eine neue Programmversion im normalen Handel.

Preisvergleichssysteme wie *www.preissuchmaschine.de* oder *www.guenstiger.de* helfen Ihnen beim Aufspüren günstiger Preise.

Abbildung 4.1: Preisvergleich

Die Preise für die meisten Produkte beinhalten ein Jahr Updates. Nach dieser Zeit wird das Produkt wertlos. Sie können gelegentlich ein Schnäppchen machen, wenn Sie eine Version mit enthaltenen zwei Jahren Updates erwerben, bei der das Jahr günstiger abschneidet. Allerdings sind Sie dann zwei Jahre auf das Produkt festgenagelt.

Viele Anbieter bieten inzwischen Pakete mit ein, zwei, drei oder fünf enthaltenen Lizenzen. Sie können dann zum Beispiel für wenig zusätzliches Geld auch Ihr Notebook oder den Rechner des Lebensgefährten ausstatten. Auch hier lohnt der Vergleich.

HINWEIS

In Tauschbörsen finden sich raubkopierte Antivirenprogramme. Es versteht sich von selbst, dass mit einigermaßen hoher Wahrscheinlichkeit von diesen Programmen eine Gefahr ausgeht. Daher ist von ihnen abzuraten.

Microsoft Security Essentials (MSE)

Windows 7 selbst kommt nur mit einem einfachen Schutzprogramm daher: dem Windows Defender. Microsoft bietet aber dennoch ein richtiges Antivirenprogramm an, und das auch noch erstaunlich leistungsfähig und kostenlos: *Microsoft Security Essentials* (*MSE*).

Abbildung 4.2: Mehr Virenschutz kostenlos

Sie erhalten die Microsoft Security Essentials auf *www.microsoft.com/security_essentials/*. Die Software arbeitet mit Windows 7 ebenso wie mit Vista und XP. Es gibt derzeit keinen Unterschied im Funktionsumfang zwischen der 32-Bit- und der 64-Bit-Version.

Microsoft Security Essentials (MSE) kostet für private Anwender nichts, auch kleine Unternehmen mit bis zu zehn PCs können MSE gratis einsetzen. Voraussetzung ist eine legale Kopie von Windows XP, Windows Vista oder Windows 7: Im Verlauf der Installation wird eine Echtheitsprüfung durchgeführt. Zweifelt Windows 7 einmal seine Echtheit an (etwa beim Austausch der Hardware), dann stellt auch MSE seinen Dienst ein. Das stellt auf einem legalen Windows ein geringes Problem dar, weil man ja jederzeit eine Echtheitsprüfung durchführen kann. Wer sein Windows 7 aber „getrickst“ betreibt, sollte sich einer anderen Lösung bedienen.

Was kann Microsoft Security Essentials?

Microsoft Security Essentials (MSE) kombiniert

- Virenscanner für die manuelle Virensuche,
- Echtzeit-Scanner für die automatische Virensuche bei jedem Dateizugriff,
- Zeitplaner für automatische Scans zu bestimmten Terminen und
- Quarantäne für erkannte Viren, die aber noch nicht gleich gelöscht werden.

HINWEIS

> Wer Windows Defender installiert hat (bei Windows 7 und Vista automatisch der Fall), kann es vor der Installation von MSE deinstallieren – oder auch einfach belassen. Er wird ohnehin vollständig durch MSE ersetzt und deaktiviert. Es ist dringend davon abzuraten, den alten Defender mit Tricks wieder reaktivieren zu wollen, denn das könnte zu Stabilitätsproblemen führen.

Virenscanner

Die Virensuche starten Sie über die Oberfläche im Register *Startseite*.

- Wählen Sie *Schnell* für eine Virensuche in den wichtigsten Bereichen.
- Wählen Sie *Vollständig* für eine Suche im gesamten PC auf allen Festplatten.
- Wählen Sie *Benutzerdefiniert* und klicken Sie sich dann nach Belieben eine eigene Mischung aus Festplatten und Verzeichnissen zusammen, die durchsucht werden sollen.
- Klicken Sie abschließend auf *Jetzt scannen*, um die Suche zu starten.

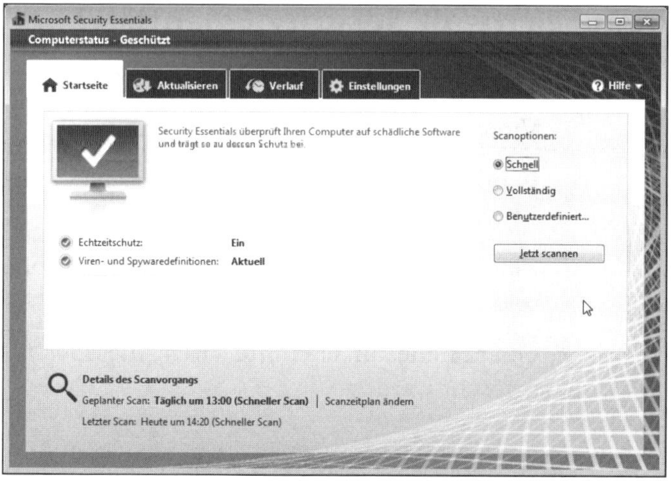

Abbildung 4.3: Microsoft Security Essentials

Alternativ verwenden Sie die rechte Maustaste des Windows-Explorer und durchsuchen mit dem Kontextmenübefehl *Scannen mit Microsoft Security Essentials* gezielt einzelne Dateien, oder aber mehrere markierte Dateien Ordner oder Laufwerke.

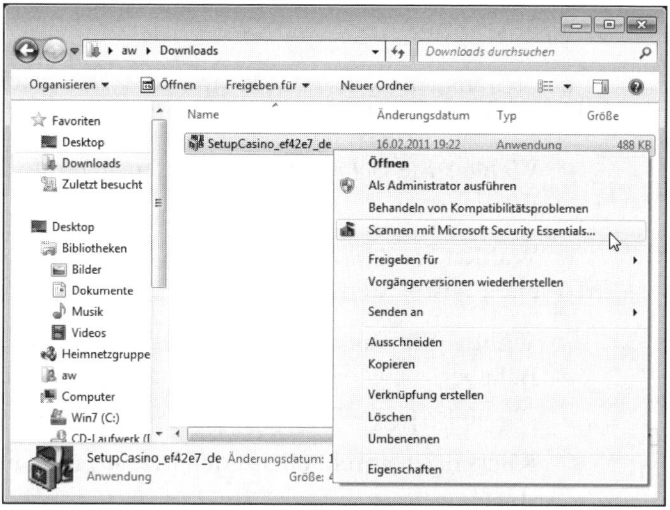

Abbildung 4.4: Aufruf aus dem Kontextmenü

Echtzeitschutz

Der Echtzeit-Scanner von MSE durchsucht automatisch bei jedem Zugriff Dateien auf Viren. Sprich: Wenn Sie eine Datei *setup.exe* aus dem Internet geladen haben und sie starten, dann durchsucht MSE sie vorher – sowie alles, was deren Installer auspackt. Das ist die sicherste und heute wichtigste Funktion eines Virenscanners.

- Wechseln Sie in das Register *Einstellungen*, Abschnitt *Echtzeitschutz*.

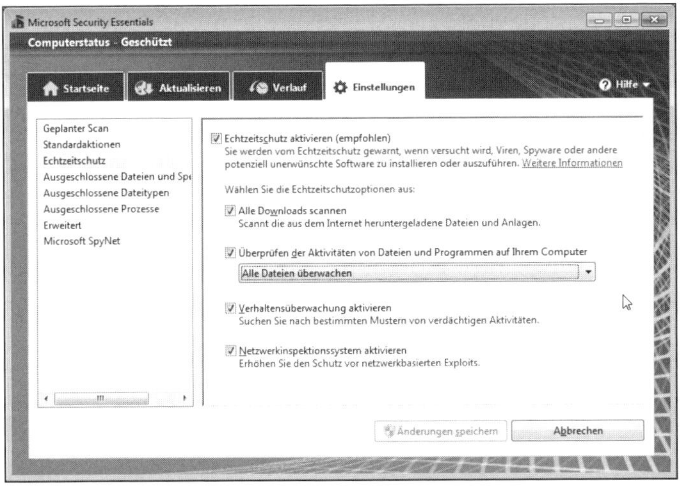

Abbildung 4.5: Optionen des Echtzeitschutzes von MSE

- Aktivieren Sie *Echtzeitschutz aktivieren (empfohlen)*, falls das nicht schon der Fall ist.
- *Alle Downloads scannen* überprüft Dateien, die Sie aus dem Internet laden.
- Bei *Überprüfen der Aktivitäten* können Sie zwischen eingehenden und ausgehenden Dateien unterscheiden. Wählen Sie *Alle Dateien überwachen*.

- Die Option *Verhaltensüberwachung aktivieren* meldet erfahrungsgemäß auch mal Programme, die mehr Netzwerkverbindungen als normal aufbauen und benutzen. Sie müssen dann im Einzelfall selbst prüfen, ob der Gefahrenhinweis von MSE begründet ist oder nicht. Zum Beispiel können Peer-to-Peer-Clients, Download-Hilfen oder Webspeicher-Tools gelegentlich Fehlalarme auslösen. Falls Sie ständig Warnungen erhalten, führen Sie eine Überprüfung mit einem Zusatz-Scanner durch. Wenn Sie dann ganz sicher sind, dass keine Malware vorliegt, schalten Sie diese Option ab. Schalten Sie diese Option auch dann ab, wenn Sie ein zusätzliches Tool zur Verhaltensanalyse verwenden.
- Das *Netzwerkinspektionssystem* schützt gegen netzwerkbasierende Attacken und sollte nicht deaktiviert werden.

Die Features des Echtzeitschutzes lassen sich einzeln oder komplett abschalten. Davon ist abzuraten, solange Sie keinen konkreten Grund dafür haben. Ein solcher Grund könnte ein langsames Notebook oder Netbook sein. Allerdings reduzieren Sie damit auch die Schutzwirkung erheblich.

Zeitplaner

Über das Register *Einstellungen*, Abschnitt *Geplanter Scan*, haben Sie die Möglichkeit, einen einzelnen Scan zu planen.

- Aktivieren Sie unbedingt *Geplanten Scan für meinen Computer ausführen*. Die regelmäßige Suche ist einfach praktisch.

Innerhalb der Option haben Sie verschiedene Möglichkeiten:

- *Scanart:* Dieser Scan kann ein Schnellscan sein (nur die wichtigsten Bereiche) oder die Komplettprüfung des PCs (alle Festplatten). Empfehlung: lieber täglich ein *Schneller Scan* als wöchentlich alles.
- *Tag:* Sie können den Scan täglich oder nur an einem Tag der Woche durchführen lassen. Empfehlung: auf *Täglich* umstellen.

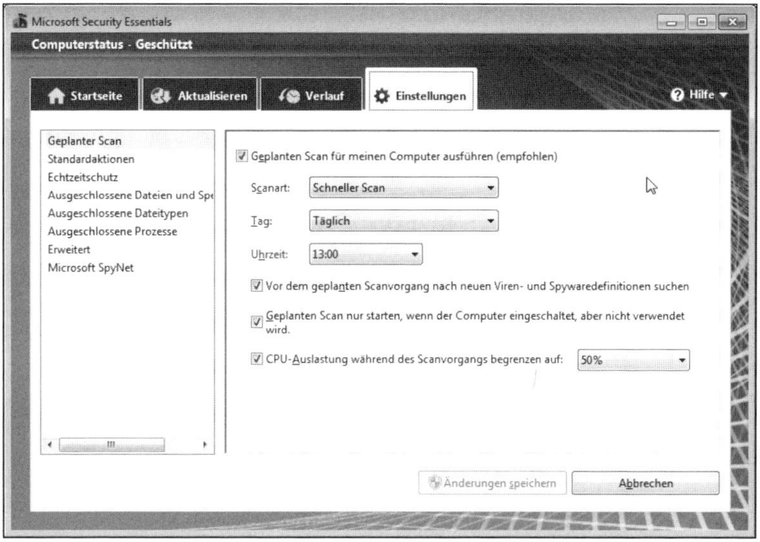

Abbildung 4.6: Zeitplaner für die Virensuche mit MSE

- *Uhrzeit:* Die Uhrzeit des Scans ist frei wählbar. Empfehlung: die Mittagszeit, wenn man ohnehin zu Tisch ist; oder am frühen Morgen, wenn man selbst auch noch langsam ist und der langsame PC daher nicht auffällt.
- *Vor dem geplanten Scanvorgang nach neuen Viren- und Spywaredefinitionen suchen:* Besser nicht abschalten: Ist die Option aktiviert, sorgt sie dafür, dass der Zeitplaner stets auch gleich ein Update der Virensignaturen durchführt. Das bedeutet, bei einem täglichen Scan können Sie sich einigermaßen darauf verlassen, dass auch ein tägliches Update stattfindet.
- *CPU-Auslastung während des Scanvorgangs begrenzen auf:* Steht hier *50 %*, verbraucht MSE nicht mehr als die Hälfte der Rechenzeit des PCs. Je geringer die Prozentzahl, desto weniger spüren Sie auf alten Rechnern die Belastung durch die Virensuche – doch desto länger dauert aber auch der Scanvorgang.

Quarantäne

Im Register *Verlauf* zeigt Microsoft Security Essentials, was es zuletzt gefunden und wie es den Fund behandelt hat. Funktional entspricht das nur in Teilen der Quarantäne-Funktion anderer Antivirenprogramme.

Sie haben hier die Wahl zwischen drei verschiedenen Ansichten:

- Wählen Sie *Alle erkannten Elemente*: Alle Virenfunde gleich welcher Art werden hier aufgelistet. Auch bei einer falsch positiven Erkennung finden Sie hier das gelöschte Programm.

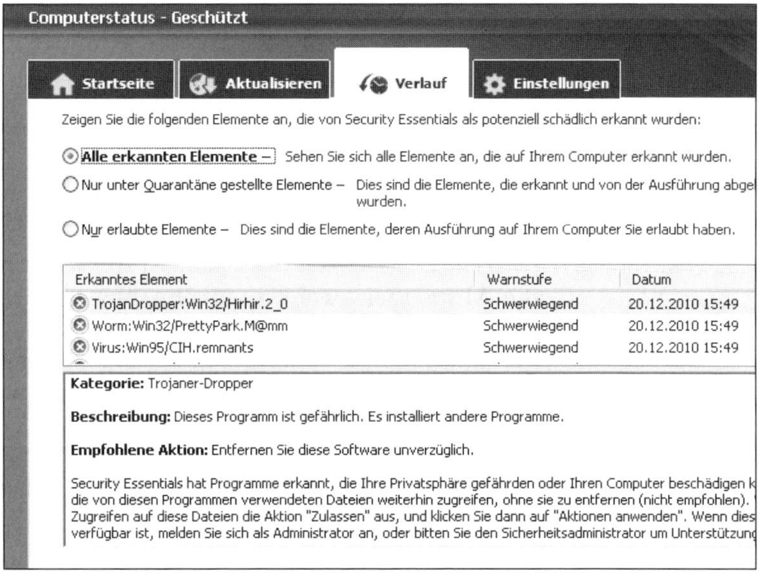

Abbildung 4.7: Viren in der MSE-Quarantäne

- Schalten Sie um auf *Nur unter Quarantäne gestellte Elemente*: Hier finden Sie Dateien, die MSE blockiert, aber nicht gelöscht hat.
- Die Ansicht *Nur erlaubte Elemente* ist auch mal einen Blick wert: Hier sehen Sie alle gefundenen Schadprogramme, die

aber nicht beseitigt wurden, weil Sie sie als Ausnahmen festgelegt haben.

Vergleich zu anderen Scannern

Microsoft Security Essentials ist keineswegs deutlich schlechter als kommerzielle Konkurrenten, für die je nach Marke 20 bis 60 Euro pro Jahr fällig sind. Die Erkennungsleistung für aktuell kursierende Viren bewegt sich auf gutem Niveau.

Kommerzielle Antivirenprogramme und Security Suites bieten allerdings deutlich mehr Funktionen, während MSE sich auf das Grundlegende konzentriert – was aber in vielen Fällen ausreicht.

Microsoft Security Essentials zu verwenden, ist in jedem Fall besser, als überhaupt kein Antivirenprogramm zu benutzen! Ich rate daher unbedingt: Installieren Sie MSE, wenn schon nichts anderes.

KNOW-HOW

Besuchen Sie die professionellen Tester auf *www.av-test.org*. Diese stellen im Web quartalsweise Testergebnisse verschiedener Funktionen von Antivirenprogrammen zur Verfügung. Dort können Sie recht aktuell sehen, wie sich MSE im Vergleich zu Konkurrenten schlägt.

Für wen eignet sich MSE?

Microsoft Security Essentials ist eine Lösung, die zu Recht viel Lob eingeheimst hat:

- Es bietet alles, was Sie brauchen.
- Weil MSE vergleichsweise ressourcenschonend arbeitet, eignet es sich besonders gut für Zweitrechner, notorisch schwache Netbooks, ältere Notebooks und auch für virtuelle Maschinen, die ja stets Performance-Probleme haben.
- Aus Sicherheitssicht reicht MSE aus für Anwender, die sich bewusst verhalten, sich nicht erhöhten Gefahren aussetzen

und die sich keine bessere kommerzielle Lösung kaufen wollen.

- Es kostet nichts.

Für wen es sich nicht eignet

Einige Anwendergruppen sollten aber die Finger davon lassen:

- MSE eignet sich nicht für Anwender, die ihren PC potenziellen Gefährdungen aussetzen. Diese potenziellen Gefährdungen sind: Einsatz von Raubsoftware aus Tauschbörsen, Cracks und Key-Generatoren, Surfen auf Webseiten zu diesen Inhalten, Surfen auf Erotik-Webseiten jenseits seriöser Marken wie Playboy & Co.
- MSE ist daher auch nur bedingt empfehlenswert für Power-User, die dauernd neue Software ausprobieren und die daher durchaus auch mal auf einen exotischen Trojaner reinfallen können.
- Selbstständige, die vom Ergebnis ihrer Arbeit am Rechner ihre Familie ernähren müssen, ist von MSE abzuraten. Hier sollte man lieber etwas Geld in die Hand nehmen und eine kommerzielle Version erwerben.
- Wer Support in Anspruch nehmen möchte, greift ebenfalls besser zu einem kommerziellen Produkt.
- In der Vergangenheit haben es Cracker und Virenprogrammierer als sportliche Herausforderung verstanden, speziell die Schutzsysteme des Branchenführers Microsoft auszuhebeln. Es kann sich daher durchaus lohnen, ganz bewusst zum Beispiel einen Exoten wie AVG Anti-Virus Free Edition einzusetzen.

Mehr aus MSE rausholen

Mit einigen Tricks machen Sie die Microsoft Security Essentials noch etwas besser.

Manuelles Update erzwingen

Microsoft Security Essentials aktualisiert sich eigentlich automatisch. Aber mal angenommen, es ist gerade mal wieder ein digitaler Wurm unterwegs, vor dem alle zittern. Dann schadet es nicht, öfter mal ins Register *Aktualisieren* zu schauen und dort auf den gleichnamigen Button zu klicken, in der Hoffnung, dass die wichtige Signatur diesmal dabei ist.

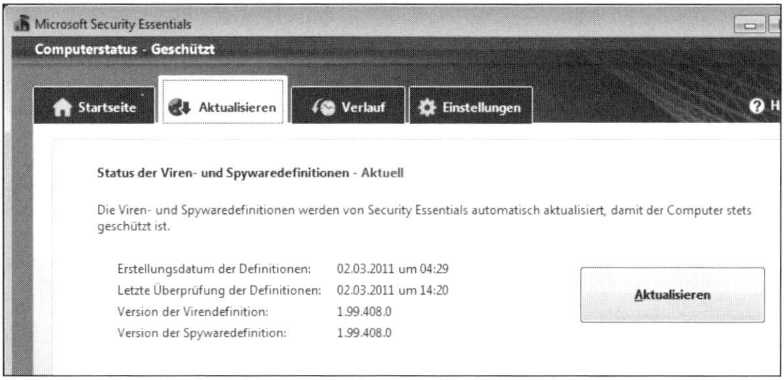

Abbildung 4.8: Die Aktualisierungsfunktion informiert über Updates

Das Register *Aktualisieren* informiert außerdem über den aktuellen Stand der MSE-Signaturdateien.

Ausnahmen festlegen

Der MSE-Virenscanner kann bestimmte Dateien oder Ordner von der Suche ausschließen. Das ist streng genommen eigentlich Unsinn. Geht es jedoch um Performance, dann können Sie mit den Ausnahmen hier und da an der Performance-Schraube drehen.

- Wechseln Sie ins Register *Einstellungen*.
- Wählen Sie bei *Ausgeschlossene Dateien und Speicherorte* jene Verzeichnisse, die nie durchsucht werden sollen – auch nicht vom Echtzeit-Scanner. Das könnte zum Beispiel ein Spieleverzeichnis sein.

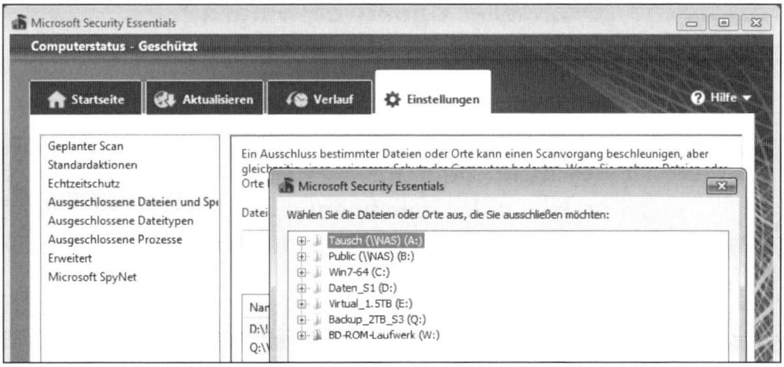

Abbildung 4.9: Speicherorte ausschließen

- Bei *Ausgeschlossene Dateitypen* können Sie angeben, dass Dateien mit bestimmten Endungen nicht durchsucht werden. Geben Sie zum Beispiel im Feld *Dateierweiterungen* `.RAW` ein und klicken Sie auf *Hinzufügen*. Nun werden keine RAW-Dateien mehr untersucht – diese könnten ohnehin keine Viren enthalten.

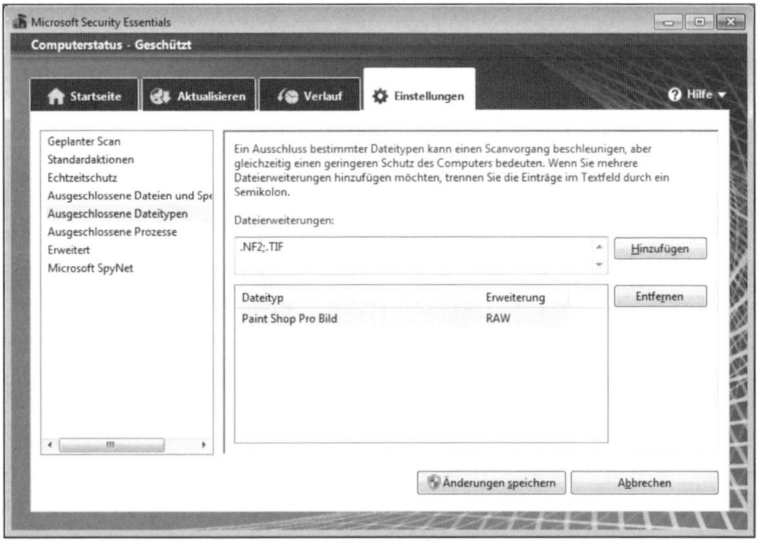

Abbildung 4.10: Dateitypen ausschließen

Wählen Sie bei *Ausgeschlossene Prozesse* Programme, deren Zugriffe nicht durchsucht werden sollen. Ein Beispiel: Nehmen Sie *word.exe* als Ausnahme auf, werden automatisch keine Word-Dokumente mehr untersucht. Es liegt auf der Hand: Diese Funktion ist also ebenso nützlich wie gefährlich. Ein Prozess, der sich als Ausnahme anbietet, ist zum Beispiel der Prozess eines Spiels, das Sie häufig spielen. Auf diese Weise verhindern Sie, dass MSE das Game unnötig verlangsamt.

HINWEIS

> Bedenken Sie, dass jede Ausnahme prinzipiell die Schutzfunktion von MSE verringert. Legen Sie also möglichst wenige, nur wirklich notwendige Ausnahmen fest.

Microsoft SpyNet abschalten

Microsoft wurde lange Jahre der Spionage seiner User bezichtigt. Das hat das Unternehmen nicht daran gehindert, eine Funktion namens *SpyNet* in Windows Defender und Microsoft Security Essentials einzubauen.

Viele Anwender stellten sich daher auch hier die Frage: Soll ich Microsoft SpyNet abschalten? Die Antwort lautet: Nein, das ist nicht nötig.

SpyNet verbessert laut Microsoft die Erkennungsleistung der Security Essentials. Dabei geht es vor allem um bisher unbekannte, noch nicht analysierte, aber dennoch irgendwie auffällige Dateien.

Falls Sie es dennoch abschalten wollen:

- ✔ Wechseln Sie ins Register *Einstellungen* und zum Abschnitt *Microsoft SpyNet*.
- ✔ Schalten Sie um auf *Ich möchte SpyNet nicht beitreten*.

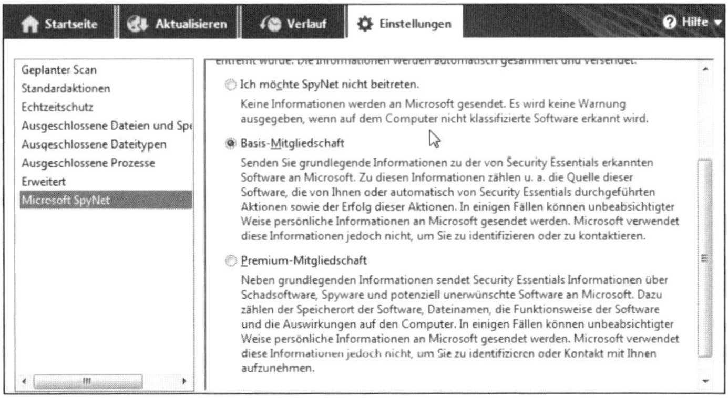

Abbildung 4.11: Microsoft SpyNet

Wenn Sie es anlassen, passiert Folgendes: Angenommen, MSE findet eine verdächtige Datei, die wegen ihres Verhaltens auffällig erschien. Sie wurde zwar als Gefahr erkannt, aber noch nicht genau untersucht. Dann bittet die Software Sie, die Datei an Microsoft zu schicken, was automatisch passiert. Sie werden aber vorher noch einmal gefragt, ob Sie dem wirklich zustimmen.

Welche Infos MSE dabei inoffiziell an Microsoft sendet, das weiß natürlich niemand. Viele schalten SpyNet daher ab. Doch viele haben jahrelang aus ähnlichen Gründen die automatischen Windows-Updates deaktiviert, und das hat massiv zu Malware-Verseuchungen beigetragen.

Es empfiehlt sich daher, es einfach bei der Vorgabe *Basis-Mitgliedschaft* zu belassen. Im schlimmsten Fall ermittelt Microsoft beim Anwender eine Schwäche für Teenie-Vampir-Hörbücher oder Ähnliches. Im besten Fall wird die Suchleistung besser – und davon haben alle Anwender etwas.

MSE schneller machen

Angenommen, Sie wollen ein Spiel spielen, führen ein größeres Backup durch oder kopieren alle Dateien von der einen auf die andere Festplatte. Dann kann es sich lohnen, vorrübergehend den Echtzeitschutz abzuschalten und MSE so schneller zu machen.

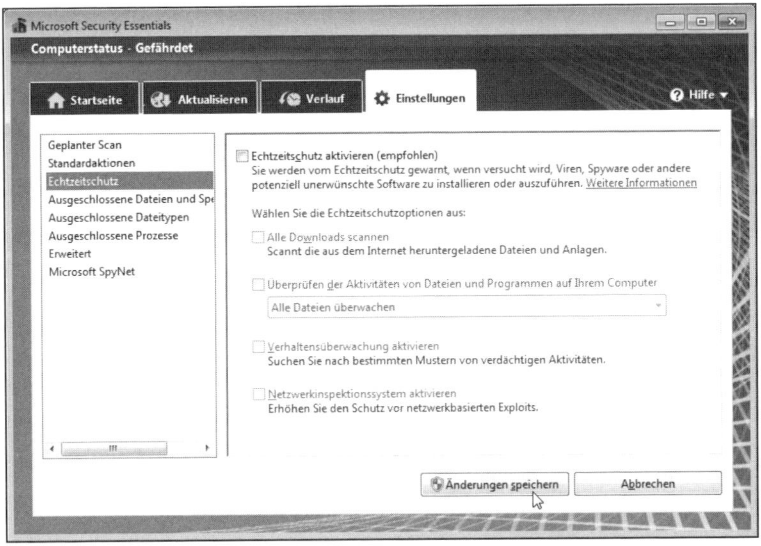

Abbildung 4.12: Hier schalten Sie den Echtzeitschutz aus

- Wählen Sie *Einstellungen / Echtzeitschutz* und deaktivieren Sie die Option *Echtzeitschutz aktivieren*.
- Klicken Sie auf *Änderungen speichern* und bestätigen Sie die Sicherheitsabfrage.

Das verringert die Systembelastung auf Netbooks und alten Notebooks. Der Status von MSE ändert sich auf Rot und warnt somit vor fehlender Sicherheit.

HINWEIS

Vorsicht: Den Echtzeitschutz abzuschalten, verringert auch die Sicherheit. Es ist daher dringend davon abzuraten, den Echtzeitschutz dauerhaft abzuschalten. Er schaltet sich nicht von selbst wieder ein (übrigens eines der wenigen Dinge, die ich für misslungen halte). Schalten Sie ihn nach dem zeitkritischen aufwendigen Vorgang unbedingt wieder an!

Quarantäne aufräumen

Per Vorgabe löscht MSE keine Virusdatei komplett, sondern bewahrt sie im *Verlauf* auf, was in Grenzen der *Quarantäne* anderer Antivirenprogramme entspricht.

Im Laufe der Zeit sammelt sich dort Programmschrott an, den man nicht braucht. Das kann man aber abschalten:

- Wechseln Sie ins Register *Einstellungen*, Abschnitt *Erweitert*.

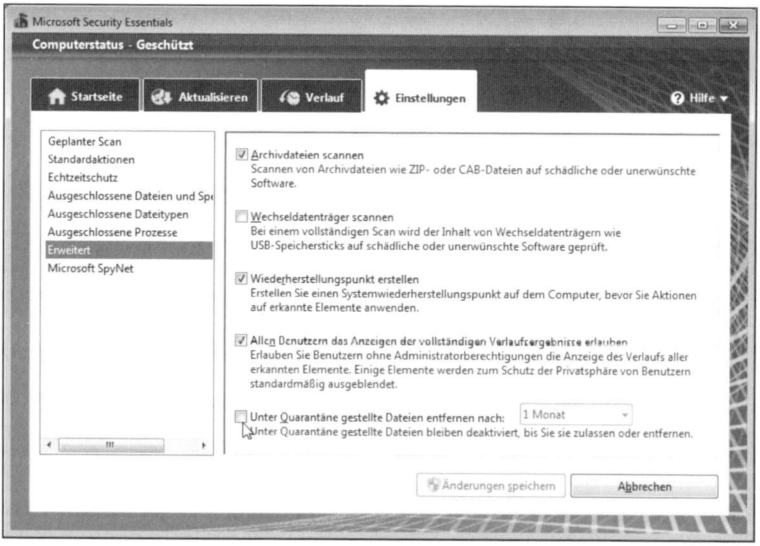

Abbildung 4.13: Erweiterte Einstellungen

- Aktivieren Sie ganz unten *Unter Quarantäne gestellte Dateien entfernen nach*.
- Wählen Sie eine Zeitdauer, nach der die Tierchen endgültig ausgemerzt werden. *3 Monate* ist kein schlechter Wert.

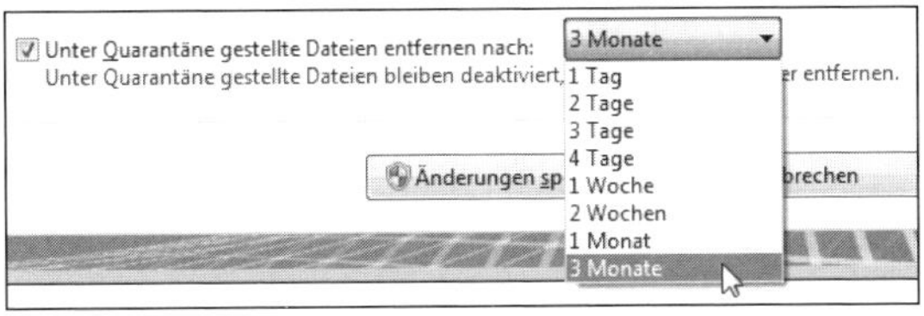

Abbildung 4.14: Nach 3 Monaten reinen Tisch machen

Update-Intervall erhöhen

Mit folgender Änderung an der Windows-Registry erhöhen Sie das Update-Intervall der Microsoft Security Essentials.

Der Vorgang ist etwas komplizierter als sonst, weil die entsprechenden Registry-Schlüssel durch lokale Benutzerrechte geschützt sind und auch von Administratoren nicht geändert werden können.

- Drücken Sie [Win] + [R], geben Sie `regedit` ein und drücken Sie [Enter]. Der Registrierungs-Editor startet. Bestätigen Sie gegebenenfalls die Sicherheitsabfrage mit *Ja*.
- Navigieren Sie zum Registry-Schlüssel *HKEY_LOCAL_MACHINE\SOFTWARE\Microsoft\Microsoft Antimalware\Signature Updates*.
- Markieren Sie im rechten Teilfenster den Eintrag *SignatureUpdateInterval*.
- Wählen Sie im Menü *Bearbeiten / Berechtigungen*.

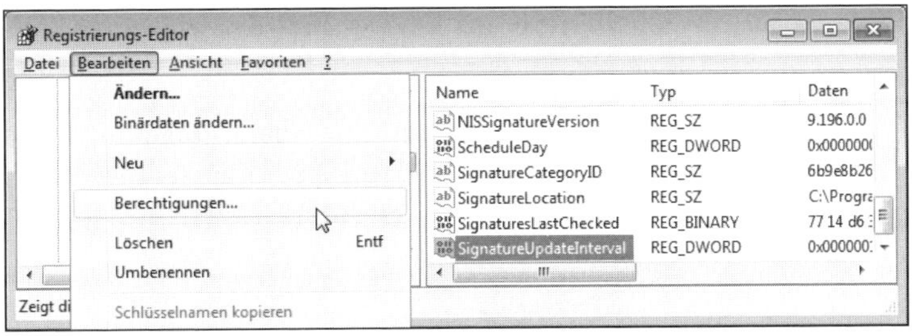

Abbildung 4.15: Berechtigungen bearbeiten

- Markieren Sie im Bereich *Gruppen- oder Benutzernamen* den Eintrag *Jeder* und aktivieren Sie unten in der Spalte *Zulassen* die Option *Vollzugriff*.
- Klicken Sie auf *Erweitert*.

Abbildung 4.16: Berechtigungen ändern

- Wechseln Sie ins Register *Besitzer*. Der aktuelle Besitzer ist *SYSTEM*, weswegen Sie den Wert nicht ändern können, auch wenn Sie gerade ein Administratorkonto verwenden.
- Wählen Sie im Bereich *Besitzer ändern nach* die Gruppe *Administratoren* und klicken Sie auf *OK* (siehe Abbildung 4.17).
- Klicken Sie im Dialog *Berechtigungen für "Signature Updates"* auf *OK*.
- Klicken Sie doppelt auf *SignatureUpdateInterval* und ändern Sie den Wert auf 3, um das Update-Intervall von 24 Stunden (Vorgabe) auf 3 Stunden zu verringern (siehe Abbildung 4.18).

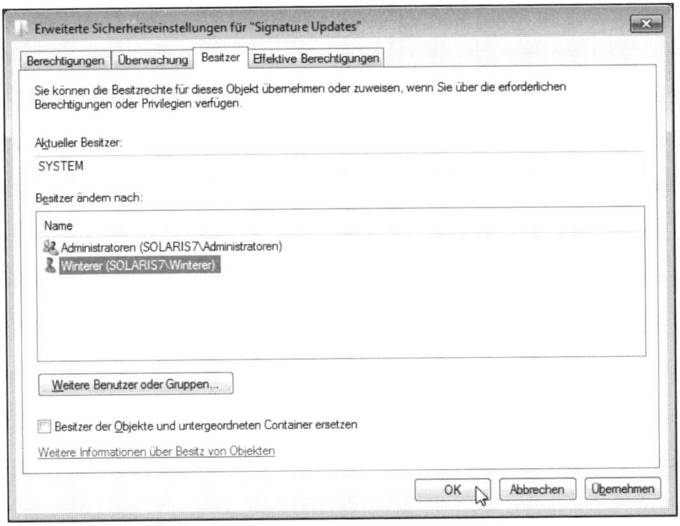

Abbildung 4.17: Besitz übernehmen

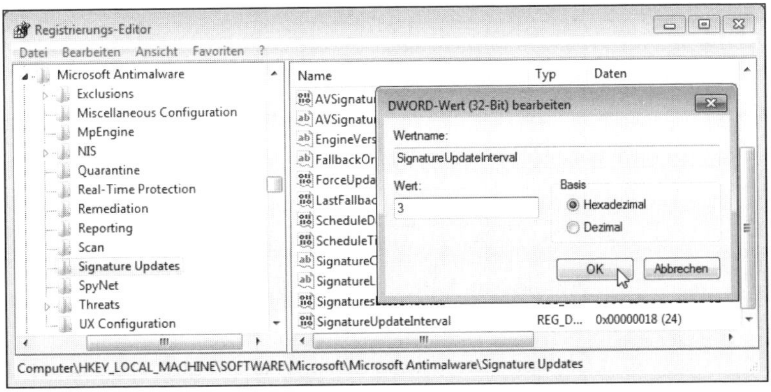

Abbildung 4.18: In der Registry lässt sich mit etwas Aufwand das Update verkürzen, hier auf 3 Stunden

- Klicken Sie auf *OK*.
- Schließen Sie den Registrierungs-Editor.

Alle drei Stunden versucht MSE nun, sich zu aktualisieren. Das heißt, Sie sind mit höherer Wahrscheinlichkeit stets auf dem neuesten Stand der Erkennungsmuster.

avast! Free Antivirus

Unter den kostenlosen Virenscannern hat sich in letzter Zeit der aus der Tschechischen Republik stammende *avast! Free Antivirus* hervorgetan. Er ist für den persönlichen, nicht gewerblichen Gebrauch kostenfrei.

Sie erhalten ihn auf *www.avast.com/de-de/free-antivirus-download.*

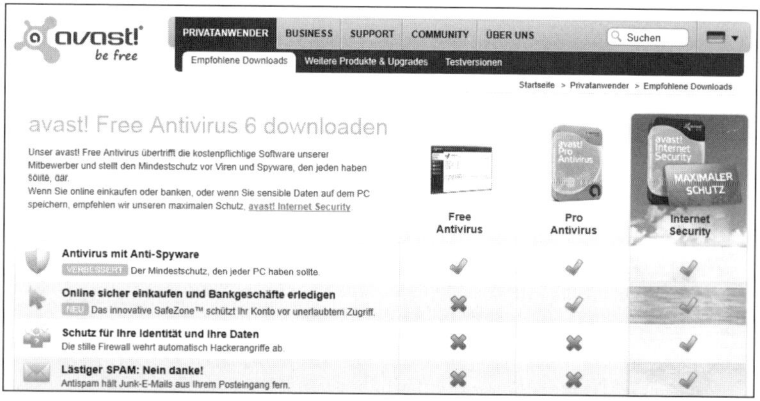

Abbildung 4.19: avast! im Web

Bei der Installation werden Sie gefragt, ob Sie der Community beitreten wollen. Das entspricht der SpyNet-Funktion bei MSE und ist harmlos.

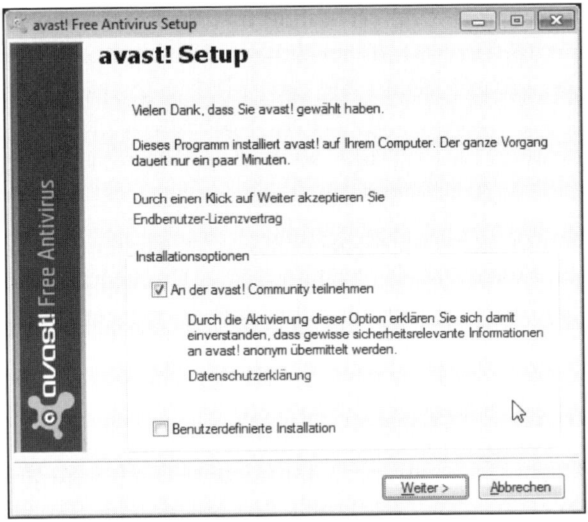

Abbildung 4.20: avast! Community

Abbildung 4.21: Notwendig: Registrierung per E-Mail

Direkt nach der Installation führt die Software eine Schnellprüfung durch und bittet Sie dann um eine Registrierung. Die ist wichtig: Wenn Sie sich nicht registrieren, läuft der Schutz nach 30 Tagen ab. Klicken Sie auf *Registrieren* und geben Sie Namen und E-Mail-Adresse an. Sie registrieren sich damit für eine 1-Jahres-Version.

Spam ist nicht zu befürchten, verwenden Sie im Zweifel nicht Ihre wichtigste E-Mail-Adresse. Es wird keine Verifizierung der Mailadresse durchgeführt, die Registrierung ist sofort freigeschaltet.

Was kann avast! Free Antivirus

avast! bietet einige Funktionen mehr als zum Beispiel Microsoft Security Essentials oder das ebenfalls bekannte Avira AntiVir Free.

Virenscanner mit Zeitplaner

- Starten Sie das Programm und wählen Sie *Computer überprüfen / Jetzt prüfen.*
- Mit einem Klick auf *Starten* sorgen Sie für schnelle oder komplette Überprüfungen, auf Wunsch auch nur von ausgewählten Ordnern.
- Die vier wichtigsten Prüfvorgänge sind vordefiniert und verwenden teils nicht änderbare Einstellungen. Klicken Sie auf *Benutzerdefinierte Überprüfung*, um eine Überprüfung nach Ihren Wünschen einzurichten (siehe Abbildung 4.22).
- Geben Sie bei *Prüfungsname* einen Namen für die Prüfung an. In der Liste *Wählen Sie die Prüfbereiche* haben Sie verschiedenste Möglichkeiten, auch für reine Rootkit-Suchen und Ähnliches (siehe Abbildung 4.23).

Abbildung 4.22: Rechner überprüfen

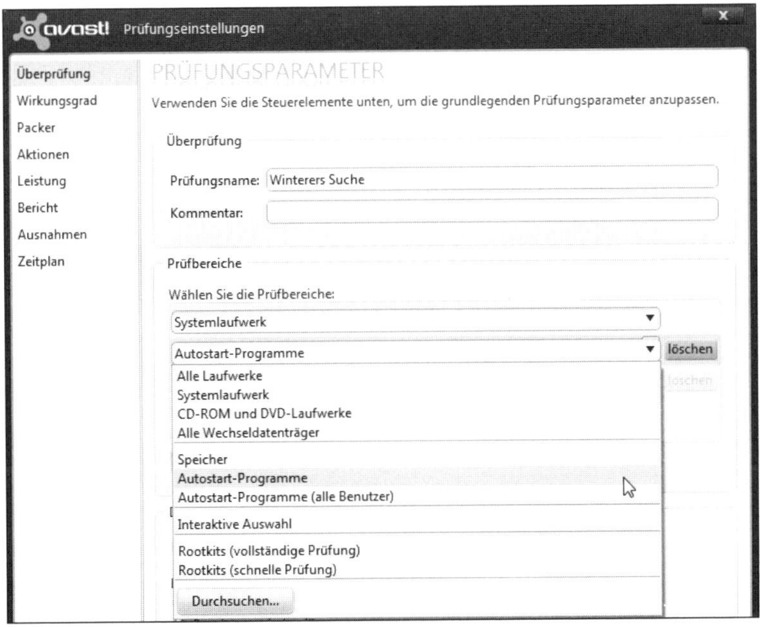

Abbildung 4.23: Die Prüfbereiche

- *Alle Laufwerke, Systemlaufwerk* und so weiter weiten die Suche auf komplette Datenträger aus. Das ist natürlich langsam.
- *Speicher* durchsucht den Arbeitsspeicher, versucht also, aktive Schadprogramme zu finden.
- In eine ähnliche Richtung zielt *Autostart-Programme*: Damit durchsucht avast! alle Programme oder Programmbestandteile, die über die bekannten Windows-Funktionen automatisch beim Start geladen werden. Das ist die schnellste Methode, infizierte Programme zu finden, die trotz ihrer Schnelligkeit sehr hohe Sicherheit bietet. Denn naturgemäß muss aktive Schadsoftware beim Windows-Start irgendwie mit gestartet werden.
- *Rootkits* definiert eine eigenständige Form der Suche, bei der der Scanner auf andere Weise vorgehen muss, weil sich Rootkits nicht mit den üblichen Mitteln aufspüren lassen. Dieser Prüfbereich eignet sich daher nicht für eine normale Virensuche, sondern sollte zusätzlich angefügt werden.

- Wählen Sie als Prüfbereich zum Beispiel *Systemlaufwerk*.
- Wählen Sie einen weiteren Prüfbereich. Bei avast! können Sie mehrere Bereiche kombinieren: Auf diese Weise können Sie sich verschiedenste fein konfigurierte Suchen selbst zusammenbasteln.
- Bei *Dateitypen* brauchen Sie normalerweise nichts zu ändern, weil die vorgegebenen Werte in Ordnung sind.

Neben diesen grundsätzlichen Prüfungseinstellungen haben Sie über weitere Register noch mehr Möglichkeiten.

Im Register *Wirkungsgrad* verändern Sie vor allem die Gründlichkeit.

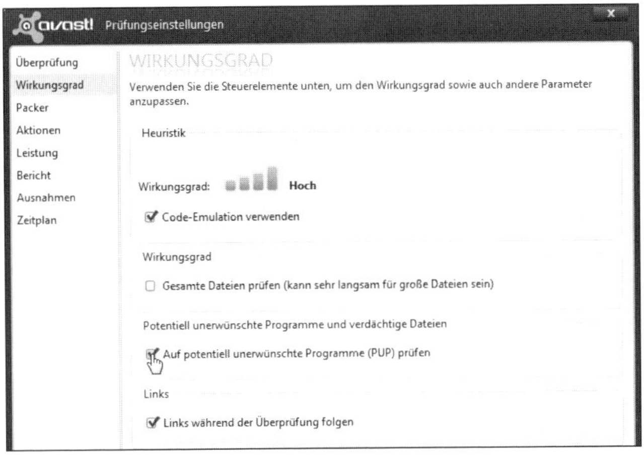

Abbildung 4.24: Wirkungsgrad erhöhen

- Erhöhen Sie bei *Heuristik* den Wert auf *Hoch*. Heuristische Methoden versuchen, Viren nicht einzeln anhand ihrer bekannten Byte-Muster zu identifizieren, sondern generell einen Verdacht auszusprechen, wenn bei der Analyse des Codes verdächtige Routinen auffallen. Mit höherer Heuristik steigt die Erkennung (leicht), aber auch die Gefahr von Fehlalarmen steigt.
- Bei *Wirkungsgrad* können Sie *Gesamte Dateien prüfen* aktivieren. Das macht die Suche aber deutlich langsamer und es ist eigentlich nicht nötig. Per Vorgabe untersucht avast! das Programm so, wie es ausgeführt würde, und lässt dabei auch viel weg.
- Aktivieren Sie auf Wunsch *Auf potentiell unerwünschte Programme (PUP) prüfen*. Gemeint sind Scherzprogramme ebenso wie Hack-Tools. Wer entsprechende Netzwerk-Tools im Einsatz hat, möchte diese Option vielleicht lieber deaktiviert lassen. Alle anderen können sie einschalten. Denken Sie aber daran: Die Meldung eines PUP steht für eine geringere Gefahr als die Meldung eines Virus, Wurms oder Trojaners.

Über das Register *Aktionen* legen Sie fest, was avast! tun soll, wenn es einen Virus gefunden hat. Voreinstellung ist, dass avast! Sie bei jedem Fund fragt.

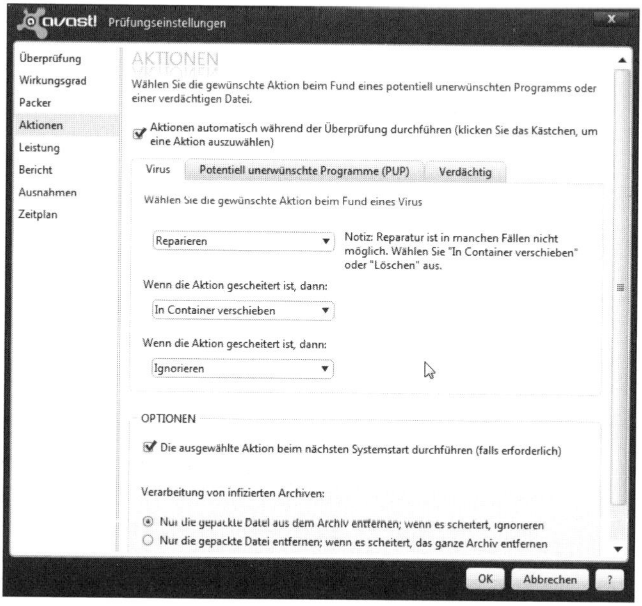

Abbildung 4.25: Mögliche Aktionen

- Wenn Sie wollen, dass avast! automatisch entscheidet, aktivieren Sie die Option *Aktionen automatisch während der Überprüfung durchführen*.
- Sie haben dann die Wahl, getrennt für die Bereiche *Virus* (echte Schadprogramme), *Potentiell unerwünschte Programme (PUP)* und *Verdächtig* (Erkennung zum Beispiel über die Heuristik) Aktionen festzulegen. Es lassen sich drei Aktionen festlegen, wobei die jeweils nächste erst angewendet wird, wenn die vorherige gescheitert ist.
- Legen Sie zum Beispiel *Reparieren* als erste, *In Container verschieben* als zweite und *Ignorieren* als dritte Aktion fest. Wird ein Schadprogramm gefunden, versucht avast! zunächst,

zum Beispiel das Makro aus dem Dokument zu entfernen. Scheitert das, wird die Datei in die Quarantäne verschoben, die hier *Container* heißt. Scheitert auch das, wird das Ganze zwar ignoriert, Sie werden jedoch informiert und können selbst Hand anlegen.

Im Register *Zeitplan* legen Sie für jede einzelne Suche fest, wann diese starten soll.

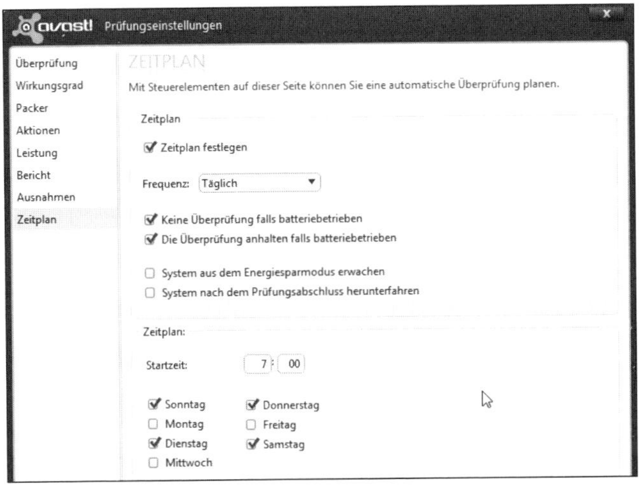

Abbildung 4.26: Zeitplaner für jede Prüfungsaufgabe

- Aktivieren Sie die Option *Zeitplan festlegen* und legen Sie bei *Frequenz* fest, ob die Suche täglich, wöchentlich oder monatlich stattfinden soll. Als Faustregel gilt: kurze, schnelle, einfache Suchen eher täglich, aufwendige, umfangreiche Suchen eher monatlich – sonst stört Sie das ständige Gesuche.
- Notebook-Nutzer können – sehr clever! – festlegen, dass die Überprüfung nicht stattfinden soll, wenn das Gerät im Akkubetrieb läuft. Das würde auch nur den ganzen Saft aufbrauchen.

Klicken Sie abschließend auf *OK*, um die Einstellungen Ihrer benutzerdefinierten Prüfung zu speichern. Sie können diese jederzeit ändern, indem Sie auf *Einstellungen* klicken.

Abbildung 4.27: Einstellungen einer Prüfung ändern

Übrigens verankert sich der Scanner selbstverständlich auch im Windows-Explorer, wo Sie ihn mit einem Rechtsklick auf Dateiobjekte fix aufrufen können.

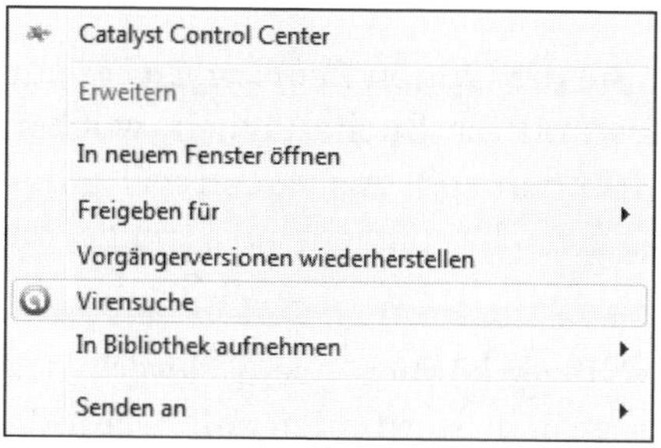

Abbildung 4.28: avast! im Kontextmenü

Echtzeit-Scanner für Dateien, Mail, Web und Netzwerk

Natürlich hat avast! auch einen Echtzeitschutz, der sogar recht komplex ausfällt.

- Über *Echtzeitschutz / Dateisystem-Schutz* legen Sie die Einstellungen für die Suche im Hintergrund fest. Dateien werden sowohl bei lesendem als auch bei schreibendem Zugriff untersucht. Über *Erweiterte Einstellungen* legen Sie zahlreiche weitere Optionen ähnlich denen der Virenprüfung fest, etwa Ausnahmen und Aktionen.

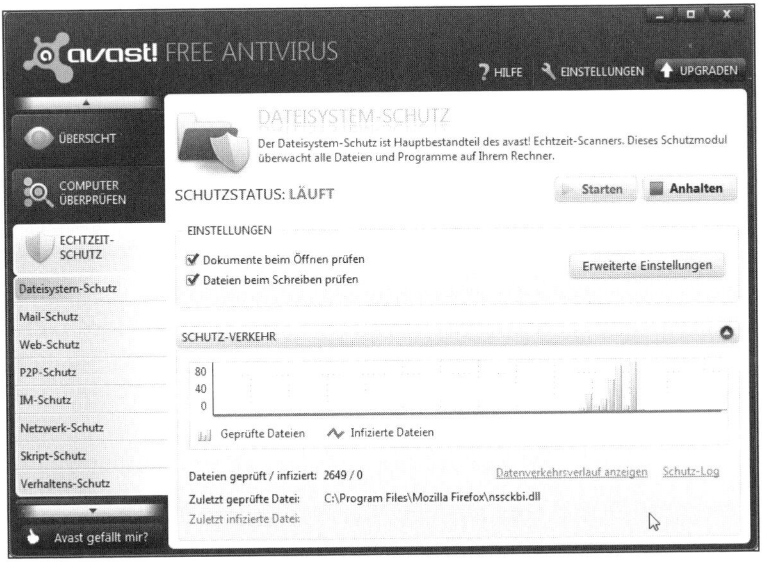

Abbildung 4.29: Dateisystem-Schutz

- Über *Echtzeitschutz / Mail-Schutz* legen Sie fest, ob und wie avast! Schadprogramme in Mails suchen soll. avast! unterstützt hierbei mit POP3, IMAP, SMTP und NNTP die wichtigsten Protokolle und kann Sie bei allen üblichen Mailprogrammen schützen. Es sei allerdings nicht verschwiegen, dass es in seltenen Fällen zu Problemen kommen kann, weil die Virensuche direkt beim Zugriff auf Postfächer stattfindet. Über *Erweiterte Einstellungen* haben Sie auch hier die Möglichkeit, das Verhalten zu steuern.

Abbildung 4.30: Mail-Schutz

- Der *Web-Schutz* arbeitet wie der Mail-Schutz direkt auf Ebene des Datenstroms. Das heißt, es wird nicht etwa erst dann das Schadprogramm untersucht, wenn der Browser es im Zwischenspeicher ablegt, sondern bereits bei der Übertragung. Das macht das Surfen natürlich etwas langsamer und kann in seltenen Fällen zu Problemen führen.
- Auf analoge Weise arbeiten die anderen Schutzeinstellungen. *P2P-Schutz* untersucht den Datenverkehr mit BitTorrent & Co, *IM-Schutz* untersucht die Transfers bei Benutzung gängiger Messenger und *Netzwerk-Schutz* untersucht ganz allgemein den Netzwerkverkehr.
- Der Bereich *Verhaltens-Schutz* legt fest, ob verdächtige Aktionen (wie Lösch- und Format-Versuche) erkannt und abgefangen werden sollen. Diesen Bereich abzuschalten, ist zum Beispiel nützlich, wenn Sie bereits ein Tool für Verhaltensschutz installiert haben – zwei davon sollte man nicht gleichzeitig betreiben.

AutoSandbox

Was avast! über viele andere Antivirusprogramme erhebt, ist die Sandbox-Funktion. Programme werden dabei in einem digitalen Käfig gehalten, innerhalb dessen sie ihren Job erledigen können. Zerstörerische Funktionen werden vom Schutzgitter des Käfigs erkannt und nicht an Windows weitergereicht.

Die AutoSandbox-Funktion von avast! macht das sogar automatisch. Programme laufen normal, bis avast! verdächtige Aktionen zu erkennen glaubt. Dann verschiebt avast! den Prozess in eine Sandbox, wo er keinen Schaden mehr anrichten kann.

Abbildung 4.31: AutoSandbox

So gefangene Programme werden mit einem roten Rahmen markiert, sodass Sie sofort sehen, dass hier etwas nicht in Ordnung ist.

Tja, wenn Virenschutz allerdings so einfach wäre, dann bräuchte man ja nichts anderes mehr als diese tolle Universallösung … Das heißt: Manche Schadprogramme sind clever genug, nicht als schädlich aufzufallen. Und manche normalen Programme verhalten sich auffällig, obwohl sie harmlos sind, und werden dann in ihrer Funktion eingeschränkt und gestört. In letzterem Fall klicken Sie auf *Einstellungen* und legen eine Ausnahme fest.

> Eine ähnliche, wenn auch etwas anders implementierte Funktion hat Comodo Antivirus Free, das Sie auf *www.comodo.com/home/internet-security/antivirus.php* finden. Ich rate allerdings zu avast!.

WebRep und URL-Blockierung

Mit *Zusätzlicher Schutz / WebRep* bietet avast! ein Plug-in für Internet Explorer, Firefox und Chrome. Es analysiert Links auf angezeigten Webseiten und markiert farblich ihr Gefährdungspotenzial: rot ist gefährlich, gelb bedenklich, grün unbedenklich.

Das ist an sich ganz nett, allerdings kennt das Plug-in derzeit zu wenig URLs, um sinnvoll zu arbeiten. Kostenlose Browser-Erweiterungen wie McAfee SiteAdvisor bieten da (derzeit) mehr.

Abbildung 4.32: WebRep

Über *Zusätzlicher Schutz, URL-Blockierung* finden Sie sogar eine ziemlich überflüssige Funktion. Sie können Webadressen definieren, bei denen avast! den Zugriff sperrt. Dank Platzhaltern (* und ?) lassen sich zwar auch ganz grob Webseiten über Namensbestandteile (wie *sex*) sperren. Klingt gut, ist es aber nicht: Als Nutzer müsste man vorher wissen, auf welcher von x Millionen Websites Gefahren lauern, und das ist unrealistisch. Immerhin kann man damit auf einfache Weise Seiten aus bekannt gefährlichen Domain-Räumen wie *.ru* (Russland) und *.cz.cc*/*.cc* (Kokosinseln) sperren oder sich selbst einen China-Filter einrichten.

Extrem gründliche Überprüfung durchführen

Mit der *Startzeit-Prüfung* führen Sie einen Scanvorgang beim Booten durch. Die Idee dahinter: Zu diesem Zeitpunkt ist die Chance sehr gering, dass in Windows bereits eine Schadsoftware aktiv ist. Vorhandene Schadsoftware und Rootkits können sich daher zu diesem Zeitpunkt noch nicht aktiv vor der Erkennung durch den Startzeit-Scanner schützen.

Die Startzeit-Prüfung wird jeweils nur einmal auf Anfrage durchgeführt. Sie eignet sich für den Fall, dass Sie einen Verdacht haben, aber der Scanner nichts findet. Oder für den Fall, dass der Scanner Viren gefunden und entfernt hat – dann findet die Startzeit-Prüfung vielleicht noch weitere digitale Eindringlinge.

- ✔ Öffnen Sie *Computer überprüfen / Startzeit-Prüfung*.
- ✔ Klicken Sie auf *Einstellungen* (siehe Abbildung 4.33).
- ✔ Legen Sie hier als Prüfbereich zum Beispiel *Autostart-Programme* fest, wenn es schnell gehen soll, oder *Systemlaufwerk*, wenn es dauern darf.
- ✔ Erhöhen Sie den *Wirkungsgrad* auf *Hoch*.
- ✔ Wählen Sie eine Aktion bei einem Virenfund oder belassen Sie es bei *Nachfragen*.

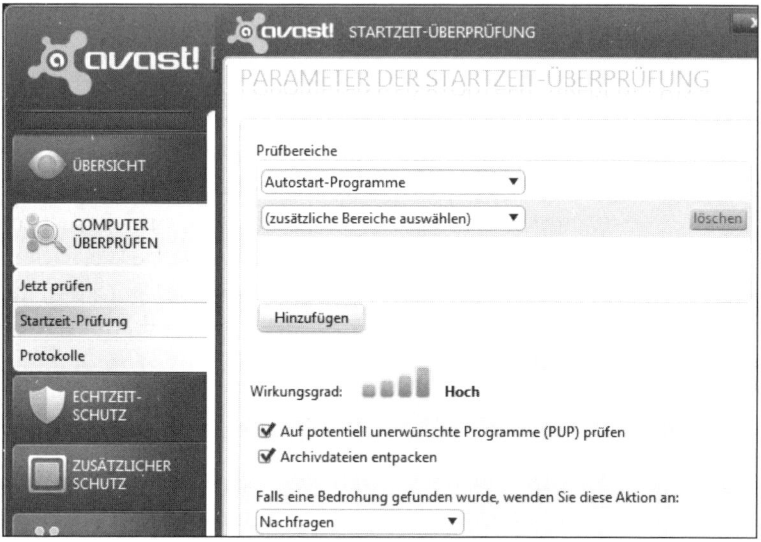

Abbildung 4.33: Startzeit-Prüfung

- Klicken Sie auf *OK*.
- Klicken Sie auf *Jetzt planen* und dann auf *Neustart*.

Abbildung 4.34: *Jetzt planen* führt die Prüfung durch

avast! startet dann neu und führt eine Virensuche durch, noch ehe Windows (vollständig) gestartet ist. So ist avast! in der Lage, etliche Tarnmechanismen zu umgehen und zum Beispiel verborgene Rootkits aufzuspüren.

Pop-ups in Spielen abschalten

Der spezielle Spielmodus ist für Gamer interessant, denn die wollen natürlich nicht mitten im Spiel mit Hinweisen bombardiert werden. avast! erkennt diesen Modus selbst bei Vollbildanwendungen, Sie können ihn aber auch manuell aktivieren, etwa für Browser-Spiele.

- Wählen Sie *Übersicht / Aktueller Zustand.*
- Klicken Sie bei *Still/Spielmodus* auf *Einschalten*.

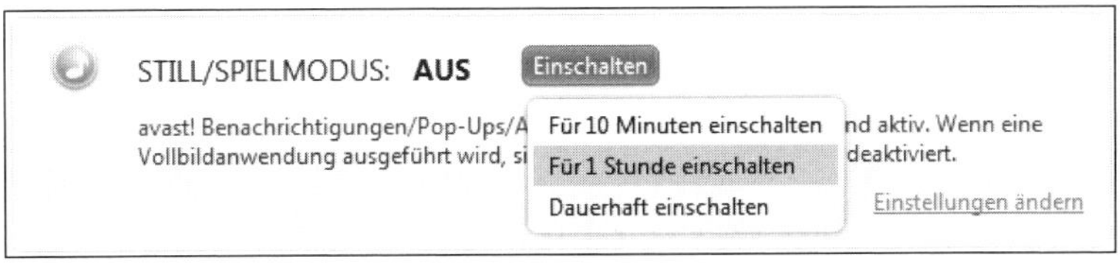

Abbildung 4.35: Spielmodus

- Wählen Sie, ob Sie den Zustand für zehn Minuten, eine Stunde oder dauerhaft etablieren wollen.

Nur die Meldungen verschwinden, der Echtzeitschutz bleibt dabei aktiviert.

Echtzeitschutz vorübergehend deaktivieren

Angenommen, Sie wollen etwas tun, wo die aufwendige Virenprüfung stören würde. Sie wollen zum Beispiel eine sehr große Zahl von Dateien von einem Laufwerk auf ein anderes kopieren. Oder Sie spielen ein sehr aufwendiges 3D-Game, das Ihren Rechner an seine Leistungsgrenzen bringt.

Dann deaktivieren Sie avast! für kurze Zeit:

- Klicken Sie mit der rechten Maustaste auf das avast!-Symbol im Infobereich.
- Wählen Sie *avast! Schutzsteuerung* und wählen Sie die Zeitdauer, in der deaktiviert werden soll. Ich rate dazu, maximal *Zum nächsten Neustart deaktivieren* zu wählen – dann vergessen Sie nicht, den Schutz wieder einzuschalten.

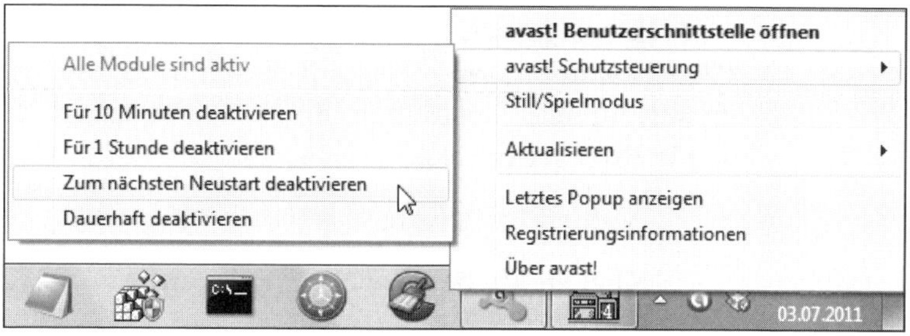

Abbildung 4.36: Vorübergehend abschalten

Weitere Virenscanner mit Echtzeitschutz

Mit den Microsoft Security Essentials und avast! Free Antivirus haben Sie die Wahl zwischen zwei Virenscannern.

- MSE bietet tatsächlich nur essenzielle Funktionen, eignet sich aber dafür sehr gut auch auf älteren PCs oder leistungsschwachen Netbooks
- avast! Free Antivirus bietet deutlich mehr Funktionen, fordert aber einen schnelleren Rechner.

Falls Ihnen jedoch keiner der beiden zusagt: Jenseits dieser zwei Programme gibt es noch weitere Scanner.

Besonders gründlich: Avira AntiVir Personal

AntiVir Personal der deutschen Firma Avira hat sich über Jahre einen guten Ruf erarbeitet, denn es verbindet eine solide Basisausstattung mit guten Erkennungsleistungen. Allerdings droht es zunehmend zu veralten, Tools wie avast! Free bieten inzwischen einfach mehr, hinzu kommt ein anachronistisches Werbe-Pop-up pro Tag, das in der Branche einzigartig ist.

✔ Download auf: *www.free-av.de*

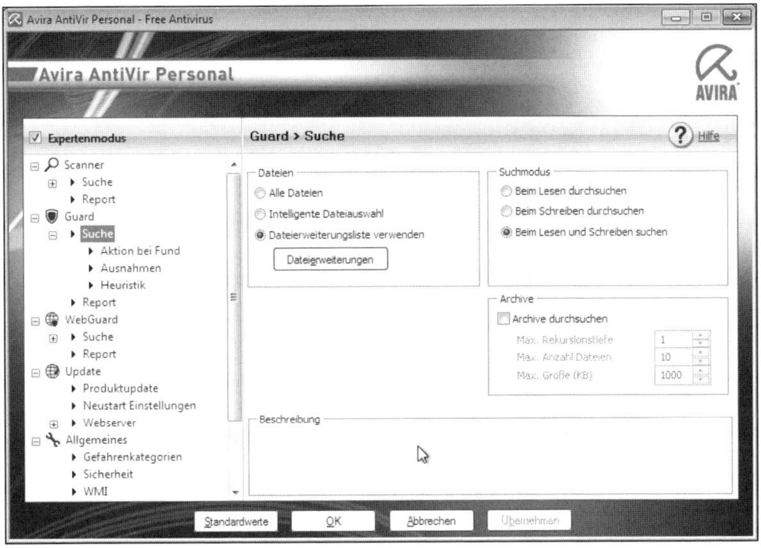

Abbildung 4.37: Avira AntiVir Personal

Vom Funktionsumfang her entspricht Avira AntiVir Personal den Microsoft Security Essentials: Die Software bietet einen Virenscanner mit Zeitplaner und einen Echtzeitschutz. Der Scanner ist sehr gut, der Schutz effektiv.

Inzwischen hat der Virenjäger auch eine Toolbar-Komponente namens *WebGuard* an Bord, die Infektionen schon beim Surfen abwehren kann. Das wertet AntiVir gegenüber MSE ein wenig auf.

Mails werden allerdings nach wie vor nicht geschützt, das ist dem kommerziellen Produkt vorbehalten. Updates laden mitunter langsam. Die kostenlose Version kommt mit einer täglichen Werbeeinblendung daher, die eher zum Umstieg auf eine andere Software motiviert als zum Upgrade auf die Vollversion.

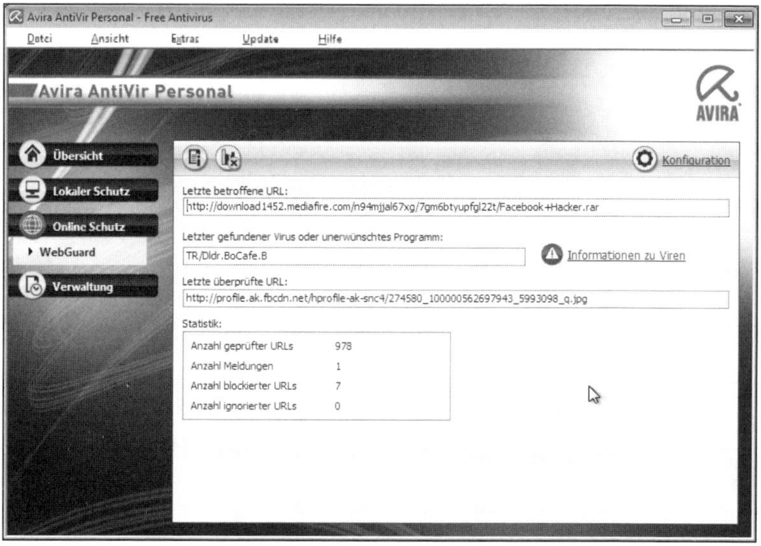

Abbildung 4.38: Avira WebGuard

Besonders einfach: Panda Cloud Antivirus

Panda Cloud Antivirus ist eine sehr einfache *Fire-and-Forget-Lösung*: Sie installieren es und es läuft, ohne dass Sie sich groß drum kümmern müssen. Auch Einsteiger kommen damit gut zurecht. Ungeeignet ist es für Rechner, die offline arbeiten. Denn wie der Name schon sagt, bezieht dieses Tool seine Informationen aus der Cloud, also Rechnern im Internet, mit denen es lokale Dateien vergleicht. Vorsicht beim Installieren: Panda installiert eine Toolbar, die Yahoo! als Standardsuchmaschine einrichtet.

✔ Download auf: *www.cloudantivirus.com/de/*

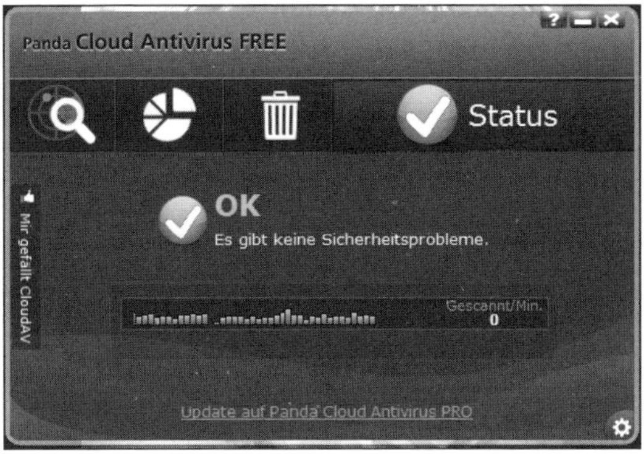

Abbildung 4.39: Panda Cloud Antivirus

Panda Cloud Antivirus bietet auf den ersten Blick noch weniger Funktionen als zum Beispiel Microsoft Security Essentials. Die minimale Ausstattung macht es sehr einfach zu bedienen und ideal für Zweitrechner mit einfachen Sicherheitsbedürfnissen. Allerdings bietet Panda neben dem Echtzeitschutz durchaus auch einen manuellen Scanner. Der steht zum Beispiel über das Kontextmenü im Windows-Explorer zur Verfügung.

Alternativ klicken Sie auf das Lupen-Symbol und wählen *Optimierter Scan* für eine Standarduntersuchung oder *Andere Scans / Weitere Elemente scannen*, um selbst zu bestimmen, was durchsucht werden soll.

Abbildung 4.40: Prüfungen mit Panda Cloud Antivirus

Über das Zahnrad-Symbol rechts unten gelangen Sie zu den Einstellungen. Interessant sind hier zum Beispiel das Blockieren der *autorun.inf* und die Möglichkeit, USB-Sticks gegen die Infektion über diese Datei zu schützen.

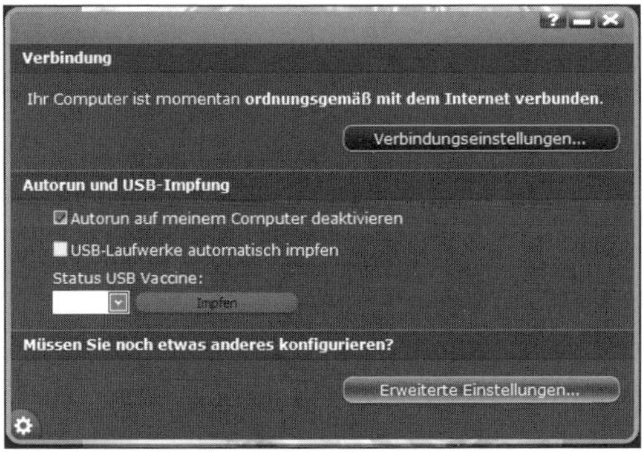

Abbildung 4.41: Einstellungen von Panda Cloud Antivirus

Klicken Sie auf *Erweiterte Einstellungen* für noch mehr Optionen. Hier lässt sich zum Beispiel die Erkennung von PUPs abstellen oder die Verhaltensanalyse anschalten.

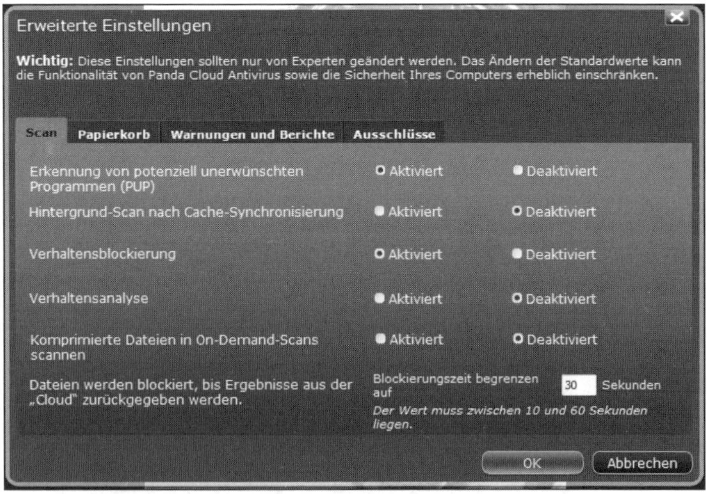

Abbildung 4.42: Erweiterte Einstellungen

Wie Sie sehen, bietet das Tool wirklich nur die Basisfunktionen. Interessant ist noch die Toolbar für den Internet Explorer. Sie gibt schnellen Zugriff auf einen Spurenlöscher, die Verwaltung von Plug-ins und den Online-Scanner *ActiveScan*. Allerdings installiert sie Yahoo! als Suchmaschine.

Besonders vorsorglich: AVG Anti-Virus Free

Die für den privaten Einsatz kostenlose *AVG Anti-Virus Free Edition* fällt bei Tests von *avtest.org* durch ihre starke Schutzfunktion auf. Die mag auch daher rühren, dass die Software fast 300 Verhaltensmuster (Änderungen an der Registry, Öffnen von Ports, Code-Einschleusungen) erkennt und darauf reagiert. Nachteil der Software ist die etwas wirre, vollgestopfte Oberfläche.

- Download auf: *http://free.avg.com/de-de/antivirus-gratis-downloaden*

Abbildung 4.43: AVG Anti-Virus wirkt etwas vollgepfropft

Funktional kriegen Sie hier mehr, als man von einem freien Produkt mit gutem Gewissen erwarten kann: manuelle Prüfung, Echtzeitschutz, Zeitplaner, E-Mail-Schutz für POP3, IMAP und SMTP (nicht NNTP). Die Security-Toolbar wehrt hier nicht nur den Download von problematischen Tools ab, sondern markiert in Suchergebnislisten auch Links als möglicherweise gefährlich.

Auch die Einstellungen der Software sind detailreich konfigurierbar und lassen keine Wünsche offen.

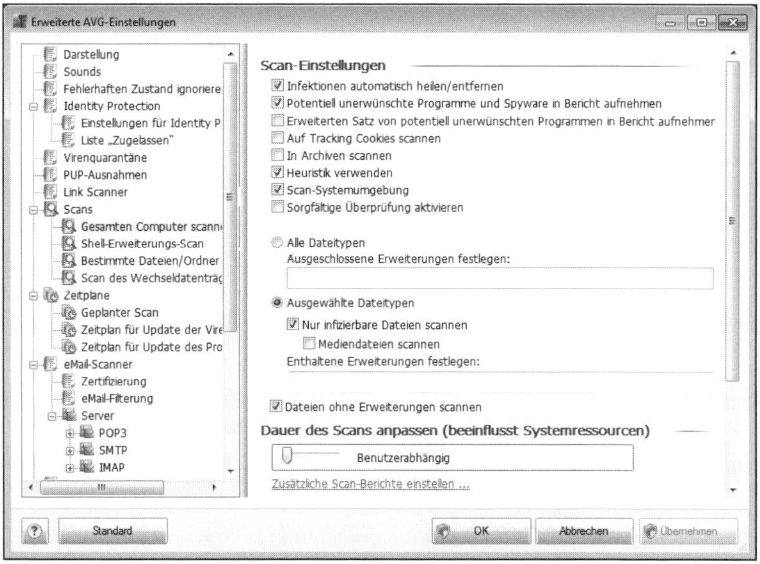

Abbildung 4.44: AVG-Einstellungen

Wie bei avast! gilt, dass Sie AVG nicht zusammen mit einem zusätzlichen Tool zur Verhaltensblockade einsetzen sollten.

Weitere Scanner ohne Echtzeitschutz

Auf besonders langsamen Rechnern ist ein Echtzeitschutz unter Umständen nicht mehr tragbar. Dann kommen reine Scanner ohne Echtzeitschutz-Komponente ins Spiel.

Alternativ lassen sich solche Programme auch einsetzen, um ein bestehendes Freeware-Antivirus zu erweitern. Zum Beispiel kombiniert man einfach MSE mit Norton Security Scan – wo der eine nichts findet, findet vielleicht der andere was.

Norton Security Scan

Norton Security Scan (nur dieser, nicht die Vollversion!) lässt sich als Zweit-Scanner parallel zu einem anderen Antivirenprodukt einsetzen und ist auch nur als solcher sinnvoll, weil er zum Beispiel keine Komplettprüfung beherrscht. Interessant ist er nur, weil er auch Suchergebnisse aus *Norton Insight* einbringt: Dabei werden Programme von einer Community als okay, problematisch oder unbekannt kategorisiert. Das hilft aber nur fortgeschrittenen Anwendern. Für Einsteiger taugt das Ding nichts.

✓ Download auf: *security.symantec.com/sscv6/*

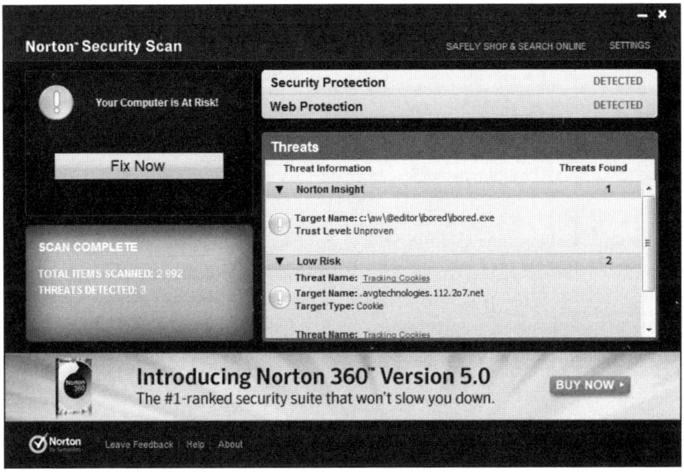

Abbildung 4.45: Norton Security Scan

Norton Security Scan muss man mit etwas Nachsicht als Werbefläche für das Symantec-Vollprodukt verstehen. Als reiner Scanner bietet er aber die Erkennungsleistung des großen, weltweit etablierten Produkts. Abwehrfunktionen und Echtzeitschutz fehlen völlig. Störend ist, dass auch harmlose Cookies als *Low Risk* präsentiert werden.

Ein einfacher oder umfassender Scan lässt sich per Zeitsteuerung zum Beispiel einmal die Woche durchführen. Den Zeitplaner kann man allerdings seit geraumer Zeit nicht mehr selbst steuern.

Macht aber nichts, es geht auch mit diesem Trick:

- Drücken Sie die [Win]-Taste, geben Sie ins Suchfeld `Aufgabenp` ein und klicken Sie auf *Aufgabenplanung*.
- Klicken Sie links auf *Aufgabenplanungsbibliothek*.

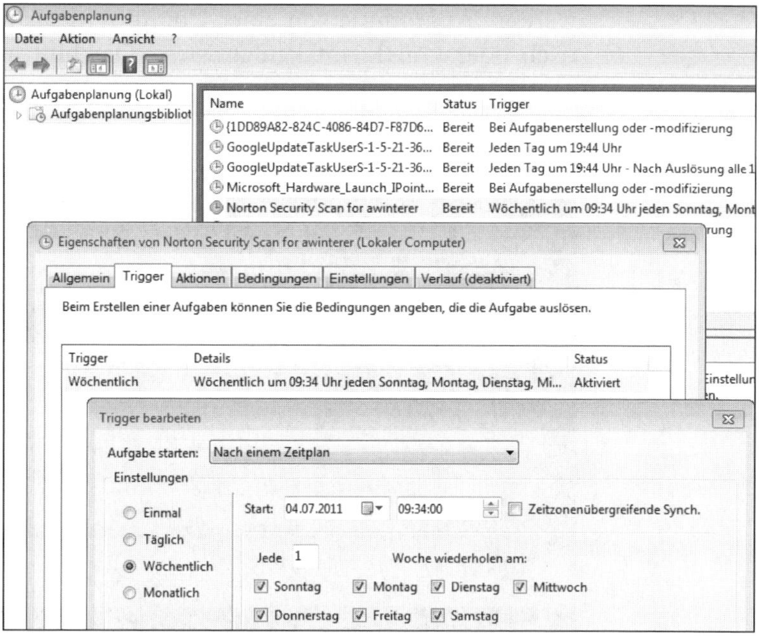

Abbildung 4.46: Zeitplan manuell ändern

- In der Mitte erscheinen nun die Aufgaben. Eine Aufgabe hat den Namen *Norton Security Scan for <Benutzername>*. Doppelklicken Sie auf diesen Eintrag.
- Wechseln Sie in das Register *Trigger* und doppelklicken Sie auf den Eintrag *Wöchentlich*.
- Hier können Sie nun selbst festlegen, wann der Norton Security Scan stattfinden soll.

Malwarebytes Anti-Malware Free

Die Stärke von *Malwarebytes Anti-Malware* liegt im Aufspüren von Scareware. Der Einsatz ohne echten Virenscanner ist nicht zu empfehlen. Rootkits, Trojaner und Backdoors findet die Software eher nicht und auch normale Viren sind nicht ihre Spezialität. Sie sollte daher als Dritt-Scanner parallel zu anderen Antivirenprodukten eingesetzt werden, etwa zusätzlich zu MSE und Norton Security Scan.

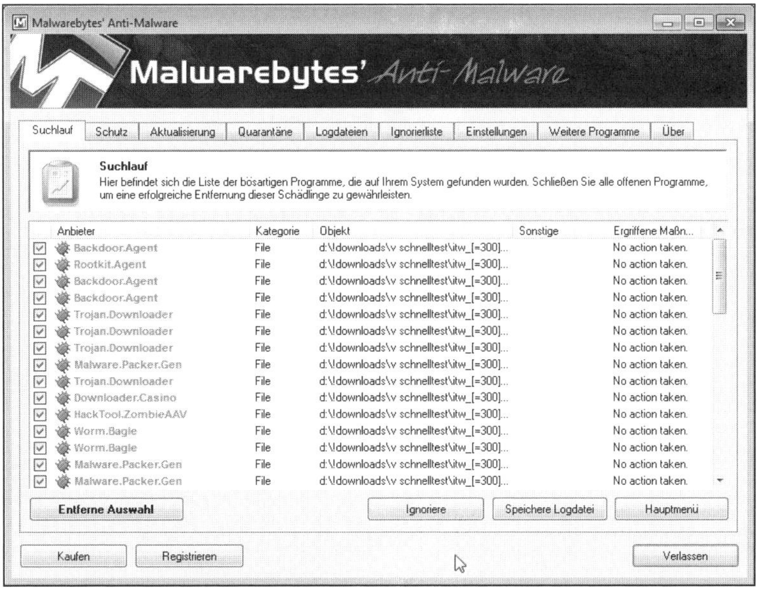

Abbildung 4.47: Malwarebytes Anti-Malware

- Download auf: *www.malwarebytes.org/products/malwarebytes_free*

Malwarebytes Anti-Malware Free versteht sich als reiner Scanner, der weder eine automatische Update-Funktion besitzt noch Viren entfernen kann. Natürlich möchte der Anbieter auch seine Vollversion verkaufen, aber das passiert hier weit diskreter als etwa bei Norton.

ClamWin Free Antivirus

ClamWin Free Antivirus ist nur etwas für Software-Bastler und interessierte Open-Source-Fans, weil er sich problemlos auch als Zweit- oder sogar Dritt-Scanner installieren lässt. Das Tool ist allerdings bei den Suchergebnissen oft nur mittelmäßig und ist daher keine Empfehlung wert.

- Download auf: *de.clamwin.com*

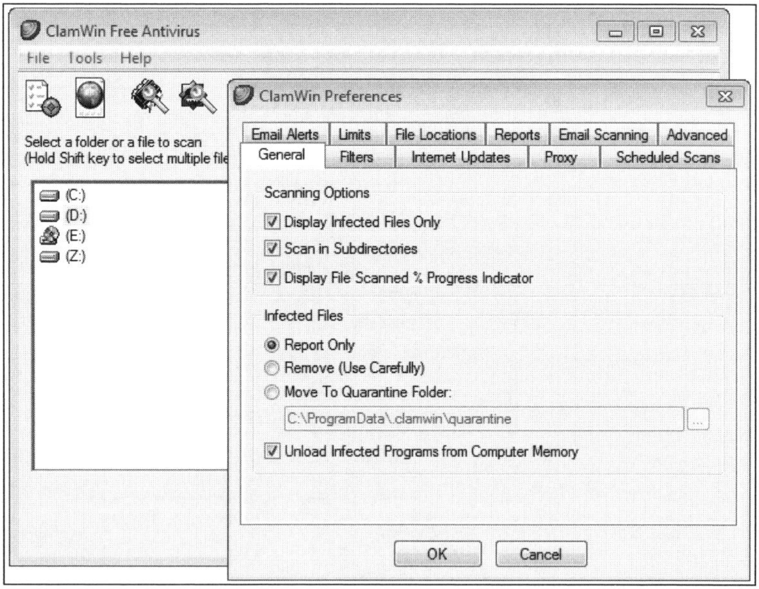

Abbildung 4.48: ClamWin

Die kostenlose Open-Source-Lösung durchsucht den PC mithilfe eines Zeitplaners und kann Schadprogramme nur löschen oder verschieben, nicht aber reparieren. Die Updates kommen automatisch.

Spezielle Schutz-Tools

Jenseits der reinen Virenscanner gibt es Scanner, die sich auf ganz bestimmte Bedrohungen eingeschossen haben. *Spybot* sucht speziell nach Spyware, Keyloggern und Scareware. *ThreatFire* blockiert schadhaftes Verhalten. Trial-Versionen kommerzieller Programme können helfen, wenn sonst nichts mehr geht. Online-Scanner erlauben es Ihnen, eine zweite Meinung einzuholen.

Spybot Search & Destroy

Dieses freie Suchprogramm hat sich auf Adware, Spyware und Betrugssoftware spezialisiert. Obwohl es kostenlos ist (man kann dem Projekt Geld spenden), kann es viele Schurken-Programme auch entfernen. Es empfiehlt sich nicht als vollständiger Ersatz für ein Antivirenprogramm mit Echtzeitschutz, sehr wohl aber als vollständige Ergänzung.

- ✓ Download auf: *www.safer-networking.org/de*

Spybot - Search & Destroy verwenden

Spybot arbeitet nur dann, wenn Sie es aufrufen. Ein Echtzeitschutz soll mit der nächsten Version kommen, allerdings ist fraglich, ob es sich dann noch so gut parallel zu einem Antivirus betreiben lässt. Die Version 1.6x kann jedenfalls problemlos nach einem Antivirenprogramm eingesetzt werden.

Während der Installation werden Sie gefragt, ob Sie *SDHelper* und *Tea Timer* installieren wollen. Ich rate aus Gründen der Stabilität davon ab, es sei denn, Sie sind fortgeschrittener Anwender und können mit den möglichen Problemen umgehen.

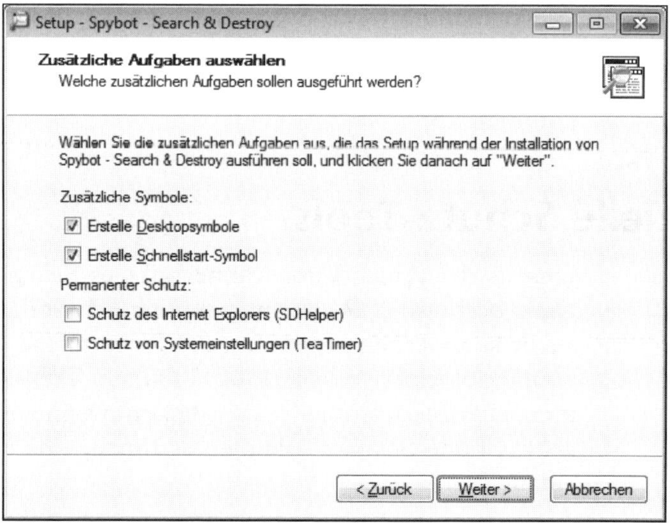

Abbildung 4.49: SDHelper und Tea Timer abwählen

Nach der Installation haben Sie eine kompakte Oberfläche vor sich.

Abbildung 4.50: Spybot - Search & Destroy

- Wählen Sie als Erstes *Suche nach Updates*, um die Software auf den neuesten Stand zu bringen. Das ist wichtig, weil Spybot dabei nicht nur neue Erkennungsmuster hinzugewinnt, sondern auch neue Reparaturmethoden.
- Klicken Sie dann auf *Überprüfen*.
- Es beginnt eine lange, sehr lange Suche …

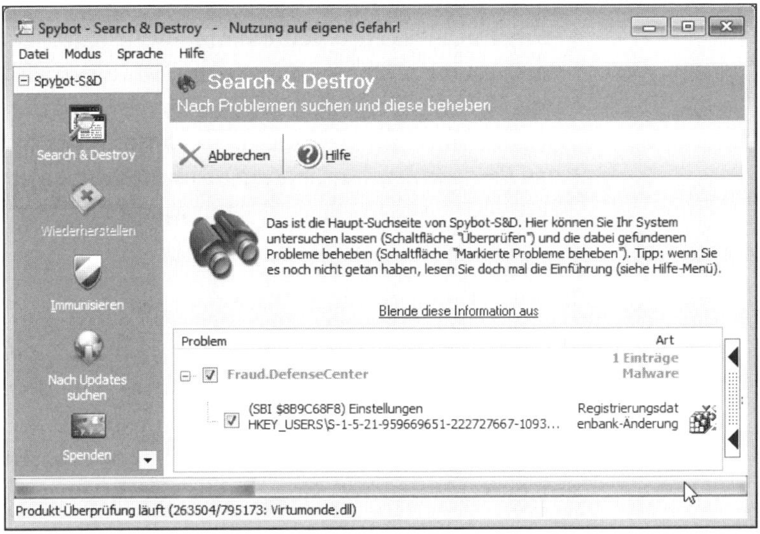

Abbildung 4.51: Spybot auf der Suche

- Klicken Sie auf *Markierte Probleme beheben*, Spybot wird dann automatisch alle Einträge und Dateien löschen.
- Gelegentlich geht das nicht, weil das fragliche Programm noch in Betrieb ist: In diesem Fall fordert Spybot zum Neustart auf. Nach dem Booten startet das Tool automatisch. Starten Sie die Suche erneut und entfernen Sie die so aufgespürten Einträge.

Wegen der Zeitdauer, die ein Scan aufgrund der vielen zu prüfenden Optionen inzwischen in Anspruch nimmt, ist Spybot kein Tool für den täglichen Einsatz.

Stattdessen sollte man es bereits installiert haben, es ab und zu mal aufrufen und aktualisieren und zum Beispiel monatlich eine Suche durchführen, wenn der Rechner sonst nichts zu tun hat. Hat man erst einmal eine Scareware im System, hindert diese einen möglicherweise, neue Software zu installieren – dann ist es gut, wenn der rettende Spybot schon installiert ist.

HINWEIS

Aufgrund seiner Arbeitsweise neigt Spybot auch mal zu Fehlerkennungen. Also keine Panik, wenn ein Problem angezeigt wird. Klicken Sie mit der rechten Maustaste auf das Problem und wählen Sie *Kompletten Bericht in Datei speichern*. In einer Textdatei sichert Spybot einen Bericht, der verdeutlicht, wie der Verdacht zustande kam. Zuweilen kann man hier schon erkennen, warum Spybot irren könnte.

Immunisierung mit Spybot

Ein höchst interessantes Feature ist die *Immunisierung*. Dabei wird nichts anderes gemacht, als dass den Browsern eine Liste verdächtiger Webadressen eingeimpft wird: Sie surfen diese dann nicht mehr an. So wird verhindert, dass man aus Versehen auf einschlägige Websites gerät, die Malware verbreiten. Der Browser wird dadurch allerdings langsamer.

So immunisieren Sie:

- ✔ Schließen Sie alle Browser. Die Immunisierung wirkt bei Internet Explorer und Firefox direkt, zusätzlich wird die Windows-interne DNS-Datenbank *hosts* erweitert.
- ✔ Nur mit Administratorrechten kann Spybot korrekt immunisieren: Öffnen Sie *Start / Alle Programme / Spybot - Search & Destroy*, klicken Sie mit der rechten Maustaste auf *Spybot - Search & Destroy* und wählen Sie *Als Administrator ausführen*. Bestätigen Sie gegebenenfalls mit *Ja*.
- ✔ Wählen Sie im Bereich links *Immunisieren* und klicken Sie in der Toolbar auf *Immunisieren*.

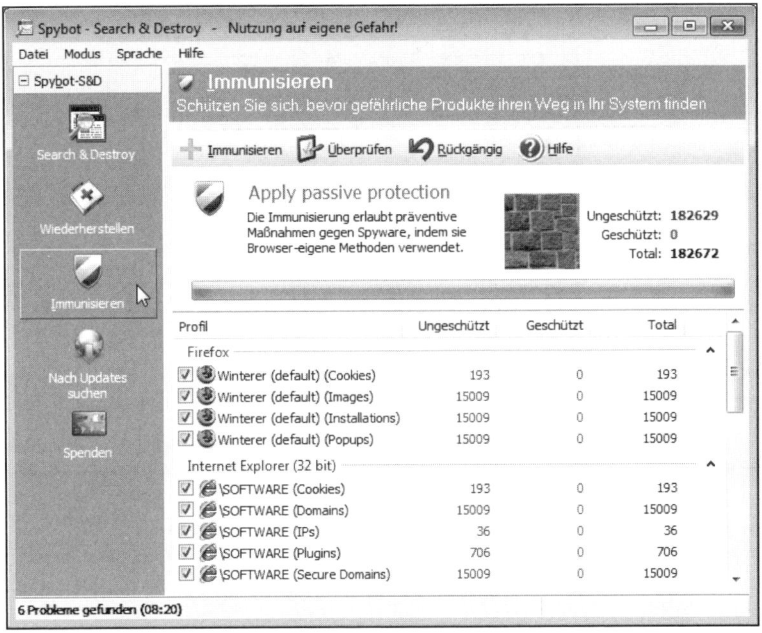

Abbildung 4.52: Mit Spybot immunisieren

- Spybot richtet jetzt die Immunisierung ein. Sie besteht im Wesentlichen aus einer Liste von Websites, die ab jetzt verboten sind (*Blacklist*) und vom Browser ignoriert oder als unsichere Zone behandelt werden sollen.

- Wogegen immunisiert wird, können Sie sich zum Beispiel im Verzeichnis *C:\Windows\System32\drivers\etc* ansehen. Klicken Sie dort mit der rechten Maustaste auf die Datei *hosts*, wählen Sie *Öffnen*, wählen Sie *Editor* und klicken Sie auf *OK*. Die Liste zeigt, dass die rechts genannten Domains auf die links genannte IP-Adresse umgeleitet werden, wobei *127.0.0.1* stets die IP-Adresse des jeweiligen PCs ist (*Localhost*). Sie könnten hier auch selbst Einträge vornehmen und auf diese Weise zum Beispiel Google oder Facebook blockieren. Schließen Sie den Editor wieder.

Abbildung 4.53: Immunisierte *hosts*-Datei

- Browser haben ähnliche Listen: Wählen Sie im Internet Explorer *Extras / Internetoptionen* und wechseln Sie in das Register *Sicherheit*. Wählen Sie oben das rote Icon *Eingeschränkte Sites* und klicken Sie darunter auf *Sites*. Bei den hier eingetragenen Webseiten ist Internet Explorer vorsichtiger als sonst und führt keine aktiven Inhalte aus.

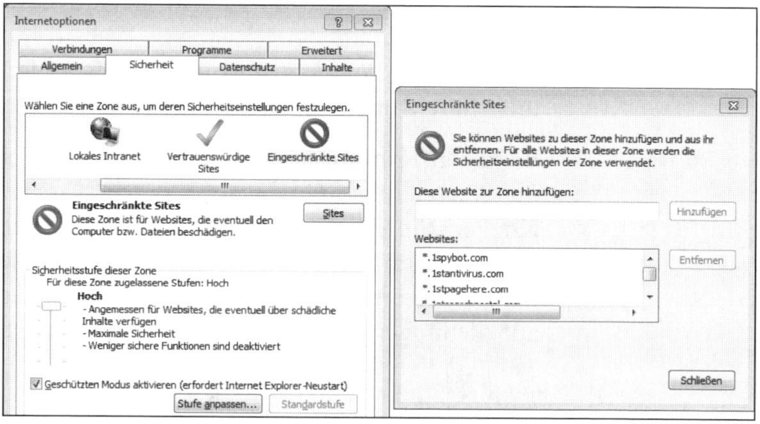

Abbildung 4.54: Eingeschränkte Sites im Internet Explorer

- Auch diese Liste könnten Sie prinzipiell selbst einrichten – Spybot übernimmt das aber für Tausende von Websites.

Die Immunisierung ist meiner Ansicht nach ein wertvolles Schlüsselfeature von Spybot und sicherheitsbewusste Anwender sollten nicht ohne surfen.

Spybot-Einstellungen ändern

Bei Spybot sind die Einstellungen anfangs versteckt:

- Wählen Sie im Menü *Modus / Erweiterter Modus*.
- Öffnen Sie links den Bereich *Einstellungen / Einstellungen*. Hier lassen sich zahlreiche grundlegende Einstellungen vornehmen.
- Aktivieren Sie bei *Automatisierung / Automatisierung des Programmstarts* die Option *Bei Programmstart sofort überprüfen*.
- Aktivieren Sie bei *Automatisierung / Web-Aktualisierung* die Option *Bei Programmstart nach neuen Versionen suchen*.

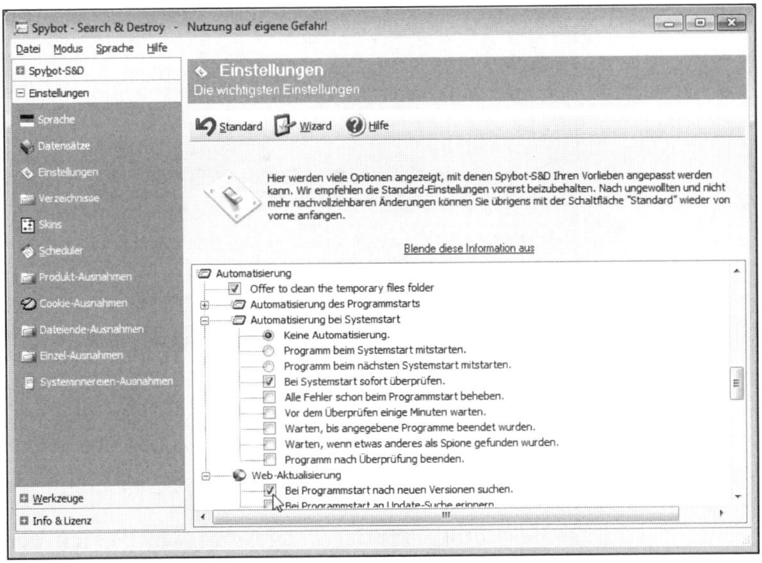

Abbildung 4.55: Spybot-Einstellungen

Auf diese Weise sorgen Sie dafür, dass Spybot sich beim Aufruf sofort aktualisiert und dann eine Prüfung durchführt.

Systemstart analysieren mit Spybot

Spybot kann für Sie auch in den Systeminnereien von Windows herumschnüffeln und Ihnen so helfen, unerwünschten Besuch zu erkennen:

- Falls noch nicht geschehen: Wählen Sie im Menü *Modus / Erweiterter Modus*.
- Öffnen Sie links den Bereich *Werkzeuge / Systemstart*. Hier zeigt Spybot, welche Programme über den Run-Registry-Schlüssel mit Windows gestartet werden.

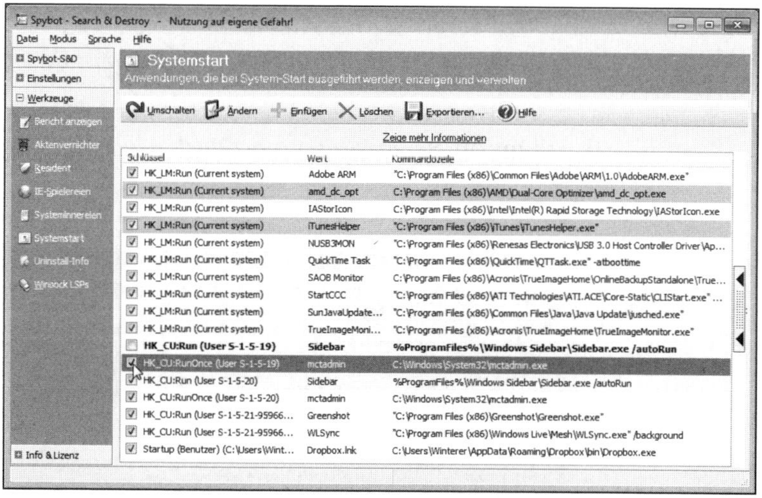

Abbildung 4.56: Systemstart-Programme

- Um ein Programm zu deaktivieren, brauchen Sie nur das Häkchen im Kästchen zu Beginn der Zeile zu entfernen. Fällt sein Fehlen auf, können Sie es später wieder aktivieren.

Hilfestellung bei der Frage, um was es sich bei den Prozessen handelt, bieten Webseiten wie *www.file.net* oder *www.fileinspect.*

com. Fragwürdige Programme können Sie mit den weiter unten besprochenen Online-Scannern von Dutzenden von Antivirenprogrammen gleichzeitig untersuchen lassen.

ThreatFire

ThreatFire erkennt Viren, Würmer, Trojaner und andere Schadprogramme nicht anhand ihrer Bytemuster, sondern anhand ihres schädlichen Verhaltens, das es dann auch blockieren kann (Verhaltensblocker, Behavior-Blocker). Das Tool eignet sich daher als Ergänzung zu Antivirenprodukten wie etwa den Microsoft Security Essentials.

✓ Download auf: *www.threatfire.com/de/*

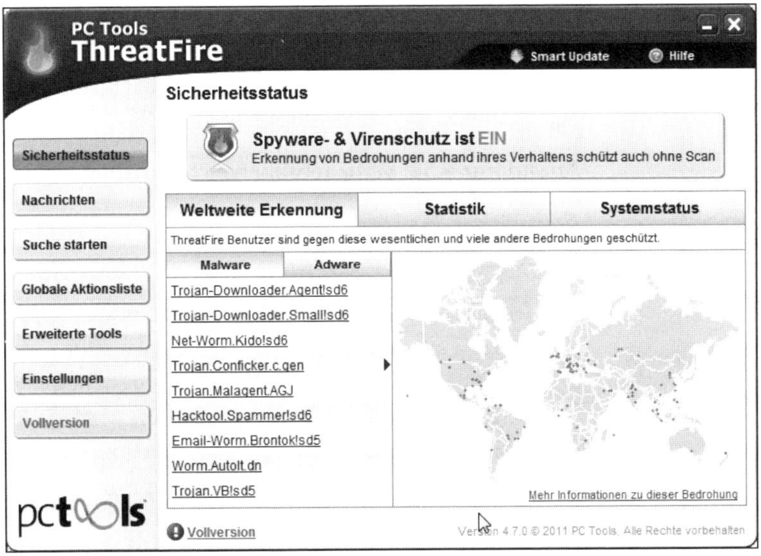

Abbildung 4.57: ThreatFire

Aber Vorsicht! Antivirusprogramme mit eingebauter Verhaltensüberwachung könnten unter Umständen mit ThreatFire in Kollision geraten. Bei avast! und AVG sollte man zum Beispiel auf ThreatFire eher verzichten, weil beide bereits einen starken Behavior-Blocker besitzen.

Die derzeit noch eher einfach gestrickte Verhaltensüberwachung von Microsoft Security Essentials schalten Sie sicherheitshalber über *Einstellungen / Echtzeitschutz* ab, indem Sie dort die Option *Verhaltensüberwachung aktivieren* abschalten. Dann lassen sich MSE und ThreatFire problemlos parallel betreiben.

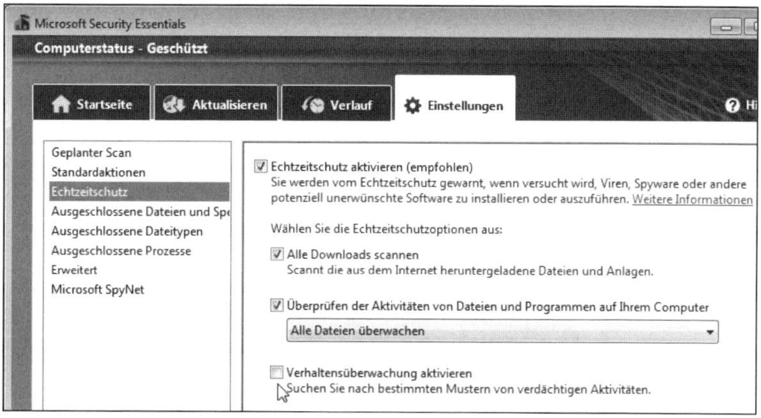

Abbildung 4.58: Verhaltensüberwachung abschalten

HINWEIS

Es sei nicht verschwiegen, dass diese Art von Software einen tiefen Eingriff ins Betriebssystem darstellt. Je nachdem, was für eine Art von Software Sie verwenden, kann ThreatFire durchaus Probleme machen: gelegentliche Fehlermeldungen, Programmfunktionen arbeiten nicht, Abstürze treten auf. Geben Sie nicht zu früh auf und beobachten Sie die Probleme sehr genau. Oft reicht es, ein einzelnes Programm den Ausnahmen hinzuzufügen.

Hintergrund: Verhaltensblocker

Das Hauptproblem bei der Virenbekämpfung ist die traditionelle Arbeitsweise: Der Virenscanner nimmt sich eine Datei nach der anderen vor und überprüft dann, ob ein bestimmtes Muster (die Virensignatur) in der Datei vorkommt. Für jeden Virus existiert so eine Signatur: Anfang der 90er Jahre waren das einige Hundert, Ende der 90er bereits einige Hunderttausend und heute geht die Zahl in die Millionen. Das bedeutet: Der Virenscanner muss Millionen von Signaturen im Kopf behalten, weil er sie für jede einzelne Datei überprüfen muss.

Es liegt auf der Hand, dass dieser Methode früher oder später Grenzen gesetzt sind. Auch Zero-Day-Attacken hebeln die Signaturmethode aus, weil die Schadprogramme hier schneller zum User gelangen als ihre Signaturen.

Seit Jahren schon bemüht sich daher die Methode des *Behavior Blocking* um Beachtung. Dabei wird das Schadprogramm nicht an seiner Signatur erkannt, sondern über sein schädliches Verhalten. Und dieses wiederum wird blockiert.

Dem liegen ganz einfache Überlegungen zugrunde:

- Ein Virus öffnet andere Dateien und schreibt sich selbst hinein; ein Wurm verankert sich im System als automatisch zu startendes Programm; eine Spam-Software verschickt zahlreiche Mails auf einmal; eine Spionagesoftware wird die Tastatur abfragen, Bildschirmfotos anfertigen und die Zwischenablage kopieren.
- Ergo gilt ein schreibender Zugriff in eine ausführbare Datei als verdächtig; sich im System als automatisch startendes Programm einzurichten, ist verdächtig; zahlreiche Mails auf einmal zu verschicken, ist verdächtig; und der Zugriff auf die Tastatur oder den gesamten Bildschirminhalt ist ebenso verdächtig wie das Abfragen der Zwischenablage.

Dem kommerziellen Erfolg dieser Methode stehen zwei Probleme gegenüber:

- Er lässt sich schwerer messen. „Ein Scanner finden 90 von 100 Viren“, lässt sich leicht prüfen, es bedeutet einen einzigen Scan-Durchlauf (und auch der hat viele Fußangeln). „Ein Verhaltensblocker blockiert 90 von 100 Viren“ ist hingegen extrem schwer zu messen. Man muss nämlich 100 reale Schadprogramme starten und dann herausbekommen, ob diese wirklich blockiert wurden (oder ob sie einfach nur registrieren, dass sie überwacht werden, und sich daher nicht rühren). Und man muss den PC 100-mal zurücksetzen, denn nur so ist sichergestellt, dass jedes Mal die gleiche Testumgebung startet (was seinerseits schon schwer ist).

- Diese Methode kann nicht für sich allein stehen, jedenfalls nicht, solange sie sich nicht ähnlich wie die Signaturmethode prozentual im 96-Prozent-Bereich bewegt, und das tut sie nicht.

Immerhin haben immer mehr Antivirenprodukte auch solche Funktionen – zusätzlich. Und wer eine Software ohne eingebauten Behavior-Blocker verwendet, kann diesen ganz einfach nachrüsten: mit ThreatFire.

ThreatFire verwenden

ThreatFire läuft nach der Installation samt Neustart komplett im Hintergrund.

- Doppelklicken Sie auf das kleine Feuer-Symbol im Infobereich rechts unten. ThreatFire startet.
- Die Weltkarte ist mehr ein Gag, aber ganz nett: Klicken Sie auf einen der Schädlinge, zeigt die Karte, wo dieser derzeit auftritt.
- Wählen Sie *Systemstatus*: Hier sehen Sie, ob das Produkt sich auch neu aktualisiert hat. Es muss zwar keine Signaturen nachladen, aber letztlich sind erkennbar schädliche Verhaltensmuster ebenfalls Signaturen. Zugleich muss sich ThreatFire auch Ausnahmen merken, etwa dass das Shredder-Tool XY natürlich Dateien löscht und Windows Update vorhandene Programmteile ersetzt.

Abbildung 4.59: Systemstatus

- Über *Einstellungen / Allgemein* schalten Sie ThreatFire ein oder aus.
- Über *Einstellungen / Allgemein / Empfindlichkeit* legen Sie in fünf Stufen fest, wie schnell ThreatFire Verdacht schöpft. Es ist nicht ratsam, hier generell auf die höchste Stufe 5 umzuschalten. Aber mal angenommen, Sie wollen eine unbekannte Software aus einer möglicherweise nicht ganz astreinen Quelle ausprobieren. Dann schalten Sie hier vorübergehend hoch. Umgekehrt: Haben Sie Probleme mit der Stabilität oder erhalten zu viele Warnhinweise, senken Sie die Empfindlichkeit.

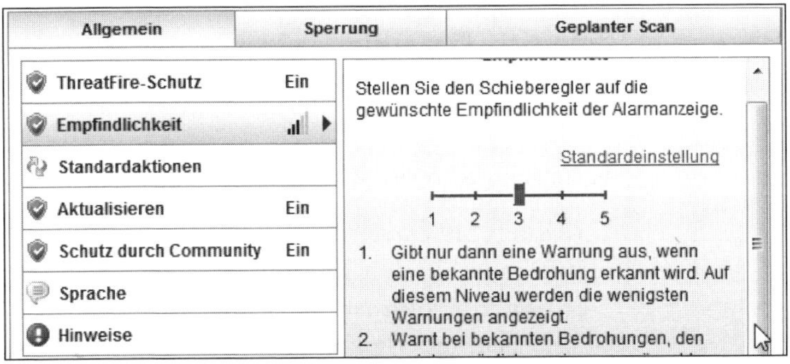

Abbildung 4.60: Empfindlichkeit

- Wählen Sie *Suche starten*: ThreatFire besitzt auch einen Scanner, der allerdings auf Rootkits spezialisiert ist. Mit dem können Sie den PC in den wichtigsten Bereichen (*Intelli-Scan*) oder vollständig (*Komplett-Scan*) durchsuchen. Wählen Sie *Einstellungen* und darin das Register *Geplanter Scan*, so können Sie diese Suche automatisieren.

Abbildung 4.61: Geplanter Rootkit-Scan

Was tun bei einer ThreatFire-Warnung?

Wenn sich ThreatFire meldet, nennt es die verdächtige Datei beim Namen und auf Wunsch auch deren verdächtige Aktionen.

Sie haben dann die Wahl:

- Wählen Sie *Diesen Prozess fortsetzen*, falls Sie es erlauben wollen. Falls Sie den Prozess wirklich kennen und wissen, dass er unverdächtig ist, aktivieren Sie die Option *Diese Antwort speichern* und klicken auf *Fortsetzen*. Dann stellt diese Aktion in Zukunft kein Problem mehr dar.

- Wählen Sie *Diesen Prozess beenden*, wenn Sie nicht sicher sind, aber einfach nicht wollen, dass etwas möglicherweise Schädliches passiert.
- Wählen Sie *Diesen Prozess beenden und sperren*, wenn es für Sie gesichert ist, dass es sich um eine Malware handelt. Dann wird der Prozess künftig komplett an der Ausführung gehindert.

Abbildung 4.62: ThreatFire-Fund (leider falsch)

Die so getroffenen Entscheidungen sind nicht in Stein gemeißelt:

- Um die Liste der gesperrten oder erlaubten Anwendungen zu bearbeiten, wählen Sie über die ThreatFire-Oberfläche *Globale Aktionsliste* und darin die Register *Zugelassen*, *Verweigert* oder *Gesperrt*. Bei Problemen mit einem Programm markieren Sie es einfach und klicken rechts unten auf *Entfernen*. Dann vergeben Sie bei der nächsten Warnung einfach eine neue Zulassung oder Ablehnung.

- Das Register *Schutzprotokoll* informiert Sie auch im Nachhinein, was zur Sperrung der fraglichen Datei führte. Klicken Sie dazu auf das kleine Info-*i* neben dem Eintrag.

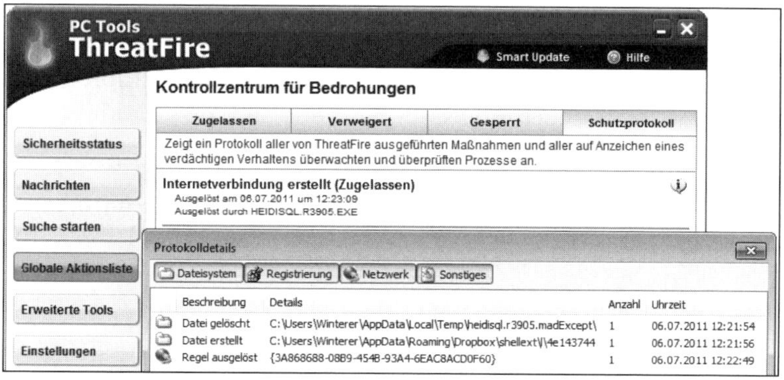

Abbildung 4.63: Schutzprotokoll mit Protokolldetails

Regeln ändern

Sie können bei Bedarf völlig neue Regeln bei ThreatFire einstellen:

- Wählen Sie *Erweiterte Tools* und klicken Sie auf *Regeleinstellungen ändern.*
- Klicken Sie auf *Neu*, führt Sie ein Assistent interaktiv durch die Erstellung einer Regel. Dabei wählen Sie zuerst den zu überwachenden Programmtyp oder ein konkretes Programm, dann einen Trigger, der die Regel auslöst, und schließlich Ausnahmen, bei denen die Regel nicht gelten soll.
- Einige bestehende Regeln sind vordefiniert und zeigen anschaulich, wie diese Regeln funktionieren. Markieren Sie eine der Regeln und wählen Sie *Ändern*, um sie genauer zu betrachten.

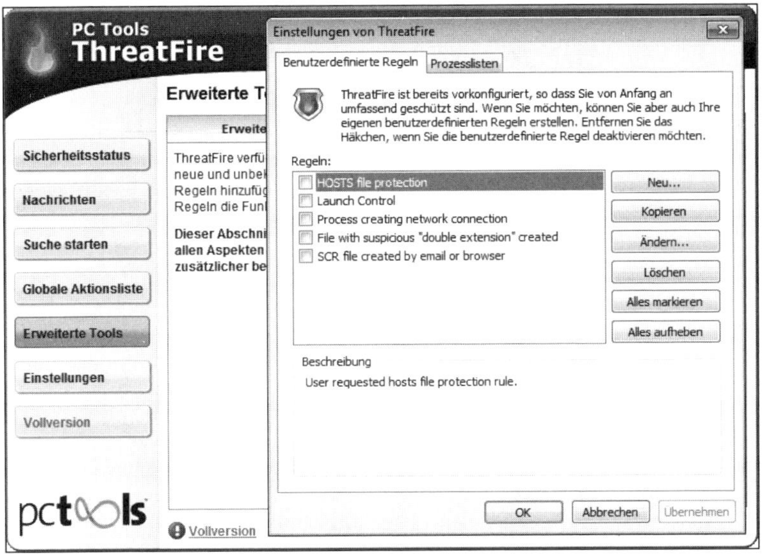

Abbildung 4.64: Benutzerdefinierte Regeln

Bei Problemen vertrauenswürdige Prozesse definieren

Tauchen Probleme mit ThreatFire auf, müssen Sie die Software nicht gleich deinstallieren. Wenn Sie das Problem auf ein Programm begrenzen können, legen Sie eine Ausnahme fest:

- ✓ Wählen Sie *Erweiterte Tools* und klicken Sie auf *Regeleinstellungen ändern*.
- ✓ Wechseln Sie in das Register *Prozesslisten*.
- ✓ Klicken Sie auf *Neu*, wählen Sie das fragliche Programm aus und klicken Sie auf *OK*. Für Mail und Browser ist dafür ein eigener Bereich vorgesehen.

Falls die Probleme weiterbestehen, senken Sie probeweise die Empfindlichkeit. Falls sie auch nach vielen Ausnahmen und Anpassungen immer noch nicht verschwinden, deinstallieren Sie ThreatFire lieber wieder. Es eignet sich nicht für jeden Anwender.

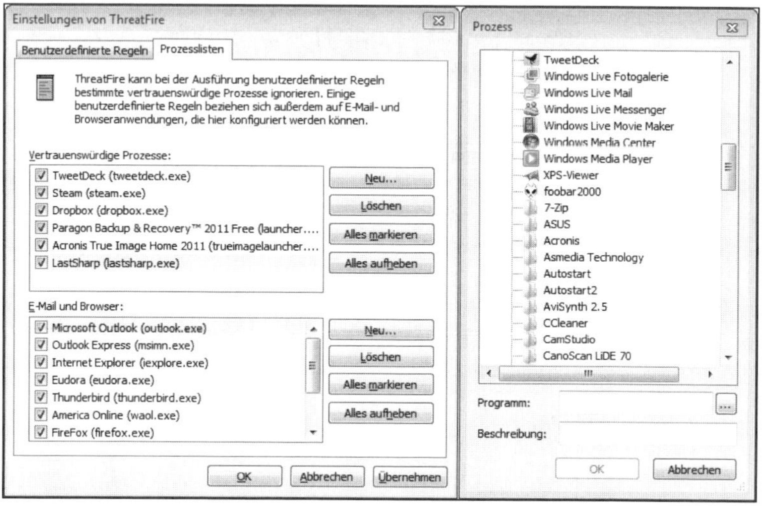

Abbildung 4.65: Ausnahmen für vertrauenswürdige Programme

Trial-Versionen kommerzieller Antivirenprodukte

Falls im Falle eines totalen Malware-Problems alle freien Produkte versagen, können Sie es ja immer noch mit kommerziellen Produkten versuchen. Die meisten Hersteller bieten 30-Tage-Versionen, die voll funktionsfähig sind.

Wer aber im Internet nach solchen Versionen oder auch freien Antivirenprodukten sucht, der fällt möglicherweise in die Hände von Scareware: Fake-Antivirenprogrammen ohne Funktion, mit denen Sie im Web zur Kasse gebeten werden.

Verwenden Sie daher nur die genannten Antivirenprogramm-Testversionen unter den im Folgenden genannten Adressen:

- avast! *www.avast.com/download-trial*
- AVG *www.avg.com/de-de/download-trial*
- Bitdefender *www.bitdefender.de/site/Downloads/*
- Bullguard *www.bullguard.com/try.aspx*

- Dr. Web *www.drweb-online.com/de/download_demo.asp*
- F-Secure *www.f-secure.com/de/*
- G Data *www.gdata.de/testversionen.html*
- Kaspersky *www.kaspersky.com/trials*
- Panda Software *www.pandasecurity.com/germany/*
- Norton *de.norton.com/downloads/trialsoftware/*
- Trend Micro *de.trendmicro.com/de/products/*

Die Liste erhebt keinen Anspruch auf Vollständigkeit, sehr wohl aber darauf, dass Sie dort keine Scareware erhalten.

Online-Scanner

Online-Scanner erlauben es Ihnen, Ihren PC mithilfe des Browsers zu durchsuchen oder einfach nur eine einzelne Datei zu prüfen. Sie eignen sich auf keinen Fall als Ersatz für ein Antivirenprogramm.

Aber angenommen, Sie haben zwar ein Antivirenprogramm und Sie haben des Weiteren eine verdächtige Datei oder Sie beobachten verdächtiges Verhalten auf Ihrem PC. Dann wollen Sie vielleicht eine zweite Meinung einholen.

Durchsuchen einer einzelnen Datei

Die Prüfung mit einer einzelnen Datei hat den Charme, dass sie für Sie absolut ungefährlich ist: Sie geben nichts von sich preis, außer die zu untersuchende Datei (die also besser nicht geheim sein sollte). Sie installieren auch nichts auf Ihrem PC, daher ist diese Untersuchung mit jedem Betriebssystem und mit jedem Webbrowser möglich.

Allerdings ist die Dateigröße meist beschränkt. Und Sie können meist nur eine Datei auf einmal untersuchen, bei einigen Diensten auch mehrere (die Sie in ein Archiv packen).

- Rufen Sie mit einem beliebigen Browser die Website *www.drweb-online.com/deu/online-check.asp* auf.
- Klicken Sie dort auf *Durchsuchen*.
- Wählen Sie die fragliche Datei (oder ein Archiv mit mehreren Dateien) und klicken Sie im Datei-Browser auf *Öffnen*.
- Klicken Sie auf der Website auf *Scan*.

Abbildung 4.66: Online-Prüfung mit Dr. Web

- Das Ergebnis ist eine meist klare Aussage über das enthaltene Schadprogramm.

Abbildung 4.67: Virenfund!

Verschiedene andere Antivirenprogramm-Hersteller bieten ebenfalls einen solchen Dienst an, zum Beispiel

- Kaspersky auf *www.kaspersky.com/virusscanner*
- avast! auf *http://onlinescan.avast.com*

Durchsuchen einer Datei mit mehreren Scannern

Zunehmend etablieren sich Online-Scanner, die eine einzelne Datei auf einmal durch mehrere Erkennungssysteme jagen. Wie bei der vorgenannten Untersuchung geben Sie als Nutzer dabei nichts preis, außer der einen Datei, die untersucht werden soll. Danach treten mehrere Virenscanner in Aktion und die Ergebnisse werden für Sie zusammengefasst.

- Rufen Sie in einem beliebigen Browser die Website *www.virustotal.com/de/* auf.

- Klicken Sie auf *Durchsuchen*, wählen Sie die fragliche Datei und klicken Sie im Datei-Browser auf *Öffnen*.
- Klicken auf der Website auf *Send file*. Falls es schiefgeht: Aktivieren Sie *Send it over SSL*, andernfalls filtern Firewalls oder Netzwerk-Scanner den Schädling unter Umständen heraus.

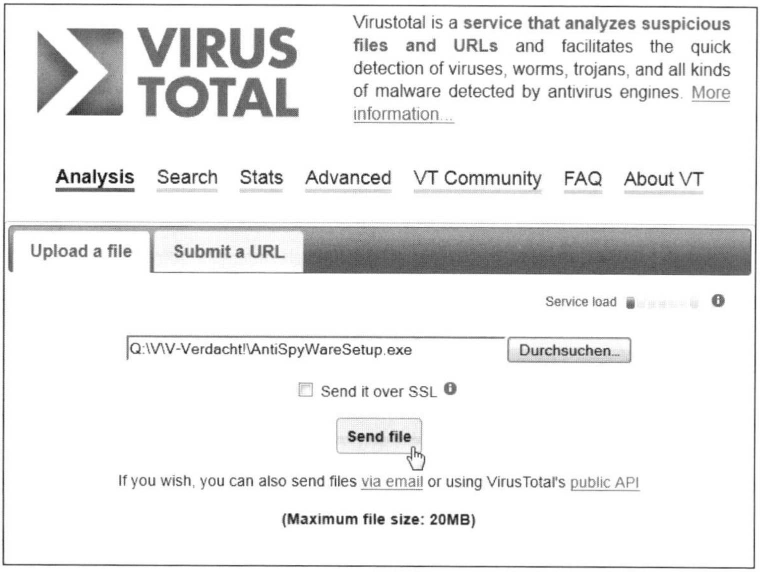

Abbildung 4.68: Virustotal

- *Virustotal* untersucht nicht sofort jede Datei: Stattdessen wird ein MD5-Code gebildet, der sozusagen einen Fingerabdruck der Datei (Hash) darstellt. Wurde die Datei schon mal gescannt und daher erkannt, bietet Virustotal neben *Reanalyse* auch *View last report* an.
- Bevorzugen Sie die erneute Durchsuchung mit *Reanalyse*, aber greifen Sie zum letzten Report, falls die erneute Analyse an einem überlasteten Server scheitert.

- Am Ende erhalten Sie nicht nur ein Ergebnis, sondern das Ergebnis vieler Scanner. Dabei kann es durchaus auch mal vorkommen, dass nur eine kleine Zahl von Scannern etwas findet – das könnte dann durchaus eine Falscherkennung sein oder aber ein Zeichen dafür, dass der Virus ganz neu ist und ihn nur diese drei Hersteller schon kennen.

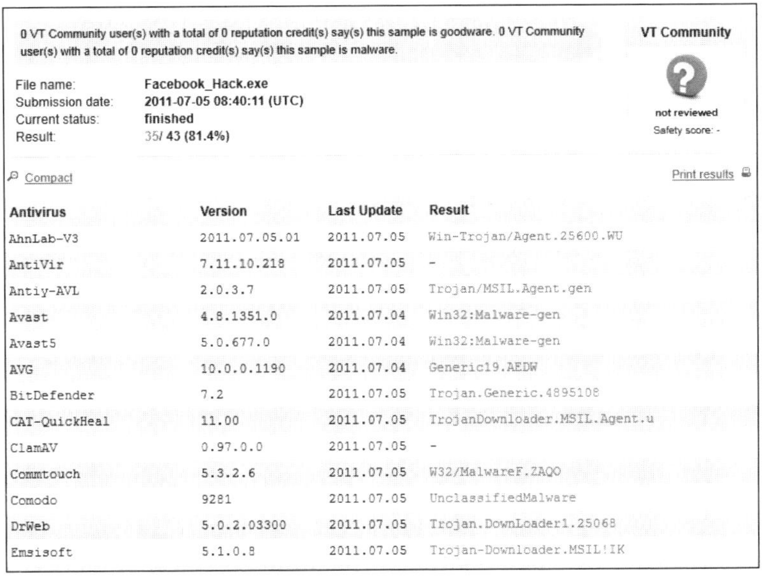

0 VT Community user(s) with a total of 0 reputation credit(s) say(s) this sample is goodware. 0 VT Community user(s) with a total of 0 reputation credit(s) say(s) this sample is malware.

VT Community

not reviewed

Safety score: -

File name: Facebook_Hack.exe
Submission date: 2011-07-05 08:40:11 (UTC)
Current status: finished
Result: 35/ 43 (81.4%)

Compact

Print results

Antivirus	Version	Last Update	Result
AhnLab-V3	2011.07.05.01	2011.07.05	Win-Trojan/Agent.25600.WU
AntiVir	7.11.10.218	2011.07.05	-
Antiy-AVL	2.0.3.7	2011.07.05	Trojan/MSIL.Agent.gen
Avast	4.8.1351.0	2011.07.04	Win32:Malware-gen
Avast5	5.0.677.0	2011.07.04	Win32:Malware-gen
AVG	10.0.0.1190	2011.07.04	Generic19.AEDW
BitDefender	7.2	2011.07.05	Trojan.Generic.4895108
CAT-QuickHeal	11.00	2011.07.05	TrojanDownloader.MSIL.Agent.u
ClamAV	0.97.0.0	2011.07.05	-
Commtouch	5.3.2.6	2011.07.05	W32/MalwareF.ZAQO
Comodo	9281	2011.07.05	UnclassifiedMalware
DrWeb	5.0.2.03300	2011.07.05	Trojan.DownLoader1.25068
Emsisoft	5.1.0.8	2011.07.05	Trojan-Downloader.MSIL!IK

Abbildung 4.69: Gewissheit durch 43 Scanner auf einmal

Verschiedene andere Webseiten bieten ähnliche Dienste an:

- Virus Chief *www.viruschief.com*
- Jottis Malwarescanner *virusscan.jotti.org/de*

HINWEIS

Bedenken Sie beim Upload von Dokumenten, dass diese möglicherweise vertrauliche Daten (Nachrichten, Adressen, Kontonummern …) enthalten könnten und dass Sie letztlich nicht wissen, was hinterher mit diesen Dateien passiert.

Kompletten PC per Browser durchsuchen

Die Prüfung per Browser entspricht fast der Prüfung durch einen lokal installierten Virenscanner, denn Sie können dabei den kompletten PC untersuchen lassen. Je nach System arbeitet diese Prüfung mit einem ActiveX-Steuerelement nur auf Internet Explorer oder als Java-Applet in mehreren Browsern.

Allerdings lassen Sie damit fremde Software auf Ihren Rechner. Verwenden Sie also nur Online-Scanner namhafter Anbieter. Suchen Sie nicht per Suchmaschine nach solchen Scannern: Sie könnten dabei auf Scareware treffen. Stattdessen besuchen Sie die Herstellerseite und klicken sich von dort zu deren Online-Scanner durch.

Als Beispiel der Online-Scanner von F-Secure:

- ✔ Starten Sie einen Browser mit aktiviertem Java.
- ✔ Besuchen Sie die Website *www.f-secure.de*.
- ✔ Klicken Sie bei *Kostenfreier Online-Scanner* auf *Jetzt scannen*.
- ✔ Sie haben die Wahl zwischen *Health Check* und *Online Scanner*. Wählen Sie Letzteren und klicken Sie rechts auf *Prüfung durchführen*. (Wenn dort nur *Weiter* steht, ist Java deaktiviert oder keine Java-Runtime installiert. Java finden Sie auf *sun.java.com*.)

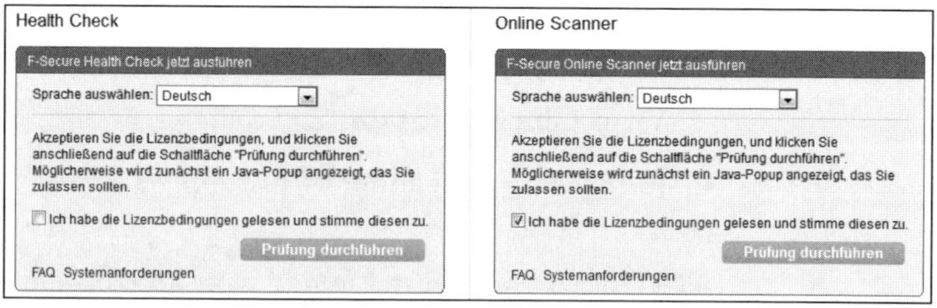

Abbildung 4.70: Rechts *Online Scanner* wählen

- ✔ Bestätigen Sie die Signaturabfrage der Java-Anwendung mit *Ausführen* und bestätigen Sie die darauf folgende Abfrage der Benutzerkontensteuerung mit *Ja*.

Abbildung 4.71: Java-Anwendung zulassen

- Per Vorgabe führt der F-Secure Online Scanner einen *Quick-Scan* durch, durchsucht also nur das Nötigste.
- Wählen Sie stattdessen *Vollständiger Scan*, wenn Sie den gesamten PC durchsuchen wollen.

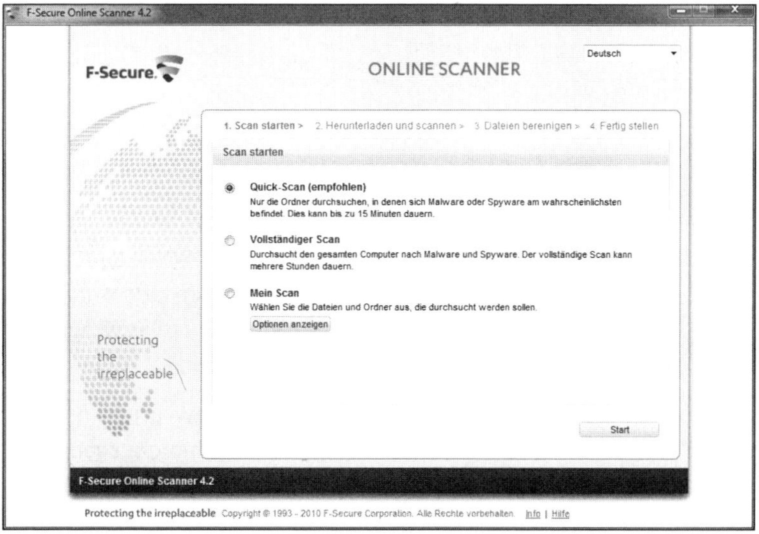

Abbildung 4.72: F-Secure Online Scanner

- Wählen Sie *Mein Scan*, wenn Sie weder das eine noch das andere wollen.
- Klicken Sie dort auf *Optionen anzeigen*. Wählen Sie rechts unten den Ordner aus, den Sie durchsuchen lassen wollen. Nur mit der Einstellung *Mein Scan* lässt sich auch einstellen, welche Dateitypen mit Optionen wie Spyware, Rootkits und Heuristik untersucht werden sollen. Die Einstellungen sind vernünftig gewählt und bedürfen im Allgemeinen keiner Änderung. Klicken Sie auf *OK* und auf *Start*.

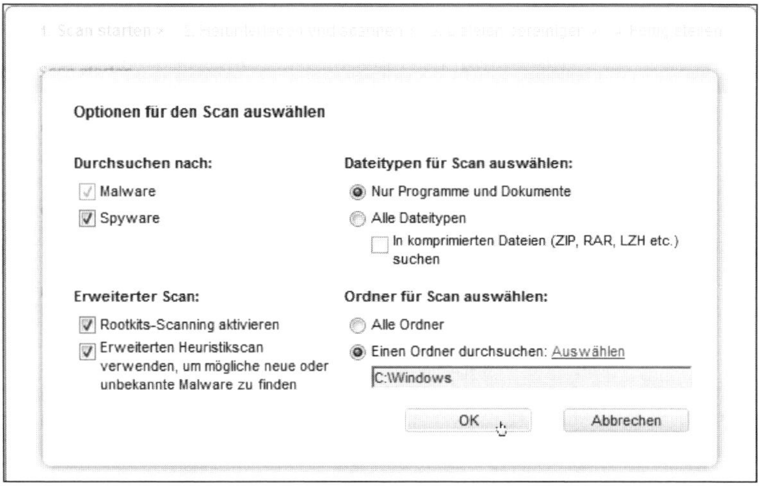

Abbildung 4.73: Optionen von *Mein Scan*

- Der F-Secure Online Scanner lädt nun weitere Bestandteile nach, was beim ersten Start etwas länger dauert. Unmittelbar danach beginnt die Suche.
- Einer etwas knapp geratenen und an Signalfarben armen Zusammenfassung der Virensuchergebnisse folgt am Ende eine deutlich bessere, geradezu vorbildliche Liste, die alle Fundstellen dokumentiert. Leider werden auch hier harmlose Tracking Cookies als Malware geführt …

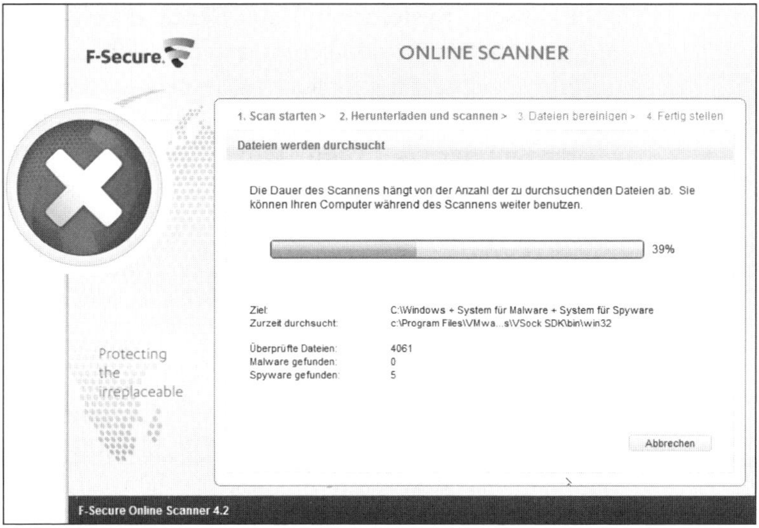

Abbildung 4.74: Online Scanner auf der Suche

- Erkannte Malware ist jeweils mit einem Link unterlegt, der zum Online-Virenlexikon von F-Secure führt, das meistens ausführlich und kompetent (in Englisch) informiert.

Eine Zweitstimme wie die von F-Secure kann wertvolle Hinweise geben, ob wirklich eine Infektion vorliegt oder ein Fehlalarm. Als Virenschutz-Ersatz ist davon abzuraten.

Sichere Anwendungen

Sie können Ihr Sicherheitsrisiko erheblich verringern, indem Sie auf sichere Anwendungen umsteigen oder besonders anfällige Anwendungen wie den Browser um Sicherheitstools erweitern.

Denn die Sicherheit eines Systems hängt aus Ihrer Benutzersicht keineswegs nur davon ab, wie sicher es wirklich ist. Auf Hacker-Kongressen ist es längst Volkssport, Mac oder Linux zu hacken – das sagt aber nichts darüber aus, wie sicher Sie mit dem System im Alltag sind.

Exotische Systeme sind aus Benutzersicht immer zu bevorzugen. Nicht weil sie absolut gesehen sicherer sind. Sondern weil zum Beispiel für exotische Systeme weniger Know-how existiert und sie von weniger Nutzern verwendet werden. Und wenn 1 Prozent der User Linux und 5 Prozent einen Mac haben, ist es für Computerkriminelle natürlich interessant, die 94 Prozent der Windows-User zu attackieren.

Verzichten Sie auf Raubkopien

Echte Software zu erwerben, ist nur fair, schließlich wird dafür auch gearbeitet. Natürlich hat nicht jeder Haushalt das nötige Geld. Dennoch zeugt es meiner Meinung nach von geringem Verstand, sich zum Geldsparen Raubsoftware auf den Rechner zu spielen und dann 50 Euro pro Jahr für Security Suiten auszugeben oder wehrlos erleben zu müssen, wie Banking-Trojaner die Restruinen eines Guthabens vom Konto räumen.

Ich versichere Ihnen: Raubkopien sind verseucht. Ich downloade sie regelmäßig nur deswegen, um aktuelle Schadprogramme zu sammeln.

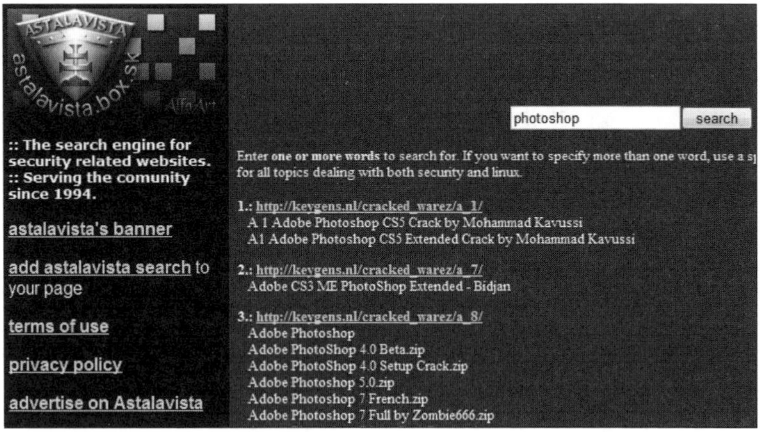

Abbildung 4.75: Raubkopien

Verzichten Sie daher auf Crackz, Warez, Raubkopien, Downloads aus eMule und Bittorrent, „Hacker-Tools", illegale und anrüchige Software jeder Art.

Versuchen Sie lieber, mit Kaufsoftware, Freeware oder kostenlosen Open-Source-Programmen auszukommen, denn es gibt zu fast jeder kommerziellen Standardanwendung eine kostenfreie Alternative für Leute mit schmalem Geldbeutel.

Verwenden Sie alternative Programme

Für die alternativen Office-Systeme gibt es Makro-Viren, aber eben weniger als für MS-Office. Verwenden Sie daher zum Beispiel statt MS-Office *OpenOffice*.org (*www.openoffice.org*) oder *LibreOffice* (*www.libreoffice.org*). Oder verwenden Sie zum Schreiben einfach nur *AbiWord* (*www.abisource.com*). Das kennt keine Viren, lädt sehr schnell und reicht für die gängigsten Dokumente.

Viele Anwender verwenden eine raubkopierte Version von Photoshop, einem völlig überdimensionierten Programm. Dabei existieren mit *Gimp* (*www.gimp.org*), *Picasa* (*http://picasa.google.com*) und *Photoscape* (*http://photoscape.org*) kostenlose Alternativen, die in den meisten Fällen ausreichen.

Alternative E-Mail-Programme

Outlook und Windows Live Mail sind die beliebtesten Mailprogramme auf Windows und daher ein begehrtes Angriffsziel. Insbesondere Microsoft Outlook machte in der Vergangenheit von sich reden, weil es den Rechner schon dann infizierte, wenn der Anwender nur eine infizierte Mail als Vorschau betrachtete.

- ✔ Verwenden Sie daher einen Exoten wie *Thunderbird* (*www.mozilla.org/de/thunderbird/*). Allerdings ist auch Thunderbird inzwischen so verbreitet, dass es mittelfristig als Angriffsziel interessant werden könnte.

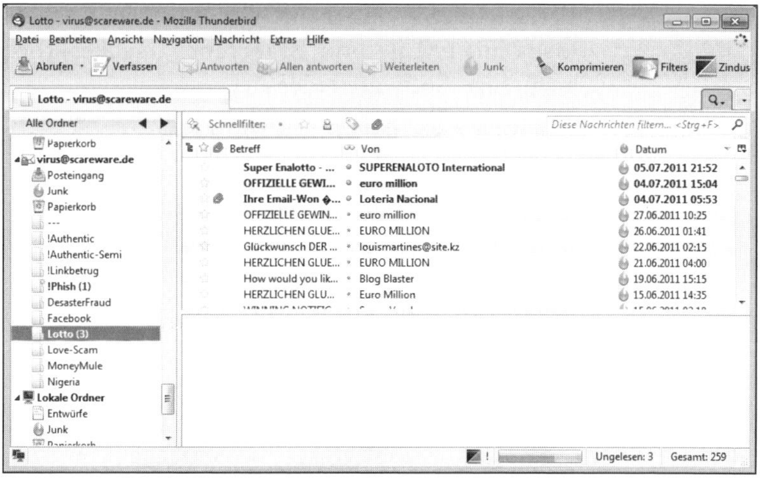

Abbildung 4.76: Thunderbird als alternatives Mailprogramm

- ✔ Verwenden Sie daher zum Beispiel *Opera* (*www.opera.com*) als Mailprogramm: Über *Menü / E-Mail- und Chat-Konten* können Sie Opera auch als Mailer verwenden.

HINWEIS

Das Mailprogramm *The Bat!* (*www.ritlabs.com/de/products/thebat/*) ist seit Jahren ein Gemeintipp für Anwender mit hohem, intensivem Mailaufkommen. Allerdings ist es nur kommerziell zu haben (etwa 30 Euro). Für berufliche Anwender eine Überlegung wert.

Sicherheit durch Updates

Wichtig ist auch, seine Anwendungen stets auf dem neuesten Stand zu halten. Leider hat noch nicht jedes Programm eine eingebaute Update-Funktion à la Flash oder Java. Daher weiß man als Nutzer in der Regel nicht, ob man derzeit akute Sicherheitslücken bereits mit einer neuen Version stopfen könnte.

Inzwischen gibt es Tools, die Ihnen dabei helfen. Sie durchsuchen Ihre Festplatten nach bekannten Anwendungen. Ebenso wie ein Virenscanner Schadprogramme eindeutig identifizieren oder grob erkennen kann, liest der Update-Helfer einigermaßen verlässlich die Versionsnummern der gefundenen Programme aus oder bezieht diese aus einer Vergleichsdatenbank. Anschließend vergleicht er mit seiner Datenbank, ob bekanntermaßen neuere Versionen existieren, und schlägt diese mehr oder weniger korrekt zum Download vor.

Das funktioniert nicht immer, etwa weil diese Tools oft auf den US-Markt ausgerichtet sind und englische Versionen über deutsche Versionen installieren wollen. Aber die Hinweise allein reichen ja, um sich zur Not selbst auf die Suche nach den aktuellsten und damit fehlerbereinigten deutschsprachigen Versionen zu machen.

Immer öfter sind solche Update-Checker Bestandteil kommerzieller Security-Suiten, etwa Bullguard Internet Security. Es ist damit zu rechnen, dass diese Funktion künftig Standard bei allen Security-Suiten wird. Bis es so weit ist, kann man sich mit kostenlosen Werkzeugen behelfen.

Secunia PSI

Der *Secunia Personal Software Inspector* (*PSI*) informiert Sie, sobald Updates der von Ihnen installierten Software verfügbar sind, und nennt auch gleich die Bezugsquellen mit einem Link. Sie erhalten die kostenlose Software auf *http://secunia.com/vulnerability_scanning/personal/*.

Wichtig! Bei der Installation werden Sie gefragt, ob Sie Auto-Updates anschalten wollen. Per Vorgabe ist das der Fall – und schlecht. Deaktivieren Sie entweder die Option *Enable Auto-Updates* oder aktivieren Sie zusätzlich die Option *Require user-interaction before each Auto-Update*, damit die automatischen Updates nicht ganz so automatisch eingespielt werden.

Also: Entweder beide Optionen oder keine!

Abbildung 4.77: Entweder beides aktivieren oder keines!

Der Grund: In einigen Fällen wählt Secunia PSI die englischen Versionen von Programmen und installiert sie automatisch – das will sicher nicht jeder. Ursache dafür ist, dass die englischen Versionen meist eine Version weiter sind als die deutschsprachigen. Außerdem ist es natürlich eine Software aus dem internationalen Sprachraum.

HINWEIS

Aus Sicherheitsgründen ist es eigentlich sogar sinnvoll, die aktuelleren englischen Versionen einzusetzen – aber man muss auch nicht zum Sicherheits-Fundamentalisten werden ...

Secunia PSI verwenden

Direkt nach Installation und Start beginnt Secunia PSI mit der Suche. Danach listet das Tool im Bereich *Scan Results* die gefundenen Programme.

- *Insecure* verweist auf veraltete Tools, die man aktualisieren sollte.

- *End-of-Life* markiert veraltete Programme, die so nicht mehr weiterentwickelt werden. Das können kommerzielle Produkte sein, bei denen man eine neue Version kaufen müsste, aber auch nützliche Tools, die in ihrer alten Form einfach nicht aktualisiert werden oder bei denen es einen Versionssprung gab.

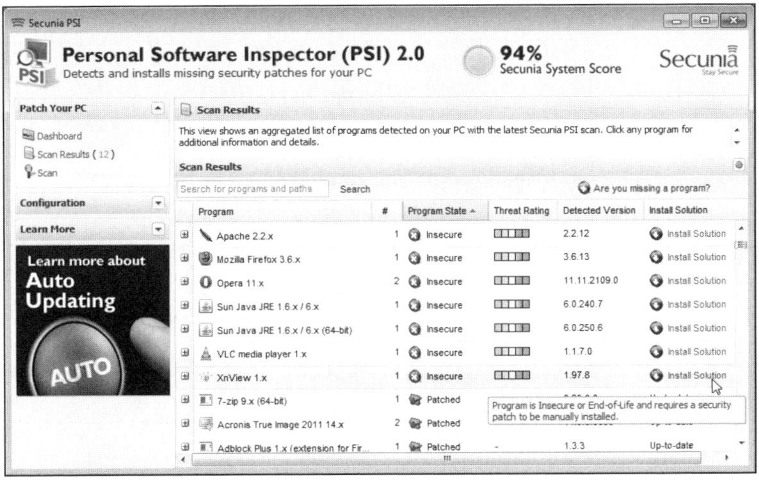

Abbildung 4.78: Secunia PCI

- Bei Interesse öffnet ein Doppelklick auf einen der Einträge eine Detailseite mit Links auf Informationen, die gegebenenfalls den *Insecure*-Status begründen.
- Ein Klick auf *Install Solution* führt fast immer direkt zum Download oder zumindest einer Download-Seite. Bedenken Sie, dass Sie möglicherweise eine deutsche Version der Software einsetzen. Prüfen Sie, ob die gebotene Version wirklich die passende neue deutsche Version ist, und besorgen Sie sich im Zweifel einfach manuell die deutsche Version.
- Aktualisieren Sie auf diese Weise Ihre Programmsammlung und führen Sie dann einen neuen Scan durch.

- Über *Configuration / Settings* und die Optionen *Start the Secunia PSI on boot* und *Enable automatic program updates* könnten Sie den Betrieb bei Bedarf vollkommen automatisch gestalten. Zumindest Letzteres sollte man aber deaktivieren, um mögliche Probleme auf einem deutschsprachigen PC zu vermeiden, denn von so mancher Software wird die englische Version installiert.

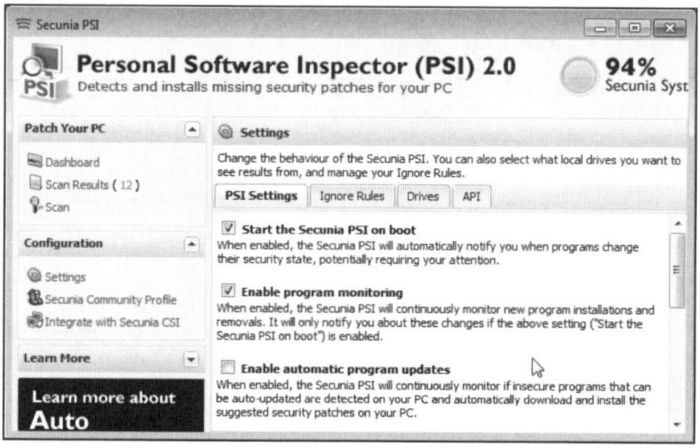

Abbildung 4.79: Konfiguation von Secunia PSI

HINWEIS

Wer portable Apps etwa von *www.portableapps.com* einsetzt, muss mit fehlerhaften Hinweisen rechnen. Das liegt daran, dass die portablen Versionen in ihrem Versionsstand oft den normalen Versionen hinterherhinken. Das zeigt zugleich auch, dass der Einsatz der portablen Tools – vor allem Browser – mit einem gewissen Risiko verbunden ist.

Online auf Updates untersuchen

Secunia bietet seinen Dienst auch im Web an, sodass Sie nichts installieren müssen. Besuchen Sie dazu *secunia.com/vulnerability_scanning/online/?lang=de* und klicken Sie auf *Scanner aufrufen*. Java ist Voraussetzung, damit es mit verschiedensten Browsern funktioniert.

Der Online-Dienst kennt allerdings weniger Anwendungen als die installierbare Version und ist daher nur was für den Notfall oder die schnelle Information zwischendurch.

Weitere Update-Hilfen

Ähnliche Dienste wie die des installierbaren Secunia PSI finden Sie bei folgenden Anbietern:

- SUMo *http://kcsoftwares.com/index.php?sumo*
- Software Informer *http://software.informer.com*

Firefox-Plug-ins auf Updates prüfen

Der populäre Browser Firefox lässt sich mit zahlreichen Erweiterungen ausbauen und ist auf diese Weise selbst schon ein wandelndes Software-Sammelsurium.

Bei den Erweiterungen prüft Firefox selbst, ob Updates vorliegen. Für Plug-ins sollten Sie zusätzlich auch einen manuellen Check durchführen, und zwar auf der Website *www.mozilla.com/de/plugincheck/*.

Abbildung 4.80: Plug-in-Check

Der Dienst steht noch am Anfang, daher erkennt er noch nicht viele Plug-ins selbstständig. Aber übliche und typische Gefahrenquellen wie Flash & Co. lassen sich hier bereits erkennen und Probleme ausräumen.

Sicherer im Web surfen

Das Internet ist heute die größte Verbreitungsquelle für Schadprogramme aller Art. Entsprechend sinnvoll ist es, das gängige Einfallstor abzusichern: den Browser. Angriffsziel Nummer 1 ist dabei natürlich der Internet Explorer, weil er vorinstalliert ist. Daher sollte man ihn vermeiden.

Weitere Tipps:

- Verwenden Sie wie oben beschrieben Spybot - Search & Destroy zur Immunisierung von Internet Explorer, Firefox und *hosts*-Datei.
- Jahrelang konnte man Firefox (*www.mozilla.com/de/firefox/*) als Alternative empfehlen. Aber auch er wird mit wachsender Popularität zunehmend zum Angriffsziel.

Abbildung 4.81: Opera oder Chrome als alternative Browser

- Verwenden Sie also noch besser Opera (*www.opera.com*). Er ist, wenn man sich mal umgewöhnt hat, ein ganz hervorragender Browser (mit eingebautem E-Mail-Programm). Aber die Umgewöhnung kann einem natürlich niemand ersparen …
- Auch Safari (*www.apple.com/de/safari/*) und Google Chrome (*www.google.com/chrome*) sind derzeit die sichereren Alternativen, weil sie noch eine geringe Verbreitung haben. Das mag sich im Fall von Chrome künftig ändern.

Sicherheits-Add-ons für Firefox und Chrome

Die meisten Benutzer werden auch weiterhin Firefox benutzen, auch wenn dieser zunehmend Attacken ausgesetzt ist: Es ist derzeit einfach der beste Browser. Allerdings holt Chrome deutlich auf. Immerhin gibt es eine Reihe von Firefox-Plug-ins, die Ihnen helfen, sicherer zu surfen – die meisten davon gibt es auch für Chrome.

Flashblock

Wenn Sie eine Website aufrufen, die ein Flash-Element enthält, dann kann dieses automatisch starten. Zugleich hat Flash sehr häufig Sicherheitslücken. Zusammengenommen ergibt sich die reale Gefahr sogenannter *Drive-by Infections*, das heißt, ein PC wird „im Vorbeisurfen" infiziert, weil der Nutzer eine Webseite anschaut, die Flash-Malware darauf automatisch startet und den Rechner des Nutzers infiziert, ehe dieser reagieren kann. Downloads sind nicht nötig, denn Flash-Inhalte lädt jeder Browser automatisch herunter.

Flashblock macht nichts anderes, als alle Flash-Objekte zu blockieren – mit Ausnahme der Flash-Darstellung auf jenen Webseiten, die Sie selbst festlegen können.

Auf einer Website mit Flash passiert dann erst mal nichts, statt der Animation sehen Sie einen markieren Bereich mit Flash- bzw. Play-Symbol. Sie haben dann zwei Möglichkeiten:

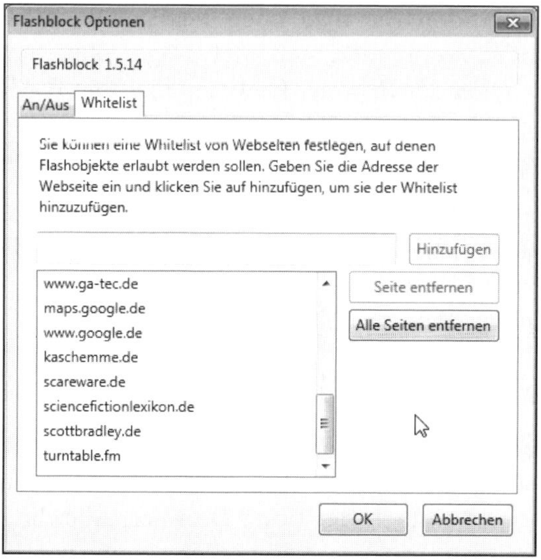

Abbildung 4.82: Flashblock-Whitelist

- Sie klicken auf den Abspielen-Button und Flashblock erlaubt einmalig die Wiedergabe dieser Flash-Animation.
- Oder Sie klicken mit der rechten Maustaste auf den Bereich und wählen *Flashobjekte auf dieser Seite erlauben* und Flashblock erlaubt dauerhaft die Wiedergabe von Flash-Animationen auf allen Seiten der aktuellen Webadresse, bei zum Beispiel *youtube.com* oder *clipfish.de* dann in Zukunft von allen Seiten dieser Portale.

Abbildung 4.83: Geblocktes Flash

Wer also seine wichtigsten Portale nach und nach freigibt, büßt keinen Komfort ein. Und trotzdem wirkt Flashblock auf unbekannten, neuen Webseiten.

Nachteil: Es nervt anfangs, Seiten freigeben zu müssen. Gelegentlich ist der Flash-Ramsch auf „besonders clever“ programmierten Seiten so verteilt, dass die Navigation nicht mehr funktioniert. Ich persönlich gehe dann dazu über, diese Seiten mit einem alternativen Browser ohne Flashblock zu besuchen, der seinerseits weniger Angriffen ausgesetzt ist, etwa Opera oder Safari.

Flashblock gibt es für Firefox und Chrome.

Fazit: Unentbehrlich, ein Muss.

WOT und SiteAdvisor

Web Of Trust (*WOT*) (*www.mywot.com*) und *SiteAdvisor* (*www.siteadvisor.com*) erweitern den Browser um folgende Funktionen:

- ✓ Die aktuell aufgerufene Website wird geprüft und ihr Sicherheitsstatus angezeigt.
- ✓ Die Links auf einer angezeigten Seite werden geprüft und ihre Vertrauenswürdigkeit mit farbigen Symbolen bewertet.
- ✓ Klickt man auf eines dieser Symbole, erhält man eine ausführlichere Analyse.

Nach der Installation sehen Sie bei fast allen Links einer Website einen kleinen grünen Kreis (WOT) oder ein grünes Häkchen (SiteAdvisor).

- ✓ Grün heißt: sauber (so weit man weiß)
- ✓ Gelb heißt: mögliche Gefahr
- ✓ Rot heißt: eindeutige Warnungen

Abbildung 4.84: Gefährliche Websites sofort erkennbar

Warum gleich zwei solcher Tools? Weil sie völlig verschiedene Schwerpunkte haben:

- WOT ist gut bei der Bewertung von Abzocke und Vertrauen. Es basiert vor allem auf Community-Bewertungen (jeder, der WOT nutzt, kann auf Wunsch nach Anmeldung auch aktiv mit bewerten). Seine Schwäche ist, dass sich in den Bewertungen auch allgemeines Misstrauen, Abneigung gegen Pornografie oder beliebige andere Missbilligung durch die Nutzer niederschlagen können. Sie werden daher immer wieder rote Markierungen finden, die eigentlich unverdächtige Seiten brandmarken – einfach weil einige Nutzer sich irgendwie gestört fühlen. Dennoch ist die WOT-Bewertung sehr nützlich und durchaus erhellend.
- SiteAdvisor hat seinen Schwerpunkt vor allem bei Malware. Wenn also ein rotes X auftaucht, dann ist die Wahrscheinlichkeit hoch, dass es sich wirklich um eine Webseite mit Schadprogrammen handelt. Während SiteAdvisor also Porno-Seiten – anders als WOT – grün bewertet, sind hier auch harmlose Webseiten mit Scherzprogrammen rot markiert.

WOT und SiteAdvisor machen also nichts von selbst sicherer. Aber sie helfen Ihnen, schon bei den Suchergebnislisten – etwa von Google, Bing oder Yahoo! – jene Links zu erkennen, die möglicherweise durch SEO-Poisoning vergiftet sind. Das heißt, Ihre Sicherheit steigt prozentual um einige Punkte, wenn Sie prinzipiell alle gelb und rot markierten Seiten meiden.

WOT und SiteAdvisor gibt es für Firefox und Chrome. Falls SiteAdvisor in der aktuellen Firefox-Version nicht arbeitet, verwenden Sie ersatzweise *Bitdefender Trafficlight* (*http://trafficlight.bitdefender.com*).

Fazit: Ein Muss.

Kostenfinder

Zur Abwechslung mal ein staatliches Plug-in: Auf der Website *www.bmelv.de/DE/Verbraucherschutz/Telekommunikation/KostenfinderEinstieg/KostenfinderEinstieg_node.html* finden Sie Kostenfinder, eine Software des Bundesministeriums für Ernährung, Landwirtschaft und Umweltschutz.

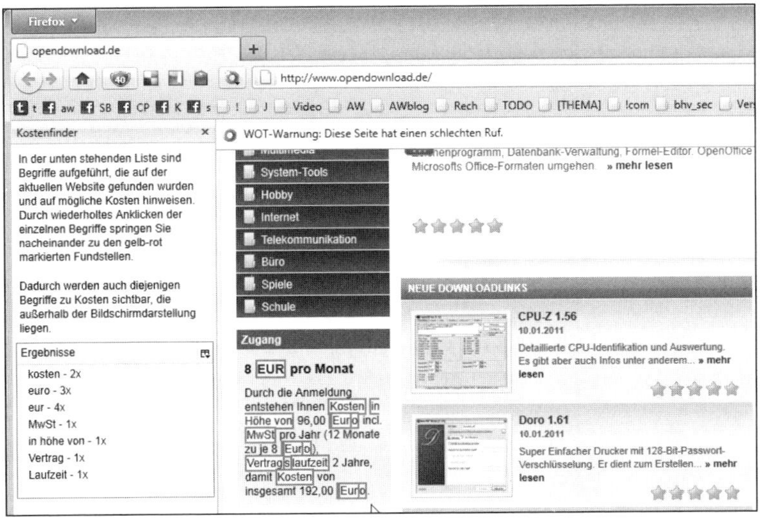

Abbildung 4.85: Kostenfinder macht auf Unkosten aufmerksam

Die Idee ist ganz clever: Sie klicken auf das neue, etwas unscheinbare Kostenfinder-Logo mit dem kleinen Warndreieck. Als Folge markiert Kostenfinder automatisch jene Begriffe auf einer Website, die auf (versteckte) Kosten hindeuten. Markiert werden etwa Euro-Zeichen oder Begriffe wie *Abo*, *kostenpflichtig* oder *Mehrwertsteuer*, die das Add-on zudem zählt und noch mal extra anzeigt.

Kostenfinder gibt es für Firefox und Chrome.

Fazit: Meines Erachtens ein absolutes Muss, denn die Kosten springen einem damit wirklich ins Auge.

NoScript

NoScript (*http://noscript.net*) funktioniert ganz ähnlich wie Flashblock, nur mit Skripten. Per Vorgabe deaktiviert NoScript alle Skripte und blockiert auf diese Weise jegliche Inhalte.

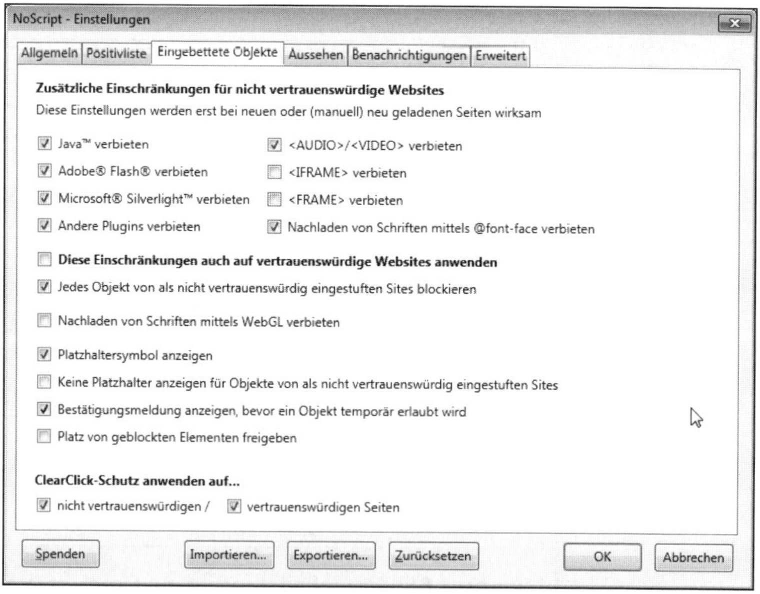

Abbildung 4.86: NoScript-Einstellungen

Das ist wörtlich zu nehmen, und hier liegt auch gleich das Problem dieser Erweiterung: Zahlreiche Websites sind damit nur noch eingeschränkt nutzbar. Die Idee ist ja, dass Sie der Website jeweils die Skripte erlauben und so wie bei Flashblock eine Whitelist der Seiten aufbauen, denen Sie Skripte erlauben.

Besuchen Sie mit NoScript eine Website, blendet sich eine Infoleiste ein und erlaubt es Ihnen, die aktuelle Seite für Skripte freizugeben. Dabei werden Sie schnell feststellen, dass eine Seite zahlreiche Skripte nicht nur von sich selbst, sondern von Drittanbietern verwendet (Werbung, Nutzeranalyse usw.).

Sie können jeder Website über das Menü *Nicht vertrauenswürdig* den Zugriff verbieten oder verbotenen Websites den Zugriff gewähren.

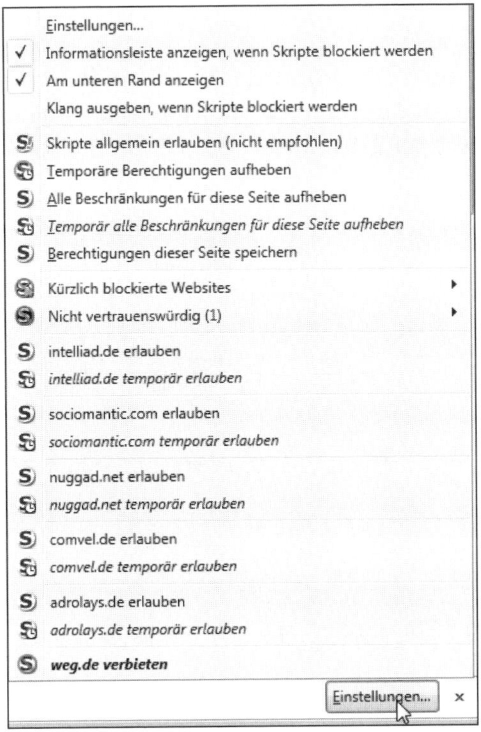

Abbildung 4.87: NoScript

Es sei nicht verschwiegen, dass dieses Plug-in beim Surfen wirklich deutlich auffällt, weil es so ungeheuer viele Werbeanbieter und Analyse-Skripte gibt. Es kann geradezu nerven. Dafür macht es das Surfen wirklich sicherer. Wenn Sie auf einer Seite echte Probleme haben, wählen Sie einfach *Temporär alle Beschränkungen für diese Seite aufheben*.

NoScript gibt es für Firefox, auf Chrome existiert ein Pendant namens NoScripts.

Fazit: Eher was für fortgeschrittene Anwender. Man darf nicht davon genervt sein, dass ständig Website-Skripte bemängelt werden. Wenn es Sie zu sehr nervt, probieren Sie Ghostery.

Ghostery

Ghostery (*www.ghostery.com*) bietet etwas Ähnliches wie NoScript, allerdings nicht ganz so brachial. Statt alles zu sperren (und auch sehr spezielle Angriffe wie Cross-Site-Scripting abzuwehren), konzentriert sich Ghostery auf Tracker aller Art und erlaubt zunächst alles – Sie können es jedoch jeweils sperren.

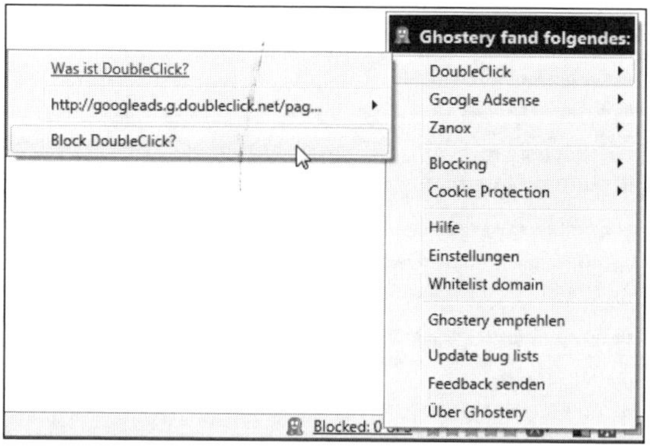

Abbildung 4.88: Ghostery spürt Tracker auf

Ist Ghostery installiert, sehen Sie sofort, welche Tracker (Google Analytics, Werbenetzwerke, Klickzähler) auf der aktuellen

Seite aktiviert sind. Indem Sie auf die Angabe der geblockten Sites rechts neben dem blauen Geist-Icon klicken, können Sie bestimmte Tracker sperren.

Ghostery gibt es für Firefox und Chrome.

Fazit: Ghostery arbeitet weit weniger restriktiv als NoScript und macht daher kaum Probleme, ist dafür aber deutlich weniger sicher. Interessant ist es in jedem Fall, weil es ein Bewusstsein dafür schafft, wo und durch was man überall getrackt wird.

Bitdefender Quickscan

Bitdefender hat einen kleinen Virenscanner namens *quickscan.bitdefender.com/de/* veröffentlicht, den man direkt im Browser installieren und starten kann. Streng genommen ist es ein Online-Scanner wie die oben genannten, aber nach dem erstmaligen Starten verankert er sich als Anwendung in Firefox und kann jederzeit über den roten Button aufgerufen werden.

Abbildung 4.89: Kostenloser Schnell-Scan

Fazit: Muss man nicht haben, ist aber ganz nett.

Browser als Sicherheitszonen verwenden

Errichten Sie auch beim Browser Sicherheitszonen: Definieren Sie unsichere Webseiten und verwenden Sie dort sichere Browser und umgekehrt.

Ein Beispiel: Mit Opera haben einige Anwender, so hört man, immer wieder mal Probleme beim Online-Banking. Vorschlag also: Verwenden Sie den hier meist problemlos arbeitenden Internet Explorer fürs Online-Banking – aber für nichts anderes. Verwenden Sie für bekannte und Ihnen wichtige Websites (Mail, News, Facebook) dann zum Beispiel Firefox.

Opera härten

Wenn Sie sich auf völlig unbekanntes Web-Terrain begeben, dann nehmen Sie Opera.

- Schalten Sie dort über *Opera / Einstellungen / Einstellungen* im Register *Erweitert*, Abschnitt *Inhalte*, die Optionen *JavaScript aktivieren* und *Plug-ins aktivieren* ab. Damit ist auch Flash deaktiviert.
- Bei Bedarf (und nur dann) drücken Sie einfach F12 und können jederzeit vorübergehend Plug-ins wieder anschalten.

Noch härter: Dooble

Ein ganz und gar auf Sicherheit getrimmter Browser ist *Dooble* (*http://dooble.sourceforge.net*). Allerdings ist er hässlich und wenig komfortabel, weil er automatisch auch Spuren vermeidet. Er ist wirklich nichts für den Gebrauch auf Ihren alltäglichen, unkritischen Seiten.

- Wählen Sie in Dooble *Fenster / Einstellungen* und deaktivieren Sie dort Java und JavaScript – Flash kann er von Haus aus nicht.
- So eingestellt, ist er der ideale Browser für eine Surftour ins Ungewisse oder auf möglicherweise gefährlichen Seiten.

Sicherer durch alternativen DNS-Server

Das Web besteht keineswegs aus Namen wie *www.example.com*, sondern aus Zahlen, denn nur mit denen kann der Computer umgehen. Damit wir Menschen dennoch Namen verwenden können, existiert ein allgemeines Mache-Namen-zu-Zahlen-System namens *Domain Name System* (*DNS*).

Zahlreiche *DNS-Server* sind dafür zuständig, für alle Rechner im Internet solche Domainnamen in Zahlen umzuwandeln. Ihr jeweiliger DNS-Server wird Ihnen (meist: Ihrem Router) bei der Einwahl zugeteilt und automatisch verwendet.

DNS kann man aber auch verwenden, um Webseiten zu blockieren: Ein DNS-Server könnte auf eine Anfrage einfach keine Antwort oder als Antwort eine Umleitung auf eine andere Adresse liefern.

Das ist das Prinzip von alternativen DNS-Servern wie *Norton DNS* (*http://nortondns.com*). Sie besitzen eine Liste von Domainnamen, die für Malware-Verbreitung bekannt sind, und führen die korrekte Umrechnung von Adresse zu Zahlen nicht durch, wenn die Seite gefährlich ist. Indem Sie einen solchen DNS konfigurieren, verhindern Sie, dass Ihr PC einen Teil gefährlicher Seiten überhaupt aufrufen kann.

So geht's:

- ✓ Öffnen Sie *Systemsteuerung / Netzwerk und Internet / Netzwerk- und Freigabecenter* und klicken Sie auf *LAN-Verbindung*.
- ✓ Klicken Sie auf *Eigenschaften* und bestätigen Sie die Rückfrage gegebenenfalls mit *Ja*.
- ✓ Klicken Sie doppelt auf *Internetprotokoll Version 4 (TCP/IPv4)*.

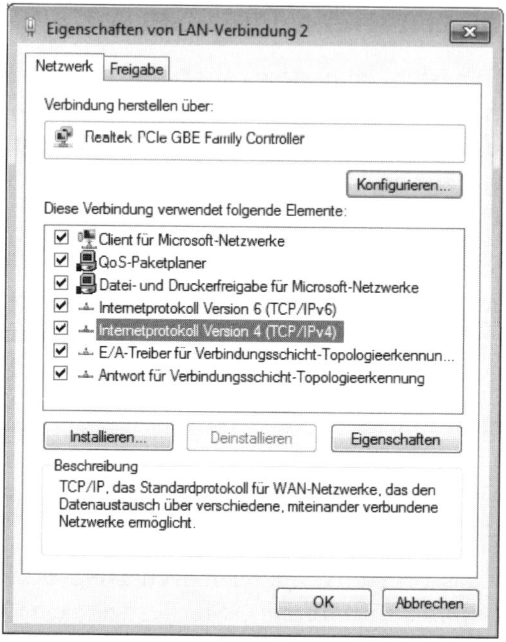

Abbildung 4.90: Einstellung des Internet Protocol V4

- Schalten Sie unten um von *DNS-Serveradresse automatisch beziehen* auf *Folgende DNS-Serveradressen verwenden.*
- Tragen Sie als *Bevorzugter DNS-Server* den neuen DNS-Server ein, den Sie nutzen wollen, also `198.153.192.1` für Norton DNS.
- Tragen Sie bei *Alternativer DNS-Server* die zweite Zahl des DNS-Servers ein: `198.153.194.1` für den sekundären Norton DNS. Falls der primäre Server mal ausfällt, kann Windows dann den sekundären nehmen.
- Klicken Sie auf *OK* und machen Sie die ganzen Fenster wieder zu.

Die Änderung ist sofort aktiv.

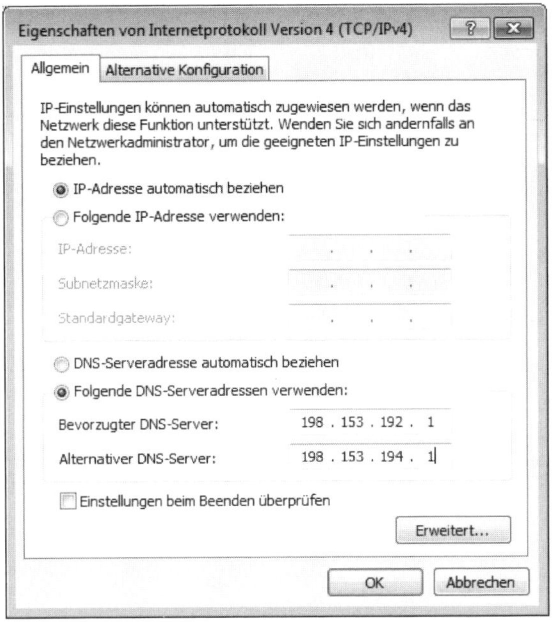

Abbildung 4.91: Neue DNS-Serveradressen

Norton DNS ist empfehlenswert, wenn man sich keine Sorgen um den Datenschutz macht, denn funktionsbedingt kann der Norton DNS jede Webadresse aufzeichnen, die Sie eingeben (vorher konnte das der DNS-Server Ihres Internet-Providers). Den Norton DNS zu benutzen, bedeutet keine hundertprozentige Sicherheit, aber eben wieder ein paar Prozent weniger Angriffswahrscheinlichkeit.

Eine Alternative ist *Comodo Secure DNS* (*www.comodo.com/secure-dns/*) mit den IPs *156.154.70.22* und *156.154.71.22* als DNS-Adresse.

KAPITEL

5

Anti-Crash-Upgrade: Backup

Windows 7 hat bereits ein eingebautes Backup. Sicherer als ein Backup sind aber deren zwei, plus kontinuierliches Backup. Mit verschiedenen Werkzeugen machen Sie Ihren PC absolut Crash-sicher.

Anti-Crash-Upgrade: Backup

Früher verschwanden unsere Schallplatten auf Partys. Bei Umzügen gingen Fotos verloren. Lieblingskugelschreiber wechselten unmerklich den Besitzer. Und mit dem Verlust persönlicher Gegenstände verschwand in der Regel auch ein Stück Erinnerung auf Nimmerwiedersehen.

Heute verlieren wir ein Notebook und damit alles auf einmal: Urlaubsfotos, die MP3-Musiksammlung, Dokumente und PDF-Belege. Denn alles ist nur noch eine Datei.

Wer sich komplett virtualisiert hat, hängt am seidenen Faden über dem digitalen Abgrund. Denn zum virtuellen Lifestyle gehören Bedrohungen, die leider überhaupt nicht virtuell sind: PC-Ausfall, Festplatten-Crash, Angriffe aus dem Netz.

Es dauert nur einen Wimpernschlag – schon haben sich unsere Daten ins digitale Nirwana verabschiedet, ohne Chance auf Wiederherstellung.

Es sei denn, Sie haben ein Backup.

Verschiedene Backup-Typen

Wenn es um Backups geht, dann ist *Redundanz* das Zauberwort: Alle Daten existieren am besten zweimal: einmal als Original, einmal als Backup. Windows 7 verfügt über ein eingebautes Backup-Programm, und das ist gar nicht mal schlecht – mehr darüber lesen Sie in Kapitel 3.

Redundanz ist gut, *mehr* Redundanz ist besser. Daher schadet es nicht, sich zusätzlich zum Windows-Backup noch ein, zwei weitere Gedanken zum Backup zu machen.

Das einfache Datei-Backup

Beim einfachen *Datei-Backup* geht man wie folgt vor:

- Man nimmt jede seiner Dateien und erzeugt davon eine Kopie auf einem Backup-Medium, zum Beispiel einer zweiten Festplatte.

Hat man also zehn Dateien zu sichern, dann wird bei einem täglichen einfachen Datei-Backup jede Datei gesichert. Sie könnten, um das zu tun, auch einfach den Ordner mit Ihren Daten kopieren.

Wenn das täglich mit 10.000 Dateien zu passieren hat, dann wird das etwas mühsam. Die Spezialisten unterscheiden daher:

- *Vollbackup*: Dabei wird alles gesichert, was zu sichern ist. Dauert lang, speichert alles.
- *Differenzielles Backup*: Dabei wird nur gesichert, was sich seit dem letzten Vollbackup geändert hat. Dauert weniger lang, ist sehr effektiv, geht aber davon aus, dass das Vollbackup regelmäßig stattfindet.
- *Inkrementelles Backup*: Dabei wird alles gesichert, was sich seit dem inkrementellen Backup geändert hat. Noch effektiver beim Sichern.

Windows 7 kombiniert bei der Sicherung nach Zeitplan ein Image-Backup mit einem inkrementellen Backup. Mit *Backup Service Home*, das in diesem Kapitel vorgestellt wird, können Sie ein zusätzliches Datei-Backup hinzufügen.

Das Image-Backup

Das ist eine Sonderform des Vollbackups, die dadurch nötig wird, dass es zum Beispiel bei Windows nicht reicht, die Dateien von Windows auf die Festplatte zu kopieren, um es starten zu können.

Das Image-Backup heißt bei Windows 7 *Systemabbild erstellen*. Die Alternative Paragon Backup & Recovery Free stellt dieses Kapitel vor. Beide sind nur sinnvoll in Kombination mit einem zusätzlichen Datei-Backup.

Zusätzliche Backup-Typen

Dank moderner Software gibt es noch zwei Typen, die im Wesentlichen differenzielle Backups sind:

- *Online-Backup*: Dabei speichert eine Software Ihre Dateien (eine reduzierte Untermenge) in einem Online-Speicher auf dem Server des Anbieters. Dieses Kapitel stellt dafür Tools wie IDrive oder Dropbox vor.
- *Kontinuierliches Backup*: Die Software sichert hier Ihre Dateien, aber nicht einmal am Tag, sondern ununterbrochen (oder zumindest in extrem kurzen Abständen). Dieses Kapitel stellt dafür Tools wie IDrive oder Backup Home Service vor.

Beide Methoden eignen sich als Ergänzung zu einem bestehenden (Voll-) Backup, um auch aktuellste Änderungen noch sichern zu können.

Alternativen zum Windows-Backup

Das Windows-Backup ist schon ein guter Schritt in die richtige Richtung. Es hat allerdings zwei gewichtige Nachteile:

- Es kann pro Ziel-Datenträger nur ein Image-Backup erzeugt werden. Wenn Sie also den „Stand von April“ wiederhaben wollen, bietet Windows zu wenig oder Sie müssen mit Tricks arbeiten.
- Es bietet keine Extras.

Vor allem weil Windows früher überhaupt keine vernünftige Backup-Software mitbrachte, hat sich ein eigener Markt für entsprechende Tools entwickelt. Drei kommerzielle Vertreter will ich kurz nennen, weil ich sie bereits im Einsatz hatte:

- *Acronis True Image* (*www.acronis.de*): Existiert schon seit Jahren und gilt als bewährte Backup-Software, die sowohl Image-Backups als auch Datei-Backups durchführt. Bietet sehr viele Funktionen, unter anderem ein kontinuierliches Backup. Etwa 50 Euro.

- *Paragon Backup & Recovery* (*www.paragon-software.com/de/*): Hieß früher Paragon Drive Backup und ist ebenfalls ein schon jahrelang bekanntes Produkt, das sich im Kern kaum verändert hat und nur jeweils seine Bedienoberflächen dem Zeitgeist anpasst. Steht in seinem Funktionsumfang dem Acronis-Produkt kaum nach und kann Backups zum Beispiel auch auf FTP-Servern speichern. Ab etwa 30 Euro.
- *Langmeier Backup* (*www.langmeier-software.com*): Ein verhältnismäßig neuer Player im Markt, der aber von Anfang an mit einem sehr durchdachten Produkt, schlüssiger Bedienung und vielen Funktionen zu überzeugen wusste. Ein Tipp für Business-Anwender mit erhöhtem Sicherheitsbedarf. Circa 40 Euro.

Mein persönlicher Favorit ist Paragon Backup & Recovery, einfach weil ich damit in der Vergangenheit die besten Erfahrungen gemacht habe.

HINWEIS

Sie können übrigens reichlich Geld sparen, wenn Sie die Programme nicht bei den Herstellern erwerben, sondern bei Online-Shops wie Amazon. Achten Sie außerdem auf die Unterschiede zwischen Einsteigerversionen und Profiversionen. Zum Beispiel kostet Paragon Backup & Recovery 10 Suite offiziell knapp 50 Euro, doch für die meisten Nutzer reicht garantiert die Version Paragon Backup & Recovery 10 Home für knapp 30 Euro, die wiederum bei Amazon für 15 Euro zu haben ist.

Noch günstiger ist eigentlich nur gratis, und das geht auch.

Kontinuierlich: Backup Service Home

Backup Service Home (*www.alexosoft.de/de/produkte/backup-service-home/*) ist ein kostenloses Backup-Programm, das stündlich die von Ihnen angegebenen Verzeichnisse auf einen nahezu beliebigen Zielspeicher (auch im Netz) sichert.

Dabei werden nicht nur die Daten, sondern auch Versionen gespeichert. Stündlich gesicherte Versionen sind einen Tag lang verfügbar; mindestens eine tägliche Version bewahrt Backup Service Home für die letzten 30 Tage auf. Und wöchentliche Versionen sichert Backup Service Home, solange auf dem Zielmedium Platz ist.

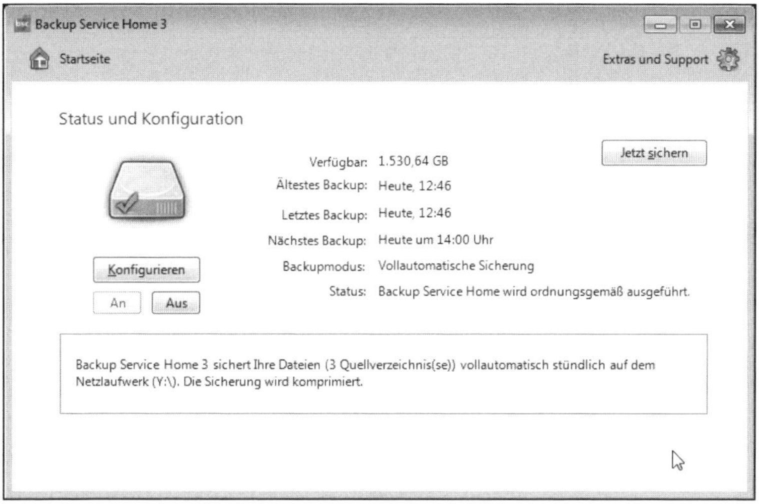

Abbildung 5.1: Backup Service Home

Ersteinrichtung

Nach der Installation müssen Sie Backup Service Home zunächst grundsätzlich konfigurieren:

- Doppelklicken Sie im Infobereich rechts unten auf das Symbol von Backup Service Home und wählen Sie *Konfigurieren*.
- Klicken Sie auf *Hinzufügen*, um Verzeichnisse, die Sie sichern wollen, in das Backup mit einzuschließen. Das Benutzerverzeichnis wird automatisch mit gesichert. Klicken Sie dann auf *Weiter*.

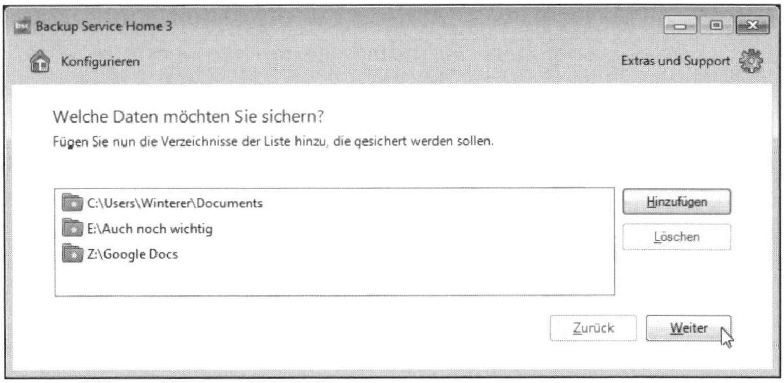

Abbildung 5.2: Zu sichernde Verzeichnisse

- Im nächsten Schritt legen Sie das Ziel fest.
  - Für dieses Backup-Programm sollte das Ziel immer verfügbar sein, also eine zweite Festplatte im Rechner oder eine, die immer angeschlossen ist.
  - Alternativ verwenden Sie ein Netzwerklaufwerk. Mit Windows-Freigaben, etwa von einem Heim-NAS, kann Backup Service Home problemlos umgehen, sofern diese als Netzlaufwerke angebunden und damit als Laufwerkbuchstabe ansprechbar sind.
  - Im Register *FTP-Server* können Sie die IP-Adresse, Zugangsdaten und Verzeichnisse eines FTP-Servers angeben, den Backup Service Home als Speicher verwenden kann. Viele DSL-Router können zum Beispiel an sie angeschlossene Festplatten via FTP verfügbar machen, auch Media-Player lassen sich so verwenden. Wer möchte, kann auf diese Weise sein Backup auch auf einem Server im Internet ablegen. Schalten Sie dann aber unbedingt die Verschlüsselung an (siehe unten).
- Klicken Sie auf *Weiter*.

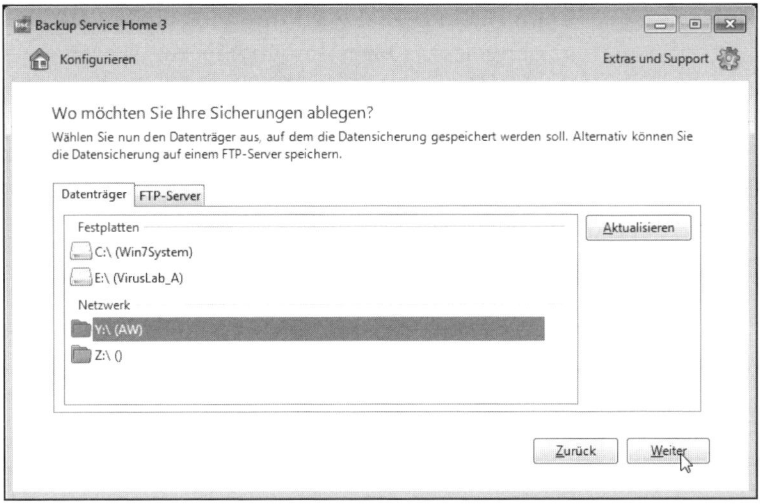

Abbildung 5.3: Datensicherung auf verbundenem Netzlaufwerk

- Wählen Sie *Datensicherung automatisch einrichten* und klicken Sie auf *Weiter*. Backup Service Home legt sofort los.

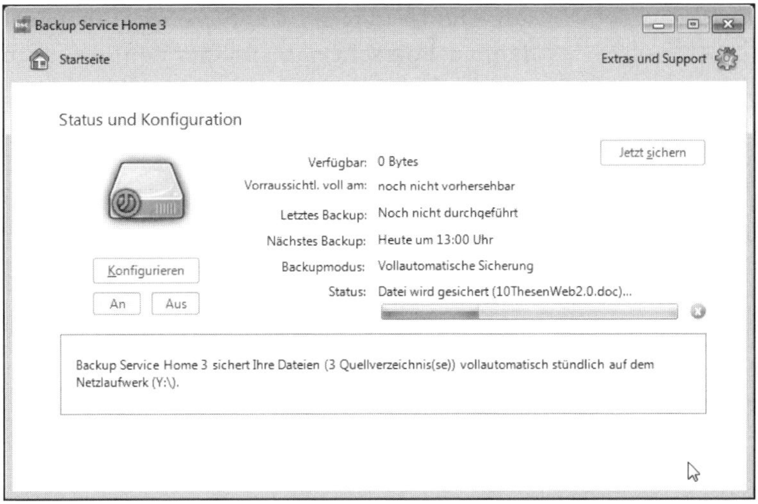

Abbildung 5.4: Erste Sicherung mit Backup Service Home

Beim Backup-Ziel wird übrigens ein Verzeichnis namens *Backups* angelegt. Darin finden Sie ein Unterverzeichnis mit dem Rechnernamen, sodass Sie problemlos mehrere PCs auf einen Netzspeicher sichern können.

Konfiguration

Per Vorgabe sichert Backup Service Home stündlich die von Ihnen ausgewählten Daten.

- Sie können das ständige Sichern abschalten, indem Sie auf der Hauptseite auf *Aus* klicken.
- Die Feinheiten Ihres Backups ändern Sie, indem Sie auf *Konfigurieren* klicken.
- Im Register *Quellverzeichnisse* fügen Sie bei Bedarf weitere Verzeichnisse für das Backup hinzu.
- Im Register *Medium* ändern Sie nachträglich das Backup-Ziel.
- Im Register *Modus* legen Sie fest, wie oft gesichert werden soll. Die *Vollautomatische Sicherung* arbeitet stündlich und ist damit schon sehr nah an einer kontinuierlichen Sicherung.

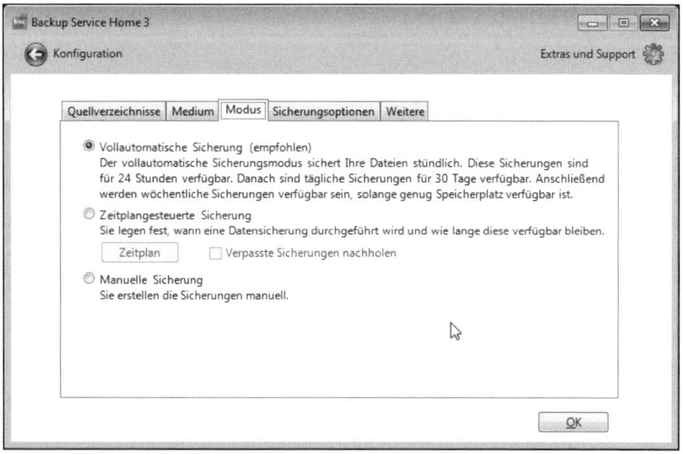

Abbildung 5.5: Backup-Modus für stündliche Backups

- Wer so viel Sicherung nicht braucht, legt zum Beispiel über *Zeitplangesteuerte Sicherung* fest, dass Backup Service Home nur einmal täglich sichern soll, am besten nach getaner Arbeit.
- Das Register *Sicherungsoptionen* erlaubt es Ihnen, Dateien zum Beispiel komprimieren zu lassen. Das erfordert allerdings deutlich mehr Rechenzeit und empfiehlt sich nur bei schnellen Rechnern.
- Die Option *Datensicherung verschlüsseln* im Register *Sicherungsoptionen* empfiehlt sich für alle, die zum Beispiel auf einen FTP-Server im Internet oder im Kleinbüro auf ein gemeinschaftlich genutztes NAS sichern.

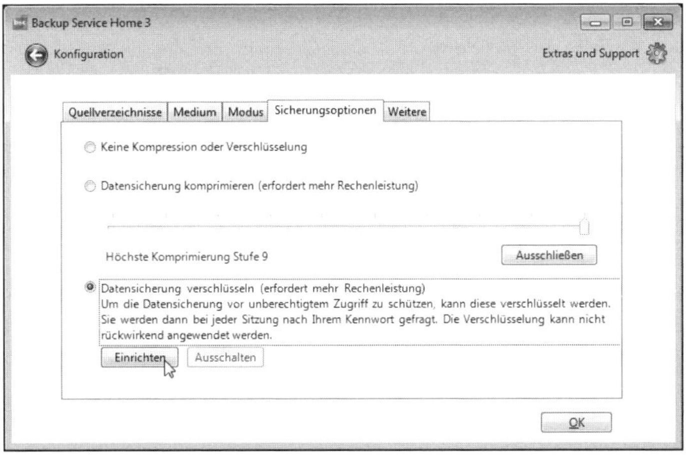

Abbildung 5.6: Sicherungsoptionen

- Klicken Sie in diesem Fall auf *Einrichten*, um ein möglichst langes Kennwort für die Verschlüsselung anzugeben.
- Über *Weitere* lassen sich verschiedene Kleinigkeiten konfigurieren, etwa dass Backup Service Home kein Backup im Akkubetrieb eines Notebooks durchführen soll.

Übrigens: Über *Extras und Support / Auf Aktualisieren prüfen* kann Backup Service Home nach möglichen Updates Ausschau halten.

Wiederherstellung

Anders als ein Image-Backup zum Beispiel mit Paragon Backup & Recovery Free können Sie Backup Service Home nur mit einem laufenden Windows verwenden und dann nur gesicherte Dateien zurückspielen.

- Zur Wiederherstellung klicken Sie mit der rechten Maustaste auf das kleine grüne *bsc*-Icon im Infobereich und wählen *Backupbrowser*.

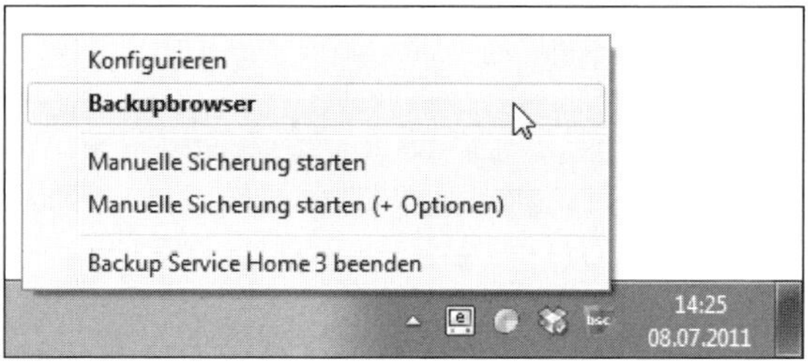

Abbildung 5.7: Backupbrowser starten

- Im Backupbrowser sehen Sie die verschiedenen Sicherungen nach Datum und Uhrzeit. Wählen Sie die gewünschte, markieren Sie darin Dateien und Ordner und klicken Sie rechts oben auf *Wiederherstellen* (siehe Abbildung 5.8).
- Backup Service Home stellt die Dateien am ursprünglichen Ort wieder her. Vorsicht also beim Zurückspielen älterer Dateien, denn diese könnten überschrieben werden (Windows fragt sicherheitshalber nach).

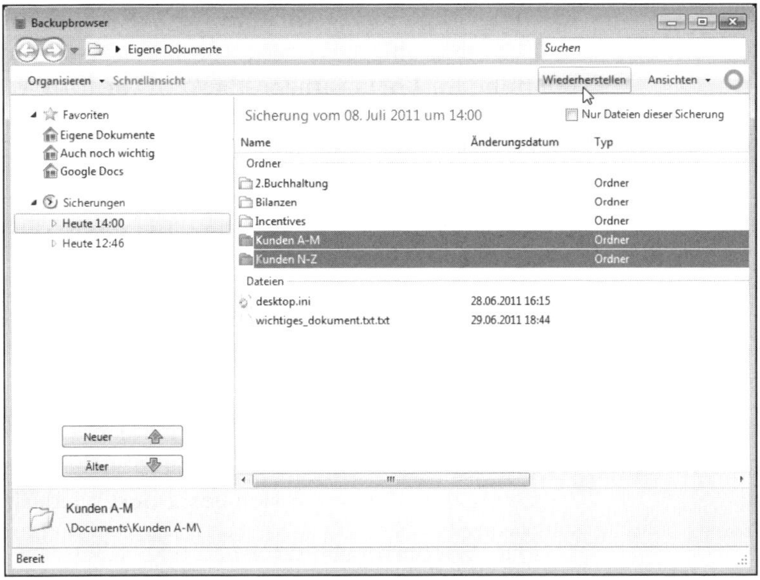

Abbildung 5.8: Dateien aus Backups wiederherstellen

Fazit: Backup Service Home

Wegen seiner stündlichen Arbeitsweise und weil es problemlos auch mit eingebundenen Netzlaufwerken oder FTP-Servern umgehen kann, ist Backup Service Home für jede Benutzergruppe eine unentbehrliche Ergänzung zu Windows-Backup (siehe Kapitel 3).

Image-Alternative: Paragon Backup & Recovery Free

Paragon bietet bereits seit geraumer Zeit eine kostenlose Version seiner Image-Backup-Software *Paragon Backup & Recovery Free* an. Für den normalen Anwender reicht diese völlig aus, um ein Windows-System als Ganzes manuell zu sichern. Es fehlen nur einige fortgeschrittene Optionen, die man aber selten braucht. Ich empfehle daher diese Paragon-Version, um generell mit dem Thema Image-Backup warm zu werden.

Grundsätzliche Vorteile:

- Sie können ein Image Ihrer Festplatte auf nahezu beliebige Zielmedien (externe Festplatten, Netzwerklaufwerke, DVD) schreiben.
- Das Image-Backup lässt sich im laufenden Betrieb anfertigen, Sie müssen den PC nicht neu starten und können weiterarbeiten.
- Das Image-Backup kann nicht nur die Systempartition *C:*, sondern auch weitere Partitionen sichern, auch den Bootsektor. Sie alle lassen sich gesondert wiederherstellen.
- Das Wiederherstellen ist direkt über das Windows-Programm, aber auch über eine Rettungs-CD oder einen Rettungs-USB-Speicherstick möglich.
- Es lassen sich einzelne Dateien aus dem Image-Backup wiederherstellen.

Brauchen Sie das wirklich?

Nein,

- wenn Sie Windows-Backup regelmäßig verwenden.
- wenn Sie auch mal ein erfolgreiches Restore mit Windows durchgeführt haben und sicher sind, dass die Wiederherstellung funktioniert.
- wenn die meisten Ihrer wichtigen Daten klar definierte Dateien wie etwa Bilder sind, die Sie manuell auf eine externe Festplatte sichern.
- wenn sich bei Ihnen nur wenig Daten im Alltag ändern.

Ja,

- wenn Sie nicht eines Tages das Problem haben wollen, dass Sie eine Wiederherstellung durchführen wollen – diese aber nicht funktioniert.
- Wenn Sie Windows Home haben, aber ein Image-Backup auf einen Netzwerkspeicher schreiben wollen. Das kann nämlich Windows 7 erst ab Professional.

Es geht hier also wirklich vor allem um ein *zusätzliches* Stück Sicherheit. Lassen Sie sich von mir nicht hysterisch machen: Mit Windows-Backup sind Sie bereits sehr gut abgesichert.

Wenn sich bei Ihnen ohnehin nur wenige Dateien pro Woche oder Monat ändern, dann ist das kontinuierliche Backup mit Backup Service Home (siehe oben) oder ein Online-Backup (siehe weiter unten) möglicherweise die bessere Ergänzung.

Installation

Sie finden die Software unter der Webadresse *www.paragon-software.com/de/downloads/free_downloads/* – falls diese nicht funktioniert, besuchen Sie die Basiswebsite und wählen darin *Downloads* und dann *Kostenlose Versionen*. Die Free-Version ist für den privaten Einsatz kostenlos, Sie müssen sich lediglich mit einer gültigen E-Mail-Adresse registrieren.

Achten Sie beim Download der Setup-Datei auf die korrekte Version Ihres Betriebssystems: Paragon Backup & Recovery Free läuft auf Windows 7, Vista und XP, aber für 32-Bit- und 64-Bit-Windows gibt es verschiedene Versionen.

HINWEIS

Während der Installation und bei jedem Start wird die Windows-7-Benutzerkontensteuerung jeweils um Erlaubnis fragen. Das ist bei einem Programm wie diesem, das tief in Windows eingreift, völlig normal.

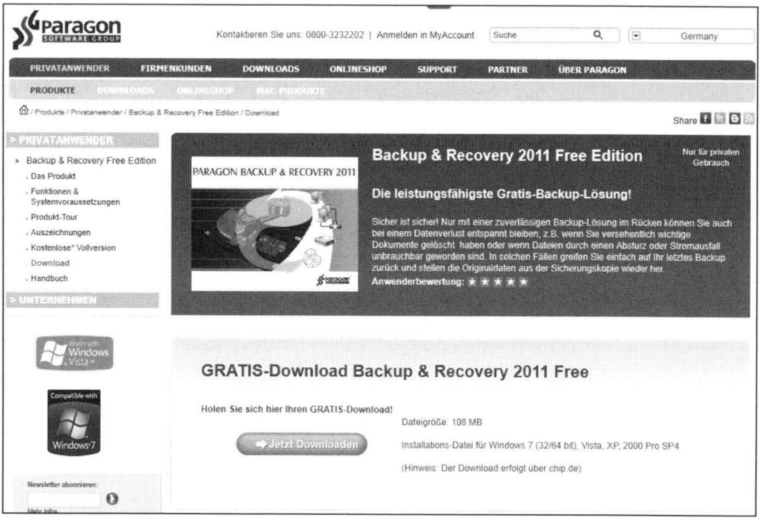

Abbildung 5.9: Paragon Backup & Recovery Free Edition

Während der Installation fragt die Software nach zwei Keys. Klicken Sie auf *Kostenlose Seriennummer anfordern*, gelangen Sie zu einer Website, die Namen und E-Mail-Adresse anfragt.

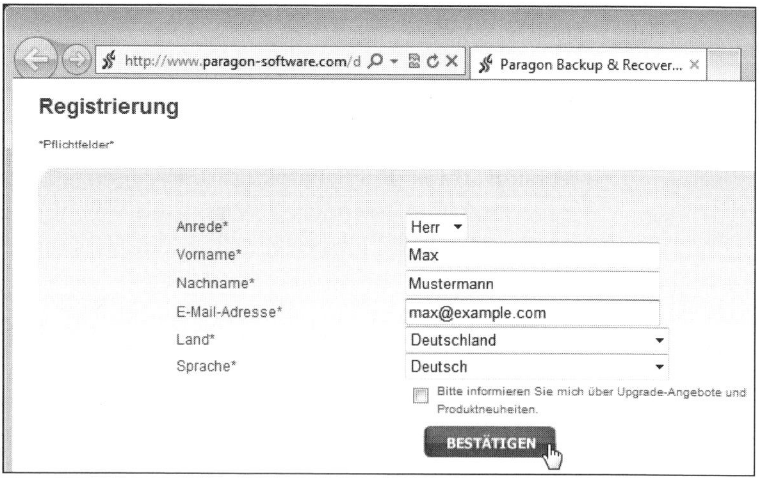

Abbildung 5.10: Seriennummer an E-Mail-Adresse schicken lassen

Verwenden Sie eine gültige E-Mail-Adresse, denn an diese wird der Key geschickt. Keine Angst vor Spam, mir ist der Anbieter bisher noch nicht negativ aufgefallen.

Kurze Zeit später haben Sie eine Mail mit dem Key im Posteingang. Wenn nicht, schauen Sie im Spam-Verzeichnis nach. Kopieren Sie die zweiteiligen Schlüssel via Cut & Paste in den Dialog.

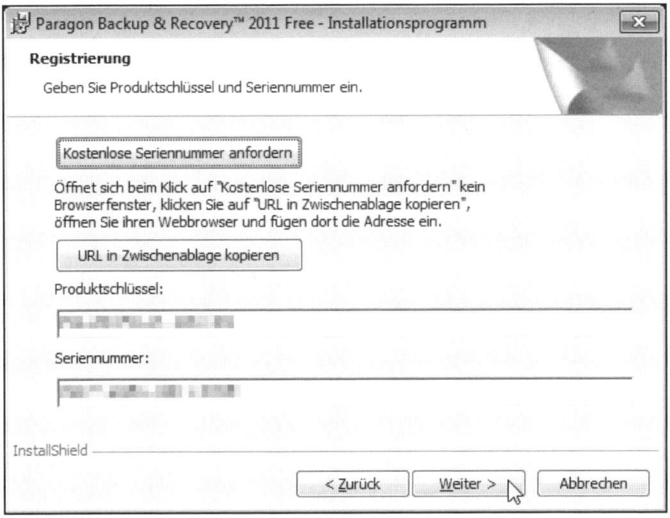

Abbildung 5.11: Seriennummer eingeben

Folgen Sie den weiteren Installationsschritten. Anschließend ist ein Neustart nötig, ehe die Software benutzbar ist.

Datensicherung mit dem Assistenten

Nach dem Neustart verbinden Sie etwaige externe Festplatten mit Windows und warten, bis diese angemeldet sind. Starten Sie Paragon Backup & Recovery Free.

- Wählen Sie *Sicherungsassistent.*

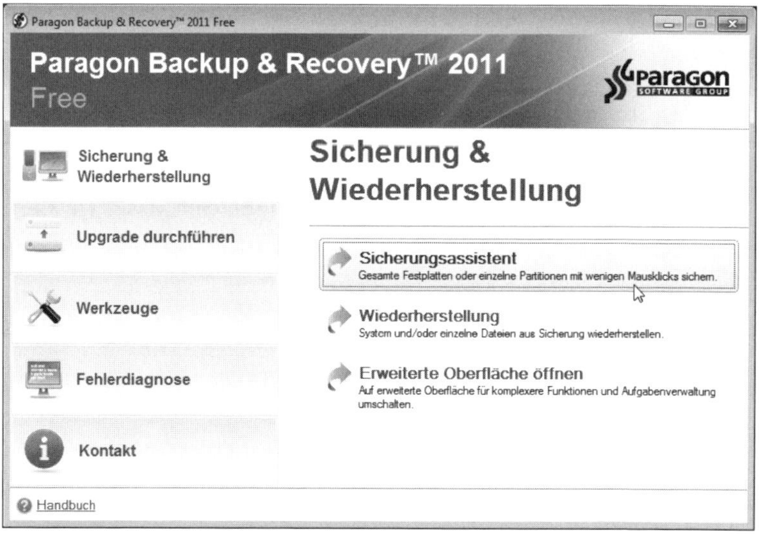

Abbildung 5.12: Sicherungsassistent

- Klicken Sie auf *Weiter* und Sie erhalten die Auswahl, welche Partitionen Sie in das Backup aufnehmen wollen. Bootsektoren werden extra aufgeführt. Vorsicht, auch die Zielfestplatte taucht hier auf, achten Sie deswegen auf die Bezeichnungen der Partitionen innerhalb einer Festplatte.
- Typischerweise markieren Sie auf der *Basisfestplatte 0* mindestens den *Master Boot Record* und die Festplatte *C:* für das Backup. Wenn Sie mehrere Partitionen mit Daten verwenden, können Sie an dieser Stelle entscheiden, auch diese in das Backup zu integrieren. Auf diese Weise lassen sich übrigens auch parallele Linux-Installationen von Windows aus sichern. Klicken Sie auf *Weiter.*

Je nach Windows-Installation sehen Sie auf der ersten Basisfestplatte auch noch einen Eintrag *System-reserviert*. Es handelt sich dabei um einen internen Bereich von Windows, den Sie sicherheitshalber mit ins Backup aufnehmen, auch wenn Sie ihn in der Regel nicht wiederherstellen.

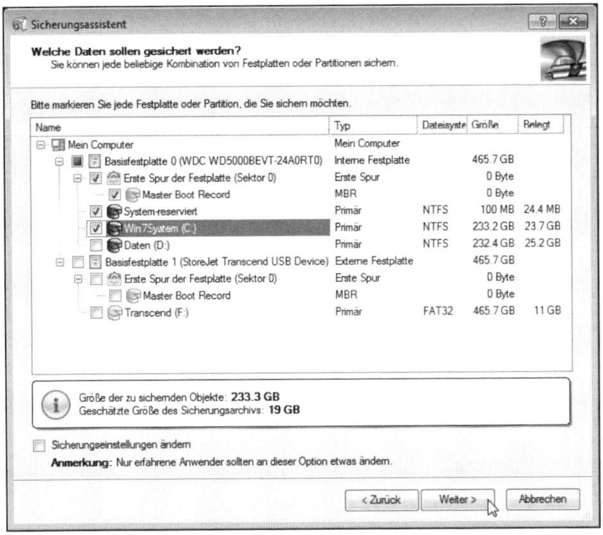

Abbildung 5.13: Wahl der zu sichernden Partition

Im folgenden Schritt können Sie festlegen, wo Sie das Backup ablegen wollen.

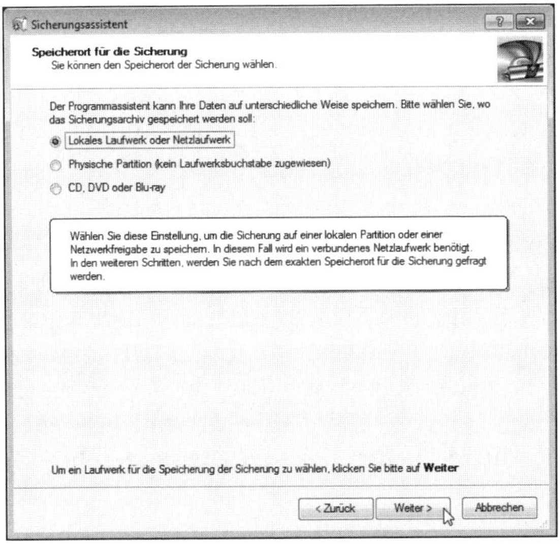

Abbildung 5.14: Speicherort festlegen

- Die verschiedenen Möglichkeiten haben Vor- und Nachteile:
  - *Lokales Laufwerk oder Netzwerklaufwerk*: Am besten ist ein zweites lokales Laufwerk, zum Beispiel eine zweite Festplatte im PC oder eine externe Festplatte. Ein Netzwerklaufwerk ist nur zu empfehlen, wenn Sie ein sehr schnelles Netz (Gigabit Ethernet) und einen schnellen Datenserver haben.
  - *Physische Partition (kein Laufwerksbuchstabe zugewiesen)*: Das wird nur angezeigt, wenn eine solche Konstellation wirklich vorhanden ist. Partitionen ohne Laufwerkbuchstaben sind in Windows unsichtbar, fortgeschrittene Anwender können sie anlegen, um ihren Platz nutzen zu können (etwa für Backups), ohne sie aber störend im Sichtfeld zu haben.
  - *CD, DVD oder Blu-ray*: Ganz allgemein gilt, dass diese Medien für Backups nicht geeignet sind. CDs sind zu klein, DVDs und Blu-rays als Datenmedium viel zu unsicher. Letztere kann man durchaus benutzen, wenn man sich dieses Problems bewusst ist. Im Zweifel entscheiden Sie sich besser für eine externe Festplatte, die noch dazu günstiger ist.
- Wählen Sie *Lokales Laufwerk oder Netzwerklaufwerk* und klicken Sie auf *Weiter*. Sie können nun das Zielmedium genau definieren.

> Da das Backup nicht nur gegen Virenbefall, sondern auch gegen einen Festplattencrash helfen soll, ist es unbedingt notwendig, das Backup nicht auf derselben physikalischen Festplatte zu speichern wie das Original, auch wenn das theoretisch möglich ist. Wählen Sie also als Ziel nach Möglichkeit externe Festplatten oder eine zweite interne, nicht jedoch eine weitere Partition der ersten Festplatte.

- Wählen Sie zunächst den Laufwerkbuchstaben des Zielmediums, etwa der externen Festplatte.

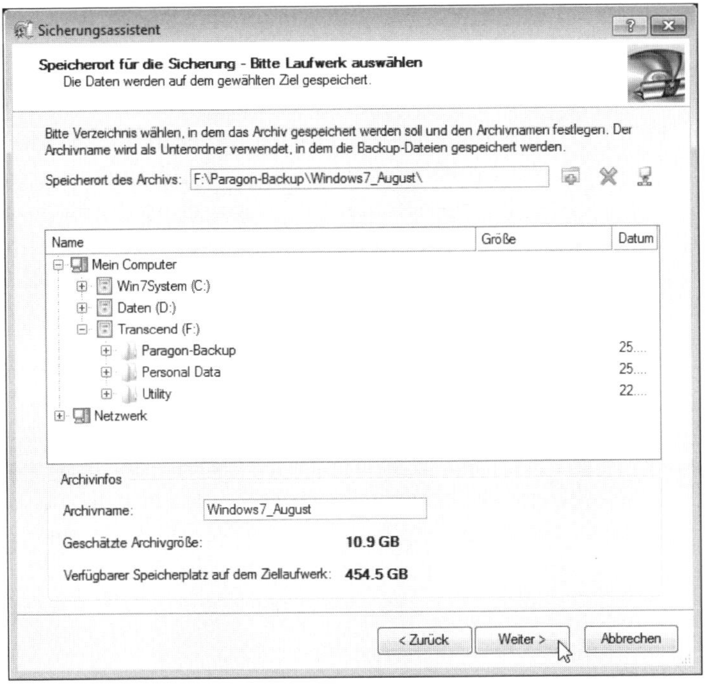

Abbildung 5.15: Speicherort auswählen

- Ein Klick auf das kleine Plus links neben jedem Partitionsnamen öffnet den Dateibrowser und erlaubt es Ihnen, das Backup in ein Unterverzeichnis zu speichern. Es lohnt sich, mit einem Klick auf *Neuen Ordner erstellen* (kleiner gelber Ordner mit grünem Plus) ein Verzeichnis wie *Image-Backups* anzulegen und dort das Backup zu speichern.
- Geben Sie bei *Archivname* den Namen des Backups an. Paragon Backup wird einen weiteren Ordner mit diesem Namen anlegen, in dem sich dann die Dateien des Backups befinden.

HINWEIS

Verwenden Sie nach Möglichkeit Datumshinweise im Archivnamen. So können Sie später gezielt das Backup eines bestimmten Datums zurückspielen.

- Klicken Sie auf *Weiter*, wählen Sie *Sicherung jetzt durchführen* und klicken Sie auf *Weiter*. Das Backup startet.
- Klicken Sie auf den kleinen Bereich *Mehr Optionen* links unten im Fenster: Dort markieren Sie *System nach Abschluss herunterfahren*, wenn Sie das Backup zum Beispiel vor dem Zubettgehen starten. Dann fährt die Software automatisch den PC herunter, sobald sie das Backup durchgeführt hat.

HINWEIS

Es ist mühsam, aber man sollte es dennoch tun: Führen Sie möglichst bald nach Ihrem ersten Backup ein Restore durch. Dann sehen Sie, ob auch das einwandfrei funktioniert. Führen Sie dann außerdem ein Restore mit der Rettungs-Disk (siehe weiter unten) durch, denn dann sehen Sie, ob auch diese reibungslos arbeitet. Es lohnt sich, vorher ein Backup mit dem Windows-eigenen Backup zu machen, falls beim Restore was schiefgeht. Die Erfahrung lehrt, dass stets ein Backup versagt – daher ist es besser, stets zwei zu haben.

Einstellungen anpassen

Paragon Backup & Recovery Free hat kaum Einstellungen, die Sie wirklich ändern müssen. Falls Sie es doch wollen:

- Starten Sie das Programm und wählen Sie auf der Startseite *Erweiterte Oberfläche öffnen*. Auf diese Weise startet die vollständige Oberfläche von Paragon Backup & Recovery Free. Dort können Sie die Funktionen der Software etwas flexibler handhaben als mit dem Assistenten, dafür ist es aber komplizierter.
- Wählen Sie *Allgemein / Einstellungen*: Hier legen Sie die verschiedenen Optionen des Programms fest.
- Im Bereich *Sicherungsarchive* lässt sich Folgendes einstellen:
  - Bei *Komprimierungsgrad* können Sie auf *Maximale Komprimierung* umschalten. Dann werden die Backups kleiner, aber das Backup dauert erheblich länger – vor al-

lem auf langsamen PCs. Wer eine Turbo-Kiste hat, kann es mal ausprobieren und die Zeiten vergleichen – meist lohnt es sich nicht.

- Im Abschnitt *Image teilen* ist festgelegt, dass die Backup-Dateien maximal 4 GByte groß sein dürfen (ältere Windows-Festplatten können keine größeren Dateien ansprechen). Wenn Sie die Funktion abschalten, erhalten Sie eine große statt vieler kleiner Backup-Dateien. Wenn Sie die Dateien später manuell auf eine andere Festplatte (etwa ein Netzwerklaufwerk) verschieben wollen, kann es sich lohnen, für weniger Probleme die Dateigröße auf 1 GByte zu reduzieren.

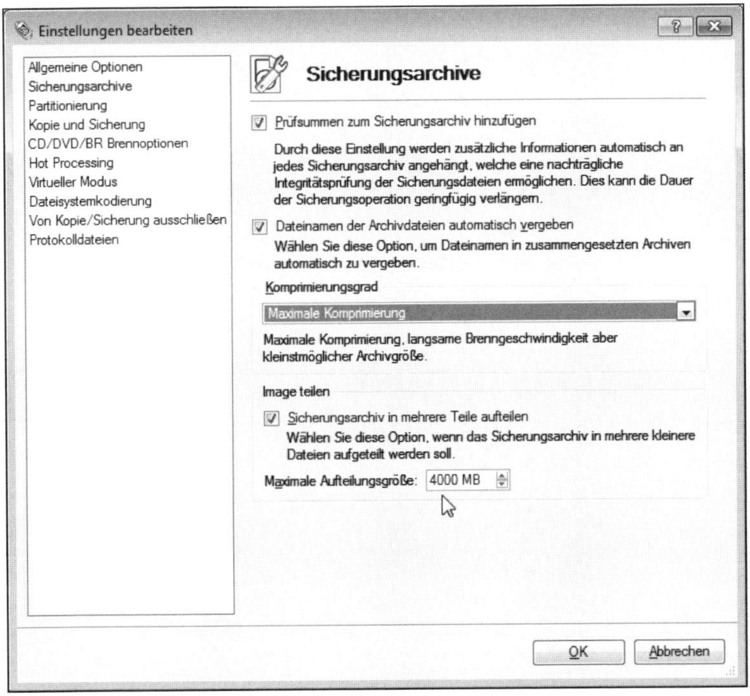

Abbildung 5.16: Einstellungen bearbeiten

> Mein persönlicher Rat: Die restlichen Einstellungen benötigen keine Anpassung, daher im Zweifel lieber die Finger davon lassen.

Rettungs-Disk erzeugen

Um einen früheren Zustand herzustellen und ein Restore durchzuführen, startet Paragon normalerweise nach einem Neustart ein spezielles Mini-Betriebssystem, führt die Änderungen durch und startet dann das wiederhergestellte Windows. Das funktioniert nicht immer, auch hat man gelegentlich kein Windows mehr, weil es völlig zerstört ist.

Dann hilft die Rettungs-Disk:

- Starten Sie dazu das Programm neu und wählen Sie auf der Startseite *Rettungs-Disk erstellen.*

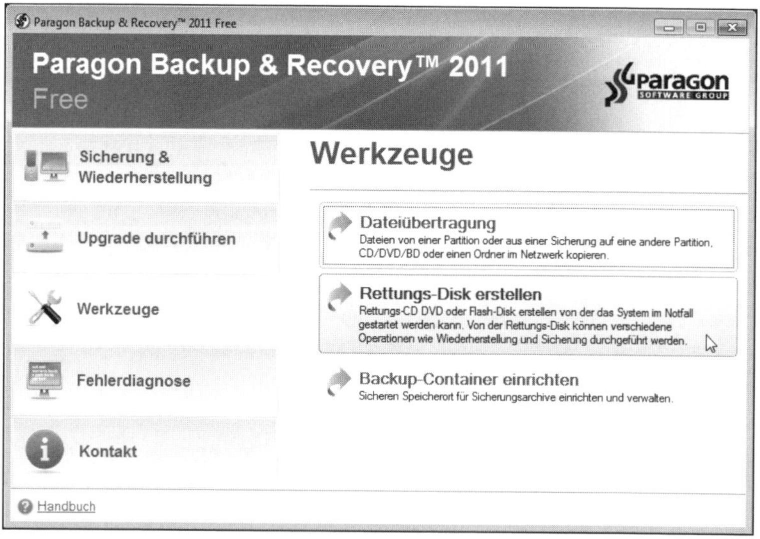

Abbildung 5.17: Rettungs-Disk erstellen

- Danach haben Sie die Wahl zwischen zwei Typen von Rettungs-Disk.

- *Flash-Speicher / USB*: Die Software erzeugt für Sie einen bootfähigen USB-Stick, der die Rettungssoftware enthält. Sie benötigen dazu einen USB-Stick mit etwa 100 MByte Platz – aber Vorsicht: Er wird bei der Prozedur komplett gelöscht. Vorteil: Funktioniert auch auf Netbooks ohne Brenner und ist schnell. Nachteil: Den USB-Stick sollten Sie danach für nichts anderes mehr verwenden, denn Sie brauchen ihn ja garantiert dann, wenn Sie ihn zweckentfremdet haben.
- *CD/DVD*: Die Software brennt für Sie eine CD (eine DVD ist nicht nötig), von der Sie später booten und das Rettungssystem starten. Vorteil: Funktioniert fast immer. Nachteil: Geht nicht auf Netbooks ohne Brenner und ist etwas langsamer (und lauter). Übrigens: Ein einfacher CD-Rohling reicht, eine DVD ist nicht nötig.

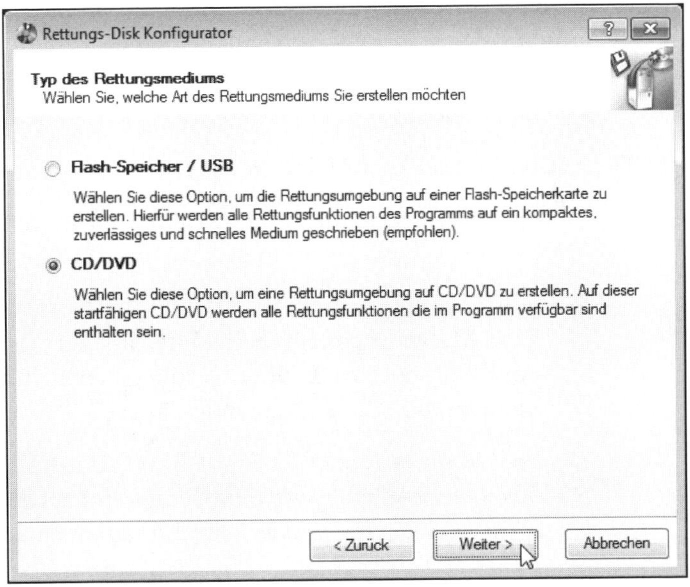

Abbildung 5.18: USB-Stick oder CD

- Klicken Sie auf *Weiter*.

- Belassen Sie die Einstellung auf *Typisch* und klicken Sie auf *Weiter*. Wählen Sie den Brenner und klicken Sie auf *Weiter*, wählen Sie bei CDs am besten die Schreibgeschwindigkeit *Minimal*, auf DVDs ist es egal. Aktivieren Sie die Option *CD nach dem Brennvorgang auswerfen* und starten Sie das Brennen mit *Weiter*.

Beschriften Sie die CD als *Paragon Free 2011 Rescue Disk* und bewahren Sie sie in der Nähe des PCs auf, falls mal was schiefgeht.

> HINWEIS
>
> Diese CD enthält nicht die eigentliche Windows-Software, sondern ein bootbares Mini-Linux samt Paragon-Software. Sie können damit auch dann eine Windows-Partition zurückschreiben, wenn Windows selbst nicht mehr startet, etwa wenn Sie nach einem Crash auf eine neue Festplatte umziehen oder Windows von einem Schadprogramm lahmgelegt wurde.

Paragon-Backup zurückschreiben

Das ganze Backup macht ja nur Sinn, wenn Sie die gesicherten Daten auch zurückschreiben können. Das ist zum Beispiel in folgenden Fällen nützlich:

- Eine Malware hat Ihren Rechner infiziert. Sie können diese zwar halb entfernen, aber wirklich sicher sind Sie sich nicht. Dann stellen Sie einfach einen älteren Zustand wieder her.
- Sie haben in letzter Zeit viel Ramsch installiert und wollen das alles wieder loswerden. Dann stellen Sie einfach einen früheren Zustand wieder her und haben einen aufgeräumten PC.

So gehen Sie vor:

- Verbinden Sie das externe Laufwerk mit dem Backup mit dem PC und warten Sie, bis es bei Windows angemeldet ist.

Beenden Sie alle Programme, die Sie nicht brauchen, denn der PC wird am Ende neu starten.

- Starten Sie dann Paragon Backup & Recovery Free und wählen Sie *Wiederherstellung*.

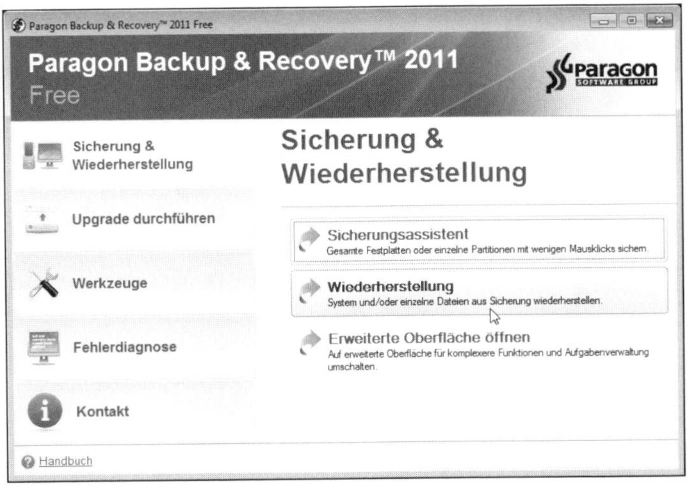

Abbildung 5.19: Wiederherstellungsassistent

- Klicken Sie auf *Weiter*.
- Sie erhalten eine Auswahl von Backups, die Sie zurückschreiben können. Jetzt wird es jedoch knifflig, weil Paragon hier nur anzeigt, was es sich zuletzt gemerkt hat. Im Zweifel klicken Sie also auf *Ein vorhandenes Archiv zur Datenbank hinzufügen* (goldener Stapel mit grünem Plus) und wählen den Ort aus, an dem Sie das Backup gespeichert haben (siehe Abbildung 5.20).
- Markieren Sie dann den Eintrag in der Liste und klicken Sie auf *Weiter*.
- Ein Archiv kann mehrere Partitionen enthalten: Wählen Sie nun also die Partition, die Sie zurückschreiben wollen, in der Regel Laufwerk *C:*, und klicken Sie auf *Weiter* (siehe Abbildung 5.21).

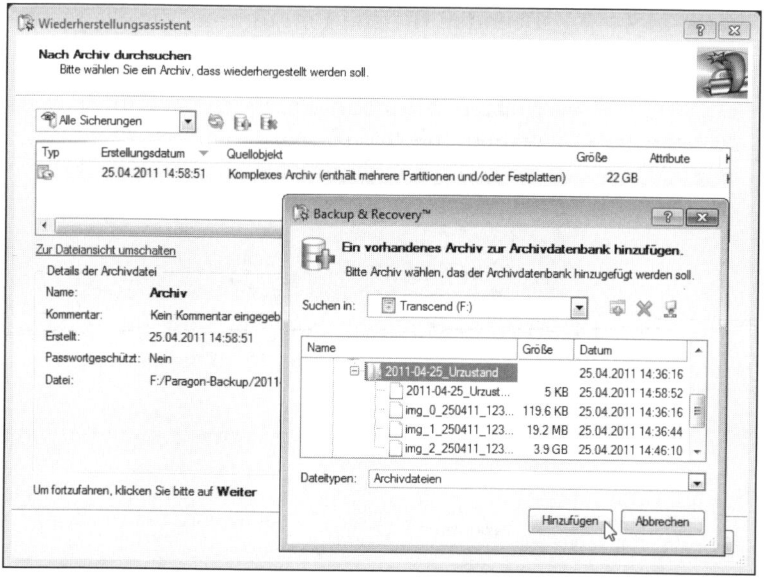

Abbildung 5.20: Vorhandenes Archiv wählen

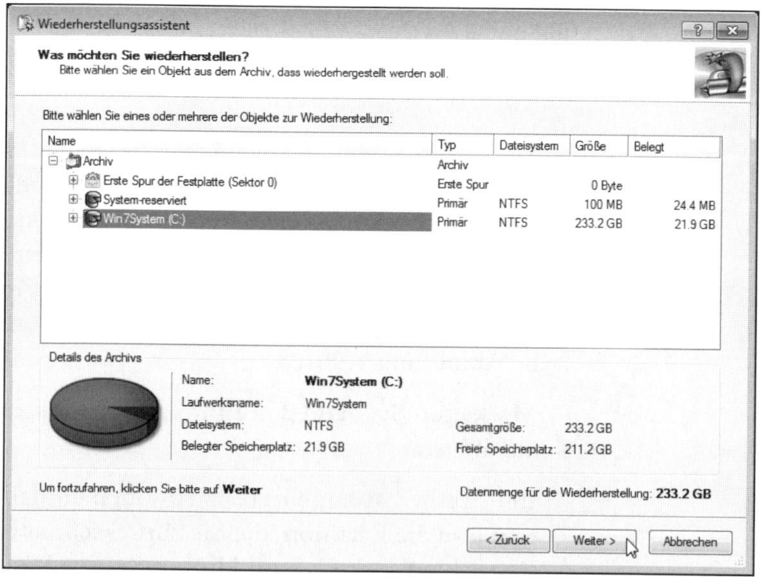

Abbildung 5.21: Zurückzuschreibende Partition wählen

- Paragon zeigt nun die aktuelle Festplattenbelegung mit Partitionen an. Wählen Sie hier das Laufwerk, auf das die Partition zurückgeschrieben werden soll, in der Regel Laufwerk *C:*. Klicken Sie anschließend auf *Weiter.*

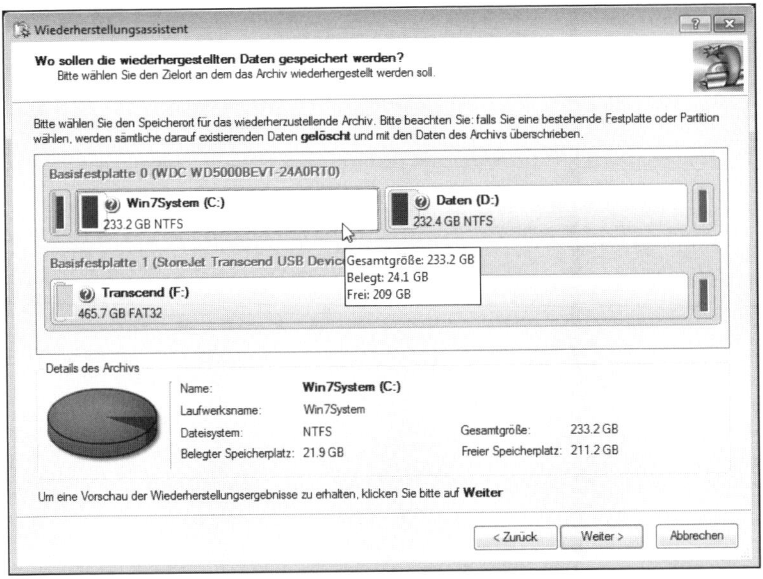

Abbildung 5.22: Zurückschreiben auf *C:*

> HINWEIS: Halten Sie einen Augenblick inne, denn: Die Partition, die Sie jetzt überschreiben, wird im Zuge des Zurückschreibens einer älteren Version komplett gelöscht. Machen Sie sich also noch einmal bewusst, dass Sie in der Regel nur das Backup von *C:* auf den Platz von *C:* zurückschreiben wollen.

- Die Software zeigt an, wie die Festplattenbelegung nach der Änderung aussieht. Das ist die letzte Chance, alles zu überprüfen. Anschließend klicken Sie auf *Weiter.*
- Wählen Sie *Ja, die Änderungen nun physisch durchführen* und klicken Sie auf *Weiter.*

- Die Wiederherstellung beginnt. Das Tool bereitet einige Dinge vor und bittet dann um Neustart. Klicken Sie auf *Computer neu starten.*

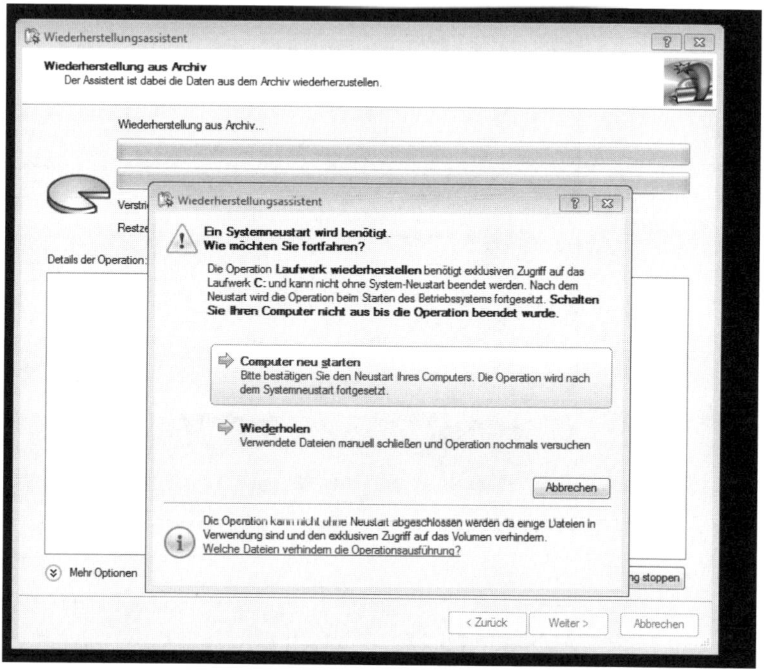

Abbildung 5.23: Computer neu starten

- Windows fährt nun herunter und startet eine spezielle Version von Paragon Backup, die den gespeicherten Zustand aus dem Image wiederherstellt.

Hoffentlich. Denn in seltenen Fällen klappt das nicht (das ist bei allen Image-Backup-Programmen so). Dann ist es Zeit für die Rescue-CD.

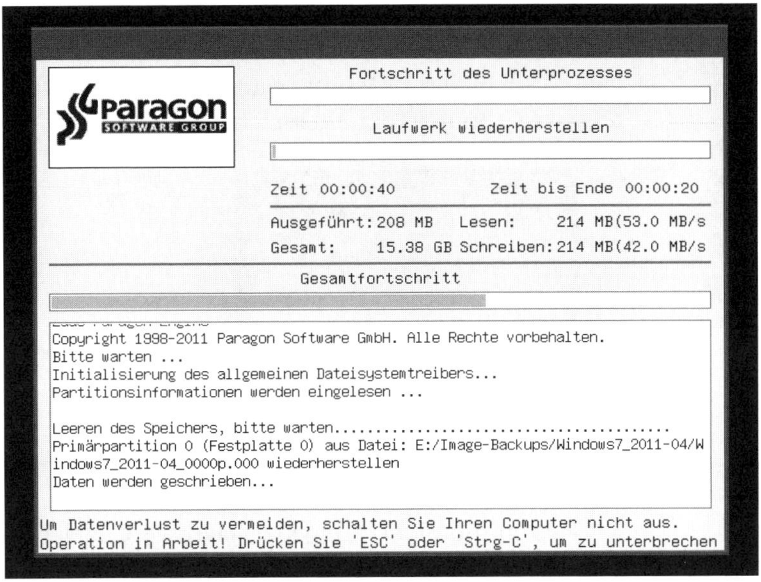

Abbildung 5.24: Wiederherstellung außerhalb von Windows

Rettungs-Disk verwenden

Wenn Windows abschmiert und sich nicht mehr starten lässt, die Festplatte kaputtgeht oder Paragon beim ganz normalen Zurückschreiben einfach nicht funktionieren mag, dann ist das kein Grund zur Sorge und bei jahrelanger Erfahrung völlig normal. Sie greifen in diesem Fall zur Rettungs-Disk, die Sie daher möglichst dann gebrannt haben, wenn der PC noch läuft.

- Zunächst booten Sie vom Rettungs-Medium. Moderne PCs haben dazu ein Boot-Menü.
- Das Boot-Menü rufen Sie meist dadurch auf, dass Sie beim Booten – wenn der Speicher gezählt wird – die Taste [F8] drücken. Alternativ sind auch mal [Esc] oder [F12] zu finden, die meisten PCs zeigen die gewünschte Taste beim Booten mit einem Hinweis wie *Press F8 for BBS Popup* an.

- Dann wählen Sie das gewünschte Bootmedium. Hier kann man meist nur raten, welche der Geräteangaben für USB-Stick oder CD gültig sind, aber es klappt fast immer und der PC bootet vom entsprechenden Medium.

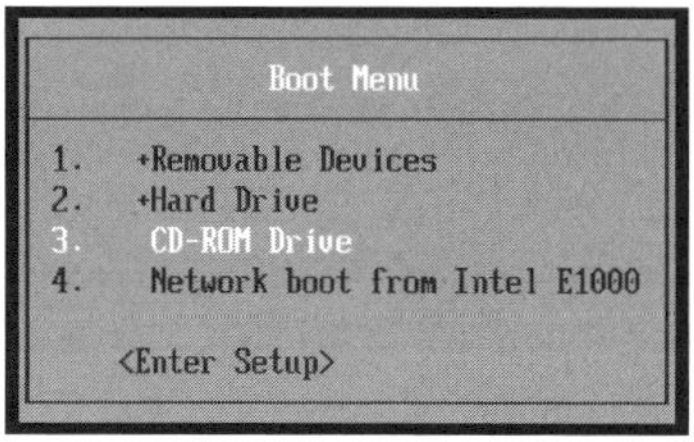

Abbildung 5.25: Boot-Menü im BIOS

- Die meisten Rettungs-CDs starten ein Mini-Linux. Das kommt nicht mit jeder Hardware gleichermaßen gut zurecht: Daher sehen Sie zuerst ein Menü für den Startmodus:
  - *Normalmodus*: Das probieren Sie als Erstes und wenn es funktioniert, brauchen Sie den Rest nicht.

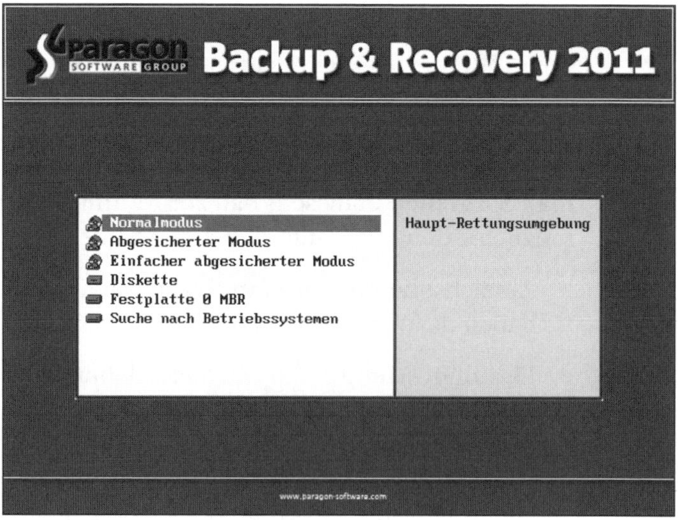

Abbildung 5.26: Bootmodus

- *Abgesicherter Modus*: Diesen verwenden Sie, wenn die Rettungs-CD partout nicht booten will. Die Software lädt dann weniger Treiber, unter Umständen sind exotische externe Laufwerke nicht zu sehen.

- *Einfacher abgesicherter Modus*: Die Software lädt noch weniger und verbindet auch Partitionen nicht automatisch. Für wenig fortgeschrittene Nutzer ist dieser Modus nicht benutzbar. Wenn die beiden anderen Modi bei Ihnen nicht funktioniert haben, ist es unter Umständen klüger, ganz auf Paragon Backup zu verzichten.

HINWEIS

Solche Probleme sind nur ganz selten der Fall – und bei normalen PCs sind sie meist eher ein Hinweis auf ein Hardware-Konfigurationsproblem. Es lohnt sich dann, mit verschiedenen Linux-Boot-CDs zu experimentieren und das eigentliche Problem zu beheben.

- Nun startet die Bedienoberfläche von Paragon Backup & Recovery. Auch hier haben Sie wieder große Auswahl. Wichtig sind aber nur zwei Menüpunkte:

  - *Paragon Backup and Recovery*: Startet die volle Programmoberfläche mit allem Pipapo. Sie entspricht weitgehend der normalen Programmoberfläche ohne Windows, Sie können damit also auch Backups anlegen, Backups zurückspielen und anderes mehr.

  - *Wiederherstellungsassistent*: Reicht in der Regel aus, denn Sie wollen ja nur ein Backup zurückspielen (siehe Abbildung 5.27).

- Beim Restore mit dem Wiederherstellungsassistenten wählen Sie wie in der Windows-Version ein Backup-Archiv aus. Die Software sucht dies auf der Festplatte und zeigt unter Umständen mehrere an. Klicken Sie doppelt auf einen Eintrag, um diese Datei auszuwählen, und klicken Sie dann auf *Weiter*.

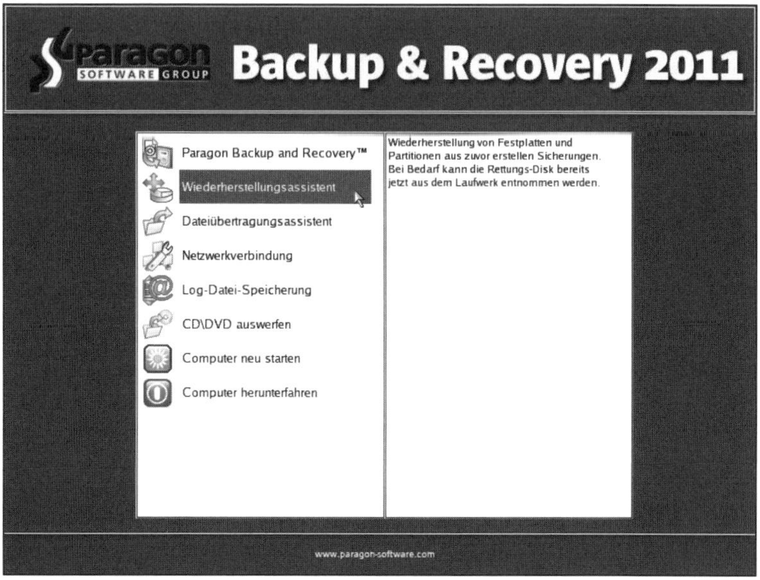

Abbildung 5.27: Den Wiederherstellungsassistenten wählen

- Wählen Sie die darin enthaltene Partition, meist erkennbar am Namen, und klicken Sie auf *Weiter*.

Abbildung 5.28: Die Datei auswählen

- Wählen Sie nun den Zielort, meist Partition *C:*, und klicken Sie auf *Weiter*.

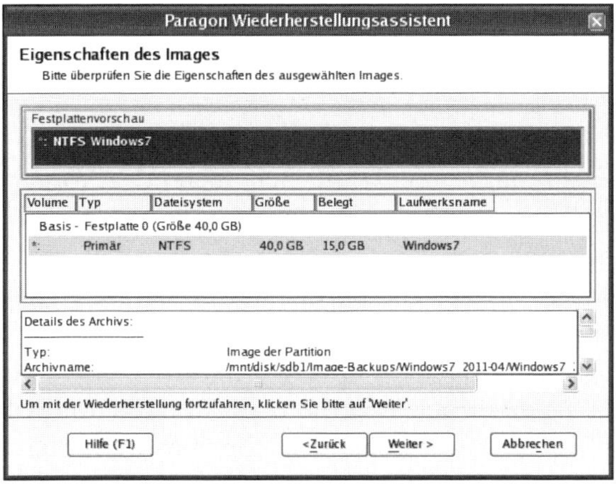

Abbildung 5.29: Partition aus dem Image wählen

- Abschließend haben Sie noch die Möglichkeit, die Partitionsgröße zu ändern, lassen das aber aus und klicken auf *Weiter*. Nach einer Überprüfung des Ergebnisses klicken Sie ein letztes Mal auf *Weiter* und es kann losgehen.

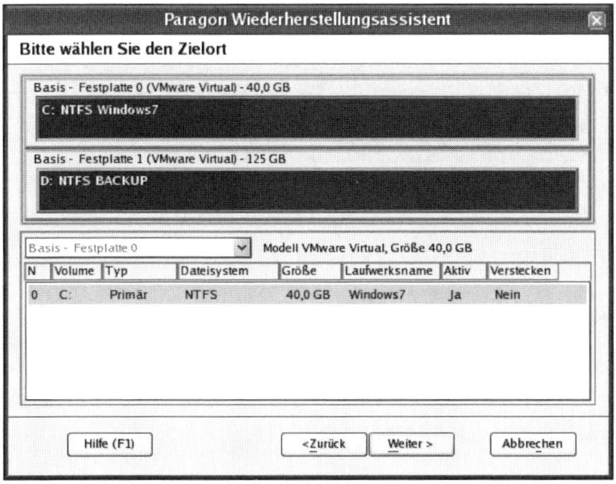

Abbildung 5.30: Zielort wählen

- ✓ Das Restore läuft nun durch. Der PC startet danach neu und Windows und das Laufwerk *C:* haben dann den Zustand vom Tag des Backups. Alle Änderungen, die Sie danach durchgeführt haben, sind bei diesem Prozess verloren gegangen.

Hinweis:

Bei Virenattacken lohnt sich folgendes Vorgehen: Sie starten die Rettungs-Disk und sichern das infizierte System. Dann erst spielen Sie das Backup zurück. Auf diese Weise können Sie beim Restore eventuell verlorene Dateien wieder aus dem Image-Backup-Archiv des infizierten Windows restaurieren (siehe nächster Abschnitt) – natürlich mit äußerster Vorsicht. Das ist natürlich nur dann notwendig, wenn Sie nicht ohnehin parallel zum Image-Backup wie empfohlen auch ein Datei-Backup durchführen.

Dateien aus einem Image retten

Bestehende Archive mit Image-Backups können Sie nicht nur verwenden, um Windows oder andere Partitionen in ihren Originalzustand zurückzuversetzen. Sie können auch einzelne Dateien und Verzeichnisse daraus an einem beliebigen Ort wiederherstellen:

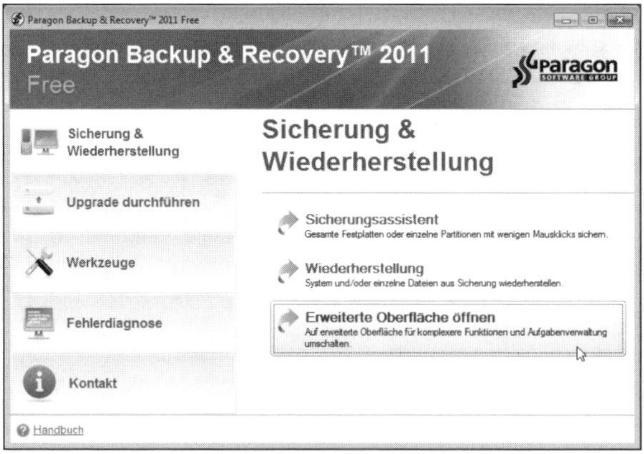

Abbildung 5.31: Erweiterte Oberfläche öffnen

- Starten Sie das Tool und wählen Sie *Erweiterte Oberfläche öffnen*.
- Wählen Sie in der erweiterten Oberfläche das Register *Archivdatenbank*.
- Rechts oben steht ein unscheinbarer Bereich zur Verfügung, der sich wie ein Windows-Explorer bedienen lässt und den Sie vergrößern sollten.
- Suchen Sie dort die Archivdatei, die Sie bei einem früheren Backup gesichert haben.
- Doppelklicken Sie auf diese Datei, um sie zu öffnen. Sie können nun innerhalb der Datei navigieren, als würden Sie die Festplatte selbst benutzen, von der das Abbild stammt.
- Klicken Sie den Ordner oder die Datei, die Sie zurückschreiben wollen, mit der rechten Maustaste an und wählen Sie *Exportieren*.

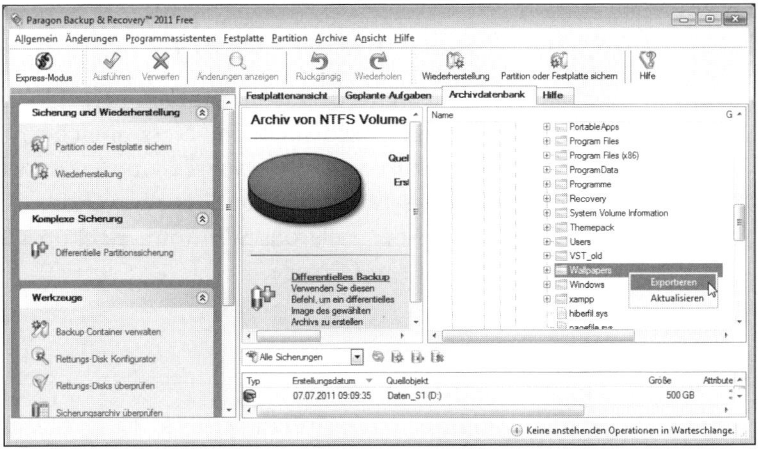

Abbildung 5.32: Dateien aus Backup-Archiv per Export extrahieren

- Wählen Sie im Dateibrowser den Ort, an dem der für den Export ausgewählte Ordner wiederhergestellt werden soll, und klicken Sie auf *OK*.

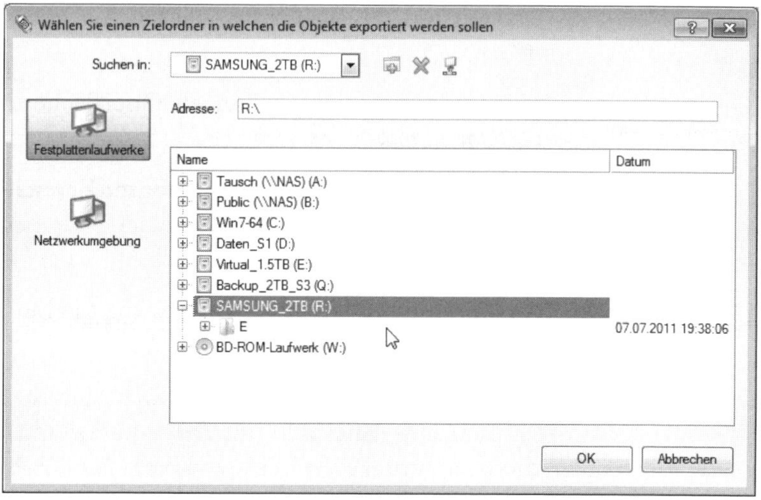

Abbildung 5.33: Ziel für den wiederherzustellenden Ordner

✓ Die Wiederherstellung beginnt.

Fazit: Paragon Backup & Recovery Free

Wegen der Möglichkeit, sehr einfach verschiedene Abbild-Versionen erzeugen und auch im Netz speichern zu können, ist Paragon Backup & Recovery Free eine interessante Ergänzung zum Windows-Backup. Wirklich notwendig ist es eigentlich nicht mehr. Aber falls das Windows-Backup versagt, hat man damit eine zweite Chance.

Online-Backup

Auch Windows 7 enthält erneut kein Online-Backup-Programm, obwohl verschiedene kommerziell verfügbare Security längst über eine solche Erweiterung verfügt und Microsoft auch Netzspeicher anbietet. Aber man kann sich mit einigen, teils sogar kostenfreien Alternativen gut behelfen.

Die Funktion dieser Programme ist vergleichsweise einfach: Sie speichern die Datensicherung nicht auf externen Medien wie

CD, DVD oder Festplatte, sondern auf einem fremden Server im Web. Das bringt automatisch verschiedene Vorteile mit sich:

- ✓ Das Backup ist an einem völlig anderen Ort als das Original.
- ✓ Daten des Backups können daher ohne den Original-PC wiederhergestellt werden.
- ✓ Viele Online-Backup-Programme speichern automatisch Ihre tägliche Arbeit.
- ✓ Bei vielen Diensten ist eine Jahresgebühr nötig, wenn man damit ein „richtiges“ Backup durchführen möchte, und das ist auch völlig in Ordnung so. Ich empfehle die kostenfreien Dienste vor allem als zielgerichtete Ergänzung zu normalen Backups, die zugleich (siehe unten) noch einige Extra-Funktionen mit einbringen.

HINWEIS

> Online-Backups übertragen viele Daten, sie verbrauchen daher eine hohe Bandbreite. Ihr Einsatz ist nur sinnvoll, wenn Sie sie vor allem auf einem stationären PC mit DSL und einer Internet-Flatrate benutzen. Bei Notebooks achten Sie darauf, den Backup-Vorgang nicht zu automatisieren, sondern ihn nur dann zu starten, wenn Sie auf eine Flatrate Zugriff haben. Bei Mobiltarifen aller Art ist von Online-Backups abzuraten, weil sie zu schnell Ihr Datenlimit erschöpfen würden.

Online-Backup versus Festplatte

Kann die „Datensicherung in die Cloud“ das Backup auf die gute alte Festplatte schon ersetzen? Das zeigt ein genauer Blick auf alle Umstände eines Backups.

Preis

Anbieter von Online-Backups verlangen Gebühren von etwa 5 Euro pro Monat. Zum Vergleich: Eine Festplatte mit 2 TByte kostet etwa 100 Euro und kann fünf Jahre lang als sicheres

Speichermedium betrachtet werden. Betrachtet man also den Preis über mehr als ein Jahr, ist die Festplatte preiswerter als ein Sicherungsdienst im Web.

Platz

In ihren Bezahl-Tarifen bieten Online-Datenspeicher meist unbegrenzten Speicherplatz. Im Vergleich fasst eine einfache Festplatte heute je nach Baugröße nur 320 GByte bis 3 Terabyte. Doch auch so viel Platz muss man erst mal vollkriegen. Faktisch nutzen Sie ja im schlimmsten Fall für ein Backup nicht mehr Speicher, als Ihr PC auf seinen Festplatten insgesamt speichern kann. Eine 2-Terabyte-Festplatte kann normalerweise den Inhalt Ihres PCs oder Notebooks komplett sichern. Platz ist also kein Argument.

Geschwindigkeit

Online-Backup-Programme kopieren Ihre Daten auf einen Server im Internet. Das dauert, und zwar lange. Schuld hat DSL, das asymmetrisch arbeitet: Sie können schneller downloaden als uploaden.

IDrive (siehe unten) führt auf Wunsch über das Menü *Bandwidth Test Upload Speed* einen Geschwindigkeitstest durch und nennt konkrete Zahlen für Ihre Situation.

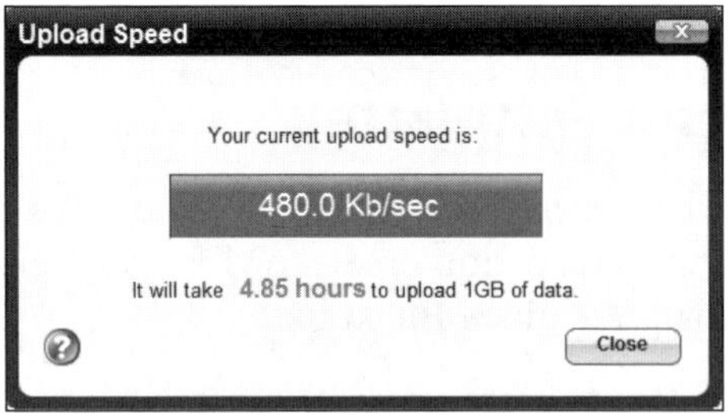

Abbildung 5.34: Flaschenhals Upload-Brandbreite, hier mit DSL16

Das fällt allerdings nur beim ersten Backup auf, wenn mehrere GByte auf einmal zum Datensicherungsdienst übertragen werden müssen. Danach werden ja nur noch geänderte oder neue Dateien übertragen, dann geht's in der Regel schneller.

Zum Vergleich: Bei einer Festplatte geht es von Anfang an sehr flott – mit einem guten GByte pro Minute. Selbst ein Vollbackup dauert selten länger als 20 Minuten – kurz: Festplatten-Backups sind schneller als Online-Backups.

Features

Eine externe Festplatte können Sie auch mal benutzen, um ein paar Fotos oder Filme zu einem Bekannten zu transportieren. Doch auch Online-Backups haben vorteilhafte Extras: Beispielsweise bieten fast alle Dienste ein Webinterface, über das Sie von jedem Rechner auf der Welt auf Ihre gesicherten Daten zugreifen können – auch wenn die Festplatte noch zu Hause liegt.

Sicherheit

Online-Backups verschlüsseln Ihre Daten vor dem Transport ganz automatisch. Hand aufs Herz: Wer verschlüsselt die Daten auf seiner Festplatte? Keiner. Und fällt die Festplatte unglücklich aus der Aktentasche, dann haucht sie schnell ihr Leben aus. Online-Datenspeicher haben dagegen zwangsläufig Serverräume mit hohen Sicherheitsstandards und lagern Ihre Daten zuverlässiger als die kleinen Datenscheiben. (Hoffentlich.)

Sicherheitsproblem Online-Speicher

Die Speicherdienste sichern Ihre Daten meist in verschlüsselter Form. Dennoch liegen sie prinzipiell auf einem Server im Internet, über den Sie keine Kontrolle haben und in den Hacker einbrechen können.

Anders gesagt: Online-Speicher bietet viel Sicherheit in Sachen Wiederherstellung und schützen Sie vor Datenverlust. Zugleich reduzieren Sie möglicherweise die Sicherheit in Sachen Privatsphäre und Datenabfluss. Geheime Dokumente gehören daher nicht in eine Dropbox.

- Ein Ausweg ist, die abgelegten Dokumente mit den Verschlüsselungsfunktionen von Word, Excel und so weiter zu verschließen.
- Auch können Sie einen verschlüsselten Container im Online-Speicher ablegen und diesen nutzen. Das ist etwas umständlicher, aber durchaus machbar.
- Was nicht funktioniert: EFS-Verschlüsselung. Angenommen, Sie verschlüsseln auf einem Windows-7-Pro-Notebook mit EFS das Dropbox-Verzeichnis (siehe unten). Dann ist dieses Verzeichnis auf diesem Rechner geschützt – das ist gut und anzuraten. Doch die Dateien werden nicht EFS-verschlüsselt in den Online-Speicher übertragen, denn die Verschlüsselung findet unterhalb der Datenebene statt.

Fazit

Online-Backups sind weniger ein Konkurrent für die externe Festplatte als vielmehr eine Ergänzung dazu. Wer nicht gerade gigantische Bild- und Film-Archive hortet und eine unkomplizierte Fire-and-Forget-Lösung sucht, der ist mit einem Online-Backup ganz gut beraten. Die Sorge, dass Hersteller in den Platten ihrer Anwender schnüffeln können, ist natürlich ebenso berechtigt wie die Angst vor Hackern. Für extrem Geheimes sollte man sie eher nicht verwenden.

Die nachfolgend beschriebenen Dienste sind in ihren Basisversionen kostenfrei und setzen jeweils verschiedene Akzente, die Sie auf unterschiedliche Weise einsetzen können, um Windows 7 und Ihre Daten sicherer zu machen.

IDrive: Backup ins Web

IDrive (*www.idrive.com*) ist sowohl Online-Speicher als auch Backup-Software und bietet in der kostenlosen Version 5 GByte Platz.

Sie müssen sich zunächst bei IDrive anmelden und erhalten Benutzername und Passwort, das Sie der Software bei der Installation angeben. Beim ersten Mal klicken Sie auf *New User Sign up* links unten.

Abbildung 5.35: Bei IDrive anmelden

Mit der kostenlosen Anmeldung erhalten Sie 5 GByte Platz. Damit kann man schon einiges anfangen. Kostenpflichtige Versionen speichern zum Beispiel 150 GByte für 5 US-Dollar im Monat.

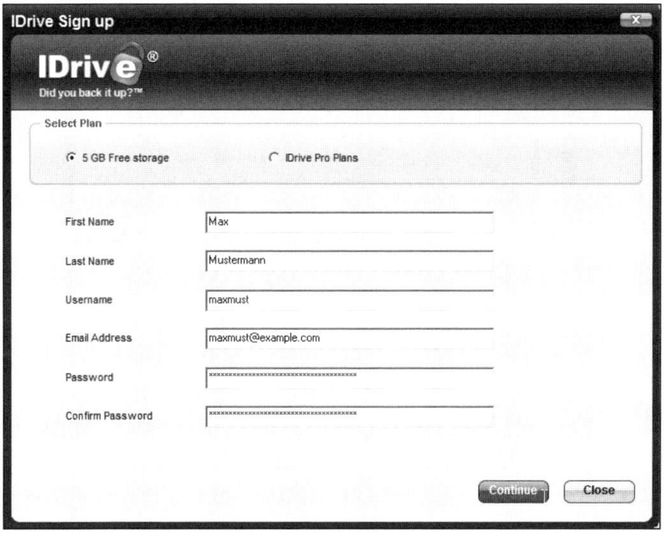

Abbildung 5.36: IDrive Sign up

Nach dem Sign up trägt IDrive Ihre Zugangsdaten automatisch ins Fenster ein. Klicken Sie einfach auf *Connect.*

Nun fragt IDrive nach einem Verschlüsselungspasswort. Das bedeutet: Ihr Konto bei IDrive ist mit dem oben eingegebenen Passwort geschützt, doch zusätzlich werden die Daten verschlüsselt – mit dem Passwort, das Sie hier eingeben. Schalten Sie um auf *Set my own encryption key* und geben Sie hier ein besonders sicheres Kennwort ein. Es kann ruhig etwas länger sein (20 Zeichen mit Ziffern und Sonderzeichen), denn Sie müssen es normalerweise nicht eingeben, es sei denn, Sie installieren die Software nach einem Crash neu. Klicken Sie auf *Continue.*

HINWEIS

Notieren Sie diesen Schlüssel auf Papier: Wenn Sie IDrive im Falle eines Crashs neu installieren müssen, brauchen Sie diesen Key – sonst können Sie nichts wiederherstellen.

Abbildung 5.37: Encryption Key

Dann startet IDrive. Per Vorgabe markiert das Backup-Tool in seiner dem Windows-Explorer ähnelnden Oberfläche die wichtigsten Verzeichnisse aus Ihrem Benutzerordner. Sie können eigene Verzeichnisse hinzufügen, indem Sie *My Computer* öffnen und weitere Ordner mit einem Häkchen versehen.

Die Info *Backup set size* zeigt Ihnen, wie viel Platz das Backup in Anspruch nähme und wie viel Prozent Ihres Platzguthabens dabei verbraucht würde.

Abbildung 5.38: IDrive for Windows

Backup mit IDrive

IDrive startet automatisch mit Windows und verankert sich dazu in *Start / Alle Programme / Autostart*. Das ist auch sinnvoll und sollte nicht geändert werden, denn IDrive kann dann im Hintergrund für Sie tätig werden.

- Klicken Sie auf *Backup Now*: IDrive sichert alle markierten Dateien zum IDrive-Anbieter. Beim ersten Mal dauert das natürlich etwas. Bei DSL16 kann es sich bei vollen 5 GByte Backup durchaus über 24 Stunden hinziehen – das ist völlig normal. Aber keine Sorge: Danach wird nur noch gesichert, was sich geändert hat, dann geht es schneller.
- Klicken Sie auf *Continuous Backup*: Dadurch sichert IDrive ab jetzt ununterbrochen alle Dateien in den Online-Spei-

cher. Auf diese Weise haben Sie die beste Crash Protection: Wenn ein Blitzschlag Ihren Rechner hinwegrafft, dann haben Sie mit großer Wahrscheinlichkeit den Arbeitsstand von vor wenigen Minuten im Online-Safe. Nicht empfehlenswert ist diese Arbeitsweise, wenn Sie keine Internet-Flatrate haben und zum Beispiel mobil mit UMTS/LTE-Sticks surfen. Klicken Sie ein weiteres Mal auf *Continuous Backup*, um es wieder abzuschalten.

- Klicken Sie *Schedule Backup*: Hier legen Sie fest, wann IDrive die markierten Verzeichnisse sichern soll. Das bietet sich als Alternative zu *Continuous Backup* an, wenn es nicht ganz so sicher sein muss. Legen Sie dann fest, an welchen Wochentagen zu welcher Uhrzeit das Backup starten soll.

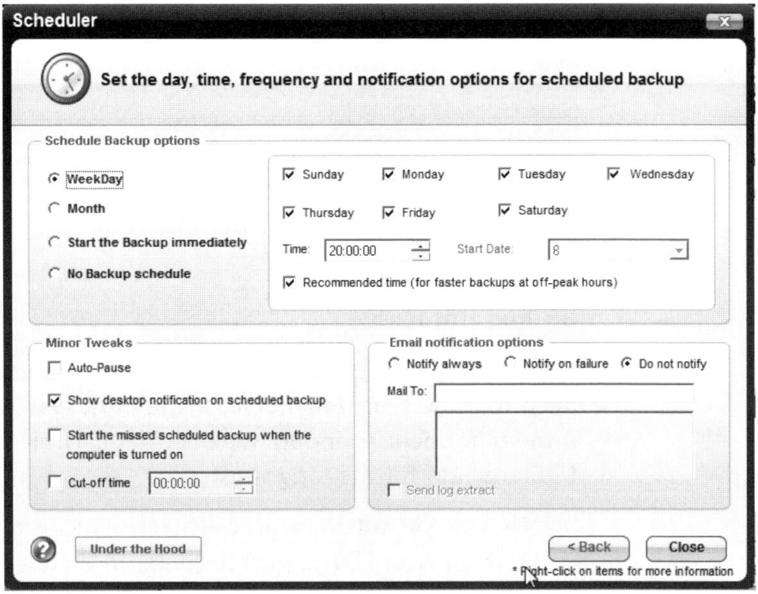

Abbildung 5.39: Zeitplaner für Online-Backups mit IDrive

Einstellungen ändern

- Wählen Sie im Menü *Tools / Preferences*.

- Aktivieren Sie *Auto-Pause*, wenn IDrive unter bestimmten Bedingungen nicht arbeiten soll. Über die Schieberegler bei *Bandwidth throttle* stellen Sie ein, dass es zum Beispiel bei einem System im Leerlauf mehr Bandbreite verwenden darf als bei einem System, das gerade benutzt wird.
- Bei *Continuous data protection* können Sie das Intervall des Echtzeit-Backups vergrößern und so die Belastung für das System reduzieren. Schalten Sie *Frequency* zum Beispiel um auf *60 Minutes*, um bei aktiviertem *Continuous Backup* nur einmal die Stunde zu sichern – das reicht oft aus.

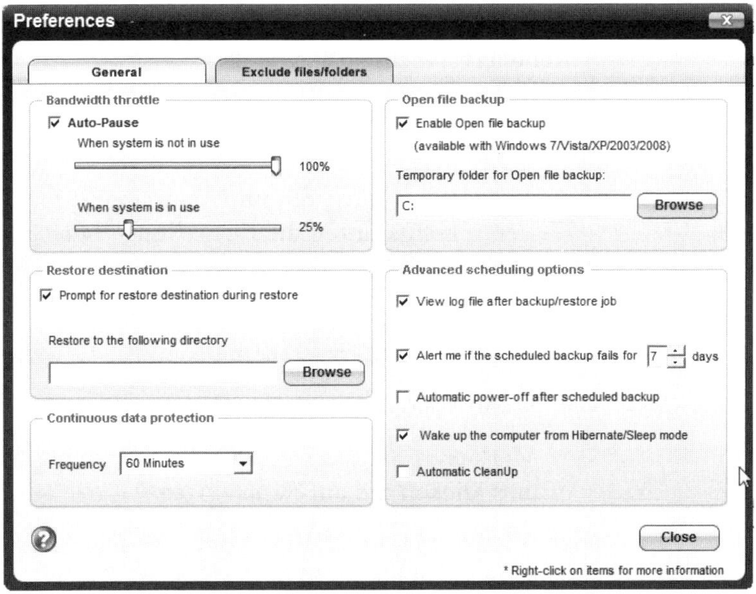

Abbildung 5.40: IDrive-Einstellungen

- Bei Bedarf richten Sie IDrive so ein, dass es am Abend ein Backup durchführt und dann automatisch den PC herunterfährt. Richten Sie dazu über den Zeitplaner eine Sicherung zum Beispiel um Mitternacht ein. Aktivieren Sie dann in den Einstellungen *Automatic power-off after scheduled backup*.

- Im Register *Exclude files/folders* können Sie Dateien und Ordner vom Backup ausnehmen und so verhindern, dass das Backup den knappen Platz der Free-Version für überflüssige Dateien verschwendet.

CleanUp: gelöschte Dateien aus Backup entfernen

Nach einigen Wochen der Benutzung werden Sie feststellen, dass der Platzverbrauch Ihrer gesicherten Daten größer ist als die absolute Menge Ihrer zu sichernden Daten. Das liegt daran, dass das Online-Backup bei IDrive auch noch gesicherte Dateien enthält, deren Originale Sie lokal vielleicht längst gelöscht oder andernorts (außerhalb der in IDrive markierten Ordner) archiviert haben.

- Um das manuell zu beheben, wählen Sie im Menü *Tools / CleanUp*.
- Alternativ wählen Sie im Menü *Tools / Preferences* und aktivieren rechts unten die Einstellung *Automatic CleanUp*.

IDrive Restore

Um Dateien wiederzustellen, gehen Sie so vor:

- Wählen Sie in IDrive das Register *Restore*.
- Markieren Sie die Dateien, die Sie wiederherstellen wollen, und klicken Sie auf *Restore Now*.
- Wählen Sie den Pfad, an dem die Dateien wiederhergestellt werden sollen, und klicken Sie auf *Restore*.

IDrive Explorer

Eine Alternative zum kompletten Restore ist, Dateien einzeln aus dem Backup zu entnehmen. Das geht mit dem IDrive Explorer:

- Wählen Sie *Tools / Open IDrive Explorer* und wählen Sie *Yes*. Speichern Sie die Datei und führen Sie sie aus.

- Wählen Sie nun erneut *Tools / Open IDrive Explorer*. Alternativ starten Sie den Windows-Explorer und klicken links auf *Computer*: Dort ist IDrive nun wie ein Laufwerk ohne Buchstabe angeschlossen.

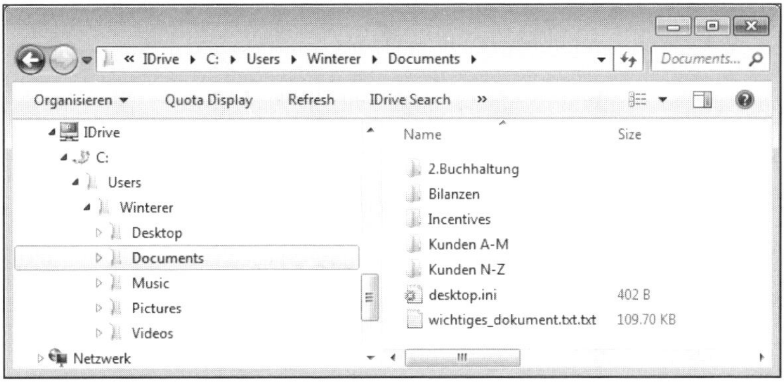

Abbildung 5.41: IDrive Explorer

Fazit: IDrive

Tolle Sache. Dank doppelt geschütztem Zugang mit eigenem Key für die Verschlüsselung ist IDrive sicherer als zum Beispiel Dropbox. Mit 5 GByte ist es für viele Anwendergruppen verwendbar. Ungeeignet ist es nur für Anwender, die vor allem umfangreiche Daten produzieren (etwa Fotos oder Videos). Wegen des kontinuierlichen Backups auf jeden Fall eine gute Ergänzung zu anderen Backup-Typen.

HINWEIS

Verwenden Sie IDrive nicht für dieselben Dateien, für die Sie bereits Dropbox (siehe folgender Abschnitt) verwenden, und umgekehrt.

Dropbox: synchronisierter Speicher im Web

Dropbox (*www.dropbox.com*) ist sowohl Online-Speicher als auch kontinuierliches Backup und Synchronisationsdienst und bietet in der kostenfreien Version 2 GByte Speicher (mehr gegen Bezahlung).

Sie müssen sich auch bei diesem Dienst identifizieren, daher benötigen Sie ein Konto, das Sie beim Installieren einrichten.

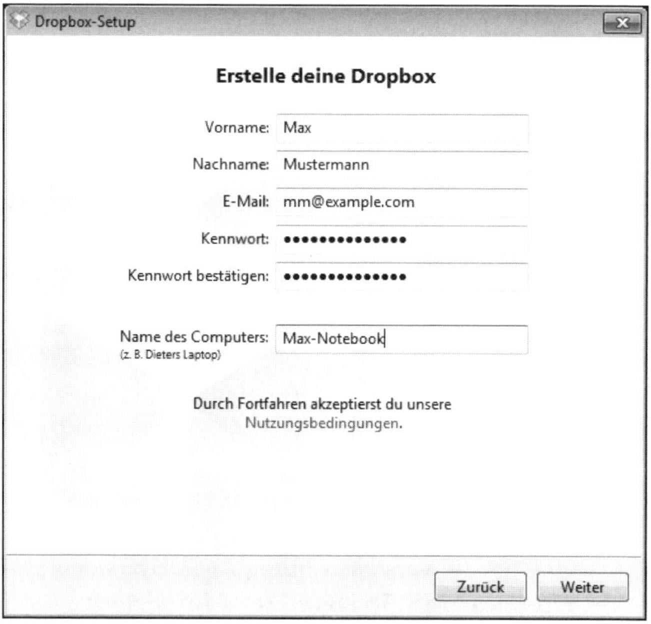

Abbildung 5.42: Neue Dropbox erstellen

Dropbox legt den Ordner als *Dropbox* im Benutzerverzeichnis an und erzeugt auch gleich einen Favoriten hinzu. Alle Dateien innerhalb dieses Ordners (bis zur Grenze des verfügbaren Speichers, bei der freien Version 2 GByte) werden automatisch mit der Dropbox auf dem Server des Herstellers synchronisiert – genau in dem Augenblick, in dem Sie sie speichern.

Der Ordner fühlt sich dabei in Windows wie ein ganz normaler Ordner an – dass seine Inhalte abgeglichen und verteilt werden, merken Sie nicht, weil es im Hintergrund passiert. Das ist zugleich das Gute an Dropbox: Sie müssen sich um nichts kümmern.

HINWEIS

Dropbox muss dafür natürlich immer laufen, nur dann kann es automatisch arbeiten. Es wird automatisch in *Start / Alle Programme / Autostart* eingetragen und sollte nicht entfernt werden.

Zugriff auf die Einstellungen erhalten Sie über das Dropbox-Symbol im Infobereich. Klicken Sie darauf und wählen Sie *Einstellungen*. Im Register *Erweitert* können Sie zum Beispiel den Ort der Dropbox verschieben.

Abbildung 5.43: Dropbox-Speicherort

Der Dropbox-Ordner lässt sich mit anderen PCs synchronisieren. Sie installieren einfach dieselbe Software auf einem anderen PC oder Notebook (das Tool gibt es für Windows, Mac, Linux und sogar iPad/iPhone und Android) und alle Dateien werden dorthin synchronisiert. Wenn Sie auf dem Notebook eine Datei ändern, wird die Änderung kurz darauf auf dem PC sichtbar und umgekehrt.

Normalerweise wird über das Internet synchronisiert. Indem Sie über *Einstellungen / Allgemein* die Option *LAN-Synchronisation aktivieren* anschalten, tauschen Dropbox-Rechner innerhalb Ihres Heimnetzwerkes Ihre Daten ohne diese Umwege aus – das geht schneller.

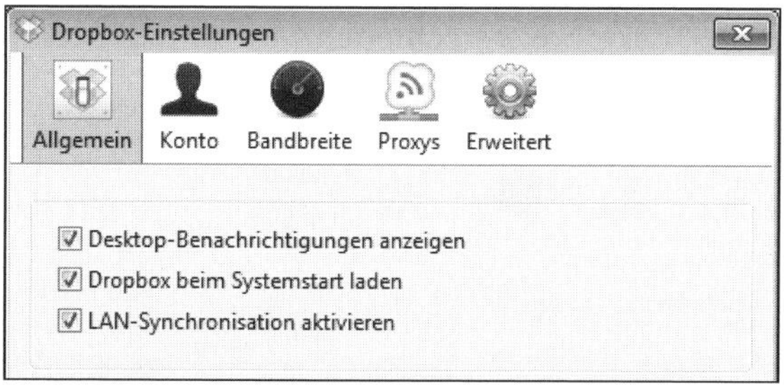

Abbildung 5.44: LAN-Synchronisation

Das bedeutet auch: Versagt der PC vollkommen und Sie müssen ihn komplett neu einrichten, brauchen Sie nur Dropbox erneut zu installieren und Ihre Benutzerdaten einzugeben – schon synchronisiert die Software die in der Dropbox enthaltenen Daten auf den Rechner. Oder: Haben Sie einen Crash am PC, dann können Sie am Notebook einfach weiterarbeiten – denn Ihre Daten wurden ja dorthin gespiegelt. Ihre 2 GByte Speicher sind dank Dropbox also extrem gut gegen Verlust geschützt, vor allem wenn Sie zwischen mehreren Rechnern synchronisieren.

Selbst wenn Sie keinen Ihrer eigenen PCs in Reichweite haben, können Sie sich einfach im Web anmelden und eine Datei über die Website herunterladen.

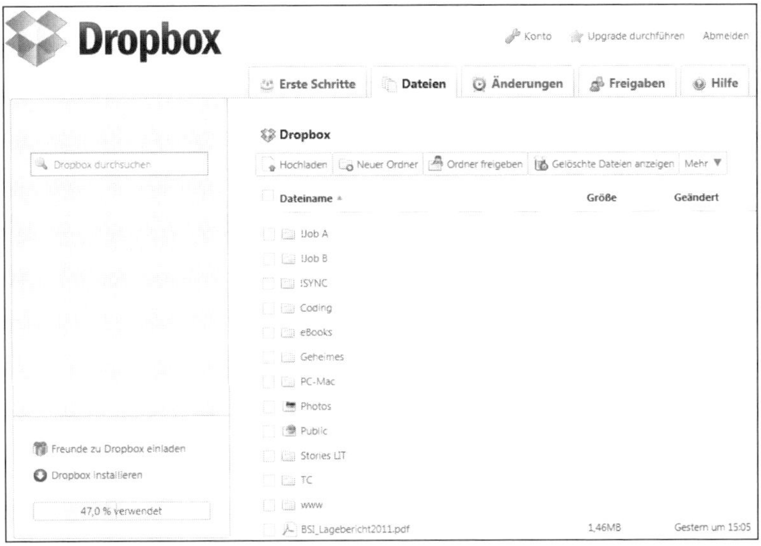

Abbildung 5.45: Die eigene Dropbox im Web

Dropbox hat darüber hinaus eine integrierte Versionierung: Sie erlaubt es gegebenenfalls, den früheren Zustand eines Dokuments zu restaurieren. Klicken Sie dazu im Windows-Explorer mit der rechten Maustaste auf eine Datei und wählen Sie *Dropbox / Frühere Versionen* anzeigen. Die Software öffnet einen Browser, meldet Sie im Dropbox-Webinterface an und zeigt gespeicherte Versionen.

Abbildung 5.46: Gespeicherte Versionen

Mit einem Klick auf *Wiederherstellen* können Sie die ältere Version restaurieren. Vorsicht: Die Wiederherstellung findet direkt im Dropbox-Ordner statt, es gibt keine Sicherheitsüberprüfung!

Fazit: Dropbox

Zwei GByte – die Standardgröße für freien Speicher – klingt nach nicht viel. Aber eben nur, wenn Sie darin alles speichern wollen. Wenn Sie die Dropbox stattdessen nur für Ihre aktuell wichtigsten Dokumente verwenden, dann reicht dieser Speicher aus. Es diszipliniert einen auch dazu, mit Platz nicht allzu verschwenderisch umzugehen.

Im Vergleich zu IDrive bietet Dropbox weniger Speicher. Es ist aber einmalig, wenn Sie auf mehreren PCs die gleichen Daten verwenden wollen.

HINWEIS

Verwenden Sie Dropbox nicht für dieselben Dateien, für die Sie bereits IDrive verwenden, und umgekehrt. Der parallele Betrieb der beiden Programme ist kein Problem, nur die parallele Sicherung derselben Daten kann zu unvorhergesehenen Problemen führen.

Weitere Online-Speicher

Mehr als IDrive und/oder Dropbox braucht man eigentlich nicht. Und doch gibt es noch einige Dienste, auf die Sie bei Interesse einen Blick werfen sollten.

Microsoft SkyDrive und Live Mesh

Microsoft Live SkyDrive (*http://skydrive.live.com*) bietet 25 GByte Gratis-Speicherplatz. Wer schon ein Live/Hotmail/Passport/Messenger-Konto hat, kann einfach dessen Zugangsdaten verwenden. Der Platz lässt sich übrigens nicht nur mit Windows nutzen – auch mit alternativen Browsern auf alternativen Betriebssystemen läuft SkyDrive sehr gut. In Internet Explorer oder Firefox kann man Silverlight installieren, dann funktioniert auch Drag & Drop. Davon abgesehen ist SkyDrive für sich genommen etwas umständlich, weil wie bei ADrive alles per Weboberfläche gemacht werden muss.

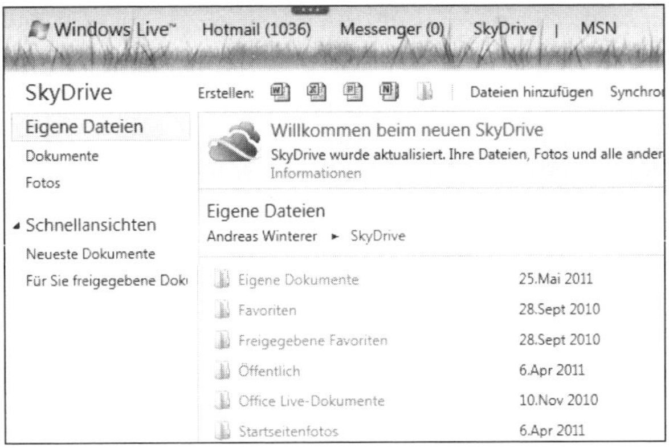

Abbildung 5.47: Microsoft Live SkyDrive

Etwas Linderung verschafft hier *Windows Live Mesh* (*http://explore.live.com/windows-live-mesh*).

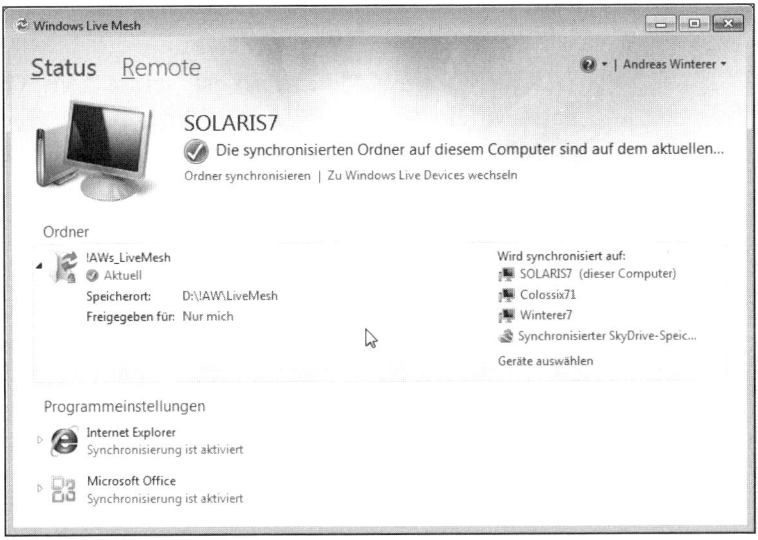

Abbildung 5.48: Windows Live Mesh

Es arbeitet ebenfalls mit Ihren Live-Zugangsdaten und zwackt davon 5 GByte für eigene Zwecke ab. Mesh arbeitet dann fast wie Dropbox und ist in der Lage, die im Mesh-Ordner abgelegten Dateien zwischen verschiedenen Rechner zu synchronisieren. Im Fall eines Crashs stehen sie über das SkyDrive-Interface als Backup bereit.

Interessant ist Mesh auch, weil es automatisch die Favoriten des Internet Explorer sowie Einstellungen und Wörterbücher aus Microsoft Office zwischen mehreren Rechnern synchronisieren kann. Was im Unterschied zu Dropbox fehlt, ist die Möglichkeit, frühere Versionen wiederherzustellen.

TeamDrive

TeamDrive (*www.teamdrive.com/de*) ist das deutsche Pendant zu Dropbox und bietet 2 GByte frei, Versionierung und vieles mehr. Die Handhabung ist nicht ganz so einfach wie bei Dropbox, dafür kann man zum Beispiel seine Daten statt beim TeamDrive-Anbieter auf einem WebDAV ablegen, wie man ihn zum Beispiel bei T-Online umsonst erhält.

Gladinet

Gladinet (*www.gladinet.com*) ist selbst kein Online-Speicher, sondern ein Tool, das verschiedene Online-Speicher direkt in Windows einbindet. So können Sie mit Gladinet Microsoft Live SkyDrive wie ein Verzeichnis ansprechen, ebenso die Dokumentenordner von *Google Docs*. Diese grundsätzliche Funktion steht auch in der freien Version zur Verfügung.

HINWEIS

Gladinet ist auch sehr interessant für Anwender von Google Docs. Denn die Dokumente, die dort liegen, sichert man in der Regel nicht und hofft darauf, dass Google das schon im Griff haben wird ... Sind diese Dokumente aber dank Gladinet als Laufwerk erreichbar, kann eine Software wie Backup Service Home (siehe oben) sie zusammen mit Ihren anderen. Daten auf ein lokales Laufwerk sichern. Gleiches gilt natürlich auch für die anderen Speicherdienste, die Sie über Gladinet einbinden können

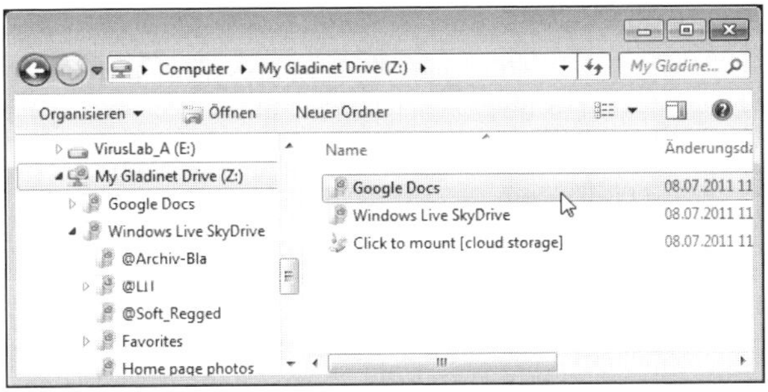

Abbildung 5.49: Gladinet bindet Online-Speicher direkt ein

Browser-Lesezeichen sichern

Inzwischen hat fast jeder Browser eine Möglichkeit, seine Lesezeichen zu sichern. Das sollte man auch tun, denn dann hat man diesen Schritt beim Recovern nach einem Crash auch sehr schnell hinter sich.

Firefox

Firefox hat die Synchronisation schon eingebaut:

- Wählen Sie *Firefox / Einstellungen / Einstellungen*.
- Klicken Sie im Register *Sync* auf *Firefox-Sync einrichten*.

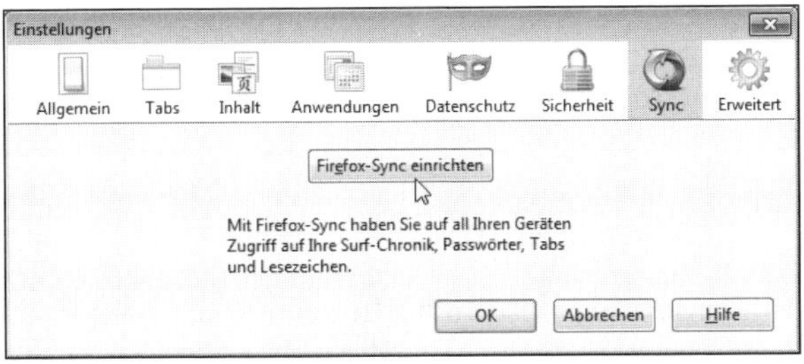

Abbildung 5.50: Firefox-Sync

- Legen Sie ein neues Benutzerkonto an und klicken Sie auf *Weiter*.

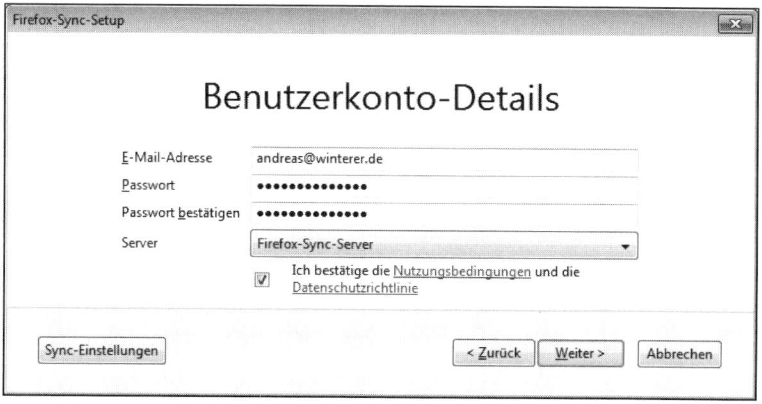

Abbildung 5.51: Benutzerkonto anlegen

- Drucken oder speichern Sie den angezeigten Sync-Schlüssel. Nur mit ihm sind Sie in der Lage, auf anderen PCs oder nach einem Crash Ihre Bookmarks zurückzuholen.

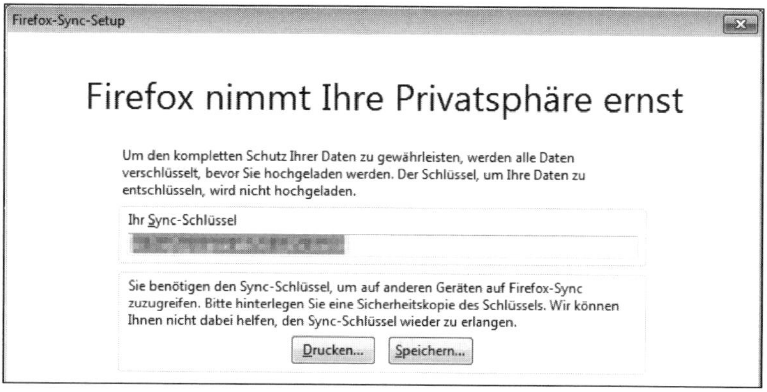

Abbildung 5.52: Sync-Schlüssel

- Geben Sie den Sicherheitscode ein und klicken Sie auf *Weiter* und *Fertig stellen*. Nun zeigt Firefox an, was Sie synchronisieren können.

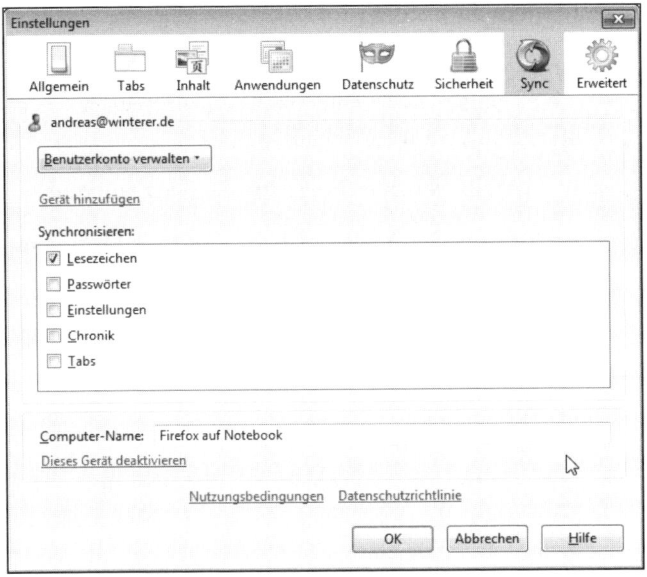

Abbildung 5.53: Was synchronisiert wird

- Per Vorgabe ist alles aktiviert. Ich rate, mindestens die *Passwörter* nicht synchronisieren zu lassen, auch wenn diese ja mit dem Sync-Key verschlüsselt werden. *Einstellungen*, *Chronik* und *Tabs* können Sie aktiviert lassen, wenn Sie Firefox-Sync zum Beispiel als Backup verwenden. Verwenden Sie es zum Abgleich zwischen mehreren Rechnern, ist das nicht so gut geeignet.

Angenommen, Sie haben einen Crash und verlieren dabei die Bookmarks der letzten Woche, dann spielen Sie einfach das normale Windows-Backup zurück und Firefox bringt automatisch seine Bookmarks auf den neuesten Stand.

Angenommen, Sie mussten Windows neu installieren: Dann legen Sie beim Einrichten von Firefox-Sync kein neues Benutzerkonto an, sondern wählen *Verbinden*. Dann wählen Sie *Ich habe das Gerät nicht bei mir*, geben E-Mail-Adresse und Kennwort sowie den Sync-Key an – und Firefox-Sync sorgt für den Rest und lädt die Bookmarks aus dem Netz.

Internet Explorer

Beim Internet Explorer verwenden Sie vorzugweise Windows Live Mesh (*http://explore.live.com/windows-live-mesh*) (als Bestandteil von Windows Live).

- Installieren Sie die Software ganz normal.
- Öffnen Sie *Start / Alle Programme / Windows Live / Windows Live Mesh.*
- Aktivieren Sie dort beim Internet Explorer die Synchronisation.

Chrome

Um Chrome-Bookmarks zu sichern und zu synchronisieren, benötigen Sie nur ein Konto bei Google, in dem diese Daten gespeichert werden.

- Klicken Sie auf das Schraubenschlüssel-Symbol rechts oben und wählen Sie *Optionen.*
- Wählen Sie *Privates* und klicken Sie auf *Synchronisierung einrichten.*

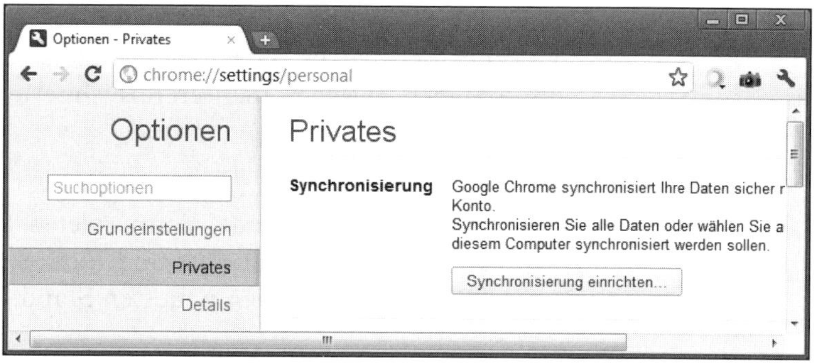

Abbildung 5.54: Chrome-Synchronisierung

- Geben Sie Benutzernamen (Google-Mail-Adresse) und Kennwort ein und klicken Sie auf *OK.*

- Legen Sie in den Synchronisierungseinstellungen fest, welche Daten Sie synchronisieren wollen. Auch hier würde ich *Passwörter* lieber deaktivieren.

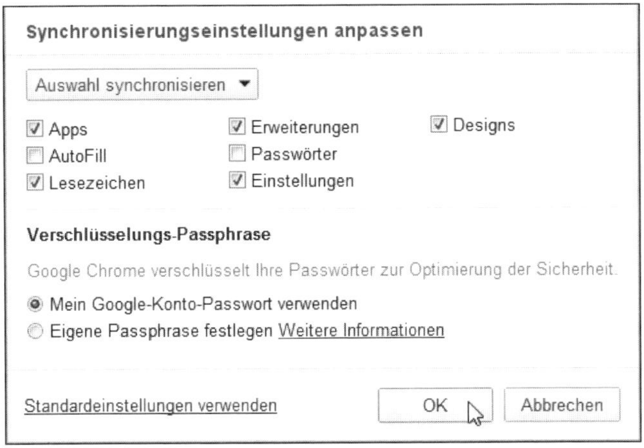

Abbildung 5.55: Synchronisierungseinstellungen

- So eingestellte Chrome-Browser gleichen automatisch Ihre Lesezeichen ab, zugleich haben Sie stets automatisch eine Sicherung Ihrer Lesezeichen im Google-Benutzerkonto.

Opera

Auch Opera hat einen solchen Dienst.

- Wählen Sie im Menü *Opera / Synchronize Opera / Enable Synchronization*.
- Klicken Sie auf *Next* und richten Sie sich ein Benutzerkonto für den Dienst ein. Falls Sie bereits ein Opera-Passwort haben, verwenden Sie dieses.
- Wählen Sie auch hier, was abgeglichen werden soll.

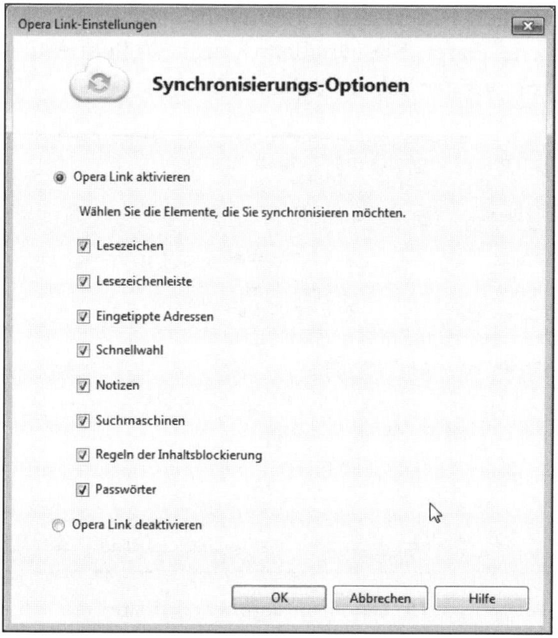

Abbildung 5.56: Opera Link

HINWEIS

Ich kann jedem nur empfehlen, bei Verwendung der verschiedenen Browser die zugehörigen Dienste zur Synchronisierung zu aktivieren. Die Erfahrung lehrt, dass man diese nämlich nie sichert und sich schwer tut, die jeweiligen Systemdateien aus den Backups herauszufummeln.

Backup-Strategie

Wenn Sie das Windows-Backup verwenden und außerdem noch die in diesem Kapitel vorgeschlagenen Zusatzprogramme, dann sind Sie für den nächsten Crash gerüstet.

Im schlimmsten Fall, einer ausfallenden Festplatte, gehen Sie so vor:

- Booten Sie von der Windows- oder Paragon-Start-CD und spielen Sie die Abbilddatei auf die neue Festplatte. Wenn das eine versagt, geht das andere.
- Spielen Sie Ihre neuesten Dateien mithilfe der Wiederherstellungsprogramme von Windows, Backup Home Service oder IDrive zurück.
- Sehen Sie einfach zu, wie Dropbox seine Verzeichnisse und die Browser-Sync-Tools Ihre Lesezeichen auf den letzten Stand bringen.

Mit gut organisierten Backups können Sie also innerhalb kürzester Zeit Ihr System wiederherstellen und sind sogar für den Fall gewappnet, das dabei garantiert etwas schiefgeht.

Der größte Feind von Backups ist der Anwender, der keine anlegt. Dazu gehört natürlich eine gewisse Disziplin. Diese geht verloren, wenn Backups Sie Zeit kosten, etwa weil Sie sie manuell durchführen müssen oder diese besonders lang dauern.

Die beste Backup-Strategie ist daher:

- Versuchen Sie, möglichst viele Dinge wie oben beschrieben über Zeitplaner automatisieren zu lassen.
- Legen Sie die Termine der Zeitplaner so, dass Sie davon nicht gestört werden.
- Bauen Sie bei einem PC eine zweite (oder dritte …), sehr große Festplatte ein, die nur dazu da ist, ein Vollbackup der ersten (und zweiten …) Festplatte aufzunehmen.
- Sparen Sie nicht an der externen Festplatte oder dem NAS: Letzteres ist im Netzwerk immer verfügbar, Sie müssen nichts an- oder ausschalten und Programme wie Backup Home Service können im Hintergrund ihren Job erledigen.
- Unterscheiden Sie zwischen (wenigen) sehr wichtigen und (vielen) weniger wichtigen Daten. Bei den sehr wichtigen Daten verwenden Sie möglich stündlich oder täglich aktuelle (und schnelle) Sicherungsmethoden wie Dropbox oder

IDrive und Backup Home Service. Bei den weniger wichtigen Daten verwenden Sie das (eher langsame) Windows-Backup täglich oder wöchentlich.

KAPITEL

6

Passwortsicherheit

Grundlage dafür, dass die meisten Sicherungsmethoden funktionieren, ist ein gut gewähltes Passwort. Dieses Kapitel widmet sich daher allein diesem Thema.

Passwortsicherheit

Als Zugangsschutz (beispielsweise zum E-Mail-Postfach, zum Internet- oder Netzwerkzugang) und als Schutz beim Verschlüsseln von Dateien dient in der Regel ein Kennwort oder Passwort. Mit diesem weisen Sie sich dem System gegenüber als autorisierter Benutzer aus.

Das funktioniert natürlich nur dann, wenn nur Sie das Kennwort auswendig kennen und wenn es sicher gewählt wurde.

Wie Sie unsichere Passwörter vermeiden

Eine Handvoll Regeln helfen Ihnen, typische unsichere Passwörter zu vermeiden:

- ✔ Wählen Sie keine offensichtlichen Kennwörter: Verwenden Sie also weder Ihren Namen noch den Ihres Partners oder Ihrer Kinder oder sonst irgendeinen Namen, auch nicht, wenn Sie ihn rückwärts schreiben.
- ✔ Vermeiden Sie wichtige Daten wie Geburtsdatum oder Hochzeitstag.
- ✔ Vermeiden Sie Passwörter, die mit Ihnen selbst, Ihrem Namen oder Ihren Neigungen zu tun haben.
- ✔ Vermeiden Sie Passwörter, die allzu direkt mit der Sache zu tun haben, für die Sie das Passwort verwenden.
- ✔ Vermeiden Sie triviale Kennwörter wie *Kennwort*, *Password*, *Keines*, *sesam*, *sesamöffnedich* oder auch *admin* und *Administrator* (Klassiker!). Selbst in TV-Serien werden diese angeblich cleveren Codes („Daran denkt bestimmt niemand!“) inzwischen verwendet.

- Vermeiden Sie einfache Buchstaben- und Ziffernfolgen wie *1234567*, auch solche die sich aus der Geometrie der Tastatur ergeben wie *qwertzu* oder *asdfghjkl*.
- Das Kennwort darf grundsätzlich nicht aus Wörtern bestehen, die in einem Wörterbuch vorkommen; auch Wortkombinationen oder rückwärts geschriebene Wörter sind zu leicht zu knacken.
- Buchstaben plus Ziffern sind nicht automatisch sicherer, wenn beides aus Wörterbüchern stammen könnte. *sesam4711* kombiniert zwei hinreichend bekannte Phrasen (*sesam* und *4711*) und ist daher unsicher. Gleiches gilt für *Batman2011* oder *Mumpitz2000*. Aus Compuserve-Zeiten sind noch Passwörter der Art *whatever:works* üblich, auch diese zu einfache Form wird über Wortlisten-Kombinationen leicht geknackt.
- Vermeiden Sie, Passwörter so zu gestalten, dass man aus ein, zwei bekannten Passwörtern ihre vollständige Herstellungsmethode ableiten kann.
- Speichern Sie Zugangsdaten und Passwörter möglichst nicht auf Ihrem PC (oder wenn, dann wenigstens verschlüsselt).

Passwortsicherheit prüfen

Das Online-Tool zur Passwortanalyse auf *http://passwortcheck.datenschutz.ch* kann Ihnen helfen, allzu einfache Zeichenfolgen zu erkennen.

Probieren Sie einfach mal ein paar Ihrer typischen Passwörter aus und beobachten Sie, für welche Gewohnheiten das Schweizer Werkzeug Punktabzüge vergibt.

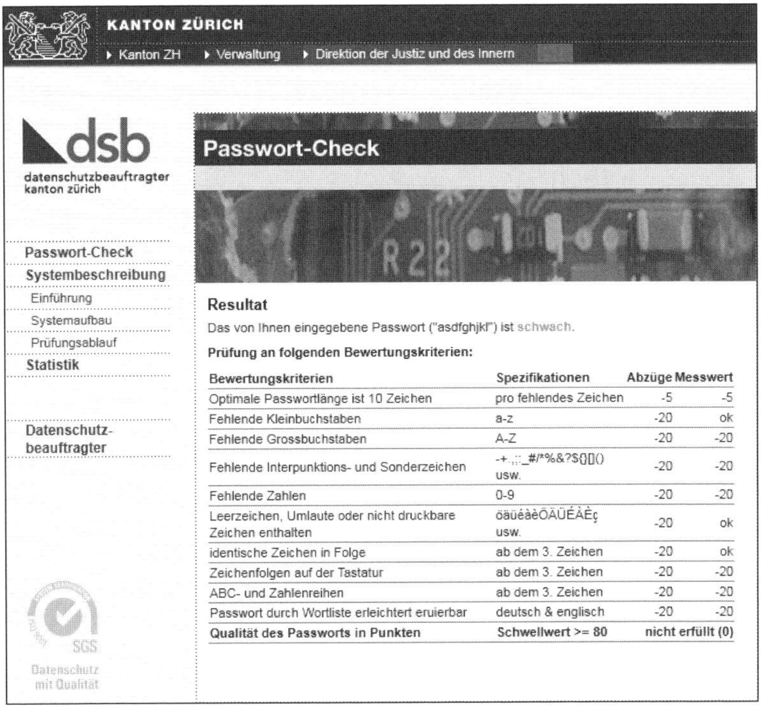

Bewertungskriterien	Spezifikationen	Abzüge	Messwert
Optimale Passwortlänge ist 10 Zeichen	pro fehlendes Zeichen	-5	-5
Fehlende Kleinbuchstaben	a-z	-20	ok
Fehlende Grossbuchstaben	A-Z	-20	-20
Fehlende Interpunktions- und Sonderzeichen	-+.,;:_#/*%&?${}[]() usw.	-20	-20
Fehlende Zahlen	0-9	-20	-20
Leerzeichen, Umlaute oder nicht druckbare Zeichen enthalten	öäüéàèÖÄÜÉÀÈç usw.	-20	ok
identische Zeichen in Folge	ab dem 3. Zeichen	-20	ok
Zeichenfolgen auf der Tastatur	ab dem 3. Zeichen	-20	-20
ABC- und Zahlenreihen	ab dem 3. Zeichen	-20	-20
Passwort durch Wortliste erleichtert eruierbar	deutsch & englisch	-20	-20
Qualität des Passworts in Punkten	**Schwellwert >= 80**	**nicht erfüllt (0)**	

Abbildung 6.1: *passwortcheck.datenschutz.ch* analysiert Passwörter

Sichere Kennwörter wählen

Ganz allgemein versuchen gute Kennwörter

- möglichst lang,
- möglichst kompliziert und
- möglichst unvorhersehbar

zu sein. Ideal ist daher aus Sicherheitsgründen ein Kennwort, das aus einer zufälligen Abfolge von Groß- und Kleinbuchstaben, Ziffern und Sonderzeichen besteht.

Das lässt sich zugegebenermaßen allerdings nicht immer durchsetzen. Zum Beispiel sind Passwörter mit Sonderzeichen an einem Telefon so schwer einzugeben, dass das kein vernünftiger Mensch machen wird. (Aber: Auch ein Punkt oder ein Ausrufezeichen gelten als Sonderzeichen, beide sind auf Mobiltelefonen mit vertretbarem Aufwand eingebbar.)

Betrachten Sie die folgenden Tipps daher mehr als idealistische Anforderungen an das perfekte Passwort, denen man natürlich in der Praxis nicht immer in allen Aspekten gerecht werden kann. Sie lernen dabei auch Tricks, wie man leichter merkbare und dennoch hoch komplexe Passwörter erfinden kann.

Passwortlänge erhöhen

Wählen Sie ein langes Passwort. Je länger, desto besser. Besuchen Sie zum Beispiel *howsecureismypassword.net*, um den Zusammenhang zwischen Passwortlänge und Sicherheit sehr schön anschaulich vorgeführt zu bekommen.

Abbildung 6.2: *howsecureismypassword.net* gibt Anhaltspunkte

„Ein sicheres Kennwort sollte mindestens acht Zeichen haben", heißt es gelegentlich. Nein: Das gilt nur online, wo Kennwörter-Knackprogramme nicht schnell arbeiten können, weil die Verzögerung zwischen Eingabe eines geratenen Kennworts und Information der Ablehnung mehr Zeit verschlingt als das eigentliche Durchprobieren der geratenen Kennwörter.

Wer hingegen lokal auf passwortgeschützte Daten zugreifen kann, für den sind acht Zeichen keine Hürde mehr.

Allgemein: Je kürzer die Zeitdauer bei Kennworteingabe und -überprüfung, desto länger muss das Passwort sein, um sicher zu sein. Viele Router sperren nach der Eingabe eines Passworts die Möglichkeit zur erneuten Eingabe um einige Sekunden. Das zieht eine Brute-Force-Attacke so sehr in die Länge, dass ein Angriff nur geringe Aussicht auf Erfolg hat. Daher reichen dort auch sechs Zeichen.

Bei einem passwortgeschützten ZIP-File oder Word-Dokument oder einem geklauten Notebook mit zu knackendem TrueCrypt sieht das anders aus: Der Angreifer kann Tausende von Kombinationen pro Sekunde durchspielen, daher reichen acht Zeichen dort nicht mehr.

Dort wie auch bei verschlüsselten Dateien, Festplatten, Dokumenten gilt daher: Verwenden Sie mindestens zwölfstellige, warum nicht vierzehnstellige, noch besser zwanzigstellige Passwörter.

Je länger das Kennwort ist, desto höher ist der Aufwand, sämtliche möglichen Kombinationen durchzuprobieren.

Komplexität erhöhen mit Ziffern und Sonderzeichen

Verwenden Sie stets den gesamten Zeichenvorrat.

- ✓ Verwenden Sie also nicht nur Kleinbuchstaben, sondern auch Großbuchstaben.
- ✓ Verwenden Sie nicht nur Buchstaben, sondern auch Ziffern.

- Verwenden Sie nicht nur Buchstaben und Ziffern, sondern auch Sonderzeichen wie *!"§$%&/()=*. Also statt *iwanttobelieve* lieber *M#jestic12!R00LEZ*.

HINWEIS

Nicht alle Dienste verwenden wirklich Groß- und Kleinschreibung intern, auch wenn Sie diese als User verwenden. Sie geben also *PAHsanz* als Passwort ein, intern wird aber nur *pahsanz* verarbeitet. Das ist natürlich schlecht, aber nicht zu ändern, und als User weiß man es ohnehin nicht. Es folgt daraus aber: *PAHsa23* ist ein besseres Passwort als *PAHsanz*, obwohl beide gleich lang sind.

Passwörter nur einmal einsetzen

Sie sollten jedes Kennwort immer nur für einen ganz bestimmten Zweck einsetzen. Das bedeutet umgekehrt: Verwenden Sie auf keinen Fall ein und dasselbe Kennwort für mehrere Dienste.

Warum nicht, das zeigt ein Beispiel:

- Angenommen, Sie verwenden für Ihr E-Mail-Konto bei Hotmail das gleiche Kennwort wie im Online-Shop, in dem Sie regelmäßig Bücher kaufen.
- Plötzlich wird Hotmail „geknackt", das soll ja vorkommen.
- Das bedeutet, kurz darauf kursiert irgendwo eine Liste mit den geknackten Hotmail-Zugangsdaten, also auch Ihrem Namen und Ihrem Passwort.
- Wer *ein* Passwort von Ihnen hat, wird dieses auch bei anderen Diensten ausprobieren. Verwenden Sie nur ein Passwort bei egal welchem Dienst, hat er dann sofort vollen Zugriff auf den Shop.

Anders gesagt: Ihre Passwörter werden dadurch nicht sicherer, dass Sie überall ein anderes verwenden. Aber Sie reduzieren den Schaden, der mit dem Verlust eines Passworts einhergehen könnte.

Online-Passwort-Generatoren

Schweres Spiel haben Schurken mit den extremen Passwörtern, die Sie mit einem Passwort-Generator im Web erzeugen können.

Allgemein gilt, dass man diese Passwörter nicht 1:1 übernehmen sollte: Hängen Sie einfach vorne noch ein persönliches Kürzel, hinten noch eine Zahl und ein Sonderzeichen an und verwenden Sie das Passwort erst dann.

Sehr einfach und hübsch gemacht ist *passwort-generator.eu*, der für Sie einfache 8-stellige Zufalls-Passwörter und komplexere Passwörter beliebiger Länge aus Buchstaben, Ziffern und Sonderzeichen erzeugt.

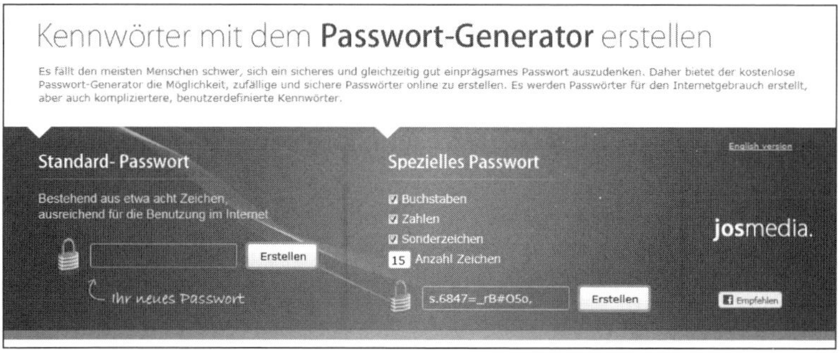

Abbildung 6.3: *passwort-generator.eu* hilft bei der Passwortfindung

Der PC-Tools Passwort-Generator (*pctools.com/guides/password/*) ist sehr vielseitig und hat den Vorteil, dass Sie dabei eine abhörsichere HTTPS-Verbindung verwenden. Lauscher im Netz können also nicht sehen, welches Passwort Sie haben erzeugen lassen.

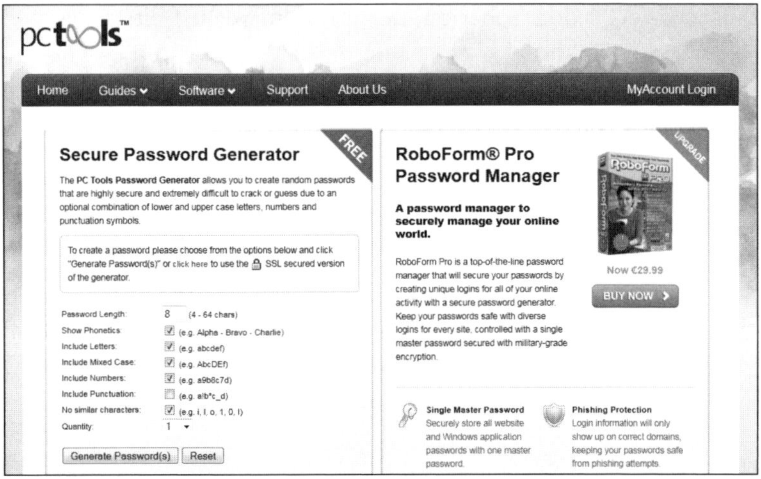

Abbildung 6.4: *pctools.com/guides/password/*

Der Random Phonetic Password Generator (*themolotov.net/projects/passwords/*) erzeugt Passwörter, die man sich leichter merken kann. Das liegt daran, dass die Passwörter phonetisch „gut klingen", sofern man Englisch kann. Aber auch auf Deutsch klingen viele dieser Passwörter ganz gut merkbar.

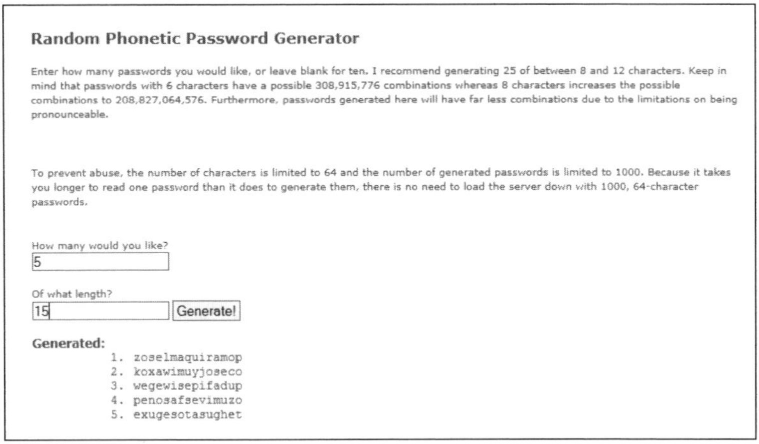

Abbildung 6.5: *themolotov.net/projects/passwords/*

Vorsicht: Solche phonetischen Passwörter sind bei strenger Betrachtung etwas unsicherer als normale Passwörter. Denn sie decken ja nur einen klar definierten Ausschnitt aus der Gesamtmenge möglicher Passwörter ab, reduzieren also die Zahl der möglichen Kombinationen. Man sollte sie daher nicht einfach unbesehen übernehmen, sondern zum Beispiel mit Gemischtschreibung (Vokale groß, Konsonanten klein), Ziffern und Sonderzeichen ergänzen und aufwerten.

Vorsicht vor Passwort-Generatoren

In letzter Zeit tauchen Websites auf, die ganz besondere Passwort-Generatoren anbieten: Sie fragen nämlich in der Eingabemaske auch *Site Name* oder *Site Adress* ab. Ha ha ha.

Es versteht sich von selbst, dass man diese Frage auf keinen Fall ehrlich beantworten sollte. Denn ein Passwort-Generator im Web ist wirklich nur dann sinnvoll, wenn der Generator (-Betreiber) nicht weiß und nicht wissen kann, für welche Website Sie das Passwort haben generieren lassen.

Kleine Tricks für höhere Komplexität

Passwörter bieten umso mehr Schutz, je komplizierter sie sind. Kompliziert ist allerdings das Gegenteil von leicht zu merken. Und leicht zu merken sind meist Passwörter, die leider auch leicht zu knacken sind.

Oft erhöhen Sie aber schon die Sicherheit, wenn Sie ein bestehendes schlechtes, aber leicht zu merkendes Passwort (*Uhura*, *ichbins*) mit einer Zahl verknüpfen (*Uhura2007*, *ichbins2707*). Das ist besser, als überhaupt nichts für gute Passwörter zu tun.

Aber: Diese Zahl sollte nichts mit Ihnen zu tun haben, also kein Geburtsdatum oder Ähnliches sein. Und das Wort sollte besser kein erkennbares Wort, oder wie hier, ein Name sein.

Ersetzungstricks für Passwörter

Namen wie *Uhura* sind allerdings leichter zu merken als Monstren wie *Mxyzptlk*. Ein Trick, sie weiterhin verwenden zu können, besteht daher darin, sie zu verfremden.

Bei der phonetischen Ersetzung verwenden Sie zwar nach wie vor ein echtes Wort, schreiben es aber in einer selbst gebastelten phonetischen Schreibweise. Aus dem schlechten Passwort *Uhura2007* wird dann zum Beispiel das deutlich bessere *OOhoora2007*.

Ersetzen Sie einige Ziffern durch Wörter: Sie erhöhen so die Passwortlänge und nutzen die Fähigkeit des Gehirns, sich Zahlwörter als Zahlen zu merken. Aus *OOhoora2007* könnte dann ein *OOhooraZwei007* oder *OOhoora2tausend7* werden.

Ein anderer Trick ist, Buchstaben wie O oder S durch Zeichen wie 0 und $ zu ersetzen. Aus *AthosundPorthos* würde *Ath0$&P0rth0$*.

Aus *Uhura2007* wird auf diese Weise über *OOhoora2tausend7* letztlich *OOh00ra2tau$end7* – ein Passwort mit sechzehn Zeichen Länge, gemischter Groß- und Kleinschreibung, Sonderzeichen und Ziffern.

howsecureismypassword.net gibt übrigens für *Uhura* die Knackdauer von einer Sekunde an, das zugegebenermaßen fast schon übertrieben sichere *OOh00ra2tau$end7* kommt auf 127 Trillionen Jahre. Sie sehen aber, dass man mit passablem Aufwand entscheidende Verbesserungen seiner Passwortsicherheit herbeiführen kann.

Akronymtechnik für Passwörter

Eine ebenfalls sehr einfache Methode, ein hinreichend langes Kennwort aus einer – für andere – sinnfreien Kombination aus Buchstaben, Ziffern und Sonderzeichen zu wählen, das trotzdem leicht zu merken ist, ist die Akronymtechnik für Passwörter.

Sie denken sich dabei einen ganzen deutschen Satz aus und nehmen zum Beispiel den Anfangsbuchstaben jedes Wortes (oder die ersten beiden Zeichen) und kombinieren diese mit Satzzeichen und Ziffern.

Aus dem Satz *Das ist 1 Kennwort, das ich mir 2011 garantiert merken kann!* bildet man so zum Beispiel das Kennwort *Di1K,dim2011gmk!*.

Es weist Ziffern auf (1 für *ein*), Sonderzeichen (ein = (Ein Gleichheitszeichen kommt in dem Kennwort nicht vor!?(und zwei Satzzeichen) und hat Groß- und Kleinbuchstaben. Mit 16 Zeichen ist es auch einigermaßen lang.

- Anderes Beispiel: *Ich habe 2 Arme und bin 28!* – fertig ist das Passwort *Ih2Aub28!*. So gewöhnen Sie sich an, Buchstaben und Zahlen in gemischter Schreibung zu verwenden.
- Eine Variation der Akronymtechnik lässt einfach alle Selbstlaute aus: Aus *Ich bin Amazon-Kunde seit 1998* wird dann *chbnmzn-Kndst1998*.
- Wahlweise lässt man die Umlaute weg und kriegt ein *IiAaoueei1998*, allerdings dürfte das vor der ersten Tasse Kaffee am Morgen im Büro doch zur Denksportarbeit ausarten. (Sehen Sie den Vorteil: Das hält Ihr Gehirn jung! :-)

Da die Akronymtechnik sich inzwischen herumgesprochen hat, sollten Sie auch hier keinen Satz verwenden, der sehr leicht mit Ihnen in Verbindung gebracht werden kann (*Ich heiße Müller im Jahr 2011.*). Auch bekannte Aussprüche sollten Sie nach Möglichkeit vermeiden. Kürzel wie *2b,on2b* oder *2bo!2b* – für *To be or not to be* – dürften inzwischen in den meisten Wörterbüchern von Kennwort-Crackern stehen.

Grundpasswort mit Erweiterung

Selbst mit der Akronymtechnik ist es schwierig, sich Kennwörter für zehn oder mehr Dienste bzw. Benutzerkonten zu merken. Noch dazu, da in vielen Firmennetzwerken oder auch bei Freemail-Anbietern verlangt oder zumindest empfohlen wird, das Kennwort alle paar Wochen zu wechseln.

Eine andere Technik besteht deswegen darin, dass Sie sich ein Grundpasswort merken und es für jeden Dienst mit einem serviceabhängigen Teil kombinieren. Es lässt sich darüber streiten, ob das wirklich eine gute Technik ist, sie soll trotzdem kurz vorgestellt werden.

Zunächst ein absichtlich zu einfaches Beispiel: Ihr Grundpasswort sei *Sesam2000*. Bei GMX verwenden Sie dann *Sesam2000gmx*, bei Yahoo! *Sesam2000yahoo* und so weiter.

Daran können Sie auch gleich das Problem erkennen: Erlangt ein Angreifer Kenntnis von einem Passwort wie *Sesam2000gmx* (bei GMX), kann er daraus ableiten, dass sie diese Methode verwenden. Er wird dann zum Beispiel *Sesam2000amazon* bei *Amazon.de* ausprobieren und damit wahrscheinlich Glück und Erfolg haben.

Das gilt aber nur, wenn man es so einfach strickt. Daher hier eine Methode, wie man es deutlich komplexer regelt:

- Sie verwenden natürlich prinzipiell ein komplexes Passwort, etwa *ky-4AW!bla*. Das ist schon mal nicht schlecht.
- Beim jeweiligen Dienst erweitern Sie es mit zwei Methoden:
  - Vor das Grundpasswort stellen Sie zweimal die Anzahl der Buchstaben der Webadresse des jeweils genutzten Dienstes, bei gmx.de also *33*, bei yahoo.de *55* und bei Amazon.de *66*.
  - Ans Ende des Passworts setzen Sie eine großgeschriebene Version des zweitens Buchstabens links vom Punkt, bei gmx.de also *M*, bei yahoo.de *O* und bei Amazon.de ebenfalls *O*.

- Daraus ergeben sich folgende Passwörter: Bei gmx.de *33ky-4AW!blaM*, bei yahoo.de *55ky-4AW!blaO* und bei Amazon.de *66ky-4AW!blaO*.
- Aus Sicherheitsgründen machen Sie es *etwas anders* als hier beschrieben: Sie setzen die Zahl nach einem Doppelpunkt ans Ende oder zwischen die zwei Zahlen den Großbuchstaben oder …

Erhält ein Angreifer Zugriff auf ein einzelnes Passwort, müsste es schon mit dem Teufel zugehen, wenn er daraus die Konstruktionsregel ableiten könnte.

Aber: Erhält ein Angreifer Zugriff auf zwei oder mehr Passwörter, kann er bei einiger Findigkeit durchaus in der Lage sein, das Schema zu erkennen.

Passwörter sicher verwenden

Wenn Sie nicht zufällig ein Genie und Gehirnakrobat sind, werden Sie wie alle anderen Benutzer auch früher oder später dazu neigen, eine der oben aufgestellten Regeln zu brechen. Das ist halt einfach so.

Besser ist daher, sich komplizierte Passwörter zu notieren:

- Notieren Sie sich alle oder zumindest einige Kennwörter. Auf Papier.
- Bewahren Sie dieses Papier aber nicht in Reichweite zu Ihrem Computerarbeitsplatz auf. Jemand, der bei Ihnen einbricht, um das Notebook mitzunehmen, wird sich auch noch nach wichtigen Infos wie Kennwörtern, eventuell sogar noch nach der Rechnung des Geräts umsehen.
- Besser ist ein unauffälliges Adressbuch, das nicht beim Rechner liegt. Natürlich dürfen Sie das nicht gemeinsam mit dem Notebook transportieren.

- Verändern Sie darin alle Passwörter leicht. Notieren Sie zum Beispiel alle Passwörter so, dass vorne und hinten je ein Zeichen zusätzlich steht, das gar nicht zum Passwort gehört.
- Nehmen Sie dieses Passwortbuch nirgendwohin mit.

Initialpasswörter sofort ändern

Ein Initialpasswort ist ein Kennwort,

- das Ihnen nach der ersten Registrierung bei einem Webdienst per E-Mail zugestellt wird oder
- das Ihnen bei der Prozedur zu einem „vergessenen Passwort" zur Wiederherstellung des Passworts mitgeteilt wurde.

In beiden Fällen sollten Sie es so schnell wie möglich nach der Anmeldung beim jeweiligen Dienst ändern.

Initialpasswörter, vor allem solche, die per E-Mail verschickt wurden, sind als unsicher zu betrachten: Die reale Gefahr, dass jemand im Internet das im Klartext per Mail verschickte Passwort mitlesen konnte, ist zwar gering, es ist aber dennoch möglich. Außerdem reicht der Zugriff auf Ihre gespeicherten Mails, um Ihre Passwörter in Erfahrung zu bringen. (Das Löschen von Mails verschiebt diese meist nur in den Papierkorb, auch bei Webmail.)

Sicherheitsfragen optimieren

Sicherheitsfragen sind ein Backup für Passwörter. Sie haben Ihr Passwort vergessen? Kein Problem, beantworten Sie die Sicherheitsfrage mit dem Backup-Passwort.

Klingt erst mal gut. Das Problem ist aber:

- Der ideale Nutzer verwendet ein Passwort wie *3a§$&^sd-f34Hds26#*. Tolle Sache.
- Und dann muss er aus Sicherheitsabfragen wie *Wie heißt Ihre Frau?* und *Wo sind Sie geboren?* wählen. Ein Witz.

Bei einigen Diensten lassen sich Sicherheitsfragen sogar nutzen, um die Passwortfrage komplett zu umgehen – sofern man angemeldet ist. Das ist gefährlich, da man bei vielen Diensten ja automatisch via Browser angemeldet bleibt.

Abbildung 6.6: Komplexes Passwort, zu einfache Sicherheitsfrage

Sicherheitsabfragen sind also theoretisch viel leichter zu knacken als die eigentlichen Passwörter. Denn persönliche Daten wie Namen von Partnern, Haustieren, Eltern, Lehrern sowie Lieblingsstars und -filmen etc. sind für das *Social Hacking* anfällig: Wer Sie persönlich kennt, kann sie im Zweifel problemlos ermitteln. Wer Sie nicht kennt, es aber drauf anlegt, ebenfalls.

Es empfiehlt sich daher, sinnvolle Angaben bei den sogenannten Sicherheitsabfragen zu vermeiden. Verwenden Sie dort stattdessen eine selbst formulierte Frage und eine etwas komplexere Antwort, die nicht zur Frage passt. Oder wählen Sie eine Frage mit korrekter Antwort, die auch Ihr Partner oder bester Freund nicht beantworten könnte.

HINWEIS

Alles halb so schlimm. Denn je nachdem, wie das System implementiert ist, dienen diese Abfragen in der Praxis oft nur dazu, Ihnen auf Ihre primäre E-Mail-Adresse einen Link zu schicken, um Ihr Passwort – falls vergessen – zurückzusetzen.

Kennwörter im Browser speichern

So verlockend die Möglichkeit ist: Lassen Sie Kennwörter, die Sie aufWebseiten eingeben, nicht von Ihrem Browser speichern! Denn dann muss jemand, der sich Zugriff auf Ihr Notebook verschafft, das Kennwort ebenfalls nicht eintippen und kann so auf Ihre Kosten zum Beispiel einkaufen, Dienstleistungen nutzen oder auch in Ihrem Namen E-Mails verschicken. Auch könnte ein Trojaner Ihren Browser kapern und die Passwortliste komplett abgreifen und per Mail verschicken. Das dauert keine Sekunde.

Wer sich der Gefahren bewusst ist, sie aber für gering hält und daher trotzdem Passwörter im Browser speichern möchte, sollte dabei wenigstens ein Master-Passwort definieren.

So unbequem ist das nicht: Sie müssen das Master-Passwort stets nur beim Start des Browsers eingeben. Wenn Sie danach den Browser nicht schließen, sondern immer geöffnet halten, bleibt der Komfort bis zum nächsten Anmelden erhalten.

Firefox

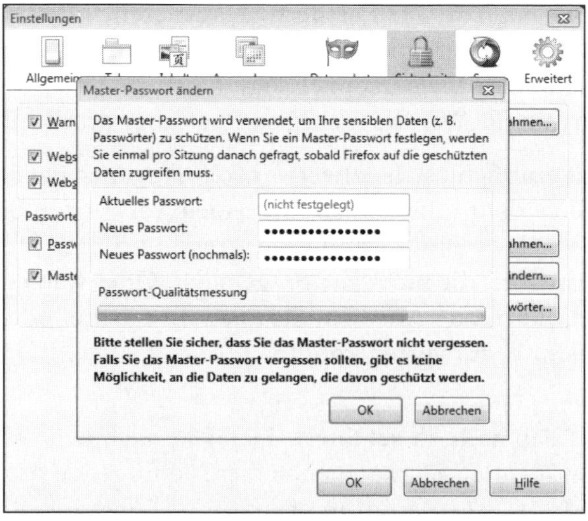

Abbildung 6.7: Master-Passwort bei Firefox

In Firefox gehen Sie so vor:

- Wählen Sie *Einstellungen / Sicherheit*.
- Aktivieren Sie die Option *Master-Passwort verwenden*.
- Legen Sie ein Master-Passwort fest und klicken Sie auf *OK*.

Opera

In Opera gehen Sie so vor:

- Wählen Sie *Einstellungen / Einstellungen / Erweitert*.
- Aktivieren Sie die Option *Gespeicherte Passwörter mit dem Master-Passwort schützen*.

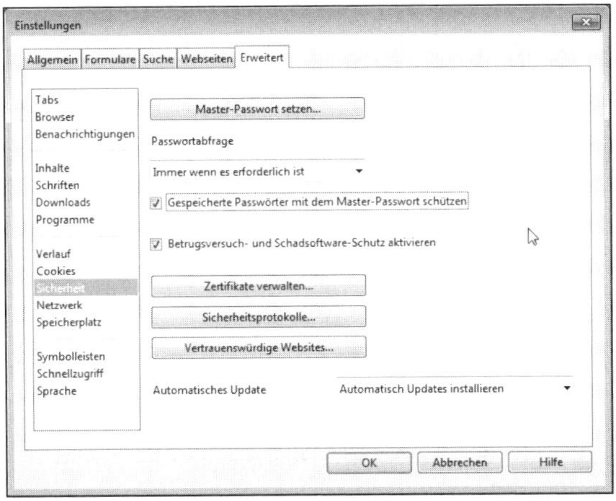

Abbildung 6.8: Master-Passwort in Opera

- Geben Sie ein Passwort ein und klicken Sie auf *OK*.
- Schalten Sie in der Liste *Passwortabfrage* um auf *Ein Mal pro Sitzung*. (Wenn Sie *Immer wenn es erforderlich ist* beibehalten, fragt Opera bei jeder automatischen Passwortübermittlung nach dem Master-Passwort.)

In Opera, der sonst als sehr sicherer Browser gilt, ist das nicht unwichtig, denn die Passwörter werden in der Datei *wand.dat* gespeichert. Es reicht, diese Datei auf einen anderen PC in das entsprechende Opera-Verzeichnis zu kopieren, um damit auch die Passwörter zu übernehmen. Das heißt, dem Angreifer reicht auch der Zugriff auf ein Backup mit dieser Datei, um diese Daten zu erlangen.

Chrome und Internet Explorer

Weder Chrome noch Internet Explorer haben derzeit die Möglichkeit, den Zugriff auf die Passwörter über ein Master-Passwort zu sichern. Entsprechend sichert man dort besser seine Passwörter nicht im Browser, sondern in einem externen Kennwort-Safe.

Passwörter im Kennwort-Safe speichern

Eine Möglichkeit, eine Liste der Kennwörter immer auf dem PC oder Netbook parat zu haben, ist, sie in einem Dokument oder einer Tabelle zu speichern. Das ist allerdings keine gute Idee.

Wenn man es trotzdem tut, sollte man zumindest die eingebauten Verschlüsselungsfunktionen von Office-Programmen verwenden, um diese Passwörter zu verschlüsseln. Allerdings haben sie sich in der Vergangenheit nicht immer als sicher erwiesen.

Besser verschlüsseln Sie Passwörter in Dokumenten mit einem Tool wie 7-Zip oder TrueCrypt (siehe Kapitel 7). Im Ergebnis müssen Sie sich dann nur noch die Passphrase für das verschlüsselte Archiv merken.

Einige Programme arbeiten ganz spezialisiert als digitaler Tresor für Kennwörter, PINs, TANs etc. Die Besonderheit solcher Kennwort-Safes ist, dass sie meistens auch einen Formularhelfer enthalten, der automatisch Passwörter in Web-Formulare eintragen kann und somit mindestens den Komfort der im Browser gespeicherten Passwörter bietet.

Ein Beispiel ist der kommerzielle *Kaspersky Password Manager*, der auch Teil der Security-Suite und in ähnlicher Weise auch bei anderen Produkten zu haben ist.

Abbildung 6.9: Der kommerzielle Kaspersky Password Manager

Eine freie Alternative ist die Open-Source-Lösung *KeePass* (*keepass.info*). Sie speichert alle Passwörter in einem Tresor, den sie mit soliden Verschlüsselungsmechanismen sicher chiffriert – man benötigt ein Master-Passwort, um an die anderen Passwörter heranzukommen. Sie lässt sich mobil einsetzen, zum Beispiel auf einem USB-Stick. Man kann die Passwörter manuell verwenden oder automatisch in Formulare eintragen lassen. Ein Passwort-Generator ist auch dabei.

HINWEIS

Ein Problem der Passwort-Safes soll nicht unerwähnt bleiben: Sie versammeln alle Ihre Passwörter in einer Datei. Diese ist zwar verschlüsselt, aber eben auch nur über ein einziges Master-Passwort. Ein Keylogger-Trojaner könnte dieses Master-Passwort ausspionieren und die Passwort-Datei kopieren und per Internet versenden: Im Ergebnis hätte der Angreifer alle Passwörter. Allerdings verwenden derzeit zu wenig Benutzer solche Kennwort-Safes, sodass die Wahrscheinlichkeit eines nicht zielgerichteten Angriffs eher gering ist.

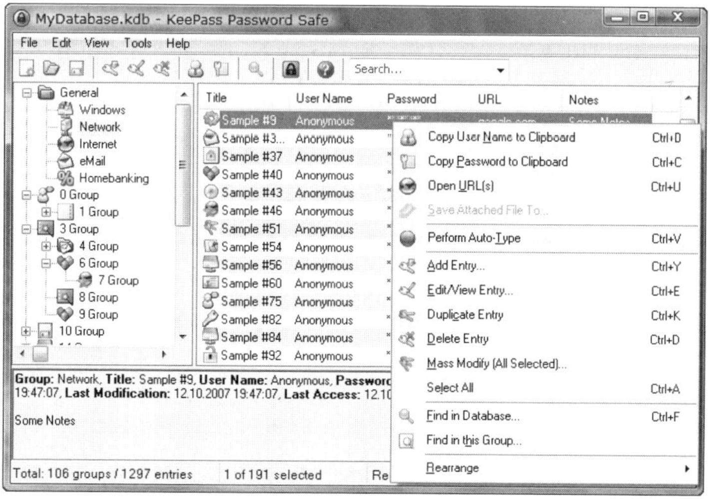

Abbildung 6.10: Der freie KeePass von *keepass.info*

Passwörter in freier Form speichern

Steganos Locknote (*www.steganos.com/de/produkte/gratis-fuer-sie/locknote/ueberblick/*) ist Tool und Dokument zugleich.

- Starten Sie *locknote.exe* nach dem Download durch einen Doppelklick und passen Sie den Text beliebig an.
- Speichern Sie über *Datei / Speichern unter* und wählen Sie einen Ort und einen Dateinamen wie *notiz*.
- Locknote fragt nach einem Passwort. Geben Sie es ein. Es gelten die oben genannten Ratschläge.
- Locknote verschlüsselt die Textdaten, das Ergebnis ist eine Datei wie *notiz.exe*.
- Ein Doppelklick auf diese Datei öffnet ein neues Locknote, doch erst die Eingabe des Passworts macht den Inhalt zugänglich.

Mit Locknote können Sie Zugangsdaten und Passwörter in sehr freier Form recht sicher speichern. Das erlaubt es Ihnen, Zugangsdaten einigermaßen unbesorgt per USB-Stick zu transportieren und auf jedem Windows-PC zu öffnen.

Abbildung 6.11: Locknote speichert Daten in völlig freier Form

Der Nachteil gegenüber einer Lösung wie KeePass oder TrueCrypt ist, dass Locknote nur auf Windows läuft.

Passwörter sicherer eingeben

Ein bekannter Schwachpunkt von Passwörtern ist, dass es einen Ort gibt, an dem sie übergeben werden.

- Im Browser und bei Mailprogrammen: Sie melden sich bei Diensten an und übergeben dabei Ihr Passwort quer durch das Internet. Damit das nicht im Klartext passiert, wählen Sie eine verschlüsselte Verbindung (https, SSL). Mehr dazu in Kapitel 7.
- Auf Tastaturen: Keylogger können diese abhören, Kameras können sie filmen. Kollegen und Kinder können Sie bei der Eingabe beobachten.

Schutz gegen Hardware-Keylogger

Gegen Hardware-Keylogger (und nur gegen diese) hilft eine einfache Bildschirmtastatur.

- Drücken die [⊞]-Taste
- Geben Sie `osk` ein und drücken Sie [↵].
- Es erscheint die Bildschirmtastatur von Windows.

Abbildung 6.12: Bildschirmtastatur

Gegen Software-Keylogger richtet die Bildschirmtastatur aber wenig bis gar nichts aus: Moderne Keylogger machen einfach Screenshots von Ihren Mausklicks und tricksen so die Bildschirmtastatur aus.

Tricks gegen passwortschnüffelnde Software-Keylogger

Gegen Software-Keylogger gibt es durchaus Verteidigungsmöglichkeiten:

- Verwenden Sie Antivirensoftware, die den Keylogger hoffentlich erkennt und entfernt.
- Verwenden Sie virtuelle Maschinen (VMware, VirtualBox): Sie trennen das echte vom virtuellen Windows und schließen so den Keylogger aus. Allerdings ist das sehr aufwendig. (Es ist allerdings in naher Zukunft mit Sicherheitsprodukten zu rechnen, die diesen Vorgang stark vereinfacht anbieten.) Auch aufwendig, aber sicher: Booten Sie von einer Linux-CD und führen Sie Banking darauf durch.

- Verwenden Sie den Kennwort-Safe auf einer ganz anderen Maschine als der, auf der Sie das Passwort verwenden. Ein Beispiel: Sie machen Online-Banking am PC, aber nie auf dem Smartphone. Verwenden Sie den Kennwortsafe dann auf dem Smartphone. KeePass (*keepass.info*) zum Beispiel gibt es auch für iPhone/iPad, Android und BlackBerry.

Man kann zwar einen Software-Keylogger auch „manuell" austricksen, aber es ist wahnsinnig umständlich und daher praktisch nicht sinnvoll. Denn Software-Keylogger zeichnen nicht nur Tastenanschläge auf, sondern auch die Tasten [Entf] und [⇦] oder in welchem Programm die Eingabe erfolgte.

In akuten Notfällen hilft folgender Trick. Er macht sich die einzige Schwäche der meisten Keylogger zunutze, dass diese nur Tasteneingaben aufzeichnen können, nicht aber Mausbewegungen und Mausmarkierungen.

- Angenommen, das Passwort ist *sesam233*.
- Sie geben ein: `s1eltsam199`
- Sie markieren die letzten drei Zeichen (also *199*) mit der Maus (!) und geben 233 ein. (Aktuelle Eingabe also: *s1eltsam233*; der Keylogger sah bisher: *s1eltsam199233*.)
- Sie markieren (zum Beispiel) das dritte bis fünfte Zeichen mit der Maus (also *1lt*) und drücken 1. (Aktuelle Eingabe also: *s1esam233*; der Keylogger sah bisher: *s1eltsam1992331*.)
- Sie markieren die ersten beiden Zeichen mit der Maus und geben *s* ein. (Aktuelle Eingabe also: *sesam233*, der der Keylogger sah bisher: *s1eltsam1992331s*).
- Das war's.

Es funktioniert und es hilft, das wahre Passwort mit einem falschen zu verschleiern. Aber es ist halt sehr umständlich und fehleranfällig und daher in der alltäglichen Praxis wirklich nur was für Sicherheits-Füchse.

HINWEIS

In einem Internet-Café hat man keinerlei Kontrolle über den Leihrechner. Dort ist dies der einzige sicherere Weg, um einen Webdienst zu nutzen, ohne dabei sein Passwort preiszugeben.

KAPITEL 7

Verschlüsselung

Verschlüsselung ist immer dann wichtig, wenn Daten nicht in die Hände unbefugter Dritter fallen sollen. Weil Windows 7 Home ab Werk dazu keine Bordmittel mitbringt, stellt dieses Kapitel ergänzende Werkzeuge vor.

Verschlüsselung

Windows 7 kommt wie in Kapitel 3 gezeigt mit zweierlei Verschlüsselungssystemen daher:

- EFS-Verschlüsselung auf Dateiebene, um lokale Dateien und Ordner zu verschlüsseln. Leider ist diese erst ab Windows 7 Professional zu haben.
- BitLocker To Go für Wechsellaufwerke und BitLocker für das Systemlaufwerk verschlüsseln komplette Datenträger und schließen Windows fast hermetisch ab – leider erst ab Version Ultimate/Enterprise.

Dem Anwender der verbreiteten Windows-Home-Version bleibt also gar nichts anderes übrig, als sich mit Zusatzmitteln auszustatten.

TrueCrypt

Ein Notebook wiegt im Idealfall ein bis zwei Kilogramm. So was lässt man gerne mal irgendwo stehen. Mit dem Notebook fallen aber auch alle enthaltenen Daten in die Hände des Finders. Der kann einen guten Charakter haben und das Notebook zurückgeben, einen wenigstens nicht zerstörerischen Charakter und das Notebook löschen oder aber einen schlechten Charakter und sich die Inhalte des Notebooks näher ansehen.

Nun hat nicht jeder Suff-Bilder oder romantische DIY-Videos auf der Festplatte herumliegen. Aber fast jeder speichert die Passwörter seiner Programme direkt in diesen Programmen: Mailprogramme und Messenger kennen die Passwörter der Mailkonten, der Browser die Passwörter zu zig Maildiensten.

TrueCrypt als Verschlüsselungssoftware

Die einzige Abhilfe ist, das Notebook mit einer Software wie *TrueCrypt* (*www.truecrypt.org*) zu verschlüsseln. Es kann den gesamten PC, Notebook oder Netbook verschlüsseln oder aber nur einzelne Partitionen, externe Festplatten und Speichersticks.

Ein so gesichertes Notebook kann problemlos geklaut werden: Es ist dann zwar immer noch weg. Aber der Dieb hat nur die Hardware in den Fingern – der Inhalt bleibt ihm unzugänglich.

TrueCrypt ist sehr populär, weil es kostenlos und einfach zu bedienen ist. Des Weiteren existieren Versionen für Windows, Mac und Linux. Das bedeutet, dass Sie einen TrueCrypt-Container oder eine komplett mit TrueCrypt verschlüsselte Festplatte auf jedem dieser Systeme öffnen und bearbeiten können.

Vertrauensfrage

TrueCrypt ist aber nicht unumstritten. Es ist zwar kostenlos, aber nicht Open-Source. Die Lizenz ist eigenwillig, was vor allem historische Gründe hat und nur für Puristen von Belang ist. Für den Benutzer stellt sich die Frage, ob es auch sicher ist.

Diese Frage kann so nicht beantwortet werden. Die Quellcodes sind zum Beispiel auf *www.truecrypt.org/downloads2* für jeden einsehbar und können auf Hintertüren überprüft werden. Aber wer überprüft schon, ob die für Windows kompilierten Programme wirklich aus diesen Quellcodes entstanden sind?

Auf der anderen Seite könnte sich jeder Experte einen Namen machen, der tatsächlich Hintertüren in TrueCrypt findet. Man darf daher davon ausgehen, dass etliche Spezialisten versuchen, solche Hintertüren zu finden. Und wir Anwender müssen uns einfach darauf verlassen, dass eine so etablierte Software keine Hintertüren hat und sicher ist.

Angenommen, Geheimdienste oder Polizei könnten sich mit einem digitalen Nachschlüssel auch ohne unser Passwort Zugang verschaffen. Selbst dann wären diese Hintertüren gewiss nur ganz wenigen bekannt. Denn die meisten Leute sind geschwätzig und man wüsste inzwischen davon.

Hardwarebeschleunigung

TrueCrypt macht Ihren PC langsamer. Wie sehr, das kommt auf Ihren PC an, denn TrueCrypt kann seit Version 7 auf einen erweiterten Befehlssatz moderner Intel-Prozessoren (*Advanced Encryption System New Instructions*, *AES-NI*) zurückgreifen. Dieser steht in verschiedenen i3/i5/i7-Prozessoren zur Verfügung, eine Liste finden Sie auf *http://ark.intel.com/MySearch.aspx?AESTech=true*.

Die Hardwarebeschleunigung sorgt dafür, dass TrueCrypt (und ähnliche Programme) bei der Verwendung von AES als Algorithmus deutlich schneller arbeitet. Auf solchen Rechnern merken Sie von TrueCrypt kaum noch etwas.

Auf Netbooks mit Atom-Prozessor sieht das ganz anders aus. Es ist technisch zwar problemlos möglich, sie mit TrueCrypt zu verschlüsseln. Aber richtigen Spaß macht das nicht. Dort empfiehlt sich, statt alles zu verschlüsseln, maximal ein verschlüsselter Container.

Alles verschlüsseln versus ...

Der sicherste Weg, Ihr Notebook oder Ihren PC mit TrueCrypt zu schützen, ist die komplette Verschlüsselung mit Pre-Boot-Authentifizierung.

- ✔ Vorteil: Höchste Sicherheit. Die in Ihren Mailprogrammen oder Browsern gespeicherten Zugangsdaten und Gebrauchsspuren sind gegen den Zugriff durch Unbefugte geschützt. Programme können in temporären Dateien sensible Daten ablegen, wie sie wollen – da alles verschlüsselt ist, werden auch diese Sachen verschlüsselt.
- ✔ Nachteil: Windows wird langsamer. Leicht höheres Risiko eines Crashs, weil eine Fehlerquelle zusätzlich arbeitet. Sinkende Wahrscheinlichkeit, nach einem Crash schmerzfrei recovern oder Daten retten zu können, denn diese sind ja unzugänglich. Kompatibilitätsprobleme bei Doppel-Boot-Systemen und alternativen Bootloadern.

Das ist die beste Methode für Notebooks, auf denen sich wichtige Daten befinden.

... nur Container oder Laufwerk verschlüsseln

Der andere Weg mit TrueCrypt ist, ein normales Laufwerk (externe Festplatte, USB-Stick) zu verschlüsseln oder einen verschlüsselten Container anzulegen. Das ist eine Datei, die mit dem richtigen Passwort wie ein virtuelles Laufwerk eingebunden werden kann. Auf diesem verschlüsselten Laufwerk verstauen Sie dann, was verborgen werden soll.

- Vorteil: Weniger Aufwand, denn man verschlüsselt nur das Geheimnis. Weniger Geschwindigkeitseinbußen, denn Windows arbeitet unverschlüsselt.
- Nachteil: Weniger Sicherheit, denn Windows arbeitet unverschlüsselt, ergo stehen nach dem Knacken auch Browser-Passwörter etc. zum Lesen bereit.

Das ist die beste Methode für den sicheren Transport von Daten. Es ist völlig in Ordnung für das sichere Aufbewahren von kleinen Geheimnissen auf einem PC, der für sich genommen keinen extremen Schutz benötigt, etwa auf einem Heim-PC.

TrueCrypt verwenden

TrueCrypt finden Sie auf *www.truecrypt.org*. Nach dem Download starten Sie die heruntergeladene EXE-Datei und folgen den Anweisungen.

HINWEIS

Während der Installation müssen Sie eine CD brennen und diese auch wieder zum Lesen einlegen. Auf Geräten ohne Brenner (zum Beispiel Netbooks) ist das nicht möglich. Man kann sich mit einem virtuellen Laufwerk behelfen, wie es *Virtual Clone Drive* (*slysoft.com/de/virtual-clonedrive.html*) als Freeware zur Verfügung stellt.

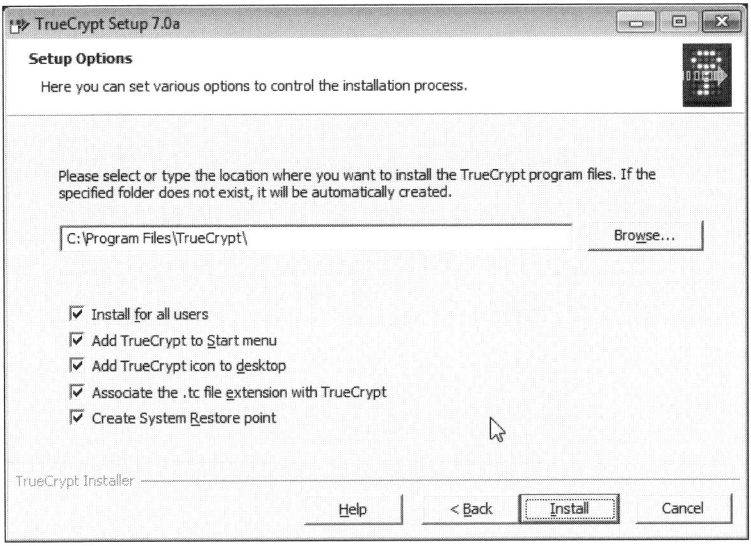

Abbildung 7.1: TrueCrypt-Installation

TrueCrypt-Container

Ein Container bzw. ein TrueCrypt-Volume ist aus Sicht von Windows eine einzelne Datei, deren Inhalt nicht gelesen werden kann. Erst beim Einbinden (Mounten) mithilfe von TrueCrypt wird die Datei zu einer virtuellen Festplatte (Volume). Der verschlüsselte Inhalt kann nur mit dem richtigen Passwort gelesen werden.

Ein solches Volume kann für alles Mögliche dienen. Sie könnten darin Ihre gesamten Dokumente aufbewahren oder nur die, die besonders sicher sein sollen. Sie könnten darin zum Beispiel Ihre Passwort-Dateien (auch wenn man die nicht auf dem Computer speichern soll, so tut es doch jeder) speichern oder Ähnliches.

HINWEIS

Für die Inhalte im TrueCrypt-Behälter gilt natürlich wie für alle anderen Inhalte Ihres PCs, dass nur ein Backup sie vor dem Crash schützen kann. Indem Sie den gesamten Behälter ins Backup mit einschließen, sichern Sie automatisch auch seinen Inhalt.

Verschlüsselten Container mit TrueCrypt anlegen

So legen Sie einen TrueCrypt-Behälter an:

- Starten Sie TrueCrypt.
- Wählen *Volumes / Create New Volume*.

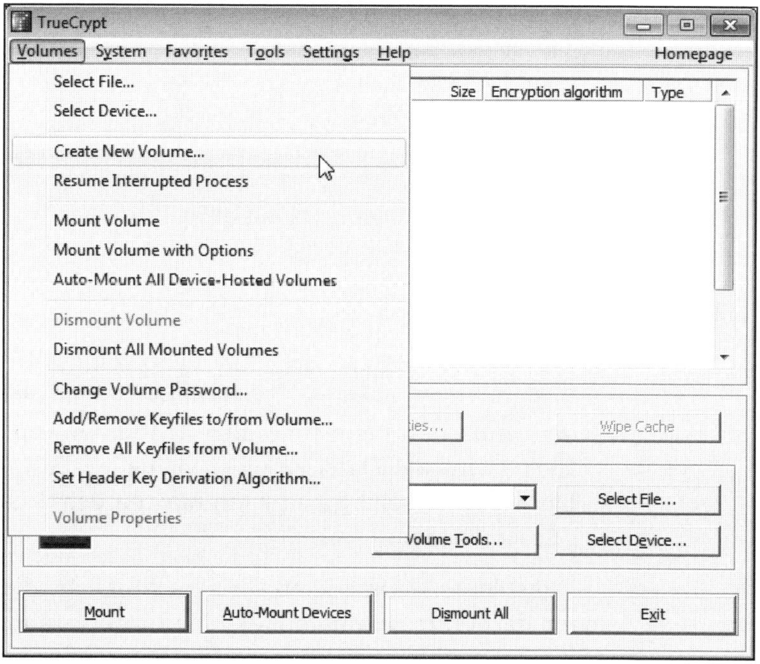

Abbildung 7.2: Volume verschlüsseln

- Wählen Sie *Create an encrypted file container*, um eine Datei als Behälter zu erzeugen, und klicken Sie auf *Next*.

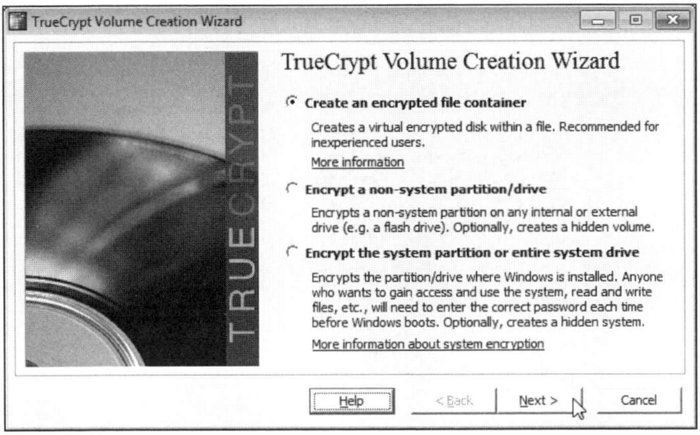

Abbildung 7.3: Neuen Behälter anlegen

- Wählen Sie *Standard TrueCrypt volume* und klicken Sie auf *Next*. Die so erzeugte Datei ist später als ganz normale Datei sichtbar.

KNOW-HOW

Das ist übrigens auch dann der Fall, wenn Sie *Hidden TrueCrypt volume* wählen. Der Unterschied ist jedoch, dass beim verborgenen Container ein Container im sichtbaren Container versteckt wird. Der äußere Container enthält scheinbar nichts. Der innere Container enthält die eigentlichen Dateien. Wozu ist das nun gut? Angenommen, man erpresst Sie mit vorgehaltener Waffe, dass Passwort preiszugeben. Dann sollten Sie das außerhalb von Rechtsstaaten wohl eher tun. Sie geben also das Passwort preis und TrueCrypt öffnet ganz normal den Container – kein Grund, Sie zu erschießen, auch wenn der Container halt leider leer ist oder nur Scheindateien enthält. Der Trick liegt im Passwort: Verwenden Sie nämlich ein anderes Passwort, öffnet sich der verborgene Container. Für den Zuschauer ist aber kein Unterschied bei der handelnden Person zu sehen. Es geht hierbei um die Möglichkeit, plausibel abstreiten zu können, im Besitz bestimmter Daten zu sein. Das ist also eher ein James-Bond-Feature.

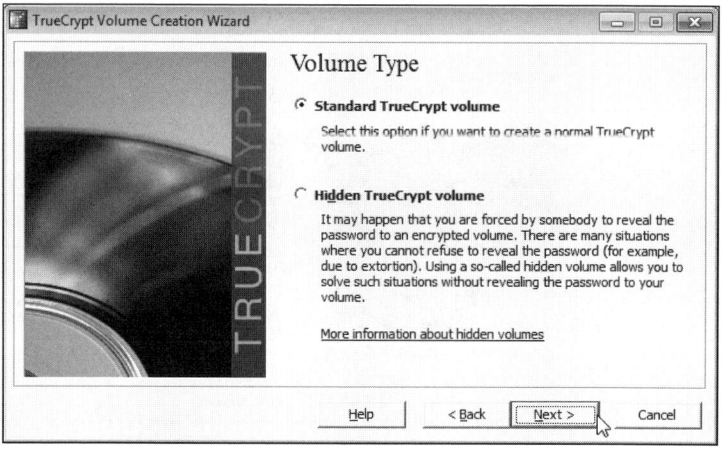

Abbildung 7.4: Standard-Volume

- Nun wählen Sie die Datei, die das Behältnis bilden soll. Klicken Sie auf *Select File*, suchen Sie einen Ort zum Speichern aus, geben Sie einen Dateinamen an (verwenden Sie die Endung *TC*, um es sich später zu erleichtern) und klicken Sie auf *Speichern*.
- Klicken Sie dann auf *Next*.

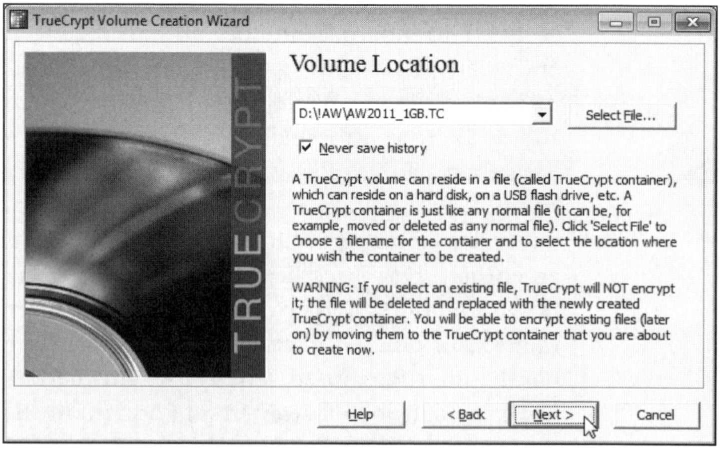

Abbildung 7.5: Speicherort für die Datei

- Sie können das Verschlüsselungsschema unverändert übernehmen. AES ist völlig in Ordnung und auf modernen PCs das schnellste. Klicken Sie auf *Benchmark* und *Benchmark*, um zu sehen, ob Ihr Prozess AES-Hardwarebeschleunigung unterstützt. Bei Containern ist dies aber weniger kritisch als bei der Systempartitionsverschlüsselung, daher können Sie hier auch verschachtelte Algorithmen wählen. Für die Handhabung macht das keinen Unterschied. Klicken Sie auf *Next*.
- Hier legen Sie das Fassungsvermögen des Containers fest. Angenommen, Sie wollen den Container auf einem USB-Stick transportieren, dann wählen Sie ihn etwas kleiner, als der Stick Platz bietet. Soll der Container nur auf Ihrem PC liegen, können Sie ihn auch größer wählen. Wenn der Behälter (etwa mit Dokumenten) per Mail verschickt werden soll, wählen Sie ihn entsprechend klein (500 KB bis 2 MByte). Bedenken Sie, dass Container immer gleich groß sind, egal, wie viele Dateien sie letztlich enthalten, und sich nicht komprimieren lassen (es geht schon, sie werden nur nicht kleiner). Klicken Sie auf *Next*.

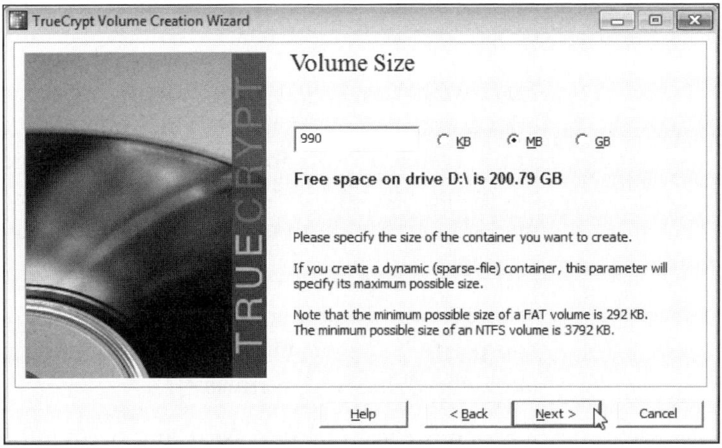

Abbildung 7.6: Größe des Containers wählen

✔ Geben Sie das Passwort für den Container ein und klicken Sie auf *Next*. Falls das nicht möglich ist, ist eines der beiden Passwörter falsch geschrieben. *Next* wird anklickbar, sobald die beiden Passwörter übereinstimmen. Zur Not aktivieren Sie *Display password*. Das Passwort sollte wie üblich sehr lang und sehr kompliziert sein.

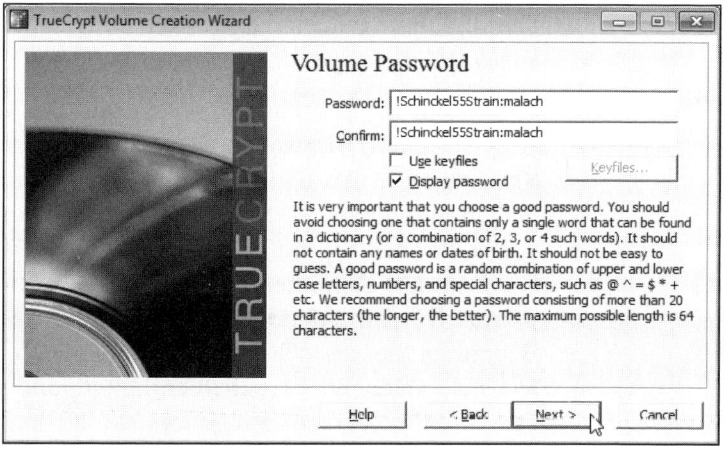

Abbildung 7.7: Passwort für den Container festlegen

✔ Wählen Sie das Dateisystem des Containers. Wählen Sie *FAT*, wenn Sie zum Beispiel den Container auch mit Mac oder Linux öffnen wollen. Wählen Sie *NTFS*, wenn Sie sehr große Dateien darin ablegen müssen. Bewegen Sie die Maus ein wenig hin und her, um den Zufallsgenerator zu füttern, und klicken Sie dann auf *Format* (siehe Abbildung 7.8).

✔ Der Container wird erzeugt. Je größer Sie sein Fassungsvermögen gewählt haben, desto länger dauert es, weil die komplette Datei aus technischen Gründen mit Zufallszahlen überschrieben werden muss.

✔ Klicken Sie auf *OK* und *Next* und dann auf *Cancel*.

Fertig! Der verschlüsselte Behälter wurde angelegt.

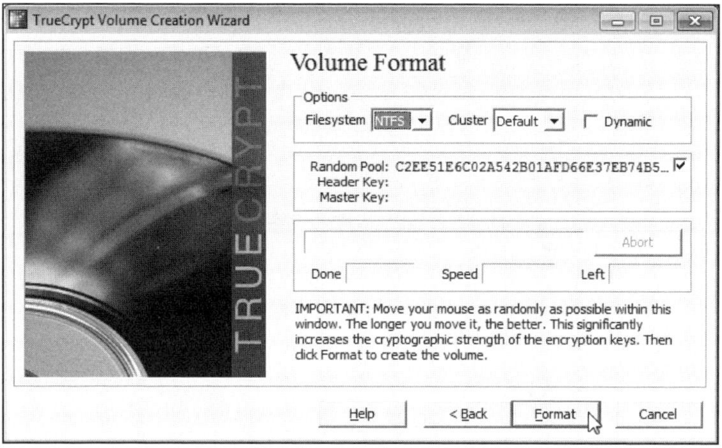

Abbildung 7.8: Behälter formatieren

Verschlüsselten Behälter anschließen

Um Dateien im verschlüsselten Behälter ablegen zu können, müssen Sie ihn in Windows als Laufwerk anschließen. Man spricht im Slang davon, ein Volume zu mounten. Das geht über die Oberfläche von TrueCrypt.

- Klicken Sie auf *Select File* und wählen Sie die erzeugte TC-Datei aus.
- Markieren Sie einen Laufwerkbuchstaben und klicken Sie auf *Mount* (siehe Abbildung 7.9).
- Geben Sie das Passwort des Volumes ein und klicken Sie auf *OK* (siehe Abbildung 7.10).
- Danach ist das Laufwerk verbunden und taucht in Windows unter dem gewählten Buchstaben auf (siehe Abbildung 7.11).

Alles, was Sie nun auf dem virtuellen Laufwerk und damit im Behälter ablegen, wird automatisch verschlüsselt. Es ist für Sie problemlos lesbar, solange das Volume gemountet ist und bis Sie es wieder dismounten.

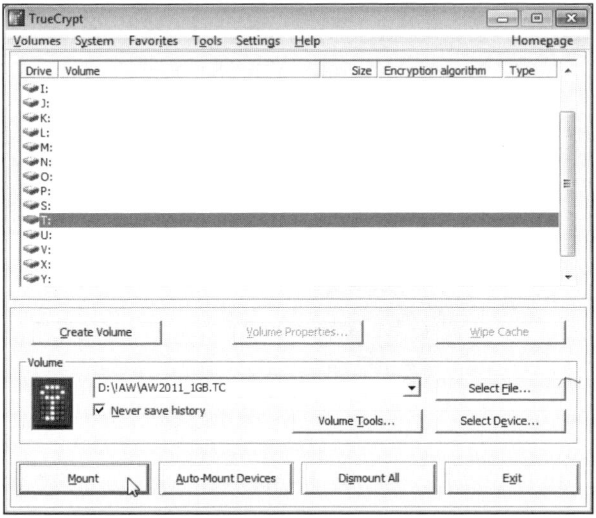

Abbildung 7.9: Mounten eines TrueCrypt-Volumes

Abbildung 7.10: Passwort eingeben

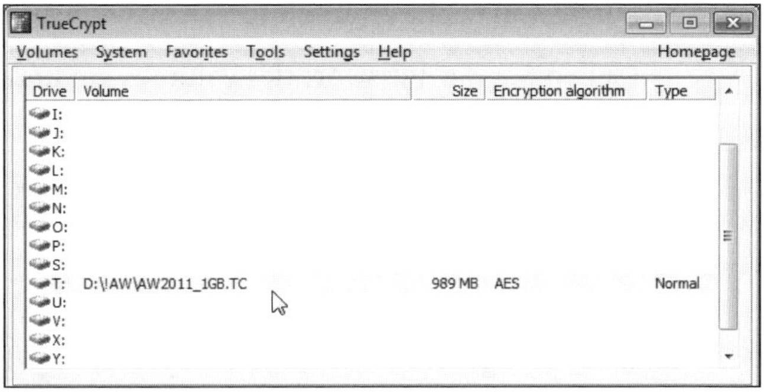

Abbildung 7.11: Verbundenes verschlüsseltes Laufwerk

Verschlüsselte Behälter auswerfen

Wenn Sie nicht am PC sitzen oder gerade keinen Zugriff auf die Daten haben müssen, empfiehlt es sich, den Behälter zu schließen.

- Klicken Sie mit der rechten Maustaste auf den Eintrag eines gemounteten Volumes und wählen Sie *Dismount.*
- Alternativ klicken Sie auf *Dismount All* – das wirft alle verbundenen Volumes aus.

Die Behälter sind erst dann wieder zugänglich, wenn Sie sie mit Passwort öffnen.

Schnellerer Zugriff

Jedes Mal die zu verschlüsselnde Datei mit dem virtuellen Laufwerk herauszusuchen, ist natürlich nervig. Daher können Sie diese im Menü *Favorites* verankern:

- Mounten Sie in TrueCrypt die fragliche Container-Datei und geben Sie Ihr Passwort ein.
- Klicken Sie mit der rechten Maustaste auf den fraglichen Mount-Eintrag und wählen Sie *Add to Favorites.*

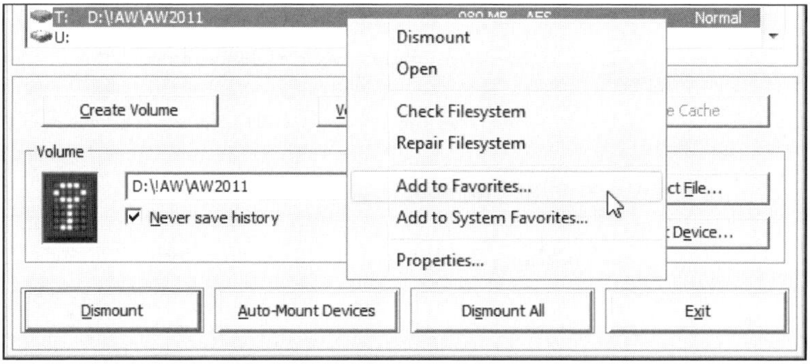

Abbildung 7.12: Zu Favoriten hinzufügen

- Geben Sie bei *Label of selected favorite volume* einen aussagekräftigen Namen für das Laufwerk an.
- Aktivieren Sie bei Bedarf auch die Option *Mount selected volume upon logon*. Dann wird das Laufwerk automatisch beim Start von Windows gemountet (mit Passwortabfrage). Auf einem System mit verschlüsselter Systempartition verwenden Sie *Add to System Favorites*, dann muss kein Passwort eingegeben werden.
- Klicken Sie abschließend auf *OK*.

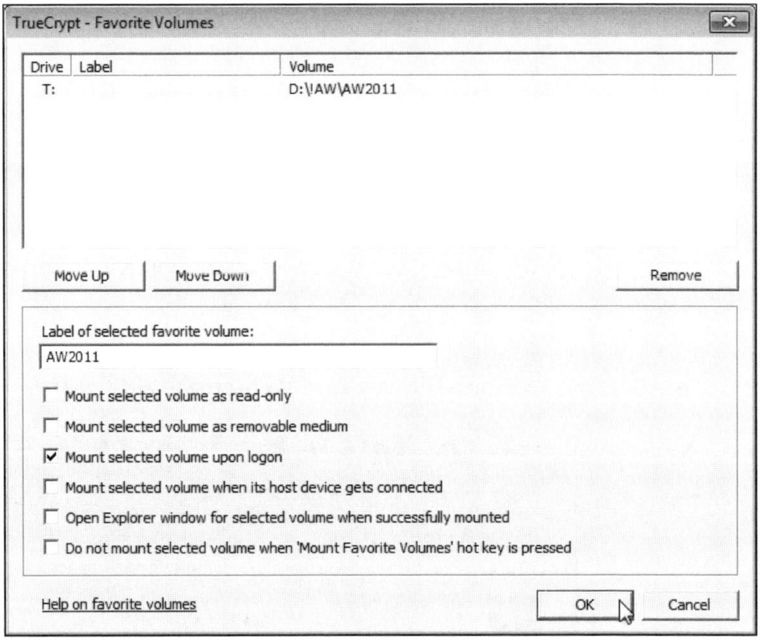

Abbildung 7.13: Favoriten-Einstellungen

- Die so eingebundene Datei lässt sich nun ganz einfach über *Favorites* / *<Name>* aufrufen und mounten.

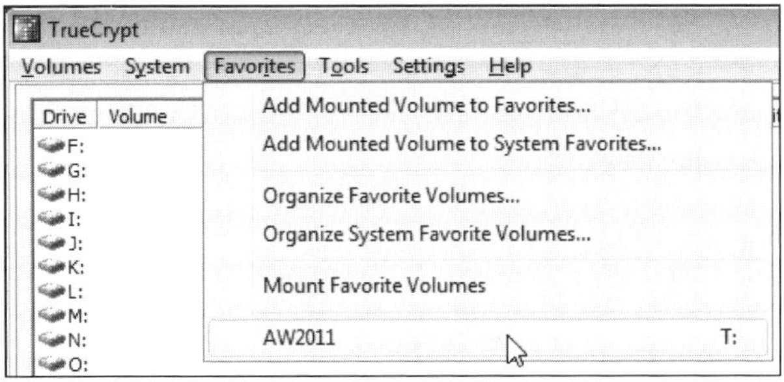

Abbildung 7.14: Favoriten

- Haben Sie mehrere Favoriten definiert, können Sie über *Favorites / Mount Favorite Volumes* alle auf einmal anschließen.

TrueCrypt-Systemverschlüsselung

Bei der Systemverschlüsselung wird Ihr gesamtes Windows zu einem Container. TrueCrypt wird zu einem Ladenprogramm, das Windows erst nach Eingabe des Passworts entschlüsselt und so benutzbar macht.

HINWEIS

Systemverschlüsselung ist naturgemäß ein tiefer Eingriff. Erzeugen Sie daher unbedingt mindestens ein Image-Backup Ihres Systems, einschließlich der Bootsektoren. Legen Sie sich Ihr Passwortbuch bereit, denn das Passwort zur Systemverschlüsselung ist danach der einzige Zugang zu Ihrem Gerät. Wenn Sie das Passwort vergessen, verlieren oder falsch notiert haben, dann sperren Sie sich wirksam aus. Dann hilft nur noch das Zurückspielen eines Image-Backups.

Windows-Partition mit TrueCrypt verschlüsseln

So verschlüsseln Sie die Windows-Partition mit TrueCrypt:

- Falls Sie ein Notebook nutzen, schließen Sie das Netzteil an, damit ihm bei diesem Prozess nicht der Saft ausgeht.

- Starten Sie TrueCrypt als Administrator: Öffnen Sie dazu *Start / Alle Programme / TrueCrypt*, klicken Sie mit der rechten Maustaste auf *TrueCrypt* und wählen Sie *Als Administrator ausführen*.

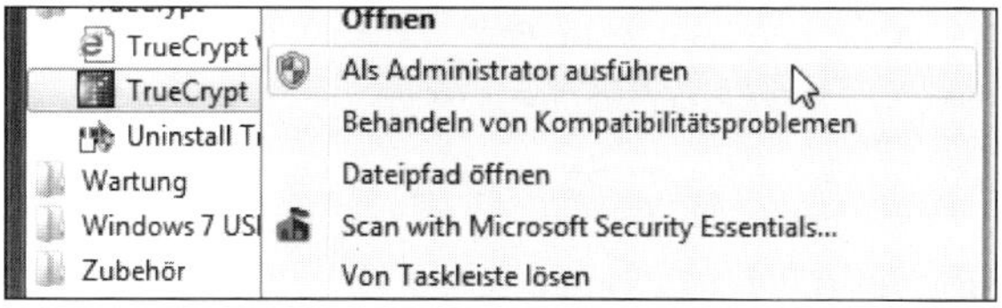

Abbildung 7.15: TrueCrypt als Administrator aufrufen

- Wählen Sie im TrueCrypt-Menü *System / Encrypt System Partition/Drive*.

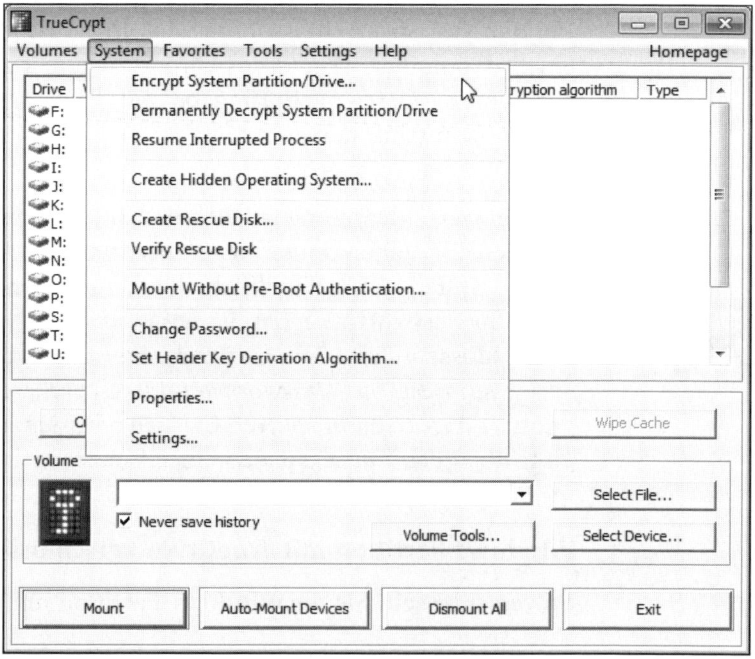

Abbildung 7.16: Systemlaufwerk verschlüsseln

✔ TrueCrypt bietet zwei Arten von Systemverschlüsselung: normale und versteckte. Verwenden Sie *Normal* und klicken Sie auf *Next*.

HINWEIS

Die Einstellung *Hidden* würde vereinfacht gesagt dafür sorgen, dass ein zweites Windows angelegt wird. Es basiert dann auf dem ursprünglich installierten Windows, denn es muss natürlich so echt wie möglich aussehen. Auch hier geht es wieder um die Möglichkeit, das Vorhandensein verborgener Dateien plausibel abstreiten zu können. Der Trick: Das Passwort allein entscheidet, welches Windows geladen wird – das verborgene verschlüsselte (echte, wichtige, geheime) oder das unverborgene und ebenfalls verschlüsselte (scheinbar echte, aber harmlose). Hält man Ihnen eine Pistole an den Kopf, dann müssen Sie weder das echte Passwort preisgeben, noch müssen Sie die Bitte ablehnen und sterben. Aber: Ganz so einfach ist es nicht. Sie müssten dann nämlich das falsche Windows regelmäßig starten und scheinbar plausibel benutzen. Denn nur so sähe es für den Experten, den der Schurke natürlich engagiert, so aus, als ob es sich wirklich um ein echtes Windows handelt. *Hidden* ist also sehr aufwendig und für den normalen Bürger nicht zu gebrauchen – ein waschechtes James-Bond-Feature.

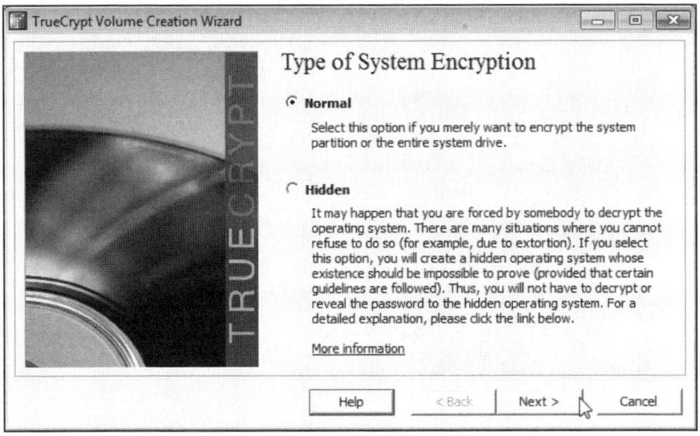

Abbildung 7.17: Systemverschlüsselungsart

- Sie können wahlweise nur die Windows-Partition (*C:*) verschlüsseln, dann bleiben *D:* und andere Laufwerke unberührt. Oder Sie verschlüsseln mit *Encrypt the whole drive* das ganze Laufwerk, dann sind zum Beispiel *C:* und *D:* gleichermaßen unzugänglich und Sie sind gerade auf Notebooks auf der sicheren Seite.

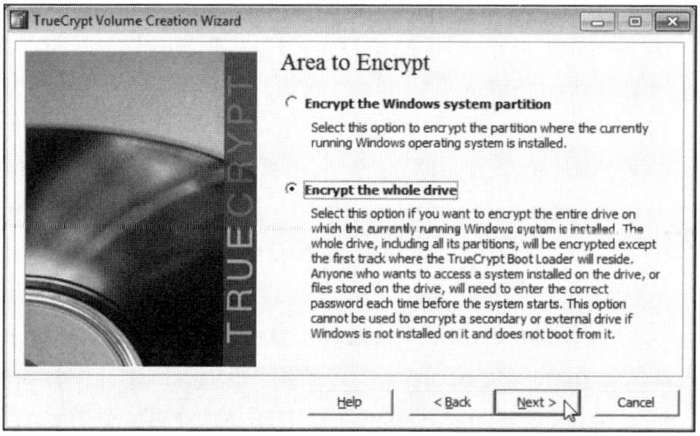

Abbildung 7.18: Zu verschlüsselnder Bereich

- Die *Encryption of Host Protected Area* brauchen nur Paranoide. Gemeint sind Speicherbereiche am Rand der Platte, wo möglicherweise der Hersteller wichtige Rescue-Daten abgelegt hat. Normalbürgern rate ich sicherheitshalber, *No* zu wählen und auf *Next* zu klicken.

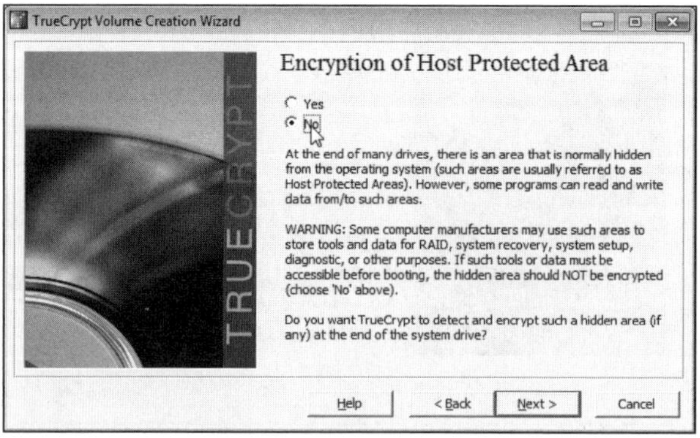

Abbildung 7.19: HPA nicht verschlüsseln

- Auf einem typischen System mit Windows und sonst nichts wählen Sie die Option *Single-boot*. Wenn Sie ein System mit mehreren Betriebssystemen haben (etwa Windows und GNU/Linux auf einem Gerät), wählen Sie unbedingt die Option *Multi-boot*, andernfalls kommt der TrueCrypt-Bootloader mit bereits installierten Boot-Ladern in Konflikte.

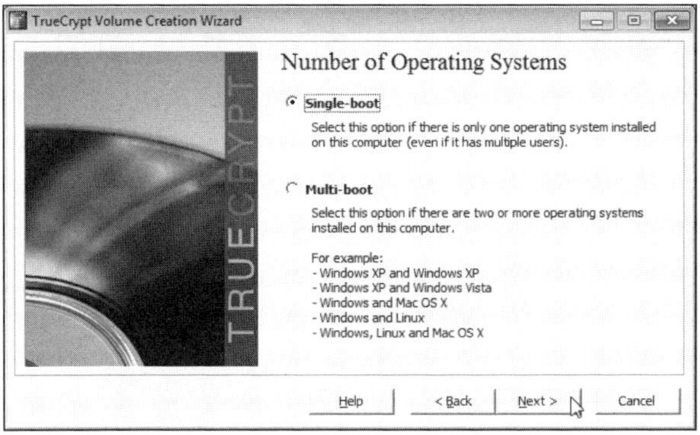

Abbildung 7.20: Einfache Installation bei normalem Windows

- Bei den *Encryption Options* belassen Sie die Vorgaben. Mit etwas Glück unterstützt Ihr Prozessor bereits AES-NI, dann ist die Vorgabe *AES* ohnehin optimal. AES ist verbreitet und derzeit anerkannt sicher.

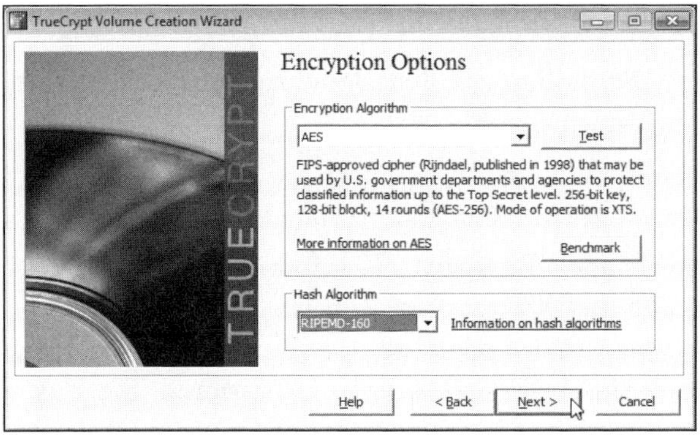

Abbildung 7.21: AES wählen

- In Foren kann man immer wieder Tipps lesen, unbedingt Serpent oder Twofish oder verschachtelte Versionen dieser Algorithmen zu verwenden. Bevor Sie diesen Ratschlägen folgen, klicken Sie auf *Benchmark* und wählen *Benchmark*.

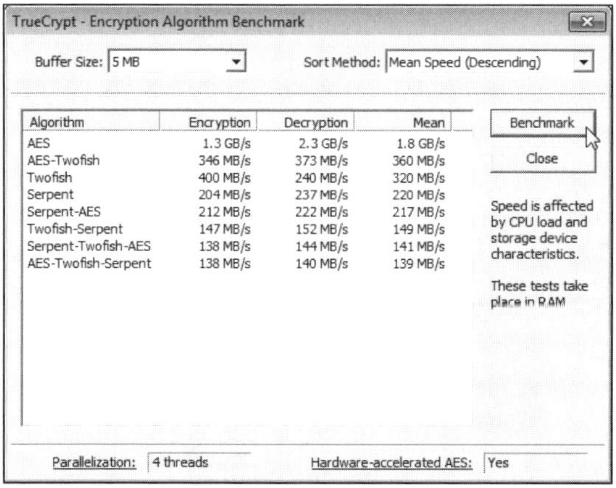

Abbildung 7.22: Benchmark

- Wie Sie in der Abbildung sehen können, unterstützt der verwendete Prozessor den erweiterten AES-Befehlssatz. Daher ist AES beim Entschlüsseln einfach mal um den Faktor sieben bis 15 schneller als mit anderen Algorithmen, und das merken Sie deutlich, vor allem bei der Verschlüsselung der Systempartition.

- Schließen Sie den Benchmark mit *Close* und klicken Sie auf *Next*.

- Wählen Sie nun ein *Password*. Damit es nicht ganz so einfach ist, verlangt TrueCrypt ein mindestens 20 Zeichen langes Passwort. Kombinieren Sie einige falsch geschriebene Wörter mit Zahlen, dann kriegen Sie die leicht zusammen, nach dem Schema *1971Jager:Schnizel2038* oder *Mercetes486!Baehnz917*. Notieren Sie das Passwort unbedingt auf Papier (nicht im Computer).

- Klicken Sie auf *Next*. Falls das nicht möglich ist, ist eines der beiden Passwörter falsch geschrieben. *Next* wird anklickbar, sobald die beiden Passwörter übereinstimmen.

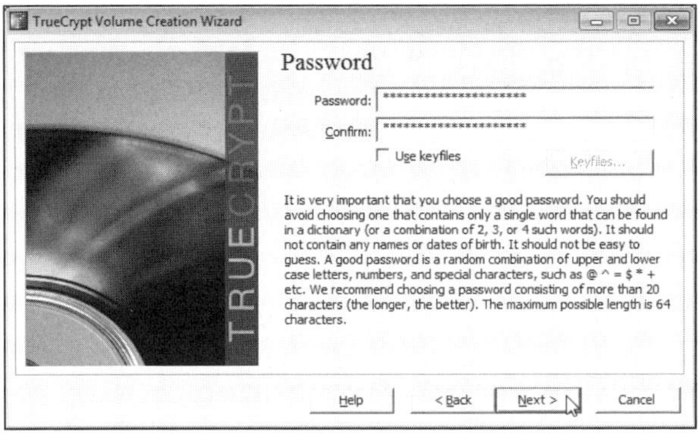

Abbildung 7.23: Passwort für Windows

- Über einen Zufallsgenerator erzeugt TrueCrypt nun einen Schlüssel. Weil PCs noch keine echten Zufallszahlen erzeugen können, müssen Sie bei *Collecting Random Data* ein bisschen die Maus bewegen – das bringt echten Zufall ins Spiel. Klicken Sie dann auf *Next*.

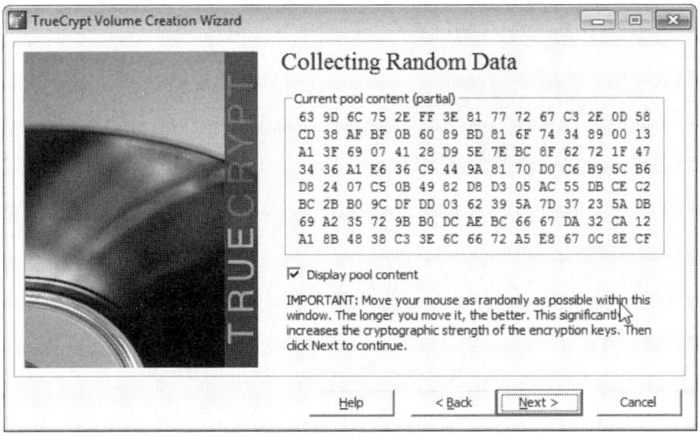

Abbildung 7.24: Zufallsdatenerzeugung

- Klicken Sie auf *Next*.

- Nun erzeugt TrueCrypt eine Rescue Disk, die es als ISO-Datei im Verzeichnis *C:\Users\<Benutzername>\Documents\TrueCrypt Rescue Disk.iso* ablegen möchte. Klicken Sie auf *Next*.
- TrueCrypt startet den Windows-Brenner, um die soeben erzeugte ISO-Datei zu brennen. Klicken Sie *OK* und brennen Sie die CD: Wenn Sie keinen Brenner haben, klicken Sie auf *Abbrechen*.
- Wenn Sie die Datei wirklich gebrannt haben, lassen Sie die CD einfach im Laufwerk liegen. Falls Sie mangels Brenner keine Disk brennen konnten, mounten Sie jetzt über Virtual Clone Drive das fragliche CD-ISO-Image, sodass die CD virtuell „eingelegt" erscheint.
- Klicken Sie auf *Next* und TrueCrypt überprüft, ob wirklich eine Rescue Disk erzeugt wurde.

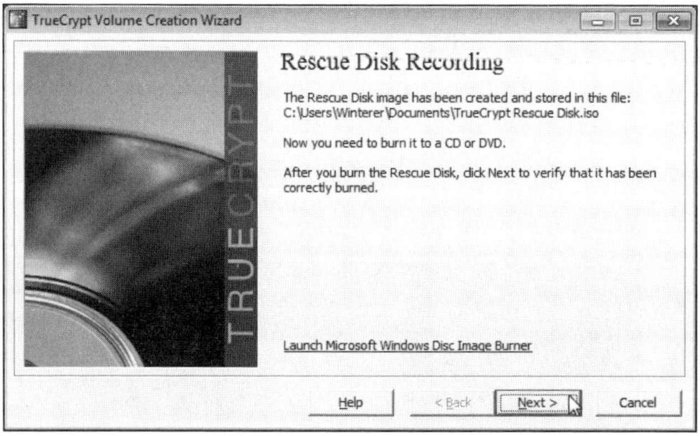

Abbildung 7.25: Rescue Disk brennen

- TrueCrypt ist zufrieden. Klicken Sie auf *Next*.
- Belassen Sie *Wipe mode* auf *None* und klicken Sie auf *Next*.

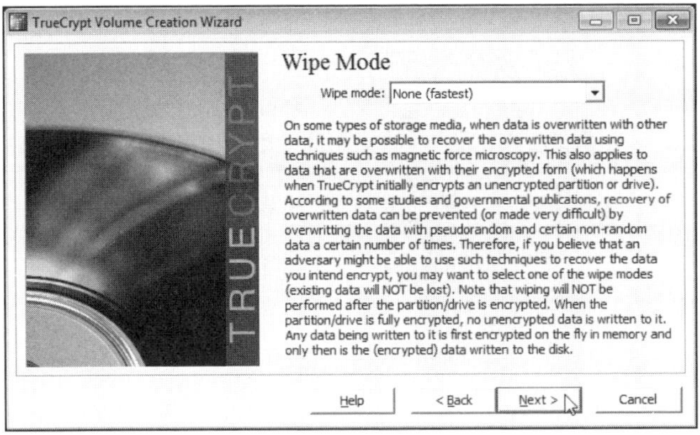

Abbildung 7.26: Wipe mode: braucht man nicht

- Nun testet der *System Encryption Pretest*, ob der TrueCrypt-Bootloader funktionsfähig installiert wurde. Klicken Sie auf *Test*, auf *OK* und auf *Ja*. Dann wird Windows neu gestartet.
- Danach geben Sie das Passwort von oben ein.

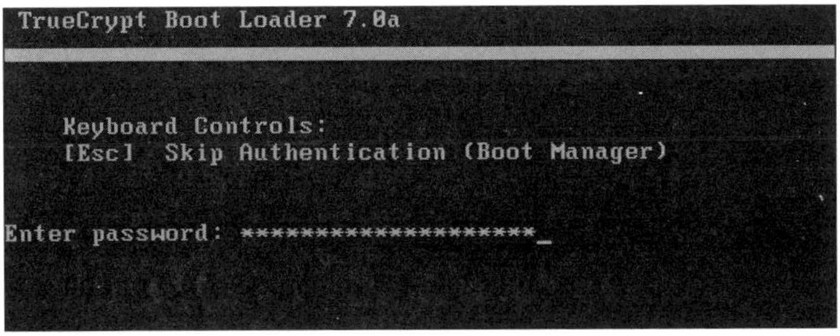

Abbildung 7.27: *TrueCrypt Boot Loader*

- Da TrueCrypt nun festgestellt hat, dass der Bootloader ordnungsgemäß installiert wurde, kann es Windows endlich verschlüsseln. Letzte Chance, sich das Passwort zu notieren oder über *Defer* alles zu stoppen und ein Backup durchzuführen.
- Andernfalls klicken Sie auf *Encrypt* und bestätigen die Sicherheitsabfragen mit *OK* und *Ja*.

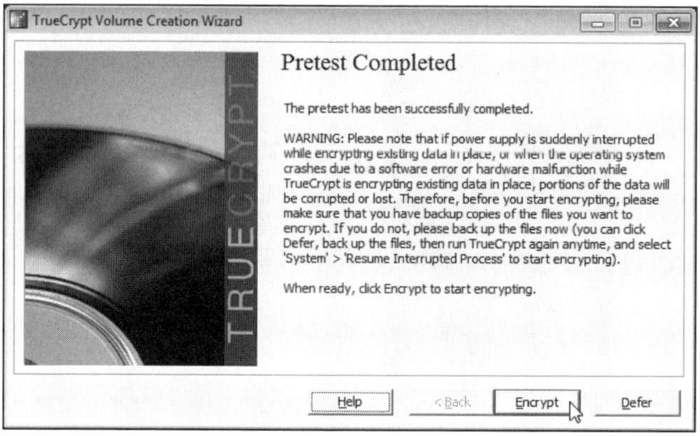

Abbildung 7.28: Verschlüsselung starten

- Die Verschlüsselung kann je nach Rechner-Tempo und Festplattengröße unterschiedlich lange dauern. Ein Netbook mit 160-GByte-Platte braucht zwischen zwei und vier Stunden. Während dieser Zeit sollte der Rechner am Netzteil angeschlossen sein.
- Je nach Energiesparplan schaltet sich der Rechner möglicherweise ab, daher sollte man ab und zu die Maus bewegen. Im Feld *Left* zeigt TrueCrypt, wie lange es vorrausichtlich noch dauern wird.

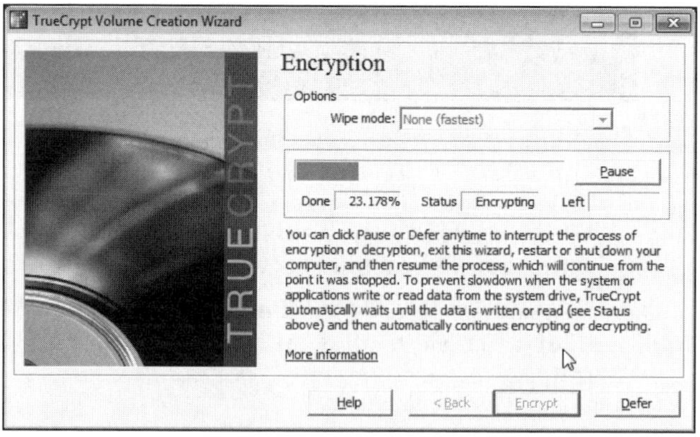

Abbildung 7.29: Die Systemplatte wird chiffriert

- Nach dem Abschluss der Verschlüsselung können Sie Ihr Notebook ganz normal benutzen. Bei einem Neustart geben Sie wie vorhin schon im *TrueCrypt Boot Loader* das Passwort ein, um Windows zu starten.

Denken Sie daran, wie in Kapitel 3 beschrieben Windows so einzurichten, dass nach der Rückkehr aus dem Ruhemodus oder beim Screensaver das Windows-Passwort abgefragt wird. Des Weiteren ist ein mit TrueCrypt verschlüsseltes Windows beim Transport am sichersten, wenn Sie es heruntergefahren haben.

Verschlüsseltes Windows wieder entschlüsseln

Wählen Sie in TrueCrypt einfach *System / Permanently Decrypt System Partition/Drive* und folgen Sie den einfachen Anweisungen.

Die Entschlüsselung dauert ebenfalls sehr lange, danach ist der Computer aber, als wäre er nie verschlüsselt gewesen. Sie können also sogar vor dem Urlaub das Notebook verschlüsseln und es danach wieder entschlüsseln.

Gecrashtes TrueCrypt recovern

Es sei nicht verschwiegen, dass ein mit TrueCrypt verschlüsseltes System naturgemäß etwas wackeliger ist als ein normales. Alle Daten werden beim Schreiben und Lesen auf und von der Festplatte einmal durch die AES-Verschlüsselung durchgenudelt und wenn Windows dabei instabil ist, dann ist es auch TrueCrypt.

Wenn das System nicht mehr startet, probieren Sie Folgendes:

- Booten Sie den PC von der *TrueCrypt Rescue Disk*, die Sie bei der Installation gebrannt haben.
- Drücken Sie [F8] für die *Repair Options*.

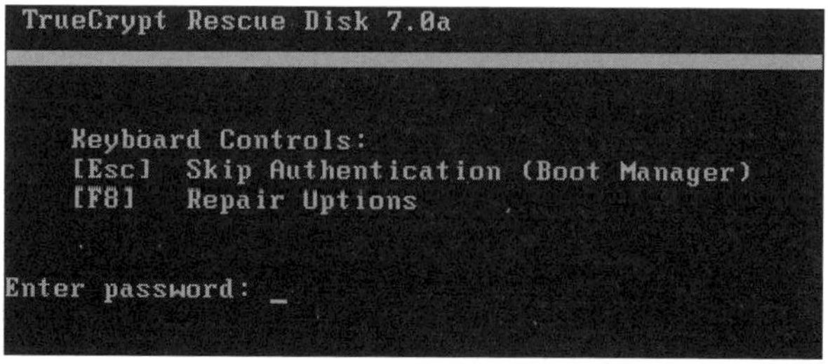

Abbildung 7.30: Boot-Menü der TrueCrypt Rescue Disk

- Sie haben nun verschiedene Reparaturoptionen zur Auswahl. Allgemein gilt: Versuchen Sie es zunächst mit den Optionen 2 bis 3, ehe Sie zur 1 greifen.

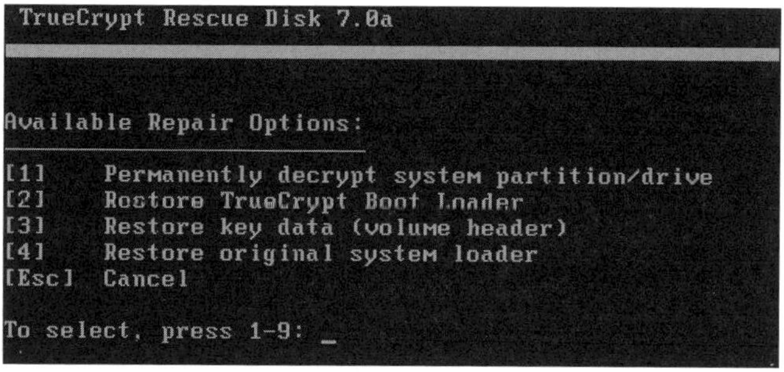

Abbildung 7.31: Reparaturoptionen

- Wählen Sie [1], um das gecrashte System mithilfe Ihres Passworts zu entschlüsseln. TrueCrypt entschlüsselt dann Windows, das ein Problem hat. Ist es entschlüsselt, können Sie die üblichen Tools – zum Beispiel den Windows-7-Wiederherstellungs-Datenträger – verwenden, um Windows zu reparieren. Wenn es wieder läuft, verschlüsseln Sie einfach wieder.
- Wählen Sie [2], wenn nur der Bootloader nicht funktioniert. Er wird dann neu geschrieben.
- Wählen Sie [3], falls der Bootloader funktioniert, Windows aber trotzdem nicht startet, weil das Passwort nicht verarbei-

tet werden kann. Der *volume header* wird dann restauriert. Das geht nur mit der Rescue-CD, die Sie an diesem PC erstellt haben, denn diese enthält eine Kopie dieses *volume header* (der ohne Passwort aber wertlos ist).

- Wählen Sie [4], nachdem Sie mit [1] eine Systempartition entschlüsselt haben und nun den ursprünglichen Bootloader wiederherstellen wollen.

Gegen was schützt TrueCrypt eigentlich?

Die Geschichte der Verschlüsselung ist eine Geschichte voller Missverständnisse. Die Schutzwirkung einer Komplettverschlüsselung mit egal was für einer Software ist nämlich eine eng begrenzte.

Schutz gegen Datenabfluss bei Notebook-Klau

Wenn der Familienvater oder der Selbstständige sein verschlüsseltes Notebook verliert, kann jemand, der es findet, die Daten darauf nicht lesen und das System nicht starten, um zum Beispiel gespeicherte Passwörter zu studieren oder persönliche Fotos zu entnehmen

Verliert er eine verschlüsselte Festplatte oder einen USB-Stick, kann der Finder ebenfalls nichts lesen. Dieser Schutz ist äußerst wirksam.

Schutz gegen Datenabfluss durch Spionageprogramme

Solange der verschlüsselte PC angeschaltet ist, solange ist von TrueCrypt, BitLocker & Co. nichts zu spüren. Infiziert nun ein Trojaner (etwa bei einem Drive-by-Download) das System, hat der Trojaner selbstverständlich Zugriff auf alle Daten, genau wie der Anwender.

Anders gesagt: Die Verschlüsselung kann systembedingt nicht den Datenabfluss durch laufende Spionageprogramme verhindern. Man muss also parallel alle in den vorherigen Kapiteln genannten Sicherheitsmaßnahmen beherzigen.

Schutz gegen Einsicht und Manipulation

Der Familienvater (und der Selbstständige) muss in Ausnahmesituationen damit rechnen, dass ein Computer-affiner Sprössling (oder Geschäftspartner) unbedingt in sein Windows einbrechen will, etwa um Einsicht in Daten zu nehmen oder auch um zum Beispiel eine Spionagesoftware aufzuspielen.

Die Komplettverschlüsselung eines PCs hilft gegen diese Art der Manipulation. Aber nur bis zu einem gewissen Grad.

Der Geheimagent muss damit rechnen, dass man versucht, diesen Schutz zu umgehen. Weil das technisch derzeit mit hoher Wahrscheinlichkeit nicht möglich ist, geht sein Gegenspieler anders vor: Er setzt alles daran, dass Passwort zu erfahren, mit dem der Geheimagent TrueCrypt aufschließt.

Dazu gibt es mehrere Methoden:

- ✔ Ein Hardware-Keylogger zeichnet die Tastatureingaben auf – siehe Kapitel 2.
- ✔ Man baut die Festplatte des fraglichen PCs aus und eine ganz andere ein. Auf dieser anderen Festplatte startet ein System, das so aussieht wie der Bootbildschirm von TrueCrypt (oder ähnlichen Tools). Der Geheimagent gibt sein Passwort ein – das täuschende System verschickt dieses an seine Hintermänner. Diese Methode verläuft wie beim Phishing oder frühen Login-Trojanern. Eine Variante davon ist ein spezieller Bootsektor-Virus, der sich vor den TrueCrypt-Bootbildschirm schaltet und ihn imitiert: Er könnte das Passwort auch unbemerkt aufzeichnen und danach an TrueCrypt weiterreichen, sodass der Benutzer nichts mitbekommt.

Anders gesagt: Wenn der Angreifer Zugriff auf den fraglichen PC hat und genügend kriminelle Energie mitbringt, dann ist Verschlüsselung zumindest angreifbar. Kriminelle Energie muss dann allerdings im Spiel sein, denn ein Keylogger zum Beispiel verstößt gegen § 202 StGB, *Ausspähen von Daten*. Bundes- oder Landestrojaner mit Keylogger könnten natürlich dennoch eingesetzt werden.

Wenn das verschlüsselte Geheimnis (Beweismittel, Baupläne usw.) den Aufwand rechtfertigt, dann können Angreifer (Behörden, Detektive, Industriespione etc.) die Verschlüsselung überwinden.

Den wirksameren Schutz stellt hier dann dar, den fraglichen PC oder das Notebook unzugänglich aufzubewahren. Das Büro muss verschlossen sein, Putzkolonnen dürfen keinen Zutritt haben und so weiter. Bei PCs in kleinen Unternehmen wäre zum Beispiel denkbar, das Notebook mit den wichtigen Daten am Abend im Safe zu verschließen und morgens wieder herauszuholen.

Anti-Diebstahl-Programme

Im kommerziellen Bereich gibt es eine wachsende Zahl von Anti-Diebstahl-Programmen für Notebooks. *Anti-Theft-Tools* bestehen dabei meist aus zwei Komponenten:

- ✓ Sie installieren eine Software auf dem Rechner. Diese läuft immer im Hintergrund, allerdings unbemerkt. Ein Beispiel dafür ist *Prey* (*http://preyproject.com*), das in einer Basisversion kostenlos nutzbar ist.
- ✓ Sie melden sich bei einem Webdienst an, der zur Software gehört. Dort werden die eigentlichen Einstellungen aufbewahrt.

Wenn Sie das Notebook verloren haben, melden Sie sich beim Webdienst an und schalten das Notebook dort auf gestohlen. Die installierte Software prüft zugleich in regelmäßigen Abstanden beim Webdienst, ob alles in Ordnung ist. Findet sie dort den Gestohlen-Hinweis, sperrt sie das Notebook.

Es reicht für den Dieb nicht, das Notebook einfach nur offline zu betreiben. Diese Anti-Theft-Tools funktionieren wie Totmann-Schalter: Werden sie nicht regelmäßig betätigt, schalten sie sich ab. Kann das Anti-Theft-Tool nicht regelmäßig beim Server ein Lebenszeichen erfragen, sperrt es das Gerät. Kommerzielle Produkte verbinden diese Funktionen mit Verschlüsselung und können auch alle Dateien auf dem Notebook löschen (Fernlöschung).

Prey bietet in der freien Version nur ein einfaches Grundgerüst an Funktionen, darunter aber so Schmankerl wie das Anzapfen der Webcam. Es ist als ausschließliche Notebook-Sicherung nicht empfehlenswert, aber zusammen mit Verschlüsselung für Interessierte durchaus mal einen näheren Blick wert.

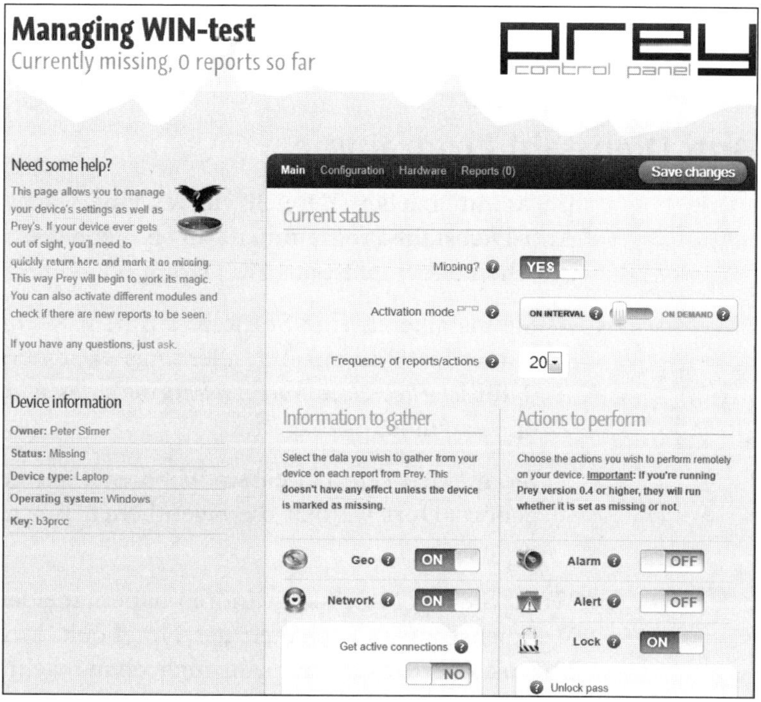

Abbildung 7.32: Anti-Diebstahl-Tool Prey

Verschlüsselungs-Tipps

Um mal eben eine verschlüsselte Datei zu verschicken, ist TrueCrypt etwas überdimensioniert. Es gibt einfachere Methoden, Dokumente oder andere Daten schnell und einfach zu verschicken.

Des Weiteren lohnt es sich, Browser und Mail auf sichere (schon eingebaute) Verschlüsselungsprotokolle umzustellen, weil nur diese Schutz gegen Netzwerk-Lauschangriffe mit (zum Beispiel) Sniffer bieten.

Kennwortschutz bei Microsoft Office

Office kann seine Dokumente mit einem Kennwort schützen.

- Wählen Sie zum Beispiel in Word 2007/2010 *Datei / Speichern unter*.
- Klicken Sie links vom Button *Speichern* auf *Tools / Allgemeine Optionen*.

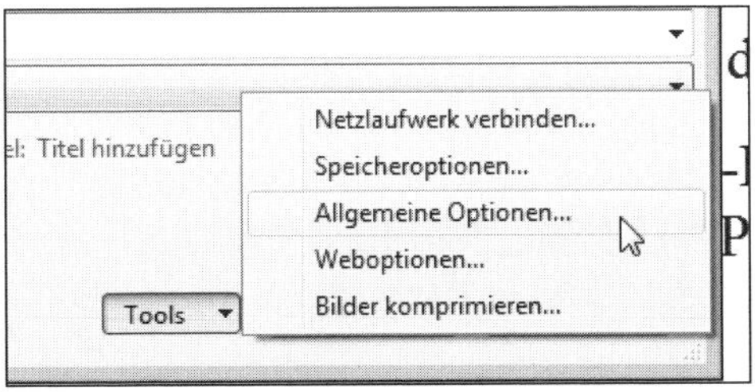

Abbildung 7.33: Word-Verschlüsselung beim Speichern öffnen

- Geben Sie bei *Kennwort zum Öffnen* ein Kennwort ein, mit dem die Datei verschlüsselt werden soll, und klicken Sie auf *OK*.
- Geben Sie dann das Kennwort zur Bestätigung ein zweites Mal ein und klicken Sie auf *OK*.

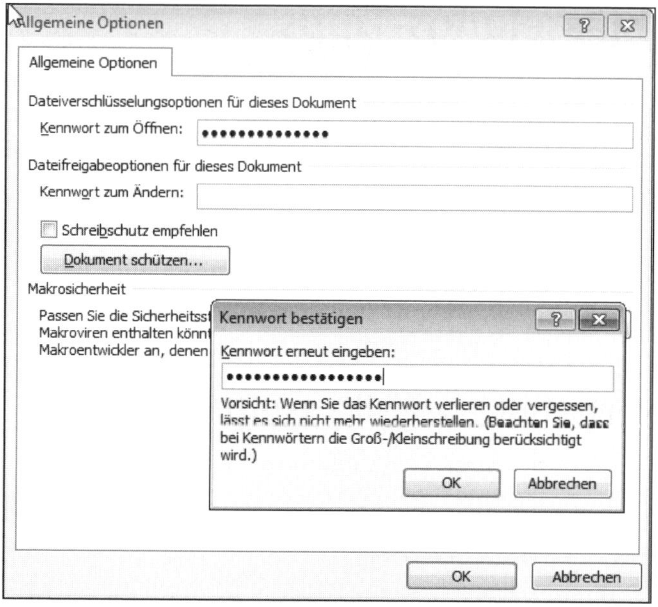

Abbildung 7.34: Passwortschutz für Office-Dokumente

Bei Öffnen des Dokuments fragt Word dann nach diesem Passwort.

HINWEIS

Für die Word-Verschlüsselung existieren Brute-Force- und Wörterbuch-Attacken-Werkzeuge, um sie zu knacken. Ist das Passwort lang genug, sind Word und Excel 2007/2010 recht sicher.

Kennwortschutz bei OpenOffice.org

Natürlich kann auch OpenOffice.org Dokumente mit Kennwort speichern.

- Wählen Sie auch hier *Datei / Speichern unter.*
- Aktivieren Sie die Option *Mit Kennwort speichern.*

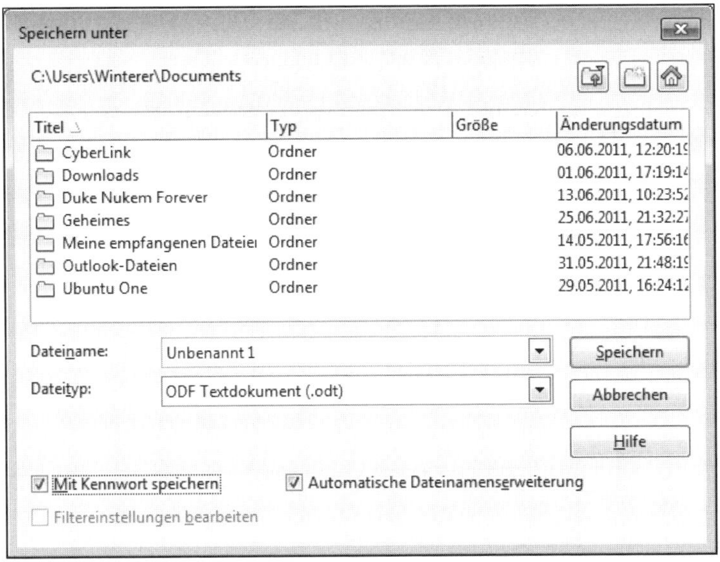

Abbildung 7.35: OpenOffice-Dokument mit Kennwort speichern

- Geben Sie ein Kennwort ein und bestätigen Sie es. Denken Sie auch hier an eine hinreichende Länge und Komplexität.

7-Zip

7-Zip (*www.7-zip.org*) ist nicht nur ein hervorragender und vielseitiger Packer und Entpacker, es besitzt auch die eingebaute Möglichkeit, eine Datei zu verschlüsseln. Ich kann es nur empfehlen.

Nach der Installation verwenden Sie es so:

- Klicken Sie mit der rechten Maustaste auf die Datei oder den Ordner und wählen Sie im Kontextmenü *7-Zip / Zu einem Archiv hinzufügen*.
- Geben Sie im Feld *Archiv* einen Namen für das Archiv an.
- Wählen Sie bei *Archivformat* den Eintrag *7z*. Bedenken Sie, dass nur Anwender mit 7-Zip das Archiv auch wieder aus-

packen können, es sei denn, Sie erzeugen eine sich selbst entpackende Datei.

- Schalten Sie bei *Kompressionsstärke* um auf *Ultra*, es sei denn, es handelt sich um sehr große Dateien.
- Tippen Sie im Feld *Passwort eingeben* ein möglichst langes Kennwort ein, mit dem das Archiv verschlüsselt wird. Aktivieren Sie die Option *Passwort anzeigen*, um Tippfehler auszuschließen.
- Aktivieren Sie die Option *Dateinamen verschlüsseln*. So lässt sich ohne Passwort auch nicht herausbekommen, welche Dateien in dem Archiv enthalten sind.

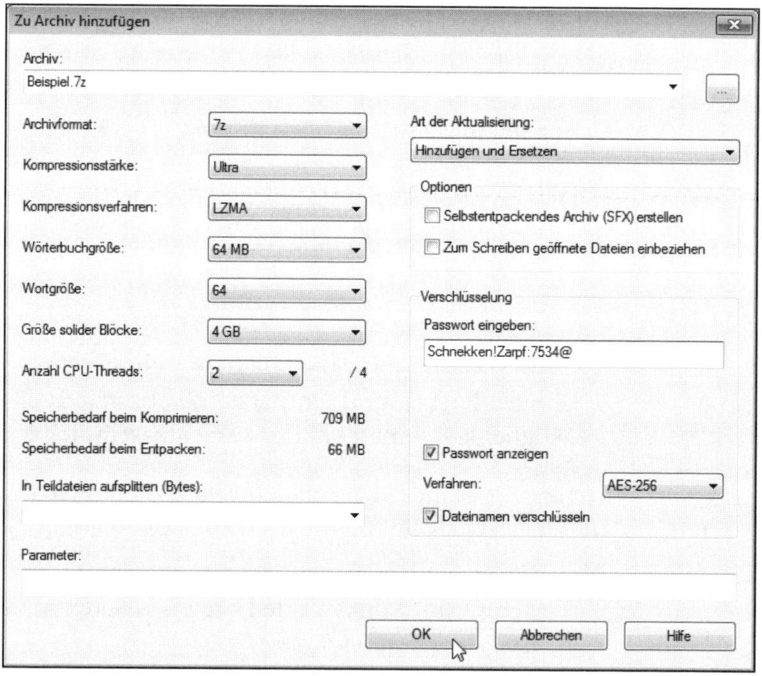

Abbildung 7.36: Mit 7-Zip verschlüsseln

- Aktivieren Sie bei Bedarf die Option *Selbstentpackendes Archiv (SFX) erstellen*. Damit erzeugt 7-Zip keine passive Datei mit der Endung *.7Z*, sondern eine ausführbare Datei mit der Endung *.EXE*. Das hat den Vorteil, dass sie jeder Empfänger mit Windows durch bloßes Aufrufen (und Eingabe des Passworts) entpacken kann. Es hat den Nachteil, dass einige Maildienste den Transport von EXE-Dateien verweigern. (Man kann die Datei aber umbenennen.)

- Klicken Sie abschließend auf *OK*. Die fraglichen Dateien werden gepackt und verschlüsselt.

Die Archivdatei kann nun ganz einfach verschickt oder transportiert werden.

HINWEIS

Denken Sie daran, das Passwort für das Archiv auf einem völlig anderen Weg zu transportieren als die Datei selbst. Einigen Sie sich zum Beispiel vorher schon telefonisch auf ein Passwort.

Verschlüsselt im Web

Ein wesentliches Problem der sicheren Verwendung von Webdiensten ist der Moment der Passwortübergabe, denn eine normale Verbindung im Webbrowser verwendet das unverschlüsselte Übertragungsprotokoll *HTTP* (*Hyper Text Transfer Protocol*). Sie sehen das daran, dass Ihr Browser meist Adressen beginnend mit *http://* anzeigt.

Daher existiert zusätzlich – zum Beispiel, aber nicht nur für Login-Webseiten – das sichere Übertragungsprotokoll *HTTPS* (*HTTP Secure*). Sie erkennen das daran, dass die Adresse im Browser mit *https://* beginnt und der Browser ein Schlosssymbol anzeigt.

Wann immer Sie sich also irgendwo im Web anmelden, etwas einkaufen, eine Kreditkartennummer übertragen oder Online-Banking machen, sollte die Verbindung im Browser eine HTTPS-Verbindung sein.

Google Mail

Google Mail macht das beim Login automatisch, allerdings ist das (nicht ganz so wichtige) Lesen von Mails nicht immer abgesichert. Wählen Sie *E-Mail-Einstellungen / Allgemein / Immer HTTPS verwenden* und klicken Sie auf *Änderungen speichern*. Dann verwenden Google künftig immer HTTPS.

Facebook

Auch Facebook macht es nur beim Anmelden automatisch. Solange Sie sich dann aber auf Facebook bewegen, ist alles unverschlüsselt, sodass in Firmen zum Beispiel Administratoren mitlesen könnten. Wählen Sie rechts oben *Konto / Kontoeinstellungen* und klicken Sie bei *Kontosicherheit* auf *Ändern*. Aktivieren Sie bei *Sicheres Durchstöbern (https)* die Option *Facebook mit einer sicheren Verbindung (https) durchstöbern, wenn möglich*.

HTTPS Everywhere

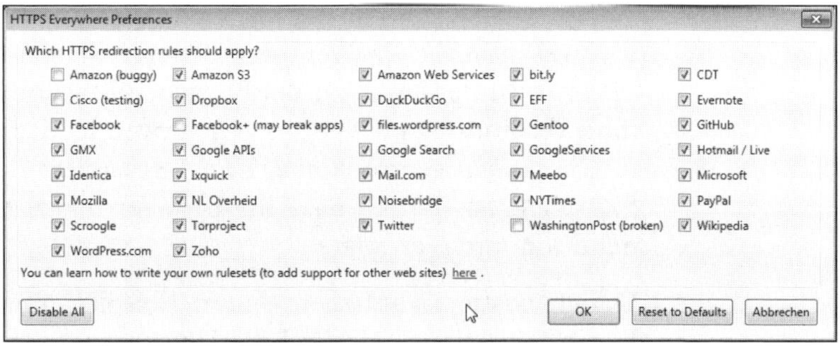

Abbildung 7.37: Einstellungen des Add-on *HTTPS Everywhere*

Die US-Organisation EFF bietet ein Plug-in namens *HTTPS Everywhere* (*www.eff.org/https-everywhere*) an. Klicken Sie auf der Seite einfach auf *clicking here*, erlauben Sie die Installation des Plug-in und klicken Sie auf *Installieren*. Nach dem Neustart arbeitet die Software und beeinflusst Firefox dahingehend, auf allen Webseiten, die Sie besuchen, möglichst HTTPS zu verwenden. Das klappt nicht immer. Dann schalten Sie über die

Einstellungen des Add-on einfach die betreffende Seite wieder ab. Es ist nicht perfekt, aber besser als nichts.

Verschlüsselte Mailanmeldung

Auch E-Mail-Programme übergeben Passwörter normalerweise in Klartext. Das bedeutet, dass diese Passwörter im Netzwerk abgehört werden können.

Dabei lässt sich das mit wenigen Einstellungen ändern. Die meisten modernen Mailserver unterstützen die Verschlüsselung mit SSL. Man muss es nur in seinem Mailprogramm umstellen.

Windows Live Mail

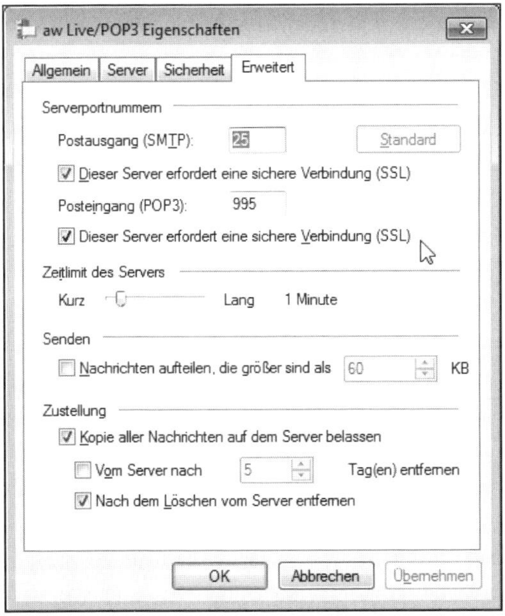

Abbildung 7.38: SSL bei Windows Live Mail

In Windows Live Mail gehen Sie bei einem POP3-Konto zum Beispiel so vor:

- Markieren Sie links das Konto.
- Wählen Sie *Konten / Eigenschaften*.
- Wechseln Sie in das Register *Erweitert*.
- Aktivieren Sie bei SMTP und POP3 die Optionen *Dieser Server erfordert eine sichere Verbindung (SSL)*.

Mozilla Thunderbird

Bei Thunderbird und einem IMAP-Konto gehen Sie zum Beispiel so vor:

- Markieren Sie links das Konto und wählen Sie im Menü *Extras / Konten-Einstellungen*.
- Schalten Sie bei *Verbindungssicherheit* um auf *SSL/TLS*.

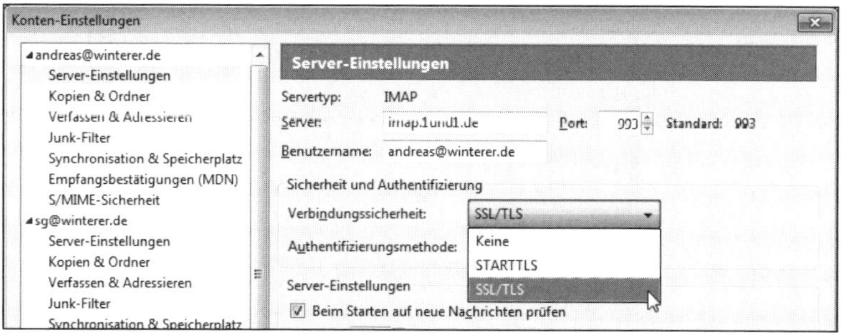

Abbildung 7.39: Auf SSL/TLS umschalten

Andere Mailprogramme bieten ähnliche Optionen.

HINWEIS

Bei einigen Anbietern sind unter Umständen zusätzliche Anpassungen nötig. Konsultieren Sie die Webseiten des Providers oder Mailanbieters.

KAPITEL 8

Spuren löschen

Windows selbst kann Dateien nicht löschen, sondern nur vergessen. Externe Tools springen deswegen mit Löschfunktionen in die Bresche und erlauben es Ihnen, Dokumente sicher zu beseitigen und alltägliche Gebrauchsspuren schnell zu entfernen.

Sicheres Löschen

Windows löscht die Dateien nicht. Es verschiebt sie in den Papierkorb. Das ist natürlich sinnvoll, denn oft löschen wir etwas, was wir dann hinterher doch noch brauchen.

Doch auch wenn Sie den Papierkorb leeren, wird sein Inhalt nicht gelöscht. Stattdessen entfernt Windows im übertragenen Sinne lediglich das Reserviert-Schild an jenen Speicherbereichen der Festplatte, in denen die Daten der gelöschten Dateien enthalten sind. Das bedeutet: Die Daten sind immer noch da, sie dürfen jetzt allerdings mit neuen Daten überschrieben werden.

Im Alltagsbetrieb dauert es jedoch einige Zeit, bis diese Speicherzellen dann auch wirklich mit neuem Inhalt gefüllt und so neu beschrieben werden. Bis dahin lassen sie sich mit wenig Aufwand wiederherstellen – zum Beispiel mit kostenlosen und leistungsfähigen Wiederherstellungswerkzeugen wie *PC Inspector* (*www.pcinspector.de*) oder *Piriform Recuva* (*www.piriform.com/recuva*).

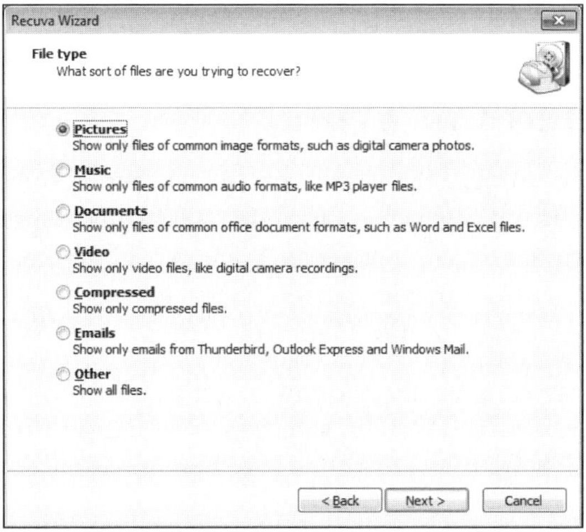

Abbildung 8.1: Wiederherstellungs-Tool Recuva

Im Papierkorb liegt die Geschichte der Dokumente, die wir loswerden wollten. Doch an zahlreichen anderen Orten befinden sich ebenfalls Spuren des täglichen Gebrauchs. Vor allem im Browser, der sich genau merkt, auf welchen Webseiten wir gesurft haben, und der in seinem Zwischenspeicher (Cache) sogar die Texte und Bilder der von uns betrachteten Websites aufbewahrt.

In diesem Kapitel geht es daher um Werkzeuge, mit denen Sie Daten effektiv und sicher löschen können.

- Selbstständige mit erhöhtem Sicherheitsbedarf sollten eher zum unten vorgestellten Eraser greifen, wenn es darum geht, Dokumente und Daten garantiert unlesbar zu machen.
- Familienväter und andere private Anwender können Gebrauchsspuren sehr einfach selbst löschen oder verwenden den unten vorgestellten CCleaner, um schnell und einfach übliche Gebrauchsspuren loszuwerden.

CCleaner hat nebenbei den angenehmen Nebeneffekt, dass es den PC aufräumt, die temporären Verzeichnisse leert und so für mehr Stabilität sorgt und außerdem Speicherplatz frei macht. Es empfiehlt sich daher zum Beispiel auch, vor dem Backup einmal CCleaner zu verwenden.

Sicher löschen mit Eraser

Angenommen, Sie verkaufen Ihr Notebook oder eine ältere externe Festplatte per eBay. Oder Sie bringen Ihren PC zum Reparaturservice (wo er sechs Wochen im Nirwana verschwindet). Dann entfernen Sie selbstverständlich vorher alle persönlichen Dokumente von den Datenträgern.

Das reicht aber nicht, denn so gelöschte Daten lassen sich wiederherstellen. Abhilfe schaffen Werkzeuge für sicheres, gelegentlich auch forensisches Löschen genannt.

Sie löschen nicht nur den Verweis auf und das Reservierungsschild für eine Datei, sondern sie überschreiben wirklich den gesamten Inhalt der Datei Byte für Byte mit neuen Werten. Sie überschreiben außerdem den scheinbar leeren Bereich einer Festplatte, denn auch in diesem sammeln sich Daten aus früheren Versionen.

Es gibt zahlreiche solcher Tools, kostenlose und kostenpflichtige. Sie finden Sie unter den Begriffen Eraser, Shredder, Wiper. Selbst Windows hat ein solches Tool: Das Kommandozeilen-Utility *cipher* kann mit dem Parameter */w* (für *wipe*) Dateien sicher überschreiben und mit *cipher.exe /w:D:* auf dem freien Bereich eines Laufwerks löschen, ist aber etwas umständlich in der Anwendung (Microsofts Beschreibung finden Sie auf *support.microsoft.com/kb/298009*).

Eraser von Heidi Computing (*http://eraser.heidi.ie*) kostet nichts, blickt auf eine lange Entwicklungsgeschichte zurück und kann als sehr ausgereift gelten. Zugleich bietet es alles, was Sie brauchen.

Eine Datei mit Eraser löschen

Eraser verankert sich nach der Installation in zwei Bereichen: Zum einen sehen Sie das Tool in der Systemablage als Radioaktivitätssymbol, zum anderen erhält der Windows-Explorer ein neues Kontextmenü namens *Eraser*.

- Wechseln Sie via Windows-Explorer zum Verzeichnis mit der entbehrlichen Datei (zum Ausprobieren möglichst keine zu große).
- Klicken Sie mit der rechten Maustaste auf die fragliche Datei und wählen Sie *Eraser / Erase*.
- Alternativ wählen Sie *Eraser / Erase on Restart*: Das sorgt dafür, dass Eraser die Datei erst nach dem nächsten Neustart löscht. Das ist nur nötig bei Dateien, die sich derzeit scheinbar nicht löschen lassen (Fehlermeldungen).

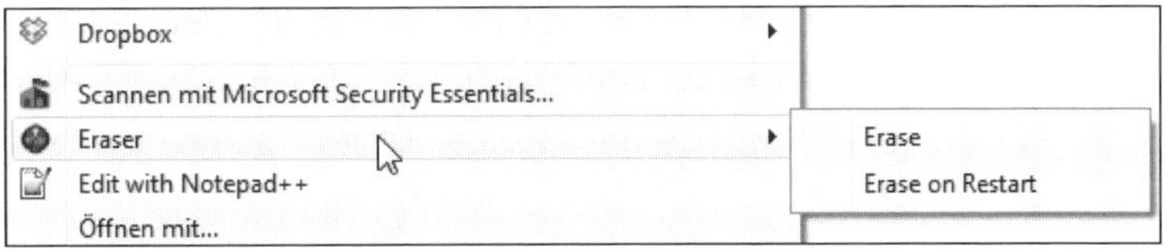

Abbildung 8.2: Eraser im Kontextmenü des Windows-Explorer

- Zapp, weg ist sie. Und zwar für immer. Hinweis für Ungeduldige: Das Löschen einer 4 GByte großen Datei dauert naturgemäß so lange wie das Schreiben einer 4 GByte großen Datei, weil ja jedes einzelne Byte überschrieben wird.

HINWEIS

Spurlos und prinzipiell nicht wiederherstellbar? Ja. Allerdings existieren unter Umständen Kopien älterer Versionen in scheinbar leeren Bereichen der Festplatte. Daher wirkt Eraser am besten, wenn zugleich auch regelmäßig der freie Speicherbereich einer Festplatte gelöscht wird.

Papierkorb sicher löschen

Wenn Sie den Papierkorb leeren, werden die Dateien nicht gelöscht, sondern zum Überschreiben freigegeben. Dann haben Sie auch keine einfache Möglichkeit mehr, den Eraser auf sie anzusetzen (es geht dann nur über das Löschen der freien Speicherbereiche eines Datenträgers, siehe unten).

Eraser bindet sich daher beim Papierkorb ein.

- Klicken Sie mit der rechten Maustaste auf den Papierkorb.
- Wählen Sie *Eraser / Erase* oder *Eraser / Erase on Restart*, schon wandern die enthaltenen Daten sofort oder nach dem nächsten Windows-Neustart ins Datennirwana.

Papierkorb vom Desktop entfernen

Bleibt noch die Frage: Soll man Daten erst in den Papierkorb löschen (wie üblich) und dann dort mit dem Eraser sicher löschen oder stets sofort den Eraser verwenden?

Mein Rat: Bleiben Sie beim Papierkorb. Er ist sinnvoll, denn wir neigen dazu, Dinge zu löschen, die wir gar nicht löschen wollen.

Schlimmer noch: Manische Papierkorb-Leerer neigen dazu, den Papierkorb zu leeren, obwohl noch was drinsteckt, was wichtig wäre. (Daher ja der Bedarf für Recovery-Tools ...) Hier hilft es, den Papierkorb vom Desktop zu entfernen.

- Klicken Sie mit der rechten Maustaste auf den leeren Desktop und wählen Sie *Anpassen*.
- Klicken Sie links auf *Desktopsymbole ändern*.
- Deaktivieren Sie die Option *Papierkorb*.

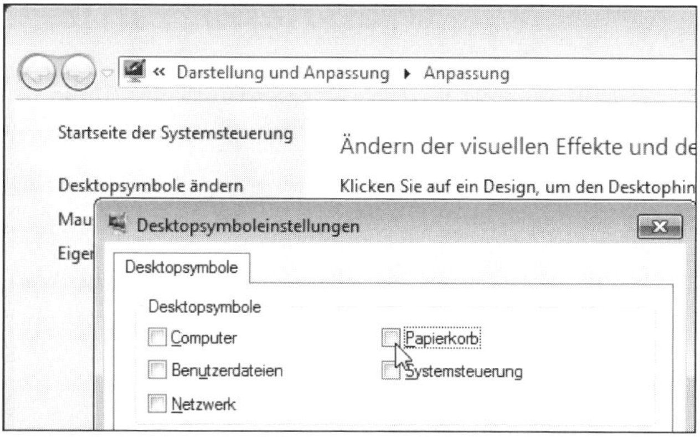

Abbildung 8.3: Papierkorb entfernen

- Der Papierkorb bleibt Ihnen erhalten: Sie finden ihn im Windows-Explorer in der linken Spalte ganz links unten. Dort stehen auch das Kontextmenü *Papierkorb leeren* und der Eraser als sichere Löschhilfe zur Verfügung. Falls der Papierkorb dort nicht zu sehen ist, klicken Sie mit der rechten Maustaste in einen leeren Bereich der Spalte und wählen Sie *Alle Ordner anzeigen*.

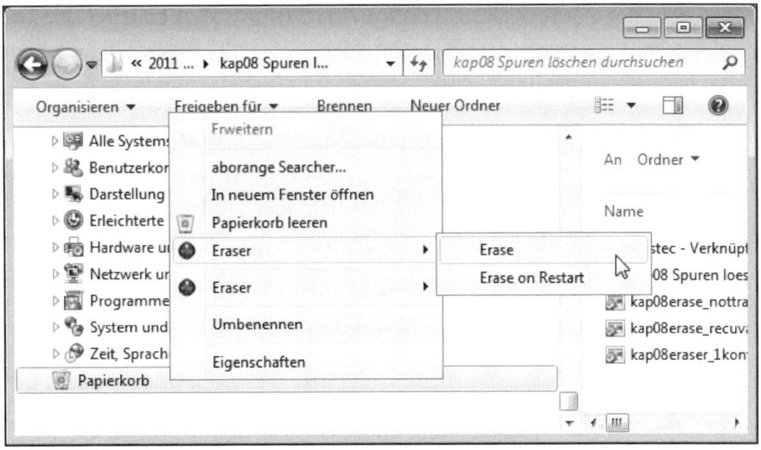

Abbildung 8.4: Papierkorb im Windows-Explorer

Manische Eraser-Nutzer werden ebenfalls dazu neigen, zu schnell zum Eraser zu greifen. Vorschlag:

- Nutzen Sie Eraser einfach wirklich nur dann, wenn die Datei begründet *sofort* sicher gelöscht werden muss.
- Verwenden Sie für alles andere das normale Löschen und den Papierkorb – und wenden Sie dann ab und zu oder bei Bedarf Eraser auf den Papierkorb an.

Freien Speicherplatz eines Laufwerks sicher löschen

Bei diesem Löschen bleiben alle Daten eines Laufwerks erhalten. Gelöscht wird nur, auch wenn das merkwürdig klingt, der freie Platz auf dem Laufwerk – denn dieser ist eben weniger frei, als man sich aus Sicherheitsgründen wünscht:

- Klicken Sie mit der rechten Maustaste auf ein Laufwerk und wählen Sie *Eraser / Erase Unused Space*.

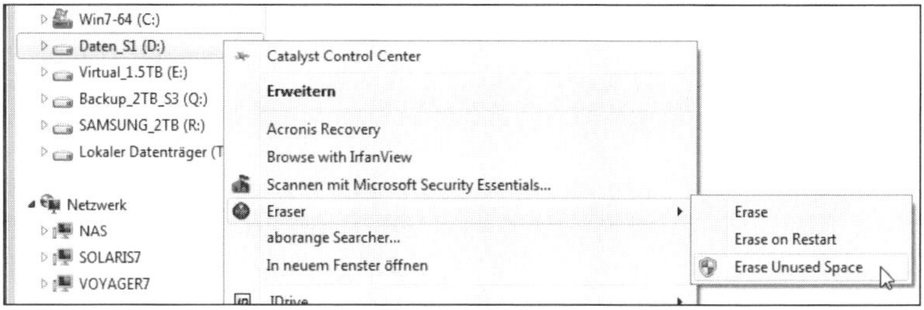

Abbildung 8.5: Freien Platz auf Laufwerk löschen

Die Wirkung besteht darin, dass sich gelöschte Daten nun nicht mehr wiederherstellen lassen. Diese Funktion bietet sich daher an, wenn Sie eine leere Festplatte oder ein Notebook gebraucht verkaufen möchten. Sie ist auch nützlich, wenn man Dateien gelöscht und den Papierkorb geleert hat, statt Eraser zu verwenden.

Eraser-Konfiguration anpassen

Ab Werk ist Eraser nicht optimal konfiguriert. Die Konfiguration erlaubt es Ihnen außerdem, Vorgänge automatisieren zu lassen.

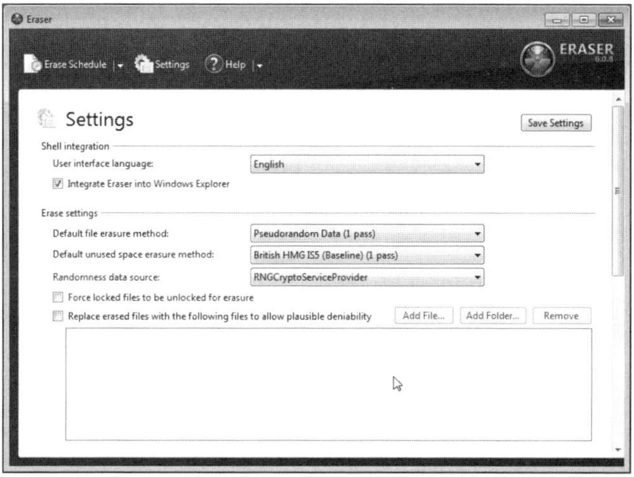

Abbildung 8.6: Eraser-Einstellungen

- Starten Sie Eraser über *Start / Alle Programme / Eraser*.
- Klicken Sie auf *Settings*, um wichtige Einstellungen zu ändern.
- Aktivieren Sie *Integrate Eraser into Windows-Explorer*, denn der Aufruf aus dem Kontextmenü ist einfach praktisch. Wer gerne ein schlankes Kontextmenü hat, kann die Integration hier natürlich auch abschalten.
- Ändern Sie die Werte bei *Default file erasure method* und *Default unused space erasure method*: Der erste Wert legt fest, mit welcher Methode Dateien, der zweite, wie leere Festplattenbereiche überschrieben werden. Da ist viel Voodoo im Spiel.
  - *Pseudorandom Data (1 pass)*: Meine Empfehlung. Dabei werden die Daten ein einziges Mal mit einem Zufallsmuster überschrieben und so unkenntlich gemacht. Das reicht vollkommen aus.
  - *British HMG IS5 (Baseline) (1 pass)*: Dabei werden die Daten ein einziges Mal mit Nullen überschrieben und so unkenntlich gemacht. Auch das reicht eigentlich vollkommen aus. Die so gelöschten Teile der Festplatte sind aber wegen der Nullen als „gelöscht“ zu erkennen, was man unter Umständen vermeiden möchte.
  - Nur bei Dateien verfügbar: *First/last 16KB Erasure*. Das ist eine besonders schnelle Methode, die Dateien nicht komplett überschreibt, sondern nur die ersten und letzten 16 Kilobyte. Da die meisten Dateien am Anfang oder am Ende Meta-Informationen und Steuerungshinweise versammeln, lassen sich damit zum Beispiel Fotos oder Filme *unbrauchbar* machen, auch wenn sie nicht wirklich komplett gelöscht sind. Bietet weniger Sicherheit, eignet sich aber fürs ganz schnelle Löschen.

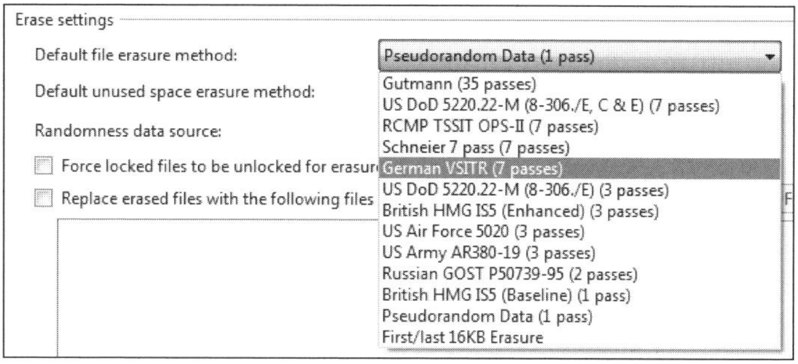

Abbildung 8.7: Löschmethoden

  - Alles andere ist Voodoo. Methoden, die dreimal, siebenmal (BSI, US-DOD) oder gar 35-mal abwechselnde Zufallsmuster über Daten schreiben, sind bei Geheimdiensten wichtig, weil diese berufsbedingt paranoid sein müssen. Für den Alltag sind sie überflüssig.

- Aktivieren Sie bei Bedarf die Option *Force locked files to be unlocked for erasure*, dann versucht Eraser auch Daten zu löschen, die gelockt sind. Vorsicht: Auf diese Weise kann man auch löschen, was man eigentlich nicht löschen sollte. Wenn Sie gelockten Dateien begegnen, was sich meist in einer Fehlermeldung bei Löschen zeigt, versuchen Sie es besser mit *Erase on restart*.

- Bei der Einstellung *Replace erased files with the following files to allow plausible deniability* geht es wie schon bei TrueCrypt um die Kunst, die Spuren der Spurenverwischung zu verwischen. Der Hintergrund: Eine Festplatte voller Nullen ist entweder neu oder frisch geschreddert worden, eine Festplatte voller Zufallszahlen ist entweder verschlüsselt oder frisch geschreddert worden. Wer sich nicht vorwerfen lassen will, einen Eraser benutzt zu haben, der kann hier Dateien auswählen, die zum Überschreiben benutzt werden. Statt verdächtiger Zufallszahlen wird die Platte dann mit Bilddateien oder harmlosen Texten überschrieben. Ein James-Bond-Feature, das kaum jemand braucht …

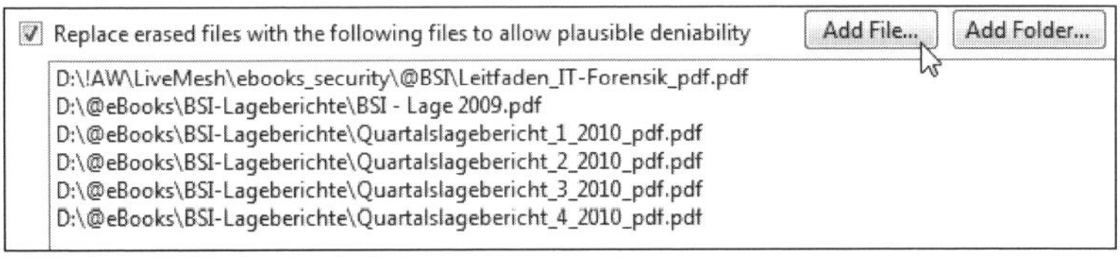

Abbildung 8.8: Dateien mit Dokumenten überschreiben

- Klicken Sie auf *Save Settings*, um die Einstellungen zu speichern.

Eraser-Aufgaben automatisieren

Der Eraser kann via Zeitsteuerung bestimmte Aufgaben (Tasks) zu bestimmten Uhrzeiten erledigen.

- Klicken Sie auf *Erase Schedule* und drücken Sie [Strg] + [N], um einen neuen Task anzulegen.

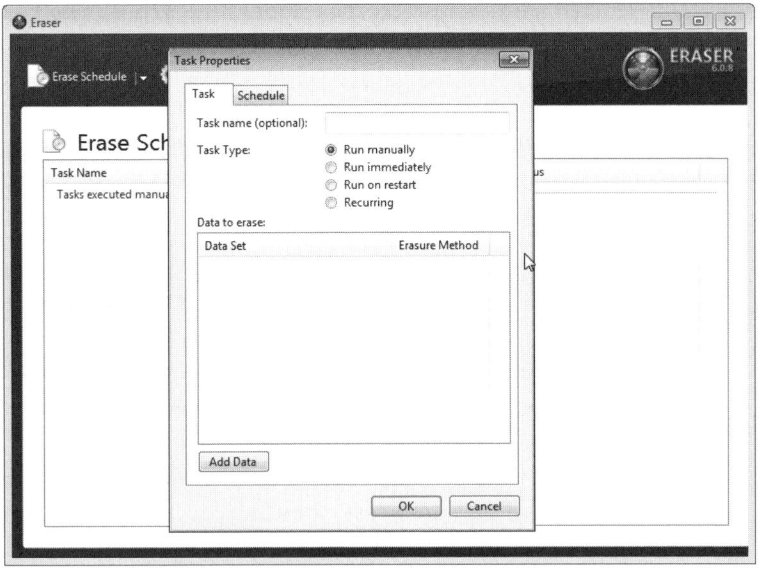

Abbildung 8.9: Neue Aufgabe (Task) in Eraser

- Legen Sie bei *Task name (optional)* fest, unter welchem Namen die Aufgabe später in der Liste erscheinen soll.
- Die Aufgabe kann auf verschiedene Weise starten: *Recurring* bietet sich an, wenn Sie die Aufgabe in regelmäßigen Abständen durchführen wollen. *Run manually* bietet Ihnen die Möglichkeit, Aufgaben zu definieren, die Sie dann ab und zu selbst ausführen wollen.
- Klicken Sie auf *Add Data*, um einzustellen, was Eraser sicher löschen soll.
  - *Erasure method*: Damit wählen Sie eine Löschmethode, falls Sie eine von der Vorgabe abweichende Methode wählen möchten.
  - *File*: Damit löschen Sie einzelne Dateien.
  - *Files in folder*: Damit löschen Sie gleich mehreren Dateien, auch über eine Dateimaske. Eher gefährlich.
  - *Unused disk space*: Damit löschen Sie den unbelegten Platz auf dem ausgewählten Laufwerk. Sehr nützlich, falls Sie einfach ab und zu mal *C:*, *D:*, *E:* usw. schreddern lassen wollen.
  - *Recycle Bin*: Damit löschen Sie den Inhalt des Windows-Papierkorbs sicher (siehe Abbildung 8.10).
- Ein Task kann mehrere Datenbereiche enthalten. Man kann also zum Beispiel *C:*, *D:* und den Papierkorb hinzufügen und braucht somit nur einen Task für mehrere Aufgaben auf einmal (siehe Abbildung 8.11).
- Im Register *Schedule* legen Sie fest, wann eine als *Recurring* markierte, also sich periodisch wiederholende Aufgabe abgearbeitet werden soll (siehe Abbildung 8.12).

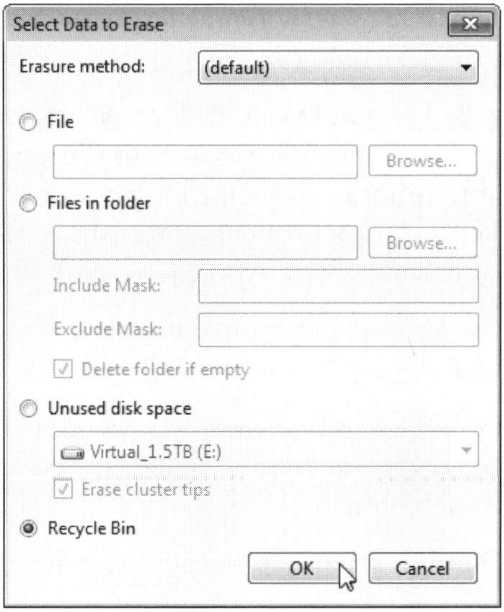

Abbildung 8.10: Was gelöscht werden soll

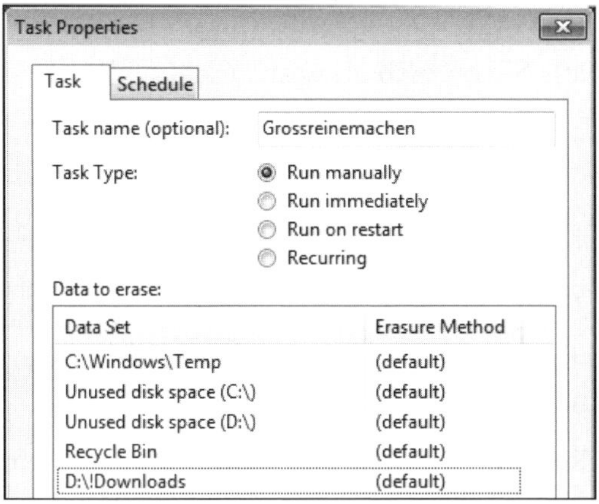

Abbildung 8.11: Task mit mehreren Datenbereichen

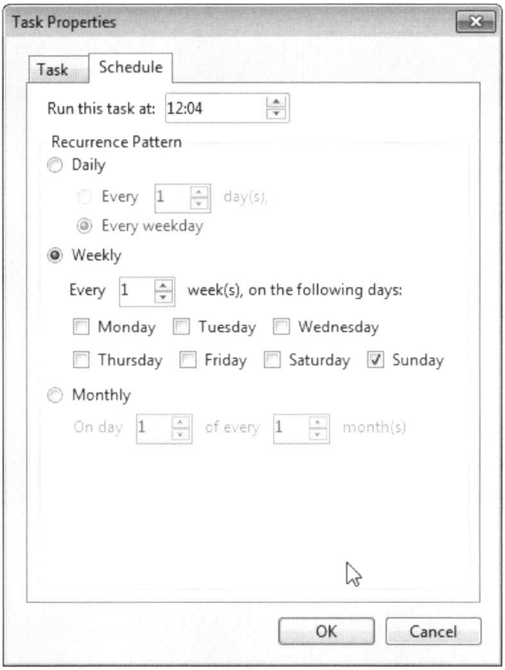

Abbildung 8.12: Aufgabenplaner für Löschaufgaben

Ich rate davon ab, zum Beispiel automatisch jeden Freitag den Papierkorb löschen zu lassen. Sobald man das macht, braucht man am Samstag eine der gelöschten Dateien. Garantiert. Für regelmäßiges Löschen der freien Bereiche sind die Eraser-Tasks hingegen sehr gut geeignet.

Indem Sie sich eine Reihe klar definierter Aufgaben ohne Zeitplaner anlegen, können Sie diese ganz einfach manuell aufrufen. Klicken Sie dazu bei Bedarf auf einen der Tasks und wählen Sie *Run Now*.

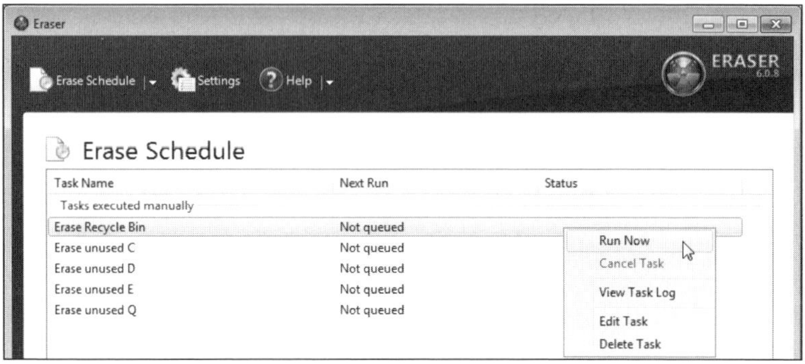

Abbildung 8.13: Persönliche Liste vordefinierter Aufgaben

Gebrauchsspuren im Browser löschen

Jeder Browser (außer Dooble) führt genau Buch darüber, wann Sie wo was gesurft haben. Das ist ein Problem für Ihre Privatsphäre. Nicht nur, wenn man auf Porno-Websites herumsurft und nicht will, dass die Gattin das spitzkriegt. Sondern auch, wenn man in Shops nach Geschenken für sie suchte. Wir reden also von einem eher harmlosen Problem.

Dennoch können Sie ganz einfach dagegen vorgehen:

HINWEIS: Das Löschen der Gebrauchsspuren ist natürlich kein sicheres Löschen. Wer also sichergehen will, löscht erst alle Gebrauchsspuren, dann verwendet er Eraser, um die gelöschten Daten in den freigegebenen Bereichen sicher zu löschen. Etwas einfacher geht's mit dem Tool CCleaner, das weiter unten vorgestellt wird.

Internet Explorer

- Wählen Sie im Internet Explorer *Sicherheit / Browserverlauf löschen* oder drücken Sie [Strg] + [⇧] + [Entf].

- Sie haben dann die Möglichkeit, genau festzulegen, welche Datentypen gelöscht werden sollen.

Abbildung 8.14: Spurenlöscher des Internet Explorer

- Der Internet Explorer bietet hier ein kleines Extra: Aktivieren Sie die Option *Bevorzugte Websitedaten beibehalten*, so werden nur die Spuren jener Websites gelöscht, die Sie nicht in der Favoritenliste abgelegt haben. Sprich: Daten von Webseiten, deren Lesezeichen Sie in den Internet-Explorer-Favoriten abgelegt haben, bleiben unberührt. Das kann ganz praktisch sein.

Mozilla Firefox

- Drücken Sie [Alt] und wählen Sie im Menü *Extras / Neueste Chronik löschen* oder drücken Sie [Strg] + [⇧] + [Entf]. Möglicherweise müssen Sie auf das kleine Dreieck neben *Details* klicken, um alle Optionen zu sehen.
- Deaktivieren Sie die Optionen bei den Objekten, die Sie nicht löschen wollen. Indem Sie alles löschen, vernichten Sie alle Spuren Ihrer Benutzung im Browser. Unter Umständen müssen Sie sich dann aber wieder bei verschiedenen Diensten und Shops neu anmelden.

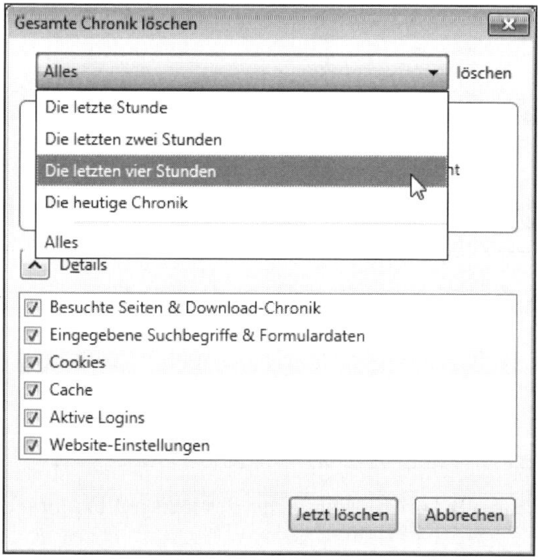

Abbildung 8.15: Firefox-Spuren löschen

- Alternativ wählen Sie in der Liste oben statt *Alles* die Zeitdauer, in der gelöscht werden soll. Sie waren gerade auf der Suche nach einem Geschenk? Dann löschen Sie einfach die letzten vier Stunden.

Chrome

- In Google Chrome klicken Sie auf das Schraubenschlüssel-Symbol und wählen *Optionen*, wechseln ins Register *Details* und klicken hier auf *Internetdaten löschen.*
- Oder drücken Sie Strg + ⇧ + Entf.

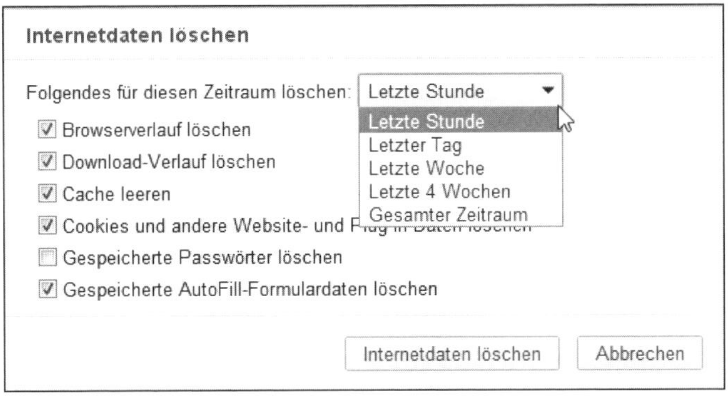

Abbildung 8.16: Gebrauchsspuren in Chrome löschen

- Auch hier haben Sie die Möglichkeit, nur den Zeitraum zu wählen, in dem gelöscht werden soll.

Opera

- Wählen Sie *Opera / Einstellungen / Internetspuren löschen.*
- Ein Klick auf *Individuelle Auswahl* klappt alle Möglichkeiten auf.
- Ein Klick auf *Löschen* macht den Daten den Garaus.

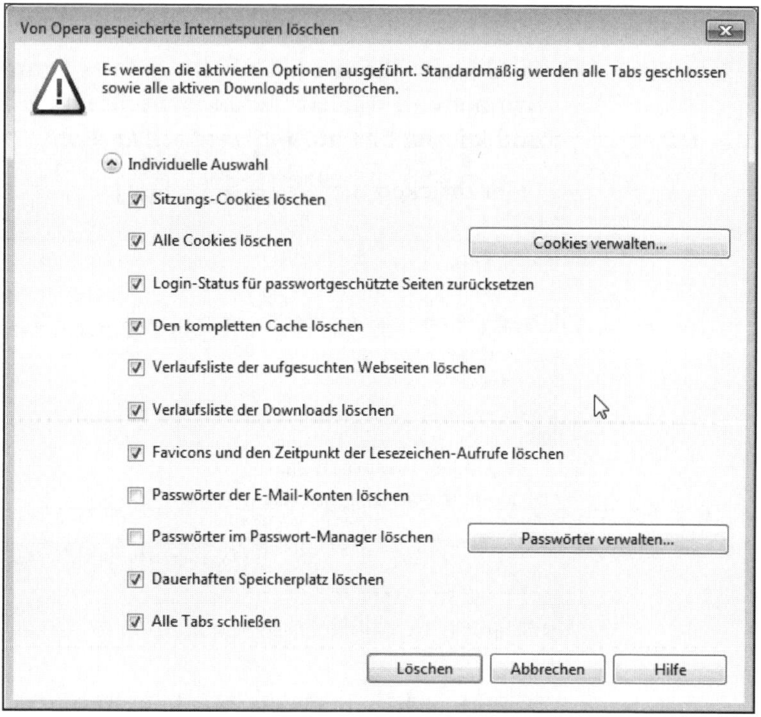

Abbildung 8.17: Gebrauchsspuren in Opera löschen

Spurenfreies Surfen aktivieren

Besser wäre natürlich, wenn Surfspuren gar nicht erst anfallen würden. Dazu bieten die meisten Browser heute einen Inkognito-Modus, gerne auch hämisch Porno-Modus genannt.

Während dieser Modus aktiviert ist, legen die Browser keine Cookies an, speichern nichts im Cache, zeichnen die Liste der URLs nicht im Verlauf auf und so weiter. Nach dem Beenden ist es auch auf dem lokalen PC so, als hätte man nichts getan.

- Im Internet Explorer wählen Sie *Sicherheit / InPrivate-Browsen*.

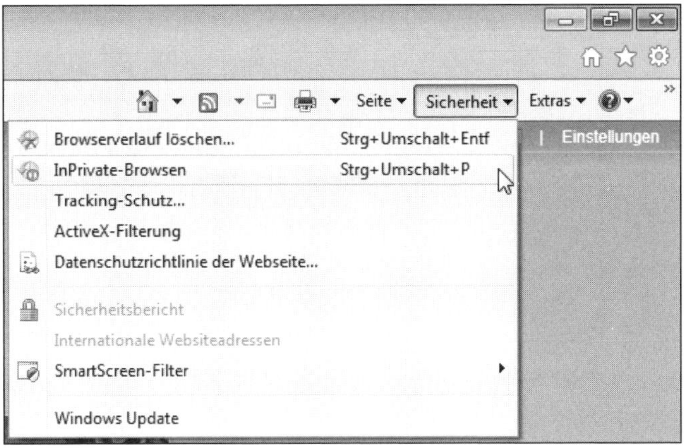

Abbildung 8.18: InPrivate-Browsen beim Internet Explorer

- Beim Firefox-Browser wählen Sie *Firefox / Privaten Modus starten*.

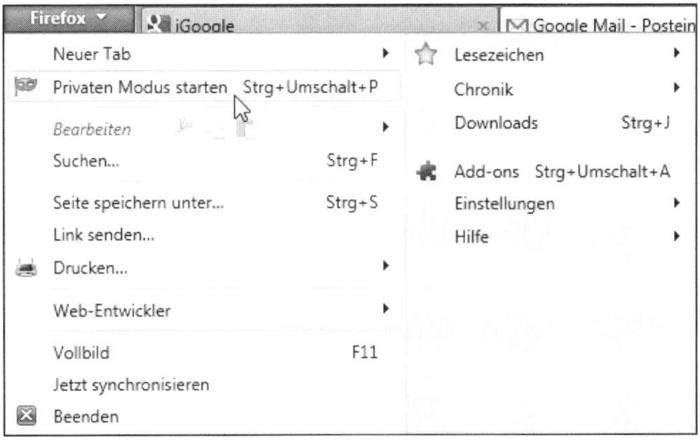

Abbildung 8.19: Privater Modus in Firefox

- Bei Chrome klicken Sie auf den Schraubenschlüssel und wählen *Neues Inkognito-Fenster*.

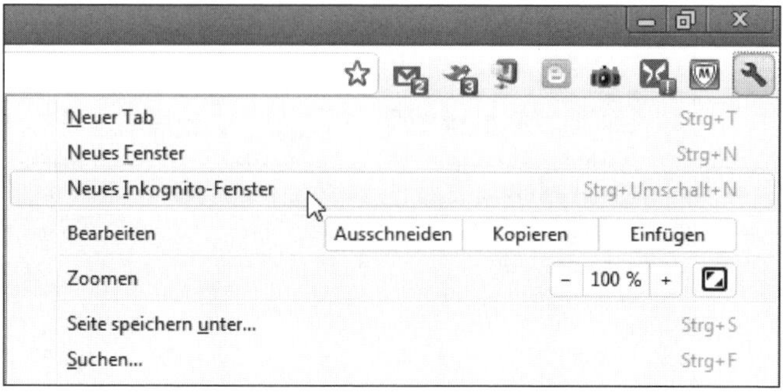

Abbildung 8.20: Chrome mit Inkognito-Fenster

- Bei Opera wählen Sie *Opera / Fenster und Tabs* und dann wahlweise *Neuer privater Tab* oder *Neues privates Fenster*. Der Tab reicht, doch in einem neuen Fenster vergisst man weniger leicht, dass man gerade im privaten Modus surft.

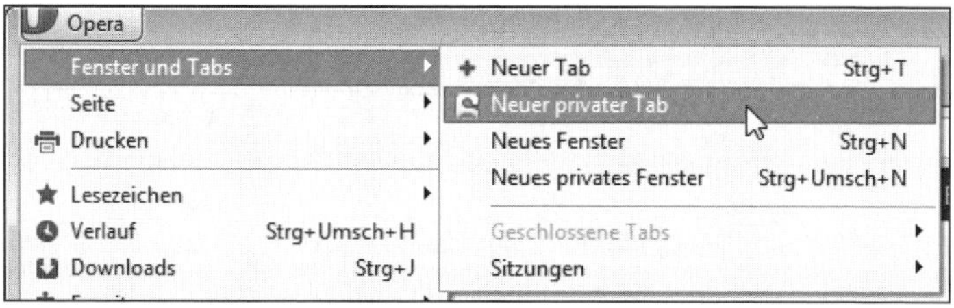

Abbildung 8.21: Privater Tab bei Opera

Flash-Cookies löschen

Adobe Flash hat noch mal ganz eigene Cookies:

- Drücken Sie [⊞] + [R].
- Geben Sie als Kommando `%appdata%` ein und drücken Sie die [↵]-Taste.
- Wechseln Sie nacheinander in die Verzeichnisse *Macromedia*, *Flash Player* und *#SharedObjects*.

- Hier finden Sie einen Ordner, dessen Name auf jedem PC anders lautet. Er trägt einen scheinbar bedeutungslosen Namen wie *ACTV2007V5* oder *CQCQ42QRV*. Wechseln Sie in dieses Verzeichnis.
- Hier finden Sie Flash-Cookies als Gebrauchsspuren, die auf die vom Browser besuchten Domains verweisen.

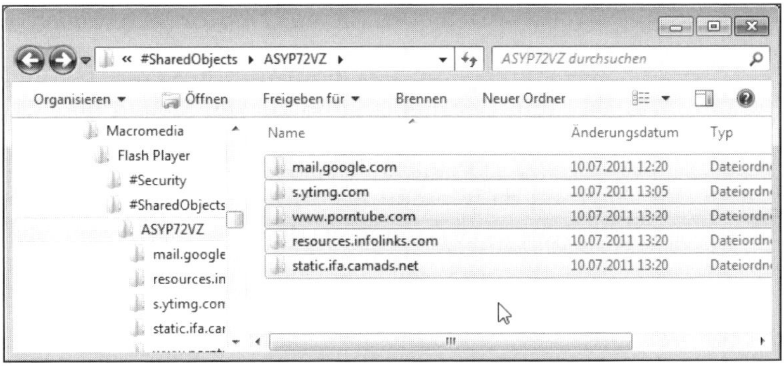

Abbildung 8.22: Flash-Cookies

- Sie können die Verzeichnisse hier einfach löschen und dann später mit Eraser den Papierkorb löschen.

Silverlight-Cookies löschen

Silverlight ist das Microsoft-Pendant zu Flash und speichert unter Umständen ebenfalls Spuren:

- Öffnen Sie *Start / Alle Programme / Microsoft Silverlight* und klicken Sie auf *Microsoft Silverlight*.
- Klicken Sie auf *Alle löschen*.

Nicht auf jedem PC ist Silverlight installiert, außerdem ist es auf Webseiten eher selten anzutreffen.

Gebrauchsspuren in Windows löschen

Windows hat einige wenige eingebaute Bordmittel, um Gebrauchsspuren zu löschen.

Datenträgerbereinigung

- Öffnen Sie *Start / Alle Programme / Zubehör / Systemprogramme* und klicken Sie auf *Datenträgerbereinigung*.
- Wählen Sie das Laufwerk aus, das bereinigt werden soll, zum Beispiel *C:*, und klicken Sie auf *OK*.
- Das Tool analysiert zunächst, was zu bereinigen ist, und bietet dann eine Liste mit Angabe des Speicherplatzes, der dadurch gewonnen wird.
- Aktivieren Sie alle Optionen, deren Daten Sie löschen lassen wollen.

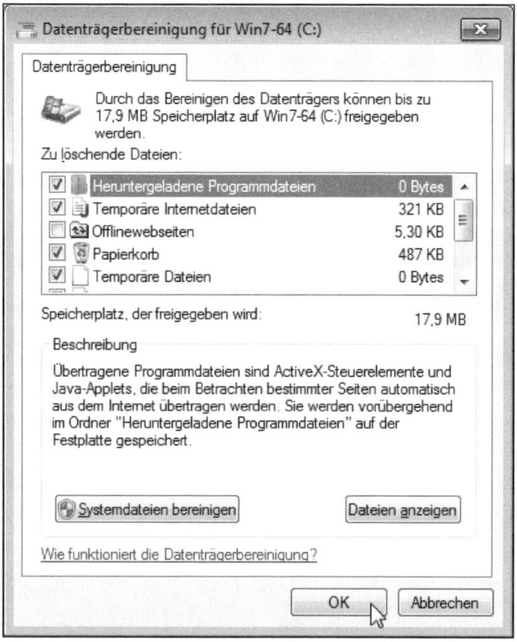

Abbildung 8.23: Datenträgerbereinigung

- Klicken Sie auf *OK* und Windows entfernt temporäre Dateien verschiedener Art.

Das Löschen findet auch hier nicht sicher statt, sodass sich ein weiterer Löschgang mit Eraser über den freien Speicherplatz von *C:* empfiehlt.

Dokumentinformationen schnell entfernen

Anwendungen wie Word, PDF-Creator und so weiter speichern in Formaten wie DOC, DOCX, PDF oder anderen automatisch Eigenschaften wie etwa den Namen des Autors. Das ist normalerweise gewünscht. Aber mal angenommen, Sie haben eine Spaß-Präsentation zusammengebastelt und wollen nicht als ihr Urheber zu zweifelhaftem Ruhm gelangen, dann sollten Sie diese Eigenschaften entfernen.

- Markieren Sie im Windows-Explorer die fraglichen Dateien.
- Wählen Sie *Organisieren / Eigenschaften entfernen.*

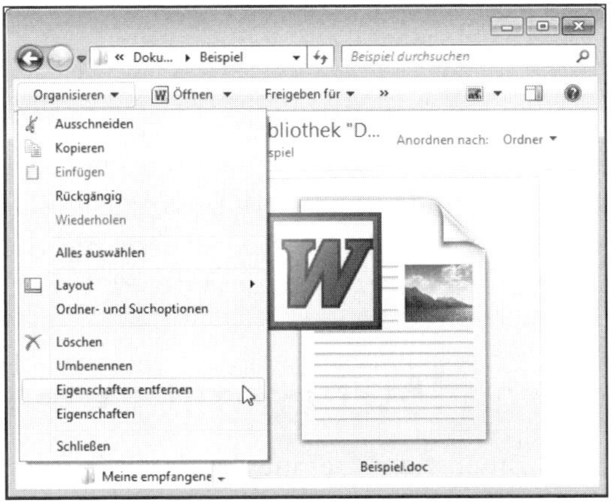

Abbildung 8.24: Dokumenten-Eigenschaften

- Wählen Sie *Folgende Eigenschaften aus dieser Datei entfernen* und klicken Sie auf *Alle auswählen.*

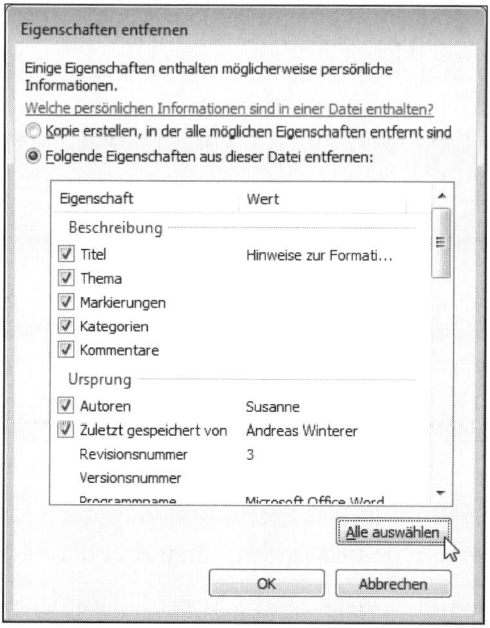

Abbildung 8.25: Alle Eigenschaften entfernen

- Klicken Sie abschließend auf *OK*.

Das funktioniert einwandfrei, allerdings nur mit Dokumentenformaten, die Windows ab Werk bekannt sind (MP3, JPG usw.) oder durch die Installation der zugehörigen Software bekannt gemacht wurden (Office-Dokumente, PDF-Dateien usw.).

Gebrauchsspuren löschen mit CCleaner

Weil sich immer mehr Gebrauchsspuren in Windows sammeln, kriegt man das als Benutzer eigentlich kaum noch manuell in den Griff. Abhilfe schaffen daher verschiedene Spurenlöscher-Programme.

Besonders empfehlenswert ist *Piriform CCleaner* (*www.piriform.com/ccleaner*). Es ist kostenlos verwendbar, sehr leistungsfähig und berücksichtigt zahlreiche Programme und deren Gebrauchsspuren.

Installation

Während der Installation möchte CCleaner eine Toolbar (zum Beispiel von Google) installieren. Das ist harmlos, Sie können es abschalten, ohne die Funktion zu beeinträchtigen.

Vor dem ersten Start fragt CCleaner, ob es intelligent nach nicht zu löschenden Cookies scannen soll. Wählen Sie *Ja*.

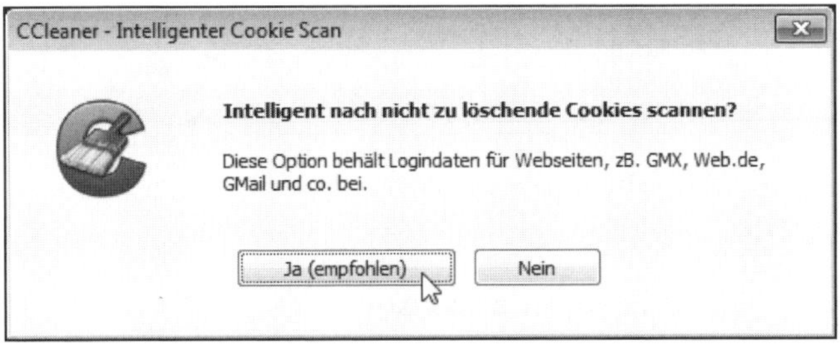

Abbildung 8.26: Intelligent scannen

Hintergrund ist, dass CCleaner alle Ihre Cookies in allen Ihren Browsern löschen kann, so wie Sie das auch einzeln tun können. Das wäre im Prinzip nützlich, gäbe es da nicht ein kleines Problem: Bei Maildiensten, Shops wie Amazon oder sozialen Netzen wie Xing oder Facebook bleiben Sie meist angemeldet. Diese bleibende Anmeldung wird über Cookies gesteuert. Sobald Sie die Cookies löschen, müssen Sie sich mit Namen und Passwort neu anmelden, was natürlich unbequem ist. Ist die Option aktiviert, versucht CCleaner, das automatisch zu vermeiden und nur unnütze Cookies zu löschen.

Danach ist CCleaner funktionsbereit.

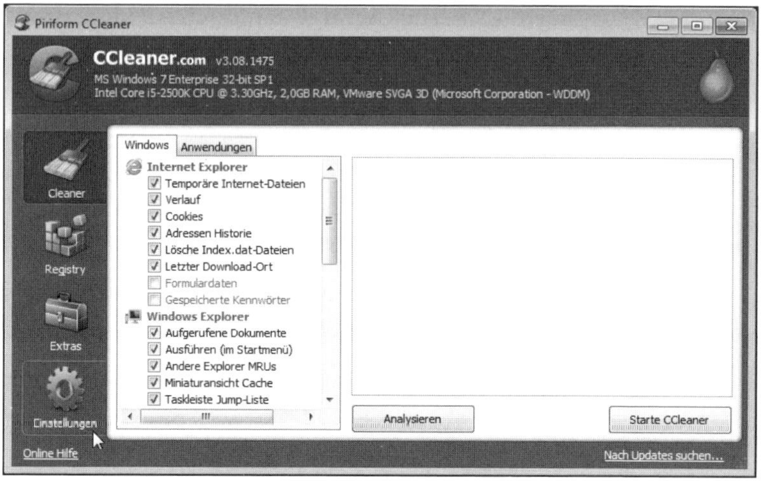

Abbildung 8.27: CCleaner

Einstellungen anpassen

Vor dem ersten Löschen sollten Sie die Einstellungen ändern.

- Klicken Sie links auf *Einstellungen*.
- Schalten Sie bei *Sicheres Löschen* um auf *Sicheres löschen*. Damit löscht CCleaner die Daten nicht nach Windows-Art, sondern überschreibt sie wie Eraser.
- Das ist natürlich vor allem auf dem Laufwerk *C:* interessant, weswegen Sie dieses bei *Freien Speicher sicher löschen* mit einem Häkchen versehen (siehe Abbildung 8.28).
- Natürlich können Sie auch andere Laufwerke für das sichere Löschen aktivieren. Bedenken Sie aber, dass CCleaner auch den Papierkorb löscht. Wenn Sie zum Beispiel mit Videoschnitt arbeiten und regelmäßig umfangreiche Videos löschen, dann kann es recht lange dauern, bis CCleaner diese Dateien geschreddert hat.
- Öffnen Sie den Bereich *Cookies*. Hier können Sie manuell Cookies auswählen, die nicht gelöscht werden sollen (siehe Abbildung 8.29).

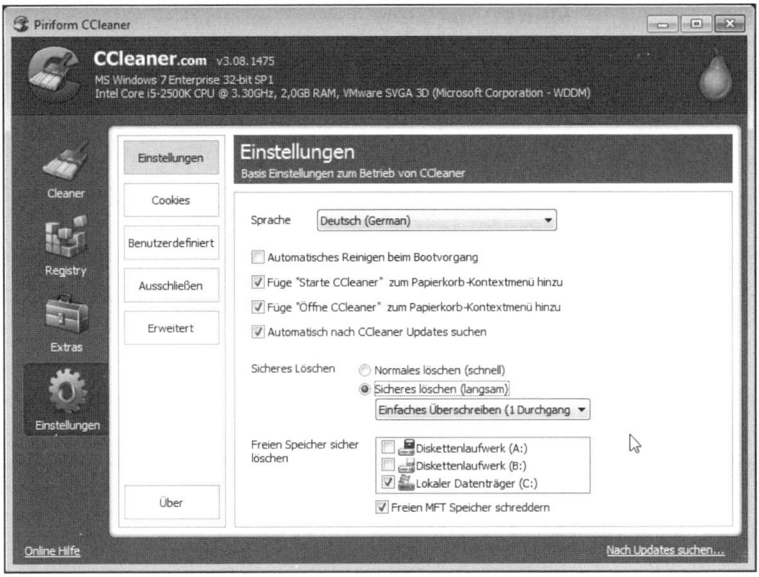

Abbildung 8.28: CCleaner-Einstellungen

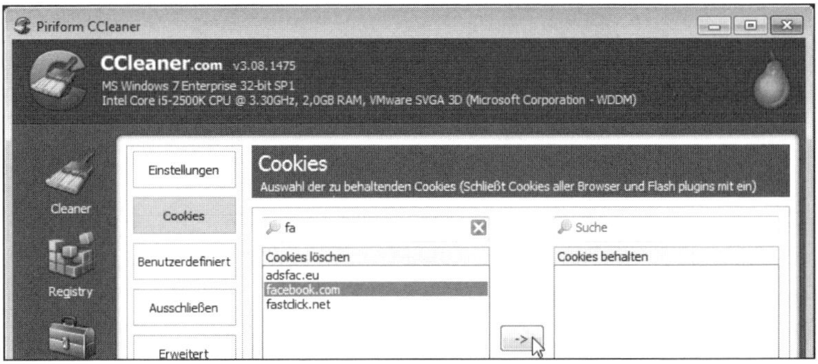

Abbildung 8.29: Cookies als Ausnahme festlegen

- Angenommen, nach dem Einsatz von CCleaner müssen Sie sich bei einem Dienst wie Facebook immer wieder neu anmelden. Dann suchen Sie hier nach Facebook-Cookies (das Suchfeld hilft) und klicken auf den Pfeil-Button, um das betreffende Cookie für die Beibehaltung zu übernehmen.

Spuren löschen

So löschen Sie mit CCleaner Gebrauchsspuren.

- Schließen Sie die Browser, denn deren Spuren lassen sich nur löschen, wenn sie geschlossen sind.
- Wählen Sie links den *Cleaner*-Button.
- Prüfen Sie im Register *Windows*, ob Sie wirklich wollen, dass diese Spuren gelöscht werden sollen. Deaktivieren Sie zum Beispiel *Taskleiste Jump-Liste*, denn damit werden die nützlichen Sprunglisten der Windows-7-Taskleiste gelöscht. Deaktivieren Sie *Papierkorb leeren*, wenn Sie diesen lieber von Eraser löschen lassen.

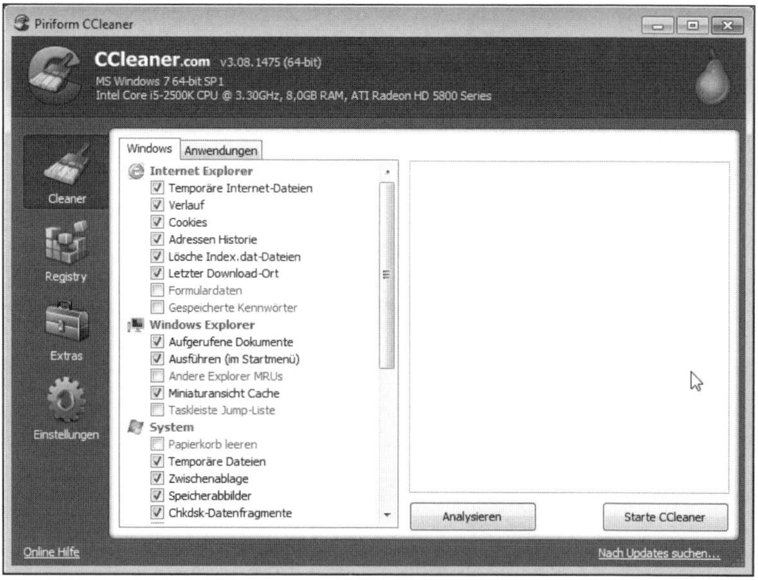

Abbildung 8.30: Windows-Gebrauchsspuren

- Prüfen Sie auch im Register *Anwendungen*, ob Sie wirklich mit allem einverstanden sind. CCleaner unterstützt alle wichtigen Browser, zahlreiche Anwendungen von Office bis

Skype und hat auch Spuren von Media-Playern und Java im Visier. Die Liste ist sehr lang.

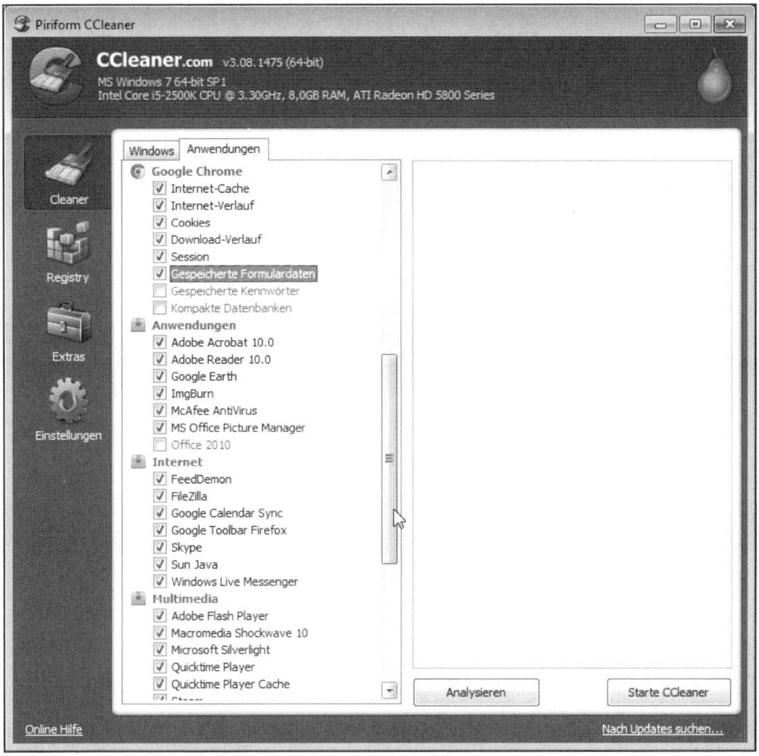

Abbildung 8.31: Anwendungs-Gebrauchsspuren

- Klicken Sie auf *Analysieren*, wenn Sie nur sehen wollen, was CCleaner löschen würde. Klicken Sie auf *Starte CCleaner*, um die Reinigung zu starten.
- CCleaner löscht alle Dateien, die den Kriterien entsprechen, und überschreibt sie dabei bei entsprechender Konfiguration auch. Am Ende zeigt es an, was gelöscht wurde.

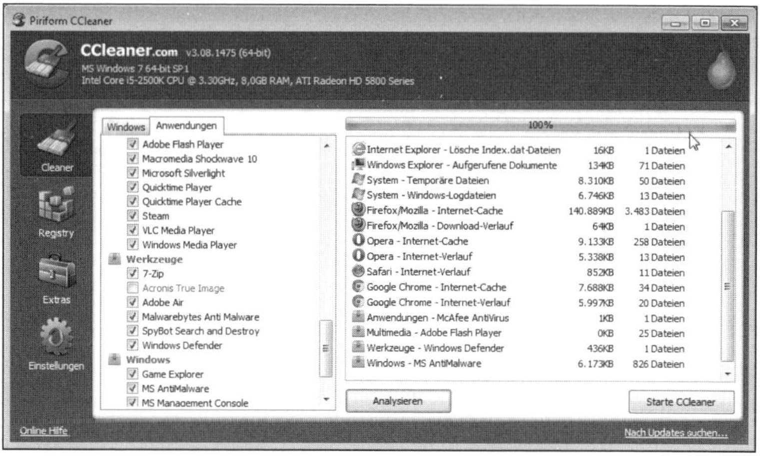

Abbildung 8.32: CCleaner zeigt, was gelöscht wurde

Festplatten-Wiper

Wie Eraser kann auch CCleaner den freien Bereich von Festplatten löschen, es ist dabei allerdings nicht der Schnellste.

- Öffnen Sie links den Bereich *Extras*.
- Wählen Sie *Festplatten-Wiper*.
- Wählen Sie bei *Wipe* unbedingt *Nur freier Speicher*, sonst verlieren Sie unter Umständen Daten.
- Markieren Sie die zu löschenden Laufwerke und klicken Sie auf *Wipe*.

Nur einzelnes Modul löschen

Klicken Sie einfach in der Liste *Windows* oder *Anwendungen* mit der rechten Maustaste auf einen der Einträge und wählen Sie *Analysieren* oder *Bereinigen*. CCleaner untersucht oder löscht dann nur die Dateien dieses einen Elements.

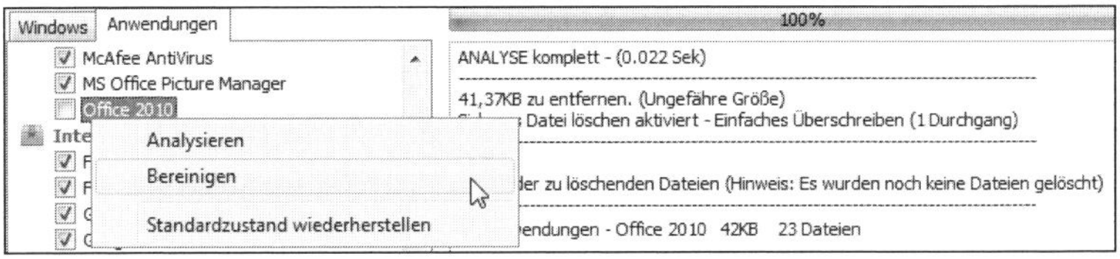

Abbildung 8.33: Nur ein Element bearbeiten

Reinigung mit Herunterfahren per Doppelklick

CCleaner lässt sich mit Parametern starten, die mehr oder weniger nützlich sind. Einer lässt sich verwenden, um CCleaner zu starten und automatisch reinigen und dann den PC herunterfahren zu lassen.

- Klicken Sie mit der rechten Maustaste auf den leeren Desktop und wählen Sie *Neu / Verknüpfung*.
- Tragen Sie ins Feld *Geben Sie den Speicherort des Elements ein* folgenden Aufruf ein: `"C:\Program Files\CCleaner\CCleaner.exe" /AUTO /SHUTDOWN` und klicken Sie auf *Weiter*.

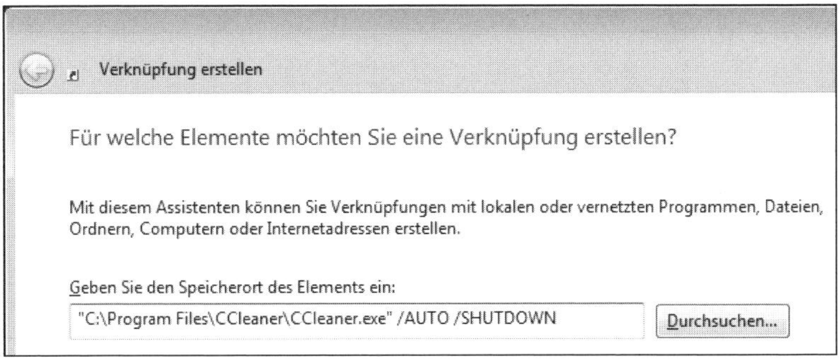

Abbildung 8.34: Verknüpfung mit Parameterübergabe

- Geben Sie als Namen für das neue Symbol `Sauber herunterfahren` ein und klicken Sie auf *Fertig stellen*.

Zum Feierabend schließen Sie künftig alle Programme, doppelklicken auf *Sauber herunterfahren* und CCleaner löscht automatisch Spuren und fährt Windows herunter.

KAPITEL 9

Anonymität

Windows bietet keinerlei eingebaute Möglichkeit, im Internet seine Privatsphäre zu wahren und zum Beispiel anonym zu surfen. Auch mit Erweiterungen ist das nicht immer einfach.

Anonymität

Mit inzwischen unangenehmer Regelmäßigkeit erschüttern Datenskandale die Republik. CDs mit Millionen von Adressdaten und Bankverbindungen werden verschachert wie Nationalelf-Sticker auf dem Schulhof. Der Handel mit persönlichen Daten ist längst ein Milliardengeschäft, in dem es mafiöse Strukturen gibt.

Natürlich ist der alltägliche Datenklau nicht immer so sensationell wie bei den gestohlenen Kundendatensätzen von Steuerhinterziehern. Er besteht vor allem darin, dass buchstäblich Tausende von Unternehmen jeden unserer Schritte im Web überwachen. Ziel ist, möglichst viel über unser Verhalten zu erfahren, um mit angepasster Werbung auf Webseiten möglichst genau unseren Geschmack zu treffen.

Vorratsdatenspeicherung

Aber auch jenseits der Unternehmen sind wir einem großen Lauschangriff ausgesetzt. Mithilfe von Gesetzen zur Vorratsdatenspeicherung will die EU ihre Staaten dazu zwingen, jeden Schritt ihrer Bürger im Internet (und übrigens auch beim Telefonieren) aufzeichnen zu lassen. Der Zugangsprovider (heute meist ein DSL-Anbieter) soll ein halbes Jahr lang unter anderem speichern, wann sich ein Benutzer eingewählt hat und welche eindeutige Internetadresse ihm dann zugeteilt wurde.

Für sich genommen wären die so erfassten Daten noch harmlos. Doch zugleich kennt jede Webseite die IP-Adresse jedes einzelnen Besuchers. Das geht technisch gar nicht anders, denn die Anzeige einer Webseite im Browser funktioniert nur, wenn der Webserver die Informationen, Texte und Bilder an die IP-Adresse des Surfers schicken kann. Und natürlich speichert auch jede Webseite im Internet diese Daten, zum Beispiel zur Fehlersuche oder zur statistischen Auswertung, welche Seite an welchem Tag und zu welcher Uhrzeit am liebsten gelesen wurde. Und auch diese Daten wären für sich genommen völlig harmlos.

Brisant werden die beiden Daten erst, wenn man sie zusammenführt.

Keine Anonymität im Internet

Angenommen, ein Ex-Soldat der Bundeswehr hinterlässt auf der Website einer Zeitung einen Kommentar über Missstände bei der Truppe. Der Webserver der Zeitung wiederum speichert die IP-Adresse des Besuchers und auch die Uhrzeit.

Nun können sich an dieser Stelle interessierte Gruppen einschalten, keineswegs immer im Dienst der Gesellschaft und keineswegs immer mit richterlichem Beschluss. Sie können diese Daten („um 12:23 schrieb die IP-Adresse 192.168.2.1 einen unerwünschten Eintrag") mit denen des DSL-Providers („von 11:55 bis 14:15 hatte die IP-Adresse 192.168.2.1 der DSL-Nutzer Max Mustermann aus Oberhausen") zusammenführen und wissen damit: Max Mustermann hat den problematischen Kommentar geschrieben.

Auf diese Weise wird aus scheinbar nutzlosen Adressen eine konkrete Person. Doch Anonymität ist eine Grundlage der Demokratie. Daher gibt es freie und geheime Wahlen. Die Bürger müssen sich über Wahlmöglichkeiten informieren dürfen, ohne dass Daten darüber anfallen, wo und wie sie sich informiert haben.

Zensur

Das System lässt sich auch umgekehrt nutzen, zum Beispiel zur Zensur: Ihre IP-Adresse im Internet macht Sie ja fast immer als deutscher (chinesischer, US-amerikanischer ...) Bürger kenntlich, der mit Telekom, Vodafone oder einem anderen Provider surft.

Ergo kann man Sie auf diese Weise auch ausschließen. Weder Chinesen noch Iraner sehen das Internet so, wie es ist: Sie bekommen nur einen Ausschnitt des Webs zu Gesicht.

Das ist bei Deutschen nicht anders, auch wenn es dabei weniger um Zensur als vielmehr um ortsbezogene Zugangsbeschränkung aus kommerziellen Gründen geht: Auf YouTube zum Beispiel sind zahlreiche Videos für deutsche Anwender gesperrt und Web-TV-Sender wie *www.hulu.com* zeigen deutschen Zuschauern rein gar nichts.

Was deutsche Surfer darüber hinaus nicht sehen, das wissen sie nicht. Es liegt in der Natur eines Filters, dass man durch ihn nur die gefilterte Weltsicht hat.

Außer natürlich, man greift zu den hier beschriebenen Tricks und Tools.

Anonymisierungsdienste

Anonymisierungsdienste lassen Sie anonym surfen und Zensursperren umgehen. In vielen Fällen sind Sie dabei nur „ein bisschen anonymer als sonst“ und Webseiten zum Umgehen von Zensursperren sind nicht selten ebenfalls gesperrt. Aber die Mittel sind letztlich vielfältig genug, um immer zum Ziel zu kommen.

Anonym heißt in diesem Fall vor allem eines: Die besuchte Website weiß nicht, dass Sie sie besucht haben, weil sie keine Kenntnis Ihrer IP-Adresse zum Besuchszeitpunkt hat.

Dazu gibt‘s grob gesagt drei Wege:

- Sie anonymisieren Ihren Browser-Zugang per Web-Proxy. Das reicht in vielen Fällen aus, denn meist surft man ja bloß. Es eignet sich dafür, gelegentlich mal eine einzige Website anonym ansehen zu wollen, denn es ist die einfachste Methode.
- Sie anonymisieren Ihren Browser-Zugang durch einen einfachen Open-Proxy-Server. Das eignet sich zum Umgehen von Zensursperren und auf Rechnern, auf denen Sie keine Software installieren können, aber Browser-Einstellungen ändern dürfen. Es ist etwas komplizierter.

- Sie anonymisieren Ihren Internetzugang per Tor. Das ist einmalig aufwendig, weil Sie eine Software installieren müssen. Danach ist es eigentlich recht einfach. Es eignet sich zum Umgehen von Zensursperren und für nahezu totale Anonymität. Aber es ist vergleichsweise langsam.
- Sie anonymisieren Ihren Internetzugang über einen professionellen Anonymisierungsdienst wie Cyberghost VPN. Das kostet Geld, ist aber ebenfalls sehr sicher, sehr anonym und deutlich schneller als zum Beispiel Tor.

Browser fürs Grobe: Dooble

Verwenden Sie diese Dienste nicht mit Ihrem normalen Browser. Verwenden Sie lieber einen zusätzlichen Browser, in dem Sie zum Beispiel Flash und Java deaktivieren. Verwenden Sie zum Beispiel *Dooble* (*http://dooble.sourceforge.net*).

Das hat auch den Vorteil, dass Cookies nicht aufgezeichnet werden. Wenn Sie über einen der Anonymisierungsdienste eine Ihrer üblichen Webseiten im normalen Browser aufrufen, dann können Webseiten Sie über diese Cookies erkennen – trotz anderer IP.

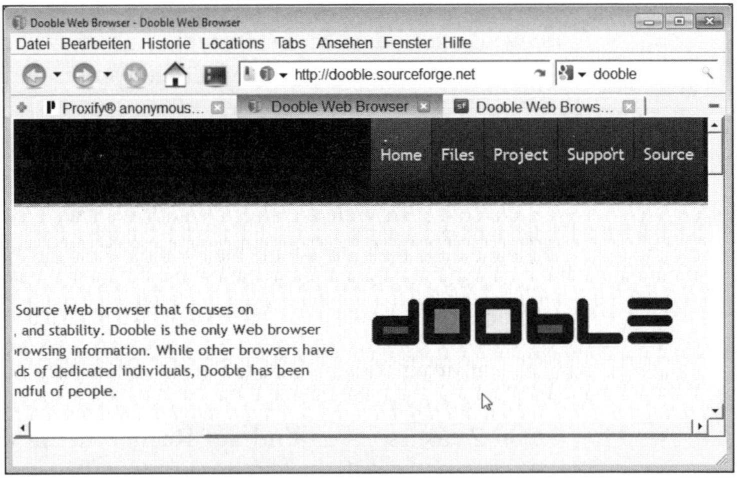

Abbildung 9.1: Dooble Webbrowser

Es ist auch deswegen wichtig, weil man einigen Anonymisierungsdiensten nicht trauen kann. Werbe-Pop-ups sind das Mindeste, was einen erwartet, Schadprogramme können hier ebenso verteilt werden.

Anonymisierende Web-Proxys

Anonymisierende Web-Proxys im Web sind sehr einfach zu nutzen, dafür allerdings oft langsam. Die Anonymisierung funktioniert so:

- Ihr Browser sagt zur Anonymisierungs-Website, welche Ziel-Website Sie besuchen wollen.
- Die Anonymisierungs-Website besucht die Ziel-Website, holt also die Daten vom Ziel-Webserver.
- Die Anonymisierungs-Website zeigt das Ergebnis Ihrem Browser.

Ihr Webbrowser bekommt also die Daten des Zielservers ausschließlich von der Anonymisierungs-Website. Die angezeigte Ziel-Website weiß daher nur, dass sie ihrerseits von der Anonymisierungs-Website besucht wurde. Im Ergebnis weiß die Zielseite daher nichts von Ihnen! (Oder zumindest wenig.)

> Aber: Die besuchte Ziel-Website weiß zwar nicht, wer Sie sind. Dafür weiß es jetzt der Anonymisierungsdienst. Es gibt immer wieder Theorien, wonach einige diese Dienste von Geheimdiensten betrieben werden, und das liegt auch irgendwo nahe. Bewiesen ist natürlich nichts …

Zwei typische Vertreter, die obendrein auch noch einige Cookies und Skripte sperren:

- *https://proxify.co.uk*
- *www.libertybell.biz*

Wer mehr will, findet auf Seiten wie *www.azproxies.com* oder *www.xroxy.com/webproxylist.html* weitere Verweise auf Proxy-Server, die sich direkt über eine Webadresse nutzen lassen. *www.unblocked.me* führt dabei eigene Listen, um zum Beispiel Probleme bei YouTube oder Facebook zu umgehen.

HINWEIS

Verwenden Sie diese Dienste nur zum Anschauen. Verwenden Sie diese Dienste auf keinen Fall, um sich bei Ihren üblichen Websites – Webmail, Facebook, Shops – mit Namen und Passwort anzumelden, denn diese könnten abgefangen werden. Wenn Sie anonym Dienste nutzen wollen, bei denen man sich anmelden muss, dann legen Sie dafür besser ein eigenes Konto an, das Sie nur über diese Dienste nutzen und nicht mit Ihren normalen Konten verbinden. Betrachten Sie dieses Konto stets als unsicher.

Proxify

Bei *Proxify* auf *https://proxify.co.uk* geben Sie einfach die URL der Website an, die Sie anonymisiert aufrufen wollen.

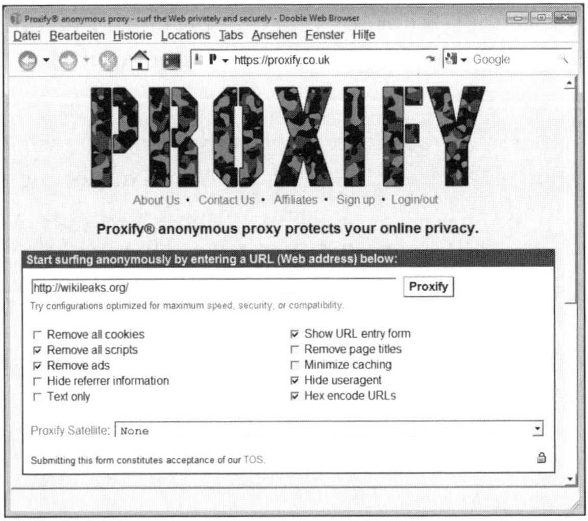

Abbildung 9.2: Proxify

Proxify kann dabei im Sinne der Anonymität auch als Filter fungieren und Cookies, Skripte und andere Informationen entfernen. Dies ist nicht unbedingt nötig, wenn Sie zum Beispiel Dooble verwenden, aber durchaus nützlich.

Gut an Proxify ist, dass Sie es direkt mit der HTTPS-Webadresse aufrufen können. Das heißt: Welche Webseiten Sie ansehen, das bleibt in einem Firmennetzwerk auch dem Administrator verborgen. Auch die URL gibt keine Auskunft über die besuchte Website. JavaScript kann deaktiviert bleiben.

HINWEIS

Es sind bei gleichartigen Diensten theoretisch Man-in-the-Middle-Attacken denkbar. Dabei schaltet sich der Angreifer zwischen Sie und den Anonymisierungsdienst und kann so alles mitlesen. Das ist allerdings keine alltägliche Situation und daher eher von theoretischem Belang.

Libertybell.biz

Libertybell.biz (*www.libertybell.biz*) bietet vereinfacht gesagt dasselbe in Grün. Um dort HTTPS verwenden zu können, müssen Sie allerdings erst mal auf *Enable SSL* klicken. Anders als Proxify müssen Sie außerdem JavaScript aktivieren.

Abbildung 9.3: Libertybell.biz

Libertybell.biz bietet weniger ausgeklügelte Filter, mehr nervige Werbung und ist auch etwas langsamer. Aber falls Proxify den Dienst mal verweigert, kann man zu diesem Dienst greifen.

Fazit

So richtig anonym sind Sie auch mit diesen beiden Tools nicht. Aber wenn es nur darum geht, mal eben im Büro oder in der Schule irgendwas anzusurfen, was Admin, Chef oder Lehrer nicht gleich sehen sollen (SSL nutzen!), dann reichen sie aus.

Verwenden Sie damit aber auf keinen Fall Dienste, bei denen Sie sich mit Zugangsdaten anmelden müssen.

Anonymes Surfen per Open Proxy

Auch offene Proxy-Server (*Open Proxy*) lassen sich ohne jede Anmeldung verwenden. Sie bieten eine minimale Anonymität, die im Vergleich zu Tor (siehe unten) als eher gering einzuschätzen ist. Zumal Ihnen auch hier klar sein muss, dass zwar die Ziel-Website nichts von Ihnen weiß, dafür aber der Open Proxy.

Oft geht es bei diesen Servern vor allem darum, Zugangsbeschränkungen, Webfilter und Zensurmaßnahmen zu umgehen. Daher können Sie auf Proxy-Verweislisten oft auch zwischen anonymisierend und nicht anonymisierend unterscheiden und sich verschiedene Server ausgeben lassen.

Weiterer Unterschied zu Web-Proxys ist, dass Sie diese Server direkt in Ihren Browser eintragen können, er surft dann ununterbrochen darüber.

Wichtig ist auch hier:

- Melden Sie sich möglichst nirgendwo mit Namen und Passwort an.
- Verwenden Sie einen sicheren Browser, deaktivieren Sie unsichere Erweiterungen wie Java, PDF und Flash.

- Aktivieren Sie unbedingt Ihren Virenschutz, vorzugweise ein System wie avast! Free oder Avira AntiVir Free, die jeweils einen Webscanner mitbringen.

Adresse des Proxy-Servers

Zunächst benötigen Sie die Adresse des offenen Proxy-Servers. Dazu gibt es verschiedene Anlaufstellen, zum Beispiel:

- *www.xroxy.com/proxylist.htm*
- *www.nntime.com*
- *http://aliveproxy.com/high-anonymity-proxy-list/*

Notieren Sie die Adresse des Servers in der Form IP-Adresse:Portnummer, beispielsweise *193.160.201.26:8080* (nicht diese verwenden!).

Proxy in Firefox eintragen

Es ist empfehlenswert, für solche Proxys nicht Firefox zu verwenden. Verwenden Sie lieber Dooble, um die Gefahr zu verringern, dass ein krimineller Proxy Ihnen Schadprogramme unterjubelt.

Falls Sie aber zum Beispiel Firefox oder Firefox Portable – möglichst ohne Plug-ins wie Flash und Java – zu Ihrem Wild-Surf-Browser gemacht haben, tragen Sie den Proxy bei Firefox wie folgt ein:

- Wählen Sie *Firefox / Einstellungen*.
- Wählen Sie Sie *Erweitert / Netzwerk* und klicken Sie auf *Einstellungen*.
- Schalten Sie um auf *Manuelle Proxy-Konfiguration*. Geben Sie bei *HTTP-Proxy* den Teil der IP-Adresse vor dem Doppelpunkt an (im Beispiel *193.160.201.26*), bei *Port* die Zahl nach dem Doppelpunkt (im Beispiel *8080*).
- Klicken Sie auf *OK* und *OK*.

Entfernen Sie auf die gleiche Weise diese Einträge wieder, wenn Sie normal surfen.

Proxy in Dooble eintragen

Praktischer ist natürlich, einen Browser wie Dooble zu nehmen und ihn nur für diese Art der Benutzung vorzusehen.

- Wählen Sie *Fenster / Einstellungen*.
- Klicken Sie auf *Proxy*.
- Aktivieren Sie links und rechts jeweils *HTTP* und tragen Sie IP-Adresse und Port-Nummer der Proxy-Server ein.

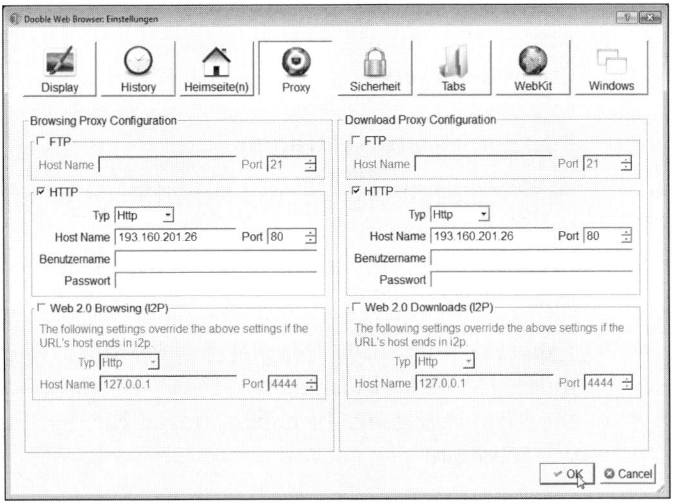

Abbildung 9.4: Proxy-Einstellungen von Dooble

- Klicken Sie auf *OK* und surfen Sie los.

Fazit

Wenn Sie mal ein paar Server ausprobiert haben, werden Sie von dieser Methode wenig begeistert sein. Der Aufruf der ersten Seite dauert oft ewig, weitere Seiten laden auch nicht gerade rasant. Aber besser als nichts.

Der Unterschied zu Web-Proxys ist technisch gesehen eher gering: Bei Proxify oder Libertybell.biz können Sie sehr einfach SSL aktivieren, was bei Open Proxys selten der Fall ist. Aber: Die Webadressen einschlägig bekannter Proxys wie Proxify lassen sich leicht sperren, sie eignen sich dann nicht mehr zum Umgehen von Zensursperren, weil sie selbst zensiert werden. Dann schlägt die Stunde der Open Proxys, denn derer gibt es zu viele, um sie alle sperren zu können.

HINWEIS

Tun Sie auch mit diesen Open-Proxy-Servern nichts, was mit dem Anmelden bei Webdiensten zu tun hat. Die Übertragung von Benutzername und Passwort könnte beim Proxy-Betreiber abgefangen werden. Man darf spekulieren, dass einige Open Proxys nur zu diesem Zweck von Hackern betrieben werden. Das ist harmlos, solange man eben nichts macht, was mit einer Anmeldung verbunden ist.

Dauerhafte Anonymität mit Tor

Die vorgenannten Dienste sind wirklich nur was für zwischendurch, etwa wenn Sie ganz sicher anonym einen Kommentar in einem Blog loswerden wollen oder eine Webseiten-Sperre umgehen möchten.

Wer mehr will, verwendet *Tor* (*The Onion Router*).

Abbildung 9.5: Website des Tor-Projekts

Tor ist weit mehr als ein offener Proxy, es ist ein eigenes Netzwerk innerhalb des Internets, das anonymisierte Verbindungen mit einem aufwendigen Verfahren realisiert.

- Der Anwender installiert sich dabei einen Client, der als lokaler Proxy-Server fungiert. Klingt komplizierter, als es ist: Der lokale *Onion Proxy* ist nur nötig, damit ein Browser auf ihn zugreifen und so die gewünschte Anonymität erlangen kann. Des Weiteren verläuft ab diesem Proxy die Verbindung verschlüsselt, also nicht abhörbar.

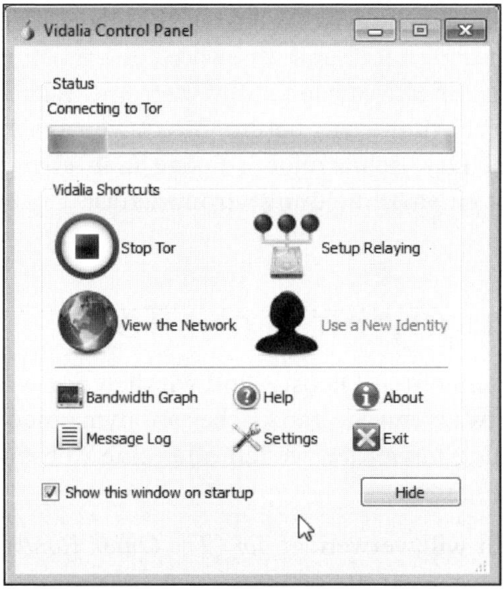

Abbildung 9.6: Einwahl ins Tor-Netzwerk

- Der lokal installierte *Onion Proxy* nimmt Verbindung mit dem Tor-Netzwerk auf. Innerhalb dieses Netzwerks wird über drei mehr oder weniger zufällig ausgesuchte und ständig wechselnde Tor-Server eine verschlüsselte Verbindung hergestellt – wie bei einer Zwiebel wird die Verbindung also in mehrere Schalen gekapselt, daher *Onion*.

- Der letzte Server dient als Austrittspunkt: Von hier aus geht die Verbindung unverschlüsselt ins normale Internet weiter.

Das bedeutet: Zwischen dem Browser des Tor-Benutzers und der aufgerufenen Website liegt ein mehrfach verschleierndes Netzwerk, das die Daten durch sich hindurch routet. Es ist mit einfachen Methoden kaum möglich, die Zwiebelschalen zu durchdringen. Denn keiner der beteiligten Tor-Server hat zugleich Kenntnis über die IP-Adresse des Nutzers und die IP-Adresse der aufgerufenen Website. Der Eintrittspunkt-Server kennt nur die IP-Adresse des Benutzers (und weitere Tor-Server), weiß aber nicht, welche Seite er besucht. Der Austrittspunkt kennt nur die besuchte Website (und weitere Tor-Server), weiß aber nicht, wer sie besucht.

HINWEIS

Das bedeutet nicht, das Tor unknackbar wäre. Durch Analyse großer Teile des Datenverkehrs lässt sich die Anonymität theoretisch wohl aufbrechen. Allerdings ist das nicht einfach. Man bräuchte zumindest Zugriff auf die Daten wesentlicher Knoten internationaler Internet-Provider (*petworkshop.org/2007/papers/PET2007_preproc_Sampled_traffic.pdf*), was sich aber behördlich bei Bedarf sicher erwirken ließe. Für die meisten Anwender kann Tor aber als anonymisierend genug gelten.

Vorsicht: Anonym ist nicht gleich sicher!

Der Datenverkehr, den Sie über Tor abwickeln, ist ab Ihrem lokalen *Onion Proxy* verschlüsselt und kann weder geändert noch abgehört werden. Das gilt naturgemäß nicht für den Weg *nach* dem Austrittspunkt. Das heißt, der Tor-Exit-Server kann theoretisch Ihren gesamten Datenverkehr mitschneiden. Er weiß vielleicht nicht, woher der anonymisierte Datenverkehr stammt. Aber er kann zum Beispiel eine ungesicherte HTTP-Anmeldung per Login mit Benutzername und Passwort aufzeichnen.

- Nutzen Sie daher möglichst keine Dienste mit Tor, bei denen Sie sich in irgendeiner Weise mit Namen und Passwort anmelden müssen.
- Falls Sie dennoch solche Dienste nutzen wollen, achten Sie darauf, dass Sie im Browser stets verschlüsselte HTTPS-Verbindungen nutzen, und verwenden Sie zum Beispiel eine Erweiterung wie *HTTPS Everywhere* (beim Tor Browser Bundle schon vorinstalliert).

Davon abgesehen sollte man auch einige andere Dinge im Hinterkopf behalten:

- Sie wissen nicht, wer Tor-Server betreibt, denn prinzipiell kann das jeder – auch Sie. Auch Computerkriminelle können Tor-Server und damit Austrittspunkte betreiben und auf diese Weise zum Beispiel Malware zu verbreiten versuchen. Aktivieren Sie daher unbedingt den Virenschutz, optimal mit einem Tool wie avast! oder AntiVir, das einen Webscanner besitzt.
- Bedenken Sie, das Tor keineswegs jede Verbindung Ihres Rechners anonymisiert, sondern nur die Verbindung des Tor-Browsers. (Es gab eine spezielle Version für Instant Messenger, die aber wegen eines Fehlers derzeit nicht zur Verfügung steht.)
- Aus technischen Gründen blockiert Tor Erweiterungen wie Java und Flash. Grund dafür ist unter anderem, dass diese unter bestimmten Umständen Ihre IP-Adresse ermitteln und so die gewünschte Anonymität gefährden können. Man kann das umgehen und Flash auch mit Tor benutzen. Dann aber ist die Anonymisierung geringer.
- Viele Dienste im Web identifizieren Sie über Ihre Cookies. Wenn Sie denselben Browser mit Tor verwenden wie ohne Tor, dann kann Tor Sie nicht anonymisieren. Ich rate daher wie bei Open Proxys dazu, den privaten Modus der Browser (siehe Kapitel 8) zu verwenden. Oder noch besser, einen ei-

genen Browser für Tor einzusetzen (beim folgenden Tool ist er dabei).

Tor Browser Bundle installieren

Tor (*https://www.torproject.org*) ist kostenfrei verfügbar. Verwirrend erscheinen zunächst die Versionen, die Sie laden können. Wichtig sind nur zwei Versionen, von denen ich die erste empfehle:

- Laden und verwenden Sie das *Tor Browser Bundle*: Es besteht aus einer Tor-Verbindungssoftware und einem portablen Firefox-Browser, der bereits korrekt konfiguriert ist.
- Das *Tor Vidalia Bundle* ist etwas komplizierter zu nutzen. Es erlaubt es zum Beispiel, den normalen Firefox auf Knopfdruck über Tor zu verwenden. Das aber bedeutet, dass Sie sich auch um Ihre Cookies kümmern müssen. Ich rate ab.

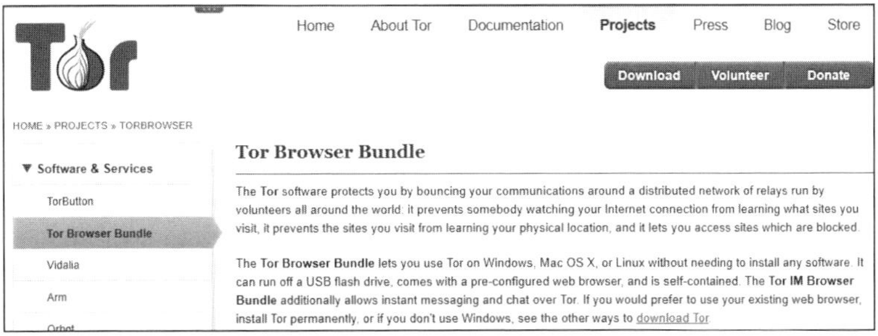

Abbildung 9.7: Tor Browser Bundle

- Doppelklicken Sie auf die Datei *tor-browser-1.3.24_de.exe* (Versionsnummer kann abweichen) und klicken Sie auf *Ausführen*.
- Entpacken Sie die Datei in das Verzeichnis, in dem Sie das Programm später ausführen wollen. Wählen Sie zum Beispiel Ihr Benutzerverzeichnis.

- Klicken Sie auf *Extract*. Im Benutzerverzeichnis entpackt sich das Tool dann zum Beispiel im Unterverzeichnis *Tor Browser*.
- In diesem Verzeichnis finden Sie eine Datei namens *Start Tor Browser.exe*. Damit wird Tor gestartet.

Klicken Sie mit der rechten Maustaste auf diese Datei und wählen Sie *An Taskleiste anheften*, *An Startmenü anheften* oder *Senden an / Desktop (Verknüpfung erstellen)*, dann haben Sie das Tool stets schnell zur Hand.

Anonym surfen mit Tor

Beim Tor Browser Bundle müssen Sie fast nichts selbst machen:

- Klicken Sie auf *Start Tor Browser.exe* oder eine der Verknüpfungen und starten Sie so das Programm.
- Das *Vidalia Control Panel* startet und nimmt sofort automatisch Verbindung mit dem Tor-Netzwerk auf.
- Direkt im Anschluss startet das Panel automatisch den eigens dafür mitgebrachten Browser Firefox Portable. Dieser ruft automatisch den Tor-Test auf und informiert Sie mit *Congratulations. Your browser is configured to use Tor* darüber, dass alles geklappt hat.

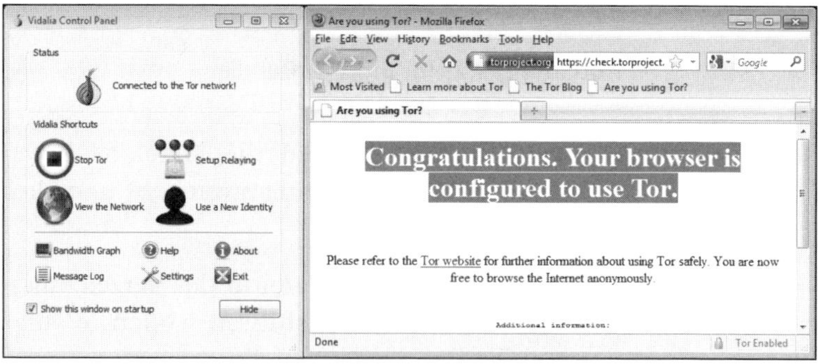

Abbildung 9.8: Tor Vidalia Control Panel und Tor-Browser

Was Sie in diesem Browser aufrufen, sehen Sie nun wirklich anonym. Achten Sie aber stets darauf, dass im Tor-Firefox rechts unten *Tor Enabled* grün angezeigt ist.

Rufen Sie zum Beispiel *www.getpos.de/ip2location.aspx* sowohl in Ihrem normalen Browser als auch im Tor-Firefox auf. Die Website notiert Ihre IP-Adresse und ermittelt daraus Ihren (ungefähren) Standort (besser gesagt den Standardort Ihres Providers). Die beiden angezeigten Standorte weichen (hoffentlich) voneinander ab, weil einmal Ihre echte IP-Adresse, einmal der Austrittspunkt der Tor-Verbindung als zugreifende IP-Adresse wahrgenommen wird.

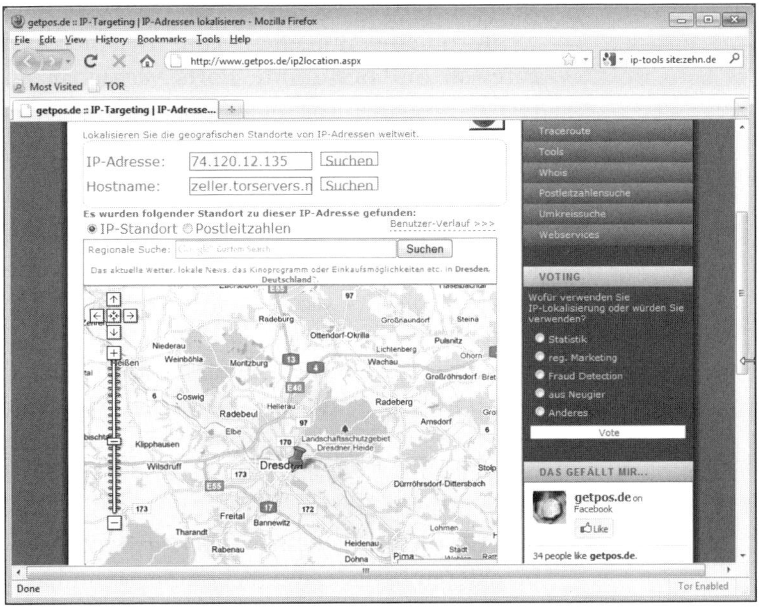

Abbildung 9.9: Getpos.de weist IP-Adressen Standorte zu

Um das anonyme Surfen zu beenden, beenden Sie einfach den Tor-Firefox. Das Vidalia Control Panel registriert das automatisch, kappt daraufhin die Verbindung und schließt sich von selbst.

Sie können also mit dem Tor Browser Bundle immer dann anonym surfen, wenn Sie es wirklich brauchen.

Tor konfigurieren

Der Tor-Firefox benötigt eigentlich keine Konfiguration. Stattdessen verwenden Sie das Vidalia Control Panel:

- Klicken Sie auf *Settings*.
- Im Register *General* aktivieren Sie *Start Vidalia when system starts*, wenn Sie wollen, dass mit dem Windows-Start automatisch auch der Tor-Zugang gestartet wird.
- Im Register *Network* lassen sich verschiedene typische Netzwerkprobleme umgehen, zum Beispiel wenn wegen einer Firewall nur bestimmte Ports verfügbar sind oder Ihr Internet-Provider Tor blockiert (in Deutschland unüblich). In letzterem Fall könnten Sie eine der Bridges auf *https://bridges.torproject.org/* verwenden.
- Im Register *Sharing* haben Sie über *Relay traffic for the Tor network* die Möglichkeit, selbst zu einem Tor-Server zu werden, wovon bei deutscher Rechtslage eher abzuraten ist, auch wenn Tor bereits von sich aus File-Sharing-Dienste blockiert. Allerdings können Sie dort über *Exit Policies* sehr genau festlegen, auf was zugegriffen werden darf, und damit das Missbrauchsbrauchpotenzial reduzieren. Weitgehend ungefährlich ist *Help censored users reach the Tor network*, wobei Sie Ihren Rechner als Bridge zum Tor-Netzwerk anbieten. Da die große chinesische Firewall nicht alle IP-Adresse blockieren kann, ermöglichen Sie so anderen Nutzern freies Surfen. (Sicherheitsbewussten ohne größeren Idealismus ist freilich auch davon eher abzuraten.)

Weitere Funktionen des Panels:

- Über *Bandwidth Graph* sehen Sie, wie viel Bandbreite Sie sendend und empfangend verwendet haben.

- Das Tor-Netzwerk wechselt automatisch regelmäßig die verwendeten Verbindungen, um die Anonymität zu sichern. Das können Sie auch manuell tun, indem Sie im Control Panel auf *Use a New Identity* klicken.
- Über *Stop Tor* schalten Sie die Tor-Verbindung manuell ab.

Fazit

Das Tor Browser Bundle ist ein schneller, einfacher und im Vergleich zu Open Proxys auch sicherer Weg, anonym im Web zu surfen. Allerdings ist es vergleichsweise langsam. Downloads verbieten sich hier aber aus Gründen der Fairness sowieso, Firesharing wird daher meist blockiert.

Es gibt nichts Besseres als Tor, um auf ganz normalen Webseiten anonym zu surfen. Seine Grenze hat das nur bei umfangreichen Daten, etwa Videos und Downloads, oder wenn Sie Dienste jenseits des Webbrowsers nutzen möchten.

KNOW-HOW

Über das Tor-Netzwerk erhalten Sie Zugang zu Webseiten, die im Internet überhaupt nicht zu finden sind, weil Sie nur innerhalb der Zwiebeln existieren. Diese Websites haben die Endung *.onion* und lassen sich zum Beispiel über die Suchmaschine *Torch* (*http://xmh57jrzrnw6insl.onion*) aufspüren, die selbst eine Onion-Seite ist. Über solche Dienste ist auch der anonyme, allerdings naturgemäß langsame Austausch nicht allzu großer Daten möglich, zum Beispiel über *sTORage* (*http://utovvyhaflle76gh.onion*). Mehr über diese völlig versteckte Seite des Internets finden Sie im Hidden Wiki auf *http://kpvz7ki2v5agwt35.onion/*.

Schnelle Anonymität mit Cyberghost

Cyberghost VPN (*cyberghostvpn.com*) stellt eher einer Mischung aus Open-Proxy-Servern und Tor dar und funktioniert auch etwas anders.

- Die Client-Software verbindet Ihr Windows über ein verschlüsseltes *VPN* (*Virtual Private Network*) mit den Servern des Anbieters.
- Solange Cyberghost aktiv ist, werden alle Ihre Netzwerkverbindungen durch dessen Netzwerk geleitet. Das gilt für jegliche Zugriffe, ob Webbrowser, Mail oder Instant Messenger.
- Für eine besuchte Website sieht es so aus, als ob das Unternehmen Cyberghost sie besucht. Sie als Nutzer hingegen bleiben unsichtbar.

Wie bei alle anderen Diensten auch müssen Sie prinzipiell damit rechnen, dass Sie innerhalb des Cyberghost-Netzwerks vielleicht abgehört werden. Daher ist es auch hier wichtig, Browser-Verbindungen stets über SSL/HTTPS laufen zu lassen.

Auch Mail sollten Sie vor der Benutzung so konfiguriert haben, dass die Software sich über SSL-gesicherte Verbindungen anmeldet (siehe Kapitel 7). Besser aber, Sie verwenden Web-Mail, denn der Mailversand ist bei Cyberghost ohnehin gesperrt, weil er sonst für den Spam-Versand missbraucht würde.

HINWEIS

Fortgeschrittene Anwender können bei Bedarf so vorgehen: Über *Einstellungen / Ausnahmen* tragen Sie in Cyberghost die Adresse des SMTP-Servers ein, über den Sie Mail verschicken. Das Mailprogramm holt dann von Cyberghost geschützt Mails ab, aber beim Versand macht der Anonymisierer eine Ausnahme und lässt die Verbindung über das normale Netzwerk laufen – allerdings nicht mehr anonymisiert.

Free versus Premium

Cyberghost kennt zwei Arbeitsmodi:

- Free: Die Software selbst ist kostenlos nutzbar. Sie müssen allerdings trotzdem beim Dienst ein Konto einrichten und sich mit Namen und Passwort anmelden. Sie haben dann 1 GByte Transfer pro Monat frei (daher die Notwendigkeit für ein Konto). Auch müssen Sie unter Umständen etwas warten, bis ein Server zugeteilt wird. Und: Es ist stets ein deutscher Server, sodass sich dieses Konto nicht zur Umgehung von ortsbezogenen Sperren nutzen lässt.

- Bezahlt: In verschiedenen Preisklassen surfen Sie hiermit auf sofort verfügbaren Premium-Servern und haben dabei monatlich ein größeres Kontingent an Traffic, das Sie verbrauchen können. Es stehen außerdem internationale Server zur Verfügung, um Geosperren zu umgehen.

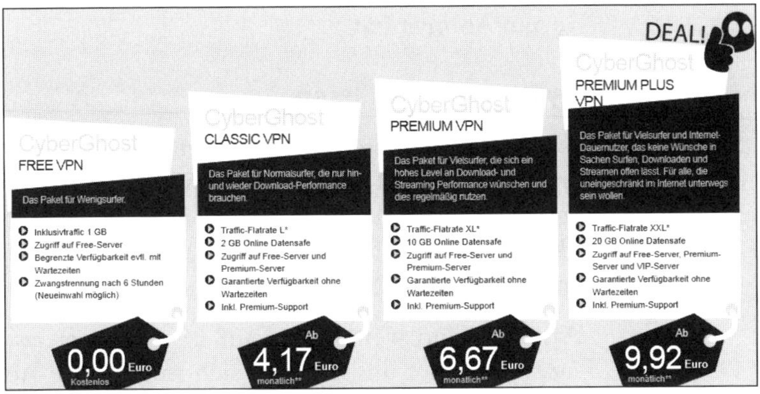

Abbildung 9.10: Cyberghost-Preisstaffel

Anwendungsgebiete

- Cyberghost lässt sich auch im Free-Tarif ganz hervorragend zur Anonymisierung einsetzen. Rufen Sie sicherheitshalber *www.toolzzz.net/de/checkProxy.htm* auf, um das zu überprüfen – in der Regel surfen Sie aber mit hoher Anonymität und einer recht guten Geschwindigkeit.
- Auch wenn Sie zum Beispiel einen WLAN-Hotspot nutzen, kann Cyberghost nützlich sein: Es übernimmt ja alle Netzwerkverbindungen und baut einen verschlüsselten Tunnel zum Cyberghost-Netzwerk auf. Folglich haben Sniffer auf Nachbar-PCs im WLAN-Bereich keine Chance, egal, was

Sie über Cyberghost übermitteln. Selbst unverschlüsselter Zugriff auf Mail und Web wäre so gesichert (sollte aber dennoch möglichst über SSL/TLS gesichert ablaufen).

- Nur in der Bezahlversion lässt sich das Tool auch einsetzen, um Georestriktionen zu umgehen. Zum Beispiel zeigt YouTube einige Videos nicht an, weil deren Inhalte nicht von deutschen Rechteinhabern lizenziert wurden. Mit Cyberghost geht's trotzdem, zumal Sie Ihren ganz normalen Browser mit Flash und allem Gedöns nutzen können. (Bei der Umgehung der Georestriktion geht es natürlich nicht mehr um Anonymität.)

Cyberhost installieren

Laden Sie Cyberghost VPN von *cyberghostvpn.com* herunter. Installieren Sie Datei *setup.exe*. Während der Installation wird mindestens einmal gefragt, ob Sie Treiber installieren wollen – akzeptieren Sie das. Sie sind notwendig zur Errichtung des virtuellen privaten Netzwerks (VPN).

Anschließend werden Sie auf *cyberghostvpn.com/page/registration.php* geleitet und müssen sich mit E-Mail-Adresse für einen Benutzernamen samt Passwort registrieren.

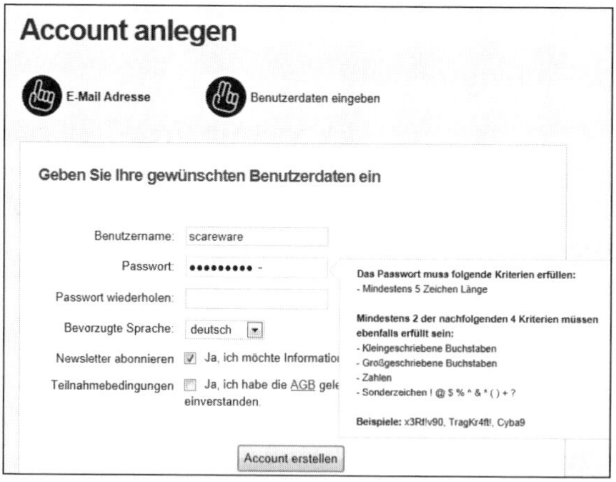

Abbildung 9.11: Benutzerkonto einrichten

Cyberghost Free verwenden

Nach dem Windows-Neustart klicken Sie einfach auf das Cyberghost-Icon.

- Geben Sie Namen und Passwort aus der vorherigen Anmeldung ein, aktivieren Sie *Login speichern* und klicken Sie auf *Einloggen*.

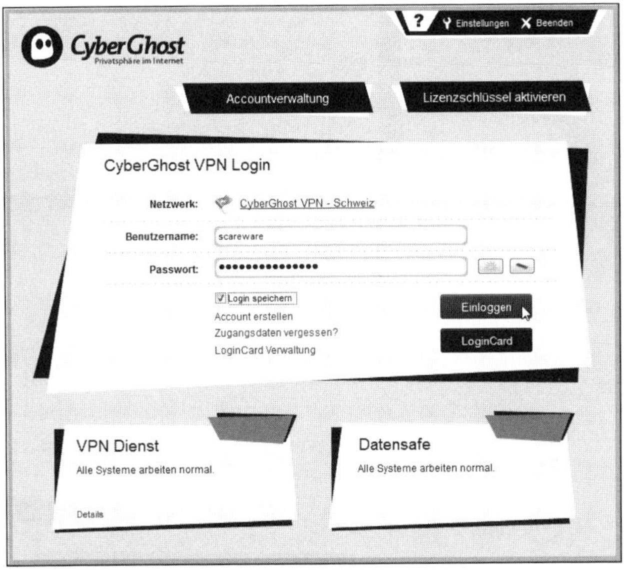

Abbildung 9.12: Cyberghost-Anmeldung

- Das System meldet Sie bei Cyberghost an. Das dient aber zunächst nur dazu, Ihre Kontodaten zu prüfen. Im Balken *Free Traffic* unten sehen Sie, wie viel von Ihrem monatlichen Freivolumen Sie bereits versurft haben.
- Klicken Sie auf *Verbindung mit dem VPN-Netzwerk herstellen / Free-Verbindung herstellen*. Bestätigen Sie gegebenenfalls mit *Ja*.

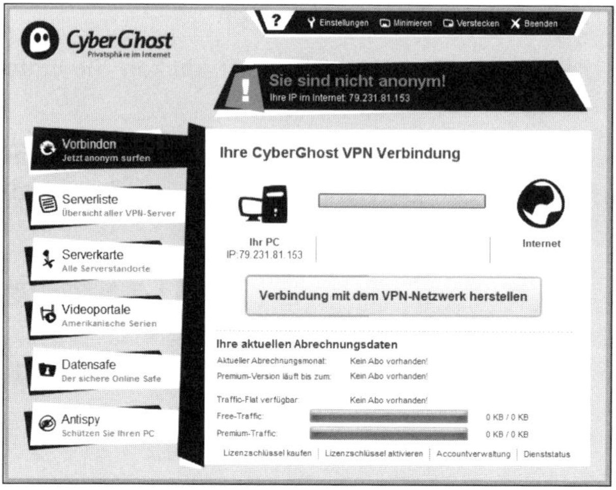

Abbildung 9.13: Verbindung herstellen

- Erst jetzt werden Sie anonymisiert.
- Sobald die Verbindung in Grün dargestellt und von einem stilisierten Geist überschattet wird, können Sie jeden beliebigen Browser verwenden, um anonym zu surfen.

Abbildung 9.14: Anonymisiert mit Cyberghost

- Es empfiehlt sich natürlich auch hier, nicht den Alltags-Browser zu verwenden. Denn Cookies und andere gespeicherte Daten im Browser lassen in bestimmten Situationen eben doch Rückschluss auf Ihre Identität zu.
- Installieren Sie sich also für das anonyme Surfen auch hier einen eigenen Browser wie Dooble. Oder versuchen Sie es mal mit den portablen Versionen von Chrome, Firefox, Opera und anderen Browsern, die Sie zum Beispiel auf *portableapps.com/apps/internet* finden.

Cyberghost Premium verwenden

Über *Lizenzschlüssel kaufen* im Hauptfester haben Sie die Möglichkeit, sich eine Premium-Version zu besorgen. Dabei erhalten Sie einen Key, den Sie über *Lizenzschlüssel aktivieren* eingeben. Er ist zeitlich befristet und läuft ab, ob Sie ihn verwenden oder nicht, auch das monatliche Freivolumen lässt sich nicht in den Folgemonat mitnehmen.

Bei der Premium-Version haben Sie zusätzliche Möglichkeiten.

- Schon bei der Einwahl ins VPN können Sie zum Beispiel entscheiden, sich nicht über deutsche Server anzumelden, sondern über internationale. Auf diese Weise sind Sie nicht nur anonym, sondern umgehen auch Geosperren aller Art.

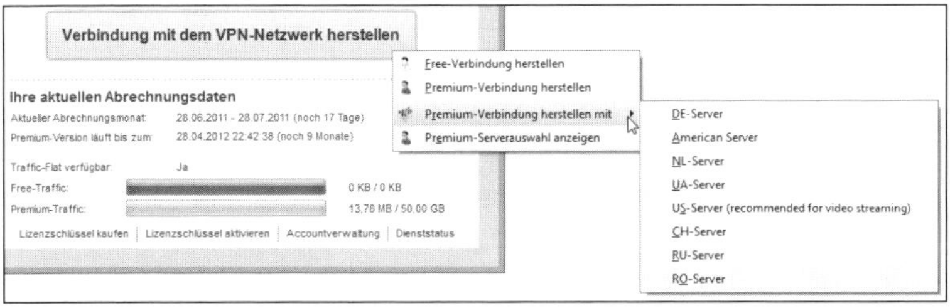

Abbildung 9.15: Einwahl mit Cyberghost Premium

- Klicken Sie links auf *Serverliste*. Dort sehen Sie eine Reihe von Servern mit verschiedenen Eigenschaften. Ist links oben *Server automatisch wählen* aktiviert, können Sie rechts bei *empfohlenen Server wählen* umschalten zwischen *anonymsten Server wählen* und *schnellsten Server wählen.*

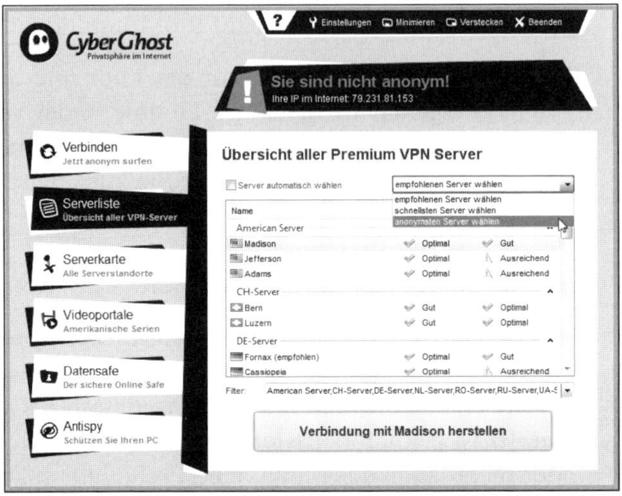

Abbildung 9.16: Manuelle Serverwahl beim Premium-Zugang

- Alternativ deaktivieren Sie *Server automatisch wählen*, markieren einen Server in der Liste und wählen *Verbindung mit Server herstellen.*
- Über *Videoportale* finden Sie Links auf englischsprachige Videodienste, auf die sich mit Cyberghost sehr gut zugreifen lässt.

Fazit

Für einfaches anonymes Surfen reicht Cyberghost VPN Free völlig aus. Es eignet sich zugleich als Instrument der Verschlüsselung, um zum Beispiel im WLAN-Café ohne Mithörgefahr beispielsweise unsichere Messenger zu verwenden.

Im Unterschied zu Tor ist die Anonymität etwas weniger ausgeprägt gewährleistet. Dafür haben Sie bei einem monatlichen Freivolumen von 1 GByte deutlich mehr Bandbreite zur Verfügung.

Zum Umgehen von Georestriktionen führt allerdings kein Weg an der kommerziellen Version vorbei. Sie gestattet dann auch freie Serverwahl und gewährt ein höheres Übertragungsvolumen pro Monat.

HINWEIS

Es gibt Alternativen zu Cyberghost, etwa das kostenlose *Anchorfree Hotspot Shield* (*http://anchorfree.com*), das allerdings sehr aufdringlich werbefinanziert ist (aber problemlos geogesperrte YouTube-Videos zeigt), oder *Steganos Internet Anonym* (*www.steganos.com/de*), das in etwa dieselben Funktionen hat wie Cyberghost, aber keinen freien Modus anbietet.

Anonymisierung überprüfen

War die Anonymisierung denn auch einigermaßen erfolgreich? Das kann nur ein Check im Web beantworten. Sie besuchen den jeweiligen Dienst dabei am besten einmal mit dem normalen Browser und sehen sich an, was der so alles über Sie herauskriegen kann. Anschließend besuchen Sie den Dienst mit einem anderen Browser über den Anonymisierungsdienst und sehen dann, ob es funktioniert hat.

- *privacy.net/analyze/* kann Ihnen bei der Gelegenheit viele Informationen darüber liefern, was Ihr Browser kann und was er nicht kann.
- *www.toolzzz.net/de/checkProxy.htm* wertet außerdem den Status *HTTP_X_FORWARDED_FOR* aus. Das ist besonders wichtig: In der entsprechenden Zeile muss unbedingt *Unbekannt* stehen, sonst anonymisiert Sie der benutzte Proxy nur begrenzt.

Natürlich lassen sich einige Proxys nicht gern in die Karten schauen, daher sperren sie sich dagegen, diese Art von Tests aufzurufen. Das gilt besonders für Web-Proxys und Open Proxys. Wundern Sie sich also nicht, wenn der Test dort nicht funktioniert.

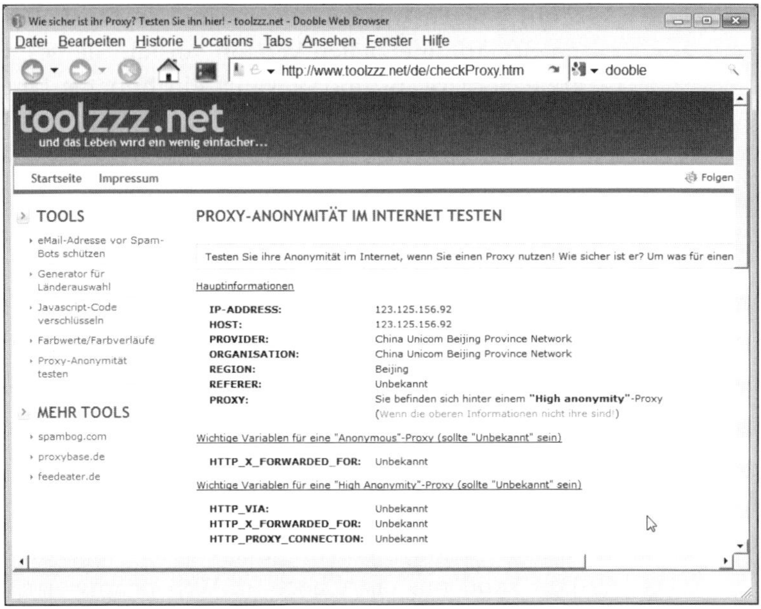

Abbildung 9.17: Prüfung auf High Anonymity

Der Erfahrung nach sind Sie bei Tor immer, bei Cyberghost VPN meistens vollkommen anonymisiert. Bei den anderen Systemen hängt es vom jeweiligen Proxy und der Tageslaune ab.

Anonym E-Mails verschicken

Hinter anonymen E-Mails steckt keine große Kunst. Sie verwenden einfache Webmailer und besuchen sie anonymisiert:

- Sie verwenden einfach einen internationalen Anbieter von E-Mails, entweder die üblichen Verdächtigen oder zum Beispiel *www.fastmail.fm*. Sie können auch gleich einen Anbieter wählen, der auf Datenschutz Wert legt, etwa *http://privatdemail.net/de/* oder *www.secure-mail.biz*.

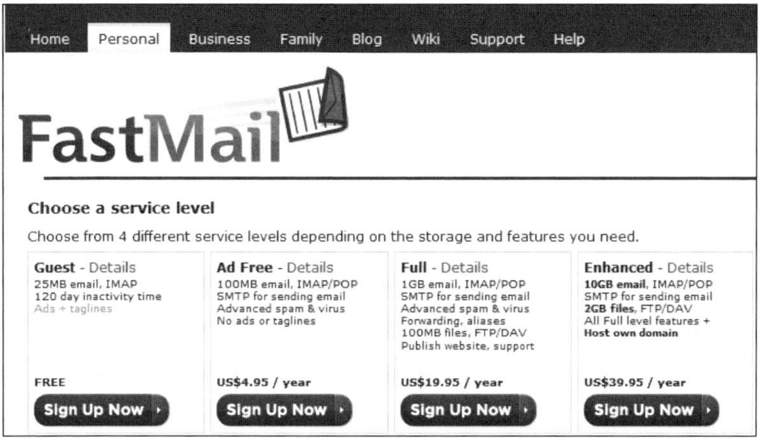

Abbildung 9.18: Fastmail.fm bietet einfache E-Mail-Dienste

- Sie melden sich bei diesem Anbieter natürlich unbedingt ausschließlich anonymisiert an, also nur, während Sie mit Tor (siehe oben) surfen.
- Falls der Anbieter eine E-Mail-Adresse verlangt (viele tun das inzwischen), dann geben Sie auf keinen Fall eine Ihrer bestehenden Adressen ein – sie wäre ja ein Verweis auf Ihre echte Identität.
- Stattdessen verwenden Sie *10minutemail.com*, um eine Wegwerfadresse zu erzeugen. Diese Adresse geben Sie an – sie ist 10 Minuten lang gültig. In dieser Zeit können Sie sogar Antwortmails erhalten und so zum Beispiel auf Bestätigungslinks klicken. Alternativen zu diesem Dienst finden Sie auf *www.sofort-mail.de* und *www.trash-mail.com*.
- Sie verwenden dabei stets ausschließlich per Tor-Browser das Webmail-Interface des E-Mail-Anbieters.

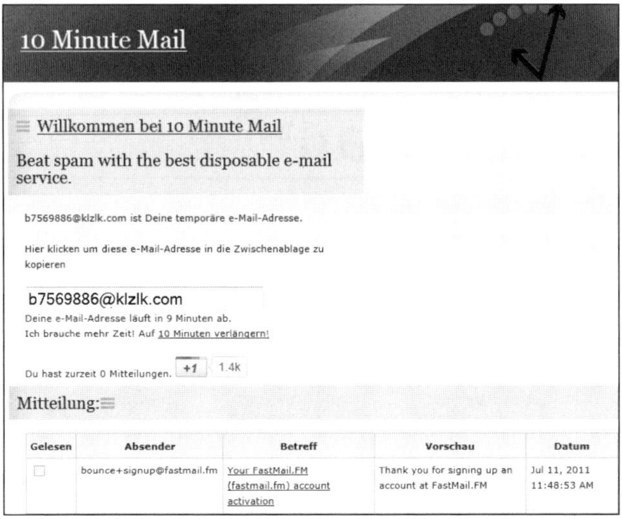

Abbildung 9.19: Bestätigungsmail im 10-Minuten-Mail-Posteingang

Am Ende dieses Prozesses haben Sie eine E-Mail-Adresse, von der aus Sie – Tor benutzend – über das Webmail-Interface garantiert anonyme Mails versenden können. Denn der Maildienst zeichnet „Ihre" IP-Adresse auf und diese ist ja per Tor verschleiert. Auch die IP-Daten vom Tag der Maileinrichtung sind nutzlos, sofern Sie auch damals Tor verwendet haben.

Wichtig:

- Sie verschicken keine Mails an sich selbst (Ihre anderen E-Mail-Adressen), denn dies könnte Rückschlüsse auf Ihre wahre Identität zulassen.
- Sie verschicken daher umgekehrt an diese Adresse auch nichts von Ihren normalen E-Mail-Adressen.
- Sie verknüpfen diese E-Mail-Adresse nicht mit Diensten, die Sie außerhalb der anonymisierenden Tor-Browser verwenden.

Auf diese Weise bleibt die Identität dieses E-Mail-Kontos so anonym, wie das derzeit nur möglich ist.

Index

C

G

H

I

J

T

U

X

Z